ORTOPEDIA FUNCIONAL dos MAXILARES

embasada pela Neurofisiologia

Maria Luiza Antunes Sperandéo

ORTOPEDIA FUNCIONAL dos MAXILARES

embasada pela Neurofisiologia

1ª edição
Brasil
2013

Dados Internacionais de Catalogação na Publicação (CIP)
(Câmara Brasileira do Livro, SP, Brasil)

Sperandéo, Maria Luiza Antunes
Ortopedia Funcional dos Maxilares: embasada pela neurofisiologia / Maria Luiza Sperandéo. – 1ª ed. – São Paulo: Ícone, 2013.

Bibliografia.
ISBN 978-85-274-1205-6

1. Aparelhos ortopédicos funcionais. 2. Má oclusão – Tratamento. 3. Maxilares. 4. Neurofisiologia. 5. Odontologia. 6. Ortopedia. I. Título.

CDD-617.643
12-05308 NLM-WU 440

Índices para catálogo sistemático:
1. Maxilares: Ortopedia funcional dinâmica: Neurofisiologia: Odontologia. 617.643
2. Técnica ortopédica funcional dos maxilares: Neurologia: Odontologia. 617.643

Projeto gráfico, capa e diagramação
Richard Veiga

Ilustrações
Janice Aparecida Assis Rodrigues

Revisão técnica
Maria Luiza Antunes Sperandéo

Revisão
Patrícia de Viveiros Tavares
Cláudio J. A. Rodrigues
Juliana Biggi

ÍCONE EDITORA LTDA.
Rua Anhanguera, 56 – Barra Funda
CEP 01135-000 – São Paulo – SP
Tels./Fax.: (011) 3392-7771
www.iconeeditora.com.br
iconevendas@iconeeditora.com.br

Dedicatória

Dedico esta obra a
todos os profissionais da
área da saúde que visam a
equilibrar as funções do
Sistema Bucal com o
Sistema Nervoso Central
e Postural do indivíduo

Agradecimentos

Agradeço a Deus e
à minha família, especialmente aos
queridos Alexandre e Taynah

Agradecimentos especiais

A Dr.ª Rita de Cássia Sperandéo,
pela sua valiosa contribuição com o cap. XII.

A Dr.ª Patrícia de Viveiros Tavares,
pelas suas sugestões e revisões.

A Janice Aparecida Assis Rodrigues
pelo seu trabalho nos desenhos
aqui apresentados.

A Eliana Vilela,
companheira de trabalho
de longos anos.

Agradeço a todos que de
maneira direta ou indireta me
estimularam e me ajudaram
a concluir esta obra.

Apresentação

Neste livro, a autora desvenda a Ortopedia Funcional dos Maxilares (OFM) embasando-se nos conhecimentos da Neurofisiologia, de forma didática e concisa.

Com absoluta tranquilidade, posso assegurar que o leitor reverá conceitos da OFM e, sobretudo, incorporará outros de suma importância, que contribuirão para o seu aprofundamento na Ortopedia Funcional dos Maxilares e na Odontologia.

Drª. Patrícia de Viveiros Tavares

Prólogo

Para que se escreve uma obra didática?

Nos dias atuais de globalização, do mundo cibernético e de acesso livre às informações, vale a pena escrever um livro didático?

Responder a essas e outras perguntas concernentes me levou à conclusão dessa obra. Assim,...

Qual a importância do Sistema Estomatognático (SE) para o sistema global-Homem? Teria o SE um controle dos centros mais altos do cérebro? Uma vez que a mastigação é uma função inicialmente voluntária e posteriormente involuntária (reflexa), quais seriam suas implicações com o Sistema Nervoso Central (SNC) e vice-versa? Apesar das vantagens que a tecnologia favorece, esta não estaria influenciando o homem a apresentar mais distúrbios do SE?

Para responder a essas interrogações, utilizei-me de conceitos da Neurofisiologia, aplicando-os à fisiologia do SE.

Nesta obra são também encontradas as técnicas preconizadas pelos mestres da Ortopedia Funcional dos Maxilares relacionadas aos conhecimentos neurofisiológicos.

Índice

Capítulo **1**
INTRODUÇÃO, 27

Capítulo **2**
O CÉREBRO HUMANO, 37

Sistema Nervoso Central, **41**
Subdivisão do SNC, **41**
Células do Sistema Nervoso, **45**
Glia ou neuróglias, **45**
Astrócitos, **45**
Micróglia, **46**
Células de Schwann, **47**
Oligodendrócitos, **48**
Neurônios, **48**
Principais estruturas do neurônio, **49**
Corpo celular ou soma, **49**
Dendritos, **50**
Axônio, **51**
Terminais pré-sinápticos, **51**
Classificação dos Neurônios, **52**
Classificação Estrutural, **52**
Classificação Funcional, **56**
Interneurônios, **56**
Inibição, **56**
Sinapse, **58**
Organização de sinalização, **61**

Determinantes do comportamento humano, 62
Neurogênese, 63
Imaginar/pensar em algo, 64
Neuroplasticidade, 64
Sistema Estomatognático Coneural (SECN), 67
Conceitos de Multifuncionalidade Comportamental – Coligações Musculares, 72

Capítulo 3
SISTEMA SOMATOSSENSORIAL, 79

"Sentido" – Percepção, 81
Os Atributos de um Estímulo Sensorial, 83
- Modalidade do Estímulo, 83
- Localização do Estímulo, 84
- Intensidade do Estímulo, 84
- Tempo, 84

Processamento da informação somatossensorial, 84
Aferentes primários e secundários dos músculos elevadores da mandíbula apresentam uma distribuição topográfica, 87
Organização sensorial da medula espinhal, 88
Mecanorreceptores (MR), 89
Corpúsculos de Meissner, 90
Discos Receptores de Merckel, 91
Corpúsculo de Vater-Pacini, 91
Terminações de Ruffini, 92
Campos Receptivos (CR), 93
- CR dos receptores das camadas superficiais, 93
- CR dos receptores das camadas profundas, 94

Limiar de Dois Pontos, 94
Estimulação Sensorial Direta Sperandéo (ESDS), 95
Proprioceptores (Pp), 97
Receptores Térmicos (RT), 98
Nociceptores (NC), 98
Dores Fantasmas, 99
Nervo Trigêmeo, 100

Padrões Terminais na Coluna Espinhal e Medula, **102**
A coluna dorsal e o sistema lemniscal medial – percepção de tato e propriocepção, **103**
O sistema anterolateral – dor e temperatura, **106**
Objetos excitam mais que um tipo de receptor, **108**
Córtex sensorial somático primário (SI), **109**
Córtex sensorial somático secundário (S-II), **110**
Neurônios corticais (NC) e seus campos receptivos, **110**
Conexões convergentes e divergentes no núcleo retransmissor, **111**

Capítulo **4**
SISTEMA NERVOSO MOTOR, 115

Organização do Sistema Motor, **116**
  Organização Hierárquica, **116**
  Organização em Paralelo, **117**
Reflexos Espinhais, **118**
O Neurônio Motor Inferior, **119**
Entradas dos Neurônios Motores Alfa, **120**
A Estrutura da Fibra Muscular, **121**
Propriocepção dos Fusos Musculares (FM), **123**
O reflexo miotático ou de estiramento muscular, **124**
As fibras intrafusais e os neurônios motores gama, **126**
Propriocepção dos órgãos Tendinosos de Golgi (OTG), **127**
Propriocepção das Articulações, **129**
Interneurônios Espinhais, **129**
  Entrada Inibitória, **129**
  Entrada Excitatória, **131**
Ação dos interneurônios, **131**
Posição postural da mandíbula, **132**
Áreas motoras corticais, **135**
Vias motoras coordenadas, **135**
Trato corticoespinhal, **136**

Capítulo 5
SISTEMA NERVOSO ASSOCIATIVO, 139

Princípios do processamento da informação sensorial, 142
Processamento da informação motora, 143

Capítulo 6
MÚSCULOS ATUANTES NO SECN, 147

Músculo temporal, 148
Músculo masseter, 149
Músculo pterigóideo interno ou medial, 150
Músculo pterigóideo externo ou lateral, 151
Músculos supra-hióideos, 154
Músculo genio-hióideo, 154
Músculo milo-hióideo, 154
Músculo digástrico, 155
Músculo estilo-hióideo, 156
Músculos infra-hióideos, 157
Músculo platisma ou cutâneo do pescoço, 157
Músculo bucinador, 158
Músculos da língua, 159
Musculatura posterior do pescoço, 159
Músculo esternocleidomastóideo, 160
Músculo trapézio, 160
Músculos escalenos, 161

Capítulo 7
GÊNESE DO SISTEMA ESTOMATOGNÁTICO CONEURAL, 163

Sistema Estomatognático Coneural (SECN), 164
Amamentação Natural, 167
Desenvolvimento craniofacial como resultado
da amamentação natural, 168

Desenvolvimento fisiológico com a erupção dos incisivos decíduos, **169**

Desenvolvimento fisiológico – Dentição Decídua Completa, **173**

Desenvolvimento fisiológico – Dentição Decídua Madura, **175**

Desenvolvimento fisiológico a partir dos 6 anos, **176**

Desenvolvimento fisiológico na dentição permanente jovem, **180**

Capítulo **8**

AS LEIS BIOLÓGICAS RESPONSÁVEIS PELO EQUILÍBRIO DO SECN, 187

Mastigação – função fisiológica primordial, **188**

Leis planas de desenvolvimento da maxila e mandíbula de acordo com a mastigação, **188**

Sistemas representacionais do SECN, **193**

Aspectos neurais do estresse oclusal, **195**

Leis de Equilíbrio de Thieleman e Hanau, **197**

1. Inclinação axial das faces palatinas dos incisivos superiores (*overjet*, *overbite*) – Trajetória Incisiva (TI), **197**
2. Altura Cuspídea, **198**
3. Trajetória Condílea, **199**
4. Situação do Plano Oclusal, **201**
5. Curva de Decolagem, **204**

As três leis propostas por Hanau, **208**

Desenvolvimento do SECN de acordo com as Leis de Equilíbrio de Thieleman e Hanau, **209**

Período inicial da dentição decídua, **210**
Período da dentição decídua completa, **211**
Período da dentição decídua madura, **211**
Período inicial da dentição mista, **212**
Período inicial da dentição permanente, **213**
Período da dentição permanente completa, **214**
Período final do crescimento ontogenético, **214**
Período da dentição permanente madura, **215**

Aspectos das Leis de Thieleman e Hanau na Mordida Aberta (MA) e na Sobremordida (SM), **216**

Capítulo **9**

FUNÇÃO MASTIGATÓRIA, 221

Função condicionada, adquirida e automática, 222
Gênese e evolução da função mastigatória, 223
Controle neural rítmico da função mastigatória, 224
Relações dentárias durante a mastigação fisiológica, 224
No lado de trabalho os dentes têm os seguintes contatos:, 225
No lado de balanceio os dentes têm os seguintes contatos:, 225
Ciclo mastigatório, 225
Descrição do ciclo mastigatório, 227
Ontogenia da abertura de boca, 228
Mastigação e aspectos psicoemocionais, 230

Capítulo **10**

COLUNA CERVICAL E SUAS RELAÇÕES COM AS ATMS, 233

Classificação da coluna cervical, 234
Características das vértebras cervicais, 234
O Atlas, 236
O Occipital, 237
O Áxis, 238
A Vértebra, 239
União entre as vértebras, 242
Ligamentos da coluna vertebral, 243
Disco intervertebral "amortecedor", 243
Postura, 244
Postura cervical, 245
Octógono da prioridade funcional, 246
Relação entre SECN e postura cervical, 247

Capítulo **11**

ARTICULAÇÃO TEMPOROMANDIBULAR, 251

Os elementos anátomo-histológicos das ATMS, 252
Tecido conjuntivo, 253
A substância amorfa, 254
A porção fibrosa, 254
Tipos de tecido conjuntivo, 254
Região retromeniscal, 255
Movimentos do côndilo, 257
Neurofisiologia articular, 258
Dores nas ATMs, 258
Inervação das ATMs, 258
Mobilização do cálcio no organismo, 259
Constituição histológica das ATMs, 260
Tipos de remodelamento das ATMs, 262
Remodelamento progressivo, 263
Remodelamento regressivo, 263
Remodelamento circunferencial ou periférico, 264
No lado de trabalho:, 264
No lado de balanceio:, 264
Disfunção Temporomandibular, 264
Técnica de reposição postural global-crânio-cervico-facial, 267
Aspectos psicossomáticos relacionados à DTM, 268

Capítulo **12**

A RELAÇÃO DO SECN COM A POSTURA CORPORAL, 273

Abordagem sistêmica, 274
O SECN, 275
O Modelo Biopsicossocial (BPS), 275
A relação do SECN com a eretibilidade humana, 276
Amamentação natural, 278
O Sistema Postural (SP), 279
Tipo descendente, 280
Tipo ascendente, 280
A relação do SECN com a postura, 281

O Sistema Crânio-Cérvico – Mandibular (SCCM), **281**
Oclusão e postura, **282**
A boca e os apoios podais, **285**
Casos clínicos com podometria, **286**
Caso 1, **287**
Caso 2, **289**
Casos clínicos – análise postural com estabilometria, **291**
Caso 1, **293**
Caso 2, **295**
Conclusão, **298**

Capítulo **13**
MÉTODOS DE DIAGNÓSTICO, 301

Exame clínico funcional, **303**
Aspectos considerados no exame clínico funcional, **303**
1. Análise Facial, **303**
2. Análise Bucal, **304**
Diagnóstico sintomatológico de Planas, **306**
Mordida cruzada unilateral, **309**
Síndrome Rotacional Frontal, **311**
Arco facial de Planas, **312**
Tomada do arco facial de Planas, **313**
Gnatostato Planas, **316**
Montagem do arco facial no gnatostato, **316**
Modelos gnatostáticos, **317**
Ficha gnatóstatica, **319**
Simetrografia, **329**

Capítulo **14**
FICHA GNATOSTÁTICA DE PLANAS, 331

Os nove perfis gnatostáticos Planas, **333**
1. Perfil A, **333**
2. Perfil B, **334**

3. Perfil C, **334**
4. Perfil D, **335**
5. Perfil E, **336**
6. Perfil F, **336**
7. Perfil G, **337**
8. Perfil H, **337**
9. Perfil I, **338**

Análise do triângulo mandibular, **339**

Situações possíveis, **340**

1ª Situação, **340**

1ª Situação A, **341**

1ª Situação B, **341**

1ª Situação C, **342**

2ª Situação, **342**

2ª Situação A, **343**

2ª Situação B, **343**

2ª Situação C, **344**

3ª Situação, **344**

3ª Situação A, **345**

3ª Situação B, **345**

3ª Situação C, **346**

4ª Situação, **347**

4ª Situação A, **347**

4ª Situação B, **348**

4ª Situação C, **348**

5ª Situação, **349**

5ª Situação A, **349**

5ª Situação B, **350**

5ª Situação C, **350**

Capítulo **15**

FICHA CALCOGRÁFICA DE PLANAS, 353

Fisiologia da LEM, **355**

Regiões da LEM, **356**

Patologias da LEM, **357**

Capítulo **16**

ANÁLISE DE SIMETRIA DE PANORÂMICA, 371

Definição, **372**

Método usado – Sistema de Referência Ortogonal, **372**

Pontos de referência, **373**

- ENA (Espinha Nasal Anterior), **373**
- ENA', **373**
- PM (Pré-Maxila), **373**
- Pontos ENPd e ENPe, **373**
- Pontos FPgd e FPge, **374**
- Pontos Ord o Ore, **374**
- Pontos Cd e Ce, **374**
- Pontos God e Goe, **374**

Planos de referência, **375**

- Plano Espinal Anterior ou Sagital (Plano S), **375**
- Plano Palatino (Plano P), **375**
- Plano Mandibular Direito e Esquerdo (Plano Md e Me), **376**
- Plano da Eminência Direito e Esquerdo (Plano Ed e Ee), **376**
- Plano do Ramo da Mandíbula (Plano R), **376**
- Plano Cd e Ce, **376**
- Plano Orbital (Plano Or), **376**
- Plano FPgd e FPge, **376**
- Plano PM, **376**
- Planos A e B, **376**

Estruturas analisadas, **377**

- Estruturas articulares, **377**
  - Côndilos, **377**
  - Eminência articular, **378**
  - Espaço articular, **379**
- Mandíbula, **379**
  - Ramo, **379**
  - Corpo da mandíbula, **380**
- Aspectos do soalho, fossas e septo nasal, **381**
- Aspectos das cavidades orbitárias, **381**
- Aspectos dos seios maxilares, **382**
- Aspectos das fissuras pterigomaxilares: direita e esquerda, **382**
- Velocidade de erupções dentárias, **383**
- Aspectos no andar médio e inferior da face, **383**
- Traçado do plano GO, **383**
- Plano bicondilar (Cd), **384**

Capítulo 17
REABILITAÇÃO NEURO-OCLUSAL -RNO, 389

Princípios neurofisiológicos que dão embasamento à OFM, 392
Classificação dos aparelhos de Planas, 394
  Pistas Indiretas Planas Simples (PIPS), 394
  Componentes do aparelho superior, 395
  Componentes do aparelho inferior, 395
Inclinação do plano oclusal em relação ao plano de Camper, 396
Pistas em resina acrílica, 397
Expansor mediano superior e inferior, 402
Expansor unilateral, 404
Estabilizadores superiores e apoios caninos, 406
Arcos vestibulares, 409
Acessórios, 411
  Molas em S, 411
  Alça recuperadora de circuito neural, 412
  Acessório I5, 414
  Acessório – Molas Ff, 415
  Aleta de resina, 415
Apoios oclusais, 416
Resina acrílica, 418
Adaptação do aparelho PIPS para Classe I e Classe II no paciente, 418
Variação do aparelho PIPS, 421
Aparelhos PIPS para Classe III, 423
Adaptação do aparelho PIPS III, 425
Aparelho PIPC para Classe II, 427
  Tubos telescópicos, 427
  Arcos Dorsais, 428
Aparelho PIPC para Classe II com Equiplan, 429
  Equiplan, 429
Mecanismo de ação do Equiplan, 430
Aparelho estabilizador Planas, 433
Sequência do tratamento com os aparelhos de Planas, 434
  Sessões subsequentes, 434
  Ativação dos aparelhos PIPS: Aparelho Inferior, 434
  Ativação do Aparelho Superior, 434

Ativação dos aparelhos PIPS – Superior e Inferior juntos, **435**
Adaptação do aparelho PIPS III, **435**
Adaptação do aparelho PIPC, **436**
Adaptação do aparelho inferior, **436**
Adaptação do aparelho superior, **436**
Adaptação do aparelho PIPC acoplados, **436**
Adaptação do aparelho PIPC com Equiplan, **437**
Casos clínicos, **438**

Capítulo **18**
TRATAMENTO NA DENTIÇÃO DECÍDUA, 455

Ângulo Funcional Mastigatório Planas, **456**
Ângulo de Bennett, **458**
Prevalência de má oclusão na 1ª dentição, **460**
Classificações das más oclusões clinicamente tratáveis na dentição decídua, **462**
Tratamentos propostos, **464**
1ª situação, **464**
2ª situação, **468**
3ª situação, **472**
4ª situação, **478**
5ª situação, **482**
6ª situação, **486**

Capítulo **19**
DESGASTE SELETIVO NA DENTIÇÃO PERMANENTE, 491

Oclusão fisiologicamente equilibrada, **492**
Atrição e oclusão continuamente modificada, **493**
A fase *Wear-in*, **494**
A fase *Wear-out*, **494**
A fase *Last-stage*, **494**
Desgaste seletivo na dentição permanente, **496**
Pontos de apoio, **499**
Pontos de apoio primários, **499**
Pontos de apoio intermediários, **500**
Pontos de apoio secundários, **501**

Desgaste seletivo das facetas oclusais, **502**
- Incisivos, **502**
- Caninos, **502**
- Pré-molares, **502**
- Molares, **503**

Patogenias tratadas com o desgaste seletivo, **503**
- Grande sobremordida, **503**

Dupla cêntrica, **506**

Dupla oclusão em dentição permanente jovem, **506**
- Características, **507**
- Consequência, **507**
  - Técnica, **508**
  - Local do desgaste, **508**

Dupla cêntrica em dentição permanente adulta, **508**

Trauma Incisivo, **511**
- Tratamento, **511**

Disfunção unilateral, **512**
- Tratamento, **513**

Classificação dos biótipos, **513**
- Biótipo Ectoblástico, **514**
- Biótipo Mesoblástico, **514**
- Biótipo Endoblástico, **514**
- Biótipo Cordoblástico, **515**

Indicações e objetivos do DS
na mordida aberta, **515**

Indicações e objetivos do DS na Classe II – Divisão 1, **517**

Indicações e objetivos do DS na Classe II – Divisão 2, **518**

Indicações e objetivos no DS – Mastigação Vertical, **519**

Indicações e objetivos no DS – Mastigação Viciosa Unilateral, **520**

Indicações e objetivos do DS – Classe III, **521**

Indicações e objetivos no DS em Mordida Cruzada Unilateral, **522**

Indicações e objetivos do DS – Mordida Cruzada Bilateral, **522**

Trauma dental e DS, **523**

Capítulo **20**
TÉCNICA DE BIMLER, 525

Traçado Cefalométrico, **526**
Pontos de referência, **526**
Sistema de Referência Ortogonal (SRO), **528**
Sistema de Referência Esférico (SRE), **529**

Correlômetro, **530**

Ângulo de Perfil Anterior da Face – Ângulo A, **530**

Ângulo de Perfil Posterior Total da Face (APPTF), **532**

Índice Facial Suborbital – IFSO, **533**

Fórmula Facial, **535**

Análise de fatores, **536**
Fator 1. Ângulo de Perfil Anterior Superior da Face, **537**
Fator 2. Ângulo de Perfil Anterior Inferior da Face, **539**
Fator 3. Inclinação mandibular, **540**
Fator 4. Inclinação maxilar, **542**
Fator 5. Inclinação de Clivus, **543**
Fator 6. Eixo de Estresse da Dentadura (EED), **545**
Fator 7. Inclinação da linha NS, **547**
Fator 8. Flexão mandibular, **548**
Fator 9. Inclinação esfenoidal, **549**
Fator 10. Inclinação nasal, **550**

Aferição dos ângulos C e B, **552**

Ângulo Goníaco, **553**

Medidas Lineares, **554**

Índice Gnático (IG), **555**

Ângulo Interincisal (AIR), **557**

Relação dos eixos axiais dos primeiros pré-molares com o Fator 6 (Eixo de Estresse), **558**

Classificação correlativa, **560**

Fórmula dental, **562**

Fórmula estrutural, **563**

Displasias faciais, **566**
Displasia Microrrínica (DMR), **566**
Paciente J. P., gênero masculino, 9 anos, **567**
Fórmula estrutural de Bimler, **568**

Paciente J. P., gênero masculino, 12 anos, **569**
Fórmula estrutural de Bimler, **570**
Displasia Microtica, **570**
Displasia Leptoide, **571**
Aparelhos de Bimler, **572**
Variações dos Aparelhos, **573**
Mecanismo de ação dos aparelhos no sentido anteroposterior e vertical, **578**
Ativação dos aparelhos de Bimler, **579**
Índice de Pont e Korkhaus, **580**
Ficha estomatognática de Bimler, **581**
Ficha de análise da dentadura de Bimler, **582**
Aparelhos de Bimler, **584**

Capítulo **21**
APARELHOS DE KLAMMT, 589

Propriocepção, **591**
Quadro de classificação dos AOFs segundo Simões, **592**
Ativador de Andresen e Häupl, **593**
Indicações, **593**
Apresentação do AEA, **593**
Funcionamento do Ativador Elástico Aberto, **595**
Distoclusão com compressão maxilomandibular, **596**
Classe II Divisão 1 – Protrusão de incisivos superiores e retrusão de incisivos inferiores, **598**
Classe II Divisão 2 – Retrusão de incisivos centrais superiores, sobremordida ou mordida coberta, **600**
Classe III, ou Pseudoclasse III, **601**
Mordida cruzada unilateral, **602**
Mordida aberta anterior, **603**
Biprotrusão alveolar, **605**

Capítulo **22**
APRENDIZADO E MEMÓRIA, 609

Controle do reflexo e do ato voluntário – início da mastigação, **613**
Reflexo de estiramento ou miotático, **615**
Reflexo miotático inverso ou autógeno, **616**
Reflexo miotático e os centros mais altos do cérebro – FR, **617**
Classificação de memória, **619**
Memória explícita ou declarativa, **619**
Memória implícita ou não declarativa, **620**
- Pré-ativação, **621**
- Hábitos, **621**
- Habilidades, **622**
- Aprendizado associativo – condicionamento clássico, **622**
- Aprendizado não associativo, **623**
  - Habituação, **623**
  - Sensitização, **623**

Fases de processamento da memória, **623**
Processos celulares e moleculares relativos à memória, **624**
1. Neurotransmissor, **624**
2. Receptores sinápticos para o glutamato, **625**
3. Os receptores NMDA e a LTP, **625**
4. Genes de expressão imediata, **627**

O SECN e novas memórias, **628**

Anexo
SIGLAS, 632

Capítulo 1

INTRODUÇÃO

Figura 1.1: "Estamos no Universo e, na verdade, somos participantes ativos da imensidão desse Universo".

As questões da vida, cheia de complexidades, sacodem a nossa consciência à medida que novos métodos de pesquisa científica se desenvolvem. Com essas pesquisas novos processos de tratamentos são propostos para as células vivas, os quais podem ser incluídos no arsenal já conhecido. Porém, as velhas concepções, cômodas e profundamente enraizadas, não são substituídas com facilidade e o "novo" sempre causa espanto, dúvidas e até mesmo incredulidade. Apesar de a célula ser o modelo biológico funcional, o conhecimento relativo à sua estrutura constitucional, funcionalidade e interações permaneceu por muito tempo obscuro, retardando, assim, a integração entre célula e molécula. Os estudos da Biologia Celular e Molecular deram um grande avanço no entendimento quanto à organização, ao comportamento e à funcionalidade das células, integrando as reações bioquímicas que ocorrem tanto em nível celular como molecular dentro delas.

Hoje se sabe que tanto os fenômenos universais como os da própria vida utilizam a mesma estrutura atômica da matéria (energia). Assim, há processos de nascimento, crescimento e morte mesmo nas moléculas, átomos e partículas elementares. Os cientistas têm explicado muitos dos processos vitais, como resultado de ações ou reações químicas. De acordo com a natureza da ciência, novas pesquisas são realizadas, mais questões são suscitadas – e, aos poucos, o problema original fica sepultado pela especialização.

Assim como as Ciências, a Odontologia atual passa por momentos de novos questionamentos. Com tecnologias tão avançadas os consultórios odontológicos se tornaram verdadeiros laboratórios tecnológicos, que proporcionam aos pacientes soluções maravilhosas para seus problemas. Esses são providos dos mais diversos equipamentos e materiais desenvolvidos pela tecnologia de ponta, ou seja, especialistas em outras áreas permitiram com suas pesquisas e inovações que a Odontologia evoluísse enquanto técnica. Em um passado não muito distante, as distintas áreas da Odontologia eram estudadas de forma a ficarem entrelaçadas, dando ao profissional uma visão mais geral do funcionamento do Sistema Estomatognático (SE) e das diferentes técnicas existentes para tratá-lo bem.

Com os avanços tecnológicos, sociais e culturais, passou-se a dar outro enfoque, ou seja, houve a separacão em especialidades bem distintas e os clínicos sentiram a necessidade de se especializar, dividindo-se em células menores, atendendo nichos específicos. Por um lado, essa divisão foi necessária, permitindo avanços relativos a materiais, equipamentos, técnicas e pesquisas específicas para cada segmento. Mas, por outro lado, a alta especialização deixou de focar o homem como um todo. Assim, o paciente ganha em algumas situações e perde em outras. Porém, o Homem (Ser) também é visto de forma fragmentada, sem uma análise integrada do seu problema bucal com ele mesmo. O conhecimento fragmentado e altamente especializado não oferece necessariamente uma compreensão do indivíduo como um todo. Pode se comparar essa situação a um prato que cai e se estilhaça. O prato pode ser restaurado, colando-se os seus fragmentos, portanto restaura-se a sua forma original, mas não a sua função. O prato foi modificado pela nossa interferência como parte de um ambiente vivo.

Nos dias atuais, as ciências estão estudando o homem, em todos os aspectos; estão fazendo perguntas e desafiando as premissas e "verdades" aceitas por todos em um determinado momento. No infinito mar de potencialidades que nos cerca é importante buscar e desafiar as novas possibilidades já propostas, como também ir em busca de outras. É tempo de fazer parcerias com as outras ciências, para descobrir novas respostas, para definir novos paradigmas.

> *Fazer a mesma coisa vezes seguidas, esperando obter um resultado diferente, é uma das definições de insanidade.* (Albert Einstein)

O paradigma faz parte do nosso *modus operandi* como indivíduos, como cientistas ou como sociedade. Um paradigma é como o sistema inconsciente de crenças de uma cultura, no que se acredita, e como se age de acordo com essas crenças. Os humanos vivem e respiram essas crenças; pensam e interagem de acordo com elas.

Praticamente todo dia surgem novas informações científicas que não podem ser explicadas pelo modelo clássico. A teoria da relatividade, a mecânica quântica, a influência dos pensamentos e das emoções sobre o corpo, as ditas "anomalias", mostram a necessidade de um modelo diferente de pensar e agir, um novo paradigma que inclua todos esses fenômenos dentro de uma teoria mais abrangente sobre o funcionamento do mundo. Dentro desse enfoque, atualmente existe uma corrida para estudar o Sistema Sensorial Olfativo, pois as novas pesquisas sobre o assunto revelam a importância desse sistema para a percepção de outras energias existentes no planeta que os humanos ainda não conseguem captar.

Uma das grandes características da ciência é a proposição de que o fato considerado certo hoje pode se tornar incorreto amanhã. As teorias de ontem serviram como base para se subir mais alto. Os profissionais da área Odontológica que trabalham em seus consultórios focando os mesmos tratamentos, olhando para o mesmo direcionamento clínico, buscando variações de técnicas utilizadas dentro de sua especialidade, podem não perceber o que está acontecendo na evolução do próprio homem. Uma nova linha de pesquisa se relaciona com a importância da presença dos dentes em suas arcadas e a manutenção da memória.

Kato *et al.* (1997) demonstraram em ratos idosos que a perda de dentes é um problema inoportuno relacionado com a idade e o fenômeno patológico na cavidade oral, influencia o corpo inteiro, devido à deficiência mastigatória. Investigaram a habilidade de aprendizagem e memória e a liberação de acetilcolina no córtex parietal em ratos idosos sem molares. Após a extração dos molares, os ratos foram alimentados com comida em pó por 135 semanas. Esses animais tiveram uma perda na aquisição de memória espacial. O nível de acetilcolina extracelular nos animais sob estimulação de alta concentração de $K+$ e sulfato de atropina foi significantemente maior comparado com os controles. Os dados sugerem que a injúria da memória espacial nesses animais pode ser devido à deteriorização do sistema neuronal colinérgico induzido pela perda de dentes, a qual pode ser um dos fatores de risco para a demência senil.

Onozuka *et al.* (1999) avaliaram o envolvimento da mastigação reduzida na demência senil em ratos idosos SAMP8. Reduziram a altura dos molares superiores dos animais e examinaram os efeitos na memória espacial e no número de neurônios hipocampais. Esses animais mostraram uma diminuição da habilidade de aprendizagem no labirinto de água e na densidade de neurônios na região CA1 do hipocampo comparados com os controles. Os dados sugerem uma possível ligação entre redução mastigatória e perda de neurônios hipocampais, que pode ser um fator de risco para a redução da memória espacial no idoso.

Em seu trabalho de 2004, Jan Bergdahl acompanhou, desde 1988, 1.962 pessoas com idade entre 35 e 90 anos. Analisou a memória entre o grupo com os dentes naturais e o grupo com dentaduras artificiais. Os resultados mostraram que as pessoas que não tinham os dentes naturais apresentavam a memória claramente afetada comparadas às que os tinham.

Tsutsui *et al.* (2007) verificaram em ratos que a redução de estimulação de aferentes mastigatórios, devido ao uso por tempo prolongado de dieta mole, pode induzir a perda de neurônios no hipocampo e reduzir a habilidade de aprendizado e memória.

Jiang *et al.* (2007) exploraram em humanos os efeitos do lado de preferência mastigatória na resposta cortical cerebral durante tarefa de apertamento voluntário máximo, em posição de intercuspidação utilizando imagem de ressonância magnética funcional. Os estudos foram feitos em sete pacientes com lado preferencial direito e sete com o lado esquerdo. Os dados mostraram que o giro para-hipocampal, o qual está associado com memória e estudo, em humanos, é ativado durante tarefa de apertamento em pacientes com lado de preferência mastigatória esquerda. Não houve ativação da região cerebral examinada nos pacientes com preferência mastigatória direita.

Ono *et al.* (2008) mostraram em ratos submetidos a fator estressante que a mastigação exerce uma ação de melhora no prejuízo causado pelo estresse induzido nos receptores NMDA mediadores da LTP hipocampal. Sugere que a mastigação é uma boa estratégia para competir com estresse severo, pela supressão de excessivas respostas endócrinas.

Ono *et al.* (2009) verificaram em ratos os mecanismos que medeiam a ação de melhora da mastigação no prejuízo causado pelo estresse induzido nos receptores NMDA mediadores da LTP hipocampal. Para isso, estudaram o envolvimento do sistema histaminérgico. Os resultados mostraram que a mastigação induzida libera histamina no hipocampo e a subsequente ativação do receptor H1 pode ser essencial para o resgate da plasticidade sináptica estresse-suprimida.

Kubo *et al.* (2010) sugeriram que, nos idosos, a função mastigatória é benéfica para a manutenção da função neurocognitiva. Por exemplo, uma habilidade deficiente de mastigar, como aquela resultante de falta total de dentes ou alimentação por dietas moles, causa deficiências de aprendizado e memória em animais idosos e mudanças patológicas no hipocampo. Além disso, a desarmonia oclusal prejudica os processos de memória hipocampal por meio de estresse crônico e induz patologia hipocampal similar. Entretanto, a mastigação resgata a eliminação de LTP hipocampal e o prejuízo do aprendizado hipocampal-dependente, induzidos por estresse. Estas descobertas fortemente sugerem uma ligação entre mastigação e função neurocognitiva.

Pesquisas relacionadas à criação de dentes em laboratório têm sido desenvolvidas em muitos centros de pesquisa, como a do grupo de Takashi Tsuji. Em 2007, os pesquisadores utilizaram células-tronco mesenquimais da medula óssea e células epiteliais que depois se transformaram em dente.

Primeiramente, promoveram o crescimento separado de cada tipo de célula para obter maior quantidade delas, as quais foram injetadas em colágeno, substância que une as células em um organismo.

Ocorreu um desenvolvimento celular, que se transformou em dente com grande eficácia. Quando implantadas na cavidade dentária de um rato, se desenvolveram normalmente e demonstraram ter a mesma composição e estrutura que os incisivos naturais.

O estudo apresenta a regeneração bem-sucedida de um órgão completo por meio da implantação de material obtido mediante bioengenharia. Esses resultados podem contribuir para o desenvolvimento das tecnologias de bioengenharia e a futura reconstrução de órgãos vitais *in vitro*. No Brasil, dois fortes grupos de pesquisadores trabalham com bioengenharia dentária: o grupo de Duailibi e de Mantesso (Duailibi *et al.*, 2006; Duailibi *et al.*, 2008; Mantesso e Sharpe, 2009; Duailibi *et al.*, 2011; Zhang *et al.*, 2011; Wang *et al.*, 2011; Li *et al.*, 2011; Oshima *et al.*, 2011).

Além disso, com o desenvolvimento da Neurociência muitas crenças caíram por terra. Uma delas afirmava que o indivíduo nasce com um determinado número de neurônios e estes com a idade vão morrendo sem a possibilidade do nascimento de novos. Desde as últimas décadas, os experimentos nessa área mostraram o nascimento de novos neurônios em ratos, pássaros, símios e em humanos em determinadas regiões do cérebro como no hipocampo e neocortex, mesmo em adultos. Quando o cérebro é adequadamente estimulado pode ocorrer o nascimento de novos neurônios que se conectam com outros, os quais têm afinidade entrando em um circuito neural funcional. (Rakic, 1978; Nordeen e Nordeen, 1990; Kim, Alvarez-Buylla e Nottebohm, 1991; Magiakou, 1996; Kemperman, Kuhn e Gage, 1997; Erikson *et al.*, 1998; Kemperman, Kuhn e Gage, 1998; Kornack e Rakic, 1999; Fuchs e Gould, 2000; Boyden, Katoh e Raymond, 2004).

Destaca-se também outro paradigma importante substituído pela Neurociência quanto às funções das células da glia, as quais são mais numerosas que os próprios neurônios. Até bem pouco tempo pensava-se que as células gliais não se comunicavam com os neurônios, atuando passivamente formando uma estrutura de sustentação para os neurônios. Estudos evidenciam que as células da glia se comunicam com os neurônios, "conversam" com eles liberando ou resgatando neurotransmissores e ou substâncias transportadoras à medida que são solicitadas pelos neurônios. Essas duas células (neurônios e células gliais) compõem a organização funcional do cérebro comunicando-se sincronicamente para estabelecer e manter o equilíbrio das distintas funções cerebrais. (Lev-Ram, *et al.*, 1997; Newman e Zahs 1998; Oliet, Piet e Poulain, 2001; Nishiyama *et al.*, 2002; Peng *et al.*, 2003; Angulo *et al.*, 2004; Todd *et al.*, 2006).

Dentre as especialidades odontológicas, a Ortopedia Funcional dos Maxilares (OFM) é a que está mais diretamente envolvida com os conceitos e processos neurofisiológicos que comandam o funcionamento do SE, como também a sua coparticipação direta com o Sistema Nervoso Central (SNC) na integração do indivíduo como um todo. Nos próximos capítulos deste livro passaremos a abordar esses temas.

Referências

1. ANGULO, M. C; KOSLOV, A. S; CHARPAK, S; AUDINAT, E. Glutamate released from glial cells synchronizes neuronal activity in the hippocampus. *J. Neurosci*, v. 24, p. 6920-27, 2004.

2. BOYDEN, E. S; KATOH, A; RAYMOND, J. L. Cerebellum-dependent learning: the role of multiple plasticity mechanisms. *Ann. Rev. Neurosci*, v. 27, p. 581-609, 2004.

3. CASSANO, T; ROMANO, A; MACHEDA, T; COLANGELI, R; CIMMINO, C. S; PETRELLA, A; LAFERLA, F. M; CUOMO, V; GAETANI, S. Olfactory memory is impaired in a triple transgenic model of Alzheimer disease. *Behav Brain Res.*, v. 224, n. 2, p. 408-12. 2011.

4. *DISPONÍVEL em* <http://www.bemquevocepode.com.br/?page_id=59>. Acesso em 29/09/2011 (Figura 1.1).

5. *DISPONÍVEL em* <http://noticias.terra.com.br/ciencia/interna/0,,OI1420004 – EI238,00.html>. Acesso em 01/09/2011.

6. DUAILIBI, M. T; DUAILIBI, S. E; DUAILIBI, NETO E. F; NEGREIROS, R. M; JORGE, W. A; FERREIRA, L. M, VACANTI, J. P; YELICK, P. C. Tooth tissue engineering: optimal dental stem cell harvest based on tooth development. *Artif Organs*, v. 35, p. 129-35. 2011.

7. DUAILIBI, S. E; DUAILIBI, M. T; VACANTI, J. P; YELICK, P. C. Prospects for tooth regeneration. *Periodontol*, v. 41, p. 177-87, 2006.

8. DUAILIBI, S. E; DUAILIBI, M. T; ZHANG. W; ASRICAN, R; VACANTI, J. P; YELICK, P. C. Bioengineered dental tissues grown in the rat jaw. *J Dent Res*, v. 87, p. 745-50, 2008.

9. ERIKSON, P. S; PERFILIEVA, E; BJORK-ERIKSON, T; ALBORN, A. M; NORDBORG, C; PETERSON, D. A; GAGE, F. H. Neurogenesis in the adult human hippocampus. *Nat. Med*, v. 4, p. 1313-17, 1998.

10. FUCHS, E; GOULD, E. *In vivo* neurogenesis in the adult brain: regulation and functional implications. *European Journal of Neuroscience*, v. 12, p. 2211-2214, 2000.

11. GOULD, E; TANAPAT, P; HASTINGS, N. B; SHORS,T. J. Neurogenesis in adulthood: a possible role in learning. *Trends Cog. Sci*, v. 3, p. 186-192, 1999.

12. JIANG, H; LIU, H. C; JIN, Z; LIU, G; ZENG, Y. W. Effect of chewing-side preference on activation of parahippocampal gyrus during clenching task. *Zhonghua Kou Qiang Yi Xue Za Zhi*, v. 42, n. 2, p. 94-5, 2007.

13. KATO, T; USAMI, T; NODA, Y; HASEGAWA, M; UEDA, M; NABESHIMA, T. The effect of the loss of molar teeth on spatial memory and acetylcholine release from the parietal cortex in aged rats. *Behav Brain Res*, v. 83, p. 239-42, 1997.

14. KEMPERMAN, G; KUHN, H. G; GAGE, F. H. Experience –induced neurogenesis in the senescent dentate gyrus. *J. Neurosci*, v. 18, p. 3206-3212, 1998.

15. KEMPERMAN, G; KUHN, H. G; GAGE, F. H. More hippocampal neurons in adult mice living in the enriched environment. *Nature*, v. 386, p. 493-95, 1997.

16. KIM, J. R; ALVAREZ-BUYLLA, A; NOTTEBOHM, F. Production and survival of projection neurons in a forebrain vocal center of adult male canaries. *J. Neurosci.* V. 11, p. 1756-62, 1991.

17. KORNACK, D. R; RAKIC, P. Continuation of neurogenisis in the hippocampus of the adult macaque monkey. Proc. *Natl. Sci. USA*, v. 96, p. 5768-73, 1999.

18. KUBO, K. Y; ICHIHASHI, Y; KURATA, C; LINUMA, M; MORI, D; KATAYAMA, T; MIYAKE, H; FUJIWARA, S; TAMURA, Y. Masticatory function and cognitive function. *Okajimas Folia Anat Jpn*, v. 87, n. 3, p. 135-40, 2010.

19. LEV-RAM, V; JIANG, T; WOOD, J; LAWRENCE, D. S; TSIEN, R. Y. Synergies and coincidence requirements between NO, cGMP, and Ca+ in the induction of gerebellar long-term depression. *Neuron*, v. 18, p. 1025-38, 1997.

20. LI, R; GUO, W; YANG, B; GUO, L; SHENG, L; CHEN, G; LI, Y; ZOU, Q; XIE, D; AN, X; CHEN, Y; TIAN, W. Human treated dentin matrix as a natural scaffold for complete human dentin tissue regeneration. *Biomaterials*, v. 32, p. 4525-38, 2011.

21. MAGIAKOU, M. A; TSIGOS, C; MUNSON, P. J; CHROUSOS, G. P. The maternal hypotalamic-ptuitary adrenal axis in the third trimester of human pregnancy. *Clin Endocrinol*, v. 44, p. 419-28, 1996.

22. MANTESSO, A; SHARPE, P. Dental stem cells for tooth regeneration and repair. *Expert Opin Biol Ther*, v. 9, n. 9, p. 1143-54, 2009.

23. NEWMAN, E. A; ZAHS, K. R. Modulation of neuronal activity by glial cells in the retia. *J. Neurosci*, v. 18, p. 4022-28, 1998.

24. NISHIYAMA, H; KNOPFEL, T; ENDO, S; ITOHARA, S. Glial protein SI00B modulates long-term neuronal synaptic plasticity. *Proc. Natl. Acad. Sci. USA*, v. 99, p. 4037-4042, 2002.

25. NORDEEN, E. J; NORDEEN, K. W. Neurogenesis and sensitive periods in avian song learning. *Trends Neurosci*, v. 13, p. 31-36, 1990.

26. OLIET, S. H; PIET, R; POULAIN, D. A. Control of glutamate clearance and synaptic efficacy by glial coverage of neurons. *Science*, v. 292, p. 923-926, 2001.

27. ONO, Y; KATAOKA, T; MIYAKE, S; CHENG, S. J; TACHIBANA, A; SASAGURI, K. I; ONOZUKA, M. Chewing ameliorates stress-induced suppression of hippocampal long-term potentiation. *Neuroscience*, v. 154, n. 4, p. 1352-9, 2008.

28. ONO, Y; KATAOKA, T; MIYAKE, S; SASAGURI, K; SATO, S; ONOZUKA, M. Chewing rescues stress-suppressed hippocampal long-term potentiation via activation of histamine H1 receptor. *Neurosci Res*, v. 64, n. 4, p. 385-90, 2009.

29. ONOZURA, M; WATANABE, K; MIRBOD, S. M; OZONO, S; NISHIYAMA, K; KARASAWA, N; NAGATSU, I. Reduced mastication stimulates impairment of spatial memory and degeneration of hippocampal neurons in aged SAMP8 mice. *Brain Res*, v. 24, n. 826, p. 148-54, 1999.

30. OSHIMA, M; MIZUNO, M; IMAMURA, A; OGAWA, M; YASUKAWA, M; YAMAZAKI, H; MORITA, R; IKEDA, E; NAKAO, K; TAKANO-YAMAMOTO T; KASUGAI, S; SAITO, M; TSUJI, T. Functional tooth regeneration using a bioengineered tooth unit as a mature organ replacement regenerative therapy. *PLoS One*, v. 6, p. 215-31, 2011.

31. PENG, H. B; YANG, J. F; DAI, Z; LEE, C. W; HUNG, H. W; FENG, Z. H; KO. C. P. Differencial effects of neurotrophins an Schwann cell-derived signals on neuronal survival/growth and synaptogenesis. *J. Neurosci*, v. 23, p. 5050-5060, 2003.

32. RAKIC, P. Neuronal migration and contact guidance in the primate telencephalon. *Postgrad. Med.* J, v. 54, (Suppl.1), p. 25-40, 1978.

33. TODD, K. J; SERRANO, A; LACAILLE, J. C; ROBITAILLE, R. Glial cells in synaptic plasticity. *Journal of Physiology*, v. 99, p. 75-83, 2006.

34. TSUTSUI, K; KAKU, M; MOTOKAWA, M; TOHMA, Y; KAWATA, T; FUJITA, T; KOHNO, S; OHTANI, J; NAKANO, M; KAMADA, H; TANNE, K. Influences of reduced masticatory sensory input from soft-diet feeding upon spatial memory/learning ability in mice. *Biomed Res*, v. 28, n. 1, p. 1-7, 2007.

35. WANG, X; HE, F; TAN, Y; TIAN, W; QIU, S. Inhibition of Delta1 promotes differentiation of odontoblasts and inhibits proliferation of human dental pulp stem cell in vitro. *Arch Oral Biol*, v. 56, p. 837-45, 2011.

36. ZHANG, W; LIU, J; WANG, H; LI, Z. Preparation of recombinant human bone morphogenetic protein 2 decorated beta tricalcium phosphate/collagen and preliminary studies on its properties of inducing tooth formation. *Zhongguo Xiu Fu Chong Jian Wai Ke Za Zhi*, v. 25, p. 149-54, 2011.

Capítulo 2

O CÉREBRO HUMANO

"O cérebro humano funciona como um grande laboratório, projetando modelos, juntando peças, executando funções".

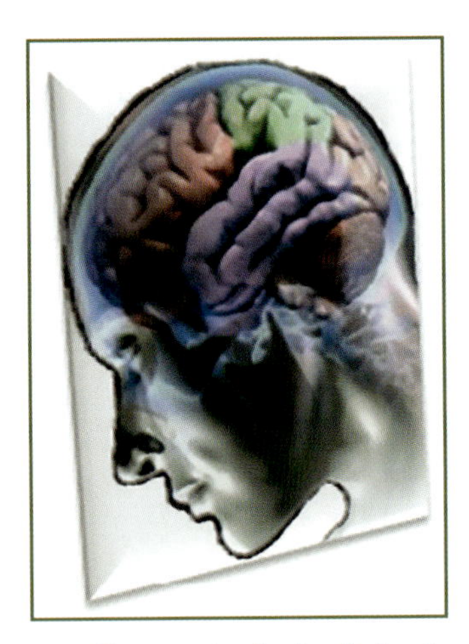

Figura 2.1: Representação do cérebro humano.

O cérebro humano é uma rede de mais de 100 bilhões de neurônios interconectados em sistemas que constroem nossas percepções do mundo externo, fixa nossa atenção e controla a maquinaria das nossas ações.

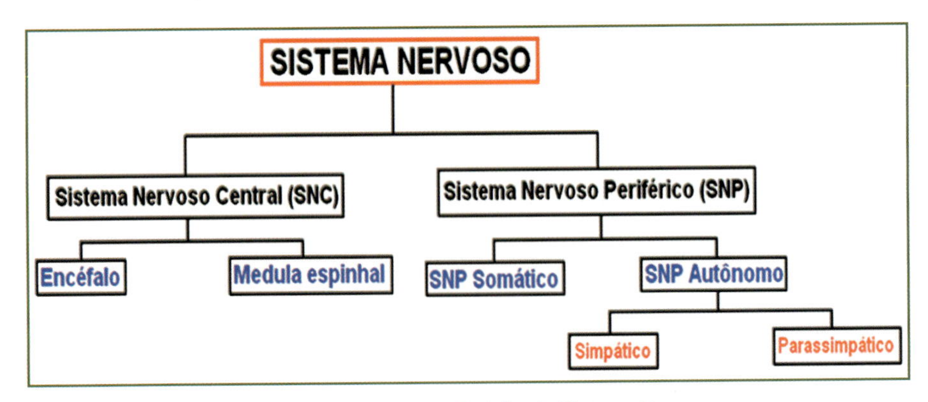

Figura 2.2: Diagrama da Divisão do Sistema Nervoso.

O Sistema Nervoso Periférico fica na periferia do corpo, ou seja, fora do SNC. É constituído por nervos e gânglios nervosos. Os nervos podem ser:

- **Sensitivos:** São os que transmitem os impulsos nervosos do órgão receptor para o SNC.
- **Motores:** conduzem o impulso codificado no SNC para o órgão efetor.
- **Mistos:** tem o mesmo papel que os nervos sensitivos e motores ao mesmo tempo.

É graças a este sistema que o cérebro e a medula espinhal recebem e enviam as informações, permitindo que o indivíduo reaja às diferentes situações que têm origem no meio externo ou interno.

O SNP pode ser dividido em duas classes diferentes, dependendo da origem ou terminação dos seus terminais nervosos. Se os nervos começarem, ou acabarem, no encéfalo, constituem os pares de nervos cranianos. Entre eles se encontram os nervos trigêmeos (V par craniano), nervo misto responsável pela inervacão do SE, que será mostrado no capítulo III. Se os nervos começarem na medula espinhal, constituem os pares nervosos raquidianos.

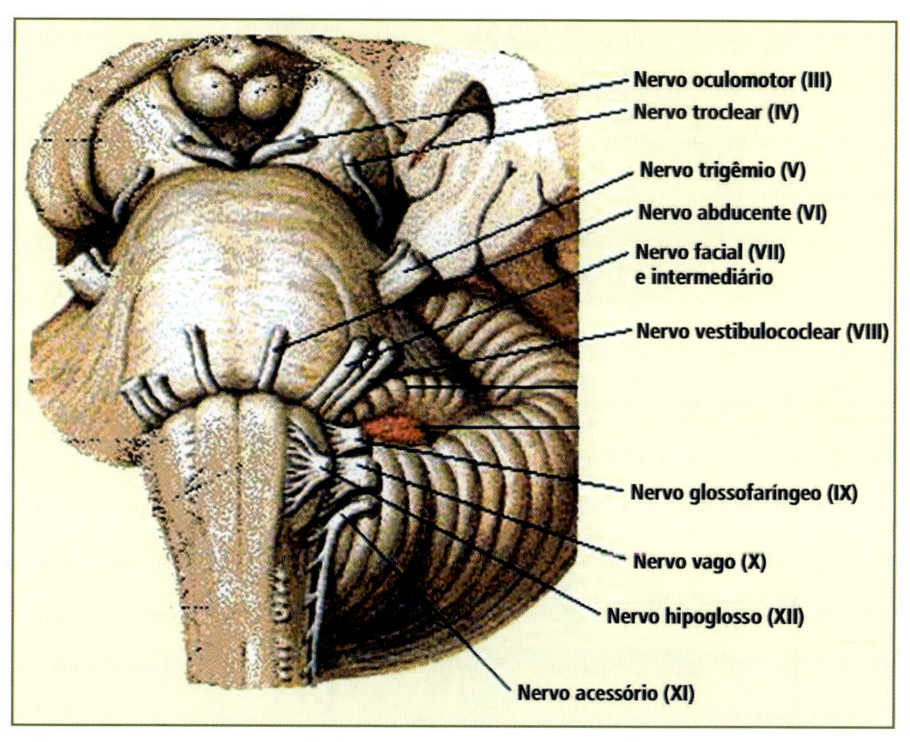

Figura 2.3: Tronco cerebral – vista anteroinferior. SNP e os 12 pares de nervos cranianos (III, IV, V,VI, VII,VIII, IX, X, XII e XI). Aqui não se podem ver os nervos: I e II.

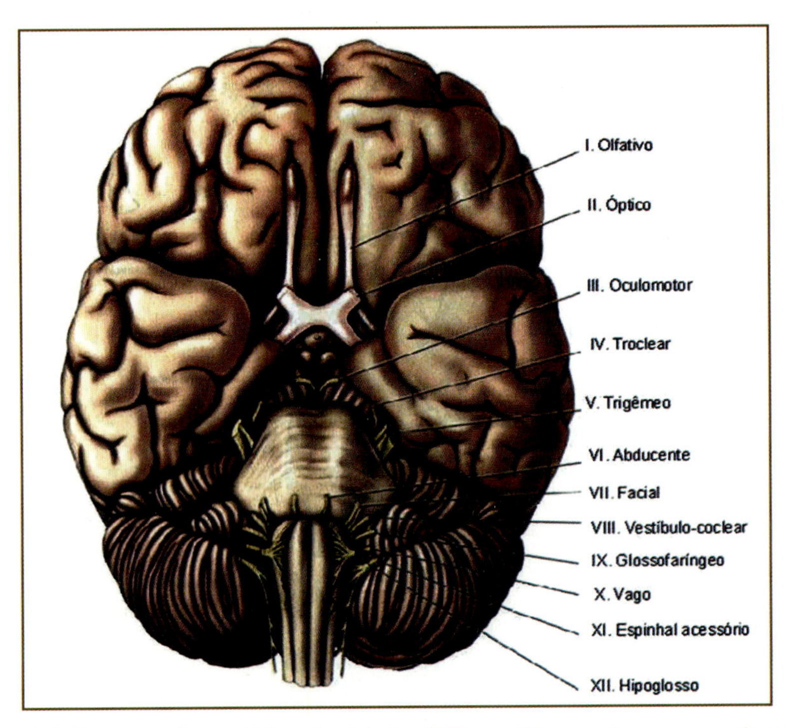

Figura 2.4: Tronco cerebral – vista anteroinferior. SNP e os 12 pares de nervos cranianos (I, II, III, IV, V,VI, VII,VIII, IX, X, XI e XII).

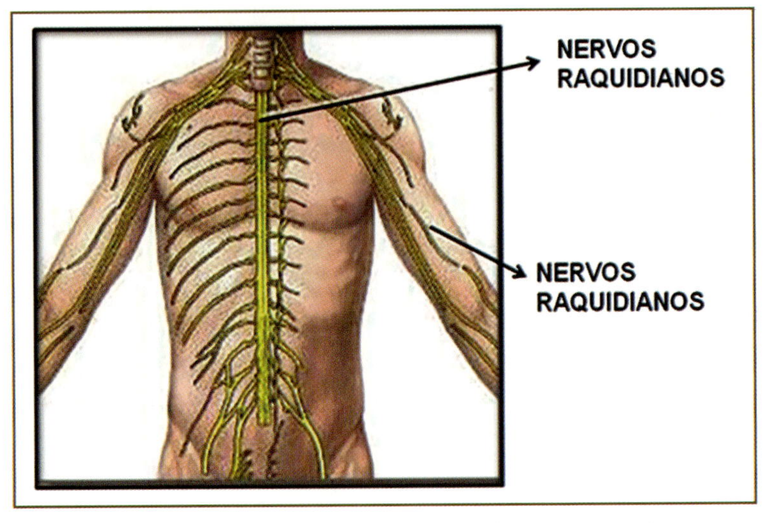

Figura 2.5: Representação do Sistema Nervoso Periférico – São os 31 pares de nervos que ligam a medula espinhal aos músculos esqueléticos: oito pares cervicais; doze pares dorsais ou torácicos; cinco pares lombares e seis pares sacrais.

Sistema Nervoso Central

O Sistema Nervoso Central (SNC) é formado pelo encéfalo e pela medula espinhal. O encéfalo compreende: tronco encefálico, cerebelo e cérebro.

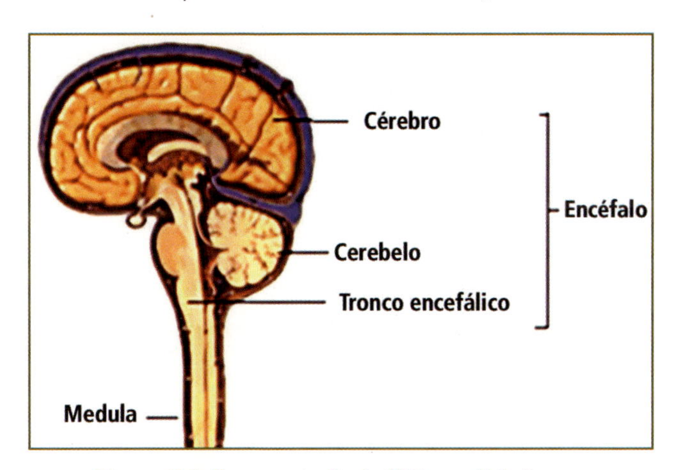

Figura 2.6: Representação do SNC: encéfalo (tronco encefálico, cerebelo e cérebro) e a medula espinhal.

Subdivisão do SNC

O SNC pode ser subdivido em sete partes principais:

1. **O Cordão Espinhal:** parte mais caudal do SNC, recebe e processa informação sensorial da pele, articulações, músculos dos membros e tronco, e controla os movimentos dos membros e do tronco. Pode ser subdividido nas regiões: cervicais, torácicas, lombares e sacrais. O cordão espinhal continua rostralmente (em direção à cabeça) como tronco encefálico, que consiste da medula oblonga, ponte e mesencéfalo.

   O tronco encefálico recebe informação sensorial da pele e músculos da cabeça e provê o controle motor para os músculos da cabeça. Ele também transmite informação do cordão espinhal para o cérebro e do cérebro para o cordão espinhal, regula os níveis de atenção e percepção, por meio da formação reticular. O tronco encefálico contém distintos grupos de corpos celulares: os núcleos dos nervos cranianos. Alguns desses núcleos recebem informação da pele e músculos da cabeça; outros controlam as saídas motoras para os músculos da face, pescoço e olhos. Ainda outros, são especializados em informação dos sentidos: ouvir, equilíbrio e tato.

2. **A medula oblonga ou bulbo:** fica logo acima do cordão espinhal, inclui muitos centros responsáveis pelas funções autônomas vitais tais como: digestão, respiração e controle dos batimentos cardíacos.
3. **A ponte:** fica acima do bulbo transmite informação sobre movimento do hemisfério cerebral para o cerebelo.
4. **O cerebelo:** fica atrás da ponte e está conectado ao tronco encefálico por muitos tratos de fibras chamados pedúnculos. Ele modula a força e a velocidade do movimento e está envolvido no aprendizado de tarefas motoras.
5. **O mesencéfalo:** rostral à ponte, controla muitas funções motoras e sensoriais, incluindo o movimento dos olhos e a coordenação de reflexos visuais e auditivos.
6. **O diencéfalo:** rostral ao mesencéfalo e contém duas estruturas. O tálamo processa a maioria das informações que estão alcançando o córtex cerebral vindas do resto do SNC. O hipotálamo regula as funções viscerais, endócrinas e autonômicas.
7. **Os hemisférios cerebrais:** consistem de uma grossa camada enrugada "o córtex cerebral" e de três estruturas profundas: os gânglios da base, o hipocampo e os núcleos amigdaloides. Os gânglios da base participam na regulação do desempenho motor; o hipocampo está envolvido com os aspectos de armazenamento de memórias; e os núcleos amigdaloides coordenam as respostas endócrinas, autonômicas e os estados emocionais.

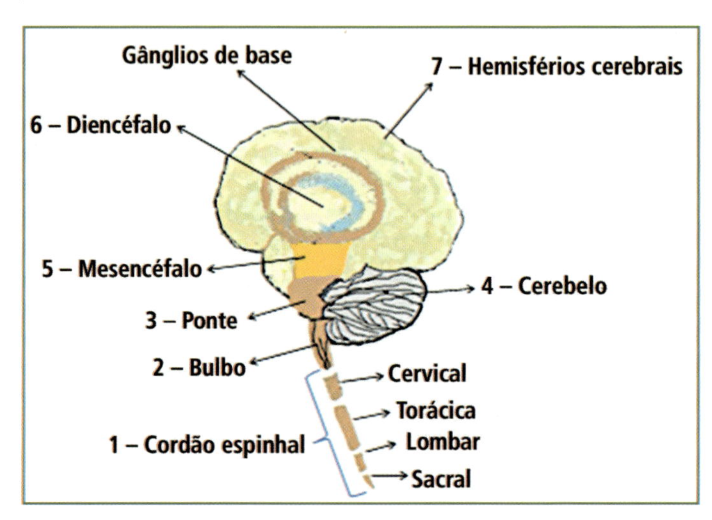

Figura 2.7: O SNC pode ser dividido em sete partes principais: 1 – medula ou cordão espinhal, 2 – bulbo, 3 – ponte, 4-cerebelo, 5-mesencéfalo, 6-diencéfalo e 7-hemisférios cerebrais.

O córtex cerebral está dividido em quatro lobos: frontal, temporal, parietal e occipital.

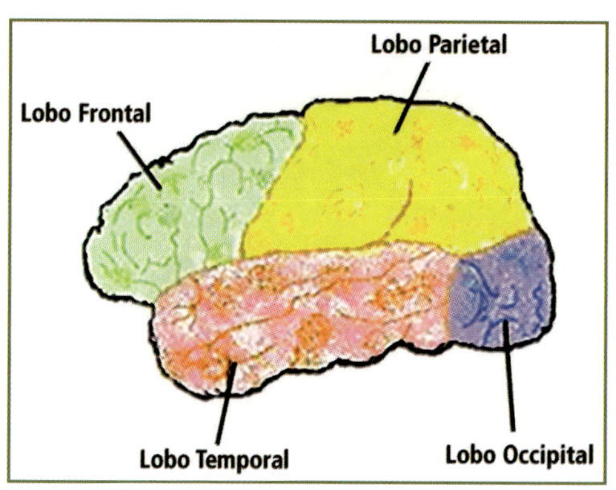

Figura 2.8: Desenho esquemático do córtex cerebral evidenciando os quatro lobos: frontal, temporal, parietal e occipital.

O cérebro também é dividido em três amplas regiões: cérebro posterior (rombencéfalo) do qual fazem parte o bulbo, ponte e cerebelo; cérebro médio (mesencéfalo) e o cérebro anterior (prosencéfalo) composto por: diencéfalo e hemisférios cerebrais.

O rombencéfalo e o mesencéfalo fazem parte do tronco cerebral.

Uma estrutura importante a salientar é a Formação Reticular (FR) que apresenta macroscopicamente o aspecto de uma rede ou malha de fibras nervosas que se estende por todo o neuroeixo (desde a medula espinhal até o cérebro). Esta rede situa-se entre os tratos e núcleos nervosos, havendo influencia da FR em todos os feixes nervosos ascendentes e descendentes. A FR é uma região antiga no aspecto evolucionário, ocupando a parte central do tronco encefálico. A principal função da FR é ativar o córtex cerebral, projetando-se cranialmente um pouco para dentro do diencéfalo, e caudalmente à porção mais alta da medula espinhal. Com suas conexões com todo o SNC (córtex cerebral, tálamo, hipotálamo, sistema límbico, cerebelo, nervos cranianos e medula espinhal), a FR do tronco encefálico controla a atividade elétrica cortical como o sono e vigília, a sensibilidade à atenção seletiva, atividades motoras somáticas complexas que envolvem centros reflexos como o respiratório, o vasomotor e o locomotor; o Sistema Nervoso Autônomo (SNA) e o eixo hipotálamo-hipófise controlando o sistema neuroendócrino. Além disso, a FR faz conexões com os nervos cranianos. A FR tem grande importância nas DTMs em que os sintomas de ansiedade, depressão, estresse, dificuldade no sono estão presentes, pois é a estrutura que explica as alterações físicas, emocionais e mentais ocasionadas pela estimulação de algumas áreas periféricas como: pele, músculos ou articulações, incluindo as ATMs.

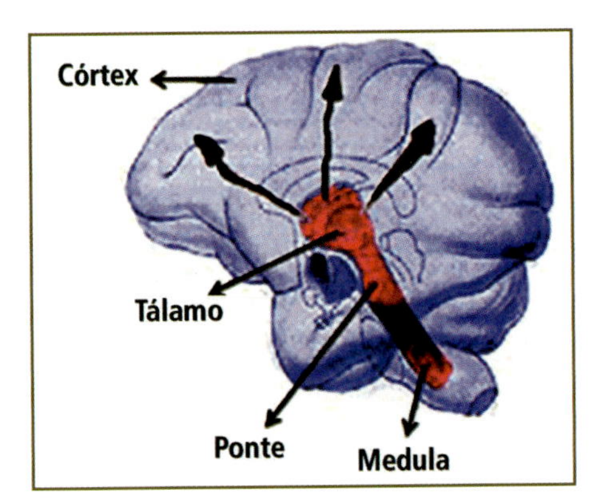

Figura 2.9: Representação esquemática do cérebro. Em vermelho: parte da formação reticular do Tronco Encefálico cuja estimulação induz excitação. Vias sensoriais ascendem da medula espinhal e tronco encefálico para áreas somestésicas do córtex. A formação reticular contém projeções que influenciam o hipotálamo, e, ao nível do tálamo, diverge para distribuir impulsos difusamente através de todas as áreas do córtex (Modificado de Levingston, 1967).

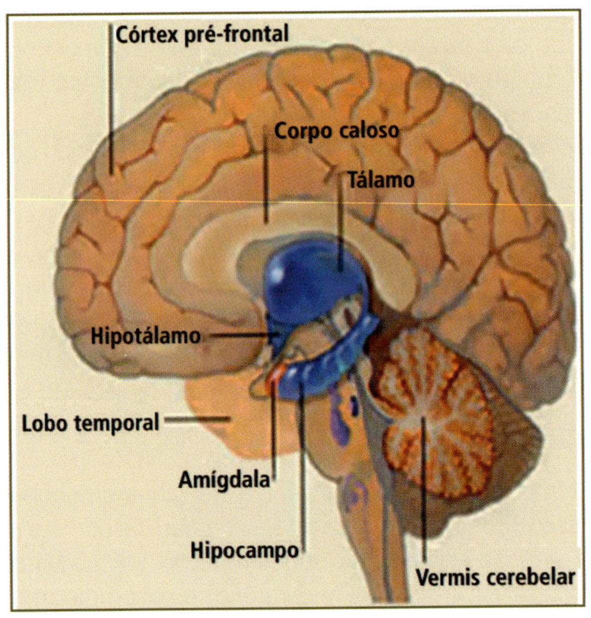

Figura 2.10: O Sistema Límbico é formado por um grupo de estruturas que incluem: hipotálamo, tálamo, hipocampo, amígdala, os corpos mamilares e o giro do cíngulo (não representados no desenho). Todas estas áreas são muito importantes para a emoção e reações emocionais. O hipocampo também é importante para o aprendizado e a memória. Estão também representados o córtex pré-frontal (relacionado com a expressão e linguagem) e o vermis cerebelar (acuidade dos movimentos e equilíbrio).

Na Síndrome da Disfunção das ATMs (DTMs) sintomas como: estresse emocional, alteração do sono, insônia, cansaço físico e mental, estado de irritação geral estão sendo desencadeados pelo acionamento de estruturas neurais como o Sistema Límbico e a FR, as quais regulam o estado de vigília e as memórias emocionais. A DTM iniciada por algum desequilíbrio do SE gera compressão articular e, consequentemente, dos receptores sensoriais, vasos e fibras nervosas retromeniscais, que levam a dores locais ou em outras áreas. Quando o desequilíbrio do SE inclui apertamento dental, apertamento de músculos mastigatórios e/ou faciais e bruxismo os sintomas são mais agravados, pois esses comportamentos promovem maior excitação às estruturas neurais citadas.

Células do Sistema Nervoso

O Sistema Nervoso Central (SNC) é composto primariamente por dois tipos de células:

- **Células de suporte:** denominadas células da glia ou neuróglias.
- **Células nervosas ou neurônios e interneurônios:** são as unidades básicas de sinalização do Sistema Nervoso (SN).

Glia ou neuróglias

São em maior número que os neurônios em uma proporção de 10-50. Suas células comunicam-se com os neurônios e uma com as outras. Fornecem suporte físico para os tecidos nervosos, que possuem pouca matriz celular. A matriz celular tem um papel-chave na fisiologia celular, pois é a reguladora central da célula e da homeostase dos tecidos. No capítulo I foi mencionada sua importância, além de fornecer suporte para os tecidos. As células que compõem a glia são: astrócitos, micróglia, células de Schwann e oligodendrócitos:

Astrócitos

Essas células têm as seguintes funções:

- Realizar o contato entre os neurônios e os vasos sanguíneos (transferência de nutrientes);

- Ajudar a regulação de passagem de moléculas do sangue para o encéfalo;
- Captar K (potássio) e neurotransmissores a partir do fluido extracelular para o intracelular.

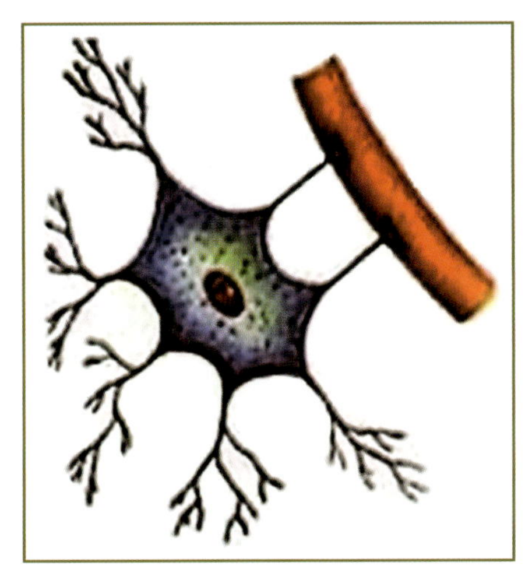

Figura 2.11: Astrócito (esquemático), célula da glia contatada ao vaso sanguíneo para transporte de nutrientes ao cérebro.

Micróglia

Células especializadas do sistema imunológico que, quando ativadas, fagocitam os invasores, materiais estranhos e degenerados dentro do SNC.

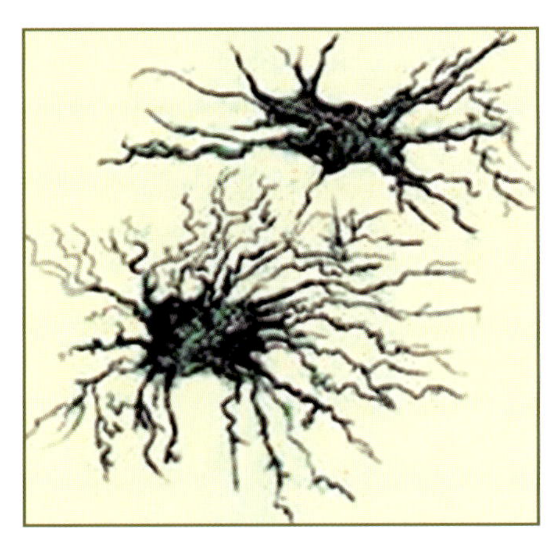

Figura 2.12: Micróglia (esquemática), célula da glia especializada em fagocitose.

Células de Schwann

Células que recobrem os axônios e formam a bainha de mielina no SNP. Os axônios mielinizados a cada espaço regular perdem a capa de mielina. Esse local se chama Nódulo de Ranvier onde ocorre a despolarização da membrana, ou seja, entrada de íons de Sódio (Na) com carga positiva para o interior da célula e saída de íons de potássio (K) com carga negativa, para o exterior da célula. Essa diferença de carga elétrica favorece o potencial de ação (PA) ao longo de uma fibra nervosa. É um Impulso tudo ou nada, propagado ao longo do axônio com a amplitude mantida até o fim do terminal axônio. O sinal elétrico (PA) chega ao terminal axônico e gera sinais químicos de secreção de neurotransmissores para a fenda sináptica (espaço existente entre dois neurônios durante sua comunicação ou sinapse).

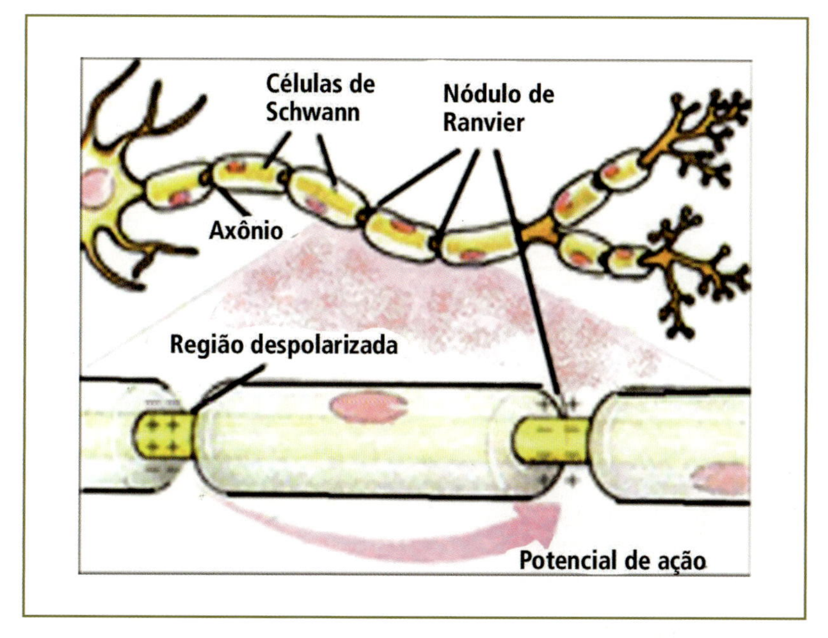

Figura 2.13: Células de Schwann (esquemáticas), células da glia que envolvem os neurônios do SNP formando uma bainha de mielina em seus axônios. Nódulo de Ranvier região sem mielina onde pode ocorrer o potencial de ação.

Oligodendrócitos

São responsáveis pela formação da bainha de mielina no Sistema Nervoso Central (SNC).

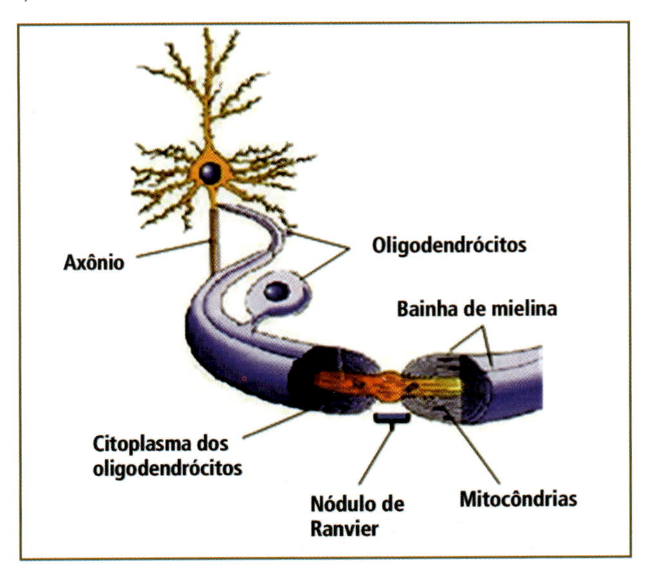

Figura 2.14: Oligodendrócito (esquemático) célula da glia que envolve o axônio do neurônio do SNC com mielina. A região sem mielina é chamada de nódulo de Ranvier. Na área de corte da figura: citoplasma do oligodendrócito e mitocôndrias.

Neurônios

São células excitáveis que geram e transportam sinais elétricos. O neurônio é a unidade funcional do SN. Unidade Funcional é entendida como a menor estrutura que pode desempenhar todas as funções de um sistema.

Principais estruturas do neurônio

- ➔ Corpo celular ou soma: Membrana, Citoplasma e Núcleo;
- ➔ Dendritos;
- ➔ Axônios;
- ➔ Terminais pré-sinápticos.

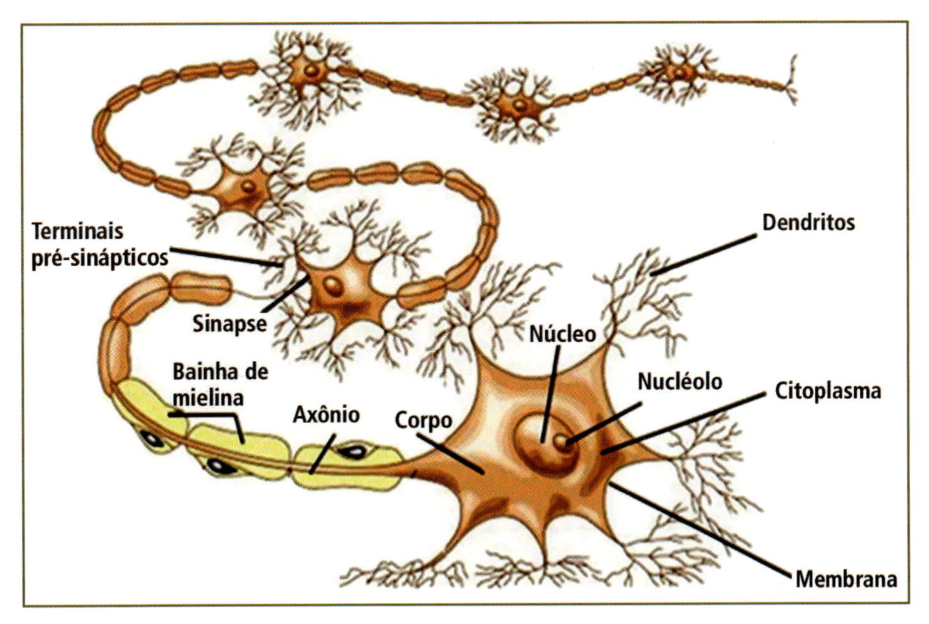

Figura 2.15: Desenho esquemático de neurônio pré-sináptico com dendritos, corpo celular (membrana, citoplasma, núcleo e nucléolo), axônio com a bainha de mielina e terminais pré--sinápticos fazendo sinapse com o neurônio pós-sináptico.

Corpo celular ou soma

- ➔ **Membrana:** formada por dupla camada lipídica, é rica em proteínas que podem bombear substâncias de dentro para fora da célula ou formar poros que regulam a entrada de substâncias para a célula.
- ➔ **Citoplasma:** contém todas as organelas típicas encontradas na célula e o citosol que é o fluido aquoso coloidal rico em potássio, que preenche o interior do soma (corpo celular).
- ➔ **Núcleo:** contém o material genético e as instruções para a síntese das proteínas neuronais (retículo endoplasmático).

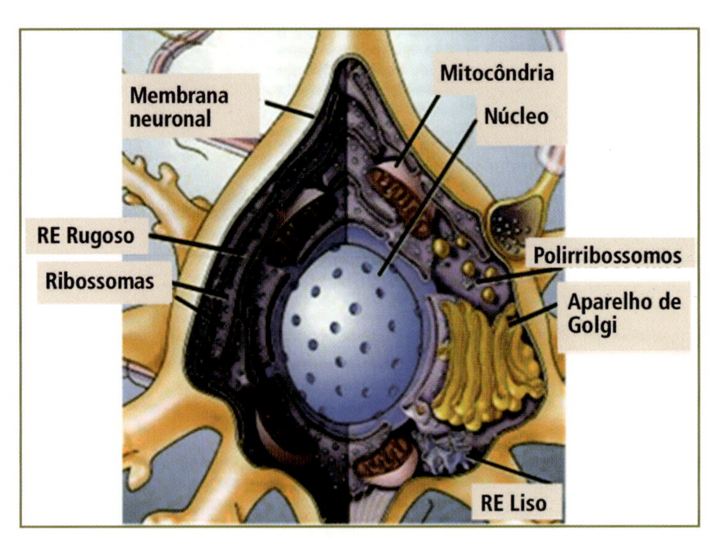

Figura 2.16: Esquema que destaca o corpo celular e sua maquinaria: Membrana Neuronal. Citoplasma com a maquinaria: Mitocôndrias, Polirribossomos, Aparelho de Golgi, Retículo Endoplasmático Liso, Ribossomas e Retículo Endoplasmático Rugoso. Núcleo com o DNA.

Dendritos

Os dendritos assemelham-se a ramos de uma árvore à medida que se afastam do soma, chamado de **árvore dendrítica**. Sua função principal é de receber sinais de outras células e os transferirem para o corpo celular.

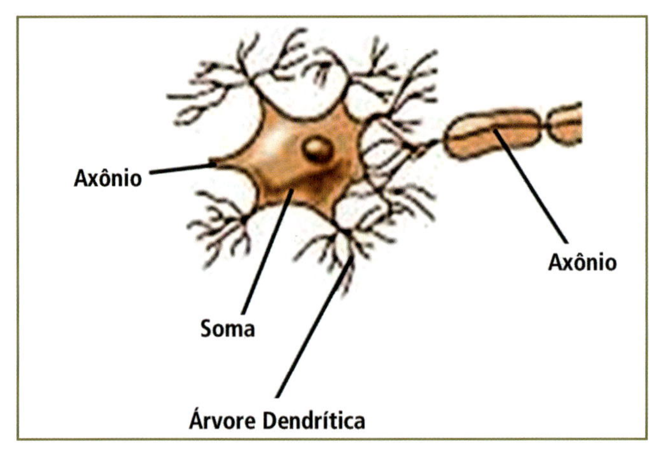

Figura 2.17: Representação de neurônio com a árvore dendrítica (soma ou corpo celular e axônios).

Axônio

É uma ramificação ou braço do neurônio relativamente longo, cilíndrico, cuja principal função é conduzir impulsos que se afastam do corpo celular (soma). Seu segmento inicial é o cone de implantação, e o final é o terminal axônico. O axônio conduz sinais para outros neurônios e pode apresentar ramos colaterais.

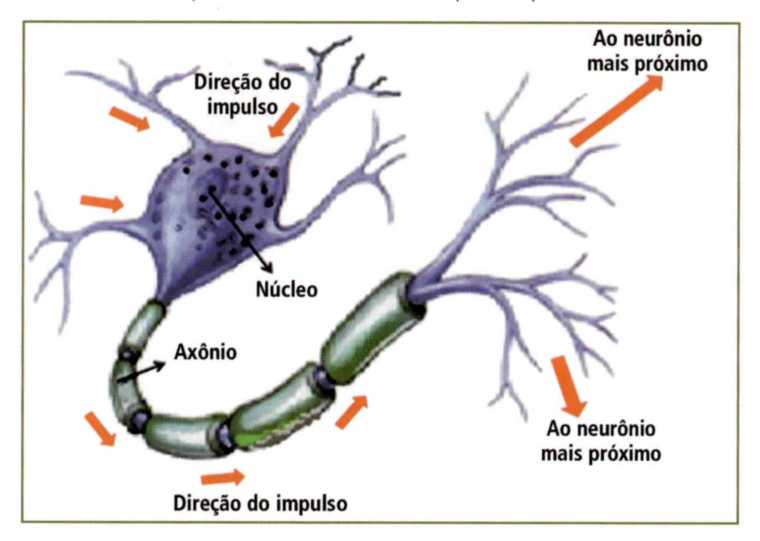

Figura 2.18: Neurônio com destaque para a entrada de sinal (direção do impulso) entrando no corpo celular, saindo pelo axônio que o conduz até o neurônio (s) mais próximo (s) onde ocorrerá sinapse ou sinapses.

Terminais pré-sinápticos

São os terminais dendríticos, ricos em mitocôndrias e em vesículas sinápticas. As vesículas sinápticas são como pequenas bolsas que contêm neurotransmissores. Com a entrada de um sinal (estímulo), as vesículas migram em direção à membrana do terminal e são liberadas para a fenda sináptica.

A fenda sináptica é o espaço entre o terminal pré-sináptico e o pós-sináptico. É o local onde ocorre a sinapse entre dois neurônios. Na fenda o neurotransmissor se liga por afinidade ao seu receptor, presente na membrana pós-sináptica, onde ocorrerão os eventos bioquímicos subsequentes.

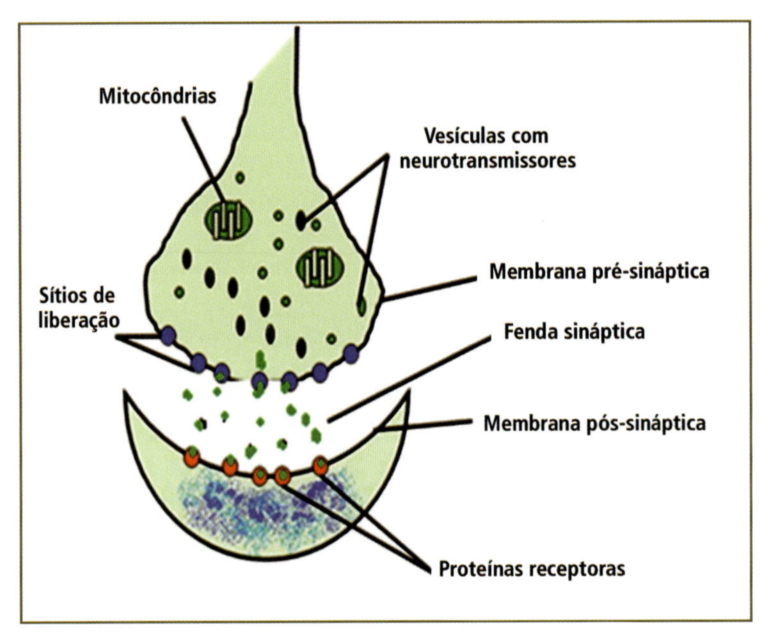

Figura 2.19: Esquema de um terminal pré-sináptico rico em mitocôndrias e vesículas sinápticas com neurotransmissores. Com a entrada de um sinal químico ou elétrico, as vesículas se rompem e liberam partículas de neurotransmissores para a membrana pré-sináptica nos sítios de liberação. Por exocitose as partículas passam para a fenda sináptica e por afinidade encontram na membrana pós-sináptica suas proteínas receptoras específicas.

Classificação dos Neurônios

Classificação Estrutural

Pelo número de processos que se originam a partir do corpo celular podem ser:

➔ **Pseudounipolares:** axônios e dendritos se fundem durante o desenvolvimento e criam uma longa extensão. São os típicos neurônios ganglionares da raiz dorsal do SNP.

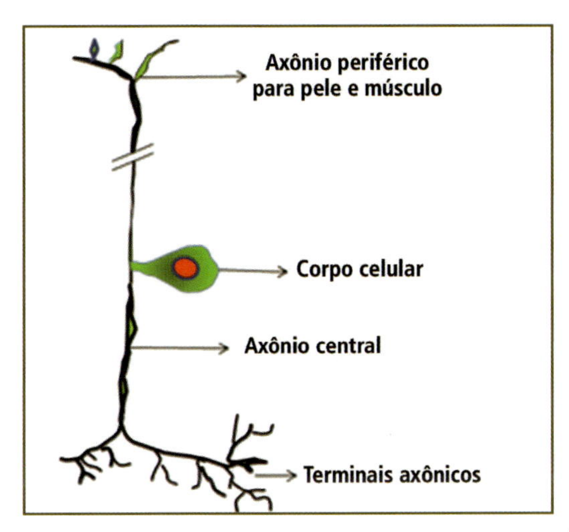

Figura 2.20: Desenho esquemático de neurônio pseudounipolar. É o típico neurônio ganglionar da raiz dorsal. Essas células são uma variação das bipolares.

➔ **Unipolares:** São os mais simples, pois têm um único processo primário, o qual dá origem a muitos braços. Um braço funciona como axônio e os outros, como dendritos.

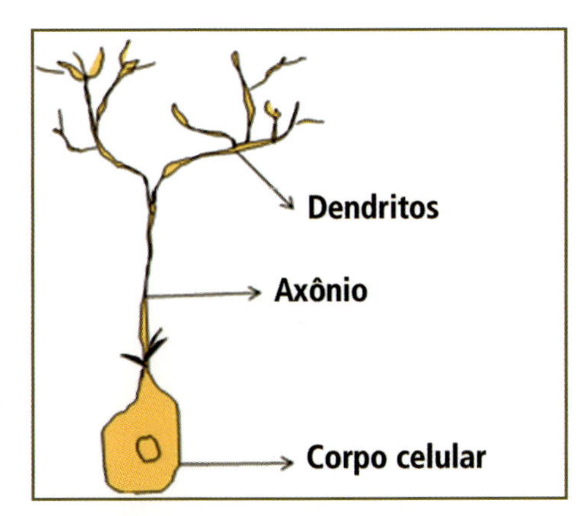

Figura 2.21: Desenho esquemático de neurônio unipolar. São células características do sistema nervoso dos invertebrados.

➔ **Bipolares:** Células com dois processos que são funcionalmente especializados. O dendrito carrega informação da periferia do corpo e o axônio transporta informação para o SNC.

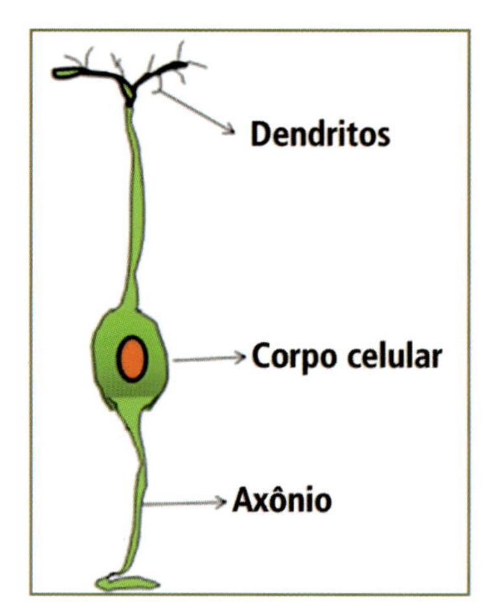

Figura 2.22: Desenho esquemático de neurônio bipolar. Apresenta o corpo com forma ovalada que dá origem a dois processos: um dendrito e um axônio. Muitas células sensoriais são bipolares, como na retina e no epitélio olfatório.

➔ **Multipolares:** apresentam muitos dendritos e um axônio ramificado, tais como: neurônio motor do cordão espinhal, piramidal do hipocampo e Purkinje do cerebelo.

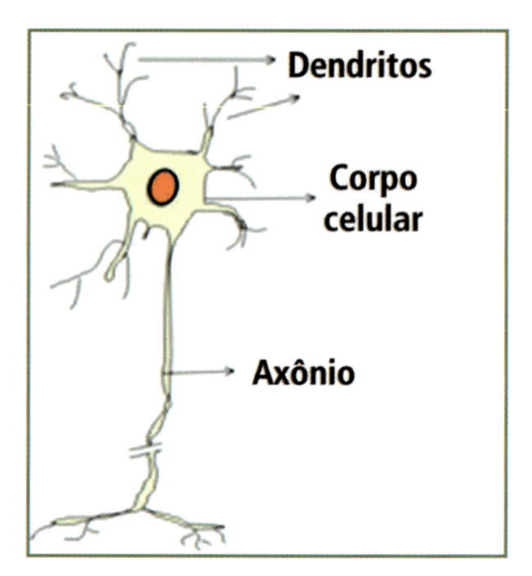

Figura 2.23: Desenho esquemático de neurônio multipolar (neurônio motor do cordão espinhal). Apresenta um único axônio e muitos dendritos emergindo de vários pontos ao redor do corpo. Podem variar em forma, comprimento e número de seus axônios, comprimento e intrincamento de seus dendritos. Geralmente o número e extensão de seus dendritos correlacionam com o número de contatos sinápticos que outros neurônios fazem com eles. Por exemplo, um neurônio motor espinhal com relativamente poucos dendritos recebe cerca de 10.000 contatos, sendo 2.000 em seu corpo celular e 8.000 em seus dendritos.

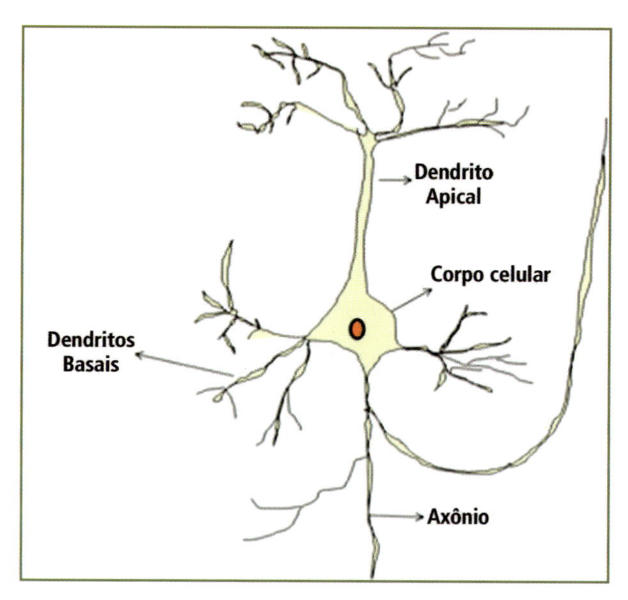

Figura 2.24: Neurônio Piramidal do Hipocampo. Corpo com forma triangular. Os dendritos emergem dos dois ápices: dendritos apicais e basais. São encontrados também no córtex.

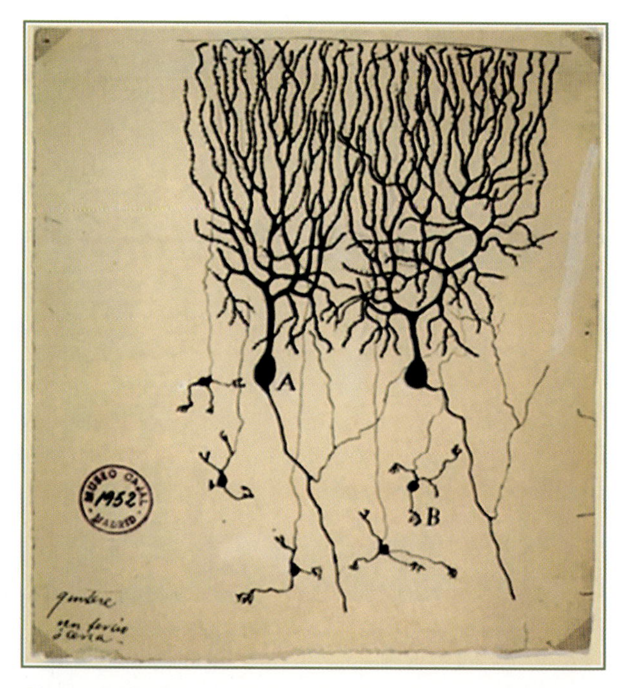

Figura 2.25: Desenho esquemático de células de Purkinje do cerebelo (multipolar). Foto do museu de Cajal em Madri (1952).

Classificação Funcional

De acordo com a função, os neurônios classificam-se em:

- **Neurônios Sensitivos Aferentes:** levam informação dos receptores periféricos para o SNC (percepção e coordenação motora).
- **Neurônios Motores Eferentes:** conduzem a resposta do SNC ao órgão efetor. Estes últimos classificam-se em: Somático e Músculos Esqueléticos.
- **Visceral através do Sistema Nervoso Autônomo:** Simpático e Parassimpático.

Interneurônios

Os interneurônios são células nervosas não especificamente sensoriais ou motoras e têm a função de se interporem entre neurônios, modulando o circuito a que pertencem. Dividem-se em duas classes:

- **Interneurônio local:** Apresenta axônio curto e processa informações em circuitos locais.
- **Interneurônio de projeção:** Apresenta axônio comprido e conduz sinais por distâncias consideráveis de uma região do cérebro para outra.

Inibição

Nem todos os sinais cerebrais são excitatórios. Aliás, quase a metade de todos os neurônios tem a função de inibir a produção de determinados sinais.

Assim, as conexões excitatórias, por exemplo, dos músculos elevadores da mandíbula fazem com que eles se contraiam, enquanto as inibitórias com determinados interneurônios impedem que os abaixadores antagonistas entrem em ação.

Esse circuito neural é uma forma de inibição por *feed-forward*. A inibição por *feed-forward* no reflexo miotático da mandíbula é recíproca, assegurando que os elevadores e abaixadores se inibam mutuamente.

A inibição *feed-forward* é comum no sistema monossináptico como, por exemplo, o reflexo patelar e o reflexo mandibular.

Outro tipo de inibição que pode ocorrer é a inibição por *feedback*, que é um mecanismo de auto-regulação.

A consequência dessa inibição é de diminuir a atividade de estimulação em uma via e de prevenir que exceda um limite crítico máximo.

Nesse caso os neurônios motores agem nos interneurônios inibitórios, os quais realimentam os mesmos neurônios motores extensores reduzindo a probabilidade de disparo dessas células.

Dessa maneira, os sinais do neurônio ativo excitam, de forma simultânea, o neurônio alvo e o interneurônio inibitório, que fica, assim, capaz de limitar a capacidade do neurônio ativo de excitar seu alvo sendo, portanto, um mecanismo de autorregulagem.

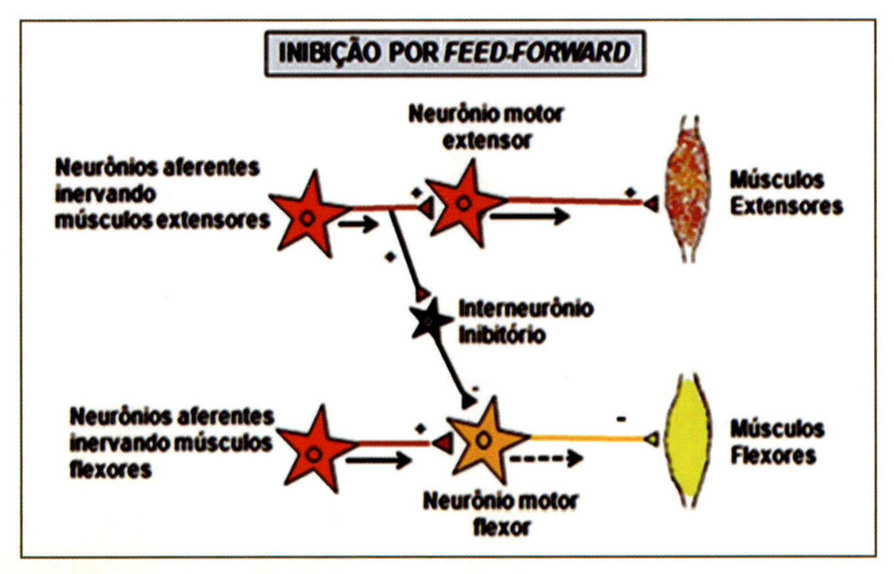

Figura 2.26: Esquema de circuito neural com inibição por *feed-forward*. Os músculos flexores são inibidos pela interposição do interneurônio inibitório, permitindo que a estimulação chegue até os músculos extensores.

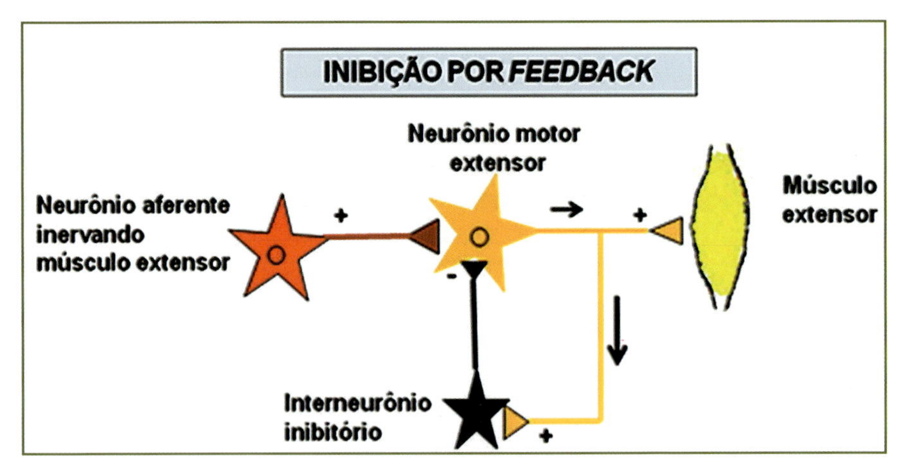

Figura 2.27: Esquema de circuito neural com inibição por *feedback*. O interneurônio inibitório está sendo retroalimentado pelo próprio neurônio motor extensor. Dessa forma, limita a ação extensora no músculo extensor.

Sinapse

Sinapse é o ponto de comunicação entre dois neurônios (neuroneural) ou entre um neurônio e uma fibra muscular (neuromuscular).

A especificidade das conexões sinápticas é estabelecida durante o desenvolvimento envolvendo percepção, ação, emoção e aprendizado. Os neurônios são células segregadas, não se tocam mesmo durante a comunicação entre eles, pois há sempre um espaço, uma fenda que os separam chamada de fenda sináptica. Assim, quando um PA é deflagrado no axônio, este sinal elétrico chega até o terminal axônico e transforma-se agora em sinal químico que leva à liberação de neurotransmissores para a fenda sináptica.

Neurotransmissor pode ser definido como uma substância química que é liberada numa sinapse por um neurônio e que afeta outra célula (um neurônio ou um órgão efetor) de maneira específica. Porém, para ser considerada neurotransmissora, a substância precisa ser sintetizada no neurônio; estar presente na terminação pré-sináptica e liberada em quantidade suficiente para exercer uma ação definida sobre o neurônio pós-sináptico ou órgão efetor. Além disso, existe um mecanismo específico para sua remoção da fenda sináptica.

Algumas substâncias que funcionam como neurotransmissores: acetilcolina (atua em sinapse neuromuscular), aminas biogênicas, dopamina, norepinefrina, epinefrina, serotonina, histamina, glicina, glutamato, GABA (ácido Y-aminobutírico) principal neurotransmissor de ação inibitória no cérebro, muitos peptídeos como: hormônios, opioides, secretinas, insulinas, somatostatinas, gastrinas. Essas substâncias neurotransmissoras liberadas para a fenda sináptica se ligam ao seu receptor de canal iônico específico presente no terminal dendrítico do outro neurônio (neurônio pós-sináptico) onde ocorrerão os eventos bioquímicos, que gerarão respostas de comportamento, como, por exemplo, a contração de músculos.

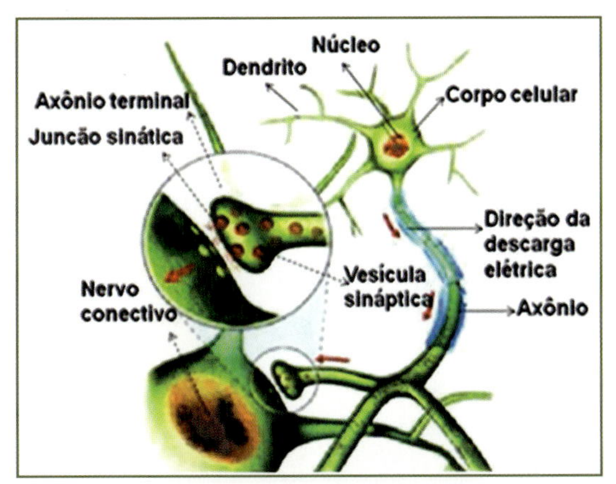

Figura 2.28: Sinapse neuroneural (sinapse entre dois neurônios).

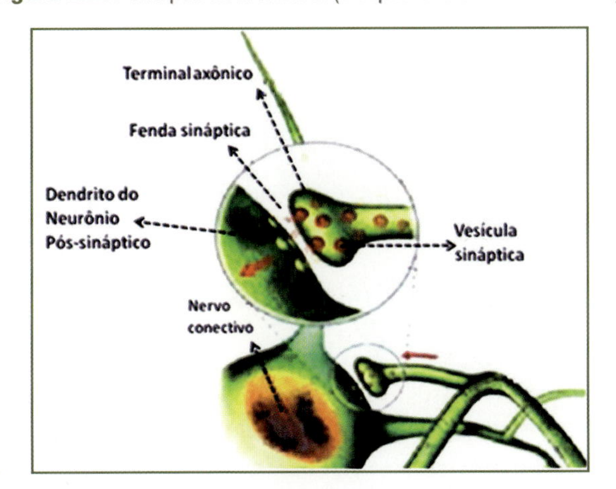

Figura 2.29: Sinapse neuroneural evidenciando o terminal axônico, rico em vesículas de neurotransmissores, que se rompem e passam para a fenda sináptica. No dendrito do neurônio pós-sinático do nervo conectivo, os canais receptores específicos deste neurotransmissor se abrem para a sua acoplagem. Então, entram em curso as reações bioquímicas advindas dessa conexão sináptica.

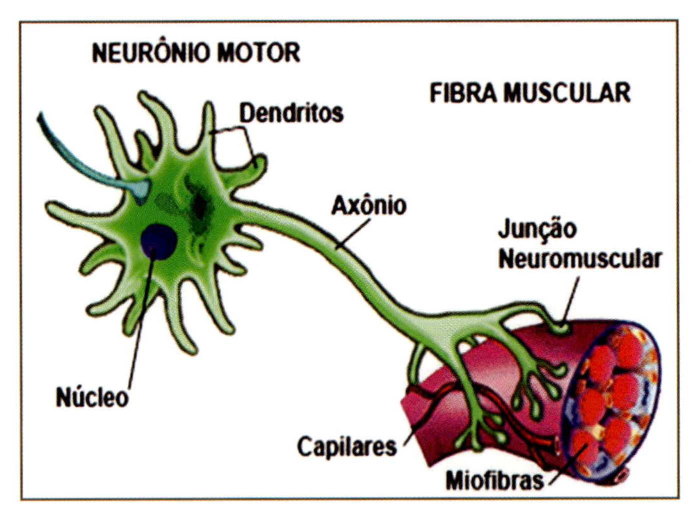

Figura 2.30: Representação de Sinapse Neuromuscular – sinapse feita pelo neurônio motor (fibra nervosa) e o músculo, cujo neurotransmissor é a Acetilcolina (Ach). A região onde os terminais axônicos fazem sinapse com o músculo se chama Junção Neuromuscular.

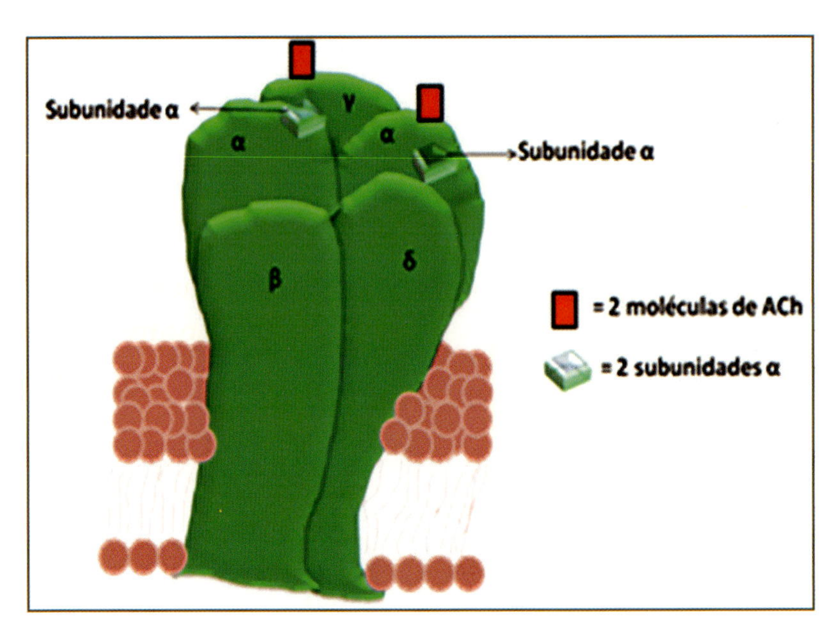

Figura 2.31: Modelo esquemático de receptor de canal iônico da Ach com 5 subunidades. Todas contribuem para formar o poro do canal. Quando 2 moléculas de Ach se ligam às 2 subunidades α (alfa) – expostas na superfície da membrana do neurônio – muda a conformação do receptor, abre o seu poro, permitindo o fluxo de Na+ e K+ através dele. As 5 subunidades: β, δ, γ, e duas α.

Organização de sinalização

- ➔ Sinal de entrada (receptivo);
- ➔ Sinal de disparo (integração);
- ➔ Condução do sinal (sinalização);
- ➔ Sinal de saída (secretório).

A estimulação sensorial em um músculo (sinal de entrada) ativa o fuso neuromuscular, provocando o seu estiramento e a integração do sinal sensorial (sinal de disparo), que dispara o potencial de ação ao longo do neurônio sensorial (condução do sinal) até os terminais sinápticos (sinal de saída) onde ocorre a sinapse com o neurônio motor. Com a entrada dos sinais sinápticos no neurônio motor ocorre a integração deste sinal, potencial de ação e condução deste, através do axônio motor. No terminal sináptico motor acontece a sinapse com a fibra motora efetora (sinapse neuromuscular). Assim, entra o novo sinal no fuso neuromuscular desse músculo, que é integrado, conduzido, e a saída da informação é representada pelo comportamento muscular, ou seja, a sua contração.

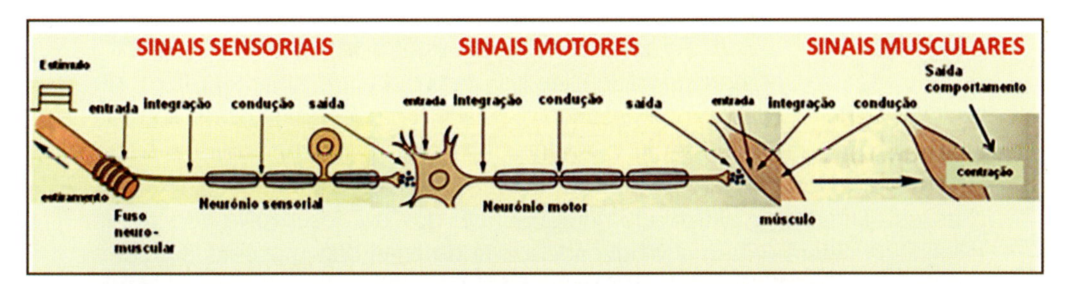

Figura 2.32: Desenho esquemático da organização de sinalização neural desde a estimulação na pele ou músculo (aferência) até a saída do sinal – contração do músculo estimulado (eferência). Desde o início, o sinal sensorial que entra no fuso neuromuscular do músculo estimulado é integrado, conduzido pela fibra sensorial e secretado para o neurônio motor, no qual segue a mesma ordem da organização de sinalização (sinais motores). Este envia os sinais motores ao músculo efetor (sinais musculares), no qual segue a mesma ordem de sinalização terminando com a deflagração do comportamento muscular de contração.

Determinantes do comportamento humano

Os determinantes do comportamento humano são as influências genéticas e ambientais. O comportamento não é herdado, o que é herdado é o DNA.

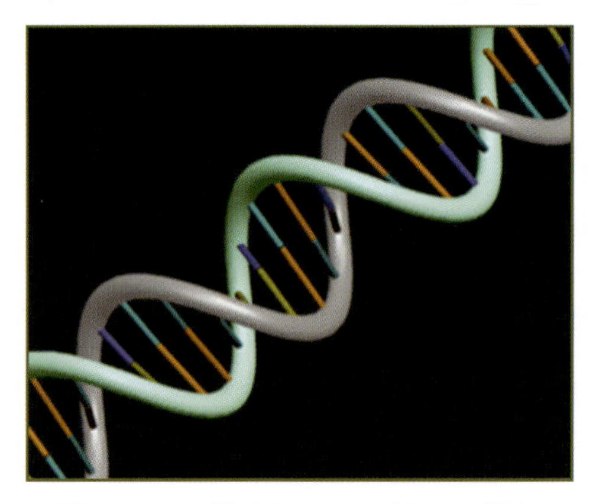

Figura 2.33: Modelo esquemático de DNA.

Os genes codificam proteínas que são importantes para o desenvolvimento e regulação dos circuitos neurais que envolvem os comportamentos. O ambiente, que começa a exercer suas influências no útero materno, torna-se o fator de principal importância após o nascimento. Assim, comportamentos fisiológicos realizados pelo meio contextual boca tais como amamentação natural e o uso de alimentos duros, levam ao aprendizado e à formação de memória, relativos a esses estímulos (plasticidade neural). O SE que se desenvolve sob essas influências obterá uma morfologia adequada de suas bases ósseas (forma) e terá um aprendizado fisiológico de suas atividades específicas (funções): sucção, deglutição, respiração, mastigação e fonação.

A habilidade de sequenciar os genes, inferir e deduzir as sequências de aminoácidos para as proteínas que codificam tem revelado similaridades entre as proteínas no sistema nervoso e aquelas encontradas em outro lugar do corpo.

Isto tornou possível estabelecer um plano geral para as funções das células, um plano que provê uma estrutura conceitual comum para toda a biologia celular, incluindo neurônios. Todo comportamento é o resultado de função no cérebro. O que se chama de mente é um conjunto de operações transmitidas pelo cérebro. As ações do cérebro envolvem não somente os comportamentos motores relativamente simples como, andar, comer, mastigar, deglutir, mas também ações cognitivas mais complexas como pensar, falar e criar obras de arte.

Apesar de o homem já ter explorado o fundo dos mares, os distantes satélites dos planetas e desenvolvido as mais diversas tecnologias, o cérebro humano ainda é muito obscuro para o próprio homem. Costuma-se comparar o cérebro com um macro e supercomputador, como uma supermáquina, mas não é bem isso. A ciência, mesmo estando longe de conhecer todas as extensões das capacidades cerebrais, muito já conhece dele.

Neurogênese

Há poucas décadas se pensava que o cérebro era um órgão rígido, imutável, com número de neurônios e conexões fixos que iam diminuindo com o passar dos anos. Esse paradigma já foi substituído, pois nos tempos atuais é conhecido que o cérebro é um órgão muito plástico, flexível, capaz de se reorganizar dinamicamente frente a novas necessidades, como criar novos neurônios (neurogênese) e formar novas conexões neuronais quando solicitado, mesmo na idade adulta (neuroplasticidade)

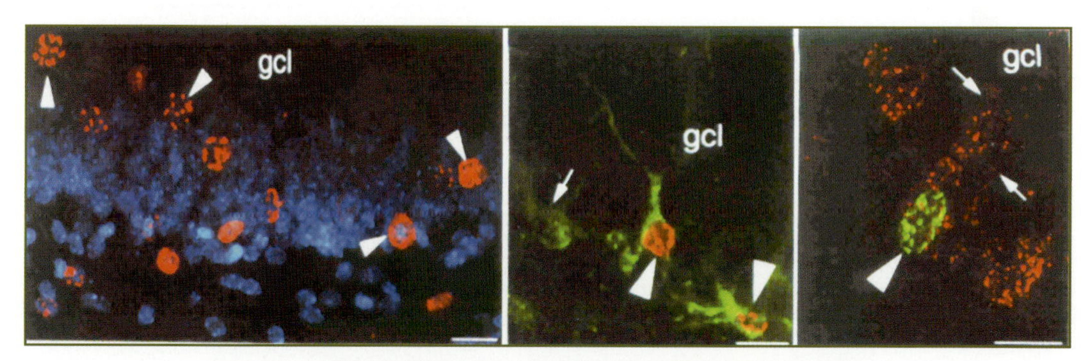

Figura 2.34: Neurogênese em neurônios granulares do hipocampo de ratos adultos. As setas brancas indicam, pela técnica de iluminescência, o nascimento dos novos neurônios (Fuchs e Gould, 2000).

Além disso, em experimentos, foi descoberto que medindo a corrente elétrica produzida pelo cérebro de uma pessoa (tomografia, por exemplo) enquanto ela apenas olha para um objeto e, novamente, enquanto apenas *imagina* ou pensa sobre o objeto, as mesmas áreas do cérebro são ativadas. Fechar os olhos e *visualizar* um objeto produz os mesmos padrões cerebrais de quando se está de fato olhando o objeto.

Imaginar/pensar em algo

Essa informação pode ser usada, por exemplo, para o relaxamento de pessoas na prática odontológica, em que o estado de estresse é bem comum. Para ajudar no relaxamento antes do tratamento, o paciente pode receber um treinamento específico. O treinamento consiste em dizer ao paciente somente para pensar ou imaginar separadamente os músculos da face, do pescoço, dos ombros, mastigatórios contraídos. Em seguida, dizer para que ele visualize o mesmo músculo relaxado. Repetir o exercício – contração/relaxamento – várias vezes para um músculo ou conjunto de músculos. O profissional irá perceber como respostas àqueles comandos mentais, movimentos sutis nos músculos correspondentes, semelhantes aos que os músculos realmente fariam se desempenhassem a mesma atividade de forma concreta (Jacobson, 1930; 1938).

Neuroplasticidade

Neuroplasticidade é o nome dado à capacidade de os neurônios se conectarem a outros neurônios, formando redes ou circuitos neurais que ainda não existiam para suprir novos aprendizados do organismo. Cada neurônio faz de mil a 10 mil sinapses (conexão entre um neurônio a outro), e o córtex cerebral, 60 trilhões de sinapses. Os neurônios conectam-se para formar as redes neurais, e estas estão conectadas para construir, por exemplo: ideias, lembranças, percepção postural e emoções.

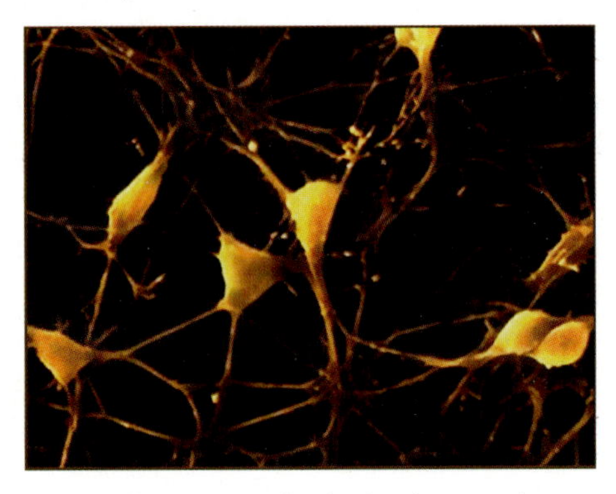

Figura 2.35: Representação de circuito ou rede neuronal.

De acordo com a neuroplasticidade, é possível modificar ligações de redes neurais no cérebro e mudar hábitos.

A chave para isso está na capacidade natural do cérebro de formar novas conexões.

Para exemplificar esse conceito, pode-se pensar em "uma laranja".

A rede neural que a representa é formada por muitas redes neurais, tais como as que contêm a representação da palavra "fruta", "cor amarela", "verde", "alaranjada", "forma arredondada", "aspecto de poros da casca", "aspecto dos gomos", "aroma ácido típico", "sabor ácido", "sabor adocicado", "saciedade da sede" etc... que estão conectadas a muitas outras, de modo que, quando se vê uma laranja amarela, o córtex visual, também ligado, aciona aquela rede nos dando a imagem da fruta em questão.

São nas redes neurais que ficam representadas as nossas coleções de experiências e habilidades.

Figura 2.36: Na imagem da esquerda, representação visual de laranja inteira de cor amarelo-alaranjada e aspecto poroso da casca. Na imagem da direita, representação visual de laranja cortada mostrando os gomos, o suco, a cor forte sugerindo até mesmo o seu odor e sabor.

São as experiências que dão a percepção neurológica do mundo, e quando o ambiente replica uma situação já vivida, algumas redes irão se ligar, causando mudanças químicas no cérebro que, por sua vez, vão produzir reações emocionais que condicionam as respostas dadas aos acontecimentos da vida.

Quando se repete muitas vezes uma mesma ação, os neurônios estabelecem uma conexão mais forte, e progressivamente fica mais fácil disparar essa rede neural.

Como o cérebro se reestrutura continuamente durante a vida por ser altamente plástico, felizmente pode ocorrer o reverso.

Quando um comportamento físico ou mental habitual (refletido por uma rede neural) for interrompido, as células nervosas, ou mesmo grupos de células nervosas ligados uns aos outros, começam a se desconectarem ou a desfazer seus relacionamentos.

Isso pode ser comparado aos relacionamentos interpessoais de todos os dias, que por qualquer motivo passam a ser mais rarefeitos. As pessoas prometem se verem mais, porém, o que realmente acontece é o aumento do afastamento.

Figura 2.37: Amizades, relacionamentos que se extinguem com o tempo. Assim também ocorrem com as redes neurais quando não acionadas.

Com o tempo, o relacionamento vai se distanciando, esfriando, resumindo-se talvez em encontros meramente casuais. Essa manifestação externa é o que se passa dentro do cérebro. À medida que se pensa menos no antigo amigo, as conexões neurais vão diminuindo até que não haja mais nenhuma. Os finos dendritos que se propagam do corpo da célula neural e se ligam com outras são liberados ficando disponíveis para formar novas conexões, perdendo os padrões antigos e podendo formar outros, novos.

Figura 2.38: Figura etérea que pode representar os finos dendritos livres e disponíveis para fazer novas conexões neurais.

Sistema Estomatognático Coneural (SECN)

O SE é extremamente rico em terminações neurais sensoriais e motoras. Esses receptores sensoriais estão espalhados por toda a boca, ou seja, nas gengivas envolventes, na mucosa de revestimento do interior da boca e dos lábios, na papila incisiva, nas fibras periodontais, dentes, Articulações Temporomandibulares (ATMs), músculos que compõem o complexo bucal, ligamentos e periósteo. A alta capacidade do SE em "perceber" as variabilidades das texturas, tamanhos e formatos dos alimentos, as temperaturas e sabores, a sua alta capacidade em se adaptar frente a qualquer situação desfavorável continuando, muitas vezes, a exercer suas funções mesmo que de forma patológica durante longo tempo, faz dele um sistema altamente plástico, à semelhança do SNC. Assim, pode-se entendê-lo como um sistema que atua coneuralmente em relação ao SNC, ou seja, um sistema intimamente ligado ao SNC que pode influenciar e receber influência do SNC. Dessa forma, o SE passa a ser chamado de Sistema Estomatognático Coneural (SECN). Então, o SECN pode ser considerado como um contexto, um meio ambiente no qual, muitas vezes, acontece um comportamento indesejável como a mastigação viciosa unilateral.

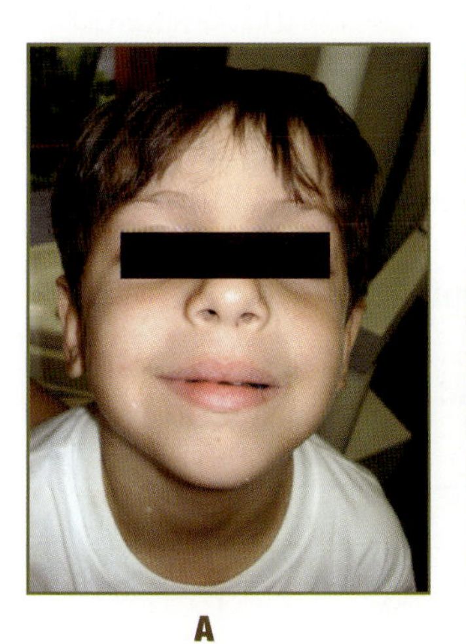

A

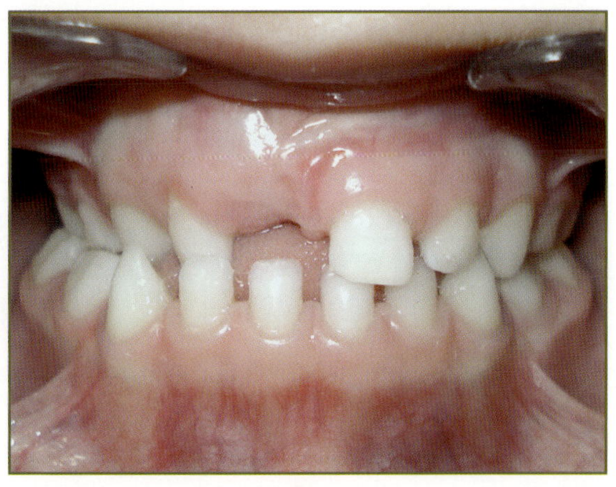

B

Figura 2.39: Em A: Face do paciente E. S. C. aos 4 anos de idade. Em B: Mordida cruzada direita e mastigação viciosa unilateral direita. Perda precoce do elemento 51 por trauma há 2 anos, linha média centralizada; AFMP < lado direito.

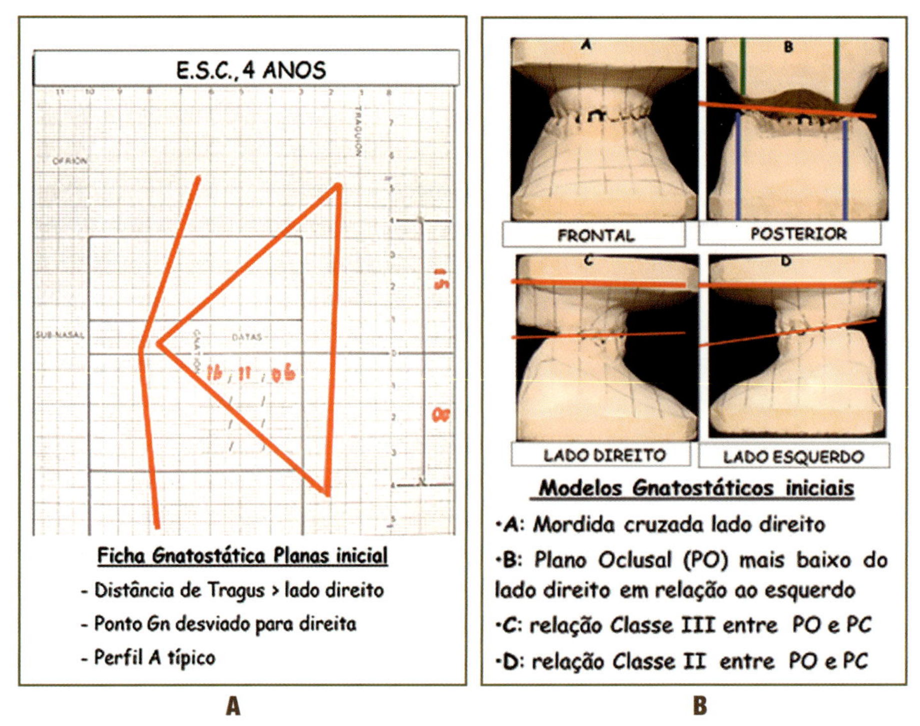

A **B**

Figura 2.40: Em A: Ficha Gnatostática Planas efetuada antes do tratamento. O triângulo mandibular está desviado para a direita (ponto Gn), a distância de tragus é maior do direito mostrando que a mastigação é viciosa do lado direito devido ao cruzamento dos dentes desse lado. Perfil A. Em B: Os modelos Gnatostáticos Planas antes do tratamento estão evidenciando assimetrias advindas da mastigação viciosa direita. Ponto Gn= Ponto Gnation; PO= Plano Oclusal; PC= Plano de Camper.

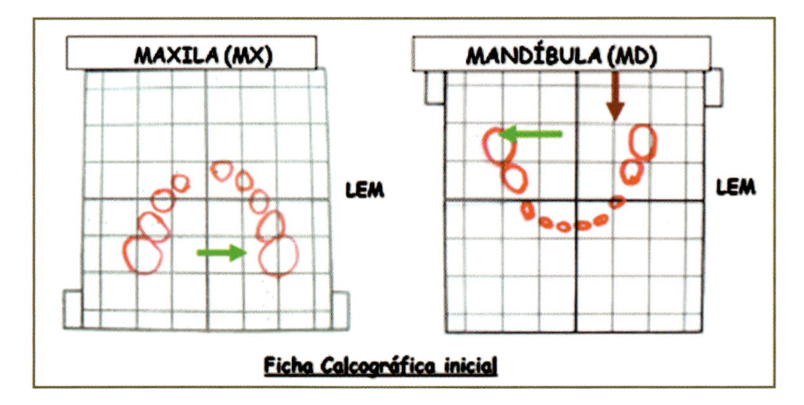

Figura 2.41: Ficha Calcográfica Planas antes do tratamento. Mx: transversal > lado esquerdo; anteroposterior simétrico; LEM simétrica e coerente com a idade, passando em caninos decíduos. Md: DPM à direita; transversal > direito; anteroposterior > lado esquerdo; LEM assimétrica, porém, coerente com a idade. LEM= Linha Eixo da Mastigação; DPM= Desvio de Postura da Mandíbula.

No caso do paciente E. S. C aos quatro anos, no início da sua aprendizagem mastigatória, a mandíbula se esquivava das cúspides pontiagudas que a impediam de executar a função de maneira eficiente. Repetidamente, a mandíbula se desviava ora para a direita, ora para a esquerda, procurando uma posição mais confortável para mastigar. Nessas tentativas de acertar uma posição de mínima dimensão vertical (MDV), confortável e eficiente, a mandíbula se encaixou desviada para a direita em uma nova cêntrica. Gradualmente, estabeleceu-se o circuito neural relativo a esse comportamento agora novo, até a definição do cruzamento da mandíbula para a direita de forma definitiva e confortável. Embora confortável essa nova posição, tornou-se um hábito nocivo e patológico ao eficiente desempenho e adequado desenvolvimento do SECN.

No SNC, frente a um novo aprendizado, novas redes neurais são formadas e pode acontecer de forma similar no SECN, quando um hábito vicioso é corrigido em uma única sessão. Então, o paciente E. S. C. foi tratado em uma única sessão clínica de Desgaste Seletivo (DS) e Pistas Diretas Planas (PDP). Com esses procedimentos a mordida foi descruzada, estabelecendo nova cêntrica e nova MDV, que possibilitaram a inversão do lado da mastigação para o oposto do cruzado, ou seja, para o esquerdo. A criança foi orientada para que treinasse a mastigação pelo lado esquerdo com goma de mascar diariamente, como exercício adicional funcional e, consequentemente, como exercício para ativar novas redes neurais, concernentes a essa nova situação do SECN. O DS foi feito nos elementos 63, 65, 73, 75, 52, 53, 83. A PDP – aplicação de resina composta – nos elementos: 52, 53, 54, 55, 64 e 65. O lado esquerdo passou a ser o da MDV, a mandíbula foi centralizada, a mastigação ficou unilateral esquerda e o lado cruzado foi descruzado pelas pistas e com uma Dimensão Vertical (DV) mais alta.

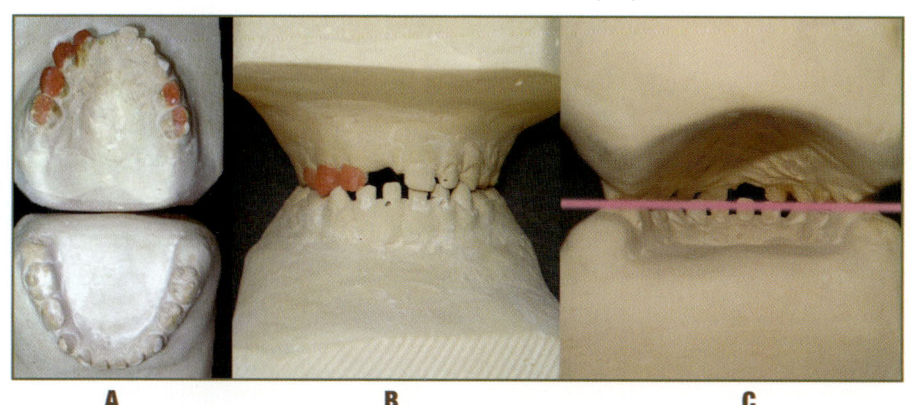

A **B** **C**

Figura 2.42: Modelos Gnatostáticos encerados como planejamento do DS e das PDP. Em A: Os modelos: superior e inferior mostrando o DS nos elementos 63, 65, 53, 83, e 55; enceramento nos elementos 52, 53, 54, 55, 64 e 65. Em B: Os modelos em oclusão cêntrica com o lado direito descruzado (após o enceramento) e esquerdo como o da MDV. Em C: Uma vista posterior dos modelos destacando o plano oclusal agora simétrico.

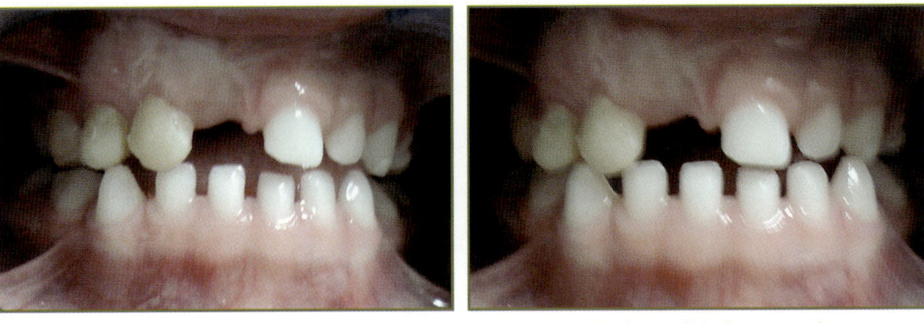

A – Lateralidade direita **B – Lateralidade esquerda**

Figura 2.43: Após o tratamento de DS e aplicação de PDP em uma única sessão. Em A: Lateralidade direita e em B: Lateralidade esquerda. A lateralidade direita está dificultada pelas pistas e a esquerda facilitada, pois agora é o lado da MDV, portanto, o lado da mastigação. Essa nova situação vai se concretizando gradativamente, à medida que o paciente treine esse novo lado e, assim, estimule a formação de novos circuitos neurais relativos a essa mudança tão repentina no SECN.

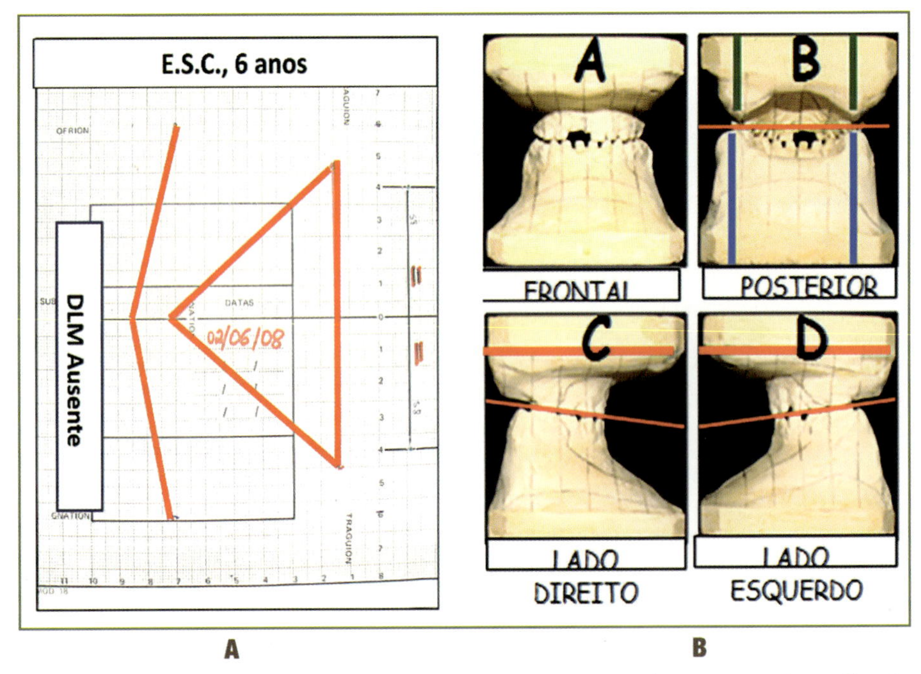

Figura 2.44: O paciente E. S. C. aos 6 anos. Em A: Ficha gnatostática mostrando o triângulo mandibular centralizado, distância de tragus iguais, ausência de desvio de linha mediana clínico e perfil A. Em B: Modelos gnatostáticos – Em A: norma frontal com ótimo desenvolvimento dos maxilares. Em B: norma posterior: direita e esquerda com mordida descruzada, plano oclusal equilibrado, altura vertical da maxila e mandíbula simétricas. Em C e D: Lado direito e esquerdo respectivamente mostrando uma relação de Classe II entre o plano oclusal e o plano de Camper.

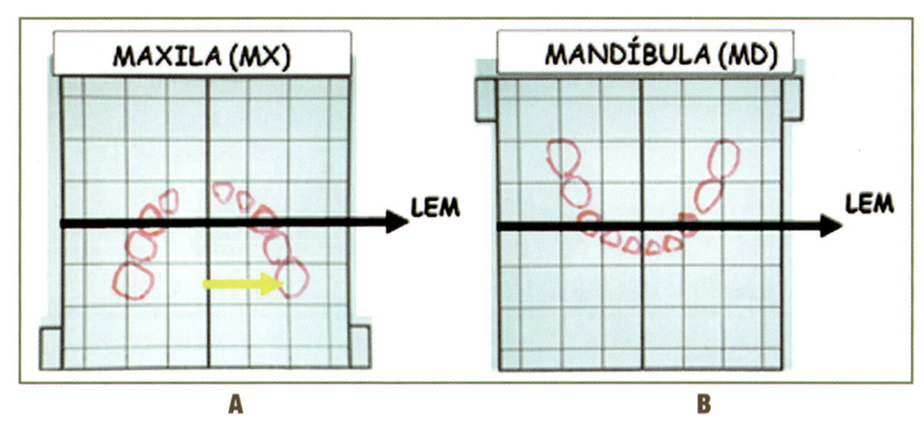

Figura 2.45: Ficha calcográfica do paciente E. S. C. aos 6 anos. Mx: transversal > lado esquerdo (devido ao treinamento da mastigação pelo lado esquerdo), anteroposterior simétrico, LEM simétrica e coerente com a idade. Md: DPM ausente, transversal simétrico, anteroposterior simétrico, LEM simétrica e coerente com a idade. LEM= Linha eixo da mastigação. DPM= Desvio de Postura da Mandíbula.

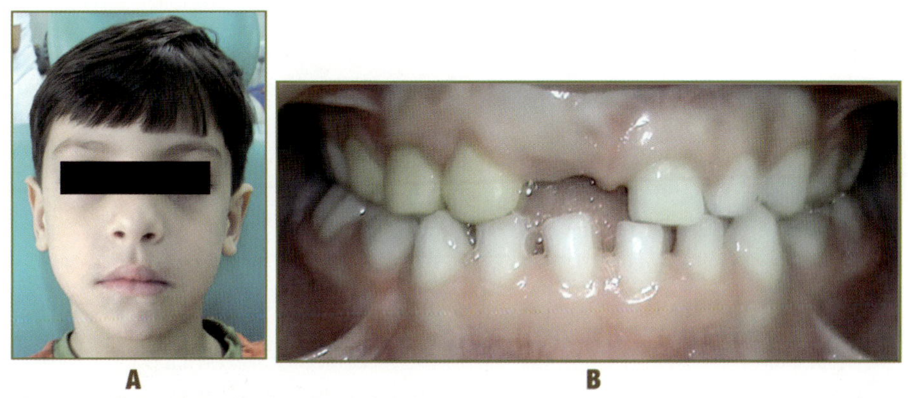

Figura 2.46: Em A: A face do paciente E. S. C. aos 6 anos com o ponto Gn centralizado em relação à base do nariz. Em B: A cêntrica com o espaço mantido para o elemento 11, redução da altura das resinas (PDP) nos elementos: 53, 54 e 55.

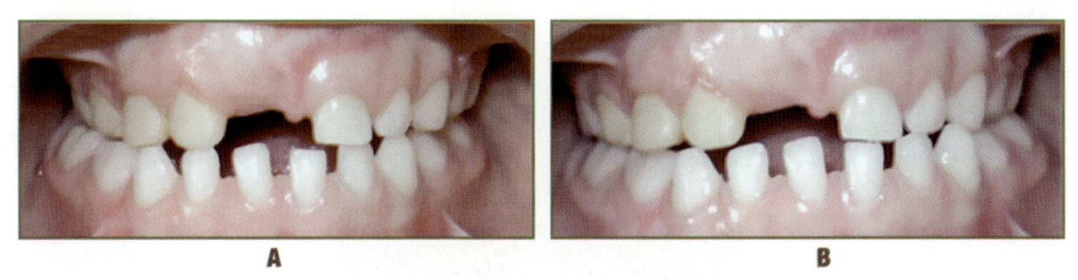

Figura 2.47: O paciente E. S. C. aos 6 anos. Em A: Lateralidade direita da mandíbula e, em B: lateralidade esquerda. Para os dois lados há um ótimo flote da mandíbula, com AFMPs iguais tanto à direita como à esquerda.

O paciente respondeu muito bem ao tratamento, mostrando que as mudanças introduzidas no SECN podem ser consideradas como estímulos biológicos com intensidade adequada, para a formação de novos circuitos neurais, responsáveis pela manutenção do desenvolvimento equilibrado do SECN.

Conceitos de Multifuncionalidade Comportamental - Coligações Musculares

A multifuncionalidade comportamental do indivíduo é dada pela flexibilidade do Sistema Nervoso. De forma similar ocorre no SECN. Os estudos em *Aplisia californica* sobre a arquitetura neural do Sistema Nervoso Estomatogástrico revelaram que este se reorganiza dinamicamente. Os grupos de neurônios que geram padrões de disparos independentes podem articular juntos para formar novos padrões, quando necessário.

Figura 2.48: *Aplysia californica.*

Douglas, Morton e Chiel em 2006 alteraram a forma da boca da *Aplisia californica,* modificando a forma e a posição dos músculos da região. Como resposta, a boca sofreu uma reconfiguração mecânica e uma alteração no controle neural deflagrando um comportamento decisivo de rejeição do alimento pelo animal. A mudança de forma provocada em um músculo afetou a forma ou a posição de outros músculos.

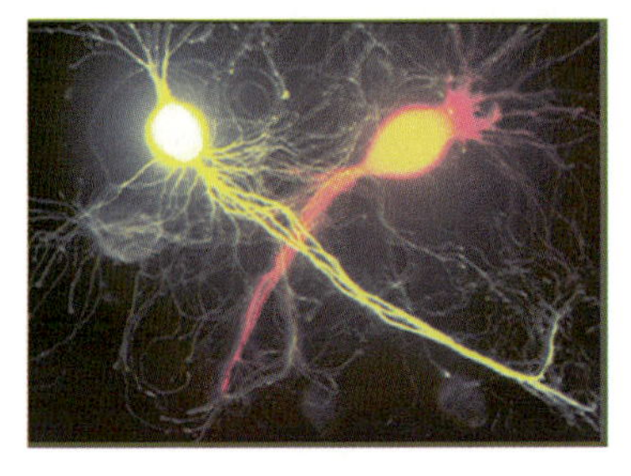

Figura 2.49: Neurônios de *Aplysia californica* marcados por imunofluorescência.

A reconfiguração mecânica da boca do animal e as mudanças no controle neural foram importantes para a instalação do comportamento de rejeição, sugerindo que a multifuncionalidade da boca emerge dos controles neurais e biomecânicos locais. Ocorreu então a formação de coligações musculares para o adequado desempenho das funções orais. A variação da intensidade e duração do estímulo é que leva à reconfiguração muscular, formando as coligações musculares. Mudança na biomecânica do corpo e sua consequente alteração neural podem levar à grande alteração no comportamento. A combinação de mudanças nas coligações musculares com a reorganização da arquitetura neural é crucial para a multifuncionalidade.

Com os pacientes em que se aplicam as técnicas de Ortopedia Funcional dos Maxilares (OFM) trabalha-se com alteração da intensidade e duração dos estímulos que levam a uma nova reconfiguração muscular do SECN. Assim, pode-se notar a alta plasticidade neural exercendo o seu papel no SECN, pois muda-se a forma das bases ósseas, configuram-se músculos que formam novas coligações, varia-se constantemente a intensidade e a duração dos estímulos, reorganizando a arquitetura neural responsável pela manutenção do equilíbrio do SECN. Consequentemente, reorganiza-se o seu papel funcional.

O aprendizado pode ocorrer por dois mecanismos principais. Um deles é a compreensão ou memorização de dados intelectuais; estudando um determinado assunto, por exemplo, redes neurais são acrescentadas ao cérebro. Quanto mais se estuda o material, mais memorizado ficará, pois as redes ficam mais fortes. O outro mecanismo é a experiência. Pode se ler um livro que explique minuciosamente uma técnica de se praticar natação, por exemplo, e ter uma ideia disso processando intelectualmente todas as informações a respeito. Porém, toda essa informação não será integrada enquanto não entrar numa piscina e começar a nadar.

Qualquer que seja o método, aprender é essencialmente a integração de redes neurais para formar novas redes. No exemplo da laranja, não havia uma única rede neural para "laranja", mas todas as outras de fruta, amarela, odor, sabor, acidez, maciez etc. Aprender é construir novas estruturas com base em outras já existentes.

Os humanos nascem sabendo respirar e deglutir. Duas funções essenciais à sobrevivência do novo Ser. Como mamíferos, também nascem sabendo sugar, ordenhar o seio materno. Essa é a terceira função essencial de sobrevivência. As três funções executadas de forma ordenada durante a amamentação o mantém em pleno desenvolvimento físico, mental e emocional. Seria desnecessário dizer que a amamentação artificial (mamadeira) também o manteria vivo. Então, qual a importância da amamentação natural? O bebê traz consigo a herança filogenética de saber sugar. É necessário lhe oferecer as condições básicas para poder desenvolver essa capacidade que, embora inata, é também bastante complexa. Por isso, necessita de treinamento correto quanto à postura do pescoço e cabeça do bebê e da mãe para ser um estímulo benéfico e contribuir para o correto desenvolvimento do SNC e do SECN. As três funções essenciais à sobrevivência se alternam durante a amamentação de uma forma sincronizada: respiração, sucção e deglutição. Os lábios colabados ao mamilo fazem um verdadeiro vedamento, não deixando passagem de ar para dentro da boca; a língua comprime o mamilo contra o palato, os músculos masseteres, temporais, pterigóideos laterais e mediais, além dos periorais, estarão intensamente ativados. Quando falha esse sincronismo, aparecem respostas como: engasgar, tossir, regurgitar ou vomitar. Essas são funções de defesa. Nos primeiros dias de vida, o pequeno Ser realiza essas funções ainda de forma lenta, logo se cansa e adormece.

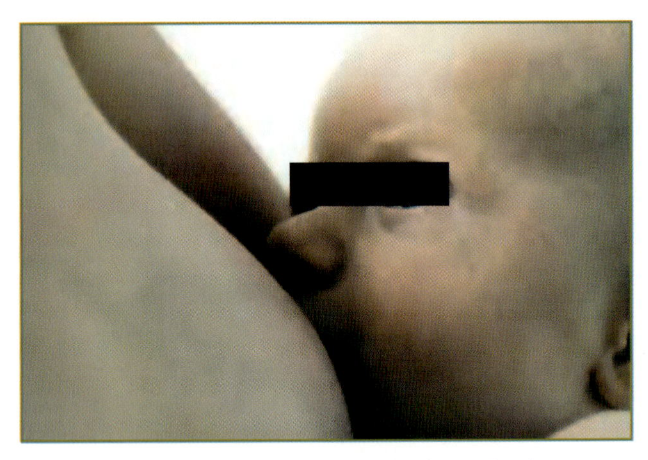

Figura 2.50: Amamentação natural – o primeiro nível de prevenção da má oclusão.

Porém, à medida que o SNC se desenvolve pelo treinamento intensivo da amamentação e estimulação oferecida pelo SECN, as funções vitais ficam cada vez mais precisas e refinadas. É o aprendizado pelo treinamento, pela prática.

As redes neurais relativas à tríplice função não estão totalmente estabelecidas no nascimento, mas vão se reforçando, aumentando à medida que o bebê vai praticando mais e mais essas funções. Então, pode-se observar que desde os primeiros dias de vida o SECN se coloca em marcha constante para manter a sobrevivência do bebê e, esse papel é também fundamental para o desenvolvimento e a maturação do SNC. Ocorre uma importante reciprocidade entre o aprimoramento das funções desempenhadas pelo SECN e o desenvolvimento do SNC para estabelecer novas redes neurais, à medida que tal aprimoramento vai se efetivando. Daí a coparticipação do SE para a formação dos circuitos e redes neurais primordiais à sobrevivência, como também para o amadurecimento do SNC.

Assim, ambos caminham juntos nesse potencial de desenvolvimento. Mais tarde, por volta de 4/5 anos, o SNC deverá estar preparado para responder aos estímulos referentes à mastigação de alimentos sólidos. Ambos, SNC e SECN, deveriam estabelecer uma "adequada conversa" durante os seus desenvolvimentos para manterem a correlação fisiológica.

Referências

1. ADRIAN, E. D. 1928. *The Basis of Sensation: The Action of the Sense Organs.* London: Christophers.
2. ALBERTS, B.; BRAY, D.; LEWIS, J.; RAFF, M.; ROBERTS, K.; WATSON, J. D. 1994. *Molecular Biology of the Cell,* 3rd ed. New York: Garland.
3. COWAN, W. M. 1981. Keynote. In: FO Schmitt, FG Worden, G Adelman, SG Dennis (eds). The Organization of the Cerebral Cortex: Proceedings of a Neurosciences *Research Program Colloquium,* pp. xi–xxi. Cambridge, MA: MIT Press.
4. CHURCHLAND, P. S. 1986. *Neurophilosophy, Toward a Unified Science of the Mind-Brain.* Cambridge, MA: MIT Press.
5. CATTERALL, W. A. Structure and function of voltage-sensitive ion channels. *Science,* v. 242 p. 50-61. 1988.
6. DUALIBI, S. E.; DUALIBI, M. T.; VACANTI, J. P.; YELICK, P. C. Prospects for tooth regeneration. *Periodontol,* v. 41, p. 177-187. 2006.
7. DURIE, B. Portas da Percepção; *Scientific American Brasil.* Ed. Especial Mente cérebro, p. 6-9, 2007.
8. DUALIBI, M. T.; DUALIBI, S. E.; YOUNG, C. S.; BARTLETT, J. P.; YELICK, P. C. Bioengineered teeth from cultured rat tooth bud cells. *J. Dent. Res.,* v. 83, p. 523-8. 2004.
9. FURSHPAN, E. J.; POTTER, D. D. Transmission at the giant motor synapses of the crayfish. *J Physiol (Lond).,* v. 145, p. 289-325. 1959.
10. HARRINGTON, A. 1987. *Medicine, Mind, and the Double Brain: A Study in Nineteenth-Century Thought.* Princeton, NJ: Princeton Univ. Press.
11. HEUSER, J. E.; REESE, T. S. 1977. Structure of the synapse. In: ER Kandel [ed.], *Handbook of Physiology: A Critical, Comprehensive Presentation of Physiological Knowledge and Concepts,* Sect. 1, The Nervous System. Vol. 1, Cellular Biology of Neurons, Part 1, pp. 261-294. Bethesda, MD: American Physiological Society.

12. HODGKIN, A. L. 1964. Chapter 4. In: *The Conduction of the Nervous Impulse*, pp. 47-55. Springfield, IL: Thomas.

13. HUXLEY, A. F.; STÄMPFLI, R. Evidence for saltatory conduction in peripheral myelinated nerve fibres. *J Physiol.*, v. 108, p. 315-339. 1949.

14. JACOBSON, E. Evidence of contraction of specific muscles during imagination. *American Journal of Physiology.*, v. 95, p. 703-712. 1930.

15. JACOBSON, E. *Progressive Relaxation*, Chicago, University of Chicago Press, 1938, p.XV & p218.

16. JONES, E. G. 1988. The nervous tissue. In: LWeiss [ed.], *Cell and Tissue Biology: A Textbook of Histology*, 6th ed., pp. 277-351. Baltimore: Urban and Schwarzenberg.

17. JOHNSTON, D.; WU, M-S. 1995. Functional properties of dendrites. In: *Foundations of Cellular Neurophysiology*, pp. 55-120. Cambridge: MIT Press.

18. KANDEL, E. R. 1976. The study of behavior: the interface between psychology and biology. In: *Cellular Basis of Behavior: An Introduction to Behavioral Neurobiology*, pp. 3-27. San Francisco: WH Freeman.

19. KANDEL, E. R.; SCHWARTZ, J. H.; JESSEL, T. M. 2000. In: *Principles of Neural Science.* N. Y.: McGraw-Hill.

20. KONORSKI, J. 1948. *Conditioned Reflexes and Neuron Organization.* Cambridge: Cambridge Univ. Press.

21. MARTIN, J. H. 1996. *Neuroanatomy: Text and Atlas,* 2nd ed. Stamford, CT: Appleton & Lange.

22. NICOLELIS, M. Vivendo com fantasmas. *Scientific American Brasil.* n. 162, p. 32-37, 2006.

23. NICHOLLS, J. G.; MARTIN, A. R.; WALLACE, B. G. 1992. *From Neuron to Brain: A Cellular and Molecular Approach to the Function of the Nervous System,* 3rd ed. Sunderland, MA: Sinauer.

24. PAVLOV, I. P. 1927. *Conditioned Reflexes: An Investigation of the Physiological Activity of the Cerebral Cortex.* GV Anrep (transl). London: Oxford Univ. Press.

25. PENNA, A. G. 1993. *Percepção e realidade – Introdução ao estudo da atividade perceptiva.* Imago.

26. PERRY, V. H. Microglia in the developing and mature central nervous system. In: KR Jessen, WD Richardson (eds). *Glial Cell Development: Basic Principles & Clinical Relevance*, pp. 123-140. Oxford: Bios. 1996.

27. RAMACHANDRAN, V. S. 2002. *Fantasmas no cérebro.* Record

28. RAMÓN Y CAJAL, S. 1933. *Histology,* 10th ed. Baltimore: Wood.

29. RAMÓN Y CAJAL, S. La fine structure des centres nerveux. *Proc R Soc Lond.*, v. 55, p. 444-468. 1894.

30. REIMÃO, R. 1996. *Sono estudo abrangente.* São Paulo, Editora Atheneu.

31. REIMÃO, R. 1998. *Durma bem.* São Paulo, Editora Atheneu

32. SHEPHERD, G. M. 1994. *Neurobiology*, 3rd ed. New York: Oxford Univ. Press.

33. SHERRINGTON, C. 1947. *The Integrative Action of the Nervous System*, 2nd ed. New Haven: Yale Univ. Press.

34. SWAZEY, J. P. Action proper and action commune: the localization of cerebral function. *J Hist Biol.*, v. 3, p. 213-234. 1970.

35. UNWIN, P. N. T.; ZAMPIGHI, G. Structure of the junction between communicating cells. *Nature.*, v. 283, p. 545-549. 1980.

36. TODD, K. J.; SERRANO, A.; LACAILLE, J-C.; ROBITAILE, R. Glial cells in synaptic. *Journal of Phisiology.*, v. 99, p. 75-83. 2006.

37. YE, H.; MORTON, D. W.; CHIEL, H. J. Neuromechanics of Multifunctionality during Rejection in *Aplysia californica*. *The Journal of Neuroscience.*, v. 26, n. 42, p. 10743-10755. 2006.

38. VERNON, M. D. 1974. *Percepção* e Experiência. Perspectiva.

Referências das figuras

1. DISPONÍVEL em: <http://www.afh.bio.br/nervoso/nervoso3.asp>. Acessado em: 26/06/2011. Figuras: 2.2; 2.3; 2.10.

2. DISPONÍVEL em: <http://pt.domotica.net/Nervos_raquidianos>. Acessado em: 26/06/2011. Figura 2.4.

3. DISPONÍVEL em: <http://oquereamentefazdiferenca.blogspot.com/2010/10/esclerose-multipla.html>. Acessado em: 26/06/2011. Figura 2.6.

4. DISPONÍVEL em: <http://www.cerebromente.org.br/n02/mente/neuroestrut.htm> Modificado de Levingston, 1967. Acessado em: 26/06/2011. Figura 2.9

5. DISPONÍVEL em: <http://www.guia.heu.nom.br/sistema_limbico.htm>. Acessado em: 26/06/2011. Figura 2.10.

6. DISPONÍVEL em: <http://quartoanoanatomia.blogspot.com/2010/07/tecido-nervoso-em-construcao.html> Acessado em: 26/06/2011. Figura 2.11.

7. DISPONÍVEL em: <http://www.christopherreeve.org/site/c.ddJFKRNoFiG/b.4452123/k.EAEB/Microglia.htm>. Acessado em: 26/06/2011. Figura 2.12.

8. DISPONÍVEL em: <http://www.culturamix.com/saude/doencas/esclerose-multipla>. Acessado em: 26/06/2011. Figuras 2.13; 2.14.

9. DISPONÍVEL em: <http://www.bioloja.com/info/info.asp?id=9&afil=1>. Acessado em: 26/06/2011. Figura 2.16.

10. DISPONÍVEL em: <.26/06/2011.http://biologiahumana11eminfias.blogspot.com/2009_12_01_archive.html>. Acessado em: 26/06/2011. Figuras 2.5; 2.18.

11. DISPONÍVEL em: <http://conteudoprogramatico.blogspot.com/2010/12/sistema-nervoso-e-regulacao-nervosa.html>. Acessado em: 26/06/2011. Figuras: 2.15; 2.17.

12. DISPONÍVEL em: <.26/06/2011.http://www.ced.ufsc.br/men5185/trabalhos/05_eletrofisiologia/neuronios_sinapses.htm>. Acessado em: 26/06/2011. Figura 2.29.

13. DISPONÍVEL em: <http://www.reporternet.jor.br/o-poder-de-cura-do-dna/>. Acessado em: 26/06/2011. Figura 2.33.

14. DISPONÍVEL em: <http://www.abrami.org.br/oque/16-entenda-melhor-a-miastenia-grave>. Acessado em: 26/06/2011. Figura 2.30.

15. DISPONÍVEL em: <http://www.lncc.br/~labinfo/tutorialRN/frm1_inspiracao-Biologica.htm>. Acessado em: 26/06/2011. Figura 2.35.

16. DISPONÍVEL em: <www.prdagente.pr.gov.br – www.reporterbrasil.org.br/>. Acessado em: 26/06/2011. Figura 2.36.

17. DISPONÍVEL em: <www. animals.about.com/b/2005/12/27/california-sea>. Acessado em: 26/06/2011. Figura 2.48.

18. DISPONÍVEL em: <www.probes.invitrogen.com/.../3/sections/8053.html>. Acessado em: 26/06/2011. Figura 2.49.

19. DISPONÍVEL em: <http://www.amigasdopartomaternidade.com/2011/05/principais-problemas-das-maes-que.html>. Acessado em: 30/09/2011. Figura 2.50.

20. FUCHS, E.; GOULD, E. Mini-Review. In vivo neurogenesis in the adult brain: regulation and functional implications. *Eur. J. Neuroci*, v. 12, p. 2211-2214. 2000. Figura 2.34.

Capítulo 3

SISTEMA SOMATOSSENSORIAL

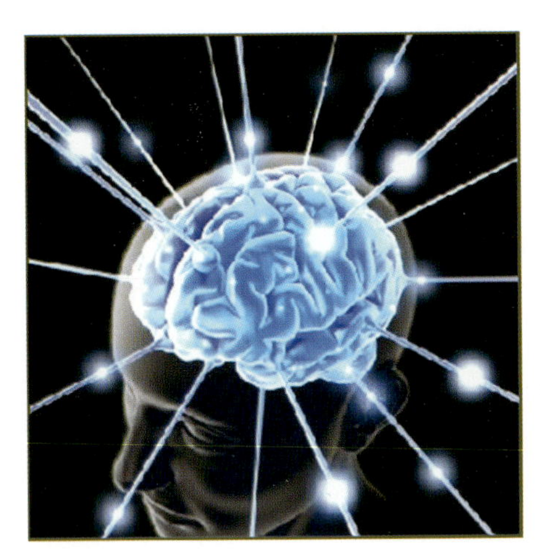

Figura 3.1: "Valei-nos do tato, do sentir e da percepção sensorial".

Neste capítulo serão enfatizados os cinco órgãos dos sentidos: visão, audição, olfato, tato e gustação. Porém, é preciso perguntar: seriam mesmo cinco os órgãos dos sentidos? Desde Aristóteles é assim que se aprende. Mas, experimente ficar de pé, apoiado em uma única perna, fechar os olhos e elevar os braços. Como você sabe onde estão seus braços? Agora, agite as mãos e você saberá que elas estão se movendo.

Os sentidos são os responsáveis por essas percepções, porém, não foram os órgãos dos sentidos acima descritos que as detectaram. Assim, pode-se perceber que esse número de cinco sentidos não reflete bem a realidade.

Coloque um pedaço de gelo em um lado da boca e um pedaço de batata quente do outro e poderá comprovar que tato é pouco para descrever as duas sensações. Então, quantos seriam os sentidos? A resposta a essa pergunta está intimamente relacionada em "COMO" se divide o Sistema Sensorial (SS). Uma maneira de dividir o SS seria classificando-o de acordo com a "NATUREZA" do estímulo, e então haveria três tipos: Mecânico (tato e audição), Luminoso (visão) e Químico (gustação, olfação) os quais exigem SS bem diferentes.

De uma forma geral, estamos cientes de nossa capacidade de sentir variações de temperatura e pressão, da posição das articulações (propriocepção), do movimento corporal (cinestesia), do equilíbrio do corpo e outras sensações, como sede ou estômago vazio. Mesmo de olhos fechados é possível saber, no atual momento, a posição de uma das pernas, por exemplo, a direita. Para isso, não foi necessário a atuação da visão. E se, ao mastigar, sentimos uma pedrinha misturada ao alimento, assim que reconhecida, tentamos reequilibrar a mandíbula, desviando ou eliminando a pedrinha, antes mesmo de se dar conta racionalmente do que está acontecendo. Esta habilidade vem da Propriocepção (Pp), um sentido bem menos conhecido que audição, visão, paladar, tato e olfato.

É graças à Pp que, além de se reconhecer a localização espacial do corpo, "sabe-se" quanta força deve ser exercida pelos músculos a cada momento, a cada postura e a cada movimento. A Pp é responsável pela manutenção do equilíbrio, indispensável para a realização das atividades diárias. Os proprioceptores (Ppc) presentes nos tendões, ligamentos e músculos recebem informações sobre tensões, inclinações e pressões das variadas partes do corpo e as enviam ao SNC. Focando esse conceito no SECN, pode-se exemplificá-lo com uma mastigação sendo exercida em um lado da boca, que é menos usado. Os receptores sensoriais aí presentes são estimulados e enviam um sinal para o cérebro, o qual devolve uma resposta para o mesmo local, "alertando" que a musculatura envolvida no movimento deve se ajustar para prevenir algum dano como impactos mais fortes ou traumas, protegendo assim o SECN. Isso porque, quando se usa menos um lado, as suas estruturas são menos treinadas, por isso, os movimentos ficam mais difíceis de serem realizados, ora mais fracos, ora mais fortes ou truculentos, o que poderia traumatizar o SECN.

"Sentido" - Percepção

"Sentido" pode ser definido como um sistema formado por tipos celulares especializados, que reagem a um sinal específico e se reportam a uma determinada parte do cérebro. Por exemplo, o paladar não seria um único sentido, mas quatro: doce, salgado, amargo e azedo. A visão poderia ser um único sentido (luz), dois (luz e cor) ou quatro (luz, vermelho, verde e azul). A dor pode ser cutânea, somática ou visceral, dependendo de onde é sentida, mas isso significa que estariam em diferentes SS ou que seria somente uma simples questão de localização corporal?

A sensação por si só não é realmente tão importante. Sentidos querem dizer sensações ou percepções. Se não fosse assim, os humanos não estariam acima do nível de uma ameba ou de uma planta. A percepção é o "valor agregado" que o cérebro organizado confere aos dados sensoriais brutos e envolve memória, experiência e processamentos cognitivos sofisticados.

Quanto mais alto na escala filogenética (processos perceptivos mais complexos), menos o organismo está à mercê de seus sentidos primitivos.

Seria um erro concentrar-se nos sentidos ou até mesmo na quantidade deles. A percepção é o ponto-chave – a sensação é o que a acompanha. Para os humanos, isso tem implicações no dia a dia como, por exemplo, o julgamento sobre tamanho. Assim, para objetos bem familiarizados como um carro, quanto maior ele parece, mais perto é percebido. Quando é visto numa foto, isto é, numa imagem pequena, "sabe-se" que não encolheu. As coisas que não fazem parte do dia a dia são diferentes, costumam nos enganar. Máquinas como os trens nos são familiares, mas a maioria das pessoas não percebe exatamente o quanto eles são grandes, julgam de forma errônea sua velocidade e a distância a que se encontra. Consegue-se resolver esses problemas com a criação de um todo perceptual, que é uma função cerebral superior, ou seja, cortical. Os sentidos não são entidades independentes e a percepção é o seu produto final. É bem possível que o cérebro esteja organizado para fazer exatamente essa espécie de "mistura dos sentidos" como parte do processamento perceptivo.

Há fortes evidências revelando que a conversa cruzada entre diferentes áreas sensoriais mistura muito mais coisas que se possa imaginar.

Objetos são identificados mais facilmente quando se ouve um som relevante ao mesmo tempo. As pessoas são capazes até de acreditar que ouviram algo diferente, se forem enganadas por uma falsa leitura labial, que não condiz com o que é falado. Em pessoas que sofrem de enxaqueca, um perfume repentino poderá desencadear a dor. Assim, indivíduos que apresentam distúrbios de ATM, quando sentem um cheiro que está associado a uma situação desagradável, já vivida anteriormente, poderão desencadear sintomas dolorosos relativos a essa disfunção, tais como: fortes dores de cabeça, na face, náuseas, tonturas, desconforto na mastigação etc.

A percepção tem início em células receptoras que são sensitivas a um ou a algum tipo de estímulo. A maioria das sensações é identificada por um tipo de estímulo particular. Por exemplo, o açúcar na língua é percebido como um sabor doce. As informações sobre percepção são obtidas estudando os receptores sensoriais, o estímulo pelo qual eles respondem, como também as mais importantes vias sensoriais que carregam informação desses receptores para o córtex cerebral. Neurônios específicos no sistema sensorial, tanto receptores periféricos como células centrais, codificam determinados atributos críticos de sensações, como localização e intensidade. As vias sensoriais incluem neurônios que ligam os receptores da periferia com o cordão espinhal, tronco encefálico, tálamo e córtex cerebral. O tato na boca, por exemplo, é percebido quando receptores de tato são estimulados e estes estimulam fibras aferentes que disparam potenciais de ação, formatando assim, uma resposta propagada no núcleo da coluna dorsal do tálamo como também em distintas áreas no córtex.

O sentido do tato é totalmente necessário para o desempenho de habilidades físicas e para o aprendizado. A vida independente do tato seria impossível. Quando se utiliza uma caneta esferográfica para escrever, ocorre um fluxo constante de informações detalhadas dos sensores tácteis para o cérebro. Estes sensores detectam como os dedos estão segurando a caneta e medem as alterações de pressão na pele e nas articulações. Pense no ato aparentemente simples de mastigar uma boa porção de alimentos colocados na boca. Os sensores de tato ali localizados estarão disparando um fluxo constante de informações acuradas para o cérebro a respeito de formas, texturas, quinas, temperatura, volume, vibração e tamanhos dos distintos alimentos que foram colocados juntos na mesma porção. O funcionamento do tato é bastante complexo e pouco compreendido, porém, nos últimos anos, os cientistas revelaram o suficiente para ao menos captar os aspectos fundamentais desse SS. Os pesquisadores fazem uma distinção básica entre a aquisição passiva e ativa de informação através do tato. A consciência tátil passiva envolve a sensação de pressão externa ou da ação da temperatura em partes do corpo. Se a estimulação tátil for totalmente eliminada em ratos jovens em laboratórios por um período muito longo, o cérebro e o corpo do animal não se desenvolvem normalmente.

Isto ocorre também em humanos. Muitos pesquisadores concordam que o contato corporal precoce (por exemplo, em bebês prematuros) influi na inteligência e no seu crescimento sócio-emocional.

O tato ativo ocorre quando se explora o meio ambiente com as mãos, os pés ou com a boca. Quando apenas se olha para as coisas não se consegue avaliar quão pesadas ou duras elas sejam, quão ásperas ou elásticas. Após o nascimento começa-se logo a adquirir esses dados agarrando os objetos colocando-os na boca para sugar todo e qualquer fragmento de informação.

O corpo inteiro é coberto por uma rede de sensores táteis, entre 6 e 10 milhões deles. A localização destes ainda não se sabe com exatidão, embora seja reconhecido que na pele, nas zonas erógenas e na boca haja uma maior concentração. Apesar da diversidade de sensações, que se pode sentir e experimentar, todos os SSs compreendem quatro tipos básicos de informações quando estimulados: modalidade, localização, intensidade e tempo. Com os olhos fechados, em pé sobre uma única perna, coloque alimentos na boca e mastigue. Você mastigará, saberá identificar sua textura, sua forma, sua temperatura, sem cair. Juntos, esses quatro atributos elementares de um estímulo produzem a sensação.

Os Atributos de um Estímulo Sensorial

Modalidade do Estímulo

A modalidade do estímulo é definida por uma classe geral de estímulos (por exemplo, tato) determinada pelo tipo de energia transmitida pelo estímulo e dos receptores especializados para sentir aquela energia. Os receptores, com suas vias centrais e áreas ativadas no cérebro, compreendem um SS, e a atividade no sistema dá origem aos tipos específicos de sensações como tato, sabor, visão e audição.

Localização do Estímulo

A localização do estímulo é representada por um conjunto de receptores sensoriais que estão ativados. Os receptores são distribuídos topograficamente, de maneira que seus sinais de atividade, tais como a modalidade a que pertence, suas posições no espaço e seus tamanhos são sentidos no órgão. Muitos receptores são ativados simultaneamente quando ocorre um estímulo, assim a distribuição da população ativa provê para o cérebro uma informação importante da sensação.

Intensidade do Estímulo

A intensidade do estímulo é sinalizada pela amplitude de resposta de cada receptor, que reflete a soma total da energia do estímulo liberada pelo receptor.

Tempo

O tempo de estimulação é definido pelo momento em que a resposta no receptor começa e termina. É determinado pela velocidade com que a energia é recebida ou perdida pelo receptor. Além disso, a intensidade e o tempo da estimulação em curso são representados pelos padrões de disparo em neurônios sensoriais ativos.

Processamento da informação somatossensorial

A sensibilidade somatossensorial tem quatro maiores modalidades:

1. **Tato:** Recodifica o tamanho, a forma, a textura dos objetos e de seus movimentos através da pele e mucosas.
2. **Propriocepção:** Sentido da posição estática e movimento das partes do corpo.
3. **Nocicepção:** Sinaliza danos teciduais como dor ou coceira.
4. **Temperatura:** Quente e frio.

Cada uma dessas modalidades é mediada por um distinto sistema de receptores e vias para o cérebro. Porém, todos participam de uma classe comum de neurônios ganglionares da raiz dorsal (NGRD) que respondem seletivamente a específicos tipos de estímulos, devido à especialização molecular e morfológica destes terminais periféricos.

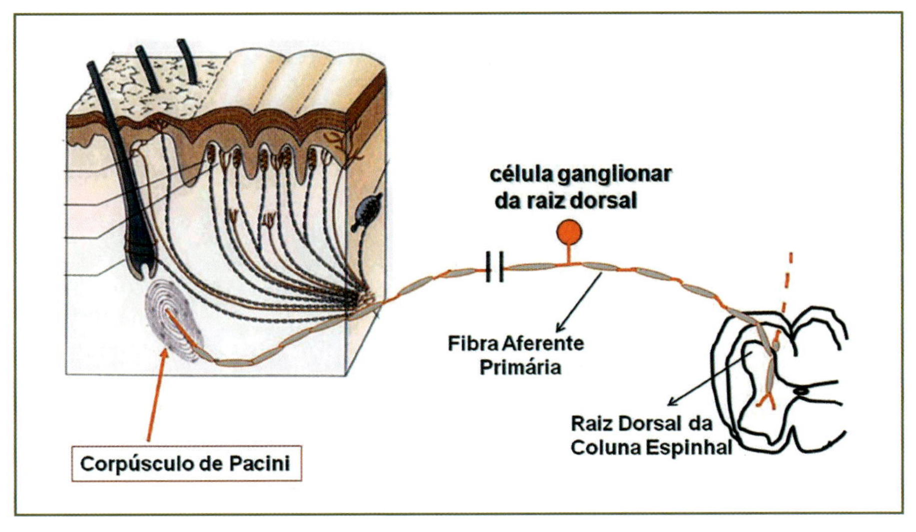

Figura 3.2: Esquema de uma região da pele. Um corpúsculo de Pacini é estimulado, e o ramo periférico do neurônio ganglionar da raiz dorsal de uma determinada fibra nervosa captam esse estímulo. Então, a fibra aferente primária transmite a informação do estímulo codificado para a raiz dorsal da coluna espinhal.

Toda informação sensorial dos membros e tronco é transmitida pelo NGRD. Das estruturas craniais (face, lábios, cavidade oral, conjuntiva e dura mater) é transmitida pelos neurônios sensoriais trigeminais, que são funcional e morfologicamente homólogos ao NGRD.

O NGRD é bem adaptado para duas principais funções:

1. Transdução de estímulos;
2. Transmissão da informação do estímulo codificado para o SNC.

O corpo do NGRD aloja-se no gânglio da raiz dorsal de um nervo espinhal, por isso recebe esse nome. Seu axônio tem dois braços, um que se projeta para a periferia (para a pele ou mucosa) e o outro para o SNC (por meio da raiz dorsal da coluna espinhal).

A parte final do braço periférico do NGRD é a única região que é sensitiva ao estímulo natural (no exemplo acima é a região que se conecta com o corpúsculo de Pacini, figura 3.2 – em vermelho dentro do corpúsculo de Pacini). A função sensorial de cada NGRD é determinada pelas propriedades do nervo terminal (por exemplo, o nervo trigêmeo, que é sensorial e motor).

O restante do ramo periférico, junto com o braço central, é chamado de ***fibra aferente primária,*** que transmite a informação do estímulo codificado para a raiz dorsal da coluna espinhal no tronco encefálico. Os axônios aferentes primários apresentam diâmetros variados, e seus tamanhos correlacionam-se com o tipo de receptor sensorial ao qual estão ligados.

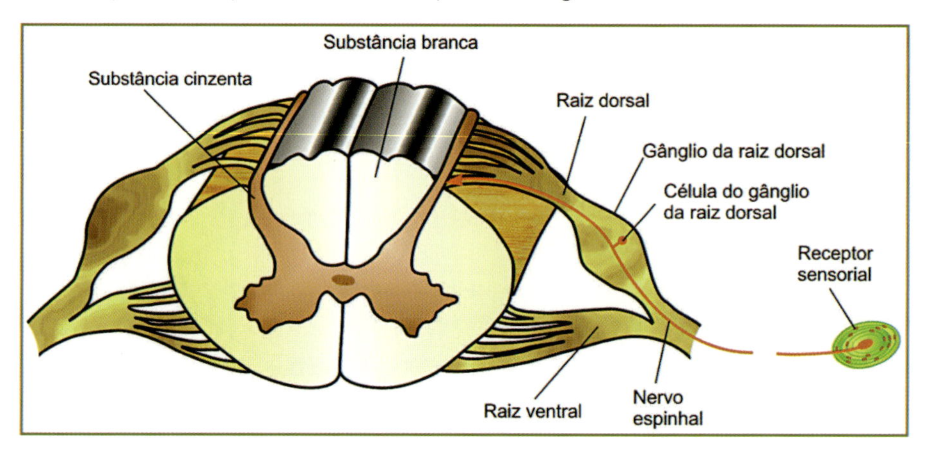

Figura 3.3: As estruturas de um segmento da medula espinhal e suas raízes.

Por ordem decrescente de tamanho, os axônios dos receptores sensoriais da pele e mucosa são designados por Aα, Aβ, Aδ e C.

Os axônios de tamanho similar, mas que inervam os músculos e tendões, são os chamados de grupos I, II, III e IV. Os nervos sensoriais da pele não apresentam o grupo de maior tamanho Aα. Os do grupo C não são mielinizados, enquanto todos os outros são. Estes transmitem sensação de dor e temperatura e são os mais lentos. Os mecanorreceptores, que transmitem tato, possuem os axônios mais calibrosos e conduzem o estímulo tátil em alta velocidade.

Os terminais periféricos do NGRD são de dois tipos; encapsulados por uma estrutura não neural ou não encapsulados. Os primeiros mediam as modalidades somáticas de tato e propriocepção, os quais são inervados pelo NGRD de grande diâmetro, com axônios mielinizados e de condução rápida.

Os segundos mediam sensações dolorosas (nociceptores) ou de temperatura (receptores termais), cujos axônios são de pequeno diâmetro. Estes podem ser amielinizados ou pouco mielinizados e conduzem os impulsos mais lentamente.

A pele sem pelos, mucosa de revestimento (oral), dedos, palma das mãos, sola dos pés, lábios e língua têm maior sensibilidade táctil do corpo todo. Essas regiões são caracterizadas por um arranjo regular de cristas formadas por pregas da epiderme.

As cristas são arranjadas em padrões circulares chamadas de "impressões digitais" e contém uma densa matriz de mecanorreceptores. Estes mediam tato e pressão, que são excitados por endentação da pele ou por movimentos sobre a pele ou mucosa.

Aferentes primários e secundários dos músculos elevadores da mandíbula apresentam uma distribuição topográfica

No trabalho de Dessem, Donga e Luo de 1997 foi demonstrado em ratos, que os aferentes primários e secundários (fibras sensoriais fusais) dos músculos elevadores da mandíbula apresentam uma distribuição topográfica. Para isso, foram introduzidos microeletrodos no núcleo mesencefálico trigeminal (NMT) dos animais e foram registradas as respostas à estimulação de: palpação dos músculos da mandíbula; pressão aplicada em dentes; durante movimento sinusoidal da mandíbula; abertura/fechamento; protrusão/retrusão e mandíbula parada. Todos os aferentes marcados responderam com um aumento de disparo quando os músculos elevadores foram palpados, mas não responderam quando se aplicou pressão em dentes e gengivas. As maiores áreas de projeção desses aferentes foram no núcleo motor trigeminal (NMoT); região dorsal do NMoT, Formação Reticular, núcleo espinal trigeminal e pedúnculo cerebelar superior. Esses aferentes foram classificados como primários baseados em suas altas sensitividades durante o estiramento dos músculos elevadores da mandíbula e/ou seus silenciamentos durante a fase de liberação do estiramento dos músculos. Esses aferentes projetavam-se mais para o NMoT. Um segundo grupo de aferentes foi modulado somente de forma suave durante o estiramento dos músculos elevadores da mandíbula. Esses aferentes tônicos foram classificados de secundários, devido à sua alta sensitividade dinâmica durante o estiramento muscular em movimento lateral da mandíbula e contínua descarga durante a fase de liberação do estiramento do músculo. Esses aferentes projetavam-se mais para a região dorsal do NMoT. Os resultados mostraram que os aferentes fusais dos músculos elevadores da mandíbula dinamicamente, e não dinamicamente sensitivos, se projetam preferencialmente para diferentes regiões. Os primários são capazes de prover *feedback* (retroalimentação) relacionados às fases dinâmicas (velocidade) do estiramento muscular e se projetam mais fortemente para o NMoT. Os secundários podem transmitir sinal de *feedback* associado com o comprimento muscular e se projetam mais fortemente para região supratrigeminal (acima e fora do NMoT). Pode-se sugerir que o *feedback* posicional dos músculos mandibulares chegue aos motoneurônios trigeminais primariamente por meio de vias de retransmissão. Esses resultados também implicam uma divisão do *feedback* sensorial monosináptico dos aferentes do fuso muscular mandibular, para pequenos grupos de motoneurônios, similar aos descritos no cordão espinhal (Stuart *et al.*, 1988). Os dois tipos de aferentes têm projeções caudais para o NMoT, que cooperariam para uma maior latência (maior tempo) aos reflexos de estiramento dos músculos mandibulares e/ou projeções das informações proprioceptivas para o tálamo e cerebelo devido às suas projeções para a Formação Reticular. Esses dados são importantes, pois nos casos de disfunção articular causada por mastigação unilateral, por exemplo, no lado de balanceio ocorreria um maior disparo dos aferentes secundários que respondem ao movimento lateral da mandíbula, e um maior disparo dos aferentes primários no lado de trabalho. Assim, várias áreas do SNC são ativadas como: NMoT; região dorsal do NMoT, Formação Reticular (FR), núcleo espinal trigeminal e pedúnculo cerebelar superior. A FR está envolvida com o Sistema Límbico responsável pelas respostas comportamentais emocionais. O cerebelo com as atividades motoras finas (equilíbrio motor). Portanto, os sintomas relacionados com a DTM como, tontura, vertigem, depressão, alteração do sono estão presentes pela ativação dessas áreas do SNC.

Organização sensorial da medula espinhal

A medula espinhal é constituída de um núcleo central de substância cinzenta, circundada por um espesso envoltório de tratos de substância branca, denominados de coluna. Cada metade da substância cinzenta divide-se em um corno dorsal, uma zona intermediária e um corno ventral. Os neurônios que recebem aferências sensoriais oriundas dos neurônios aferentes primários são chamados de neurônios sensoriais de segunda ordem, e sua maioria localiza-se nos cornos dorsais da coluna espinhal.

Os axônios calibrosos mielinizados Aβ que conduzem a informação sensorial da pele e mucosa entram no corno dorsal e se ramificam. Um ramo faz sinapse com neurônios sensoriais de segunda ordem na parte profunda do corno dorsal. Essas conexões podem desencadear ou modificar uma variedade de respostas reflexas rápidas e inconscientes. O outro ramo do axônio aferente primário Aβ ascende diretamente para o encéfalo, o qual é responsável pela percepção, tornando o indivíduo capaz de fazer julgamentos complexos acerca dos estímulos táteis da pele.

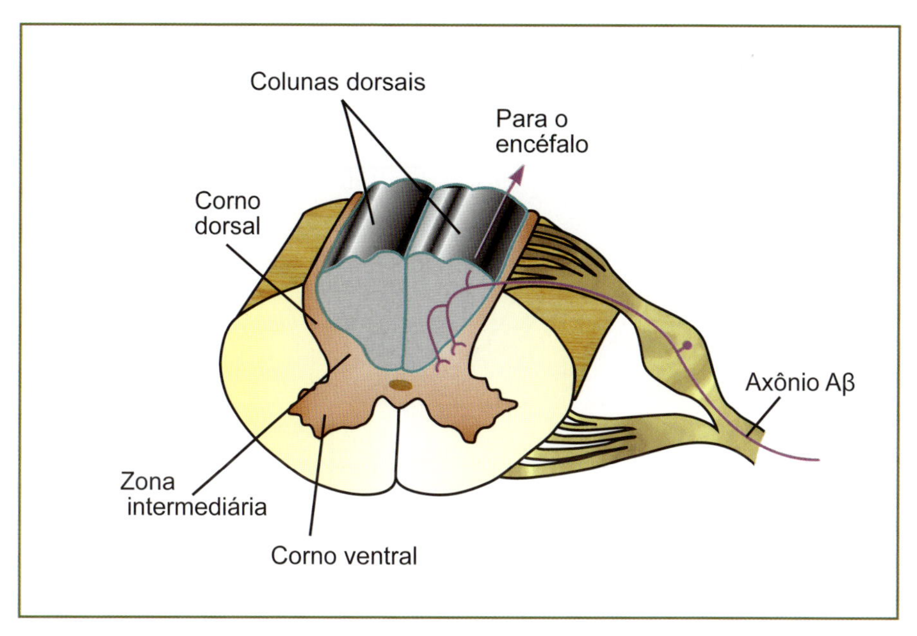

Figura 3.4: O trajeto dos axônios Aβ sensíveis ao tato na medula espinhal.

Mecanorreceptores (MR)

São os receptores que respondem a uma ação mecânica como ao tato leve, tato profundo, pressão leve e pressão profunda. Estas estruturas não neurais podem modificar a sua forma de maneira particular, para excitarem o nervo sensorial. Podem variar quanto à morfologia e localização na pele ou mucosa. Virtualmente, todos os MRs têm terminações especializadas que circundam o terminal do nervo. Embora a sensitividade desses receptores aos deslocamentos mecânicos seja uma propriedade da membrana da parte terminal do nervo, suas respostas dinâmicas à estimulação são formadas por suas cápsulas especializadas.

Há quatro tipos de MRs identificados na pele/mucosa:

Na camada mais superficial tem-se o Corpúsculo de Meissner e os Discos de Merckel. Na camada mais profunda, Corpúsculos de Vater-Pacini e as Terminações de Ruffini.

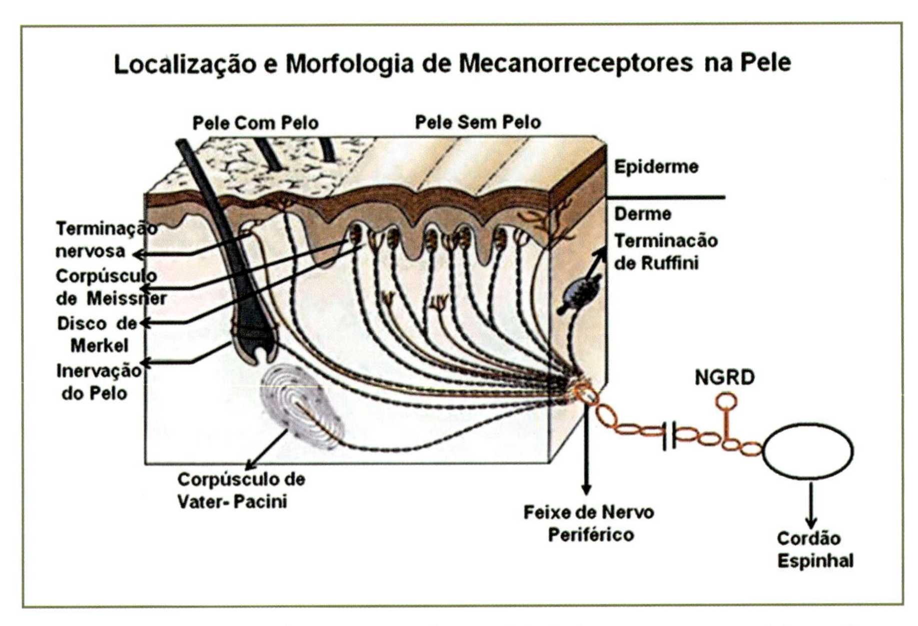

Figura 3.5: Desenho esquemático da localização e morfologia dos receptores sensoriais na pele sem e com pelos de humanos. Na derme: Terminação nervosa (nervo desmielinizado-dor), Corpúsculo de Meissner, Disco de Merckel, Corpúsculo de Vater-Pacini e Terminacão de Ruffini e Inervação do pelo. Feixe de nervo periférico, Neurônio Ganglionar da Raiz Dorsal (NGRD) e Cordão Espinhal.

Corpúsculos de Meissner

São receptores minúsculos, com 40 milésimos de milímetro de espessura e quase o dobro disso de comprimento, de adaptação rápida, acoplados mecanicamente à extremidade da crista papilar da pele, de sensibilidade mecânica fina. É uma estrutura globular, cheia de líquido, com células epiteliais achatadas e o terminal do nervo sensorial fica entrelaçado entre as várias camadas do corpúsculo.

São particularmente sensitivos às mudanças abruptas quanto às diferentes formas de objetos, que entram em contato nas extremidades ou nas quinas das cristas papilares da pele ou mucosa, e a pequenas irregularidades sentidas na superfície destas. Estes corpúsculos detectam e localizam pequenos impactos sobre uma superfície macia e vibrações em tons entre 0,3 e 3 hertz. Esses são importantes para manter o controle ao agarrar ou abocanhar objetos.

Resolvem pontos individuais, mas o padrão de imagens que eles proveem não é uma imagem clara, devido aos campos receptivos levemente maiores que os Merckel.

Discos Receptores de Merckel

São encontrados em aglomerações no centro da crista papilar. Lentamente adaptáveis, são pequenas células epiteliais que rodeiam o terminal nervoso. Incluem uma estrutura semirrígida que transmite as distorções de compressão da pele para os terminais dos nervos sensoriais, evocando respostas sustentadas e lentamente adaptadas. Detectam batidas mais fortes ou bordas mais salientes.

Uma vez estimulados proveem uma imagem de contorno mais clara por mudanças na frequência de disparo. Se a superfície é plana, disparam continuamente a taxas relativamente baixas. Convexidade de penetração na pele aumenta as taxas de disparo. Concavidade silencia-os. Codificam tamanho e forma de objetos. Proveem a mais precisa resolução do padrão espacial. Sensoriam a curvatura da superfície de um objeto (forma).

Os receptores de Meissner e Merckel são mais fortemente concentrados na metade distal da ponta dos dedos e nas regiões mais anteriores do SECN, tais como lábios, vestíbulo oral, ponta da língua, istmo-oro-faringe.

Os receptores mais superficiais são menores que as dobras da pele e solucionam diferenças espaciais finas, pois transmitem informação de uma área restrita.

Corpúsculo de Vater-Pacini

São os maiores receptores táteis e podem ter até 4 mm de comprimento. São similares ao Meissner. Respondem a uma rápida penetração da pele, mas não à pressão continuada, devido aos tecidos conectivos lamelares que envolvem seus terminais nervosos. Eles situam-se nas camadas inferiores na pele, nos músculos e nos tendões e são sensíveis a vibrações com frequência entre 40 e 1000 hertz (ciclos por segundo). Tem uma grande cápsula flexivelmente ligada à pele que o permite sentir vibrações que ocorrem a vários centímetros de distância. São maiores e em menor número que os receptores da camada superficial.

Esses receptores mais profundos solucionam diferenças espaciais grosseiras, são menos dotados para localizações espaciais acuradas. Percebem as propriedades mais globais dos objetos e detectam deslocamentos de uma ampla área da pele.

Sentem o deslocamento por fricção da pele, quando a mão se move através de um objeto, ou se a superfície é macia ou rugosa.

Não dão sinais de mudança em superfície de contorno, pois seus largos campos receptivos englobam muitos pontos na superfície.

Terminações de Ruffini

São grandes, de adaptação lenta, encontradas no tecido conectivo dos membros, articulações e pele. Sentem estiramento da pele ou dobramento das unhas, contribuem para percepção da forma de objetos agarrados. Elas ajudam a dar ao cérebro informações precisas sobre a posição dos braços, das pernas e mandíbula. As terminações de Ruffini consistem de três cilindros, que se juntam no centro em uma espécie de nó. Através desses cilindros passam feixes de fibras ligadas ao tecido conectivo, aos músculos e aos tendões. Qualquer movimento de uma articulação pressiona ou estica uma fibra, que sinaliza a alteração detectada por esses sensores.

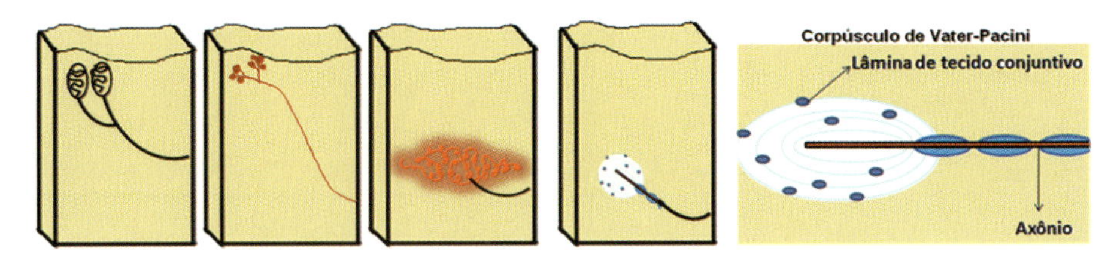

Figura 3.6: Esquema dos receptores sensoriais em profundidade na pele ou mucosa – Corpúsculos de Meissner, Discos de Merckel,Terminações de Ruffini e Corpúsculo de Vater-Pacini. Corpúsculo de Vater-Pacini em maior aumento.

Campos Receptivos (CR)

Campos receptivos são áreas limitadas da pele ou mucosa determinadas pela localização das terminações receptivas de cada NGRD individual. Cada neurônio leva informação sensorial de uma determinada área.

Corpúsculos de Meissner e os discos de Merckel: na ponta dos dedos há CR de 2 a 3 mm de diâmetro, e de 10 mm na palma da mão.

Corpúsculos de Vater-Pacini e Terminações de Ruffini: o CR cobre uma área grande e contínua nos dedos e palma, mas tem uma zona central de máxima sensibilidade localizada acima do receptor.

CR dos receptores das camadas superficiais

Há muitos pontos de alta sensibilidade marcando as posições do corpúsculo de Meissner ou do disco de Merckel.

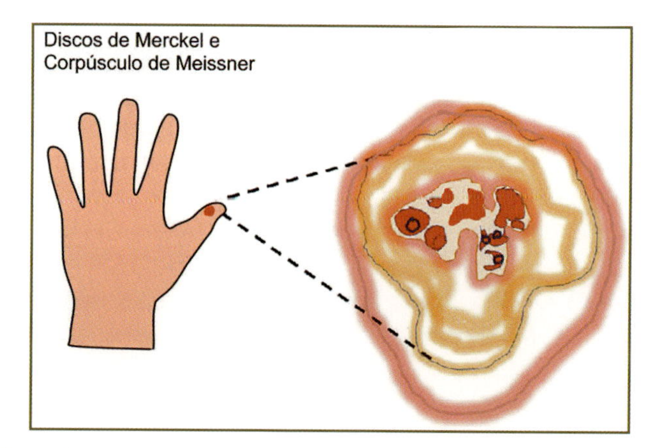

Figura 3.7: Desenho esquemático do tamanho e estrutura dos CRs do disco de Merckel e Corpúsculo de Meissner: O ponto vermelho no dedo e a projeção de seu CR mostram um mapa em que as regiões de maior sensibilidade estão em vermelho (zona central do mapa – os vários pontos em vermelho) e as de menor intensidade, em bege (zona mais periférica do mapa). Esses receptores localizados mais superficialmente na pele/mucosa apresentam muitos pontos de alta sensibilidade.

CR dos receptores das camadas profundas

Há um único ponto de sensibilidade máxima subjacente aos receptores de Pacini e Ruffini.

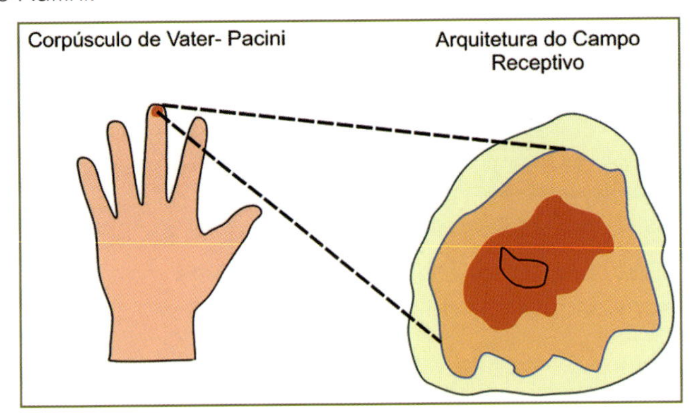

Figura 3.8: Desenho esquemático do tamanho e estrutura dos CRs do Corpúsculo de Vater-Pacini e de Ruffini: O ponto vermelho no dedo e a projeção de seu CR mostram um mapa em que as regiões de maior sensibilidade estão em vermelho (zona central do mapa) e as de menor intensidade, em bege (zona mais periférica do mapa). Esses receptores localizados mais profundamente na pele/mucosa apresentam um único ponto de máxima sensibilidade representado pela área central em vermelho.

Um único neurônio que inerva a camada superficial recebe entrada de 10 a 25 corpúsculos de Meissner e Merckel. Nas camadas superficiais, fibras nervosas monitoram a atividade de muitos receptores sensoriais de um tipo particular.

Um único neurônio que inerva a camada profunda recebe entrada de um único Pacini ou Ruffini, portanto, os seus CR cobrem largas áreas da pele e suas fronteiras não são bem definidas; além disso, estes CR têm só um ponto de sensibilidade que se localiza logo acima do receptor. O CR é referente à ação de um neurônio. O neurônio fornece sensação a um único ponto em seu CR; aquele que exerce a maior pressão, ou seja, a maior intensidade do estímulo.

Limiar de Dois Pontos

É a distância entre dois estímulos a partir dos quais o sistema percebe como pontos distintos. Varia em diferentes regiões do corpo, como: 2 mm na ponta dos dedos, 10 mm na palma das mãos, 40 mm no braço. Quanto mais distante os pontos estiverem, maior a probabilidade de que dois nervos ativos estejam separados por fibras nervosas inativas. O contraste entre fibras nervosas ativas e inativas parece ser necessário para solucionar detalhes espaciais.

A maior capacidade de discriminação está na ponta dos dedos, braços, língua, lábios, gengivas e dentes, que têm os menores CR. Clinicamente podem ser observadas as propriedades dos MR em caso de paciente adulto com os incisivos centrais superiores vestibularizados, diastemas e mobilidade devido à reabsorção óssea; lábio inferior se interpondo contra as faces palatinas destes. Esses dentes não têm contato com os antagonistas, suas coroas são longas e estão sendo expulsos por estimulação inadequada ou nociva. Este quadro pode ser revertido com o uso de um aparelho do tipo Pistas Indiretas Planas Simples, com arco vestibular. O arco vai roçar suavemente os incisivos centrais superiores vestibularizados, corrigindo pouco a pouco as suas inclinações axiais. Além dessa aparatologia, outra terapêutica pode ser aplicada; a terapêutica baseada no conhecimento dos CRs dos receptores sensoriais espalhados por toda a boca.

Estimulação Sensorial Direta Sperandéo (ESDS)

A ESDS baseia-se em estimular intensamente os receptores sensoriais localizados nos tecidos moles da vestibular e palatina dos incisivos centrais superiores danificados. O objetivo da ESDS é de se conseguir resposta de formação óssea gradual na região radicular lesionada. Para a execução da técnica são utilizadas taças de borracha de diferentes durezas colocadas no micromotor. Os movimentos executados com a peça de mão são de rotação ou de vibração iniciando no fundo do sulco vestibular e direcionando para a cervical dos dentes, da rafe palatina em direção aos colos dos dentes comprometidos. No fundo do sulco vestibular é necessário provocar um estiramento do tecido conjuntivo aí presente. Esses movimentos são inicialmente leves e lentos, gradativamente aumenta-se a intensidade e o ritmo. A alternância de ritmo e intensidade é muito importante para o resultado que se deseja. A sessão de ESDS deve ser de aproximadamente 10 minutos, com intervalo interestímulos de 30 segundos, uma vez por semana. Após alguns meses de terapia pode-se observar a formação óssea gradual que vai ocorrendo pouco a pouco de apical para a cervical dos dentes.

Devido à diferença dos CR e do limiar entre dois pontos, é importante usar taças de borracha com tamanhos, formas e texturas diferentes para atingir o maior número e tipos de receptores sensoriais em seus CR, uma vez que diferentes receptores apresentam CRs de ativação distintas como também diferentes limiares de ativação entre dois pontos. O SECN por ser muito rico em elementos neurais possui por si só os componentes ideais para responder a uma ativação sensorial intensa e ritmada. A resposta será no tecido ósseo, também bastante plástico, vascularizado e inervado. Esse tecido necessita de impacto para se manter em taxas normais de calcificação. A técnica de ESDS fornece a essa região óssea estimulada o impacto que normalmente estaria ocorrendo se os dentes tivessem contato normal. Assim, as bases ósseas da boca, que compõem um sistema ricamente inervado, quando adequadamente estimuladas, com vibrações e estímulos de impacto, responderão com neoformação óssea gradual nas regiões efetoras.

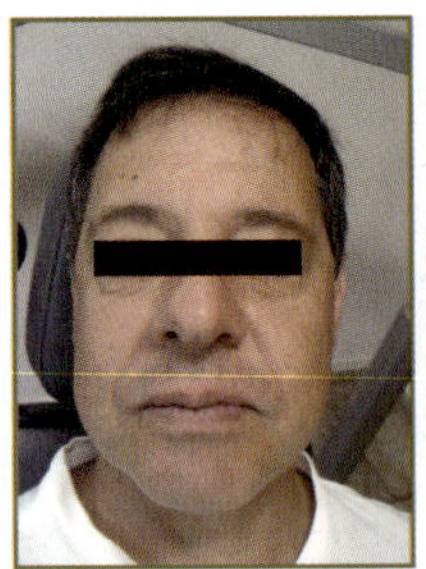

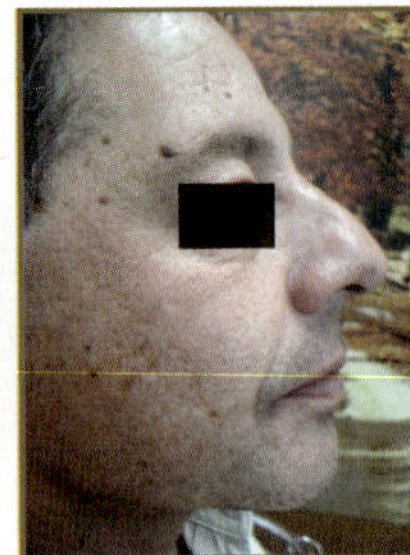

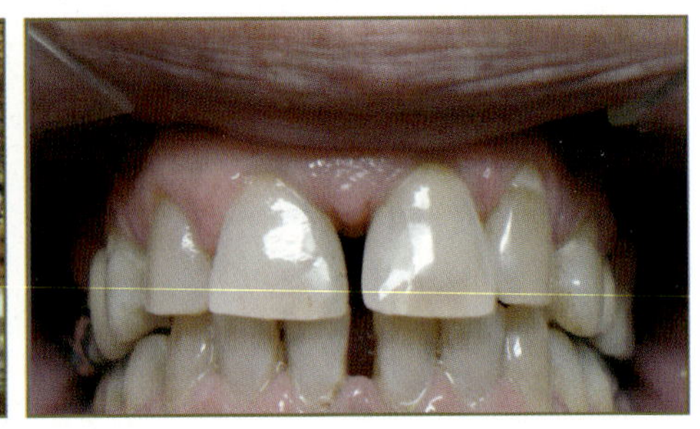

Figura 3.9: Caso clínico – Paciente J. M., com 55 anos, fotografia da face em norma frontal e lateral. Incisivos centrais superiores vestibularizados, com diastema e mobilidade.

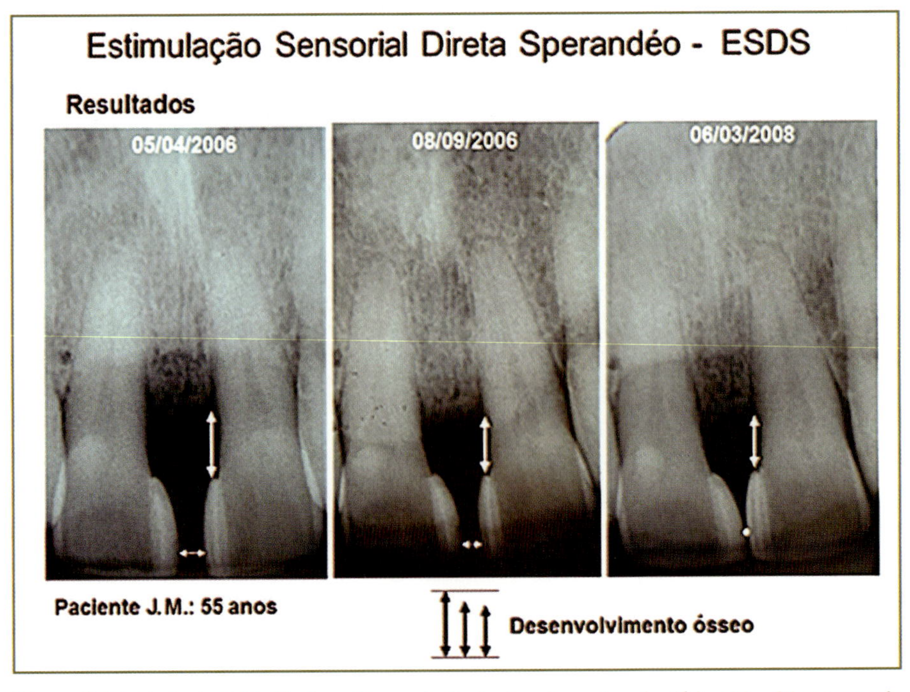

Figura 3.10: Paciente J. M.: Radiografias periapicais dos elementos dentários 11 e 21 mostrando grande perda óssea de cervical para apical. O 1º Rx no início do tratamento realizado em 05/04/2006. O 2º Rx mostra aposição óssea na região tratada com ESDS 6 meses após o início do tratamento, como também a redução do diastema entre os incisivos centrais. O 3º Rx, 2 anos após o início do tratamento (06/03/2008), evidencia um maior aumento de osso e total fechamento do diastema. As 3 setas salientam o desenvolvimento ósseo ocorrido entre as três tomadas radiográficas.

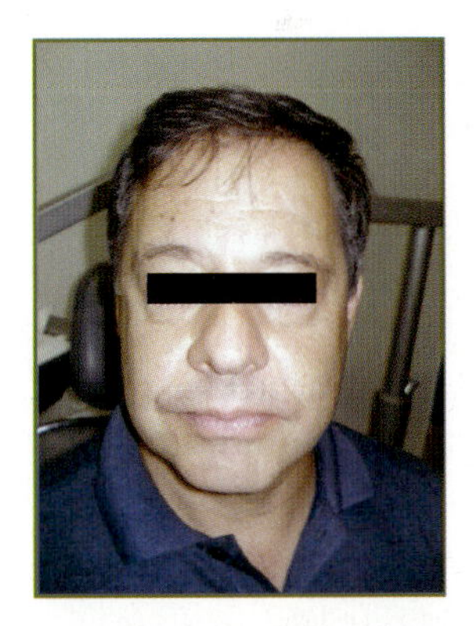
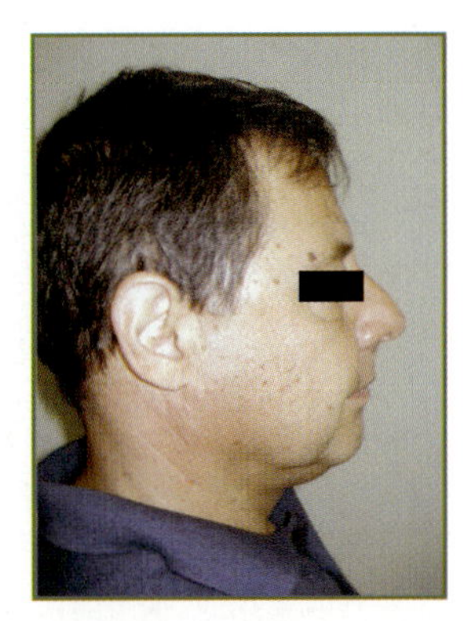

Figura 3.11: Paciente J. M. – fotografia de face em norma frontal e lateral.

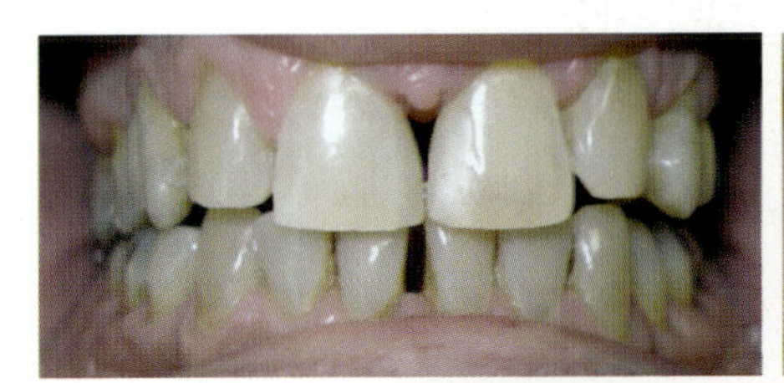
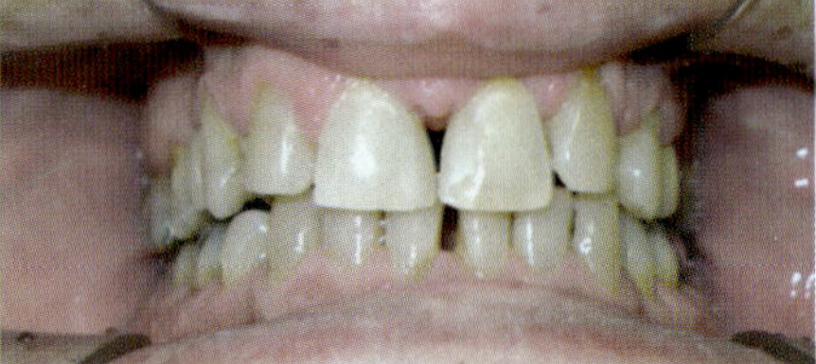
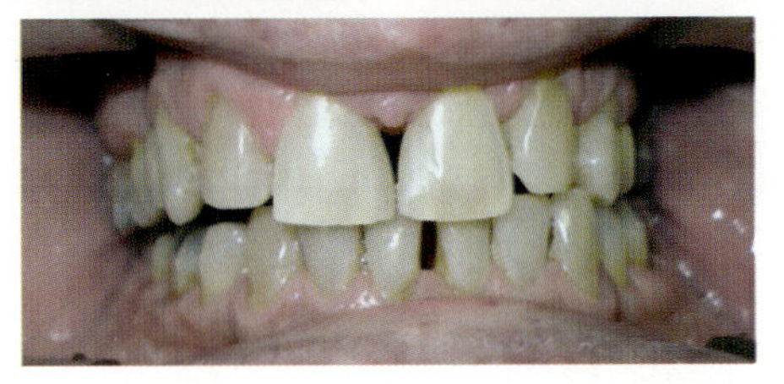

Figura 3.12: Paciente J. M. – Lateralidade direita, cêntrica e lateralidade esquerda após tratamento com aparatologia Planas e ESDS. Correção da protrusão, contato de incisivos equilibrado em cêntrica, lateralidade direita e esquerda, fechamento do diastema, recuperação do suporte ósseo dos incisivos e função mastigatória bilateral alternada.

Proprioceptores (Pp)

A propriocepção é o sentido de posição estática e de movimentos dos membros e do corpo sem usar a visão. Essas sensações são importantes para controlar o movimento dos membros, o movimento da mandíbula, a manutenção da postura da mandíbula, da postura ereta e manipulação de objetos que diferem em massa e forma. Assim, há três tipos de receptores nos músculos e nas articulações que sinalizam a posição estacionária dos membros, a velocidade e direção de seus movimentos.

1. Fusos neuromusculares especializados em estiramento dos músculos
2. Órgãos tendinosos de Golgi, presentes nos tendões dos músculos e fornecem a sensação nas forças contrácteis ou esforço exercido por um grupo de fibras musculares.
3. Receptores localizados nas cápsulas das articulações que fornecem a sensação na flexão ou extensão destas.

Na boca, os Pp são encontrados na mucosa de revestimento (principalmente na papila incisiva), nos músculos e acessórios (músculos da mastigação, supra e infra-hióideos, faciais), no periósteo, nas gengivas envolventes (principalmente dos caninos), na membrana periodontal (gonfoses), nos ligamentos e nas articulações temporomandibulares (ATMs).

A propriocepção cutânea é particularmente importante para o controle dos movimentos dos lábios durante a fala e expressões faciais.

Receptores Térmicos (RT)

Apesar do tamanho e forma dos objetos serem também sensoriados pela visão, as qualidades térmicas dos objetos são puramente somatossensoriais. Podem ser destacados quatro tipos de sensações térmicas: fresco, gelado, morno e quente, as quais resultam de diferenças entre as temperaturas externas do ar ou dos objetos em contato com o corpo com a temperatura normal da pele de 34°C.

Nociceptores (NC)

Nociceptores são receptores que respondem seletivamente a estímulos que podem danificar os tecidos e causam a percepção da dor. Eles localizam-se na camada mais superficial da pele ou mucosa, são também chamados de terminações nervosas livres, que podem se amielinizadas ou fracamente mielinizadas.

Esses receptores respondem diretamente a alguns estímulos nocivos e indiretamente a outros através de liberações químicas de células do tecido traumatizado. Substâncias que podem atuar como intermediárias químicas da dor: histamina, K^+ liberado por células lesadas, bradicinina, substância P e outros peptídeos, ATP, serotonina e acetilcolina.

Dores Fantasmas

A dor fantasma é referida como a impressão da contínua presença de uma parte do corpo que não existe mais, acompanhada de dor ou não. Na literatura médica há relatos dessas sensações em pacientes que perderam não só pernas ou braços, como também, seios, dentes, genitais e mesmo órgãos internos.

A sensação mais mencionada pelos pacientes é de "formigamento difuso", que "reconstrói" a extensão toda do membro amputado. Tal sensação seria semelhante àquela vivida quando, por exemplo, uma pessoa fica em uma posição incômoda, por algum tempo, ocorrendo uma isquemia temporária da perna, como se ela estivesse "adormecida", com uma sensação desagradável de formigamento agudo. A diferença é que enquanto tal desconforto é passageiro, nos pacientes tomados pela dor do membro-fantasma essa sensação pode permanecer ativa por anos. É como se a memória tátil dolorosa pregressa se preservasse no cérebro, mesmo depois de eliminada a fonte corpórea que a gerou.

Nos anos 60, o psicólogo canadense Ronald Melzach propôs a teoria da neuromatriz. Postulou que o cérebro contém uma vasta rede de neurônios, que responde normalmente a estímulos sensoriais provenientes da periferia do corpo, além de ter sua atividade modulada por esses estímulos. Essa rede de neurônios, também provoca contínuas atividades elétricas neurais indicando, que a identidade e o estado natural do corpo estariam intactos. A neuromatriz continuaria a operar sem parar, mesmo depois da remoção de uma parte do corpo e, produz atividade elétrica que faria sentir a sua presença.

A sensação de possuir o membro seria absolutamente real, e não resultado de um fluxo alterado de informação tátil ou alucinação. A "assinatura neural" seria determinada pelo menos, parcialmente pelo genoma e conferiria para cada um a sensação primordial de que, o corpo é o senso de ser um indivíduo único e indissolúvel. A neuromatriz envolveria circuitos neurais em grande número, inclusive os especializados em processar informação tátil, o sistema somatossensorial, e o límbico, responsável pela geração de todas as emoções. Os trabalhos de Jon Kaas e Michael Merzenich demonstram que a amputação, por exemplo, do dedo médio, deflagra um processo de reorganização funcional e anatômica.

Os mapas somatotópicos neurais (ficam no córtex cerebral) alteram-se contínua e gradativamente após a amputação, de tal forma que esses mapas voltam a representar regiões do corpo adjacentes ao coto.

Essa "reorganização plástica" permite que neurônios que antes respondiam somente à estimulação do dedo médio passem a responder com igual intensidade à estimulação da pele do indicador e do anelar.

Em amputações de braço, por exemplo, a plasticidade neural faz com que passados muitos anos, neurônios que reagiam à estimulação tátil do membro amputado, gradativamente passem a responder à estimulação da face e de regiões adjacentes ao coto. Assim, pacientes que tiveram um braço amputado, podem apresentar fortes dores faciais, na região lateral ou no queixo, dificultando intensamente qualquer intervenção odontológica clínica, devido à plasticidade da reorganização neuronal.

Nervo Trigêmeo

O nervo trigêmeo emerge da face lateral da ponte (porção do tronco encefálico), na região considerada transição entre a ponte e pedúnculo cerebelar médio.

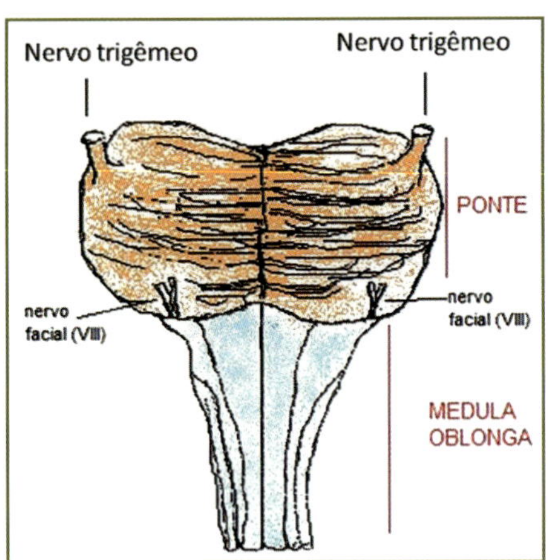

Figura 3.13: Representação esquemática bilateral (norma posterior) da saída do nervo trigêmeo na face lateral e superior da ponte, saída do nervo facial (VII) na região inferior da ponte.

O trigêmeo, nervo predominantemente sensitivo, recebe este nome por atuar em três divisões: maxilar, oftálmica e mandibular. É responsável pela sensibilidade de quase toda a cabeça. Possui um pequeno contingente de fibras motoras, as quais inervam os músculos que movimentam a mandíbula (DANGELO & FATTINI, 1991).

O nervo trigeminal (V), quinto par craniano, é um nervo misto (possui fibra sensorial e fibra motora) e sai do tronco encefálico em duas raízes. A raiz motora que inerva os músculos da mastigação (temporal, masseter, pterigóideos mediais e laterais), músculos do palato (tensor do velo palatino), do ouvido interno (tensor do tímpano), e superior do pescoço (ventre anterior do digástrico). A raiz sensorial passa no gânglio trigeminal localizado no soalho do crânio no meio da fossa craniana, adjacente à sela túrcica. Do gânglio trigeminal emergem três braços.

A divisão oftálmica (V1) inerva estruturas da órbita, nariz, fronte direcionando-se para o vértice do crânio. A divisão V2 corre através do forame do osso esfenoide e provê sensação da pele da face e porção superior da cavidade oral. A V3 deixa o crânio juntamente com a fibra motora trigeminal através do forame oval do osso esfenoide e supre sensação da pele da mandíbula, da área superior do ouvido, da região inferior da cavidade oral, inclusive da língua.

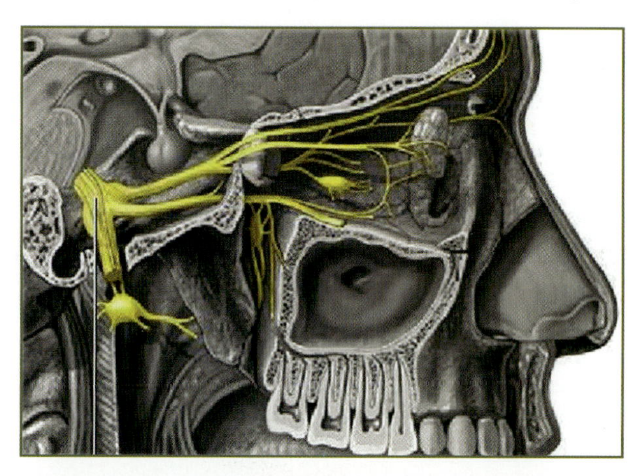

Figura 3.14: Nervo Trigêmeo (V par) e suas divisões: nervo oftálmico, nervo maxilar e o nervo mandibular. Este último apresenta os feixes: sensorial e motor separados.

Os pacientes com lesão completa do nervo trigêmeo apresentam paralisia da face, como também do interior da boca. Em pacientes com queixas psicossomáticas é importante que se faça uma investigação clínica da sensação oral, para verificar se há alguma injúria no nervo trigeminal. A fragilidade de um lado do feixe motor do trigêmeo não causa muita debilidade no fechamento da mandíbula, porque os músculos da mastigação de um lado são suficientes para fechá-la. Contudo, a mandíbula tende a desviar para o lado da lesão, quando o paciente abre a boca. Isto ocorre devido ao músculo pterigóideo interno do lado oposto à lesão ser mais forte.

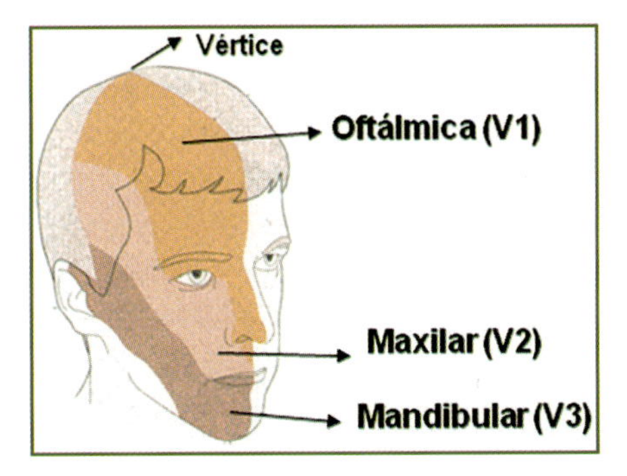

Figura 3.15: As áreas de inervação das três divisões sensoriais do nervo trigêmeo: o ramo Mandibular (V3), o Maxilar (V2) e o Oftálmico (V1) e Vértice do crânio.

Padrões Terminais na Coluna Espinhal e Medula

O arranjo topográfico dos receptores na pele é preservado à medida que o processo central dos NGRD (neurônios de 1ª ordem) entra na coluna espinhal por meio de sua raiz dorsal.

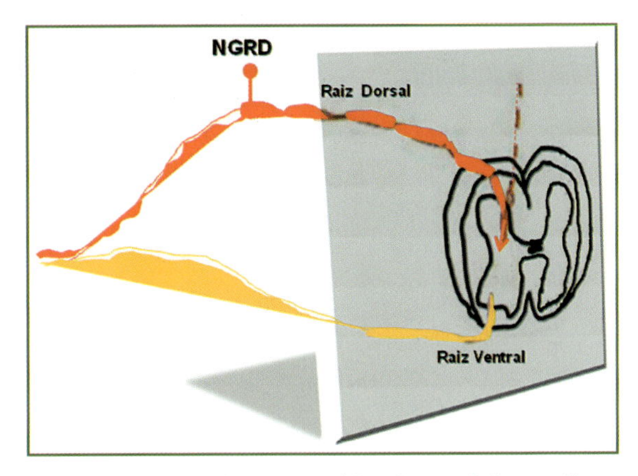

Figura 3.16: Desenho esquemático do neurônio ganglionar da raiz dorsal (NGRD) com entrada na região dorsal do disco espinhal. Localização da raiz ventral do disco espinhal.

Dermatoma é a área da pele inervada pelas fibras nervosas que compreendem a raiz dorsal. Dermatomas são arranjos numa sequência caudal-rostral, com o ânus e a genitália mais caudal, ombro, pescoço e dorso da cabeça rostralmente.

Os três ramos do nervo trigeminal também preservam os arranjos topográficos de receptores na face, por suas projeções no núcleo trigeminal do tronco encefálico.

Após entrada na coluna espinhal, os axônios centrais dos NGRD se ramificam extensivamente e projetam para os núcleos na substância cinzenta espinhal e tronco encefálico.

A substância cinzenta espinhal é dividida em três regiões:

1. Raiz dorsal
2. Zona intermediária
3. Raiz ventral

A especialização sensorial dos NGRD é preservada no SNC por meio de distintas vias ascendentes para as várias modalidades somáticas. As modalidades de tato e propriocepção são transmitidas diretamente para a medula através da coluna dorsal ipsilateral. Dor e temperatura são transmitidas contralateralmente.

A coluna dorsal e o sistema lemniscal medial – percepção de tato e propriocepção

O ramo ascendente dos axônios sensoriais calibrosos (Aβ) entra na **coluna dorsal** ipsilateral da medula espinhal, o trato de substância branca medial ao corno dorsal. As colunas dorsais levam informação acerca da sensação tátil (e da posição dos membros) em direção ao encéfalo. São constituídas de axônios sensoriais primários, como também de axônios de segunda ordem de neurônios da substância cinzenta espinhal.

Os axônios da coluna dorsal terminam nos **núcleos da coluna dorsal**, que estão situados no limite entre a coluna espinhal e o bulbo. Alguns dos axônios que terminam nos núcleos da coluna dorsal e na base da cabeça se originam de áreas da pele distantes como a do dedo do pé. Essa é uma via direta rápida que leva informação da pele ao encéfalo sem sequer uma sinapse no trajeto. Nesse ponto da via, a informação ainda está representada ipsilateralmente, ou seja, a informação tátil do lado esquerdo está representada na atividade das células dos núcleos da coluna dorsal esquerda. Entretanto, os axônios dos neurônios dos núcleos da coluna dorsal fazem uma curva em direção ao bulbo ventral e medial e, então, decussam. A partir desse ponto, o sistema sensorial somático de um lado do encéfalo está relacionado com as sensações originadas do lado oposto do corpo.

Os axônios dos núcleos da coluna dorsal ascendem por um trato distinto de substância branca, chamado **lemnisco medial**. O lemnisco medial sobe através do bulbo, da ponte e do mesencéfalo, e seus axônios fazem sinapse com neurônios do **núcleo ventral posterior** (VP) do tálamo. Os neurônios talâmicos do núcleo VP projetam, por sua vez, para regiões específicas do **córtex somatossensorial primário** ou **SI**. Cada vez que a informação passa por um conjunto de sinapses do SNC, ela pode ser alterada. Embora na coluna haja axônios tácteis e Pp, estas duas submodalidades permanecem anatomicamente segregadas.

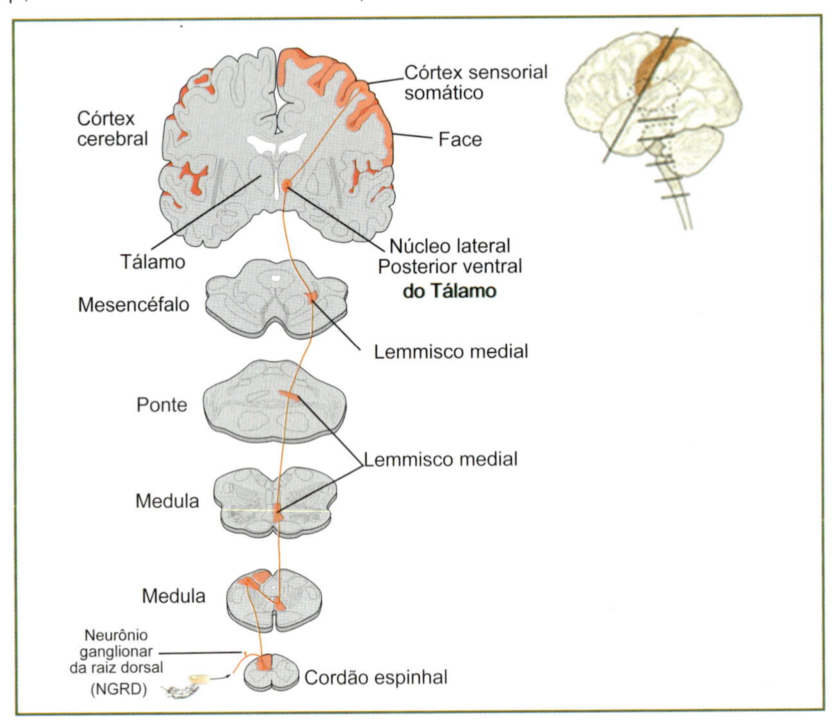

Figura 3.17: Sistema Lemniscal Medial. Representação esquemática da via ascendente da informação sensorial de tato e propriocepção do tronco, membros e face para o tálamo e córtex cerebral pela via do sistema leminiscal medial da coluna dorsal. O braço central principal do axônio do NGRD ascende no cordão espinhal em suas colunas dorsais ipsilateralmente para a medula. Secundariamente braços axonais terminam no corno dorsal da coluna vertebral. Então, tato e propriocepção ascendem ipsilateralmente no cordão espinhal. Os neurônios de 2ª ordem no núcleo da coluna dorsal enviam axônios cruzando a linha média na medula, formando o leminisco medial. Como esses axônios sobem através do tronco encefálico, eles mudam, lateralmente terminando no núcleo lateral posterior ventral do tálamo. Os neurônios talâmicos, mediando tato e propriocepcão, enviam seus axônios para o córtex sensorial somático primário, localizado no giro pós-central.

As sensações somáticas da face são supridas principalmente pelos grandes ramos do nervo trigêmeo (nervo craniano V), o qual chega ao encéfalo pela ponte. O nervo trigêmeo divide-se, de cada lado, em três nervos periféricos que inervam a face, a região bucal, os dois terços externos da língua e a dura-máter que recobre o encéfalo. As conexões sensoriais do nervo trigêmeo são análogas àquelas das raízes dorsais. Os axônios sensoriais de grande diâmetro do nervo trigêmeo levam informação tátil dos MR da pele e mucosa. Eles fazem sinapse com neurônios de segunda ordem do núcleo trigeminal ipsilateral, que é análogo a um núcleo da coluna dorsal. Os axônios do núcleo trigeminal decussam e se projetam para a parte medial do núcleo VP do tálamo. A partir desse núcleo, a informação é retransmitida para o córtex somatossensorial. Devido à decussação do nervo trigêmeo, quando a mastigação é feita do lado direito, a resposta na mandíbula se dá no lado esquerdo, pois a informação sensorial foi retransmitida para o córtex esquerdo.

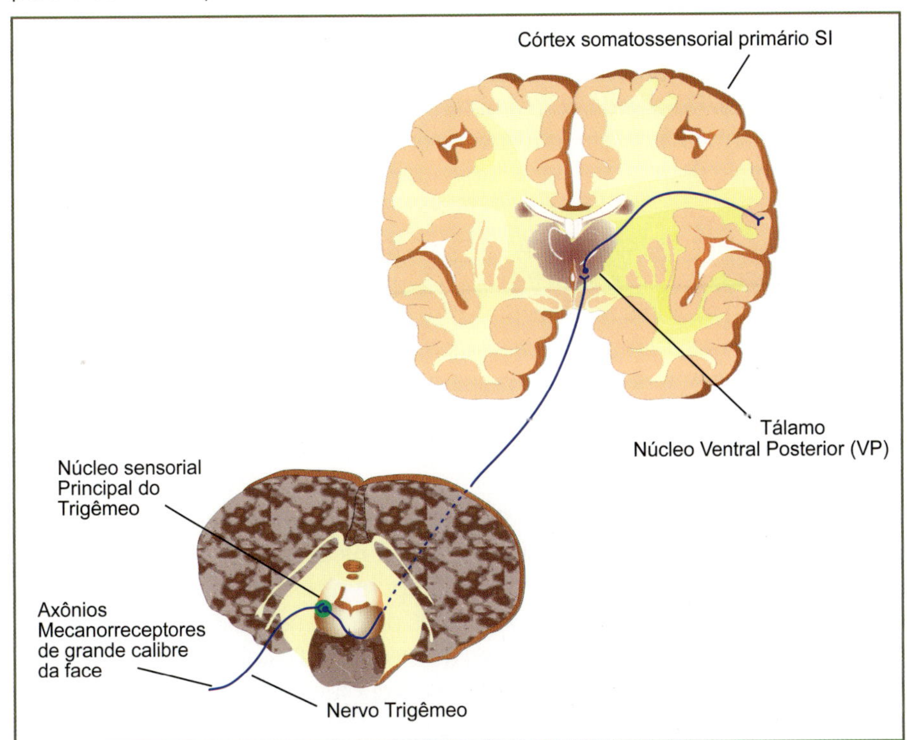

Figura 3.18: A Via Tátil Trigeminal. Os axônios sensoriais de grande calibre do nervo trigêmeo levam informação tátil dos MR da pele e mucosa. Eles fazem sinapse com os neurônios de segunda ordem do núcleo sensorial principal trigeminal ipsilateral, que é análogo a um núcleo da coluna dorsal. Os axônios do núcleo principal trigeminal decussam (contralateralmente) e se projetam para a parte medial do tálamo. A partir do núcleo VP, a informação é retransmitida para o córtex somatossensorial primário – SI.

O sistema anterolateral - dor e temperatura

A via da dor possui terminações nervosas livres na periferia (pele ou mucosa). São neurônios com axônios muito menores, a maioria, não mielinizados, de transmissão lenta, pois utilizam fibras Aδ (pobremente mielinizadas) e fibras C (não mielinizadas).

Enquanto os axônios táteis Aβ terminam no corno dorsal profundo da medula espinhal, estes se ramificam extensivamente na substância branca, seguem pelo trato de Lissauer e terminam nas regiões mais superficiais da raiz dorsal (substância gelatinosa).

Os axônios dos neurônios de segunda ordem **decussam imediatamente** e ascendem através do **trato espinotalâmico** ao longo da superfície ventral da medula espinhal. De acordo com o nome, as fibras espinotalâmicas ascendem pela medula espinhal, passam pelo bulbo, ponte e mesencéfalo sem fazer sinapse, até alcançarem o tálamo. À medida que os axônios espinotalâmicos percorrem o tronco encefálico, posicionam-se ao longo do lemnisco medial, mas permanecem como um grupo axonal distinto da via mecanossensorial.

Os axônios dos neurônios trigeminais também decussam no tronco encefálico e se ligam às fibras ascendentes dos segmentos espinhais rostrais.

Além das vias espinotalâmica e trigeminotalâmica, outras vias relacionadas da dor e da temperatura enviam axônios para uma variedade de estruturas, em todos os níveis do tronco encefálico, antes que eles alcancem o tálamo. Algumas vias fornecem sensações de dor lenta, queimação, enquanto outras estão envolvidas no alerta.

O trato espinotalâmico e os axônios do lemnisco trigeminal fazem sinapse em uma região mais extensa do tálamo do que os axônios do lemnisco medial. Alguns terminam também no núcleo VP, embora os sistemas para a dor e tato permaneçam segregados, ocupando regiões distintas nesse núcleo. Outros axônios espinotalâmicos terminam nos pequenos núcleos intralaminares do tálamo. A partir do tálamo, as informações de dor e temperatura projetam-se para várias áreas do córtex cerebral.

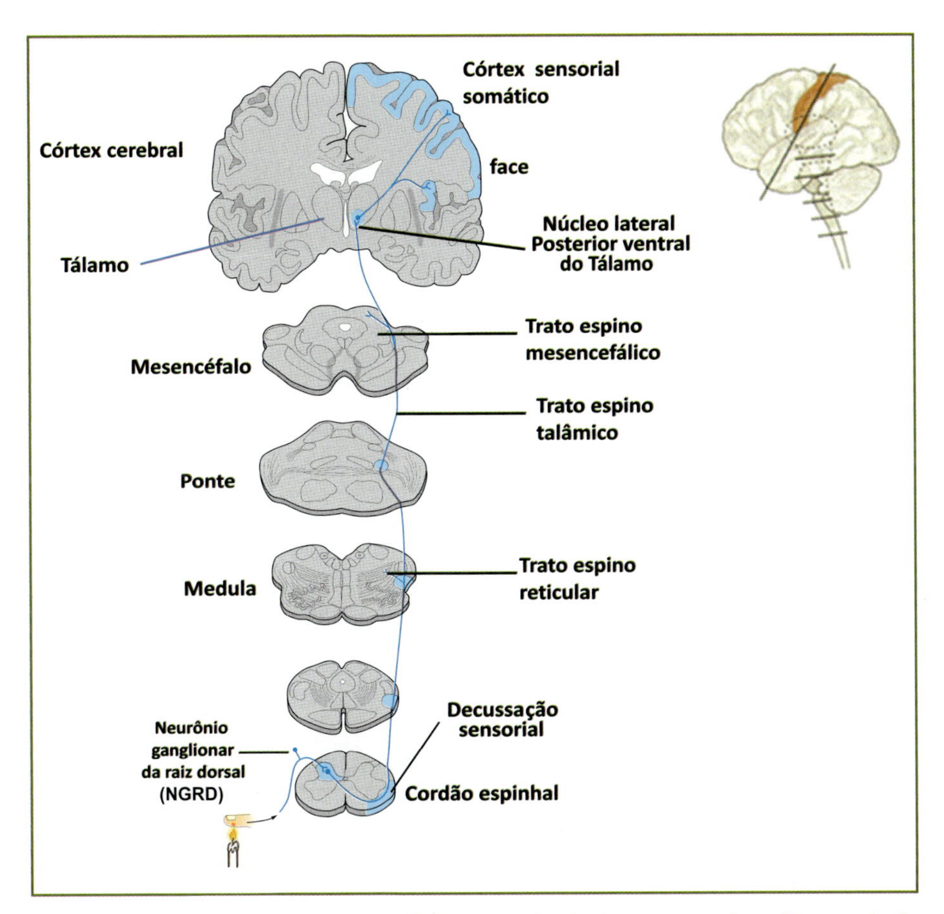

Figura 3.19: Sistema anterolateral medial – sensação de dor e temperatura. Representação esquemática da via ascendente da informação sensorial de dor e temperatura do tronco, membros e face para o tálamo e córtex cerebral pela via anterolateral. Os axônios dos NGRDs de menor diâmetro terminam em neurônios de 2ª ordem no corno dorsal do cordão espinhal e seus axônios cruzam a linha média do cordão espinhal para formar o trato espinotalâmico do mesencéfalo. Dor e temperatura ascendem contralateralmente. Os neurônios talâmicos projetam para o córtex sensorial somático primário, para o córtex insular anterior dorsal e para o giro cingulado.

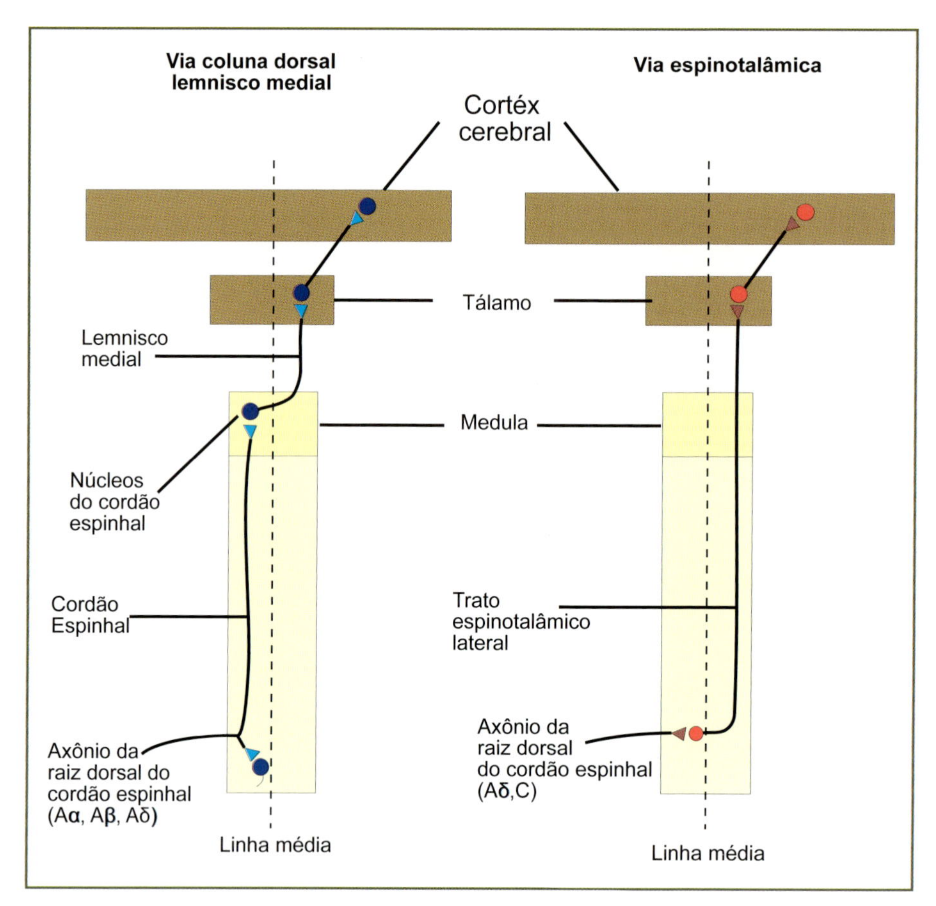

Figura 3.20: Resumo esquemático das duas vias ascendentes sensoriais somáticas.

Objetos excitam mais que um tipo de receptor

O sistema de arranjos de Braile é um exemplo de que superfície texturizada estimula pontos dos discos de Merckel, Corpúsculo de Meissner e Pacini, despertando diferentes padrões de descargas em cada tipo de receptor, pois cada um sinaliza uma característica específica do estímulo.

Nenhum único axônio sensorial ou mesmo classes de axônios sinalizam todas as informações relevantes. Propriedades espaciais são processadas por populações de receptores que formam muitas vias para o cérebro. Assim, os Aparelhos Ortopédicos Funcionais (AOFs) apresentam essa qualidade fantástica de estimularem vários tipos de receptores ao mesmo tempo, que disparam padrões distintos e específicos formando inúmeras vias sensoriais para o cérebro. Essa característica dos receptores sensoriais deve ser muito bem explorada no momento de se desenhar um elemento terapêutico para o SECN que se encontra em desequilíbrio.

Córtex sensorial somático primário (SI)

Os neurônios de 3ª ordem do tálamo transmitem a informação sensorial para o córtex sensorial somático primário (S-I), localizado no giro pós-central do lobo parietal. S-I contêm quatro áreas importantes, chamadas de áreas 3a, 3b, 1 e 2 de Brodman. Essas áreas corticais, apesar de processarem informações distintas, também são extensivamente interconectadas. Então, os processamentos, tanto em série como em paralelo estão envolvidos na elaboração da informação sensorial na mais alta ordem.

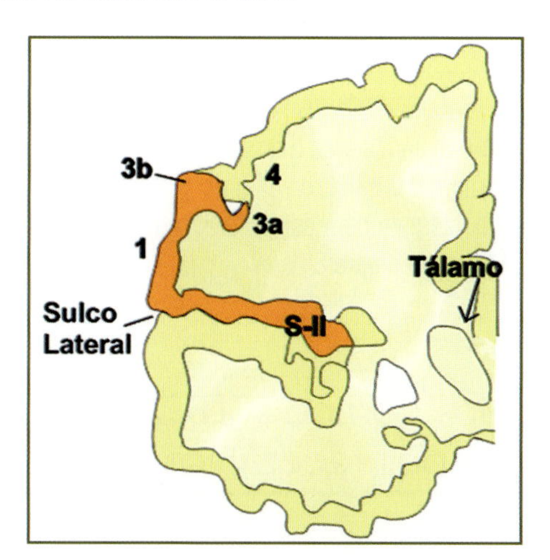

Figura 3.21: Desenho esquemático do Córtex Somatossensorial (corte coronal) – relação do S-I (áreas 1, 3a, 3b e 4 de Brodman) com S-II.

Córtex sensorial somático secundário (S-II)

Está localizado na base superior do sulco lateral do cérebro, é inervado por neurônios de cada uma das quatro áreas do S-I. As projeções de S-I são requeridas para função de S-II, o inverso não é verdadeiro.

O córtex S-II projeta-se para outros córtices importantes para a memória táctil: córtex insular, córtex parietal posterior, córtex pulvinar, áreas motoras do lobo frontal.

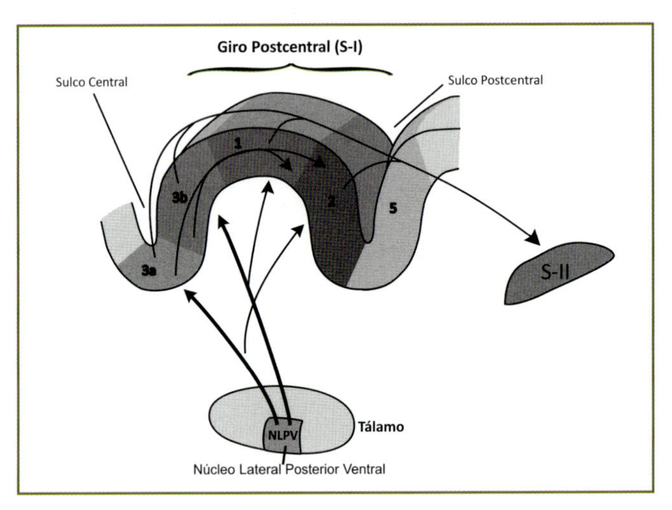

Figura 3.22: Desenho esquemático do Córtex Somatossensorial – S-I (corte sagital) – projeções das quatro regiões (3a, 3b, 1 e 2) para a área 5 do córtex parietal. As entradas somatossensoriais originam do NLPV do tálamo. Neurônios do tálamo projetam para todas as áreas de S-I, principalmente para 3a e 3b, mas também para 1 e 2. Neurônios em 3a e 3b fazem projeções para 1 e 2 e todas essas se projetam para S-II.

Neurônios corticais (NC) e seus campos receptivos

Os NC sensoriais primários estão em pelo menos três sinapses além dos periféricos. As respostas refletem o processamento da informação no núcleo da coluna dorsal, no tálamo e no córtex. Estes neurônios corticais têm também CR. Cada NC é definido por seus CR e por suas modalidades sensoriais.

Qualquer ponto da pele ou mucosa é representado no córtex por uma população de células corticais, conectadas por fibras aferentes, que inervam este ponto na pele, quando tocado. Essa população de NC é excitada quando isso acontece.

Exemplo: CR de neurônio sensorial que inerva um ligamento periodontal cobre pequenos pontos, enquanto nas células corticais que recebem estas entradas são áreas maiores cobrindo uma gonfose inteira ou várias adjacentes.

Conexões convergentes e divergentes no núcleo retransmissor

O córtex é organizado em seis colunas verticais de 300 – 600 μm de espessura, da superfície cortical para a substância branca.

Todos os neurônios de uma coluna recebem entradas de uma mesma área local da pele ou mucosa e respondem a uma única classe de receptores.

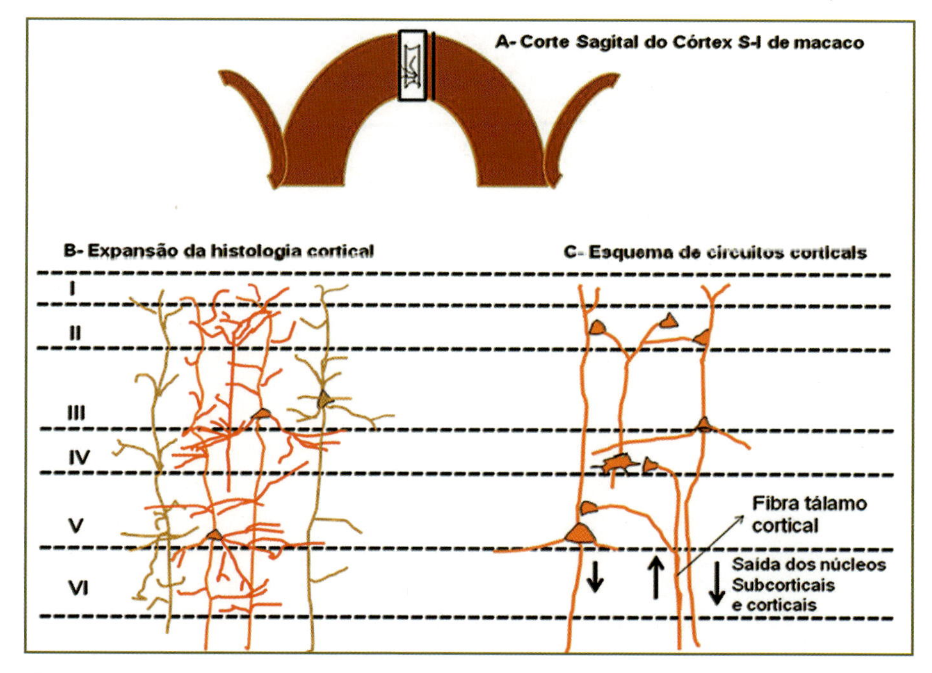

Figura 3.23: Desenho esquemático da organização colunar dos neurônios corticais. Em A-Esquema de um corte sagital do córtex S-I de macaco. B – Expansão da histologia cortical. C – Esquema de circuitos corticais. Entrada e saída de informação para a profundidade dos núcleos subcorticais e corticais. Representação das 6 colunas verticais e os neurônios corticais.

A dominância de uma especialidade em cada área do córtex primário resulta na informação de localização e na modalidade do estímulo processada em cada coluna e é transportada para diferentes córtices sensoriais.

O arranjo somatotópico de entradas somatossensoriais no córtex humano chama-se Homúnculo Sensorial, que é o mapa somatotópico das colunas corticais determinadas pelos registros de um neurônio.

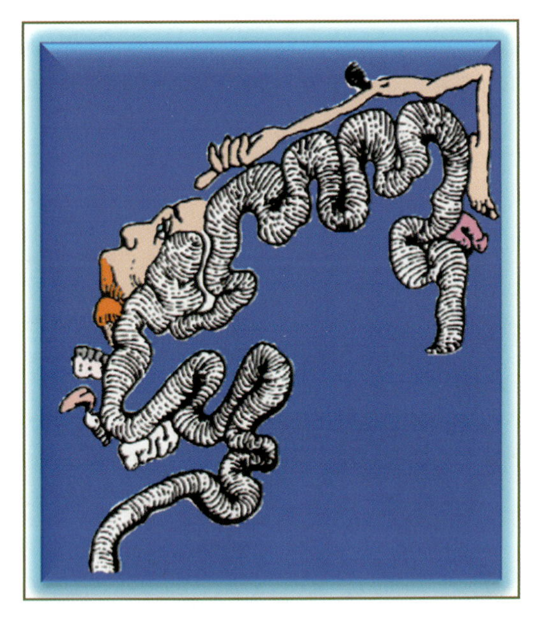

Figura 3.24: Desenho esquemático do Homúnculo Sensorial. Representação cortical sensorial de todo o corpo: boca, mãos, dedos e pés apresentam uma área cortical maior em relação às outras áreas.

A representação interna do corpo dentro do homúnculo não duplica exatamente a topografia espacial da pele. É exagerada a representação das regiões da mão, pés e boca e diminuem as partes do corpo mais proximais.

O mapa representa a densidade de inervação da pele. Grande número de colunas corticais recebe entradas das mãos, boca, face e pés. Essas regiões têm a mais alta densidade de receptores de tato. Os CR corticais são alterados pelo uso e pela experiência.

Redes inibitórias afiam a resolução espacial devido à restrição do espalhamento da excitação sensorial. A resposta de um neurônio de um CR pode ser reduzida porque entradas aferentes ao redor da região excitada são inibitórias e se chamam "vizinhanças inibitórias". Esta distribuição espacial de atividade inibitória e excitatória servem para afiar o pico de atividade dentro do cérebro.

Não é armazenada na memória qualquer informação tátil que entra no sistema nervoso, mas sim, somente as informações táteis que têm algum significado comportamental. A demonstração de que os padrões de disparo dos neurônios do S-II são modificados por uma atenção seletiva sugere que S-II serve como um ponto de decisão na determinação se uma informação particular será relembrada. Com estas informações, pode se sugerir que, mudando as informações sensoriais, podem ser formadas novas memórias sensoriais, e consequentemente, novas memórias motoras. Assim, a repetição de novos e distintos estímulos sensoriais deflagrados pelos AOFs poderá disparar informações que levam à formação de novas memórias sensoriais nos mais altos níveis corticais.

Referências

1. ADRIAN, E. D. 1928. The Basis of Sensation: *The Action of the Sense Organs.* London: Christophers.
2. BEAR, M. F.; CONNORS, B. W.; PARADISO, M. A. 2008. *NEUROCIÊNCIAS--Desvendando o Sistema Nervoso.* Artmed editora. São Paulo.
3. BORING, E. G. 1942. *Sensation and Perception in the History of Experimental Psychology.* New York: Appleton-Century.
4. CONNOR, C. E.; JOHNSON, K. O. Neural coding of tactile texture: comparison of spatial and temporal mechanisms for roughness perception. *J Neurosci.,* v. 10, p. 3823-3836.1992.
5. CARPENTER, M. B.; SUTIN, J. *Human Neuroanatomy,* 8th ed. Baltimore, MD: Williams and Wilkins. 1983.
6. COREY, D. P.; ROPER, S. D (eds). 1992. Sensory Transduction: Society of General Physiologists, 45th Annual Symposium. Marine Biological Laboratory, Woods Hole, Massachusetts, 5-8 September 1991. New York: Rockefeller Univ. Press.
7. DISPONÍVEL em: <http://www.infoescola.com/psicologia/percepcao-extra--sensorial>. Acessado em: 30/09/22011. Figura 3.1.
8. EDIN, B. B.; ABES, J. H. Finger movement reponses of cutaneous mechanoreceptors in the primate hand for spatiotemporal resolution and two-point discrimination. *J Neurophysiol.,* v. 63, p. 841-859.1991.
9. HENSEL, H. 1973. Cutaneous thermoreceptors. In: A Iggo [ed.]. Handbook of Sensory Physiology. Vol. 2, Somatosensory System, pp. 79-110. Berlin: Springer-Verlag.

10. KANDEL, E. R. *The Cellular Basis of Behavior: An Introduction to Behavioral Neurobiology.* 1976. San Francisco: Freeman.

11. KANDEL, E. R.; SCHWARTZ, J. H.; JESSEL, T. M. 2000. In: *Principles of Neural Science.* N. Y.: McGraw-Hill.

12. MOUNTCASTLE, V. B. 1980. Sensory receptors and neural encoding: introduction to sensory processes. In: VB Mountcastle [ed.]. Medical Physiology, 14th ed., 1:327 – 347. St. Louis: Mosby.

13. VALLBO, Å. B.; HAGBARTH, K-E.; TOREBJÖRK, H. E.; WALLIN, B. G. Somatosensory, proprioceptive, and sympathetic activity in human peripheral nerves. *Physiol.,* v. 59, p. 919-957.1979.

14. VALLBO, Â. B; OLSSON, K. Â; WESTBERG, K-G; CLARK, F. J. Microstimulation of single tactile afferents from the human hand: sensory attributes related to unit type and properties of receptive fields. Brain., v. 107, p. 727-749.1984.

Capítulo 4

SISTEMA NERVOSO MOTOR

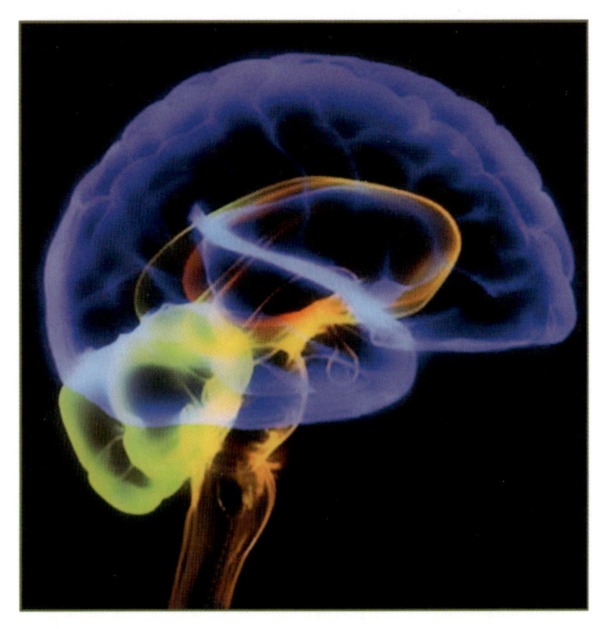

Figura 4.1:"O equilíbrio pelo movimento". "Proposta da OFM para a obtenção e manutenção do equilíbrio do SECN".

Uma característica fundamental do ser vivo é de se movimentar de inúmeras e variadas maneiras, e esses comportamentos motores são comandados pela ação integrada dos distintos sistemas motores no cérebro.

Os primeiros trabalhos sobre os mecanismos motores (Sistema Motor – SM), realizados por Sherrington, advêm da análise das capacidades motoras que permaneceram após a desconexão do cordão espinhal ou tronco encefálico do cérebro, ou após dano local.

Organização do Sistema Motor

Organização Hierárquica

O Sistema Motor está organizado em uma hierarquia funcional, com cada um dos níveis concernentes a diferentes decisões.

- Córtex frontal dorsolateral (mais alto nível);
- Córtex parietal posterior e as áreas pré-motoras (nível mais próximo do anterior);
- Cordão espinhal (nível mais inferior).

Organização em Paralelo

Os três componentes: medula espinhal, tronco encefálico e córtex, além de atuarem em via coordenada, podem também atuar em paralelo, de modo que qualquer um deles pode controlar o movimento de forma quase independente dos outros dois.

Muitas vias podem projetar respostas em paralelo para o cordão espinhal advindas dos centros motores mais altos. Assim, acima do cordão espinhal encontra-se o tronco encefálico, acima deste, o cerebelo e os gânglios da base, estruturas que modulam as ações dos sistemas do tronco encefálico, e acima destes têm-se os centros motores no córtex cerebral.

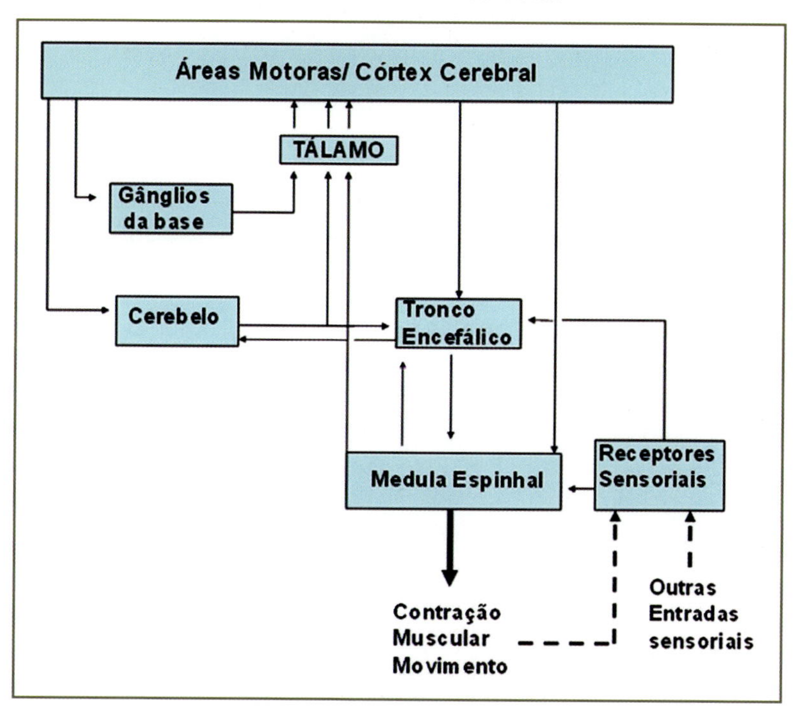

Figura 4.2: Os sistemas motores são organizados hierarquicamente (em três níveis) e em paralelo. As áreas motoras do córtex cerebral podem influenciar a medula espinhal diretamente e por meio dos sistemas descendentes do tronco encefálico. Os três níveis recebem entradas sensoriais e estão também sob a influência de dois sistemas subcorticais: os gânglios da base e o cerebelo, os quais atuam sobre o córtex pelos núcleos talâmicos de retransmissão.

Como no SS, a maioria das áreas motoras do tronco encefálico e do córtex cerebral é organizada somatotopicamente (homúnculo motor). Os movimentos das partes adjacentes do corpo são controlados por áreas contíguas do cérebro para cada nível da hierarquia motora.

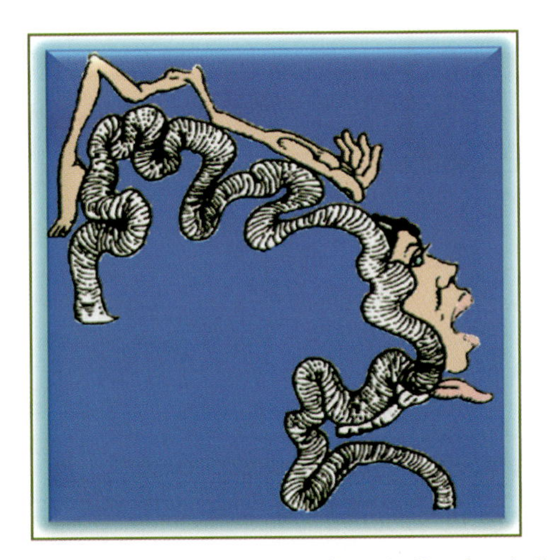

Figura 4.3: Representação esquemática do Homúnculo Motor, representação cortical motora de todo o corpo: boca, face, mãos, dedos e pés apresentam uma área cortical maior em relação às outras áreas.

Os diferentes componentes dos sistemas motores desempenham funções distintas, mas inter-relacionadas. Dessa maneira, enquanto a medula espinhal e o tronco encefálico medeiam os movimentos reflexos, posturais e locomotores simples e automáticos, as áreas corticais iniciam e controlam os movimentos voluntários mais complexos. O córtex pré-frontal e os gânglios da base estão envolvidos no planejamento e coordenação dos movimentos. O cerebelo coordena a atividade que necessite de ocorrência temporal precisa.

Reflexos Espinhais

Assim, foram descobertos os reflexos espinhais e que o cordão espinhal (uma vez desconectado do cérebro) contém os circuitos neurais para a geração de um único e coordenado movimento. A medula espinhal possui certos programas motores para a geração de movimentos coordenados, e esses programas são acessados, executados e modificados por comandos descendentes do encéfalo. Então, o controle motor pode ser dividido em duas partes:

1. A medula espinhal, que comanda e controla a contração coordenada dos músculos, e
2. O encéfalo, que comanda e controla os programas motores na medula espinhal. Os reflexos não são fundamentalmente diferentes dos movimentos voluntários. Eles são organizados por entradas sensoriais específicas que geram respostas no local onde ocorre o estímulo sensorial. A magnitude da resposta é apropriada à intensidade do estímulo. Essas relações sensório-motoras não são, entretanto, imitáveis.

Então, reflexos não são simplesmente repetidos padrões de um movimento estereotipado, eles são modulados pelas propriedades do estímulo. Os padrões reflexos produzidos por meio de circuitos espinhais podem ser transformados de um conjunto de movimentos para outro, devido aos sinais vindos dos níveis mais altos do SNC. O SM consiste em todos os músculos e neurônios que os comanda.

O Neurônio Motor Inferior

A musculatura do corpo é inervada pelos neurônios motores somáticos do corno ventral da medula espinhal.

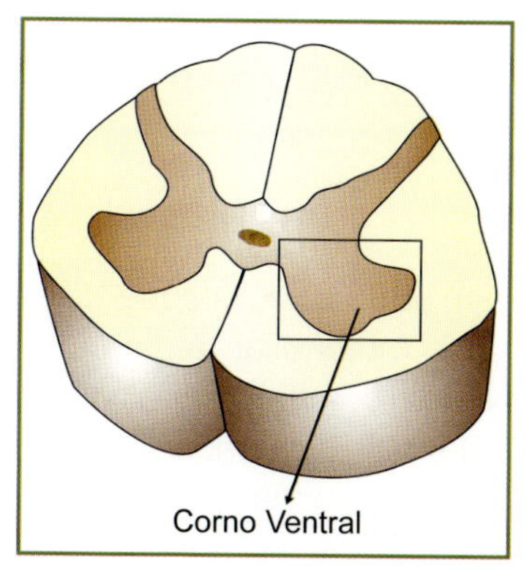

Figura 4.4: Os neurônios motores que controlam os músculos flexores se situam dorsalmente àqueles que controlam os extensores. Os neurônios motores que controlam os músculos axiais se situam medialmente àqueles que controlam os músculos distais.

Eles também são chamados de neurônios motores inferiores, para distingui-los dos neurônios motores superiores do encéfalo, que se projetam para a medula espinhal. Os neurônios motores inferiores comandam diretamente a medula espinhal. Os axônios dos neurônios motores inferiores agrupam-se para formarem as raízes ventrais, que se juntam às raízes dorsais correspondentes e assim formarem os nervos espinhais.

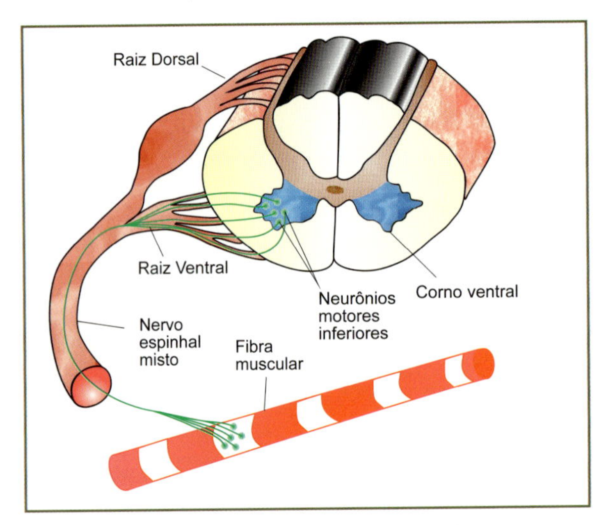

Figura 4.5: Inervação do músculo pelos neurônios motores inferiores: Os neurônios motores inferiores estão no corno ventral da medula espinhal, e estes inervam os músculos esqueléticos.

Entradas dos Neurônios Motores Alfa

Esses neurônios ativam os músculos esqueléticos. Há três fontes principais de entradas para um neurônio motor alfa:

1. Neurônio ganglionar da raiz dorsal (NGRD), cujos axônios inervam o fuso neuromuscular incrustado nas fibras musculares. Essa entrada fornece um sinal de retroalimentação que informa o comprimento do músculo.
2. Entrada que deriva de neurônios motores superiores, que se localizam no córtex cerebral motor e no tronco encefálico.
3. Entrada que deriva de interneurônios da medula espinhal, que pode ser excitatória ou inibitória. Esta entrada gera os programas motores espinhais.

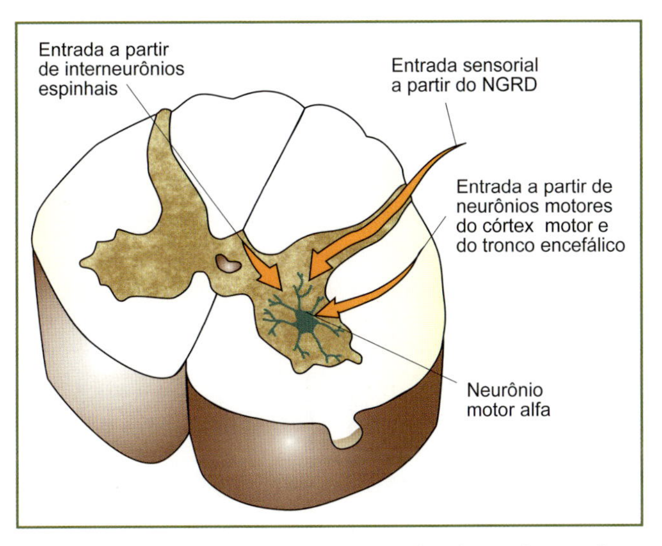

Figura 4.6: Neurônio motor alfa e suas três origens de entradas.

A Estrutura da Fibra Muscular

O músculo esquelético é formado por feixes cada vez menores de fibras musculares primárias, secundárias e terciárias, os quais são separados e mantidos por paredes fibrosas que afinam paulatinamente chamadas aponeuroses. Um músculo sempre está fixo a dois ossos diferentes. Uma aponeurose espessa envolve um músculo ou um grupo de músculos e permite que eles deslizem uns sobre os outros. Em alguns músculos, a aponeurose prolonga-se em um cordão fibroso pelo qual o músculo se fixa ao osso. Este é o tendão do músculo. A fibra muscular é formada por células muito alongadas chamadas de miofibrilas. No centro da miofibrila há o sarcômero, o elemento contrátil propriamente dito. Este tem o aspecto estriado, devido às bandas claras e escuras que se alternam. As bandas são formadas por filamentos. As escuras apresentam filamentos espessos, inchados no meio e são compostos por miosina e outras proteínas. Já as bandas claras são formadas por filamentos finos que são unidos pela parte central e são compostos por actina e de outras proteínas. Quando em estado de não contração (em repouso), os filamentos de miosina e actina ficam separados. Quando ocorre uma contração muscular, os filamentos se unem tracionando-se mutuamente, aumentando o diâmetro e diminuindo o comprimento do músculo. Esse mecanismo é que permite ao músculo tracionar os ossos onde se fixam.

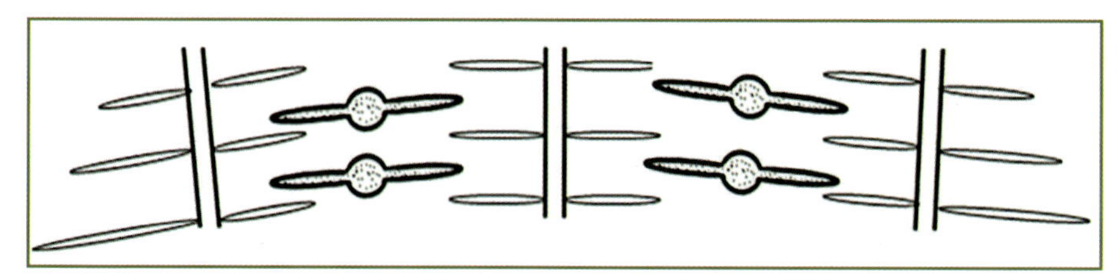

Figura 4.7: Representação esquemática das bandas claras de filamentos finos e as escuras de filamentos espessos quando o músculo está em repouso (sem solicitação de contração).

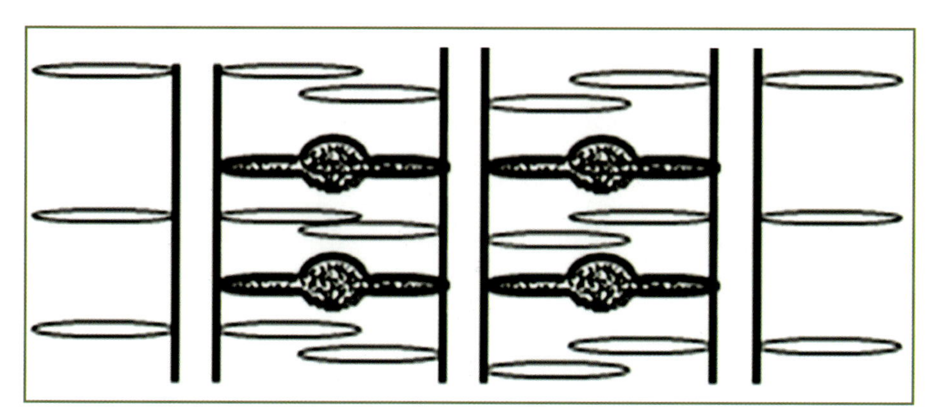

Figura 4.8: Representação esquemática das bandas claras e escuras com o músculo em contração, elas se aproximam e se unem, tracionando-se mutuamente.

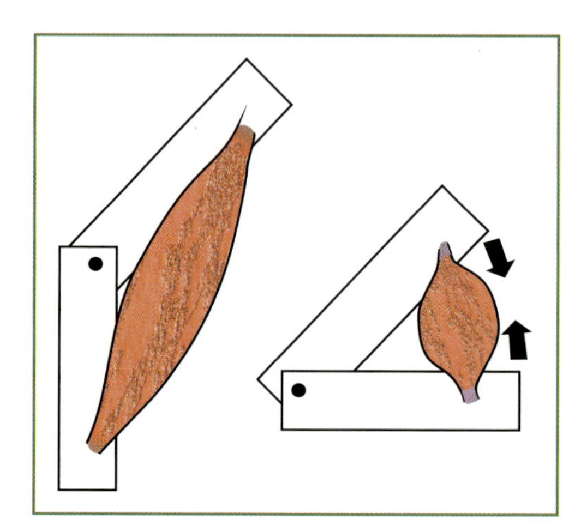

Figura 4.9: No primeiro esquema o músculo se fixa em dois ossos e se encontra em repouso. O músculo tem um determinado comprimento e diâmetro. No segundo esquema o músculo está em contração, aproximando-se dos dois ossos. Ocorre a diminuição do comprimento e o aumento do diâmetro das fibras musculares.

Propriocepção dos Fusos Musculares (FM)

No interior da maioria dos músculos esqueléticos existem estruturas especializadas chamadas fusos musculares. São formados por diversos tipos de fibras musculares esqueléticas especializadas, contidas dentro de uma cápsula fibrosa. Essas fibras são as intrafusais, e as fibras fora da cápsula são chamadas de extrafusais. Essas são as fibras do músculo propriamente dito. O terço médio da cápsula (região equatorial), não contrátil, é alargado dando à estrutura a forma que lhe dá o nome. Nessa região central, os axônios sensoriais do grupo Ia, enrolam-se nas fibras musculares do fuso. Os fusos e os axônios sensoriais Ia, que a eles estão associados, especializados em detectar alterações do comprimento (estiramento) muscular, são exemplos de proprioceptores. Esses receptores são um componente do Sistema Sensorial Somático especializado na "sensação corporal", ou propriocepção. A propriocepção informa como o corpo se posiciona e se move no espaço.

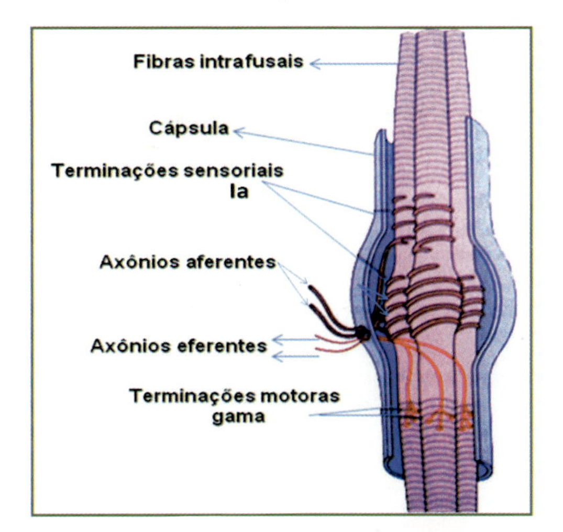

Figura 4.10: Desenho esquemático do FM: componente neural que fica dentro das fibras do próprio músculo esquelético. É formado pelas mesmas fibras musculares separadas do músculo por uma cápsula envolvente, chamadas de fibras intrafusais. Contém terminações sensoriais e motoras próprias como também axônios aferentes e eferentes que chegam e saem dele. Estes receptores neurais sensoriam mudanças no comprimento do músculo.

A propriocepção informa sobre a postura e a movimentação da mandíbula em relação à maxila e base de crânio, e especificamente, a posição e movimento dos elementos que constituem o SECN, ATMs, os músculos mastigatórios e seus acessórios, os supra-hióideos e infra-hióideos, gengivas envolventes, papila incisiva, língua, periósteo, ligamentos e gonfoses.

Os axônios Ia penetram na coluna espinhal através das raízes dorsais, ramificam-se várias vezes e formam sinapses excitatórias sobre os interneurônios e os neurônios motores alfa dos cornos ventrais.

Um único axônio Ia estabelece sinapses com praticamente todos os neurônios motores alfa no conjunto que inerva o músculo que contém o fuso. Assim, os FM são elementos neurais que quando ativados participam das mudanças posturais relativas aos segmentos do corpo em geral.

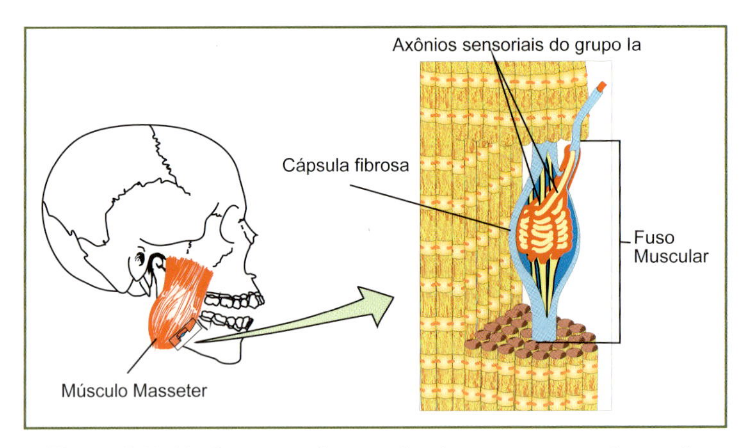

Figura 4.11: Um fuso muscular no músculo masseter e sua inervação sensorial, axônios sensoriais do grupo Ia. Cápsula fibrosa que envolve o fuso separando-o das fibras extrafusais (fibras do próprio músculo).

O reflexo miotático ou de estiramento muscular

A função dessa entrada sensorial na medula espinhal foi demonstrada por Sherrington, que percebeu que, quando um músculo é estirado, ele tende a reagir encolhendo-se (contraindo-se). Esse reflexo que envolve uma retroalimentação sensorial a partir do músculo foi demonstrado em secção das raízes dorsais. Mesmo com os neurônios motores alfa ainda intactos, o procedimento acima descrito elimina o reflexo de estiramento e o músculo perde seu tônus. Sherrington deduziu que os neurônios motores devem receber uma entrada sináptica contínua dos músculos. A descarga dos axônios sensoriais la está intimamente relacionada com o comprimento do músculo. O axônio la e os neurônios motores alfa sobre os quais estabelece sinapses constitui o arco reflexo monosináptico miotático. É monosináptico porque somente uma sinapse separa a aferência sensorial primária do neurônio motor. Esse arco reflexo serve de alça de retroalimentação antigravitacional. Quando um peso é colocado no músculo, e o músculo começa a se alongar, o fuso muscular é estirado. O estiramento da região equatorial do fuso ativa o axônio la que consequentemente ativa os neurônios motores alfa. Isso faz com que o músculo se contraia e, portanto, encurte. O reflexo mandibular assim como o patelar são exemplos de reflexo miotático. A mandíbula é um osso que fica suspenso no ar, numa ação antigravitacional mantida nessa estabilidade pela ação de um circuito monosináptico.

A posição postural da mandíbula é assim mantida. Esse reflexo é muito importante para manter o equilíbrio das relações espaciais entre mandíbula, maxilar e base de crânio.

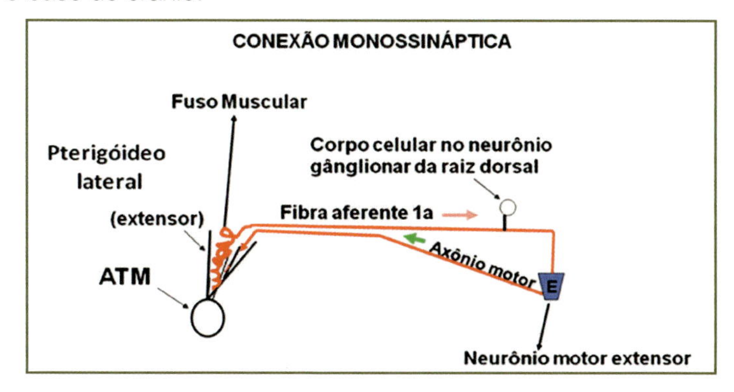

Figura 4.12: Esquema de uma conexão monossináptica entre a fibra aferente 1a do fuso neuro muscular no músculo Pterigóideo Lateral (extensor da mandíbula) com o neurônio motor alfa extensor (E) no reflexo de estiramento.

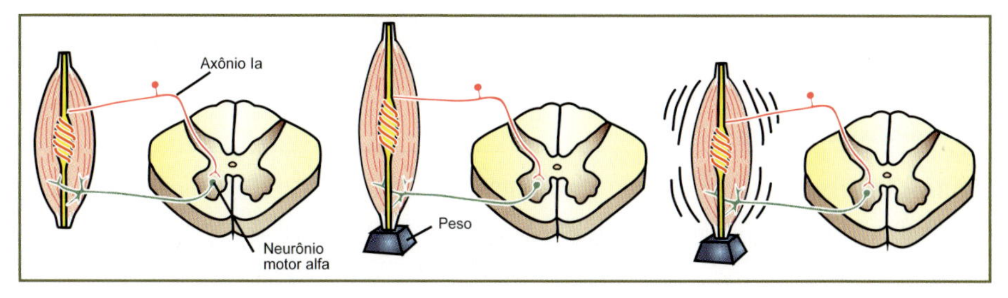

Figura 4.13: O reflexo miotático. A ilustração mostra a resposta de um axônio la e de um neurônio motor alfa à súbita adição de peso que estira o músculo. À esquerda: músculo e o aferente la. No centro: peso súbito no músculo, este se alonga e o fuso estira. À direita: com isso, o neurônio alfa é ativado, o músculo se contrai e o fuso encurta.

As fibras intrafusais e os neurônios motores gama

As fibras extrafusais são inervadas pelos neurônios motores alfa. Porém, as fibras intrafusais recebem sua inervação motora do neurônio motor inferior chamado de **neurônio motor gama**. Em uma situação, em que ocorra uma contração muscular comandada por um neurônio motor superior, os neurônios motores alfa respondem, as fibras extrafusais contraem-se, e o músculo encurta. Se os fusos musculares se tornassem frouxos, as fibras Ia silenciariam e, o fuso "se desligaria", não mais provendo informação sobre o comprimento do músculo. Isso não acontece, porque os neurônios motores gama também são ativados. Os neurônios motores gama inervam as fibras musculares intrafusais nas duas extremidades do fuso. A ativação das fibras intrafusais causa a contração dos dois polos do fuso tracionando, portanto, a região equatorial não contrátil, mantendo ativos os axônios Ia. A ativação dos neurônios motores gama e alfa tem efeitos opostos sobre a saída Ia. Sozinha, a ativação alfa diminui a atividade Ia, a ativação gama sozinha aumenta a atividade Ia.

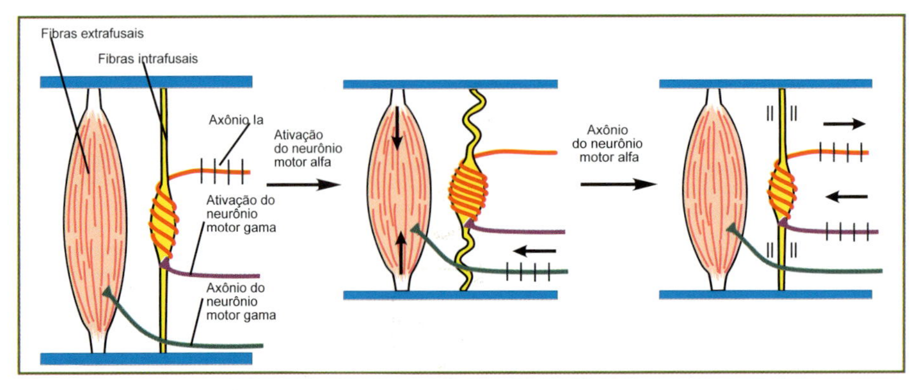

Figura 4.14: A função dos neurônios motores gama. Na 1ª figura: ativação dos neurônios motores alfa encurta as fibras musculares extrafusais. Na 2ª: Se o fuso muscular torna-se frouxo, ele "sai do ar" e não mais informa o comprimento do músculo. Na 3ª: A ativação dos neurônios motores gama contrai os polos do fuso, mantendo-os ativos.

Propriocepção dos órgãos Tendinosos de Golgi (OTG)

Os fusos musculares não são as únicas aferências proprioceptivas musculares. Outro sensor é o órgão tendinoso de Golgi, que atua como um sensor de tensão ou de força de contração do músculo.

Os OTGs estão localizados na junção do músculo com o tendão e são inervados por axônio sensorial Ib. Estes são um pouco menores que os Ia que inervam os fusos musculares. Os fusos se dispõem em paralelo com as fibras musculares e, os OTGs estão dispostos em série. Esta disposição é que distingue as informações que eles fornecem à medula espinhal: Ia – comprimento do músculo; Ib – tensão muscular.

Os OTGs são constituídos de feixes finos de fibras que percorrem os músculos de ponta a ponta. Localizam-se entre as fibras musculares e o tendão do músculo. É separado do músculo por uma cápsula envolvente. Informa percepção sobre as mudanças na tensão ou força muscular. Cada OTG é inervado por um único axônio (grupo Ib), que perde a mielinização após entrar na cápsula e se ramifica muito entrando nos fascículos de colágeno do músculo.

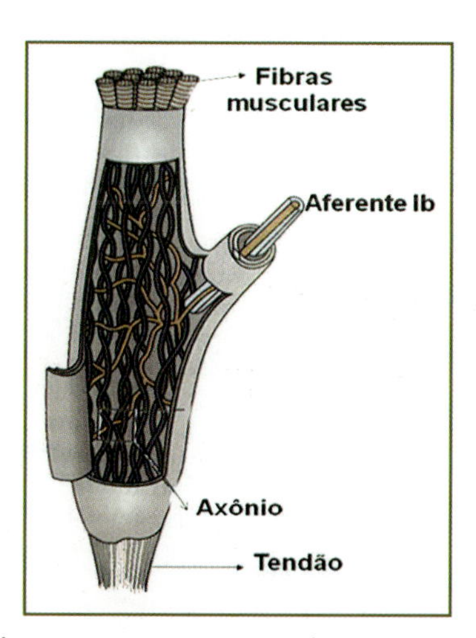

Figura 4.15: Órgão tendinoso de Golgi: Órgão sensorial no tendão do músculo que sinaliza a sua tensão ou força. Estão inseridos nos tendões dos músculos e são inervados por axônio sensorial (aferente) do grupo Ib.

O estiramento do OTG altera as fibras colágenas do músculo comprimindo os terminais do nervo, ativando-os. Os terminais do nervo ramificam-se entre os feixes das fibras colágenas do músculo, portanto, mesmo um pequeno estiramento do OTG pode deformar os terminais do nervo.

Enquanto os FM são mais sensitivos às mudanças em comprimento, os OTG são mais sensitivos às mudanças na tensão do músculo.

Um estímulo específico e potente para a ativação do OTG seria a contração das fibras musculares conectadas às faixas de fibras colágenas, que contêm o receptor. O OTG é então ativado durante os movimentos normais, pois os movimentos causam a contração muscular e consequentemente a ativação deles.

A informação dada por eles ajuda o cérebro a calcular a força muscular e o equilíbrio necessário para triturar um alimento duro como uma cenoura, ou um alimento mole, como uma batata cozida.

Os FMs e os OTGs relatam ao cérebro qualquer alteração no comprimento ou na tensão dos músculos esqueléticos, portanto também dos músculos da mastigação.

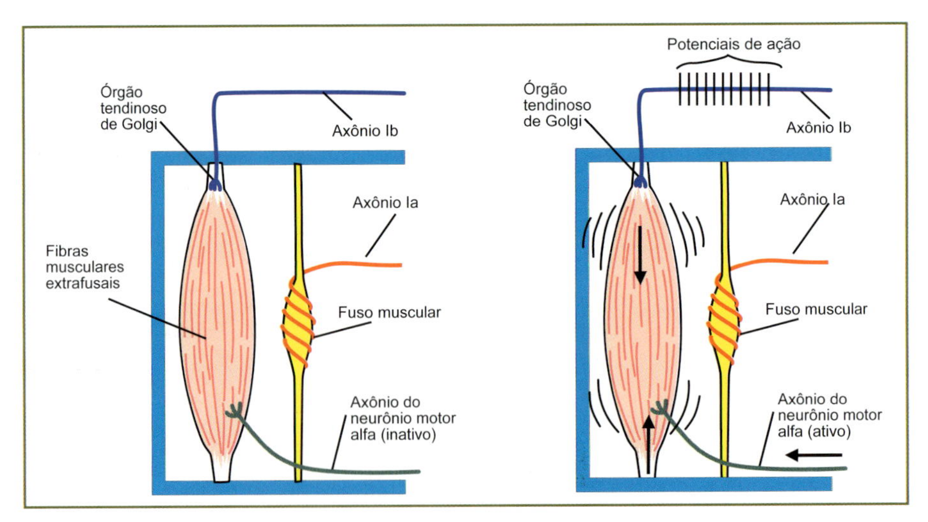

Figura 4.16: A organização dos receptores proprioceptivos. Na 1ª figura: Os fusos musculares estão dispostos em paralelo em relação às fibras extrafusais: os OTGs estão em série entre as fibras musculares e seus pontos de ligação. Na 2ª: Os OTGs respondem ao aumento da tensão sobre o músculo e transmitem essa informação à medula espinhal através de aferentes sensoriais Ib. Nesse exemplo, o músculo ativado não apresenta alteração do comprimento; assim, os aferentes Ia permanecem silenciosos.

Propriocepção das Articulações

Além dos FM e dos OTGs, vários proprioceptores estão presentes nos tecidos conjuntivos das articulações, principalmente no tecido fibroso que envolve as articulações (cápsulas articulares) e ligamentos. Nas ATMs, há uma grande concentração tanto na cápsula como nos ligamentos retroarticulares. Esses receptores mecanossensíveis respondem a mudanças de ângulo, direção e velocidade de movimento em uma articulação. A maioria têm adaptação rápida, ou seja, a informação sensorial de uma articulação em movimento é abundante, mas os nervos que informam a posição de uma articulação em repouso são poucos. Porém, se tem grande capacidade de julgar a posição de uma articulação, mesmo com os olhos fechados. Aparentemente, a informação dos receptores articulares é combinada com aquela dos FMs e dos OTGs e, provavelmente, a de receptores da pele (mecanorreceptores) para estimar o ângulo da articulação.

Interneurônios Espinhais

As aferências Ib dos OTGs atuam nos neurônios motores alfa somente de forma polissináptica, ou seja, são mediadas por interneurônios espinhais. Os interneurônios espinhais recebem entradas sinápticas de axônios sensoriais primários, axônios descendentes do encéfalo e axônios colaterais de neurônios motores inferiores. Estes podem ter entradas inibitórias ou excitatórias.

Entrada Inibitória

A entrada inibitória dos interneurônios tem um papel essencial na execução apropriada, mesmo dos reflexos mais simples. Considerando o reflexo miotático ou de estiramento, por exemplo. A compensação pelo aumento do comprimento de um conjunto de músculos, como os elevadores da mandíbula, envolve a contração dos elevadores via reflexo miotático, mas também requerem o relaxamento dos músculos antagonistas, os abaixadores da mandíbula. Essa contração de um conjunto de músculos acompanhada pelo relaxamento dos músculos antagonistas é chamada de **Inibição Recíproca (IR).**

A **IR** é muito importante, pois seria praticamente impossível elevar a mandíbula se os músculos abaixadores estivessem constantemente se opondo ao movimento.

No **Reflexo Miotático**, ocorre a **IR** porque colaterais das vias aferentes Ia fazem sinapse com interneurônios espinhais inibitórios que fazem contato com neurônios motores alfa dos músculos antagonistas. A IR é também utilizada por vias descendentes para neutralizar o reflexo miotático quando necessário. Imagine que os elevadores da mandíbula sejam voluntariamente comandados a se contrair. O alongamento resultante dos músculos abaixadores antagonistas ativaria o seu arco reflexo miotático, que resistiria fortemente à flexão da articulação. Porém, as vias descendentes que ativam os neurônios motores alfa que controlam os elevadores também ativam interneurônios que inibem os neurônios motores alfa que suprem os músculos antagonistas.

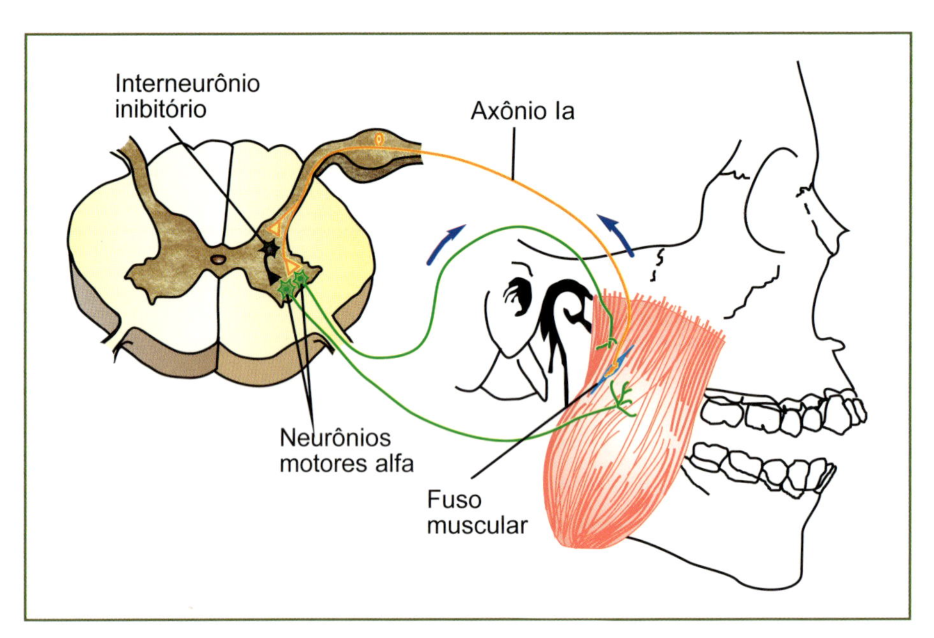

Figura 4.17: Inibição recíproca, aqui representada pelo circuito neural no fuso muscular do músculo masseter (elevador da mandíbula). A IR estaria ocorrendo entre masseter e o músculo pterigóideo lateral (músculo abaixador da mandíbula), não representado na figura.

Entrada Excitatória

Os interneurônios nem sempre são inibitórios. O reflexo flexor é em parte mediado por interneurônios excitatórios. Esse é um arco reflexo complexo utilizado para afastar os dentes de uma pedrinha na comida. É um reflexo mais lento do que o miotático, indicando que certo número de interneurônios se interpõe entre o estímulo sensorial e o ato motor coordenado. As fibras nociceptivas que penetram na medula espinhal ramificam-se abundantemente e ativam interneurônios em vários segmentos da medula espinhal. Essas células podem ativar neurônios motores alfa que controlam todos os músculos flexores da mandíbula (evidentemente são também recrutados os interneurônios inibitórios para inibir os alfa que controlam os extensores). Esse é o reflexo medular chamado **Reflexo Miotático Inverso.**

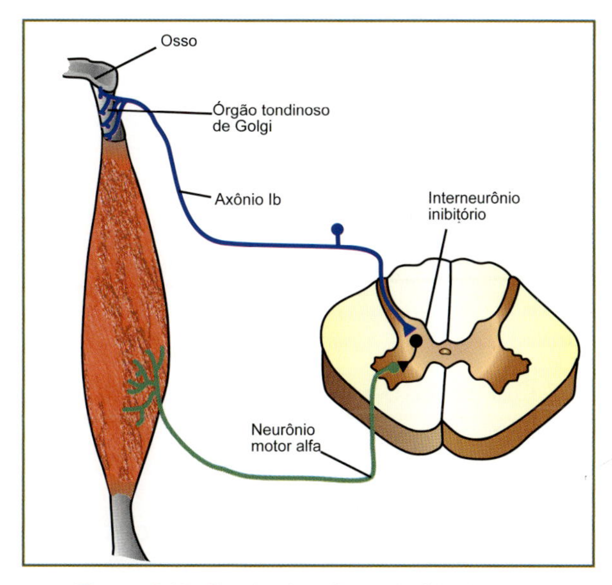

Figura 4.18: Circuito do reflexo miotático inverso.

Ação dos interneurônios

Os interneurônios Ia envolvidos no reflexo de estiramento estão também envolvidos na coordenação da contração de músculos durante movimentos voluntários.

Os interneurônios recebem entradas de fibras colaterais de axônios descendentes dos neurônios do cortex motor, os quais fazem conexões excitatórias diretas com os neurônios motores espinhais. Esta característica organizacional simplifica o controle de movimentos voluntários, pois os centros mais altos não têm de enviar comandos separados para os músculos oponentes.

A inervação recíproca pode também atuar para contrair o músculo principal e o antagonista ao mesmo tempo. Isto se chama de Co-Contração, e ocorre quando é necessária uma precisão e estabilização das articulações. A divergência nas vias reflexas amplia as entradas sensoriais e coordena as contrações musculares. Em todas as vias reflexas no cordão espinhal os neurônios aferentes formam conexões divergentes com um grande número de neurônios alvos através de ramificações do componente central do axônio. Grupos de axônios provêm entradas excitatórias para muitos neurônios motores inervando músculos sinérgicos (mais de 60% dos neurônios motores para alguns sinérgicos). No controle de movimentos voluntários, vias descendentes fazem uso de inibição recíproca de músculos antagonistas no reflexo de estiramento. Um princípio similar ocorre para os músculos sinérgicos. Então, as vias de estiramento reflexo provêm um mecanismo principal pelo qual as contrações de diferentes músculos podem ser ligadas tanto em ações reflexas como em ações voluntárias. As convergências de entradas em interneurônios aumentam a flexibilidade de respostas reflexas. Uma enorme quantidade de informação sensorial de muitas e diferentes fontes convergem para interneurônios no cordão espinhal.

Posição postural da mandíbula

O Tônus Neuromuscular (TNM) da mandíbula, também chamado de posição postural da mandíbula, é aquele em que os dentes ficam sem contatos oclusais, com um espaço livre entre eles, no qual a mandíbula é mantida suspensa no ar numa ação antigravitacional, pela contração antagônica dos seus músculos elevadores e abaixadores. Esse reflexo miotático é neuralmente suportado por um circuito monossináptico, no qual os neurônios sensorial e motor envolvidos fazem sinapse, sem a intervenção de interneurônio entre eles (bilateralmente). O reflexo de estiramento é chamado de reflexo espinhal, pois é um comportamento mediado por circuitos neurais que estão totalmente confinados ao cordão espinhal ou, no caso da mandíbula, na entrada do nervo trigêmeo, na ponte. O TNM é um dos elementos fisiológicos mais importantes para garantir o crescimento e o desenvolvimento equilibrado da mandíbula e consequentemente da maxila, pois se fica a maior parte do tempo nessa posição. É uma situação que possibilita o desenvolvimento, pois não há interferências oclusais, é um circuito neural simples (monossináptico) mantendo o SECN em equilíbrio com gasto mínimo de energia.

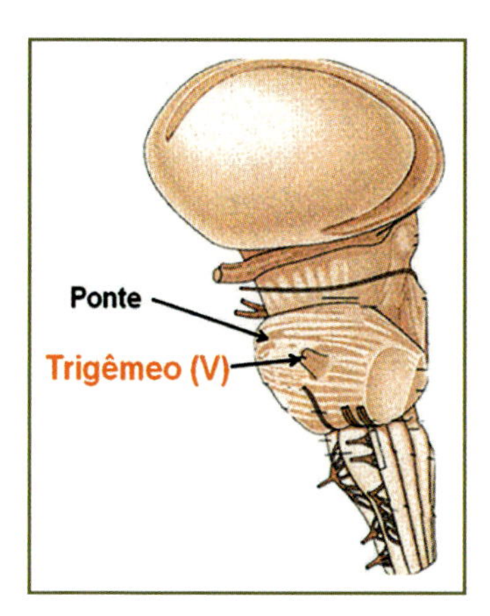

Figura 4.19: Localização do nervo trigêmeo (V par craniano) na região da ponte, em norma lateral.

Quando a mandíbula não se relaciona de forma equilibrada com a maxila e base de crânio mostrando as mais diversas maloclusões, o TNM estará desequilibrado. Dessa forma, para que a mandíbula seja mantida suspensa no ar, em sua posição postural, outros neurônios e interneurônios entram em ação formando circuitos polisinápticos sobrecarregando os centros de processamento mais altos do cérebro.

Com a manutenção dos dentes sem contato oclusal, com um espaço livre entre eles permitirá o crescimento do conjunto dente, periodonto e osso (unidade biológica do SECN) no sentido vertical, o qual é bloqueado toda vez que se deglute, pois durante a deglutição ocorre o contato oclusal. Realiza-se esta função milhares de vezes por dia, assim, com um TNM fisiológico ocorrerá crescimento vertical equilibrado em todo plano oclusal. Se patológico, esse evento biológico acontecerá de forma desequilibrada. Portanto, nos desequilíbrios do SECN o TNM estará patológico com circuitos neurais mais complexos que envolvem conjuntos de interneurônios inibitórios (polisinápticos), os quais deixarão a organização neuronal alterada de acordo com a situação presente, formando assim, traços de memória relativos àquela situação patológica. No tratamento realizado com os Aparelhos Ortopédicos Funcionais (AOFs) muda-se o TNM patológico para o mais fisiológico possível para aquela boca naquele momento, por meio da mudança da postura da mandíbula (MPM).

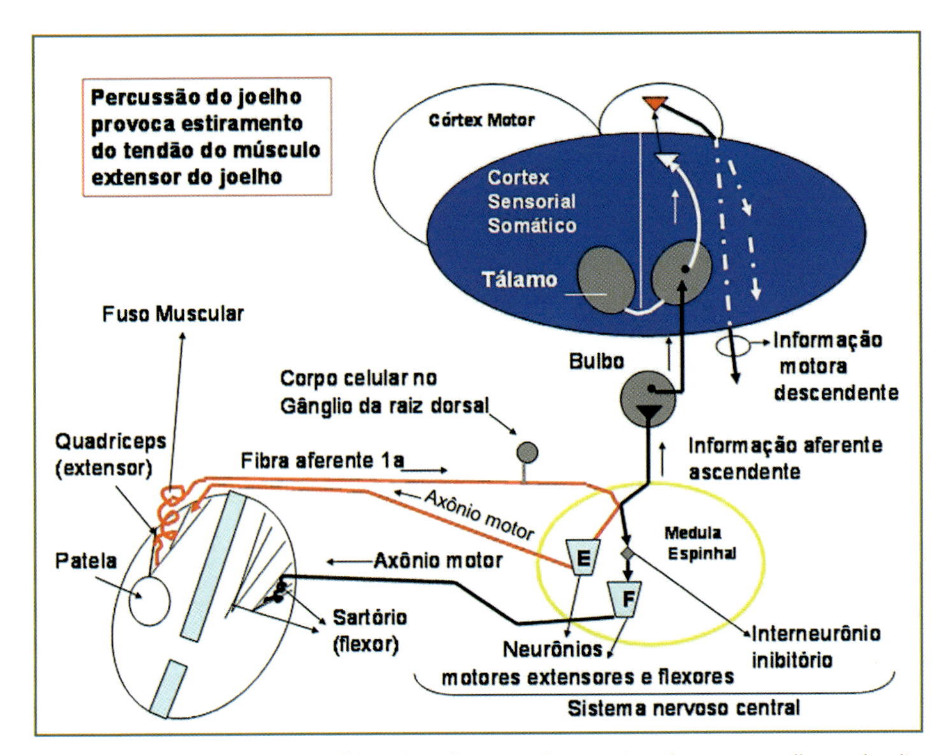

Figura 4.20: Desenho esquemático do reflexo patelar, mostrando em vermelho o circuito monossináptico, ou seja, sinapse do neurônio sensorial (fibra aferente Ia) com o neurônio motor contraindo o quadríceps (extensor), o músculo que foi estirado. Este é o reflexo de estiramento, e sua importância funcional é que serve como mecanismo para endireitar a postura. São produzidos estiramentos naturais sobre os músculos, devido à ação da gravidade. Quando se está de pé, os músculos quadríceps estão sujeitos a estiramento, porque o joelho tende a dobrar-se, de acordo com a tração gravitacional. O estiramento do músculo atua como estímulo para provocar o reflexo de estiramento, causando uma contração sustentada do músculo estirado, de maneira que se mantém automaticamente na posição ereta, apesar da ação da gravidade. Além disso, o desenho também mostra circuito polissináptico: o neurônio sensorial atuando indiretamente, por meio de sinapse com o interneurônio inibitório, o qual inibe neurônios motores que, de outra forma produziriam a contração do músculo antagonista, o sartório (flexor). O circuito neural partindo do neurônio excitatório (E) ascende também para regiões mais superiores do SNC como tálamo e córtex que, por sua vez, enviam informações motoras descendentes que descarregam no músculo. O circuito neural do reflexo miotático ou de estiramento da mandíbula é semelhante ao do joelho, para mantê-la sustentada posturalmente, vencendo a ação antigravitacional.

Áreas motoras corticais

Diferentemente dos sistemas motores nos níveis mais inferiores, as áreas motoras corticais (áreas motoras mais altas do SNC) não são influenciadas somente pelas entradas sensoriais periféricas. Elas recebem também informações cruciais de associações sensoriais e da área pré-frontal que integram informação sensorial com as já armazenadas. As áreas motoras no córtex são moduladas por duas estruturas subcorticais: os gânglios da base e cerebelo.

Vias motoras coordenadas

O SS forma as representações internas do corpo e as do meio ambiente (representações do mundo externo). Uma das principais funções da representação interna do corpo é a de guiar movimentos. Mesmo uma tarefa simples como alcançar um garfo com alimentos requer informações visuais para estabelecer uma representação interna da localização do garfo no espaço. Na execução dessa mesma tarefa, também é requerida informação proprioceptiva (informação sobre postura e movimento) necessária para a formação da representação interna do corpo e assim, comandos motores apropriados podem ser enviados ao braço. É possível a realização de uma ação proposital, porque as partes do cérebro que controlam movimento têm acesso ao fluxo de informação sensorial chegando ao cérebro.

A integração dessas informações, ou seja, a decisão de executar um movimento e não outro depende da interação entre os sistemas sensorial e motor. Os axônios descem desde o encéfalo e se comunicam com os neurônios motores da medula espinhal por meio de dois grupos principais de vias: via da coluna lateral da medula e a via da coluna ventromedial. As vias laterais estão envolvidas no movimento voluntário da musculatura distal e sob comando direto do córtex e as vias ventromediais envolvidas no controle da postura e locomoção, controle do tronco encefálico.

Entre as vias laterais, o componente mais importante é o trato corticoespinhal e a contrapartida corticobulbar. Os dois tratos têm origem no córtex, o primeiro controla os neurônios motores da musculatura distal do corpo, e o segundo controla os músculos da cabeça e da mandíbula. A via neural recebe o nome das estruturas que as integram, ou seja, na via corticoespinhal as respostas saem do córtex e descem pelo cordão espinhal. Na via corticobulbar as respostas saem do córtex motor e descem pelo bulbo.

As vias da coluna ventromedial são constituídas por quatro tratos descendentes que se originam no tronco encefálico e terminam nos interneurônios espinhais, controlando os músculos proximais e axiais. São os tratos: vestíbulo-espinhal, tecto-espinhal, retículo-espinhal pontino e o retículo-espinhal bulbar. Essas vias utilizam informações sensoriais sobre equilíbrio, posição corporal e ambiente visual para manter, de forma reflexa, o equilíbrio e a postura corporal.

Trato corticoespinhal

O trato corticoespinhal é o maior feixe de fibras descendentes do encéfalo.

Metade de suas fibras tem origem no córtex motor primário, no giro pré-central do lobo frontal. A sua estimulação elétrica resulta em movimentos de diferentes grupos de músculos do lado oposto ao da estimulação (contralateral).

Outra parte de fibras tem origem na área pré-motora, uma região bem maior, anteriormente à primeira.

O restante das fibras origina-se em áreas do córtex somatossensorial (lobo parietal) regulando a transmissão de entradas sensoriais para diferentes partes do encéfalo.

As fibras corticoespinhais atingem a parte ventral do mesencéfalo, descem pela ponte se separando em pequenos feixes. As fibras reagrupam-se no bulbo formando a pirâmide bulbar, ponte importante de referência na parte ventral do bulbo, onde forma o trato piramidal. Na junção bulbo com medula espinhal, aproximadamente três quartos das fibras cruzam a linha média. As fibras cruzadas descem pela região dorsal das colunas laterais da medula, formando os tratos corticoespinhais laterais. As não cruzadas descem pelas colunas ventrais e constituem os tratos corticoespinhais ventrais. Os tratos corticoespinhais lateral e ventral terminam quase que nas mesmas regiões da substância cinzenta medular, como o fazem, respectivamente, os sistemas descendentes; lateral e medial do tronco encefálico. O lateral projeta-se principalmente para os núcleos motores laterais da ponta ventral para os interneurônios da zona intermédia. O ventral projeta-se bilateralmente para a coluna celular medial, que contém os neurônios motores que inervam os músculos axiais, e para as partes adjacentes das zonas intermédias.

O SM está continuamente mudando pelo aprendizado novo até que esse aprendizado novo se torne automático. Cada aprendizado motor é adquirido por meio da prática e muitas vezes não se consegue expressar as habilidades adquiridas. Por isso o aprendizado motor é referido como "implícito", contrário ao aprendizado "explícito", o qual se refere à aquisição de conhecimentos, que podem ser expressos verbalmente.

Assim, quando um paciente está em treinamento para o lado novo mastigatório muitas vezes não consegue se expressar verbalmente sobre o aprendizado. Por isso, é importante incentivá-lo para que continue o treinamento. Da mesma maneira com o uso do aparelho ortopédico funcional, pois para muitos "parece" que não está acontecendo nada. É preciso checar sempre o que o paciente está sentindo em relação à movimentação da mandíbula durante a mastigação, durante a posição de repouso, quando fala etc., para que fiquem conscientes dessas ações. Dessa forma, essas novas habilidades serão integradas no SNC mais rapidamente, tornando-as gradualmente inconscientes e automáticas.

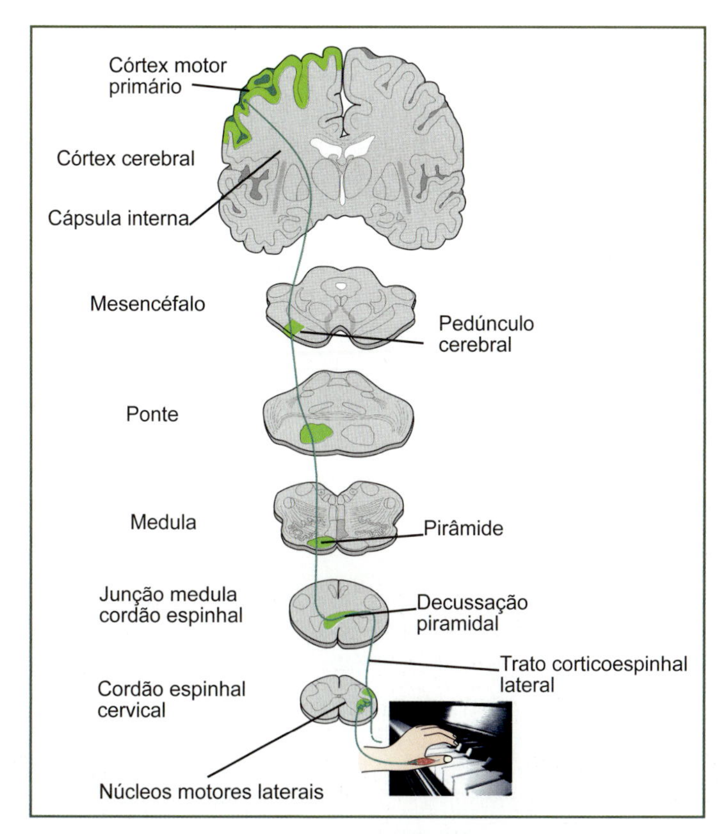

Figura 4.21: Fibras que se originam no córtex motor primário e terminam no corno ventral do cordão espinhal constituem uma parte significante do trato corticoespinhal. Os mesmos axônios partem para vários pontos em suas projeções da cápsula interna, o pedúnculo cerebral, a pirâmide medular e o trato corticoespinhal lateral. Aproximadamente 3/4 das fibras cruzam ou decussam a linha média na junção medula cordão espinhal.

Referências

1. BERKOWITZ, A. Physiology and morphology indicate that individual spinal interneurons contribute to diverse limb movements. *J Neurophysiol.,* v. 94, p. 4455-70. 2005.
2. BERNSTEIN, A. *The coordination and regulation of movements* (1967) Oxford, UK: Pergamon Press.
3. CHIEL, H. J.; BEER, R. D. The brain has a body: adaptive behavior emerges from interactions of nervous system, body and environment. *Trends Neurosci.,*v. 20, p. 553-7. 1997.
4. CORDO, P. J.; FLORES-VIEIRA C.; VERSCHUEREN, S. M.; INGLIS J. T.; GURFINKEL, V. Position sensitivity of human muscle spindles: single afferent and population representations. *J Neurophysiol.,* v. 87, p. 1186-95. 2002.
5. DISPONÍVEL em: <http://portugalsocialgeografia.blogspot.com/2011/02/cerebro-humano-esta-uma-bola-de-tenis.html>. Acessado em: 28/01/2012, Fig. 4.1.
6. ENGLAND, M. A; WAKELY, J. *Color Atlas of the Brain and Spinal Cord: An Introduction to Normal Neuroanatomy.* St. Louis: Mosby Year Book. 1991.
7. J. C.; ECCLES R. M.; LUNDBERG, A. The convergence of monosynaptic excitatory afferents on to many different species of alpha motor neurons. *J Physiol.,* v. 137, p. 22-50.1957.
8. JAMI, L. Golgi tendon organs in mammalian skeletal muscle: functional properties and central actions. *Physiol Rev.,* v. 72, p. 623-66. 1992.
9. KANDEL, E. R.; SCHWARTZ, J. H.; JESSEL, T. M. 2000. In: *Principles of Neural Science.* N. Y.: McGraw-Hill.
10. MARTIN, J. H. Neuroanatomy: *Text and Atlas,* 2ª ed. Stamford, CT: Appleton & Lange. 1996.
11. MATTHEWS, P. B. C. The dependence of tension upon extension in the stretc.h reflex of the soleus muscle of the decerebrate cat. *J Physiol.,* v. 147, p. 521-46. 1959.
12. NISHIKAWA, K.; BIEWENWE, A. A.; AERTS, P.; AHN, A. N.; CHIEL, H. J.; DALEY, M. A.; DANIEL, T. L.; FULL, R. J.; HALE, M. E.; HEDRICK, L. T; LAPPIN, A. K.; NICHOLS, N. T. R.; QUINN, R. D.; SATTERLIE, R. A.; SZYMIK, B. Neuromechanics: an integrative approach for understanding motor control. Integr. *Comp. Biol.,* v. 47, n.1, p. 16-54. 2007.
13. UYENO, T. A.; KIER, W. M. Functional morphology of the cephalopod bucal mass: a novel joint type. *J Morphol.,* v. 264, p. 211-22. 2005.
14. YU, S-Y.; CRAGO, P. E; CHIEL, H. J. Biomechanical properties and a kinetic simulation model of the smooth muscle I2 in the buccal mass of Aplysia. *Biol Cybern,* v. 81, p. 505-13. 1999.

Capítulo 5

SISTEMA NERVOSO ASSOCIATIVO

"A integração do novo aprendizado bucal depende da capacidade do SECN em fazer associações com o SNC."

John Hughlings Jackson (1870), fundador da moderna neurologia britânica, propôs que o córtex cerebral é organizado hierarquicamente e que algumas áreas corticais suprem funções integrativas das mais altas ordens que não são puramente sensoriais nem puramente motoras, mas associativas. Essas áreas das mais altas ordens do córtex chamadas de áreas associativas servem para associar entradas sensoriais para resposta motora e desempenham aqueles processos mentais que intervêm entre entradas sensoriais e saídas motoras. Os processos mentais atribuídos a essas áreas incluem a interpretação da informação sensorial, associação de percepções com experiência prévia, foco de atenção e exploração do ambiente. Atualmente se sabe que cada córtex sensorial primário projeta para as áreas próximas de mais alta ordem do córtex sensorial chamada de áreas de associação unimodal. As áreas de associação unimodal integram informação aferente de uma única modalidade sensorial (como audição, visão, olfato, gustação e tato). Por exemplo, o córtex de associação tátil integra informações sobre forma, textura, tamanho, temperatura, cheiro e sabor do alimento na boca, que chegam ao cérebro em vias separadas. As áreas de associação unimodal por sua vez projetam para as áreas de associação sensorial multimodal, que integram informação sobre mais do que uma modalidade sensorial. As áreas de associação sensorial multimodal projetam para as áreas de associação motoras multimodais localizadas rostralmente ao córtex motor primário, no lobo frontal. As áreas motoras de mais alta ordem transformam a informação sensorial em movimentos planejados e calculam os programas para esses movimentos, que são então transportados para o córtex pré-motor e motor primário para serem executados.

O termo córtex primário tem dois significados: as áreas sensoriais primárias, que são os locais iniciais do processamento cortical da informação sensorial, e áreas motoras primárias, que são os locais finais para o processamento cortical de comandos motores. As áreas de associação multimodal são consideradas substratos anatômicos das mais altas funções do cérebro. Isto porque integram modalidades sensoriais e ligam informação sensorial ao movimento planejado. As mais altas funções do cérebro são: pensamento consciente, percepção e ação com objetivo direcionado. As três áreas de associação multimodais mais importantes são: área de associação posterior, na margem dos lobos: occipital, parietal e temporal que liga informação de distintas modalidades sensoriais para percepção e linguagem. A área de associação límbica ao longo da borda medial do hemisfério cerebral que está relacionada com emoção e armazenamento de memória. A área de associação anterior (córtex pré-frontal) rostralmente ao giro pós-central relacionada com o planejamento do movimento.

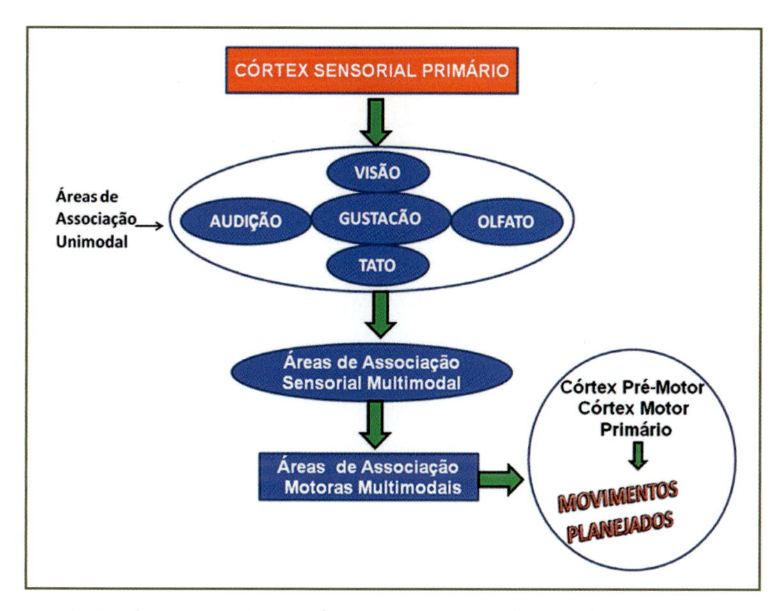

Figura 5.1: Cada córtex sensorial primário projeta para as áreas próximas de mais alta ordem do córtex sensorial chamada de áreas de associação unimodal (visão, audição, gustação, olfato e tato). As áreas de associação unimodal projetam para as áreas de associação sensorial multimodal, que integram informação sobre mais do que uma modalidade sensorial. Essas últimas projetam para as áreas de associação motoras multimodais. Essas transformam a informação sensorial em movimentos planejados e calculam os programas para esses movimentos, que são então transportados para o córtex pré-motor e motor primário para serem executados.

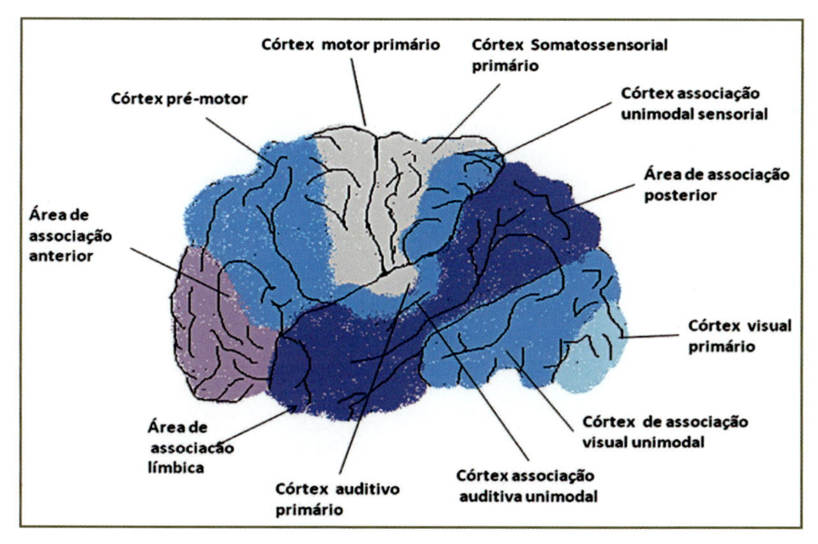

Figura 5.2: Os córtices de associação ocupam grandes áreas nas superfícies expostas do cérebro.

Princípios do processamento da informação sensorial

Há três princípios mais importantes:

1. A informação sensorial é processada em umas séries de retransmissão ao longo de distintas vias paralelas dos receptores periféricos através do córtex sensorial primário e córtex de associação unimodal para o córtex de associação multimodal da parte posterior do hemisfério: córtex temporal e córtex parietal posterior. Além disso, a informação sensorial é também processada sequencialmente.
2. A representação da informação sensorial de diferentes modalidades converge para áreas do córtex que integram aquela informação para um evento polissensorial.
3. As áreas de associação posterior que processam informação sensorial são altamente interconectadas com as áreas de associação frontal responsáveis por ações motoras planejadas. Essas áreas de associação anterior convertem planos sobre futuros comportamentos para respostas motoras concretas, tal como satisfazer a fome comendo.

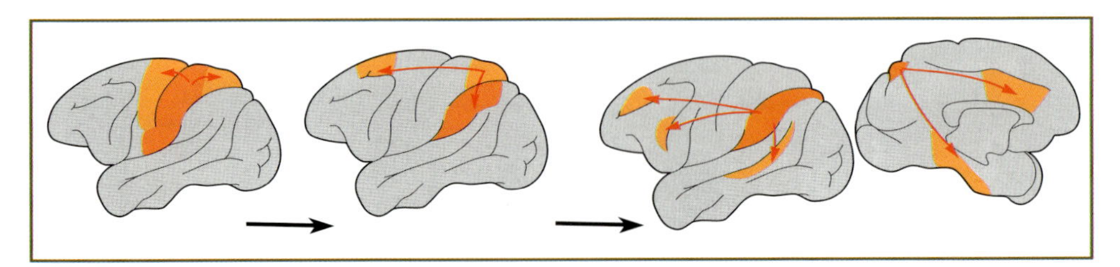

Figura 5.3: As conexões entre as áreas corticais representam estágios de processamento da informação. A cada estágio, progressivamente mais informação abstrata é extraída do estímulo sensorial. As informações sensoriais fluem das áreas sensoriais primárias.

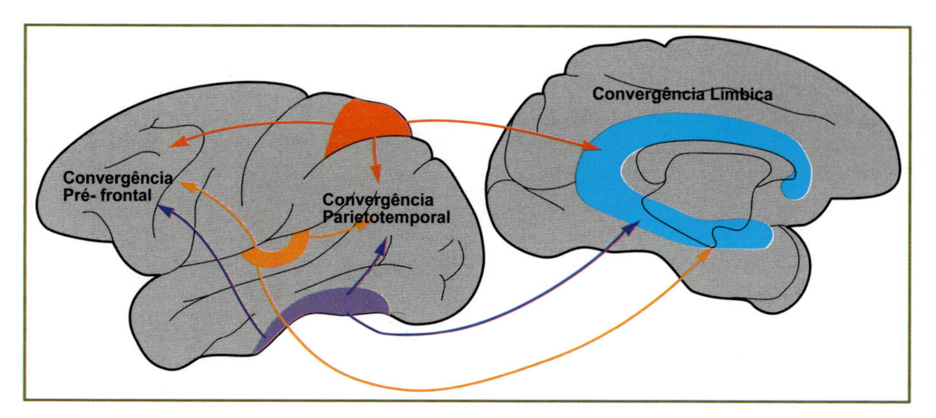

Figura 5.4: As entradas sensoriais unimodais convergem para as áreas de associação multimodais nos córtices: pré-frontal, parietotemporal e límbico. O sistema límbico forma uma superfície contínua ao longo da borda medial do hemisfério rodeando o corpo caloso e o diencéfalo. Em vermelho – córtex de associação somatossensorial, em lilás – córtex de associação visual e em laranja córtex de associação auditivo.

Processamento da informação motora

As áreas de associação posterior são altamente interconectadas com o córtex de associação do lobo frontal. O processamento da informação no sistema motor é essencialmente o reverso da sequência no sistema sensorial. O planejamento motor começa com um esboço geral do comportamento e é transladado para respostas motoras concretas através do processamento nas vias motoras. Neurônios individuais no córtex frontal não são responsáveis por respostas motoras específicas. Ao contrário, células individuais disparam durante uma série de comportamentos relacionados. Movimentos individuais, bem como ações motoras complexas, derivam de padrões de disparo de grandes redes de neurônios do lobo frontal. As vias motoras finais deixando o córtex cerebral originam primariamente do córtex motor primário que ocupa o giro pré-central. Neurônios individuais no córtex motor primário disparam antes que a contração de um grupo de músculos para mover uma articulação específica em uma direção particular. O córtex pré-motor recebe entradas principalmente de três fontes: núcleo motor do tálamo ventroanterior e ventrolateral (que recebe entrada do gânglio da base e cerebelo); córtex somatossensorial primário e córtex de associação parietal (os quais provêm informação sobre resposta motora em andamento) e córtex de associação pré-frontal.

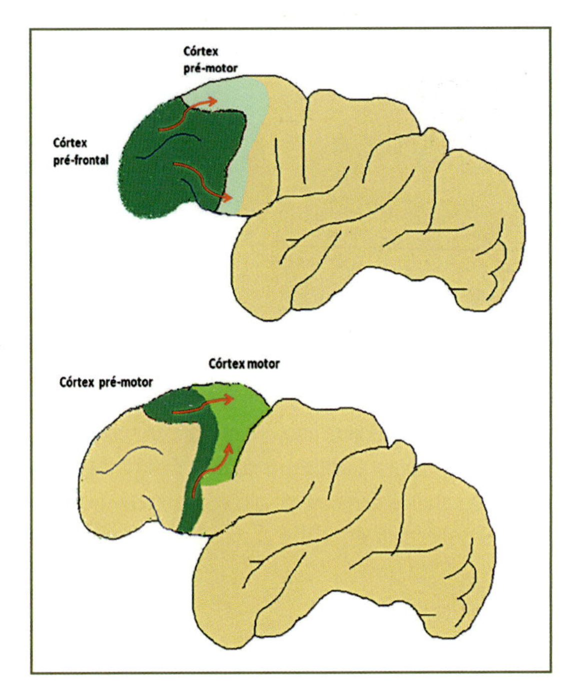

Figura 5.5: O fluxo de informação do sistema do lobo frontal motor é contrário ao dos sistemas sensoriais. A informação é processada nas áreas pré-frontais que estão envolvidas no planejamento motor e projetam para o córtex pré-motor. Este gera programas motores que atuam por meio de suas projeções para o córtex motor. Neurônios no córtex motor disparam para produzir movimentos em direções definidas ao redor de articulações específicas.

Referências

1. DAMASIO, H. *Human Brain Anatomy in Computerized Images.* New York: Oxford Univ. Press, 1995.
2. KOLB, B.; WHISHAW, I. Q. *Fundamentals of Human Neuropsychology*, 3rd ed. New York: Freeman, 1990.
3. BADDELEY, A. Cognitive psychology and human memory. *Trends Neurosci.*, v. 11, n.4, p. 176-181, 1988.
4. BONDA, E.; PETRIDES, M.; EVANS, A. Neural systems for tactual memories. *J Neurophysiol.*, v. 75, p. 1730-1737, 1996.

5. GAZZANIGA, M. S. Organization of the human brain. *Science.,* v. 245, p. 947-952, 1989.

6. LEZAK, M. D. *Neuropsychological Assessment,* 3rd ed. New York: Oxford Univ. Press, 1976.

7. LURIA, A. *Higher Cortical Function in Man.* New York: Basic Books, 1966.

8. OLDENDORF, W. H. *The Quest for an Image of Brain: Computerized Tomography in the Perspective of Past and Future Imaging Methods.* New York: Raven, 1980.

9. SOKOLOFF, L. *Metabolic probes of central nervous system activity in experimental animals and man.* Sunderland, MA: Sinauer, 1984.

10. UNGERLEIDER, L. G. Functional brain imaging studies of cortical mechanisms for memory. *Science.,* v. 270, p. 769-775. 1995.

11. VAN HOESEN, G. W. The modern concept of association cortex. *Curr Opin Neurobiol.,* v. 3, p. 150-154, 1993.

12. ZEBI, S. 1993. *A Vision of the Brain.* Oxford: Blackwell.

Capítulo 6

MÚSCULOS ATUANTES NO SECN

"O que seria do esqueleto sem os músculos?"

Os movimentos do corpo são produzidos pela combinação das cadeias musculares. Os músculos chamados da mastigação são os masseteres, temporais, pterigóideos mediais e os pterigóideos laterais.

Tabela 6.1: Tabela dos músculos da mastigação e suas funções.

Músculos da mastigação e suas funções			
Masseter	Temporal	Pterogóideo medial	Pterogóideo lateral
Elevação	Elevação	Elevação	Abaixamento
Lateralidade	Lateralidade	Lateralidade	Lateralidade
Protrusão	Retrusão	Protrusão	Protrusão

O músculo digástrico, embora não seja específico da mastigação (supra-hióideo), atua na abertura máxima e na retrusão da mandíbula.

Músculo temporal

Apresenta a forma de um leque e se localiza na fossa temporal. Origina-se na face externa do crânio, na linha curva temporal inferior, na face profunda da aponeurose e na face interna do arco zigomático. Suas fibras continuam para baixo e se inserem na ponta e nos dois bordos da face interna da apófise coronoide da mandíbula. Medialmente se insere no ramo ascendente da mandíbula, através dos tendões superficial e profundo.

É composto por três feixes de fibras musculares com trajetos distintos:

- Anterior com fibras quase verticais;
- Médio com fibras oblíquas; e
- Posterior com fibras quase horizontais, que se dirigem para baixo para encontrar o maxilar inferior.

É o músculo que sustenta a mandíbula em posição postural, sem contato dos dentes posteriores (grupo de fibras anteriores e posteriores), pois com o espaço livre, sem contatos oclusais, haverá um tônus muscular igual em todas as fibras. As fibras posteriores e médias de um lado são ativas nos movimentos de lateralidade, e todas as fibras do músculo estão em ação durante o movimento retrusivo da mandíbula, a partir de uma posição protrusiva.

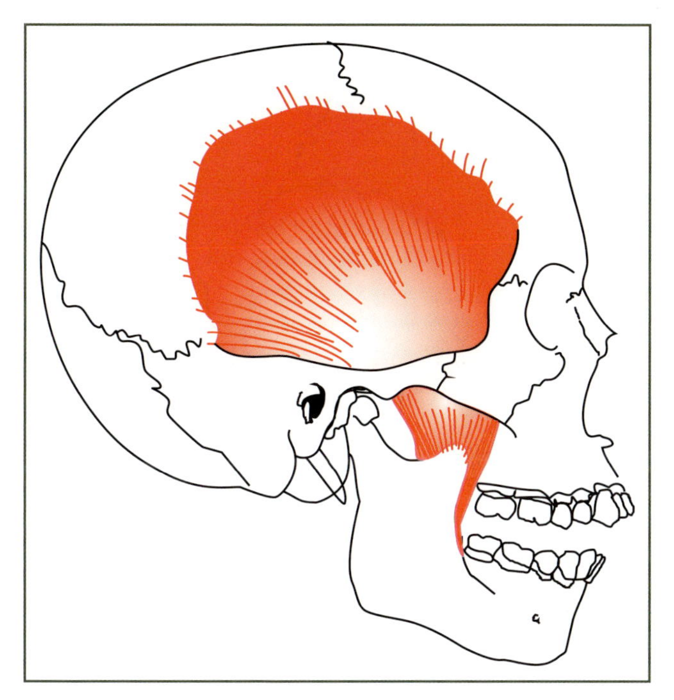

Figura 6.2: Músculo Temporal.

Músculo masseter

Sua forma é retangular e é constituído por dois fascículos: um superficial, que se origina nos dois terços anteriores do bordo inferior do arco zigomático, e um profundo com origem na superfície medial do arco zigomático. A inserção fica na superfície lateral do ramo, no processo coronoide e no ângulo da mandíbula. Sua função principal é de elevação da mandíbula no cerramento dos dentes durante o esforço mastigatório. Relaciona-se também com a centricidade mandibular. É considerado um dos músculos mais fortes do corpo, como resquício da severa atividade mastigatória e de mordida na sobrevivência do homem primitivo. Para dar início à contração deste músculo é necessário que haja algum tipo de contato nos dentes posteriores. Colabora também na protrusão e nos movimentos de lateralidade extrema da mandíbula. Muito frequentemente apresenta sintomatologia dolorosa, comum no bruxismo em cêntrica (apertamento) ou no excêntrico com deslizamento.

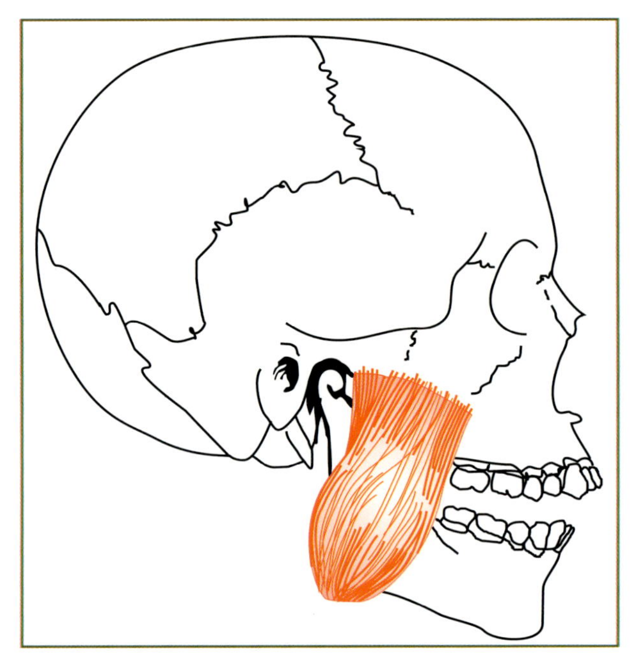

Figura 6.3: Músculo Masseter.

Músculo pterigóideo interno ou medial

Como o masseter, este também tem a forma retangular e fica situado no ramo da mandíbula. Sua origem é na superfície interna do platô pterigóideo lateral, do processo piramidal do osso palatino e tuberosidade maxilar. Suas fibras dirigem-se obliquamente para baixo, para trás e para fora até inserir-se na parte posterior e inferior da superfície interna do ramo e na face interna do ângulo da mandíbula, onde termina em frente às inserções do masseter. Como suas fibras se dirigem para baixo e para trás, sua função é a elevação e protrusão da mandíbula. Como suas fibras também se dirigem para fora, quando há a contração do músculo de um lado da face, o lado oposto permanece relaxado e a mandíbula faz lateralidade, ou seja, ele colabora nos movimentos de rotação. Sua principal função de relaciona com movimentos excêntricos. Há uma estreita relação entre as funções deste músculo e o masseter. Os dois formam um compartimento muscular que envolve parte do corpo e do ramo mandibular.

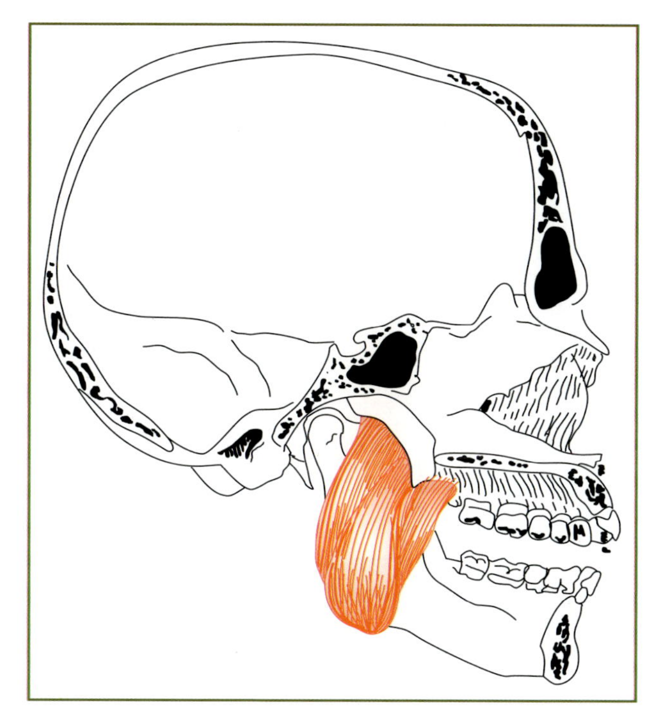

Figura 6.4: Músculo Pterigóideo Interno ou Medial.

Músculo pterigóideo externo ou lateral

Apresenta uma forma cônica e ocupa a fossa zigomática. É formado por dois feixes que saem da base do crânio: um se origina na superfície infratemporal da asa maior do esfenoide (feixe superior ou esfenoidal) e outro na face externa do platô pterigóideo lateral (feixe inferior ou pterigóideo). Os dois fascículos se unem e se dirigem para o lado interno da articulação temporomandibular para inserir-se na parte anterior do colo do côndilo, na parede anterior da cápsula e na porção anterior do menisco interarticular.

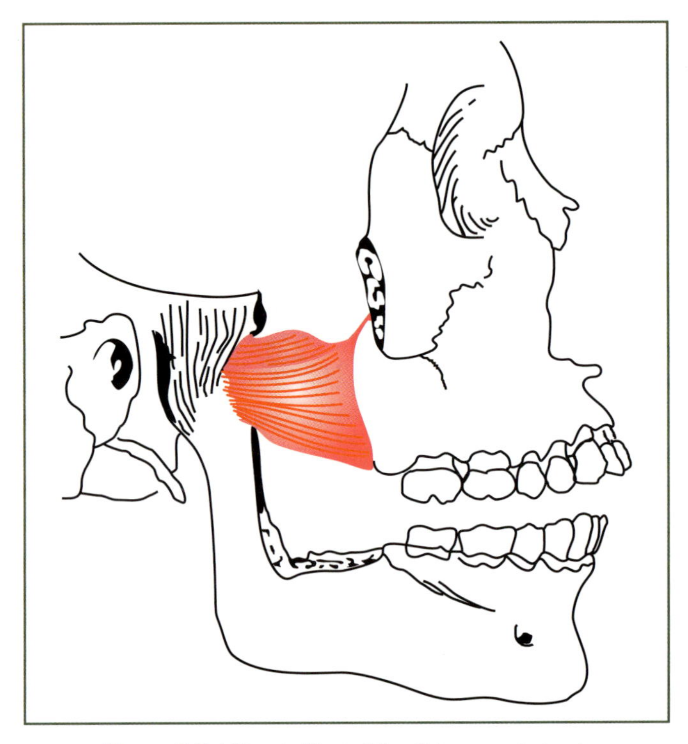

Figura 6.5: Músculo Pterigóideo Externo ou Lateral.

Sua ação relaciona-se com os movimentos de protrusão e de lateralidade. A contração simultânea dos dois músculos determina a projeção para frente da mandíbula (protrusão), levando o disco articular para frente, e a contração isolada de um deles, o movimento de lateralidade. O feixe superior relaxa-se na abertura, mas se contrai no fechamento. Essa ação posiciona o disco interarticular contra a inclinação distal da eminência. No fechamento, o feixe inferior se relaxa e os músculos de fechamento (temporal, masseter e pterigóideo interno) podem colocar o côndilo contra o disco, para conseguir a posição de relação cêntrica (RC). Em qualquer movimento dos côndilos, deixando a posição de RC, o feixe inferior se contrai (tira o côndilo da cêntrica) e o feixe superior relaxa. Isso permite que o disco acompanhe o côndilo durante os movimentos excêntricos. O feixe superior e o inferior devem atuar de forma harmoniosa de modo que a relação subsequente entre o disco e o côndilo seja constante. Quando se perde essa harmonia ocorrerá uma alteração da relação côndilo-disco, produzindo os sintomas de ruído articular. Nesses músculos não há receptores de estiramento. Isto explicaria sua habilidade em assumir posturas de contraturas assintomáticas responsáveis pela oclusão habitual. Este músculo é considerado o da lateralidade funcional da mandíbula, pois só ocorre esta função quando ele se contrai.

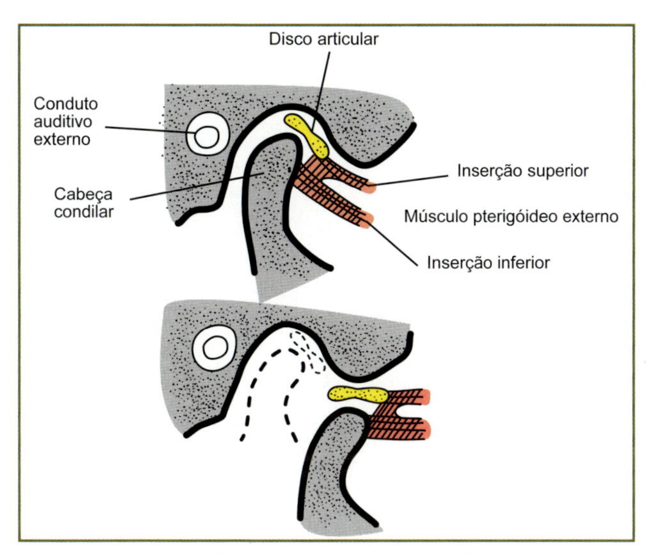

Figura 6.6: Músculo Pterigóideo Externo ou Lateral, côndilo e menisco em RC. Abaixo em abertura máxima fisiológica, com a contração dos dois feixes do Músculo Pterigóideo Lateral em tempos diferentes mantêm o côndilo se relacionando com a região central do menisco até atingir a eminência articular.

Quando a mandíbula faz lateralidade para a esquerda, por exemplo, o músculo pterigóideo externo direito é que se contrai. Então, sendo o lado esquerdo o lado de trabalho, no balanceio há a contração deste músculo, como também do pterigóideo interno. No trabalho ocorre a contração do temporal e dos supra e infra-hióideos para estabilizar o osso hioide.

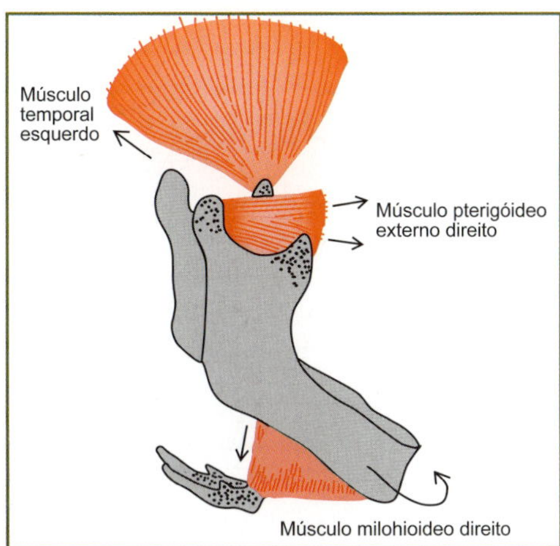

Figura 6.7: Lateralidade esquerda da mandíbula: ocorre a contração do Músculo Pterigóideo Lateral Direito (LB) e do Pterigóideo Medial desse mesmo lado. No LT há contração do temporal e dos supra e infra-hióideos.

Músculos supra-hióideos

Outro grupo de músculos responsáveis pelas funções da mandíbula e suas estruturas relacionadas é o do supra-hióideos: genio-hióideos, milo-hióideos, digástricos e estilo-hióideos. Hoje eles são considerados também como músculos da mastigação.

Músculo genio-hióideo

É um músculo longo. Tem origem nas apófises geni-inferiores e inserção na superfície anterior do corpo do osso hióideo. Sua ação é de elevar o osso hióideo e língua. Com o osso hióideo fixado, a língua abaixa e retrai a mandíbula.

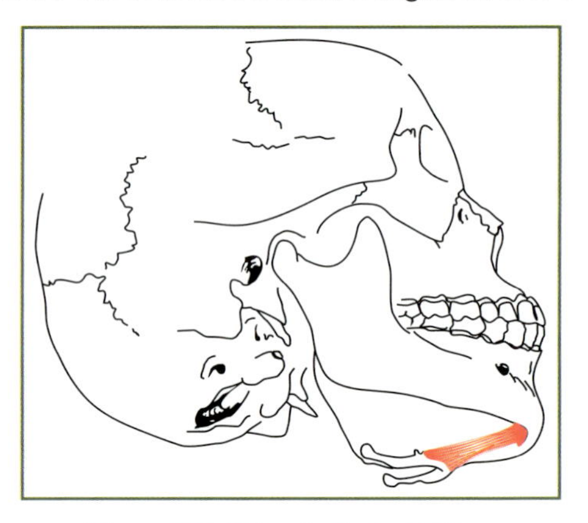

Figura 6.8: Músculo Genio-hióideo.

Músculo milo-hióideo

É aplanado, com origem na linha oblíqua interna da mandíbula ou linha milo-hióidea e se dirige para baixo e para dentro para se inserir na parte anterior do osso hióideo. Internamente se insere na rafe mediana. Os dois milo-hióideos formam o soalho da boca. Sua ação é de elevar o osso hióideo, base da língua e o soalho da boca. Também abaixa e retrai a mandíbula quando o osso hióideo está fixo (ação conjunta com o genio-hióideo).

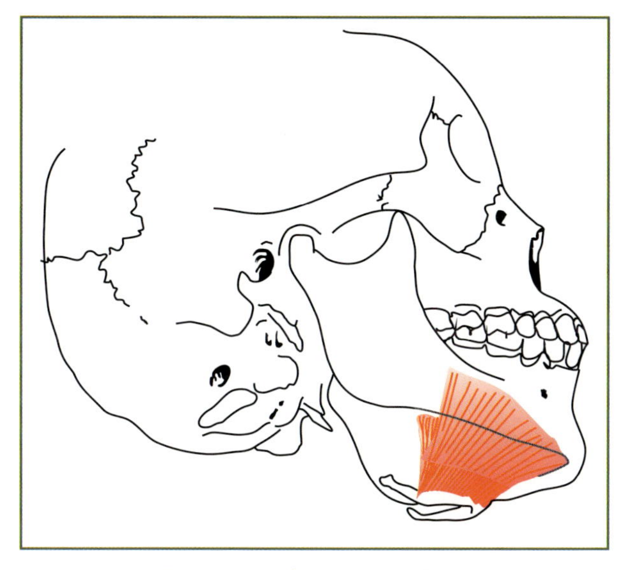

Figura 6.9: Músculo Milo-hióideo.

Músculo digástrico

É um músculo alargado com a forma de um arco e constituído por dois feixes unidos por um tendão intermediário. O feixe posterior origina-se na ranhura digástrica da apófise mastoide e se dirige para baixo e para frente até o osso hióideo. O feixe anterior origina-se na fossa digástrica da mandíbula e se dirige para baixo e para trás até o osso hióideo, onde se insere através do tendão intermediário. Os dois feixes podem atuar juntos ou separadamente. Quando os dois feixes estão atuando produzem elevação do osso hióideo e a base da língua. Quando o feixe anterior se contrai, tomando como ponto de apoio o hióideo, atua abaixando e retraindo a mandíbula. Sua principal ação é na abertura máxima da mandíbula, sendo o pterigóideo lateral o mais importante na iniciação desse movimento. Quando o feixe posterior se contrai atua elevando o hióideo se a inserção superior estiver fixa, mas se a inserção inferior for imóvel inclina a cabeça para trás.

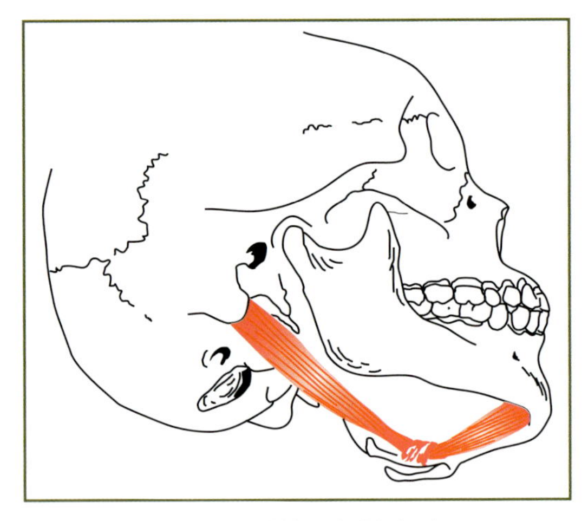

Figura 6.10: Músculo Digástrico.

Músculo estilo-hióideo

É um músculo fino que tem sua origem no bordo posterior da apófise estiloide do temporal e se insere na asa maior do osso hióideo. Tem a ação de elevar o hióideo e o soalho da boca.

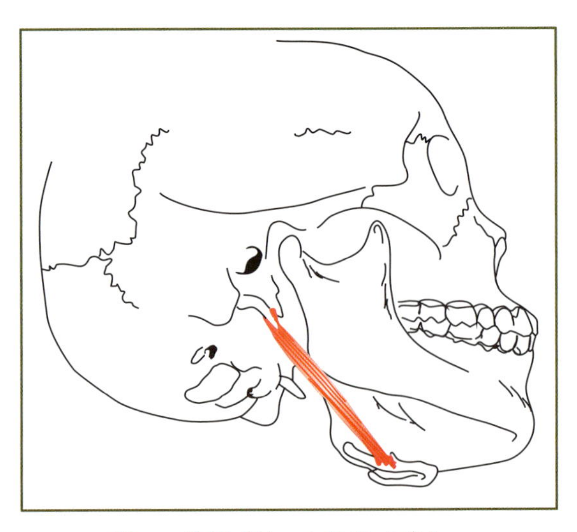

Figura 6.11: Músculo Estilo-hióideo.

Músculos infra-hióideos

Estes estão relacionados diretamente aos supra-hióideos através do osso hióideo e estão envolvidos no funcionamento da mandíbula. Compreendem os: tiro-hióideo, esterno-hióideo e o homo-hióideo. A ação desses músculos é de abaixar o osso hióideo e a laringe e fixar o primeiro para permitir a ação dos músculos supra-hióideos ao abaixar a mandíbula. Por esse motivo são considerados músculos que interferem na mandíbula.

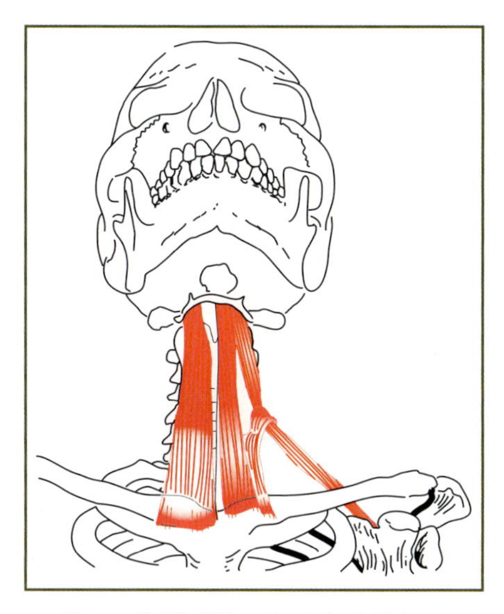

Figura 6.12: Músculos Infra-hióideos.

Músculo platisma ou cutâneo do pescoço

É um músculo acessório aos da mastigação. Tem origem na face superficial do peitoral superior e na região deltóidea e sobe para inserir-se através de suas fibras anteriores, médias e posteriores: as anteriores se entrelaçam por baixo do mento com fibras colaterais; as médias se conectam com os músculos faciais na região da comissura da boca e as posteriores atravessam a mandíbula para inserir-se na pele, da parte inferior da face. Tem a ação de abaixar a mandíbula e o lábio e tensionar a pele do pescoço.

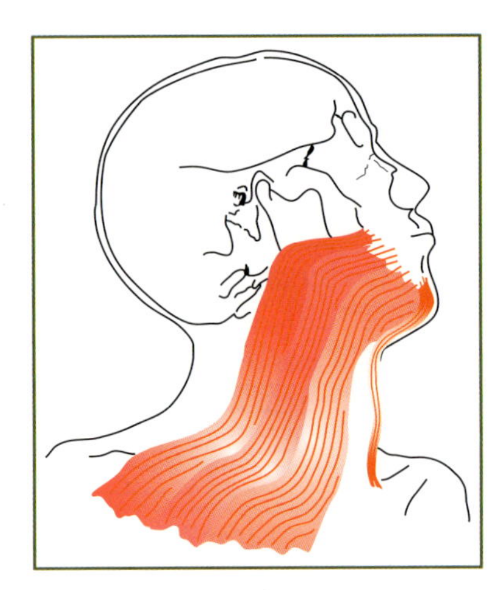

Figura 6.13: Músculo Platisma.

Músculo bucinador

Tem a forma retangular formando a parede externa do vestíbulo oral. É o músculo da bochecha. Tem sua origem no processo alveolar do maxilar, na altura dos três últimos molares; na mandíbula, na fossa retromolar e crista alveolar dos três últimos molares e na parte mais posterior da linha oblíqua externa; por trás, no bordo anterior da rafe pterigomandibular. Sua inserção está no orbicular dos lábios, ao nível de comissura bucal. Sua ação é de comprimir a bochecha e ajudar na mastigação, empurrando para os arcos dentários os alimentos colocados no vestíbulo. Também se estende para fora das comissuras, aumentando o orifício bucal.

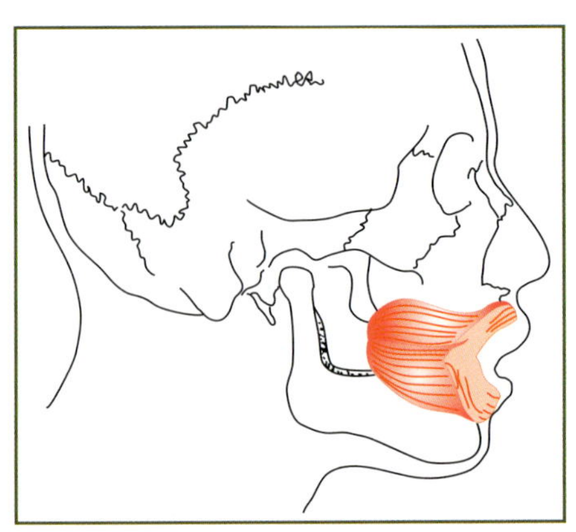

Figura 6.14: Músculo Bucinador.

Músculos da língua

São 17, sendo um impar: o Lingual Superior, e oito pares: Genioglosso, Lingual Inferior, Hioglosso, Estiloglosso, Palatoglosso, Amígdaloglosso, Faringoglosso e Transverso. A inervação motora da língua é dada pelos nervos: hipoglosso maior e glossofaríngeo. A inervação sensitiva: nervo lingual, glossofaríngeo e neumogástrico.

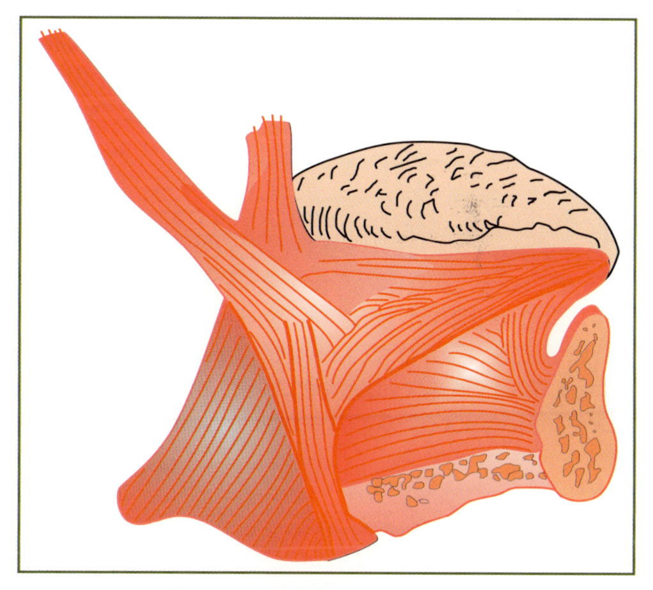

Figura 6.15: Músculos da Língua.

Musculatura posterior do pescoço

Estes músculos estão também relacionados com a oclusão, visto que têm origem na base do crânio. São o Esternocleidomastóideo, o trapézio e a musculatura intrínseca do pescoço. Esses músculos levam a cabeça ligeiramente para trás quando a pessoa abre a boca. Hoje são considerados músculos de grande importância na sintomatologia da disfunção oclusal.

Músculo esternocleidomastóideo

Como seu nome indica, esse músculo une o crânio à clavícula e ao osso esterno. Tem origem no processo mastoide do osso temporal e na linha nucal superior do occiptal, dirige-se para baixo, para frente e, medialmente termina no osso esterno e na parte esternal da clavícula onde os tendões dos dois músculos delimitam a forquilha esternal. Esse músculo tem a ação de elevar o esterno e a parte esternal da clavícula se o ponto fixo for o crânio; se for o tórax, pode rotar a cabeça para o lado oposto do lado contraído, inclinar lateralmente para o lado da contração e fazer extensão desta. Se atuar nos dois lados produz uma extensão da cabeça, acentuando a lordose cervical. Quando ocorre uma correção da lordose cervical (protrusão mandibular) a ação de extensão se inverte, ou seja, o músculo passa a ser flexor da cabeça alterando as relações cabeça-pescoço-mandíbula. Nas grandes retrusões mandibulares, este músculo estará encurtado e tenso elevando o esterno e a clavícula, contraindo o tórax e dificultando a respiração, pois o diafragma estará elevado e tenso. Os músculos peitorais estarão contraídos trazendo as clavículas e os braços para frente. A cabeça estará projetada para cima e para trás aumentando a lordose cervical. O osso hióideo fica mais elevado, compensando o desequilíbrio de tonicidade entre os músculos mastigatórios, supra e infra-hióideos.

Músculo trapézio

São músculos que recobrem os músculos posteriores do pescoço e da região situada entre as escápulas, formando uma ampla lâmina. Saem da base do occipital e, em seguida, dos processos espinhosos das vértebras cervicais e torácicas até T.10.

Terminam em três partes:

- **Superior:** termina na borda posterior da clavícula e suas fibras são oblíquas lateralmente e para baixo.
- **Média:** termina na espinha da escápula com fibras horizontais.
- **Inferior:** termina na parte interna da espinha da escápula e suas fibras são oblíquas lateralmente e para cima.

Esses músculos fundamentalmente atuam nas escápulas (ombros) elevando-as ou abaixando-as, em báscula lateral ou juntando os ombros. No caso de retrusão mandibular acima descrito, além dos desequilíbrios já mencionados, esses músculos estarão elevando os ombros que se projetam para frente reforçando a postura característica dessa má oclusão.

Músculos escalenos

Estes músculos estão localizados na região lateral do pescoço e são divididos em três: escaleno anterior, médio e posterior.

O primeiro vai dos processos transversos de C.3 a C.6 até a primeira costela (na frente, no tubérculo do escaleno). O segundo origina-se nos processos transversos de C.2 a C.7 e termina atrás do precedente. O terceiro vai dos processos transversos de C.4 a C.6 até a parte média da segunda costela. Atuando de um lado inclinam as cervicais lateralmente e fazem rotação para o lado oposto. Quando atuam dos dois lados aumentam a lordose cervical (se as cervicais estiverem em lordose). Podem também elevar as duas primeiras costelas (se a coluna cervical e a torácica alta estiverem fixas). Esses músculos, nos casos de retrusão mandibular, estarão agindo sinergicamente com os esternocleidomastóideos para aumentar a lordose cervical. Nos casos de protrusão mandibular estarão estirados, corrigindo a lordose fisiológica.

Os músculos vão formando cadeias musculares que se entrelaçam e se adaptam de acordo com as necessidades funcionais exigidas.

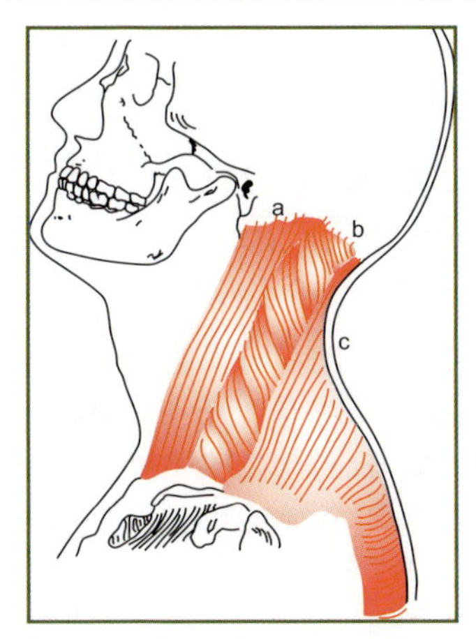

Figura 6.16: Músculos posteriores do pescoço de anterior para posterior: **a)** esternocleidomastóideo; **b)** escaleno; e **c)** trapézio.

Referências

1. AKERT, K.; HUMMEL, P. *Anatomic and physiologiedes limbischeu Systems.* Hoffman – La Roche – Basel, 1963.

2. BALLARD, C. F. The facial musculature and anomalies dentoalveolar structure. *Europ. Orth.,* 137, 1951.

3. CIGRAND, B. J. Mandibular action: Its influence on the entire system. *Dental Cosmos.,* v. 48, n. 9, 1906.

4. DE PIETRO, A. J. Movimiento de Bennett. Dental clinics of North America W B Saunders Phil, Penn, Nov., 1963.

5. FORT, J. A. *Anatomía descriptive.* Ed. Gustavo Gili, 1958.

6. FRANCON, J. *Anatomía y Fisiología Humana.* Ed. Interamericana. 2ª ed., México, 1973.

7. GILBOE, D. *et al.* Centric relation as a treatment position. *J. of the Prost. Dent.,*v. 50, n. 5, 1983.

8. GUZMAN, E. E.; KOVALSKI, G. S. *Neurofisiologia de La Oclusión.* Ediciones Monserrate. Bogotá, Colombia, 1986.

9. KAWAMURA, Y. Neuromuscular mechanisms of Jaw and tongue Movement. *The J. of the Am. Dent. Ass.,* v. 62, n. 5, 1961.

10. KRAWS, B. S.; BRAMS, H. *Anatomía Dental y Oclusión.* Ed. Interamericana, México, 1969.

11. KURTH, L. E. Mandibular movements in Mastication. *J. of the Am. Dent. Ass.,* v. 29, n. 15, 1942.

12. MCLEAN, D. W. The physiology of mastication. *J. of the Am. Dent. Ass.,* v. 27, n. 2, 1940.

13. MCNAMARA, J. A. Jr. Neuromuscular and skeletal adaptations to altered function in the orofacial region. *Am J Orthod.,*v. 64, p. 578-606, 1973.

14. MCNAMARA J. A. Jr. Adaptacion neuromuscular y esqueletica a las alterationes de la juncion en la region orofacial. *Revista Espanola de Ortodoncia.,* v. 3, p. 3-42. 1973.

15. SCHWARTZ, L.; CHAYES, C. M. *Dolor Facial y Disfunción Mandibular.* Ed. Mundial, Argentina, 1973.

16. TESTUT, L. *Compendio de Anatomía humana.* Salvat Editores S. A. 1954.

17. VARTAN, B. *Oclusión y Rehabilitación.* Editorial Industria Gráfica papelera S. A. Montevídeo Uruguay, 2ª ed. 1974.

18. WILLIAMSON, E. H.; STEINKE, R. M.; MORSE, P. K.; SWIFT, T. R. Centric Relation: A comparison of muscle determined position and operator guidance. *Journal AM. of Orth.,* v. 77, n. 2, 1980.

Capítulo 7

GÊNESE DO SISTEMA ESTOMATOGNÁTICO CONEURAL

"A origem do SECN com todos os seus componentes permite a sobrevivência do novo Ser."

Sistema Estomatognático Coneural (SECN)

A função primordial da criança ao nascer é a respiração, primeira função essencial à sobrevivência do Ser. Mas não a única, pois ela precisa ser alimentada para se manter viva. A alimentação por meio artificial (não pelo seio materno) cumpre muito bem esse papel, supre o bebê dos nutrientes necessários para a manutenção de sua saúde, crescimento e desenvolvimento. Porém, mais do que isso, a criança necessita sugar, ordenhar o seio materno para que tenha pleno desenvolvimento físico, mental e emocional. Além disso, é necessário que faça a deglutição do líquido lácteo absorvido da mãe para completar o ciclo de funções essenciais à vida. Se a amamentação artificial a mantém viva, então, qual a importância da amamentação natural? O bebê traz consigo a herança filogenética de saber sugar. Porém, é necessário oferecer as condições básicas para ele desenvolver essa capacidade inata, que é um comportamento bastante complexo e necessita de treinamento para ser refinado e, assim, contribuir para o desenvolvimento do SNC e do SECN. As três funções essenciais à sobrevivência (a respiração, a ordenha e a deglutição) se alternam durante a amamentação de uma forma sincronizada. A mandíbula do recém-nascido fica numa relação retrusiva com a maxila. A mandíbula é menor que a maxila, por isso ela tem que trabalhar e funcionar bem para suprir essa diferença. Amamentação natural é a única capaz de exigir da mandíbula essa grande atividade. A mandíbula tem que correr contra o tempo de erupção dos incisivos inferiores, já estando bem posicionada com a maxila, para que os incisivos inferiores se contatem com os superiores em equilíbrio. Assim, o bebê tem que avançar a mandíbula para apreender o mamilo entre os dois rodetes alveolares e iniciar a ordenha.

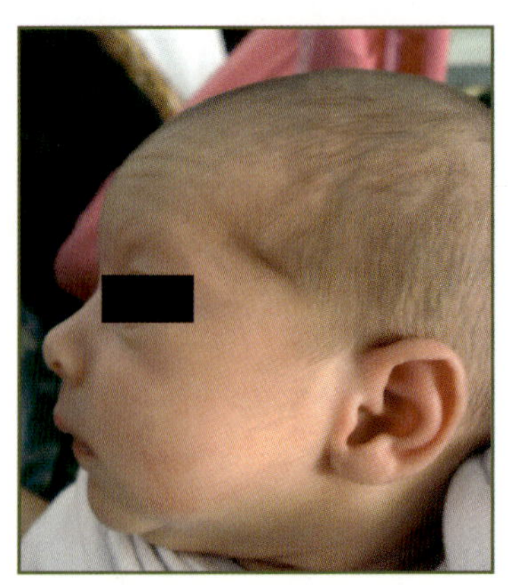

Figura 7.1: Criança aos 35 dias de vida, micrognatia e retrognatia em relação à maxila.

Os lábios bem posicionados ao mamilo e a pele ao redor deste fazem um verdadeiro vedamento labial não deixando entrar ar para dentro da boca criando, assim, uma pressão negativa. O terço anterior da língua comprime o mamilo contra o palato, enquanto os músculos masseteres, temporais, pterigóideos laterais, mediais e os periorais estarão contraindo sugando o líquido que passa agora para o túnel formado pela língua em direção ao palato mole e glote. Em seguida ocorre a deglutição. Nesse momento da "ordenha" e deglutição ocorre uma expiração. Após a deglutição a criança realiza mais uma inspiração e novo ciclo se inicia. A pressão negativa (ausência de ar) dentro da boca é que permite a perfeita sincronização entre as três funções. Quando a criança cansa, para de ordenhar, mas mantém os lábios firmemente presos no mamilo, pois a pressão interna da boca ainda é negativa. Muitas vezes, após esse descanso, ela volta a ordenhar sem soltar o mamilo e se farta com o "líquido sagrado". Outras vezes adormece de cansaço, mas mantém os lábios presos ao mamilo. Esse é um momento de êxtase para a mãe e filho, momento em que o filho está saciando a fome física e emocional e a mãe, de se sentir capaz de proporcionar essa satisfação para o filho. É uma satisfação mútua, uma gentileza mútua. Finalmente, quando a criança entra em sono profundo, os músculos se relaxam, os lábios descontraem e se soltam do mamilo, pois ocorre a entrada de ar dentro da boca (pressão positiva).

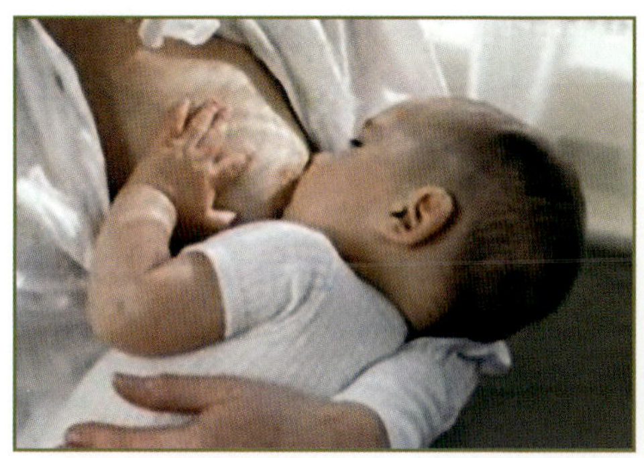
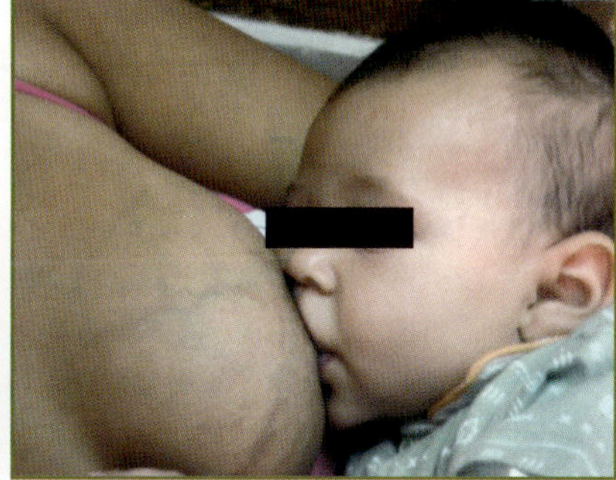

Figura 7.2: Crianças amamentando no seio materno, estimulação fisiológica para a correção da retrusão mandibular do recém-nascido. Na 2ª figura a cabeça do bebê está mais vertical. Esta é a posição mais correta.

Quando falha esse sincronismo, aparecem respostas como: engasgar, tossir, regurgitar ou vomitar. Essas são funções de defesa. Nos primeiros dias de vida, o pequeno Ser realiza essas funções ainda de forma lenta, logo se cansa e adormece. Porém, à medida que o SNC se desenvolve devido ao treinamento intensivo da amamentação, e pela estimulação oferecida pelo SECN, as funções vitais ficam cada vez mais precisas e refinadas. É o aprendizado pelo treinamento, pela prática. As redes neurais relativas à tríplice função não estão totalmente estabelecidas no nascimento, mas, vão se reforçando, aumentando à medida que o bebê vai praticando mais e mais essas funções. Então, pode-se observar que desde os primeiros dias de vida o SECN se coloca em marcha constante para manter a sobrevivência do bebê e esse papel é também fundamental para o desenvolvimento e maturação do SNC. Percebe-se então, uma importante reciprocidade entre o aprimoramento das funções desempenhadas pelo SECN e o desenvolvimento do SNC estabelecendo novas redes neurais à medida que tal aprimoramento vai se efetivando. Daí a coparticipação do SE para a formação dos circuitos e redes neurais primordiais. Essa correlação desempenhada pelo SE permite que seja chamado de SECN.

Movimentos protrusivos e retrusivos da mandíbula com a participação dos dois côndilos ao mesmo tempo durante a amamentação natural

Figura 7.3: Desenho representativo da participação bicondilar durante a amamentação.

Nesse período há uma grande facilidade de a mandíbula se mover para frente e para trás (movimento protrusivo/retrusivo), pois os côndilos e as cavidades glenoides são rasos; assim, os dois côndilos executam amplamente esses movimentos, ao mesmo tempo. Há, portanto, uma grande estimulação sensorial e motora da região retromeniscal ou zona bilaminar, rica em Mecanorreceptores (MR) e em Fusos Neuromusculares (FM).

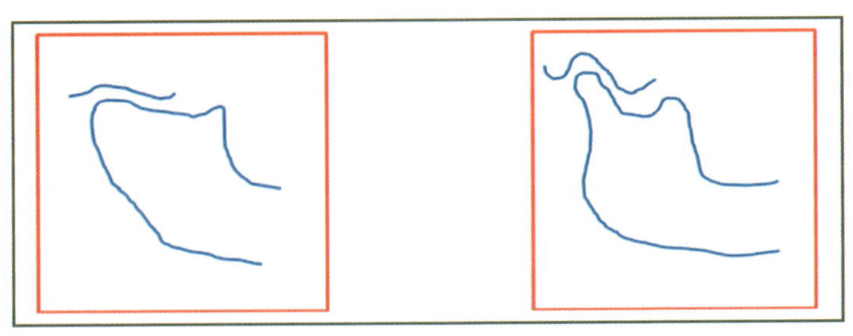

Figura 7.4: Desenho esquemático da ATM no recém-nascido com cabeça da mandíbula e eminência articular bem rasas quando comparadas com as do adulto, as quais são bem salientes devido ao crescimento e desenvolvimento que ocorreram nas estruturas envolvidas.

Com isso, ocorrerá um grande e rápido desenvolvimento da mandíbula, tridimensionalmente, corrigindo no sentido posteroanterior a relação de retrusão da mandíbula com a maxila. No nascimento, os músculos da mastigação são mais horizontalizados, para facilitar a função de ordenha; esses estímulos proporcionarão o desenvolvimento muscular fisiológico, que gradualmente ficam mais verticalizados. Essa verticalização é uma situação favorável para o desempenho da futura função mastigatória. Os rebordos gengivais: superior e inferior ou planos oclusais (arcos ósseos da maxila e mandíbula) ricos em elementos neurais sensoriais (dentes) têm o papel de orientar a erupção dos primeiros dentes decíduos (incisivos). Os incisivos centrais inferiores fazem a erupção antes que os superiores estabelecendo o contato incisal fisiológico com trespasse de 2 mm.

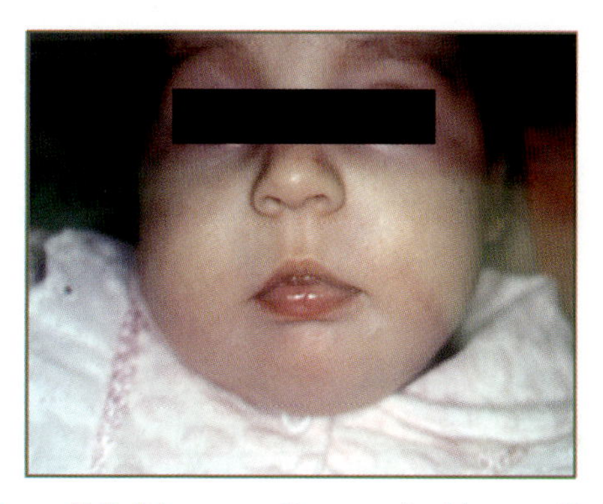

Figura 7.5: Criança aos 3 meses de vida, mandíbula em fase de desenvolvimento posteroanterior.

Gradualmente vai ocorrendo uma reconfiguração mecânica da boca (mudanças morfológicas) e alteração no controle neural, que preparam o SECN a realizar novas funções. Estímulos intensos e com longa duração levam à reconfiguração muscular, formando e reforçando as coligações musculares. Assim, todas as funções bem estabelecidas e executadas motivam a maturação dos circuitos neurais específicos.

Amamentação Natural

A criança que é amamentada no peito materno recebe estímulos fisiológicos adequados para a maturação e o desenvolvimento do SNC e do SECN.

Desenvolvimento craniofacial como resultado da amamentação natural

Com o início da amamentação natural e sua continuidade, o SECN se mantém em profusão de desenvolvimento constante com as seguintes características fisiológicas:

- Crescimento tridimensional do craniofacial;
- Correção fisiológica da micrognatia pelo crescimento posteroanterior da mandíbula estabelecendo uma relação harmônica entre os dois rodetes gengivais;
- Verticalização dos músculos da mastigação;
- Cansaço físico do bebê;
- Sono profundo que beneficia o desenvolvimento e o crescimento como um todo;
- Crescimento e desenvolvimento fisiologicamente acelerados;
- Processo de estabelecimento de novas sinapses e de circuitos neurais concernentes às funções básicas que são realizadas gradativamente em maior sintonia (sucção, respiração e deglutição).

Nessa fase os neurônios estão avidamente procurando estabelecer sinapses entre si e participar de redes neuronais funcionais, caso contrário perecerão. A amamentação no peito é um fator estimulatório preponderante para o estabelecimento de redes neurais concernentes ao desenvolvimento morfológico e funcional equilibrado do SECN. Nessa fase de desenvolvimento é sumamente importante que seja feita a amamentação natural, estímulo paratípico (estímulo intrínseco) funcional básico que prepara as estruturas ósseas maxilares a comportarem bem os seus elementos vitais. Se a amamentação ocorrer de forma artificial os estímulos serão outros e basicamente patológicos, o que acarretará atraso de desenvolvimento nos elementos constituintes e desequilíbrio no desempenho das funções primordiais.

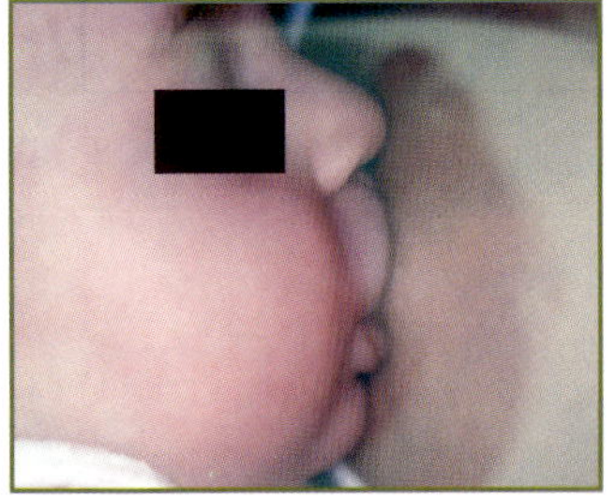
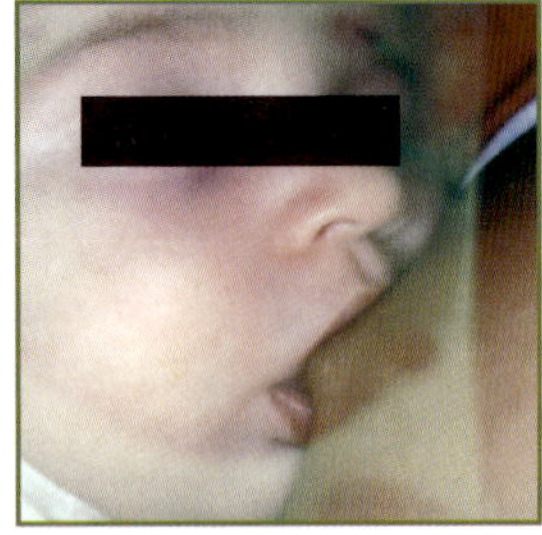
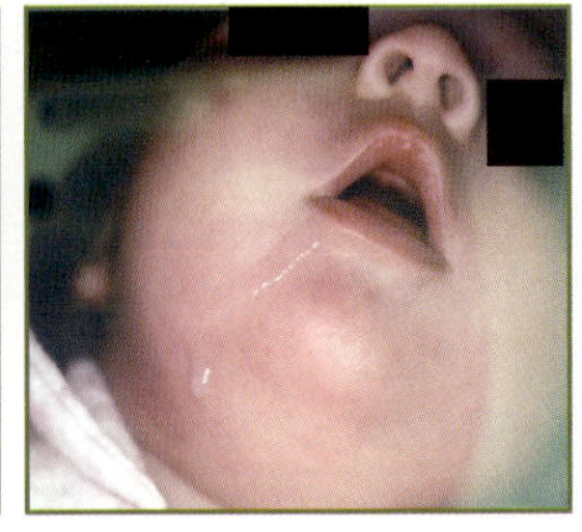

Figura 7.6: Criança aos 3 meses de vida sendo amamentado no seio materno. Na imagem do meio a criança já se sente saciada e começa a soltar o mamilo e, à direita, nota-se que já está adormecida com o líquido lácteo escorrendo pelo queixo. A amamentação, além de saciar a fome da criança, causa também um cansaço muscular que lhe proporciona um sono extasiante.

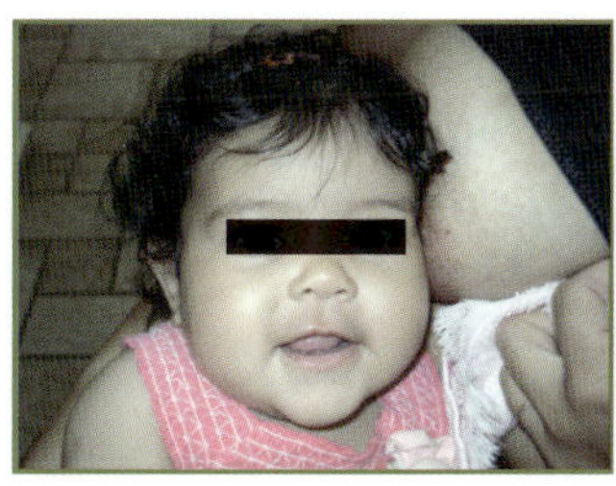 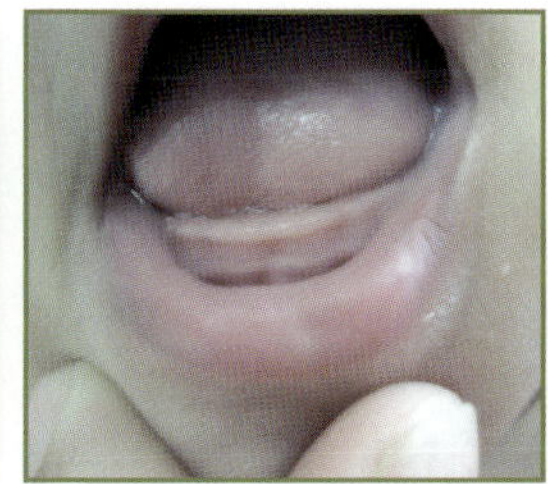 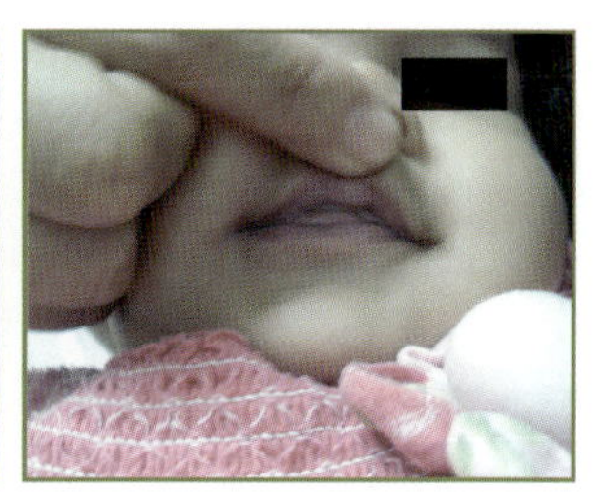

Figura 7.7: Criança aos 6 meses de vida, gênero feminino, "descansando" da amamentação no seio materno. Nota-se a correção da mandíbula, ou seja, a mandíbula já avançou. Rodetes alveolares: inferior e superior com espessamento; incisivos em movimentação de erupção.

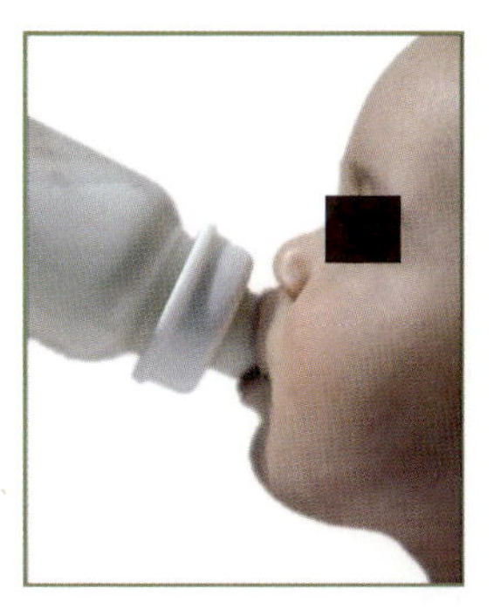

Figura 7.8: Criança aos 4 meses de vida fazendo amamentação artificial com mamadeira.Os estímulos são basicamente patológicos, o que acarretará atraso de desenvolvimento nos elementos constituintes do sistema e desequilíbrio no desempenho das suas funções primordiais.

Desenvolvimento fisiológico com a erupção dos incisivos decíduos

Com a erupção dos primeiros incisivos decíduos, uma cascata de eventos ocorrerá advinda desse acontecimento.

➔ Erupção dos incisivos inferiores;
➔ Erupção dos incisivos superiores;
➔ Contato fisiológico com trespasse de 2 mm entre os incisivos;
➔ Início dos movimentos de lateralidade com lado de trabalho e balanceio;
➔ Início da formação da eminência articular e cabeça da mandíbula;

- Estabelecimento do tripé de crescimento do SECN dado pela relação entre as duas ATMs e contato incisal;
- Erupção dos demais dentes decíduos com a Dimensão Vertical (DV) determinada pelo contato dos incisivos;
- Início do uso de alimentos sólidos e do aprendizado do comportamento da mastigação;
- Continuidade na formação das redes neurais relativas aos novos eventos fisiológicos deflagrados no transcorrer do período de desenvolvimento.

Com a erupção dos incisivos decíduos inferiores (por volta dos 7-8 meses de vida) e depois dos seus antagonistas ocorre uma mudança nos movimentos da mandíbula. O movimento que era exclusivamente anteroposterior é substituído preferencialmente pelo de lateralidade direita e esquerda, e a criança atrita muito os incisivos nessa fase levando-os da cêntrica (com trespasse de 2 mm) para a lateralidade ampla bilateral alternada (incisivos topo a topo). Uma nova função está iniciando e é uma descoberta sensorial e motora prazerosa. Assim, começa a diferenciação das ATMs em lado de trabalho e de balanceio. Nessa fase é importante oferecer às crianças os alimentos mais sólidos para estimular esse esfregamento incisal e a consequente resposta de crescimento equilibrado nas ATMs e o início do aprendizado da função mastigatória, outros neurônios começam a se conectar e a formar novas redes neurais responsáveis pela mastigação.

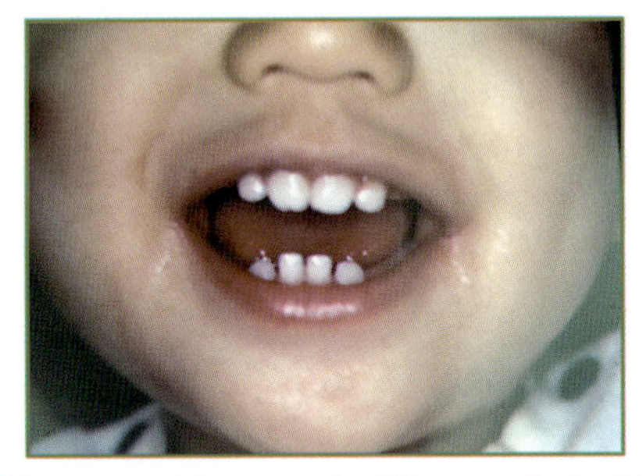

Figura 7.9: Criança aos 11 meses de vida com oito incisivos decíduos; início da aprendizagem do comportamento mastigatório.

A rede neural que representa a "mastigação" não é formada só por uma rede de neurônios; é muito maior, e se conecta a outras redes, como as que contêm "dentes", "contato e atrito entre os dentes", "movimento mandibular", "direção das fibras musculares", "força muscular", "contração muscular", "textura, forma, tamanho e temperatura dos alimentos" etc. Quanto mais sólidos e duros os alimentos, maior o estímulo e mais rapidamente ocorrerá a erupção dos demais dentes decíduos, pois mais neurônios vão se conectar formando e integrando novas redes neurais relativas aos atuais eventos.

Figura 7.10: O uso de alimentos duros é fundamental para o aprendizado da mastigação.

Para que se dê o aprendizado da função mastigatória, é necessário que as primeiras três funções (respiração, ordenha e deglutição) estejam sendo realizadas de forma ampla e eficiente. Isto significa que já existem muitas redes neurais integradas no início da aprendizagem da mastigação.

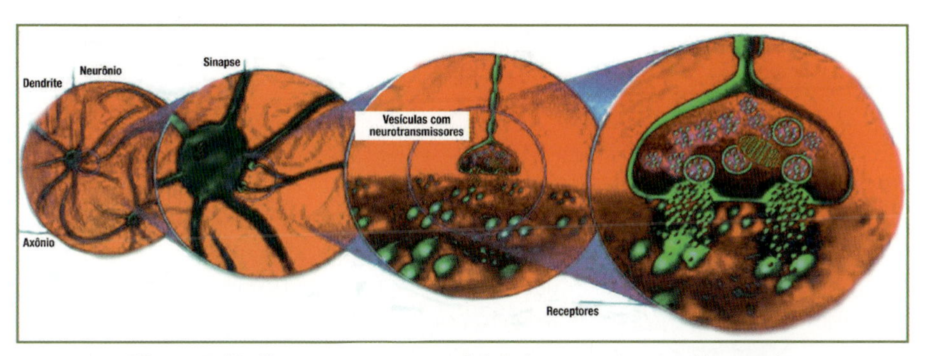

Figura 7.11: Sinapse entre os neurônios de uma rede neural integrada.

"Aprender é construir novas estruturas com base em outras já existentes"

Partindo dessa premissa, o início da aprendizagem da função mastigatória baseia-se nas redes neurais preexistentes que dão o disparo, informando aos centros mastigatórios neurais mais altos que o meio ambiente está sendo devidamente estimulado para continuar a aprendizagem funcional. Nesse momento, as redes neurais concernentes a "verticalização dos músculos da mastigação", "contato dos incisivos decíduos em cêntrica" e "informação espacial desses dentes", "atrito entre eles", "movimentação da mandíbula em lateralidade direita e esquerda" estariam informando os centros neurais específicos sobre a evolução alcançada por esse sistema e a sua capacitação para continuar com o aprendizado mastigatório.

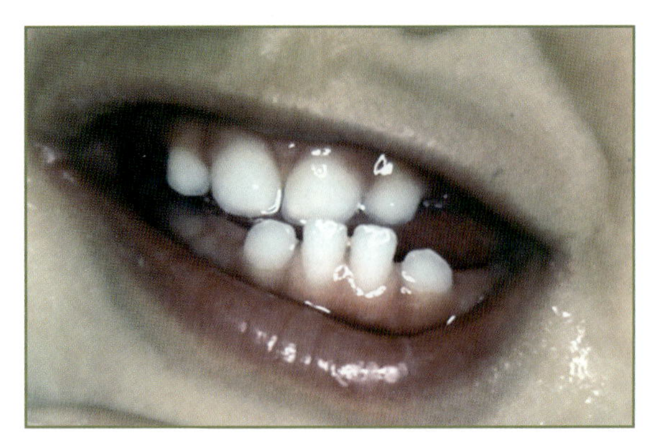

Figura 7.12: Criança com 11 meses de vida, com movimentos amplos de lateralidade da mandíbula, proporcionando o estabelecimento de novos circuitos neurais com o aprendizado da mastigação.

Com o passar do tempo, e a contínua presença de alimentos sólidos e duros nesse contexto, essas redes vão aumentando e se integrando fortalecendo o aprendizado mastigatório, se tornando um ato reflexo. O início da mastigação é uma função voluntária, mas uma vez iniciado um ciclo ele é involuntário. Inicia-se a mastigar porque se quer; contudo, depois que se começa a mastigar o ato se torna involuntário, independentemente da vontade do indivíduo. Apesar disso, consegue-se interromper um ciclo mastigatório no momento que se queira, e para isso são ativados os centros neurais mais altos. Os demais dentes decíduos irão fazer a erupção na posição correta, pois estão recebendo informações sensoriais e motoras adequadas quanto à localização espacial da mandíbula, maxila, língua, músculos, contato dos incisivos com trespasse de 2 mm (contato em determinada área incisiva-DA), ligamentos periodontais, mucosas, ATMs, periósteo etc. Com a dentição decídua completa (por volta dos 3 anos), a estrutura do SECN ganha em energia de atrito, pois possuem novas unidades para isso. Ao mesmo tempo, esses elementos constituídos de cúspides proeminentes formam um empecilho para a movimentação lateral da mandíbula durante a mastigação. Por isso, é importante o contínuo uso de alimentos duros e sólidos, que estimulam intensamente os receptores sensoriais da boca causando uma gradual maturação no SNC relativa à função mastigatória. Dessa forma, a criança vai adquirindo maior habilidade mastigatória, as cúspides dentárias vão naturalmente se desgastando, melhorando consideravelmente o desempenho funcional que, por sua vez produz o desenvolvimento morfológico do sistema. A morfologia e a função caminham juntas, ou seja, uma mantém a outra. Assim, a função mastigatória vai ganhando mais e mais em desempenho, porque com o aprendizado mais intensificado vão se formando as memórias relativas a ela nesse período de desenvolvimento ontogenético.

Desenvolvimento fisiológico - Dentição Decídua Completa

Após a completa erupção dos dentes decíduos o SECN está ficando neuralmente mais apto ao treinamento e aprendizado da função mastigatória, estímulo neural primordial para o seu desenvolvimento equilibrado. Assim, nessa fase de desenvolvimento o SECN apresentará algumas características, tais como:

- Contato fisiológico entre os incisivos;
- Cúspides pronunciadas nos molares e caninos;
- **Lado de trabalho:** incisivos com leve trespasse, vertente distal do canino inferior com vertente mesial do canino superior, cúspides vestibulares e linguais dos molares inferiores se contatam com as cúspides vestibulares e palatinas dos superiores;
- **Lado de balanceio:** incisivos topo a topo ou com leve trespasse; caninos em desoclusão; cúspides vestibulares de molares inferiores se contatam com as palatinas dos molares superiores;
- AFMPs iguais e com valores altos (cap. 18);
- Movimentos de lateralidade restritos pelas cúspides proeminentes, porém, a mastigação é fisiológica;
- Desenvolvimento da eminência articular e cabeça da mandíbula bilateralmente;
- Crescimento tridimensional fisiológico da face.

Movimentos de lateralidade da mandíbula com a participação dos dois côndilos e do contato incisivo, formando o tripé de desenvolvimento do SECN.

Figura 7.13: Representação da comunicação entre os dois côndilos e o contato incisivo.

Nesse estágio da gênese do SECN é preciso insistir no treinamento mastigatório de alimentos sólidos e secos, pois demandam maior gasto de energia muscular na realização da função mastigatória. Os estímulos são intensificados, e novos neurônios vão se conectando, ampliando os circuitos neurais já existentes. Assim, a mastigação vai ganhando um intrincado desenvolvimento neural, e os componentes do craniofacial: ossos, músculos, ligamentos, mucosas, periodonto de sustentação e ATMs, crescem tridimensionalmente de forma equilibrada. Os dentes, pelo esfregamento de suas faces oclusais (estimulação periodontal) vão perdendo as cúspides proeminentes, o sistema neural como resposta a esse estímulo proporciona um crescimento no sentido vertical nos dois maxilares. Esses estímulos, quando realizados de forma contínua, proporcionam uma maturação ao SNC em relação à eficiência mastigatória. Assim, por volta dos 5 anos a criança apresenta condições morfológicas e funcionais do SECN que possibilitam uma maior maturidade mastigatória, consequentemente um enriquecimento de redes neurais integradas e com o sistema craniofacial pronto para os novos acontecimentos que virão. Nesse período é comum o uso de alimentos pastosos que não oferecem resistência aos dentes, e estes, não fazem o atrito entre eles. Tem-se, portanto, uma estimulação pobre que pode causar atrofias na boca que vinha se desenvolvendo bem no período de lactância.

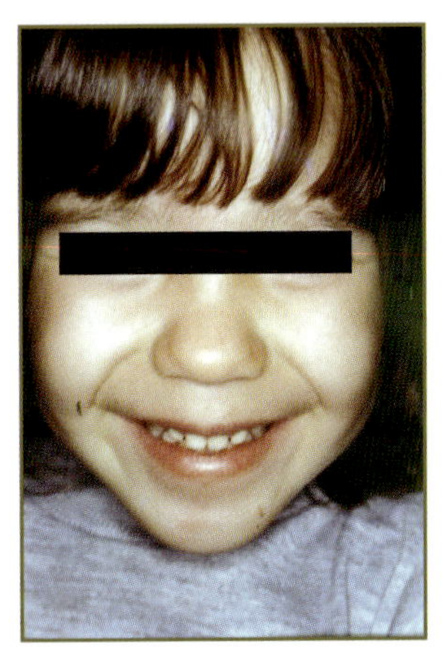

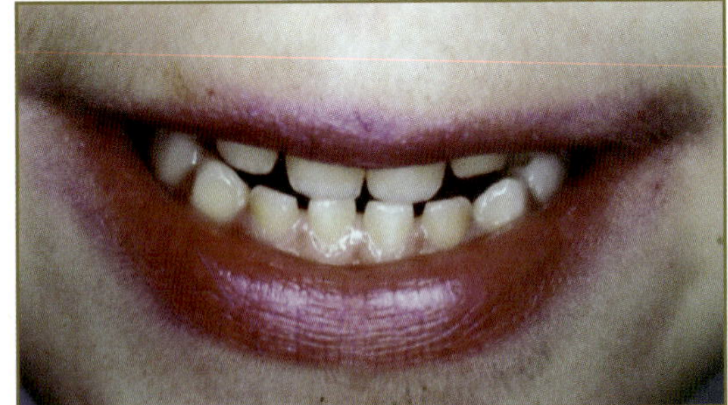

Figura 7.14: Criança aos 3 anos e meio de idade, rosto em norma frontal e dentição decídua completa e equilibrada.

Desenvolvimento fisiológico - Dentição Decídua Madura

Por volta dos cinco anos de idade, o SECN apresentará os seguintes aspectos fisiológicos:

- ➔ Desgaste da metade da coroa dos incisivos;
- ➔ Desgaste das cúspides dos molares (faces oclusais aplanadas);
- ➔ Desgaste da vertente mesial do canino superior e da distal do inferior, tornando-se única;
- ➔ Incisivos topo a topo;
- ➔ Segunda correção da relação maxilo-mandibular (crescimento posteroanterior);
- ➔ Plano oclusal com três suaves curvas (pré-curva de decolagem);
- ➔ Crescimento compensatório no sentido vertical;
- ➔ Crescimento no sentido transversal da maxila e mandíbula;
- ➔ Crescimento da mandíbula no sentido posteroanterior;
- ➔ Diastemas generalizados (crescimento transversal);
- ➔ Movimentos amplos de lateralidade da mandíbula;
- ➔ AFMPs reduzidos quase zero (ver cap. 18).

Por volta dos cinco anos, a dentição decídua apresenta características diferentes de seu início, isto é, ocorreram alterações morfológicas e funcionais próprias do desenvolvimento fisiológico equilibrado. O crescimento vertical compensatório, resposta ao intenso esfregamento oclusal que vem ocorrendo entre os dentes, deixa pronto o espaço vertical necessário para a erupção de primeiros molares permanentes, próxima mudança fisiológica prevista ao sistema. Ocorrerá então a erupção dos primeiros molares permanentes inferiores, em seguida, dos superiores, estabelecendo a DV necessária para os incisivos centrais inferiores e superiores, os quais farão em breve a erupção estabelecendo o contato incisivo. Assim, o desenvolvimento no sentido posteroanterior e vertical dos maxilares garante o espaço adequado para a correta erupção dos primeiros molares permanentes inferiores seguidos pelos superiores. A DV estabelecida por esses elementos em contato é que determina a excelência para a erupção dos incisivos centrais com contato incisivo fisiológico.

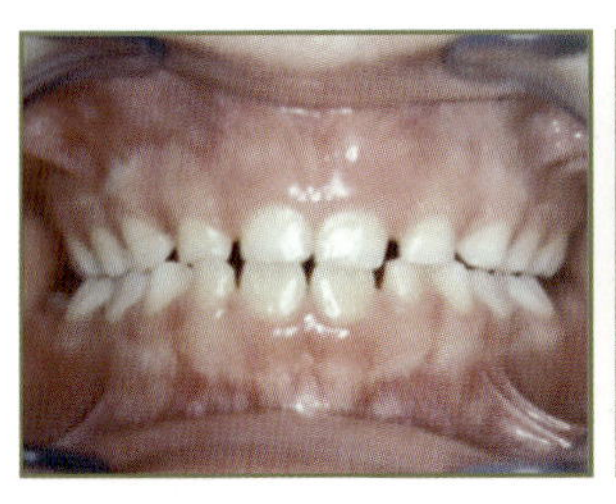
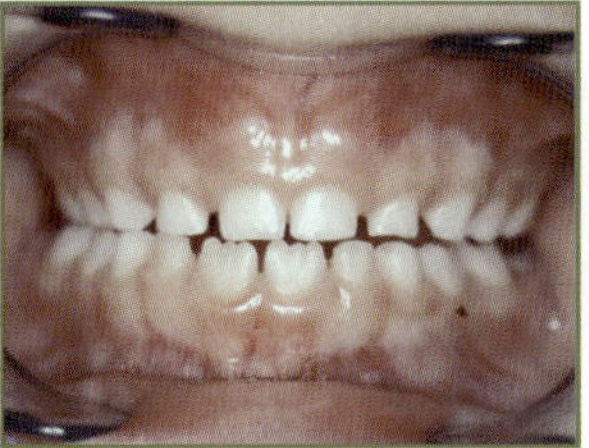
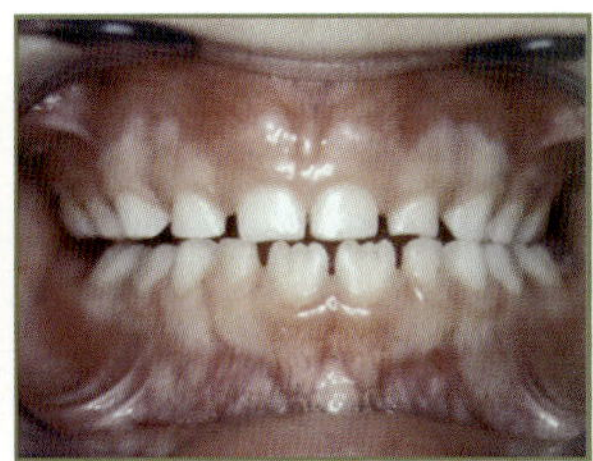

Figura 7.15: Criança da figura anterior agora aos 5 anos de idade, com a dentição decídua neurofisiologicamente equilibrada, ou seja, decíduos fisiologicamente desgastados e crescimento vertical compensatório. Os elementos 36 e 46 já na boca, em posição adequada para orientar a erupção de seus antagonistas (16 e 26). Cêntrica com os elementos 31 e 41 já erupcionados e em topo com os antagonistas decíduos. Lateralidade direita e esquerda, corretas.

Desenvolvimento fisiológico a partir dos 6 anos

- Erupção dos primeiros molares permanentes inferiores;
- Erupção dos incisivos centrais inferiores;
- Erupção dos primeiros molares permanentes superiores;
- Erupção dos incisivos centrais superiores;
- Estabelecimento da dimensão vertical pelo contato entre os primeiros molares permanentes que define a altura para os incisivos em Determinada Área (DA);
- Essa situação dá ao SECN uma sustentação em três pilares que proporciona informações neurais intensas e fisiológicas para seu contínuo desenvolvimento morfológico e funcional;
- Os movimentos de lateralidade ficam menos amplos devido às cúspides dos novos molares;
- Erupção dos demais dentes permanentes em equilíbrio.

Determinada Área Incisal (DAI)

- Porção incisal do terço incisal da face vestibular do incisivo inferior.
- Porção média do terço incisal da face palatina do incisivo superior.

Figura 7.16: Localização do contato incisal fisiológico na dentição permanente. Os dois pontos em vermelho determinam o adequado contato interincisal (DA) (Simões, 1985).

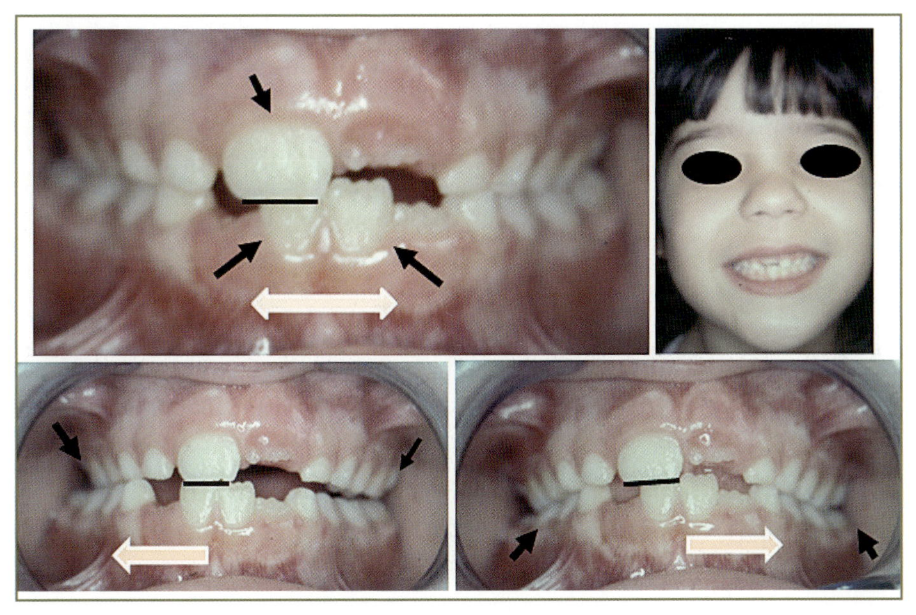

Figura 7.17: A mesma paciente da figura anterior agora aos 6 anos, com os seguintes elementos dentários erupcionados: 36, 46, 16, 26, 31, 41, 11. O elemento 21 em início de erupção, garantindo assim a adequada DV. Em cêntrica, lateralidade direita e esquerda.

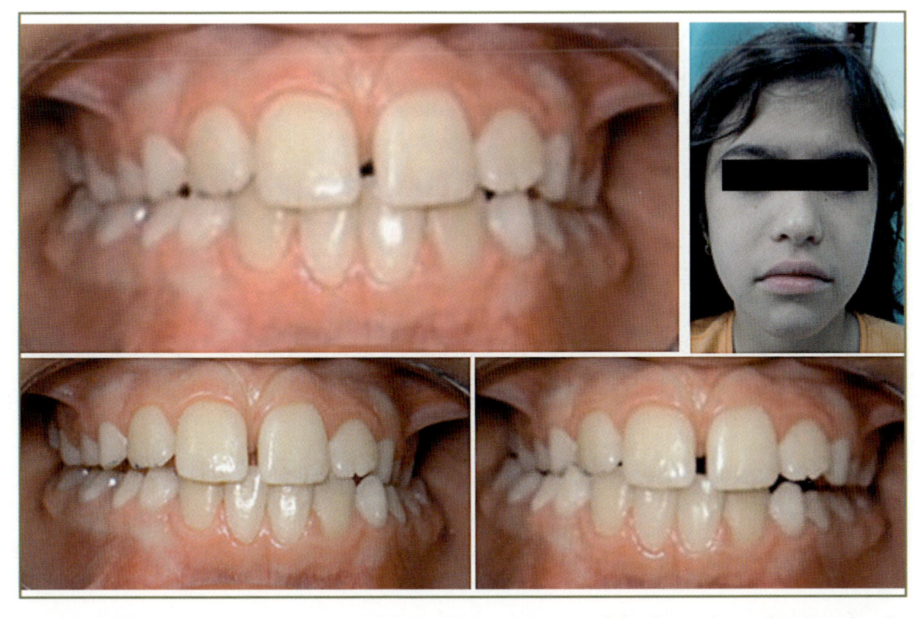

Figura 7.18: Aos 7 anos, com os incisivos permanentes em DA, altura determinada pelos 1os molares permanentes erupcionados e em oclusão.

Dessa maneira a erupção dos demais dentes permanentes ocorrerá de forma equilibrada, pois o tripé de equilíbrio neural para o desenvolvimento do SECN está estabelecido pelo contato entre os primeiros molares e incisivos permanentes.

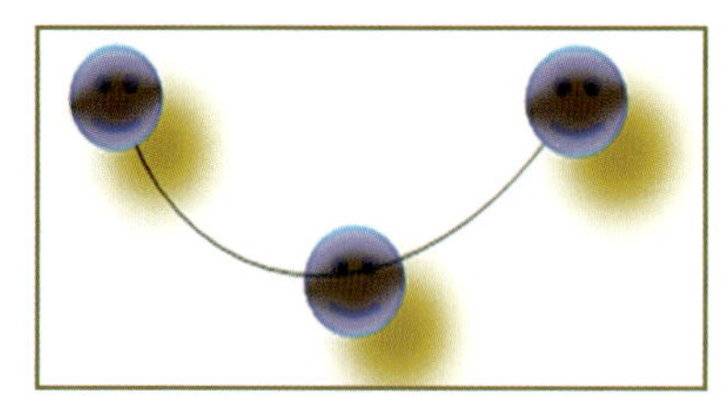

Figura 7.19: Esquema representativo do tripé de equilíbrio do SECN mantido pelo contato entre os primeiros molares permanentes direitos e esquerdos e o contato incisivo.

A dentição decídua apresenta planos oclusais curtos; quando jovem os planos são retos, aos 6 anos de vida os mesmos apresentam três suaves curvas de incisivos para segundos molares. Portanto, os segundos molares decíduos estão em um plano mais superior na dentição decídua madura do que no seu início. Com o crescimento no sentido posteroanterior que ocorreu no tuber da maxila e na região retromolar mandibular há agora espaço no sentido mesio--distal, para os primeiros molares inferiores erupcionarem. Os primeiros molares permanentes inferiores executam sua jornada eruptiva antes que os superiores e servem de guia para a erupção dos seus antagonistas. Os primeiros molares permanentes recém-erupcionados vão reforçar um circuito neural preexistente, que era garantido apenas pelos molares decíduos já bastante desgastados. Assim, quando eles entram em oclusão antagônica, estarão em um plano mais superior que os segundos decíduos, dando início à formação da curva de decolagem, característica da dentição permanente.

Novas redes neurais ficarão ativadas e se integrarão nesse novo contexto bucal. Além desses dois circuitos posteriores, a nova dentição ganhará outro, o circuito neural anterior ou incisal, antes mantido por incisivos muito usados, desgastados e amolecidos pelo processo de esfoliação. O incisivo inferior erupcionando antes que o superior cumpre o seu papel de orientador de seu antagonista, por meio de informações ancestrais inscritas nos núcleos de suas células. O circuito neural incisal é muito importante, pois na maxila, a região incisiva embrionariamente é distinta das posteriores. A maxila é formada por três segmentos embrionários: os dois posteriores (de canino ao último molar de cada lado) têm origem do osso maxilar e o anterior, que se origina da eminência frontonasal. A mandíbula é formada por dois segmentos embrionários: hemimandíbula direita e esquerda que se unem na linha média. Nessa fase de desenvolvimento, o circuito neural incisal da dentição permanente começa a se estabelecer com informações advindas do contato entre os incisivos decíduos. Com o uso, com o atrito entre eles na função de apreensão e corte dos alimentos, novos neurônios vão entrando neste circuito neural que está iniciando seu trabalho funcional, e, pouco a pouco, o sistema vai ganhando em estabilidade morfológica e funcional. Assim, esse reforçamento neural anterior se integrará com os outros dois circuitos neurais posteriores, os quais garantirão a futura erupção dos demais dentes permanentes de forma equilibrada.

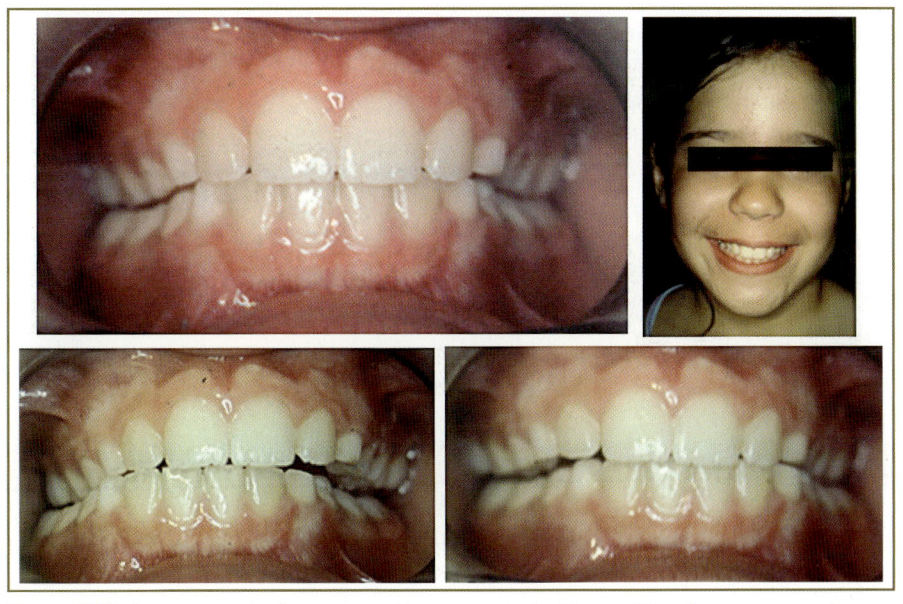

Figura 7.20: A mesma paciente agora aos 7 anos e meio, incisivos e 1os molares permanentes, em cêntrica, lateralidade D e E. Contatos tanto em trabalho como em balanceio e curva de decolagem presentes nos dois lados.

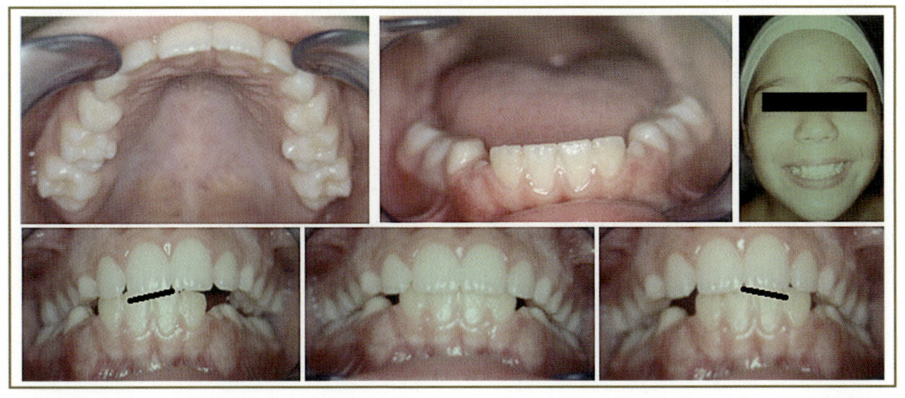

Figura 7.21: A mesma jovem da figura anterior aos 9 anos. Rosto em norma frontal, mandíbula e maxila aquadradadas, cêntrica, lateralidade D e E. Curva de decolagem fisiológica, AFMs iguais. Caninos inferiores iniciando erupção (ver cap. 18).

Desenvolvimento fisiológico na dentição permanente jovem

Por volta dos doze anos a dentição permanente estará completa, exceto pelos terceiros molares, e apresenta-se com as características que se seguem:

- ➔ Troca de todos os decíduos pelos seus sucessores permanentes;
- ➔ Erupção dos segundos molares permanentes inferiores e superiores;
- ➔ Manutenção da DV pelo contato incisivo em DA e contato posterior;
- ➔ Alongamento da curva de decolagem do plano oclusal;
- ➔ Os movimentos lateroprotrusivos são menos amplos que na decídua madura, porém são bem realizados durante a função mastigatória bilateral alternada;
- ➔ No lado de trabalho tem-se os contatos de: incisivos topo a topo; vertente distal de canino inferior com vertente mesial do canino superior; cúspides vestibulares e linguais de pré-molares e molares inferiores com as cúspides vestibulares e palatinas dos superiores;
- ➔ No lado de balanceio tem-se os leves contatos entre incisivos topo a topo; caninos em desoclusão; cúspides vestibulares dos pré-molares e molares inferiores com as palatinas dos superiores;
- ➔ Reforçamento dos circuitos neurais posteriores pela erupção dos pré-molares e segundos molares;
- ➔ Formação de novas redes neurais concernentes às mudanças que ocorreram no contexto bucal quanto à morfologia e à função deste;
- ➔ Os caninos permanentes apresentam uma concentração alta de receptores periodontais, isto lhes garante a função de mediadores dos movimentos de lateralidade, de comando na extensão desses movimentos, de guias para a mandíbula durante a mastigação.

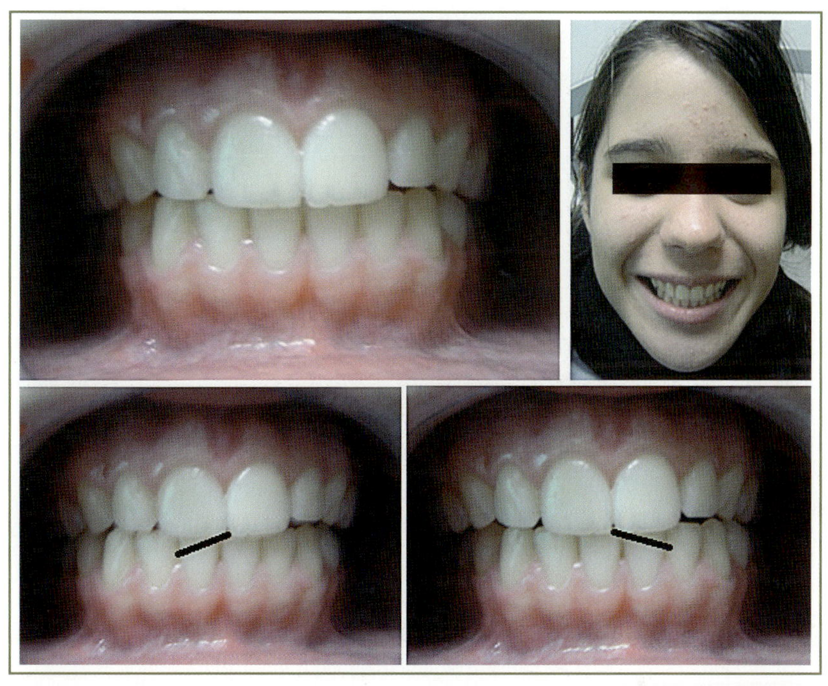

Figura 7.22: Paciente aos 12 anos, dentição permanente completa, cêntrica, lateralidade D e E equilibradas, AFMPs maiores que na figura anterior quando a dentição era mista (ver cap. 18).

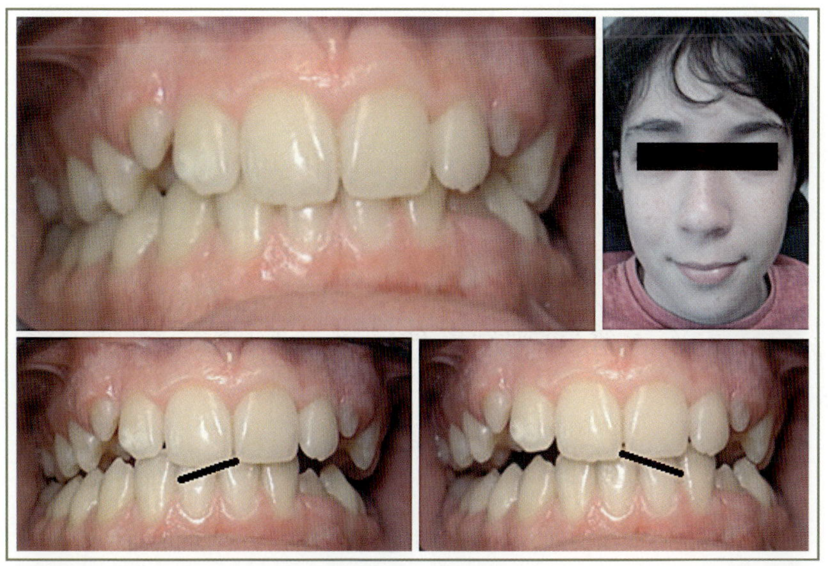

Figura 7.23: Paciente aos 13 anos, com dentição permanente se completando com equilíbrio de desenvolvimento e mastigação bilateral alternada, sem nenhum tratamento realizado. Cêntrica, lateralidade D e E equilibradas, AFMPs iguais.

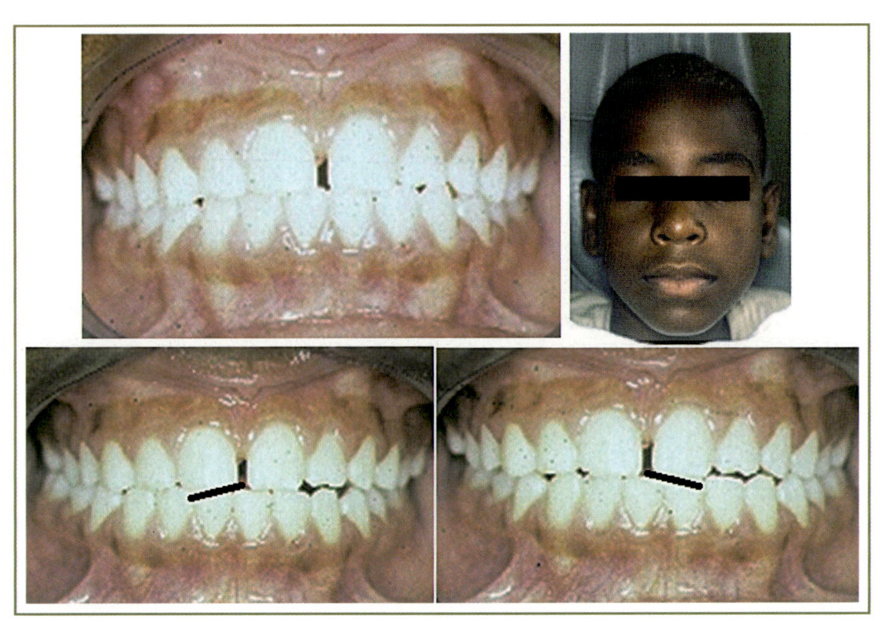

Figura 7.24: Jovem aos 14 anos, oclusão equilibrada em cêntrica, lateralidade D e E, mastigação bilateral alternada e AFMPs iguais. Dentição naturalmente equilibrada, nunca apresentou problema de desequilíbrio morfológico ou funcional (ver cap. 18).

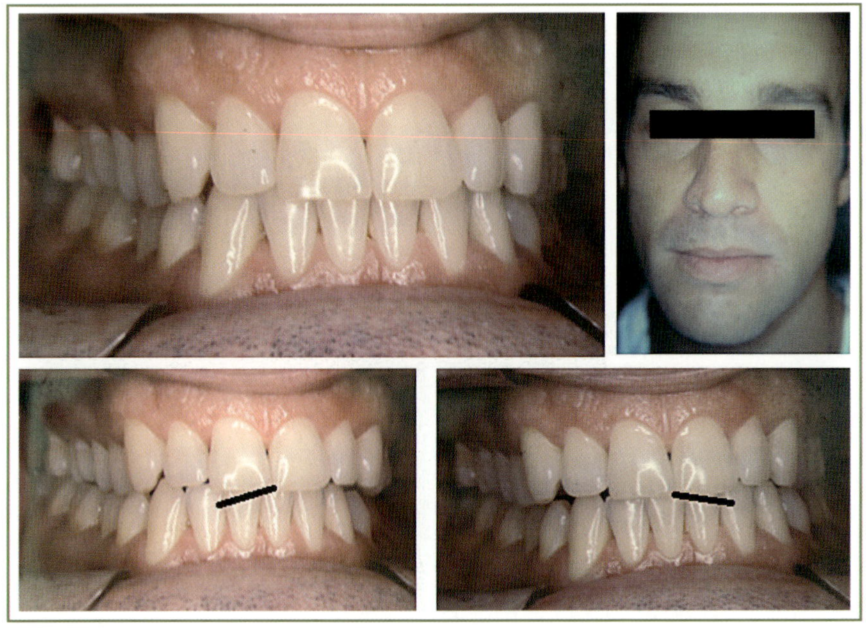

Figura 7.25: Paciente aos 30 anos, oclusão naturalmente equilibrada em cêntrica, lateralidade D e E, mastigação bilateral alternada e AFMPs iguais.

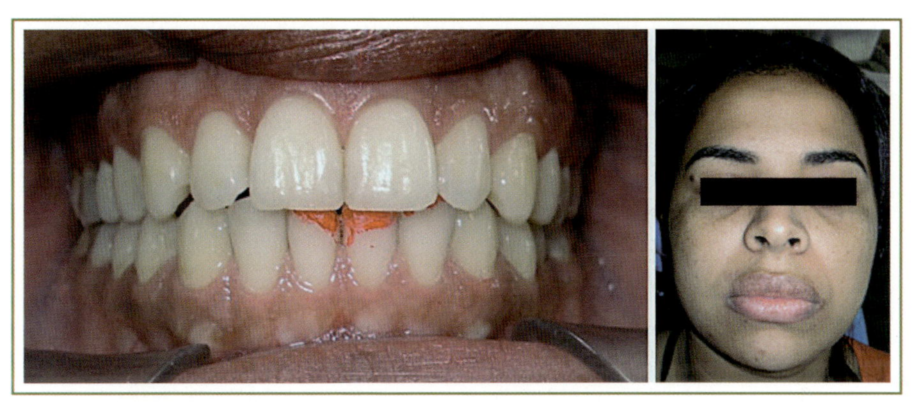

Figura 7.26: Paciente aos 25 anos, oclusão equilibrada e AFMPs iguais.

Por volta dos 18-20 anos ocorre a erupção dos terceiros molares inferiores e superiores, proporcionando mais um alongamento da curva de decolagem do plano oclusal. Esses dentes ficarão em um nível acima dos demais molares, permitindo que durante a mastigação não haja travamentos de cúspides no lado de balanceio, e no lado de trabalho haja mais superfícies de contato aumentando o desempenho mastigatório garantindo a saúde do sistema em todos seus componentes anatômicos.

Assim, o plano oclusal vai se instalando, de maneira que a região mais baixa do plano oclusal, mais profunda, fica na região dos pré-molares, subindo em direção ao primeiro, segundo e terceiro molares.

A curva de decolagem do plano oclusal pode ser comparada a um avião em terra que começa a decolar, descrevendo uma curva ao levantar voo.

As mudanças morfológicas, funcionais e estéticas por que passa o SECN no período ontogenético são seguidas por mudanças de aprendizado que geram a formação de novas memórias, estas relacionadas com essa dinâmica neurofisiológica do sistema.

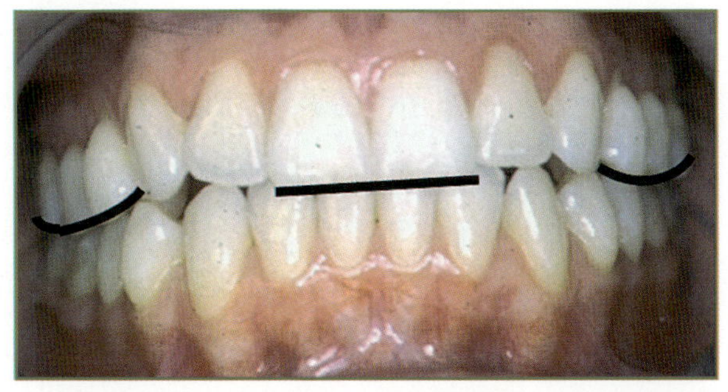

Figura 7.27: Paciente aos 18 anos. Evidência da curva de decolagem do plano oclusal do lado direito, esquerdo e o plano incisal.

Referências

1. BERVIAN, J.; FONTAN, M.; CAUS, B. Relação entre amamentação, desenvolvimento bucal e hábitos bucais – revisão de literatura. *RFO.*, v. 76. 13, n. 2, p. 76-81, 2008.
2. BOSMA, J. Maturation of Function of the Oral and Pharyngeal Region. *Am. J. Ortho.*, v. 49, p. 94-104, 1963.
3. CARVALHO, G. D. A Amamentação Sob a Visão Funcional e Clínica da Odontologia. *Secretaria de Saúde,* v. 12, 1995.
4. CLEALL, J. F. "Deglutition: A study of form and function". *Am. J. Orthod.*, v. 51, n. 8, p. 566-94, 1965.
5. CORRÊA, M. S. N. P. [Ed.] *Odontopediatria na primeira infância.* São Paulo, Santos, 1998.
6. COSTA, A. V. R. Respiração bucal e postura corporal – uma relação de causa e efeito. *Monografia de conclusão de curso de especialização em motricidade oral.* CEFAC – Rio de Janeiro, 1999.
7. ENLOW, D. H. Facial growth and development. *Int. J. Oral. Myol.*, v. 5, p. 7-10, 1979.
8. FELÍCIO, C. M.; FERREIRA-JERONYMO, R. R.; FERRIOLLI, B. H. V. M.; FREITAS, R. L. R. G. Análise da associação entre sucção, condições miofuncionais orais e fala. *Pró-Fono Rev. Atualiz. Cient. Barueri,* v. 15, n. 1, p. 31-9, 2003.
9. JUNQUEIRA, P. *Amamentação, hábitos orais e mastigação. Orientações, cuidados e dicas.* Rio de Janeiro, Revinter, 1999.
10. KRAKAUER, L. R. H. Relação entre respiração bucal e alterações posturais em crianças: uma análise descritiva. *Tese de mestrado,* PUC – São Paulo, 1997.
11. KUDO, A. M.; MARCONDES, E. *Fisioterapia, Fonoaudiologia e Terapia Ocupacional em Pediatria* (Monografias Médicas). Série Pediatria. Sarvier, São Paulo, 1990.
12. LESSA, F. C. R.; CARLA ENOKI, C.; FERES, M. F. N.; VALERA, F. C. P.; LIMA, W. T. A.; MATSUMOTO, M. A. N. Influência do padrão respiratório na morfologia craniofacial. *Rev. Bras. Otorrinolaringol.*, v. 71, n. 2, p. 156-60, 2005.
13. LINDEN, F. P. G. M. V. D. [Ed.]. *Desenvolvimento da Dentição.* São Paulo, Santos, 1986.
14. MARCHESAN, I. Q. [Ed.]. *Motricidade oral.* Pancast. São Paulo, 1993.
15. MELLO *et al.* Importância e Possibilidades do Aleitamento Natural. *Pesq. Bras. Odontoped. Clin. Integr.*, v. 4, n. 2, p. 137-141, 2004.
16. MOLINA, O. F. *Fisiopatologia craniomandibular.* São Paulo, Pancast, 1989.

17. NEIVA, F. C. B.; CATTONI, D. M.; RAMOS, J. L. A.; ISSLER, H. Desmame precoce: implicações para o desenvolvimento motor-oral. *J. Pediatr.*, v. 79, n. 1, 2003.

18. PLANAS, P. *Reabilitação Neuro-Oclusal.* 2ª ed. Editora Médica e Científica Ltda,1988.

19. REBÊLO, C. A. S.; GRINFEL, D. S. Amamentação Natural X Amamentação Artificial: Repercussões nos Hábitos de Sucção. *Revista do IMIP.*, v. 9, n.1, p. 18-23, 1995.

20. SIMÕES, W. A. *Ortopedia funcional dos maxilares. Através da Reabilitação Neuro-oclusal.* São Paulo: Artes Médicas, 1985.

21. SPERANDÉO, M. L. A. *Ortopedia Funcional dos Maxilares.* São Paulo: Pancast; 1987.

Capítulo 8

AS LEIS BIOLÓGICAS RESPONSÁVEIS PELO EQUILÍBRIO DO SECN

"O mundo sem leis seria o caos.
O Sistema Homem sem leis
seria o caos do mundo."

O SECN, assim como nosso planeta, apresenta leis que comandam o seu equilíbrio morfológico e funcional por toda a vida, em qualquer idade, do nascimento à maturidade plena. O meio bucal pode ser mantido em equilíbrio morfológico, funcional e estético desde que esteja em acordo com as suas próprias Leis Biológicas. Essas leis baseiam-se na forma dos maxilares, na posição e contato entre os dentes, na fisiologia das ATMs em um sistema dinâmico e funcional e na interação entre as partes que o compõem. É um sistema cuja função primordial é a mastigatória feita de forma a ser bilateral e alternada, com movimentos lateroprotrusivos da mandíbula. As demais funções desse sistema são também muito importantes, porém, a mastigatória é a razão principal.

Mastigação – função fisiológica primordial

As leis de equilíbrio de Planas foram observadas, baseadas e descritas de acordo com a função primordial do SECN, ou seja, a função de mastigação fisiológica. A função mastigatória fisiológica é aquela realizada com movimentos lateroprotrusivos (mais laterais que protrusivos) da mandíbula de forma alternada; um lado ora é trabalho, ora é balanceio, de modo a distribuir adequadamente as forças geradas durante a função.

Leis planas de desenvolvimento da maxila e mandíbula de acordo com a mastigação

O lado onde se encontra o bolo alimentar se chama lado de trabalho (LT) e o lado oposto, lado de Balanceio (LB). No LT, a mandíbula golpeia a maxila de dentro para fora com forte atrito interoclusal até a moagem completa do bolo alimentar. Assim, nesse lado são estimulados os receptores sensoriais periodontais dos dentes maxilares e mandibulares atritados durante a mastigação. Formam-se então os circuitos neurais sensoriais periodontais, que enviam informações concernentes ao bolo alimentar e à pressão necessária para a sua devida moagem como: textura, dureza, forma, aspereza, temperatura e sabor ao córtex sensorial, contralateralmente. Do córtex sensorial as informações são conduzidas ao córtex associativo e deste para o motor. O córtex motor manda de volta, também contralateralmente, respostas ao local onde ocorreu o estímulo. Essas respostas são de crescimento e remodelamento ósseo na maxila e mandíbula.

Ao mesmo tempo, no LB, a mandíbula realiza movimentos de translação deslocando o côndilo para frente, para baixo e para dentro. Nessa ampla movimentação, o côndilo arrasta consigo o menisco e os ligamentos retromeniscais, ricos em receptores sensoriais, os quais são muito estimulados. São então formados os circuitos neurais sensoriais articulares que ascendem ao córtex sensorial, contralateralmente. Do córtex sensorial as informações vão para o associativo e para o motor, do qual retornam também contralateralmente, para o local de origem do estímulo, ou seja, ATM do LB. As respostas são de crescimento e remodelamento ósseo na mandíbula e na ATM do LB.

Então, como o LT é onde se encontra o alimento e onde ocorre o grande atrito dentário, ele pode ser chamado de lado funcional mastigatório. Este é o lado onde as unidades biológicas (dente, membrana periodontal e osso) estão trabalhando. As respostas de crescimento e remodelamento ocorrem nas bases ósseas da maxila e mandíbula desse lado.

No LB não há bolo alimentar, ele estabelece um balanceio para o sistema se apoiar e levar avante a função mastigatória de forma equilibrada. O apoio dado pelo LB favorece os componentes do sistema para que possam trabalhar poupando energia. Então, o LB pode ser chamado de lado funcional das ATMs, pois neste lado a ATM está trabalhando a fundo durante a mastigação. Este é o verdadeiro lado funcional articular.

As respostas de crescimento e remodelamento ósseo na maxila devido aos estímulos dados pela mastigação ocorrem no sentido transversal, anteroposterior e vertical.

Assim, as respostas de crescimento aos estímulos periodontais são de crescimento e remodelamento ósseo da maxila no sentido transversal, anteroposterior e vertical. Na mandíbula, no sentido vertical. As respostas aos estímulos articulares são de crescimento e remodelamento ósseo na mandíbula no sentido transversal e anteroposterior. Esses crescimentos no sentido anteroposterior da maxila e mandíbula provocam desvio da linha mediana clínico para o lado da mastigação, pois a mandíbula desloca sua linha mediana para o LT e a maxila desvia a sua linha mediana para o LB.

A mastigação sempre começa pelo lado onde há uma redução, mesmo que mínima, da DV. Este é o lado da Mínima Dimensão Vertical (MDV). A ação dos golpes mandibulares durante a mastigação provoca uma leve intrusão na maxila deste lado. Assim, os dentes maxilares afastam-se da pressão exercida pelos dentes mandibulares. A maxila do lado de balanceio sofre uma leve extrusão, pois há um leve roçar de dentes deste lado, durante a mastigação. A resposta a esse leve estímulo táctil é de crescimento, mesmo que mínimo, desse lado. Agora esse lado, LB, será o novo LT. Isto porque há então uma maior aproximação entre os dentes maxilares, portanto, o lado da MDV. Dessa maneira, é mantida a alternância da mastigação, ou seja, bilateral alternada. Essa alternância mastigatória é a responsável pela manutenção do equilíbrio do plano oclusal, ou seja, do equilíbrio da situação e profundidade do plano oclusal.

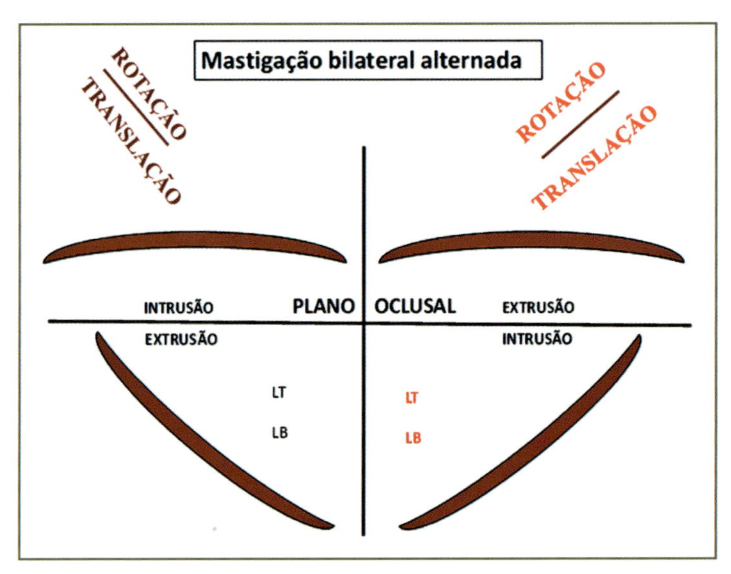

Figura 8.1: Mastigação bilateral alternada, quando um lado for trabalho ocorre intrusão da maxila e rotação do côndilo, quando for balanceio há extrusão da maxila e translação do côndilo. Ora um lado é trabalho, ora é balanceio, e essa troca garante a simetria do sistema, assim como sua função.

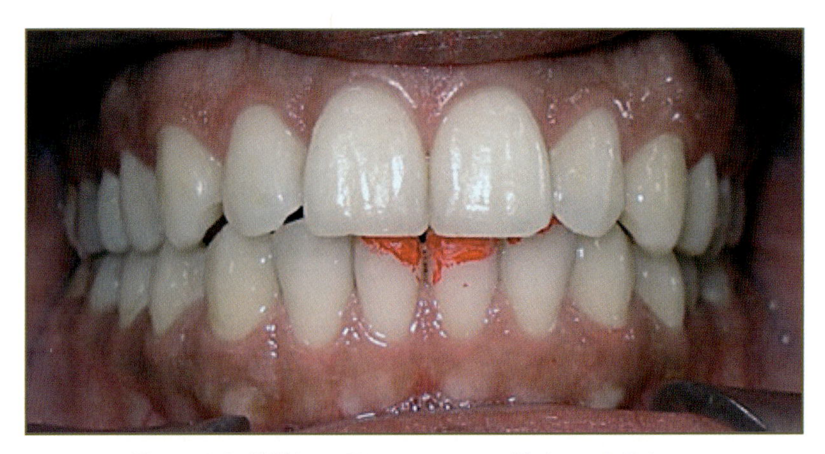

Figura 8.2: SECN aos 25 anos, com equilíbrio morfológico e funcional fisiologicamente conseguido e mantido pelo uso de alimentos duros e pela mastigação bilateral alternada.

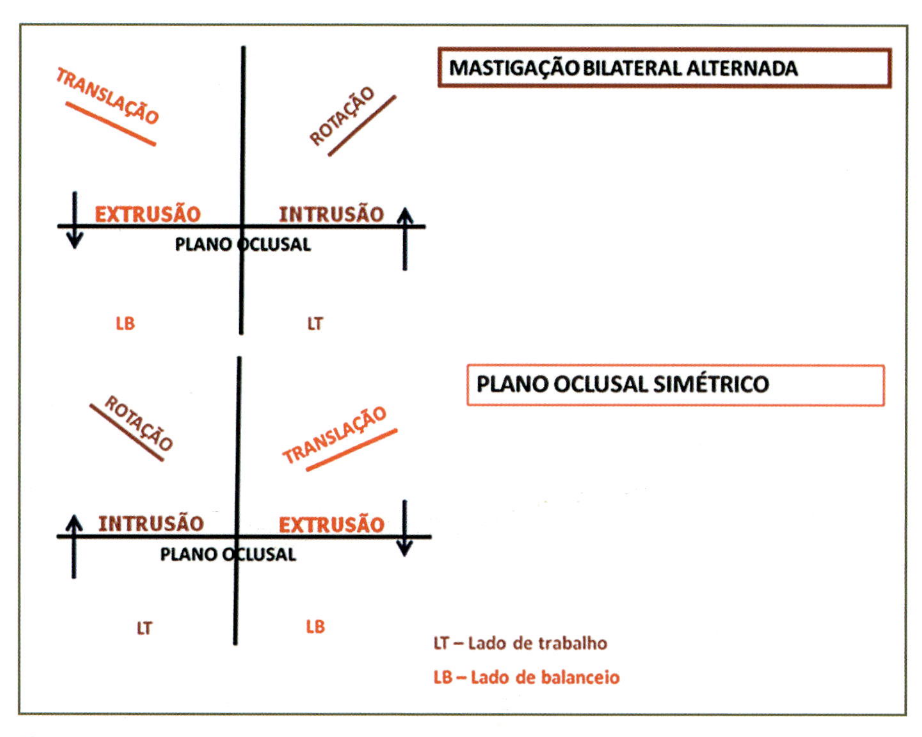

Figura 8.3: O desenho esquemático resume as atividades ósseas no pano oclusal e nas ATMs como respostas da mastigação bilateral alternada. Quando a mastigação for à esquerda, há uma leve intrusão do plano oclusal maxilar desse lado, e extrusão do lado direito. Na ATM esquerda, o côndilo realiza movimento de rotação, ou seja, para cima e para trás em direção ao teto da cavidade glenóidea. Assim, se tem uma eminência articular mais verticalizada, enquanto no lado direito (LB) o côndilo faz translação, com uma eminência mais horizontalizada. O próximo ciclo será pelo lado direito, pois este é agora o lado da MDV (onde ocorreu a extrusão). Então, com a mastigação no lado direito, ocorre a intrusão da maxila direita e extrusão da maxila esquerda. O côndilo direito faz rotação e o côndilo esquerdo translação. Essa alternância de lado mastigatório mantém, portanto, a simetria do plano oclusal e das inclinações das eminências articulares.

Porém, quando por qualquer motivo (ponto de contato prematuro, cárie, prótese mal adaptada etc.) o indivíduo cria uma mastigação unilateral, o lado mastigatório será sempre o da MDV reduzida, ou seja, o LT. O indivíduo não consegue mudar o lado porque ocorre uma constante intrusão na maxila do lado vicioso e esse fica sempre com a DV reduzida. A mastigação sempre ocorre no lado da MDV, ou seja, no lado onde se deu uma redução da DV, mesmo que mínima. Dessa maneira é criada uma assimetria no plano oclusal, pois no LT este fica mais alto (intrusão) e do LB mais baixo (extrusão).

Se a mastigação for unilateral, no LB, com o tempo, a eminência articular fica mais rasa, mais horizontalizada e o côndilo mais largo e mais baixo. No LT vicioso a eminência vai ficando mais pronunciada (teto da cavidade glenóidea mais profunda) mais verticalizada e o côndilo mais alto e mais estreito.

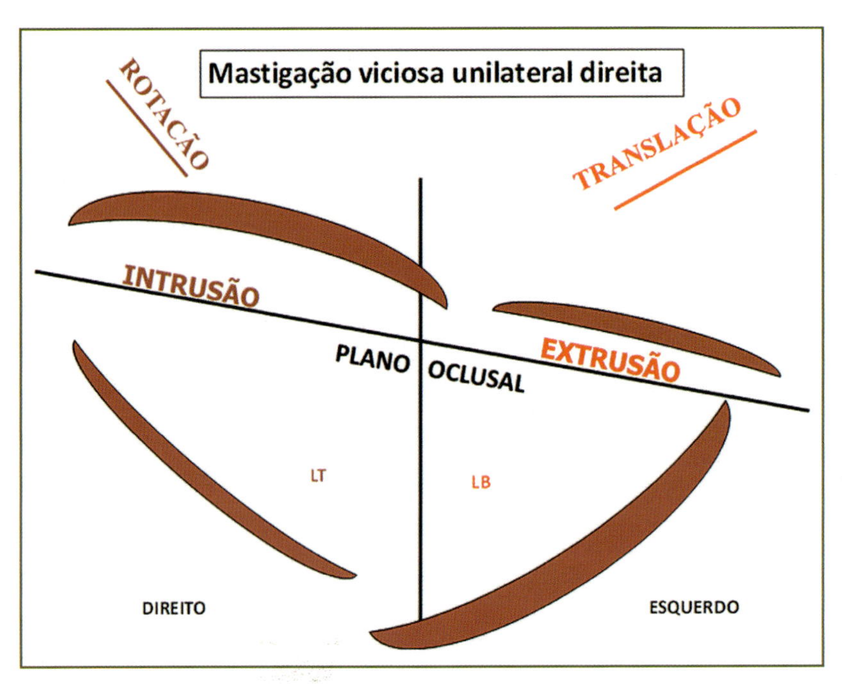

Figura 8.4: Desenho esquemático da mastigação unilateral direita. Neste lado ocorre uma intrusão na maxila e, no oposto, extrusão. A maxila direita fica maior no sentido anteroposterior invadindo a linha mediana para o lado oposto. A maxila também fica maior no transversal. A mandíbula, por sua vez, fica maior no lado esquerdo no sentido anteroposterior invadindo a linha mediana para a direita e também maior no transversal esquerdo. A eminência articular direita sofre remodelamento e fica mais verticalizada, e no lado oposto fica mais horizontalizada. Assim começam as assimetrias e a consequente disfunção do sistema.

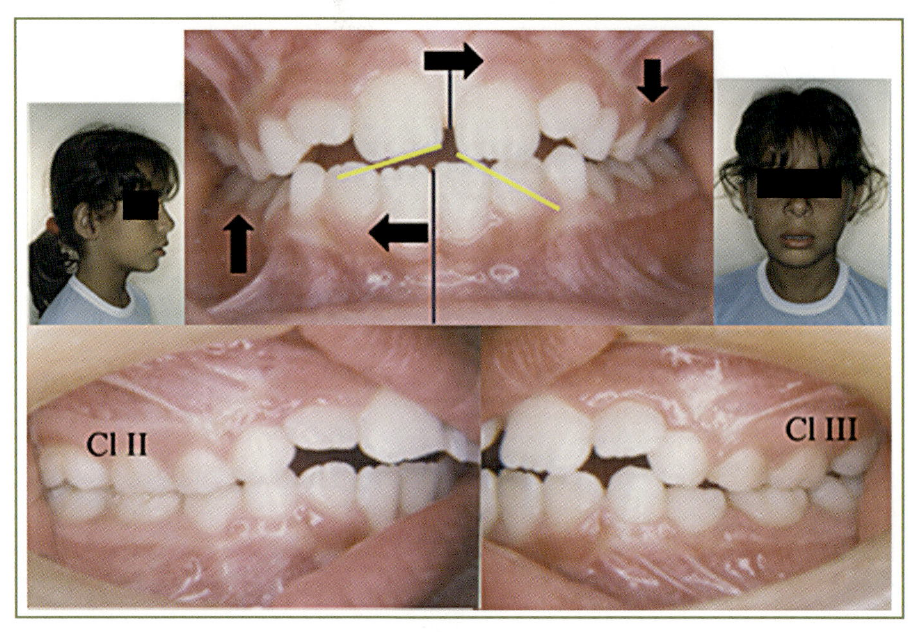

Figura 8.5: Paciente aos 8 anos, com mastigação viciosa unilateral direita. O AFMP direito está menor que o esquerdo; a linha mediana clínica está desviada para a direita, lado da mastigação viciosa. O plano incisal e o plano oclusal direitos estão mais altos no direito, devido à intrusão que ocorre no LT. No esquerdo, LB, o plano incisal e o oclusal estão mais baixos, devido à extrusão que ocorre desse lado. No lado direito (LT) a relação entre os primeiros molares permanentes é de Classe II, devido ao crescimento da maxila desse lado, no sentido anteroposterior desviando sua linha mediana para a esquerda, e no esquerdo em Classe III, pois como LB, a mandíbula cresceu mais no sentido anteroposterior, desviando sua linha mediana para a direita. A linha mediana clínica fica então desviada para o LT, ou seja, o direito.

Sistemas representacionais do SECN

Pode-se comparar o SECN durante a função mastigatória como uma mesa de três pernas articuladas. No movimento de lateralidade, o lado para onde se movimenta (LT) a perna da mesa deste lado diminui de tamanho, com uma maior aproximação entre a perna e o chão. No lado oposto (LB) aumenta de tamanho para poder alcançar suavemente o chão e a terceira perna (incisivos topo a topo) resvala o chão. Dessa forma as três pernas fazem contato com o chão não só em posição estática, mas também em movimento. O SECN deve funcionar de forma semelhante para se manter em equilíbrio morfológico e funcional.

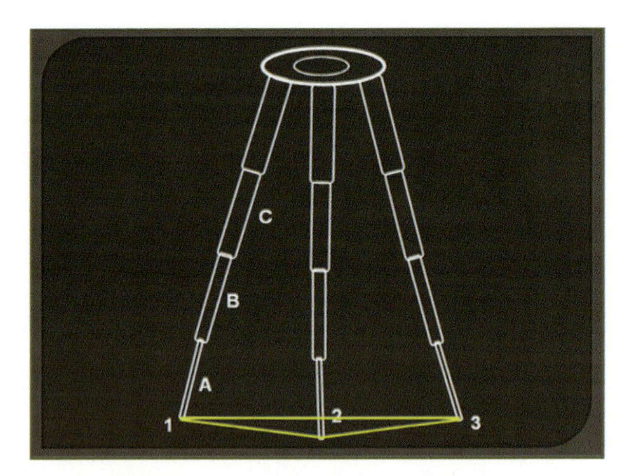

Figura 8.6: Representação do funcionamento fisiológico do SECN como uma mesa de três pernas articuladas.

Em termos representacionais, o SECN pode também ser comparado ao funcionamento de uma gangorra, onde em uma extremidade desta se encontra uma pessoa mais pesada que na outra extremidade. No lado com mais peso a gangorra descerá (LB), e no outro, subirá (LT). Pode-se notar que, mesmo com pesos diferentes, o lado mais pesado não cai, pois está suportando, apoiando, balanceando o lado oposto. O centro fixo da gangorra equivaleria ao contato dos incisivos que tanto no trabalho quanto no balanceio permanecem em posição de topo a topo, garantindo o ponto de equilíbrio para o sistema. Importante lembrar que o nervo trigêmeo em sua raiz mandibular ascende para o córtex contralateralmente. Assim, informação advinda de mastigação realizada em um lado será processada no outro lado do córtex e a resposta motora será no lado oposto na mandíbula.

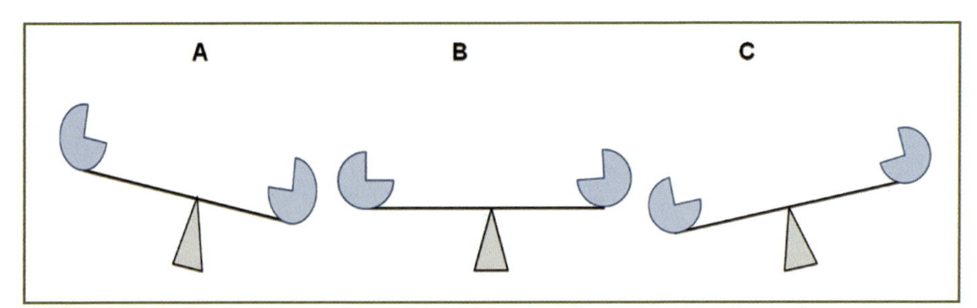

Figura 8.7: Representação do funcionamento fisiológico do SECN como uma gangorra. Em A: mastigação direita com contatos no lado esquerdo (LB), lado direito (LT) e incisal. Em B: SECN em PIM. Em C: mastigação esquerda com contatos no lado direito (LB), lado esquerdo (LT) e incisal.

Isto é o que ocorre nas ATMs durante a mastigação, ou seja, no lado de balanceio ocorre a maior estimulação dos receptores neurais existentes na região retro meniscal, pois seus ligamentos estão sendo estirados durante o movimento. Portanto, o maior desempenho funcional articular se dá no lado de balanceio, enquanto o maior esforço neuromuscular e periodontal, no LT. Durante a função mastigatória, mesmo que não haja alimento no lado de menor desempenho de força muscular (LB), é preciso que haja leves contatos entre os dentes da mandíbula e maxila para que funcionem como balanceio, apoios. Dessa forma, haverá uma melhor distribuição de cargas, não sobrecarregando o sistema neuromuscular (músculos da mastigação), neuroarticular (ATMs) e neurodentais (dentes, periodonto e osso), elementos vitais do SECN. Esses elementos biológicos precisam ser preservados durante toda a vida para a manutenção da saúde como um todo.

Aspectos neurais do estresse oclusal

É por meio do SECN que o bebê, ainda na vida intrauterina, contata consigo mesmo; colocando o dedo na boca ele se sente sugando sua própria energia, seu próprio ser. Após o nascimento é pela boca que se mantém vivo, pelo alimento, pelo toque, pela sensibilidade sensorial tão rica neste órgão. Com a erupção dos incisivos decíduos, se mantém em pé e começa a andar, pois se formou o circuito neural que o coloca na postura ereta, devido à maturação das estruturas neurais correlacionadas entre si. Durante toda a vida, a boca é um sítio onde se expressa as emoções do cotidiano. O homem primitivo, para sobreviver, travava combates com animais ferozes, o que servia tanto para sua alimentação, como para aliviar suas tensões, raivas, medos. Era ele ou o outro. Uma questão de sobrevivência. O sistema límbico, principalmente os núcleos amigdaloides, localizados no cortéx temporal, disparam o Sistema Nervoso Autônomo (de defesa), portanto, ativam os eventos bioquímicos para a liberação de hormônios da adeno-hipófise como os corticoesteroides e adrenalina na corrente sanguínea. Assim, o indivíduo fica com o organismo preparado para o embate, para a luta, para o tudo ou nada. Nos dias de hoje os embates continuam, porém não se pode "atacar" o outro. É civilizado que se contenha, que guarde seus sentimentos de raiva, angústias e medos. Mas, nessas circunstâncias, o sistema límbico continua a ser ativado, bem como a adeno-hipófise, liberando para a corrente sanguínea os hormônios do estresse, da defesa. Assim, como não há o embate, essas substâncias continuam em níveis altos por mais tempo na corrente sanguínea, daí o bruxismo cêntrico ou excêntrico, o ranger de dentes noturno, a liberação das raivas, medos, fobias e angústias. Na verdade, o homem que utiliza a boca, os dentes contra si mesmo, está "remoendo" sua raiva, os sentimentos que o apavoram. Dessa maneira, mesmo que não haja destruição de estruturas bucais por infecção ou por outras doenças, elas podem ser perdidas por autodestruição, pois o sistema bucal fica em situação de trauma, de estresse, comprometendo a saúde dos sistemas neurodentais, neuroarticulares ou neuromusculares.

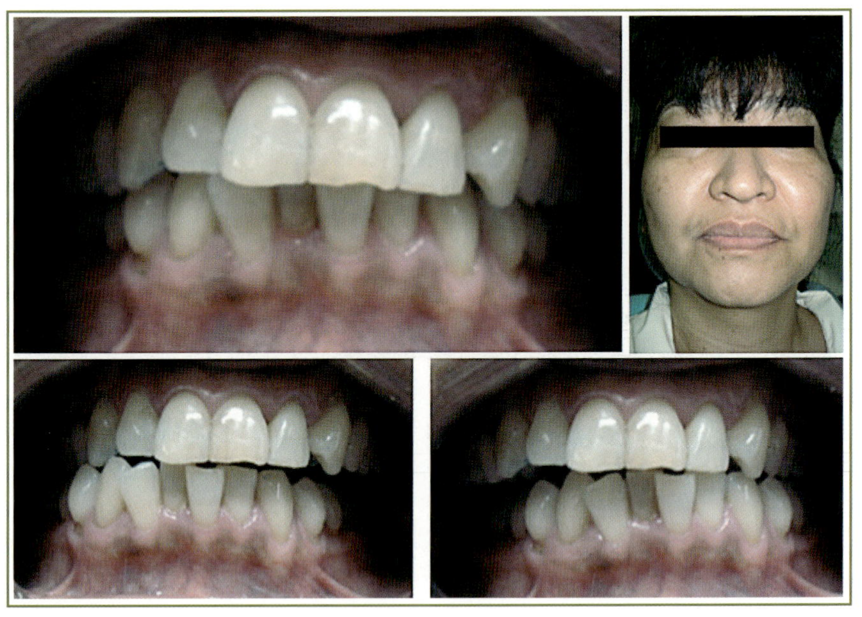

Figura 8.8: Paciente aos 40 anos com bruxismo. Face em norma frontal. Na cêntrica e lateralidade direita e esquerda. Notar os desgastes na incisal do 11, 21 e 31 devido ao bruxismo. Fortes dores de cabeça e face.

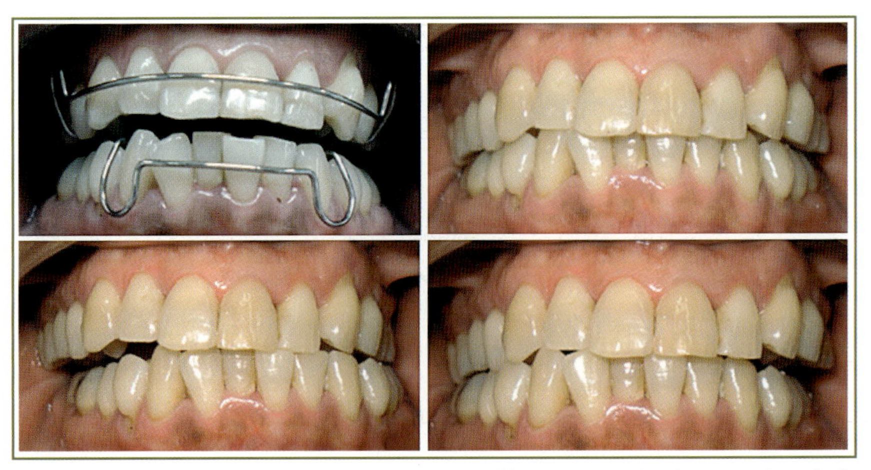

Figura 8.9: Tratamento do bruxismo com PIPS e DS. Cêntrica, lateralidade esquerda e direita.

Leis de Equilíbrio de Thieleman e Hanau

Em 1922, Hanau enunciou quarenta leis referentes à Articulação Temporomandibular e à curva de compensação, fundamentado nos trabalhos de Gysi de 1910. Estas leis são importantes para o entendimento do equilíbrio oclusal. São cinco os principais fatores que as regulam:

1. Inclinação axial das faces palatinas dos incisivos superiores (*overjet*, *overbite*) – Trajetória Incisiva (TI);
2. Altura Cuspídea – AC;
3. Trajetória Condílea – TC;
4. Inclinação ou Situação do Plano Oclusal – PO;
5. Profundidade do Plano Oclusal ou Curva de Decolagem do Plano Oclusal – CD.

1. Inclinação axial das faces palatinas dos incisivos superiores (*overjet*, *overbite*) - Trajetória Incisiva (TI)

O contato entre os incisivos em oclusão cêntrica ocorre na porção incisal, do terço incisal, da face vestibular do incisivo inferior, com a porção média do terço incisal da face palatina do incisivo superior. Esse contato entre os incisivos proporciona uma relação adequada no sentido vertical *(overbite)* e no sentido horizontal *(overjet).* Em cêntrica, o trespasse fisiológico entre eles é de 2 mm no sentido vertical e um leve contato no sentido horizontal.

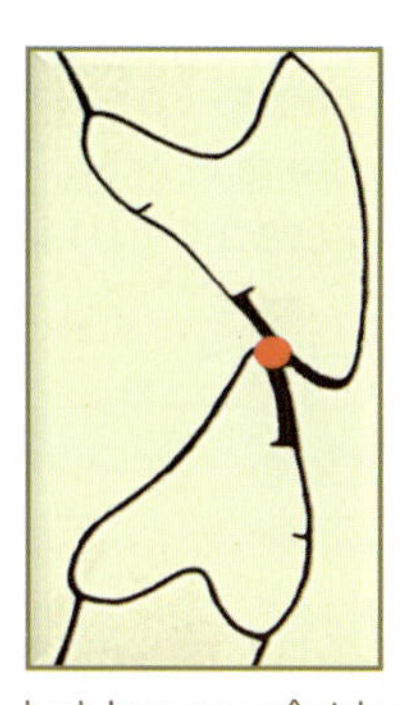

Figura 8.10: Contato dos incisivos em cêntrica em uma área específica. Esta foi chamada por Simões (2000) de Determinada Área (DA) e ocorre na porção incisal, do terço incisal, da face vestibular do incisivo inferior, com a porção média, do terço incisal da face palatina do incisivo superior.

É de suma importância o contato suave no sentido horizontal para não gerar os microtraumas incisais, que com o tempo levam à perda desses elementos. O trespasse vertical de 2 mm constitui uma situação de equilíbrio para a manutenção do plano incisal no movimento mastigatório lateroprotrusivo realizado pela mandíbula, pois esses dentes devem tomar uma posição de topo, tanto no LT, como no LB.

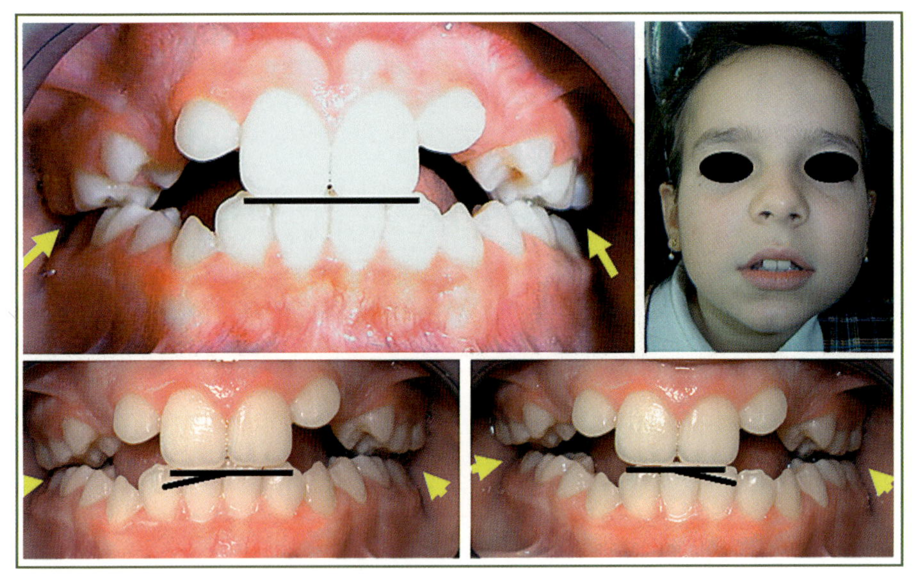

Figura 8.11: Paciente aos 9 anos: cêntrica com trespasse de 2 mm. Lateralidade direita e esquerda com contatos no LT, LB e incisivos topo a topo. AFMPs iguais. Plano oclusal simétrico.

Se o trespasse incisivo for maior em cêntrica, durante a lateralidade haverá ainda trespasse entre eles constituindo um trauma incisal, que levaria à perda gradual desses elementos. Nos casos de sobremordida ou mordida coberta corrigidas o trespasse pode ficar maior que 2 mm sem causar danos. Se o trespasse for menor que 2 mm poderá perder o contato incisal na lateralidade (abrindo a mordida), situação que pode se agravar com o tempo causando danos ao sistema.

2. Altura Cuspídea

A altura cuspídea é dada pelas cúspides dos dentes posteriores, inferiores e superiores. Ela é formada pela junção de vertentes (mesial, distal, vestibular ou lingual). Da união dessas vertentes resulta na altura ou ponta da cúspide. As cúspides podem ser vestibular ou lingual e o seu limite mais inferior é dado pelo sulco que divide uma cúspide da outra de um mesmo dente.

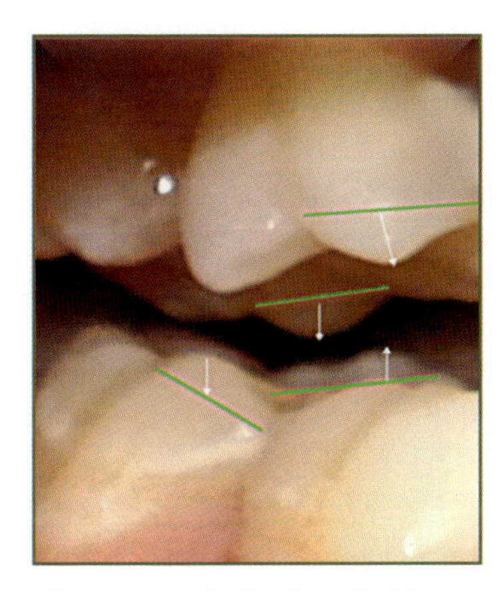

Figura 8.12: As linhas verdes demarcam o limite das cúspides, e as setas brancas suas alturas. No molar superior está demarcada a cúspide disto-vestibular, formada pela união das vertentes: distal, mesial e lingual. Nesse mesmo dente está demarcada a cúspide mésio-palatina, formada pela união das vertentes: mesial, distal e vestibular. No molar inferior está demarcada a cúspide disto-vestibular (união das vertentes mesial, distal e lingual) e a cúspide disto-lingual (união das vertentes mesial, distal e vestibular). As cúspides são limitadas inferiomente pelo sulco que a separa da cúspide vizinha.

O dente com cúspides, após a erupção e em contato com o antagonista, inicia o processo de atrito oclusal mastigatório. Esse atrito faz com que haja uma redução gradual da altura das cúspides, um processo contínuo durante toda a vida do indivíduo. Como resposta ao desgaste oclusal (redução da altura das cúspides), os receptores periodontais são estimulados e a resposta é de crescimento ósseo no sentido vertical. Assim, quando há um equilíbrio funcional, a DV é mantida por meio desses dois mecanismos dinâmicos do SECN.

3. Trajetória Condílea

A trajetória condílea é o percurso que o côndilo descreve na cavidade glenóidea, a partir de uma relação cêntrica, em direção à eminência articular. Na relação cêntrica o côndilo está na posição mais posterior na cavidade glenóidea, sem comprimir os tecidos retroarticulares.

O côndilo faz movimentos em ambos os lados durante a mastigação. No LT, o côndilo mandibular realiza movimento de rotação de baixa amplitude para cima, para trás e para fora em relação à cavidade glenóidea. Ocorre pequena estimulação neural, porém suficiente para promover um gradual remodelamento regressivo na superfície óssea do teto da cavidade glenóidea, e progressivo no bordo superior articular do côndilo. No LB, o côndilo mandibular realiza movimento de translação de alta amplitude para baixo, para frente e para dentro em relação à cavidade glenóidea. Nesse lado é que ocorre a trajetória condílea, onde há uma grande estimulação neural. Como resposta à estimulação neural retromeniscal, gradualmente, pode ocorrer remodelamento progressivo no teto da cavidade glenóidea, regressivo na eminência articular e superfície superior articular do côndilo e periférico no bordo anterior articular do côndilo. Assim, os dois côndilos possuem mecânica distinta durante a mastigação. Quando a mastigação for fisiológica, bilateral alternada com movimentos lateroprotrusivos, é mantida a simetria morfológica dos dois côndilos e das cavidades glenóideas, pois há alternância da função, dos movimentos e da mecânica do sistema. Porém, se não houver alternância, como em uma mastigação unilateral, pode ocorrer assimetria nas estruturas mencionadas. No lado de trabalho pode haver um alongamento do côndilo e aprofundamento da cavidade glenóidea, que gera uma eminência articular mais inclinada, mais verticalizada. Já no balanceio, o côndilo pode ficar mais largo, a cavidade glenóidea mais baixa gerando uma eminência articular mais rasa, mais horizontalizada. Essas alterações morfológicas podem compartilhar com outras, localizadas nos maxilares, causando as assimetrias faciais.

A mastigação não alternada pode então criar assimetrias no SECN que prejudicarão o seu desempenho, pois estará trabalhando com esforço aumentado gerando gasto excessivo de energia. Essa situação acarreta desgastes acentuados em seus componentes por estarem trabalhando em estresse o que acarreta traumas e danos estruturais e funcionais ao sistema.

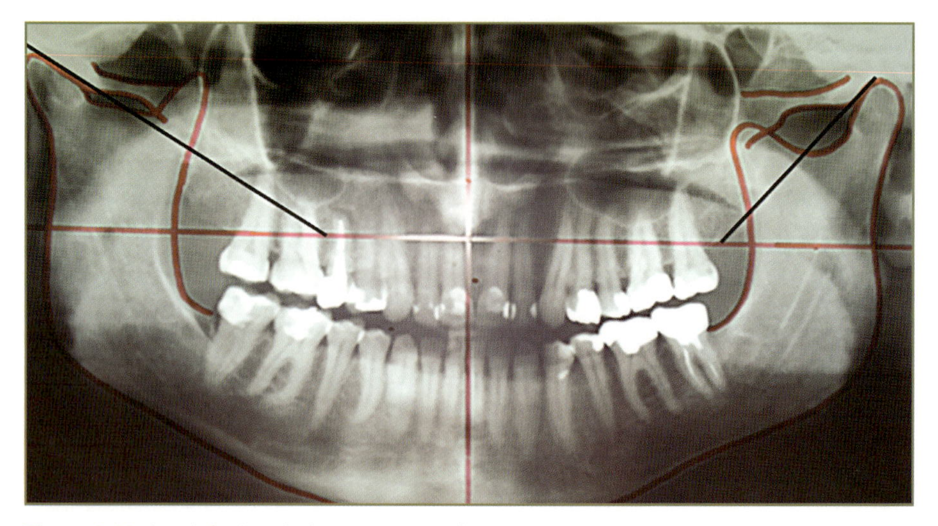

Figura 8.13: A eminência articular esquerda está bem verticalizada e a direita mais horizontalizada, ambas foram remodeladas pela mastigação (unilateral esquerda), por isso o côndilo apresenta trajetórias diferentes de cada lado.

4. Situação do Plano Oclusal

A situação do plano oclusal é observada na morfologia dos arcos mandibular e maxilar, sobretudo do mandibular, pois é a mandíbula que exerce um papel predominante sobre a maxila, é ela que orienta o seu desenvolvimento. A forma da mandíbula mais adequada à realização da mastigação com movimentos de lateralidade é a aquadradada. Os incisivos inferiores devem estar em uma reta em relação à mesial dos caninos ou ligeiramente para lingual. Os pré-molares e molares devem ter suas faces vestibulares tangentes à linha reta, à qual é tangente à face distovestibular do canino. Os caninos formarão as "quinas" dessa forma aquadradada da mandíbula. Os arcos seguem ligeiramente divergentes de anterior para posterior. A maxila segue a mesma morfologia da mandíbula.

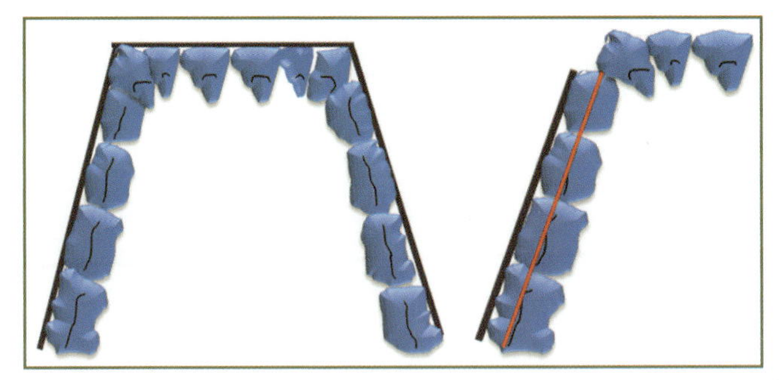

Figura 8.14: Mandíbula com a forma fisiologicamente aquadradada. Os incisivos inferiores estão em uma reta em relação à mesial dos caninos ou ligeiramente paralingual. Os pré-molares e molares com suas faces vestibulares tangentes à linha reta, à qual é tangente à face distovestibular do canino. Ao lado a forma patológica da mandíbula com o sulco central dos dentes posteriores tangenciando a distal do canino inferior.

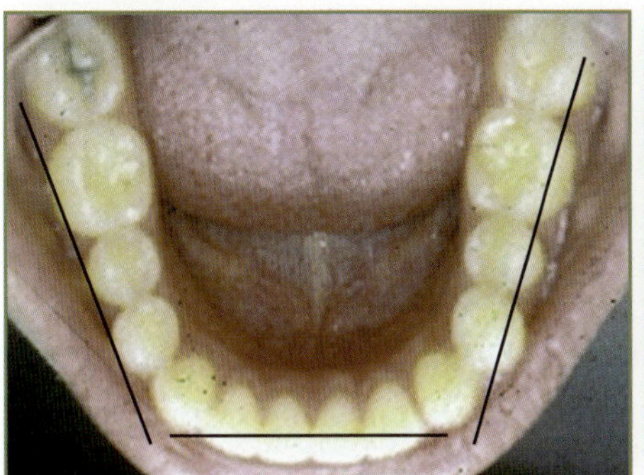

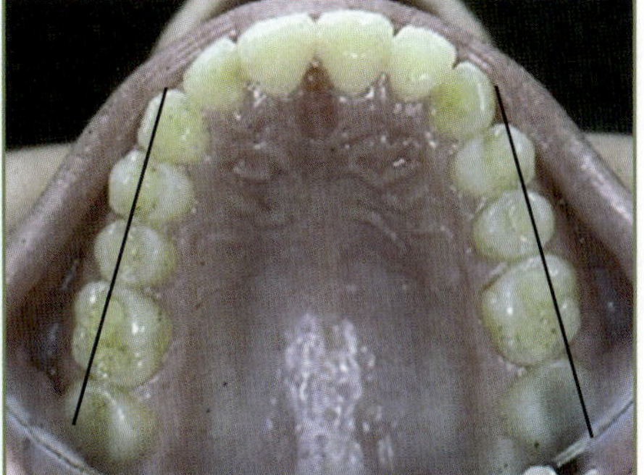

Figura 8.15: Mandíbula com a forma aquadradada, a maxila se modela de acordo com a ação dominante da mandíbula sobra ela. Os planos oclusais dentários tanto da mandíbula como da maxila mantém os sulcos centrais na mesma altura, sem formação de desníveis.

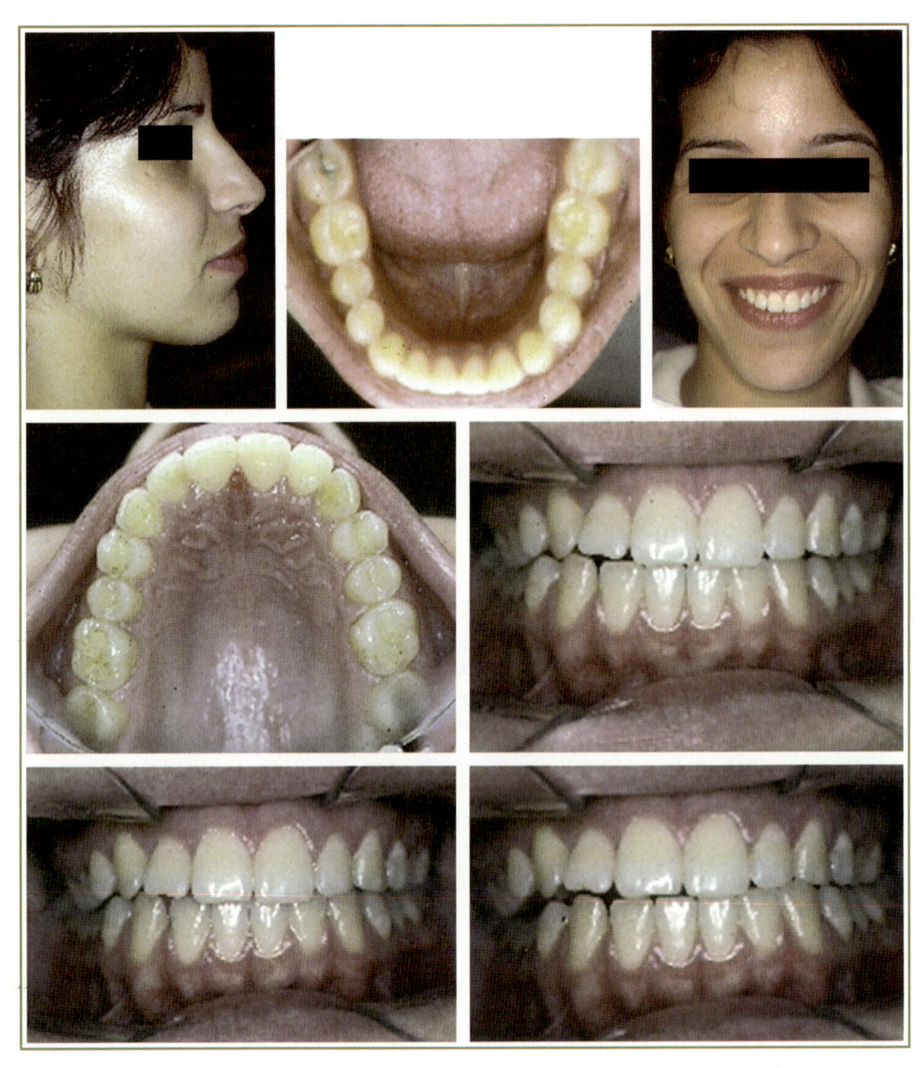

Figura 8.16: Paciente aos 21 anos, mandíbula e maxila com forma aquadradada, incisivos inferiores seguem uma linha reta, caninos formando a "quina" da mandíbula, pré-molares e molares ligeiramente divergentes. Lateralidade direita, centrica e lateralidade esquerda. Oclusão equilibrada tanto em cêntrica como em lateralidade. Em cêntrica os incisivos estão com trespasse de 2 mm e ficam na posição de topo a topo tanto em trabalho como em balanceio. No lado de trabalho e de balanceio os pré-molares e molares estão com contatos adequados e os caninos em desoclusão quando em balanceio.

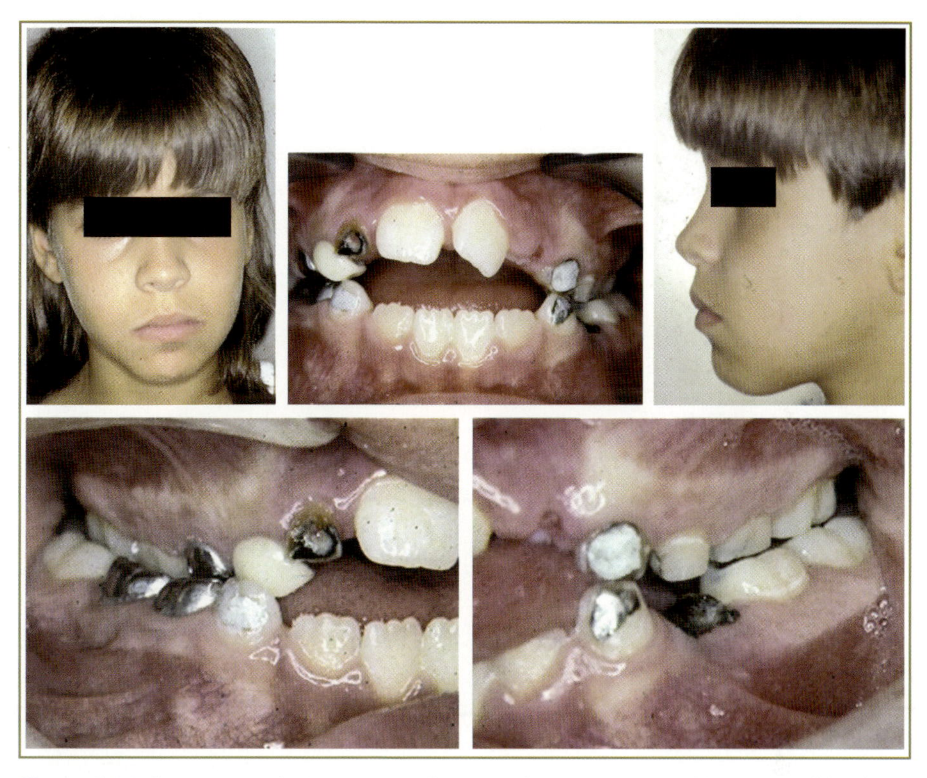

Figura 8.17: A mesma paciente apresentada, antes do tratamento aos 7 anos, mordida aberta anterior, cruzada bilateral, desvio de postura da mandíbula e da linha mediana para esquerda, com a situação do plano oclusal muito patológica.

O plano oclusal é constituído pelos arcos ósseos da mandíbula e da maxila presentes neste sistema desde o nascimento, até mesmo antes de os dentes apontarem na boca. O posicionamento dos dentes mandibulares e maxilares é o reflexo da situação dos planos oclusais ósseos inferiores e superiores respectivamente. O plano oclusal, portanto, é virtual, não se consegue vê-lo clinicamente, pois é constituído pelas bases ósseas. O plano oclusal dentário é um reflexo do plano oclusal ósseo.

Os sulcos centrais dos dentes posteriores devem estar na mesma altura, sem formar degraus entre a mesial de um e a distal de outro. Esses sulcos podem ser comparados ao leito de um estreito e profundo rio por onde suas águas correm sem obstáculos, sem quedas. Da mesma forma os degraus quando presentes constituem obstáculos que a mandíbula terá que vencer para se lateralizar durante a mastigação. Esses obstáculos ou degraus serão traumáticos para o sistema e as consequências serão traumas e perdas dos dentes, bases ósseas ou ATMs.

5. Curva de Decolagem

A curva de decolagem do plano oclusal representa a profundidade do plano oclusal, ou seja, é a curva fisiológica apresentada pelo plano oclusal no sentido anteroposterior. A curva é mais acentuada, mais profunda na região de pré-molares, e em seguida vai ficando cada vez mais alta ao se dirigir para o 1º molar, 2º e 3º molares.

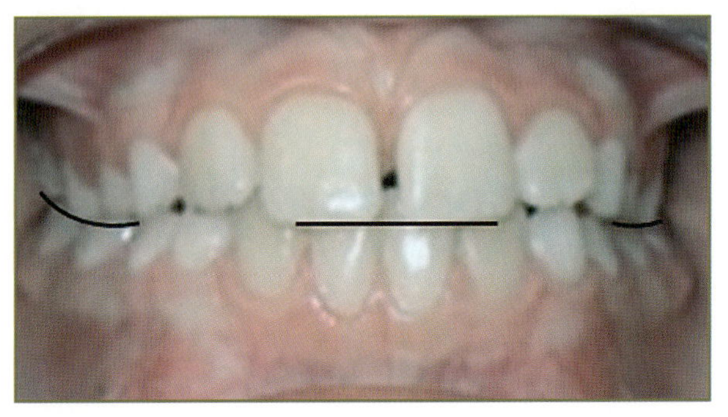

Figura 8.18: Curva de decolagem do plano oclusal fisiológica em paciente aos 10 anos de idade (cêntrica).

A profundidade do plano oclusal começa a se formar já na dentição decídua madura, a qual apresenta três curvas suaves: uma em incisivos central e lateral e canino, outra no primeiro molar e a última em segundo molar.

Figura 8.19: Fisiologicamente a dentição decídua madura apresenta três tipos de curva: uma mais sinuosa e longa na região de incisivos e canino, a segunda mais suave e mais curta no 1º molar e, uma terceira menos sinuosa e mais curta de todas, no 2º molar.

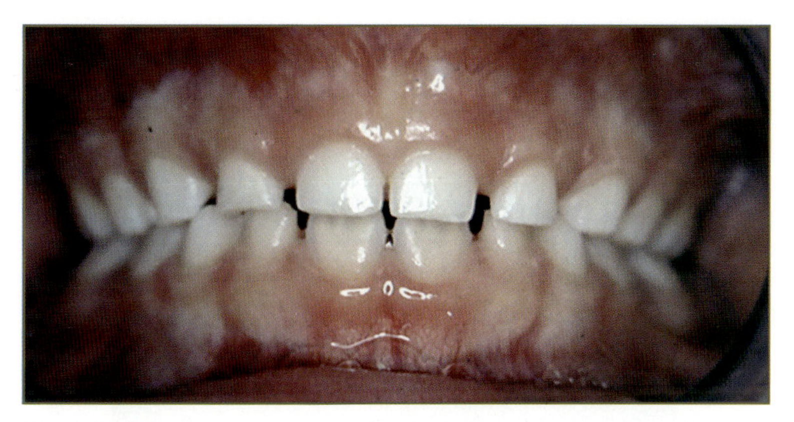

Figura 8.20: Paciente aos 6 anos: início de dentição mista e com as três curvas fisiológicas do plano oclusal. Uma mais suave em incisivo central, lateral e canino; a segunda no primeiro molar decíduo e a terceira no segundo molar.

Quando os primeiros molares permanentes erupcionam já o fazem em uma profundidade mais alta que o último molar decíduo, porque o plano oclusal já foi preparado pela dentição decídua madura. Os segundos e terceiros molares ficarão em uma posição ainda mais alta que os 1os molares. O plano oclusal mostra tal conformação no sentido anteroposterior para que a mandíbula possa flotar sem impedimentos a direita ou a esquerda, principalmente mantendo os suaves contatos no lado de balanceio, ou seja cúspides vestibulares dos dentes posteriores inferiores com as palatinas dos antagonistas superiores. Assim, o SECN pode manter sua função primordial de mastigação de forma bilateral alternada com os movimentos lateroprotrusivos, mais laterais que protrusivos de forma equilibrada, o que garante a sua saúde ao longo da vida. Com o passar do tempo ocorre o amadurecimento do SECN e nesse processo a altura das cúspides vai diminuindo gradualmente pelo desgaste fisiológico mastigatório.

A curva de decolagem em decorrência da diminuição da altura das cúspides vai suavizando à medida que o indivíduo utiliza a fundo o sistema mastigatório. Na idade madura a curva de decolagem fica praticamente plana (com os pré-molares e molares em uma mesma altura).

O desgaste das cúspides promovido pelo atrito entre as faces oclusais constitui um eficiente estímulo neural periodontal que terá como resposta o remodelamento ósseo compensatório do plano oclusal.

Então, por volta dos 60 anos, as cúspides estarão bem diminuídas assim como a profundidade do plano oclusal. O SECN maduro mantém a eficiência mastigatória, apesar da curva de decolagem rasa, o que permite uma alternância mastigatória muito mais facilitada.

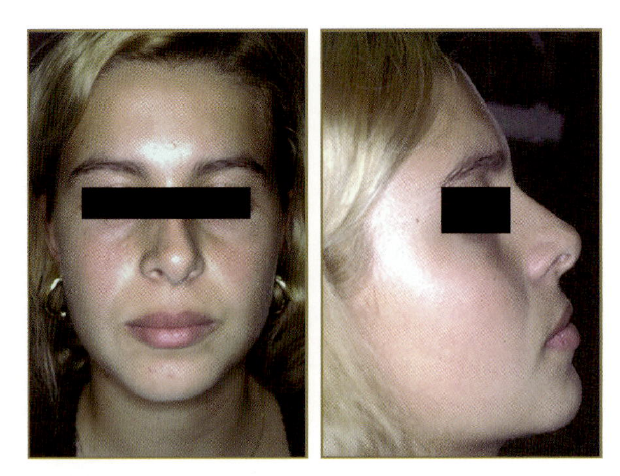

Figura 8.21: Paciente aos 20 anos, rosto em norma frontal e lateral.

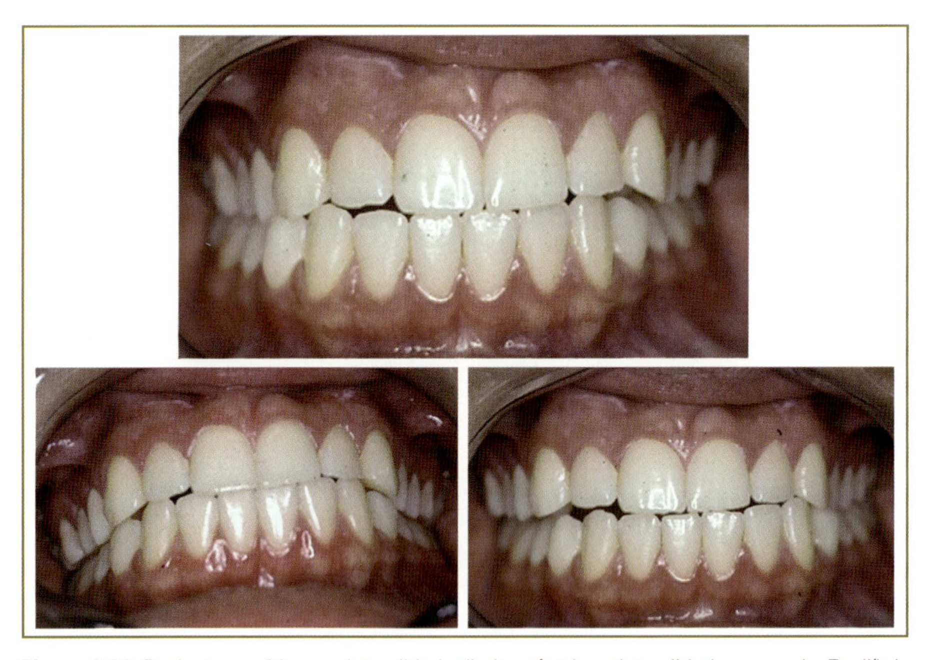

Figura 8.22: Paciente aos 20 anos, lateralidade direita, cêntrica e lateralidade esquerda. Equilíbrio do SECN em todas as situações. Plano oclusal simétrico, curva de decolagem coerente com a idade. Contatos adequados em cêntrica e nas lateralidades tanto no trabalho como no balanceio. Na figura 8.5 a paciente aos 8 anos com SECN desiquilibrado.

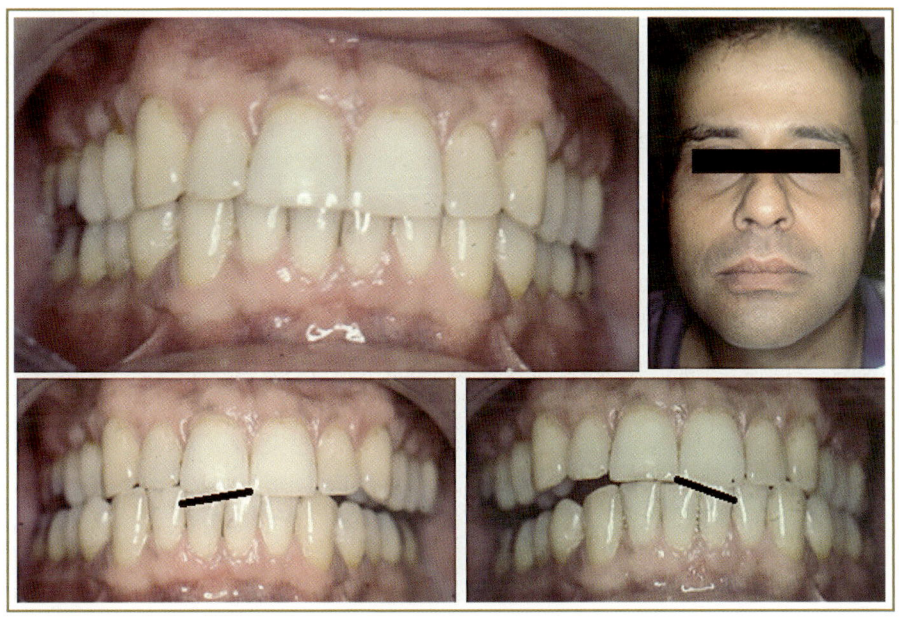

Figura 8.23: Paciente aos 40 anos, com redução de altura de cúspides, contatos de incisivos topo a topo não lateralidades D e E. SECN equilibrado com AFMPs iguais.

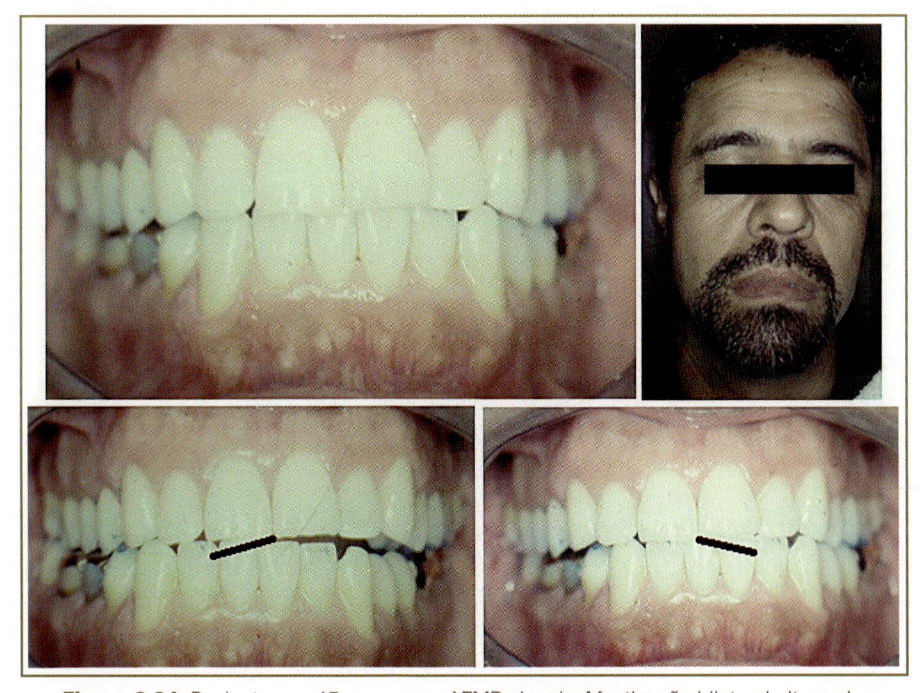

Figura 8.24: Paciente aos 45 anos, com AFMPs iguais. Mastigação bilateral alternada.

A curva de decolagem geralmente está patológica, mas más olcusões. A patologia pode aparecer de distintas maneiras.

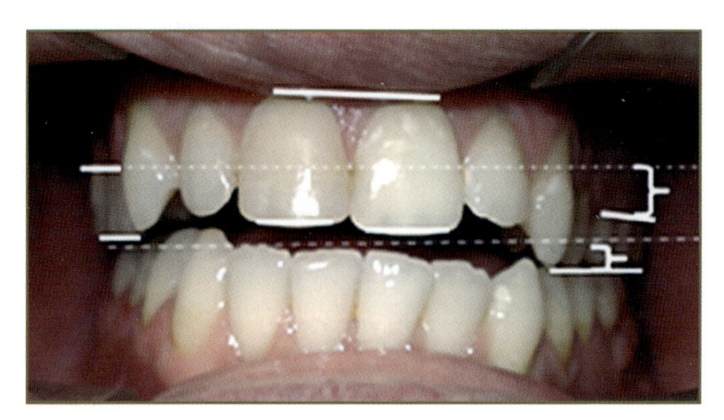

Figura 8.25: Exemplo de plano oclusal patológico, tanto na situação quanto na profundidade, em paciente aos 25 anos de idade. O plano oclusal apresenta uma grande assimetria, sendo o direito bem mais alto que o esquerdo. O mesmo acontece no plano incisal (direito mais alto que o esquerdo).

As três leis propostas por Hanau

Hanau propõe três leis relacionando os mesmos cinco fatores acima citados.

A primeira delas cita a relação direta entre TC e situação do PO. Quanto mais profundo, acentuado o PO, mais funda e côncava será a cavidade glenóidea, mais longa será a trajetória condílea. A TC tende a aumentar até o final do crescimento ontogenético, quando chega ao seu ápice. A partir daí, a TC deverá diminuir sua amplitude e seu trajeto devido ao remodelamento das fossas mandibulares, eminência e côndilo, simultaneamente com o aplainamento das cúspides e remodelamento do PO.

A segunda lei relaciona AC com a CD. Quanto maior a altura das cúspides, mais funda e mais pronunciada é a curva de decolagem, porém, com o desgaste fisiológico e gradual das cúspides, a curva de decolagem desaparece, planificando o PO. Portanto, as alturas das cúspides determinam a curva de decolagem.

A terceira e última lei relaciona a TI e a AC. Quanto maior a AC, menor a TI. É necessário que haja desgaste das cúspides para que haja trajetória incisiva longa, pois cúspides altas limitam os movimentos de lateralidade. À medida que as cúspides dos molares, pré-molares e caninos se desgastam, a incisal dos incisivos deve acompanhar este desgaste para continuar havendo contato incisivo em DA e, posteriormente, topo a topo. Thieleman, em 1956, sugeriu uma relação matemática para expressar a interação entre estes cinco fatores apresentados por Hanau. Sua fórmula para o equilíbrio, apesar de não apresentar um produto aritmético dos fatores, é:

$$\frac{TC \times TI}{PO \times CD \times AC}$$

TC x TI sobre PO x CD x HC. Qualquer alteração de um dos fatores deverá ser compensada pelos outros fatores relacionados, gerando uma adaptação, que resultará em equilíbrio ou desequilíbrio. Tanto Hanau quanto Thieleman deixam evidente a interdependência entre as estruturas que compõe o SECN, que as modificações morfológicas decorrentes da função mastigatória afetam como um todo.

Desenvolvimento do SECN de acordo com as Leis de Equilíbrio de Thieleman e Hanau

O equilíbrio do SE é representado no neonato pela equação:

$$NEONATO \sim \frac{TC(0) \times TI(0)}{PO(1) \times CD(0) \times AC(0)}$$

TC = Trajetória Condílea

TI = Trajetória Incisiva

PO = Plano Oclusal

CD = Curva de Decolagem

AC = Altura Cuspídea

~ = Constante

PO = 1 (mandíbula e maxila em relação de Classe II)

Os planos oclusais estão presentes no neonato, pois se entende por planos oclusais os arcos ósseos da mandíbula e maxila ricos em elementos neurais, ou seja, os dentes. O bebê não faz movimento de lateralidade da mandíbula, mas sim, protrusão e retrusão dos dois côndilos ao mesmo tempo, no ato da amamentação.

Para suprir esta necessidade fisiológica a criança nasce com os côndilos e a cavidade glenóidea rasos. Esse movimento não estimula a diferenciação dessas estruturas, não há trajetória condílea ou incisiva, não se formou a curva de decolagem nem há cúspides de dentes (pois não há dentes erupcionados). Apesar disso, o que ocorre de muito importante é a movimentação da mandíbula para frente e para trás com os dois côndilos ao mesmo tempo na função de ordenha no seio materno. Isto dá um grande estímulo de crescimento para a mandíbula que precisa adiantar-se em relação à maxila, pois se encontra em retrusão. Assim, a mandíbula cresce tridimensionalmente, principalmente no sentido anteroposterior, conseguindo se aproximar da maxila na região anterior. Os incisivos inferiores fazem a erupção antes que os superiores, entrando em contato, e ficam com trespasse de aproximadamente 2mm. Ambos os maxilares crescem tridimensionalmente, mas a mandíbula está em segundo lugar nessa corrida, necessita crescer mais que a maxila para se equilibrar. Daí a importância da amamentação natural. Pode-se considerar que a protrusão e a retrusão condilar descrevem uma única trajetória condílea para os dois côndilos.

Período inicial da dentição decídua

$$\text{EQUILÍBRIO} = \frac{\text{TC}(\Uparrow) \times \text{TI}(\Uparrow)}{\text{PO}(1) \times \text{CD}(0) \times \text{AC}(\Uparrow)}$$

$\Uparrow$ = **Aumento**

PO = 1 (mandíbula e maxila em relação de Classe I)

Por volta dos 6 meses de vida começa a erupção dos incisivos inferiores seguidos dos superiores que entram em contato em DA nos planos oclusais respectivos. Assim que eles entram em contato incisal com trespasse de 2 a 3 mm devido à correção da retrusão mandibular, inicia um atrito fisiológico entre eles e, consequentemente, a formação da trajetória condílea no lado de balanceio direito e esquerdo. A criança lateraliza muito a mandíbula sobre as incisais desses dentes. Elas buscam, nessa fase, o contato topo a topo, atritando-os constantemente. A TI condiciona a TC e esta, condicionará o PO. Ambos, TC e PO, serão formados pela estimulação advinda da função mastigatória. Começa a formação do circuito neural incisal como também os circuitos neurais das ATMs, importantes locais de estimulação neural de desenvolvimento do SECN. Assim, na fórmula de equilíbrio aparece a TC e TI com aumento, pois a TI condiciona a mandíbula a realizar um novo movimento, o de lateralidade, que leva à diferenciação dos côndilos e da cavidade glenóidea que continua esse processo até o fim do crescimento ontogenético, por volta de 21 anos na mulher e 25 no homem. O contato incisivo estabelecido nesse momento determinará a altura (DV) dos demais dentes. Por isso já se considera um aumento da AC na fórmula, embora sem a presença real das cúspides e sem curva de decolagem.

Período da dentição decídua completa

$$\text{EQUILÍBRIO} = \frac{\text{TC}(\Uparrow) \times \text{TI}(\sim)}{\text{PO}(1) \times \text{CD}(0) \times \text{AC}(\Uparrow)}$$

Aos 3 anos, a criança apresenta a dentadura decídua completa e com o SNC, recebendo estímulos para se desenvolver e responder com maior eficiência mastigatória. É um período de aprendizado da função mastigatória influenciada diretamente pela consistência e dureza do alimento usado. Por volta dos 4 anos, o SNC está mais desenvolvido para aprender a função mastigatória. Por isso é muito importante que a dieta usada seja mais consistente e que ofereça uma resistência mastigatória. Esse estímulo é fundamental ao aprendizado da função fisiológica. A TC continua a aumentar, TI constante, PO presentes (maxila e mandíbula, agora com seus elementos neurais presentes na boca) situados de uma forma reta, CD ausente devido aos planos oclusais retos e AC real pela presença dos dentes: caninos e molares com suas cúspides íntegras. Esse é o período funcional da dentição decídua que vai até o seu amadurecimento por volta dos 6 anos.

Período da dentição decídua madura

$$\text{EQUILÍBRIO} = \frac{\text{TC}(\sim) \times \text{TI}(\Uparrow)}{\text{PO}(\Uparrow) \times \text{CD}(\Uparrow) \times \text{AC}(\Downarrow)}$$

$\Downarrow$ = Diminuição

No período maduro da dentição decídua, por volta dos 5 anos, os incisivos perderam quase a metade da altura das cúspides, os molares e caninos desgastados quase aplanados, como resposta tem-se um crescimento vertical compensatório. Ocorre a presença generalizada de diastemas, a mandíbula se mesializa, a lateralidade da mandíbula é bem mais ampla agora que aos 3 anos. Ocorreu uma estimulação favorável ao desenvolvimento dos côndilos e cavidade glenóidea, mas nesse período a TC se mantém constante apesar da lateralidade ampla por ser um período em que não estão ocorrendo mudanças evolutivas no SECN. Os incisivos relacionam-se no topo a topo devido ao avanço da mandíbula para mesial. A TI está aumentada, devido aos desgastes das cúspides que eliminaram as barreiras de lateralização. O PO e a CD já esboçam sinais de diferenciação, pois a dentição decídua madura mostra três curvas no plano oclusal e a AC está consideravelmente diminuída, a qual é compensada pelo crescimento vertical.

Período inicial da dentição mista

$$\text{EQUILÍBRIO} = \frac{\text{TC}(\Uparrow) \times \text{TI}(\Downarrow)}{\text{PO}(\Uparrow) \times \text{CD}(\Uparrow) \times \text{AC}(\Uparrow)}$$

Por volta do 7 anos, período inicial da dentição mista, ocorre a erupção dos primeiros molares permanentes inferiores, depois os superiores, e consequentemente um aumento da AC, que determinará a altura para os incisivos que estão fazendo a erupção, primeiro os inferiores, depois os superiores. Quando estes dentes entram em relação antagônica a TI diminui, pois exibem um trespasse vertical de aproximadamente 2 mm em cêntrica (um aumento considerável, pois até agora estavam em topo). Esse levante foi determinado pela AC dos primeiros molares já erupcionados. A TC entra em um período ativo de desenvolvimento pela presença dos molares permanentes. As suas cúspides altas impõem mais dificuldade para os côndilos deslizarem dentro da cavidade articular durante a mastigação gerando estímulos intensos e, consequentemente, maiores respostas de desenvolvimento. A CD e o PO aumentam com a presença dos primeiros molares em oclusão com seus antagonistas, pois erupcionam em um plano mais alto que os segundos decíduos causando o primeiro alongamento da CD e do PO.

Período inicial da dentição permanente

$$\text{EQUILÍBRIO} = \frac{\text{TC}(\Uparrow) \times \text{TI}(\sim)}{\text{PO}(\text{MAX}) \times \text{CD}(\Uparrow) \times \text{AC}(\text{MAX})}$$

MAX = Máximo

Nesta fase, de 9 a 12 anos, ocorre a troca dos molares e caninos decíduos pelos seus substitutos permanentes e erupção dos segundos molares permanentes. Assim, a TC continua em crescimento, a TI se mantém constante, o PO e a CD estarão quase alcançando o máximo de desenvolvimento devido às trocas dentárias e a erupção dos segundos molares. Ocorre o segundo alongamento da CD. Os pré-molares ficam na região mais baixa do PO, pois substituem os molares decíduos que se mantiveram em ação até este momento desenvolvendo, portanto mais no sentido vertical que qualquer outra região do PO. Os segundos molares estarão no nível mais alto do PO neste período, pois erupcionam por distal dos primeiros, região que não recebeu ainda estímulos verticais pela mastigação. A CD pode ser comparada à curva de decolagem descrita por um avião. A região de pré-molares seria o avião em terra firme (nível mais baixo da CD) e os molares a sua subida que marca no ar uma curva suave, tal como acontece com a CD do plano oclusal. A AC também apresenta altura máxima com os novos elementos presentes.

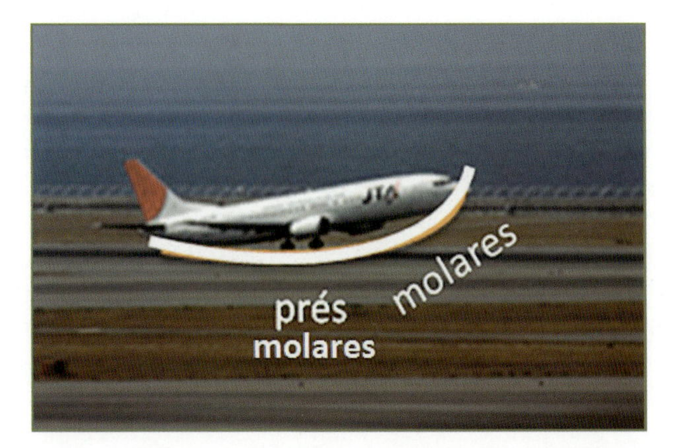

Figura 8.26: Curva que um avião descreve no ar quando decola semelhante à curva de decolagem do plano oclusal: pré-molares estão na região mais baixa do PO, seguidos pelos molares que vão subindo formando uma curva ascendente de anterior para posterior.

Período da dentição permanente completa

$$\text{EQUILÍBRIO} = \frac{\text{TC}(\Uparrow) \times \text{TI}(\Uparrow)}{\text{PO}(\text{MAX}) \times \text{CD}(\text{MAX}) \times \text{AC}(\text{MAX})}$$

MAX = Máximo

Neste período, por volta dos 18-20 anos, ocorre a erupção dos terceiros molares. Assim, a TC continua em crescimento e a TI estará em processo de ampliação devido aos desgastes fisiológicos que já ocorreram nos dentes que fizeram a erupção mais cedo. O PO, a CD e a AC chegam ao máximo de desenvolvimento devido ao terceiro alongamento que acontece nessa fase de desenvolvimento. Os primeiros pré-molares estarão situados ainda mais baixos no PO devido à presença dos terceiros molares. Esse período também coincide com a última fase de crescimento dos côndilos, que causa um deslocamento da mandíbula para mesial.

Período final do crescimento ontogenético

$$\text{EQUILÍBRIO} = \frac{\text{TC}(\sim) \times \text{TI}(\Uparrow)}{\text{PO}(\sim) \times \text{CD}(\sim) \times \text{AC}(\sim)}$$

Aproximadamente aos 21 anos na mulher e 25 para os homens termina o período de crescimento ontogenético da TC, permanecendo constante nessa fase. A TI continua a aumentar devido aos desgastes oclusais. Os dentes, assim que entram em função mastigatória, começam automaticamente o processo de desgaste de suas cúspides. Por isso, os 1os molares permanentes estarão com um desgaste maior que o 2° e o 3°. Assim, nota-se que o PO, a CD e AC são elementos dinâmicos e estão diretamente relacionados com a função mastigatória. A AC e o PO são criados, modelados e mantidos pela função mastigatória. Portanto, os elementos das leis de Thieleman e Hanau são integrados pela morfologia e funcionalidade do SECN. A AC é geneticamente determinada, porém, modificada constantemente pela função. A TI é determinada pela forma e função advindas da dentição decídua, mas influenciada continuamente pela função do sistema. O PO, CD e TC são elementos que recebem influência direta do desempenho da dentição decídua. Fica evidenciada que a forma e função adequadas da dentição decídua exercem uma influência direta na nova dentição que virá.

Período da dentição permanente madura

$$\text{EQUILÍBRIO} = \frac{\text{TC}(\swarrow) \times \text{TI}(\nearrow)}{\text{PO}(1) \times \text{CD}(0) \times \text{AC}(0)}$$

Esta fase ocorre por volta dos 60 anos e pode-se notar que a TC diminuiu muito, a TI está bem longa devido aos intensos desgastes oclusais, pré-molares e molares praticamente aplanados, caninos superiores com uma única vertente mesial e os inferiores com uma única distal, incisivos topo a topo ou com um ligeiro trespasse em cêntrica. Ocorre como resposta a esses estímulos oclusais um remodelamento ósseo vertical compensatório fisiológico. A profundidade do PO (CD) desaparece, o PO agora se apresenta plano, ou quase plano; a AC também está ausente devido aos desgastes promovidos pelo uso a fundo do sistema. A mandíbula é capaz de realizar extensos movimentos de lateralidade, pois a TC diminuiu bastante pelos remodelamentos que ocorreram nas estruturas que compõem as ATMs, promovidos pela mastigação bi-latero alternada. A lateralidade da mandíbula se desenvolve com o tempo, com o uso fisiológico das estruturas deste sistema, adquirindo uma movimentação cada vez mais ampla à medida que as cúspides dentárias vão se desgastando. Assim, a musculatura mastigatória quando usada intensamente se adapta às mudanças graduais por que passam as outras estruturas que compõem o sistema. Quando o homem maduro apresenta tais características do SECN, a sua mastigação é ainda eficiente. Nessa fase o SECN apresenta um aspecto semelhante à fórmula do neonato diferindo essencialmente no tipo de função que cada um desempenha, ou seja, o neonato sucção e o homem maduro mastigação. Com uma TI longa, faces oclusais aplanadas e TC diminuindo a mandíbula se lateraliza cada vez mais, com bom desempenho mastigatório. No neonato a sucção é altamente eficaz devido à ausência de TC. O PO está presente no sistema desde o nascimento. Os elementos das leis de Thieleman e Hanau se desenvolvem e se modificam durante toda a vida do indivíduo. TC e TI têm um papel preponderante na diferenciação funcional do neonato e do homem em idade madura.

$$\text{EQUILÍBRIO} = \frac{\text{TC}(\swarrow) \times \text{TI}(\nearrow)}{\text{PO}(1) \times \text{CD}(0) \times \text{AC}(0)} \quad \text{aos 60 anos}$$

$$\text{EQUILÍBRIO} = \frac{\text{TC}(0) \times \text{TI}(0)}{\text{PO}(1) \times \text{CD}(0) \times \text{AC}(0)} \quad \text{NEONATO}$$

Aspectos das Leis de Thieleman e Hanau na Mordida Aberta (MA) e na Sobremordida (SM)

Na MA e na SM a mastigação é mais vertical que lateral. Esse tipo de movimentação mastigatória remodela côndilos, deixando-os mais alongados e com a cavidade glenóidea mais profunda. Portanto, a eminência articular bem proeminente, formando ângulo com o plano palatino de valores mais altos quando comparados com uma ATM remodelada pela mastigação lateroprotrusiva. Assim, a TC tende a ser mais longa em ambos os casos. A AC é um elemento visto na MA como um obstáculo a ser vencido. Na SM, é um fator a ser usado a favor. A MA apresenta a CD do PO totalmente invertida, ou seja, a região incisiva é a mais alta do arco e a de molares a mais baixa. Na SM a região de pré-molares é a mais alta, mais funda do arco e, a dos molares mais baixa, considerando um PO com CD posterior invertida. Ambas as maloclusões não apresentam TI. Na MA os incisivos estão verticalmente afastados e, na SM, embora apresente redução de DV, os incisivos também não se tocam, pois eles se encobrem; é um falso contato incisivo. Nas duas situações é preciso estabelecer o contato incisivo; na MA reduzindo a DV anterior e na SM aumentando-a. Além disso, é de fundamental importância estabelecer a correta CD do PO.

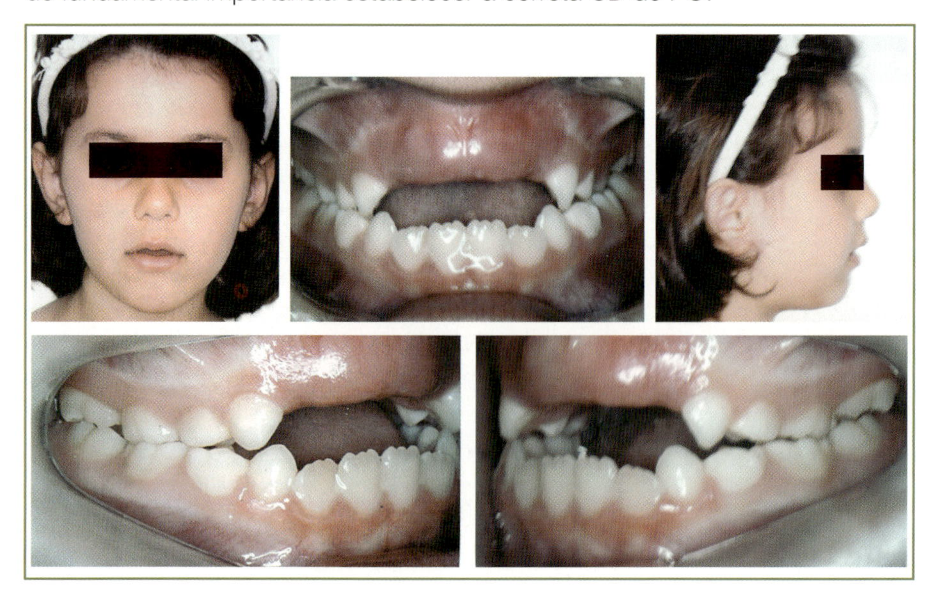

Figura 8.27: Paciente aos 7 anos, com MA anterior, aumento da DV por causa do aumento vertical anterior. PO invertido, com fulcro de abertura de mordida nos molares. Plano incisal muito alto em relação aos posteriores.

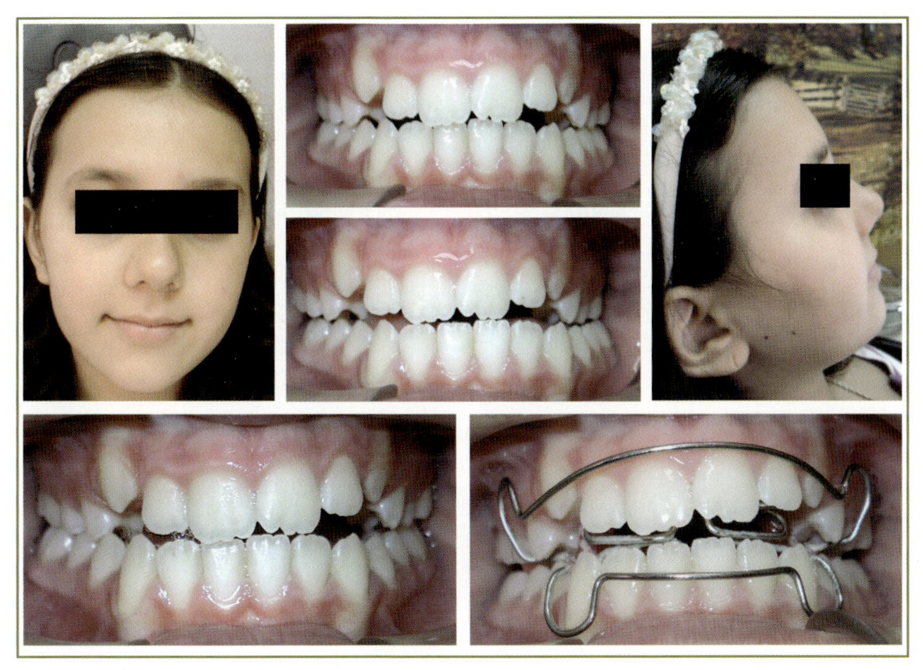

Figura 8.28: Paciente aos 10 anos, Face em norma frontal e lateral. Aparelho de Klammt. Na cêntrica e lateralidade direita e esquerda é mantido o contato de incisivos. Houve remodelamento do PO com formação de curva de decolagem.

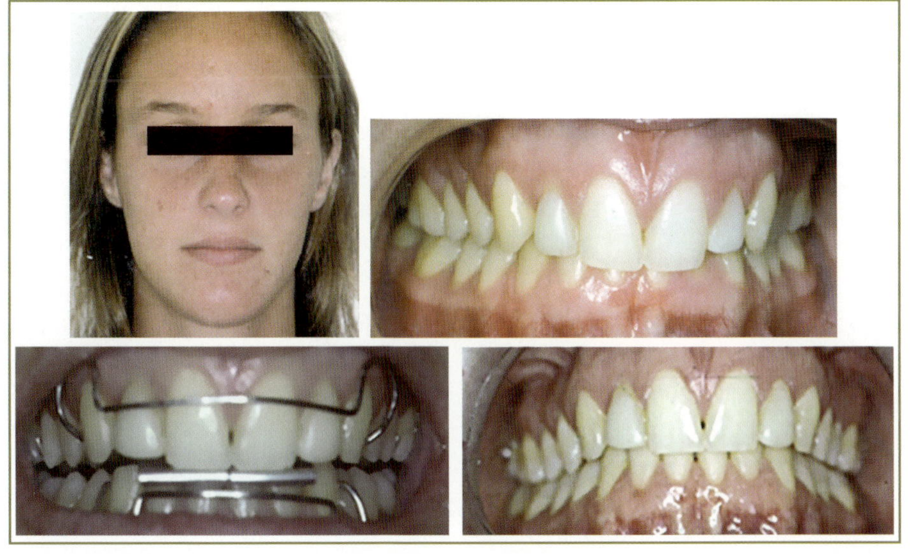

Figura 8.29: Paciente aos 25 anos com mordida coberta. O PO é muito desequilibrado, assim como a MA não há contato incisivo, porém, com diminuição da DV. Aparelho PIPC com equiplan por 1 ano. Houve elevação da DV estabelecendo o contato incisivo e a regularização do PO.

Referências

1. BORIE, J. Mécanisme de l'occlusion dentaire. *AOS.,* v. 156, p. 747-759. 1986.
2. LARATO, D. S. Efect of unilateral mastigation. *Journal of Medicine.,* v. 25, n. 3, jul.-set. 1970.
3. PIGNATARO, G. N. Análise da correlação dos ângulos funcionais mastigatórios direito e esquerdo: Análise da correlação dos ângulos funcionais mastigatórios direito e esquerdo com o lado de preferência mastigatória. Dissertação de Mestrado Universidade Estadual de Campinas. Piracicaba, 2000.
4. LAURET, F. Dall'occlusione statica all'occlusione funzionale – Relazione al IV Congresso Nazionale AIPP, Firenze, 2004.
5. MARTÍNEZ, G.; JESÚS, M. Masticación afuncional – Relazione al XLIII Congreso del CIRNO, Córdoba, 2005.
6. PETROVIC, A. G.; STUTZMANN, J.; EMBORG, E. Teoria cibernetica del crescimiento craneofacial post-natal ymecanismos de accion de los aparatos ortopedicos y ortodônticos. *Rev Assoc Argentina Ortop FunctMaxilares.,* v. 15, p. 7-93. 1982.
7. PLANAS, P. Importanza della diagnosi e trattamento prcoce con trattamento occlusale ed ortodonzia. *Revista Española de Estomatologia,* 1948.
8. PLANAS, P. Arc Gotique et Rehabilitation neuro-occlusale. XLIV Congrèes SFODF: 333-347, 1971.
9. PLANAS P. *Reabilitação Neuro-Oclusal.* San Paulo. Mesdi, 1988.
10. PLANAS, P. La Loi Planas de Dimensiòn Verticale Minima – arc Gotique et rehabilitation neuro occlusale.*L'Orthod. Franc.,* v. 36, p. 244-253, 1965.
11. PLANAS, C. Clinica della masticazione monolaterale e cenni di trattamento – Relazione al VII Congresso Nazionale AIPP – "La masticazione monolaterale: patognesi e implicazioni cliniche", Città di Castello (PG), 2008.
12. ROMÁN, C. E. Masticación, equilibrio y alimentación – Relazione al XLIII Congreso del CIRNO, Córdoba, 2005.
13. RUSSO, L. Analisi qualitativa e quantitativa delle asimmetrie mandibolari – Relazione al VII° Congresso Nazionale AIPP – "La masticazione monolaterale: patognesi e implicazioni cliniche", Città di Castello (PG), 2008.
14. SIMÕES, W. A. Masticacion. *J. Japan Orthod Soc.,* v. 38, n. 3, p. 322-332, 1979.

15. SIMÕES, W. A. Functional jaw orthopedics. Better oral neurophysiology information geves better clinical result. *J. Pedodontics.*, v. 8, n. 1, p. 108-115, 1983.

16. SIMÕES, W. A. Modulation of occlusal plane during puberty. *J. Clin. Pediatric Dentistry.*, v. 19, n. 4, p. 259-268. 1995.

17. SIMÕES, W. A. *Ortopedia funcional dos maxilares. Através da Reabilitação Neuro-oclusal.* 3ª ed. São Paulo: Artes Médicas, 2003.

18. TORTOSA, C. M; MORENO, C. P. A; CARRANZA, C. P; MONTES, T. F. Simulación del plano de oclusión mediante diseño asistido por ordenador generado en articulador semiadaptable – Relazione al XLIII Congreso del CIRNO, Córdoba, 2005.

19. ZAFFUTO, E. Interpretazione neurologica della R "N" O – Relazione al II Congreso Federaciòn International Asociaciones Pedro Planas, Barcellona, 2006.

20. *ZAFFUTO, E.* Ruolo della RNO nella cinematica mandibolare. – Relazione al 1° Convegno AIPP, Passignanosul Trasimeno, 2006.

21. ZAFFUTO, E. Eziologia e diagnosi delle asimmetrie. – Relazione al VII° Congresso Nazionale AIPP – "Lamasticazione monolaterale: patognesi e implicazioni cliniche", Città di Castello (PG), 2008.

22. ZAFFUTO, E. Le leggi di Planas e le conseguenze della masticazione monolaterale – Relazione al Convegno ANDI, Carrara, 2008.

23. ZAMBRANO, E.; HERNANDEZ, A.; MORÒN A. Influencia do plano oclusal na articulacao temporomandibular. *Revista Internacional de Ortopedia Funcional.*, v. 2, (9/10), p. 682-701. 2006.

Capítulo 9

FUNÇÃO MASTIGATÓRIA

"Mastigação, Função Fisiológica Primordial do SECN."

Na escala filogenética, a função mastigatória não foi adquirida desde o aparecimento dos dentes e ossos maxilares, mas sim, a partir dos mamíferos, como uma resposta às exigências particulares da função. Essas exigências levaram a modificações na arquitetura craniofacial, possibilitando mecanicamente a mastigação.

A mastigação é muito importante para a saúde como um todo, além de constituir uma das principais portas de entrada energética para a manutenção do equilíbrio dinâmico do indivíduo. É, sobretudo, um dos elementos mais importantes para o desenvolvimento craniofacial. Contudo, o desenvolvimento e a manutenção de um estado fisiológico adequado do SECN depende da frequência e magnitude dos estímulos funcionais mastigatórios.

Função condicionada, adquirida e automática

A mastigação é uma função condicionada, adquirida e automática que aparece com o crescimento e o desenvolvimento normal do indivíduo. Como qualquer outro reflexo condicionado, não pode ser aprendido até que as estruturas específicas do SNC e muscular tenham maturado o suficiente para possibilitar este aprendizado, concomitantemente com o desenvolvimento da dentição. Difere da sucção que é um reflexo incondicionado, presente ao nascimento, inerente à maturação pré-natal do sistema neuromuscular, não envolvendo nenhum condicionamento ou aprendizagem, assim como respirar, deglutir, espirrar, tossir, vomitar, reflexos essenciais para a sobrevivência do recém-nascido. Pode-se dizer que a mastigação necessita passar por um processo de aprendizado dependente do amadurecimento dos reflexos do SNC e das mudanças morfológicas do SECN, que ocorrem com o crescimento e o desenvolvimento do indivíduo. O SECN, assim como todos os outros órgãos, cresce, desenvolve e envelhece como parte de um processo fisiologicamente normal. As modificações morfológicas que ocorrem em todas as suas estruturas, por toda a vida do indivíduo, influenciam qualitativamente a função mastigatória, e esta por sua vez se mantém eficiente às custas das adaptações fisiológicas de remodelamento. Portanto, a mastigação é gradativa em sua evolução e no seu aperfeiçoamento. Sendo assim, não deve haver um único parâmetro de normalidade para a avaliação da função mastigatória para todas as faixas etárias.

Gênese e evolução da função mastigatória

Um dos fatores mais importantes na maturação da mastigação é o aspecto sensorial dos dentes recém-irrompidos. Os músculos que controlam a posição mandibular são influenciados pelos primeiros contatos oclusais dos incisivos antagonistas. No exato momento em que os incisivos superiores e inferiores decíduos acidentalmente se tocam, estabelece-se um circuito neural que proporciona os movimentos de lateralidade da mandíbula à direita e à esquerda, importante para a realização da função de apreensão e corte dos alimentos.

Os primeiros movimentos mastigatórios são irregulares e precariamente coordenados, como o que ocorre no aprendizado de qualquer habilidade motora. À medida que a dentição decídua se completa, o ciclo mastigatório vai se tornando mais estável e eficiente.

As cúspides funcionam como guias durante e até o final da erupção, facilitam penetrar, desgarrar e romper o alimento quando o periodonto estiver ainda nas primeiras fases de desenvolvimento.

Por volta dos 6 anos de idade, a dentição decídua estará envelhecida com as coroas dentais funcionais, aplanadas, com trajetória à direita e à esquerda em um plano quase horizontal. As trocas dentárias vão se processando de tal forma que é mantida a eficiência mastigatória suficiente para cada idade, até alcançar a idade adulta com a dentição permanente.

A mastigação obedece a um ritmo, mas cada indivíduo possui uma forma diferente de mastigar, de acordo com as influências paratípicas e genotípicas, resultando em variação na aferência, integração e eferência dos estímulos. É corretamente estimulada por alimentos secos e duros, pois necessitam de um ótimo desempenho dos elementos constituintes do sistema bucal. A ausência de alimentos ásperos e duros na dieta moderna é um fator que produz uma pobre estimulação neural, podendo então interferir no desenvolvimento dos arcos dentários, e consequentemente ocasionar uma má oclusão.

A morfologia do complexo esqueletal dentofacial do adulto vai além da carga genética que lhe é atribuída (40%), pois recebe grande influência da biomecânica da função mastigatória e do impacto oclusal (60%) durante o seu desenvolvimento. Portanto, são estímulos que variam de intensidade, direção, tempo e duração. Assim, ocorrem mecanismos de adaptação muscular a essas forças que operam sobre o complexo esqueletal dentofacial durante toda a vida do indivíduo.

Controle neural rítmico da função mastigatória

Na parte inferior do tronco cerebral, na formação reticular do bulbo medial, entre a raiz motora do nervo trigêmeo e a oliva inferior, há um grupo de células motoras chamado Gerador de Padrão Central (GPC) da mastigação. O GPC controla a atividade rítmica mastigatória. Porém, a resposta motora que chega aos órgãos efetores (dentes) pode ser modificada pela retroalimentação sensorial advinda dos proprioceptores e mecanorreceptores espalhados pelo periodonto, periósteo, gonfoses, ATMs, músculos, mucosa de revestimento, língua e vestíbulo oral.

A força mastigatória depende da propriocepção periodontal. Pacientes anestesiados ultrapassam a força mastigatória e sentem dores na face após o efeito da anestesia. A saliva influi na força, ou seja, no início de um ciclo com o alimento ainda não salivado exige maior força. Gradualmente, com a ação da saliva o bolo alimentar vai exigindo menos força.

A mastigação exige treino, e o treino depende do estado da dentição, da ação da língua e da situação fisiológica da PIM. A força mastigatória é maior no homem, no adulto, na dentição natural, região posterior, no lado da mastigação viciosa e na PIM (Posição de Intercuspidação Máxima).

O ritmo mastigatório, o controle da postura e dos movimentos mandibulares depende da informação sensorial articular. Os movimentos mastigatórios são integrados no córtex motor. O sistema amígdala-hipotálamo também é responsável pelos movimentos da mandíbula durante a mastigação. Os centros do ritmo mastigatório estão na formação reticular e no cerebelo. Tanto o ritmo como a força dependem da posição da cabeça durante o ato mastigatório, no qual atuam também os músculos do pescoço. A mastigação fisiológica participa da estimulação do crescimento harmonioso, onto e pós-ontogeneticamente.

Relações dentárias durante a mastigação fisiológica

A função mastigatória fisiológica é aquela realizada com movimentos lateroprotrusivos (mais laterais que protrusivos) da mandíbula de forma alternada; um lado ora é trabalho, ora é balanceio, de modo a distribuir adequadamente as forças geradas durante a função. A distribuição adequada de forças é possível quando todos os dentes participam ativamente da função mastigatória, exceto os caninos do lado de balanceio que estarão sem contato.

No lado de trabalho os dentes têm os seguintes contatos:

- ➔ Incisivos topo a topo;
- ➔ Vertente distal do canino inferior, com a vertente mesial do canino superior;
- ➔ Cúspides vestibulares e linguais dos pré-molares e molares inferiores, com as cúspides vestibulares e palatinas dos superiores.

No lado de balanceio os dentes têm os seguintes contatos:

- ➔ Incisivos topo a topo;
- ➔ Caninos em desoclusão;
- ➔ Cúspides vestibulares de pré-molares e molares inferiores com as cúspides palatinas de pré-molares e molares superiores.

Os caninos funcionam como guia dos movimentos mandibulares e os dentes trabalham em grupo.

Na mastigação bilateral alternada, as ATMs mantêm excursão de mesma extensão para ambos os lados, com similaridade de remodelamento do côndilo, fossa mandibular e eminência articular, o que mantém o equilíbrio de desenvolvimento e remodelamento do SECN.

Ciclo mastigatório

A função mastigatória depende sempre do Indivíduo (tanto no período ontogenético como pós-ontogenético) e da qualidade do bolo alimentar.

Assim, para a trituração do bolo alimentar, a mandíbula realiza muitos ciclos até reduzi-lo o suficiente para posterior deglutição. Cada ciclo apresenta um desenho relativamente definido de acordo com o tipo de comida, do tempo para comer, do biótipo, da oclusão, de doenças, presença ou ausência de dentes, recuperações protéticas, quantidade de saliva, idade etc.

Então, o ciclo mastigatório compreende cada golpe executado pela mandíbula. O golpe mastigatório tem início e fim sempre na PIM.

A mastigação é eficiente quando realiza ciclos adequados, ou seja, quando proporciona mecanismos compensatórios fisiológicos, para a adequada erupção e atrição dos dentes, oferecendo um mecanismo sensorial propriamente elaborado para cada idade, colocando as ATMs e os músculos em perfeita adaptação funcionais.

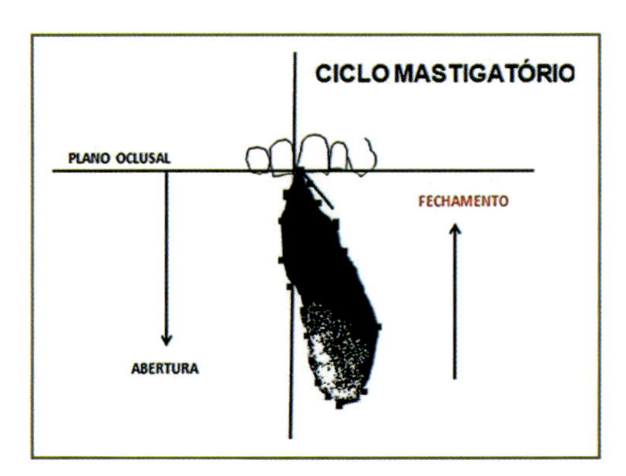

Figura 9.1: Ciclo mastigatório no plano frontal, com a mandíbula excursionando à esquerda.

A mastigação do bolo alimentar corresponde à somatória de ciclos necessários para reduzir todo o alimento em tamanho e forma adequados e posteriormente deglutidos. Durante a função mastigatória, a mandíbula possui ação dominante sobre a maxila. Isto se deve ao fato da mandíbula ser dotada de corticais mais espessas, resistente às forças mastigatórias, as quais se dissipam dentro da sua própria estrutura, enquanto a maxila apresenta uma estrutura predominantemente trabecular, com corticais finas, sujeitas a forças de compressão, ligada diretamente ao crânio, sem maiores junções musculares.

O lado onde se encontra o bolo alimentar se chama lado de trabalho (LT) e o lado oposto, lado de Balanceio (LB). No ato mastigatório, no LT, os circuitos neurais formados pelos receptores sensoriais dos ligamentos periodontais de todos os dentes enviam informações excitatórias ao córtex sensorial a respeito de textura, forma e temperatura dos alimentos que estão neste local. Ao mesmo tempo, os circuitos neurais formados pelos receptores sensoriais localizados na região retromeniscal da ATM enviam informações sobre o movimento que está ocorrendo nesta articulação.

No LT, o côndilo mandibular realiza movimento de rotação e de baixa amplitude para cima, para trás e para fora em relação à cavidade glenóidea. Ocorre pequena estimulação neural, porém suficiente para promover um gradual remodelamento regressivo na superfície óssea do teto da cavidade glenóidea e progressivo no bordo superior articular do côndilo. No LB, o côndilo mandibular realiza movimento de translação – grande amplitude para baixo, para frente e para dentro em relação à cavidade glenóidea. Ocorre grande estimulação neural articular, e gradual remodelamento regressivo no bordo superior articular do côndilo, periférico no bordo articular anterior do côndilo e progressivo na superfície articular da cavidade glenóidea. Dessa maneira, com o passar do tempo, se não houver alternância de lado mastigatório, esses ossos terão formas diferentes em relação aos do lado oposto, podendo causar assimetrias faciais.

Descrição do ciclo mastigatório

O Sistema Bucal encontra-se em PIM antes de receber o bolo alimentar. A partir daí, ocorre o início da abertura da mandíbula. O bolo alimentar é introduzido e percebido pelas aferências periodontais, do LT, quando os dentes mandibulares e maxilares são colocados em contato com o mesmo. A mandíbula inicia então o seu fechamento, comprimindo o bolo alimentar, executando um movimento para o LT, e continuando em direção à PIM. Tem-se o início da fase da fragmentação do bolo alimentar. Nessa fase, ocorre primeiramente contato dentário no LB e, 30mseg depois é que acontecem os contatos dentários. Na fase de moagem, os contatos dentários acontecem no lado que oferece mais resistência, ou seja, no LT, lado onde está ocorrendo a função, portanto, lado funcional mastigatório. Nesse lado vai aumentando cada vez mais a força muscular e os contatos oclusais, até que a mandíbula atinja a PIM. Nessa fase há contatos dos dois lados (LT e LB). A língua também exerce um mecanismo sensorial importante para capturar o alimento e recolocá-lo entre as fases oclusais dos dentes. Assim, termina um ciclo, e há uma parada de 100 mseg para dar início ao próximo.

Como resposta a esse grande estímulo dado pelos golpes da mandíbula contra a maxila, pelo forte esfregamento interoclusal, no LT, ocorre uma leve intrusão dos dentes maxilares. Portanto, um afastamento dos dentes superiores dos inferiores. No LB ocorre uma leve extrusão, ou seja, uma maior aproximação dos dentes mandibulares e maxilares. Então, esse lado está preparado para ser agora o LT. Tal desempenho permite a alternância fisiológica do lado da mastigação, fator primordial para a manutenção do neuroequilíbrio do SECN.

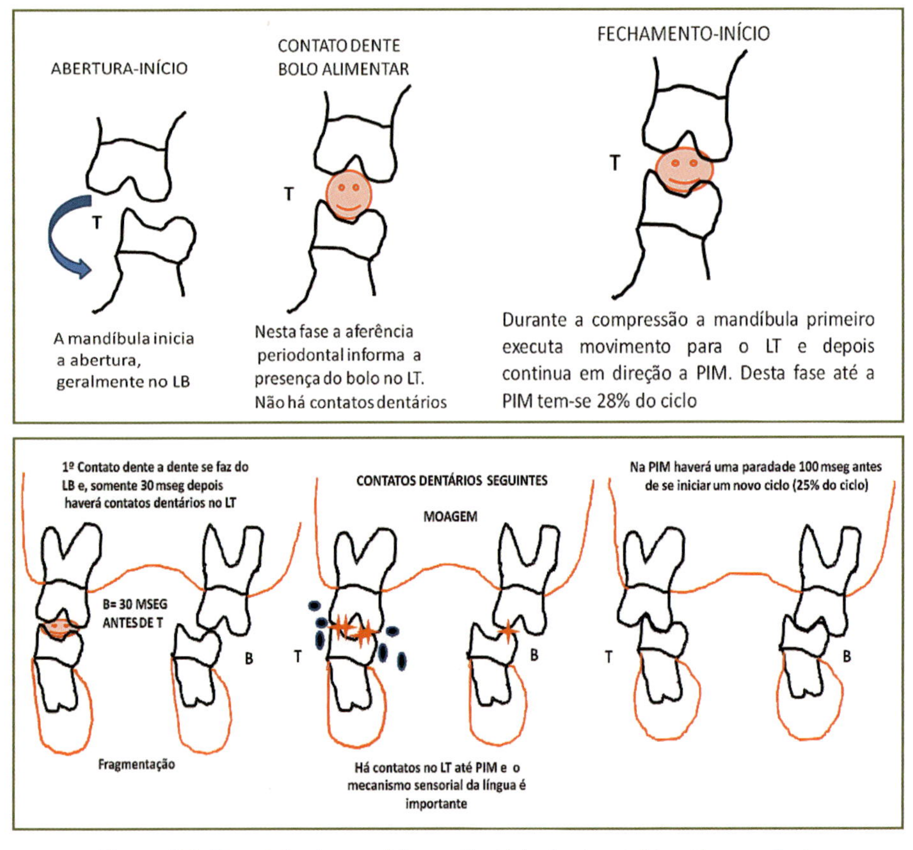

Figura 9.2: Descrição de um ciclo mastigatório desde o início até o seu final.

Ontogenia da abertura de boca

A abertura máxima fisiológica da boca no adulto é de 45-50 mm. Essa abertura vai aumentando gradualmente com o desenvolvimento e o crescimento do indivíduo. Assim, aos 7-8 anos deve ser de 35-40 mm; entre 8 e 12-13 anos é um período estável, onde ocorre pouco aumento; aos 14 deve atingir 45 mm e aos 18 anos 50 mm. Há uma íntima relação entre a capacidade de abertura de boca com o grau de eficiência mastigatória.

Os dois períodos críticos, porém fisiológicos, que comprometem a eficiência mastigatória ocorrem com as trocas dentárias de incisivos decíduos por permanentes, aproximadamente aos 6 anos de idade, e com a substituição dos molares decíduos por pré-molares, por volta dos 10 anos de idade.

Esses dois períodos resultam num conflito entre a aquisição de funções estomatognáticas completas e a redução temporária no número de dentes, o que exige do indivíduo adaptações a essas mudanças estruturais.

Já o período da dentição mista (entre os 8 e 10 anos de idade), caracterizado pela ausência temporária de trocas dentárias, é uma fase em que a mastigação se encontra estável e eficientemente próxima da mastigação adulta ou madura, uma vez que não faltam elementos dentários, aumentando a área de contatos oclusais, extremamente importante na qualidade da função mastigatória.

Apenas por volta dos 14 anos de idade, quando a dentição permanente se encontra quase completa, com os segundos molares permanentes em fase de concluir a erupção, a eficiência mastigatória volta a aumentar.

Por volta dos 16-18 anos é que se atinge a máxima eficiência mastigatória esperada na dentição adulta madura e saudável.

Observa-se que o desenvolvimento da capacidade de abertura da boca ocorre por um período longo para atingir a plenitude.

Assim, influências positivas quanto negativas podem ocorrer durante esse processo, levando o SECN ao equilíbrio ou ao desequilíbrio funcional e/ou estrutural até a finalização do seu desenvolvimento.

A redução da abertura de boca na DTM é mais comum no período pós-ontogenético, mas no período ontogenético (indivíduo ainda em fase de crescimento) também pode ocorrer.

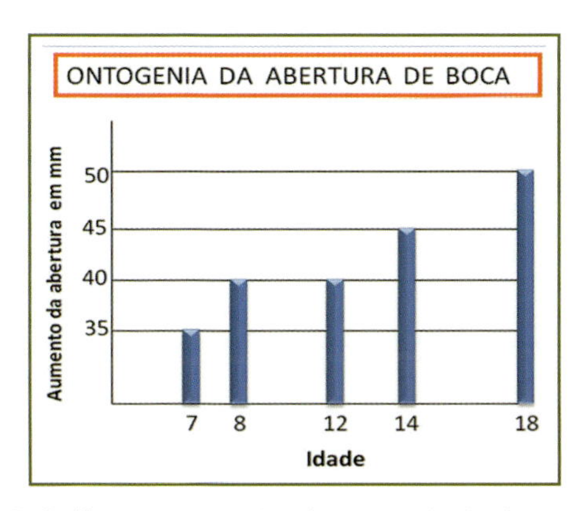

Figura 9.3: Gráfico representativo da ontogenia da abertura de boca.

Mastigação e aspectos psicoemocionais

A mastigação, além de prover a saciedade da fome e manutenção do indivíduo, corrobora também com o bem-estar psicoemocional. Para isso, ela deve ser realizada de forma consciente, em ambiente calmo e silencioso onde a pessoa se conecta com ela mesma, prestando atenção nos movimentos da mandíbula, dos músculos que estão atuando no momento, na sensação do movimento em si, da redução do tamanho do alimento, na sensação do preenchimento do vazio da boca, na deglutição, na sensação do corpo todo. É um momento do indivíduo com ele mesmo, de se perceber de se sentir. A mastigação deve ser feita de forma lenta, com muitos ciclos antes da deglutição, percebendo-se cada mudança que ocorre durante todo o processo de minimizar o tamanho dos alimentos, que compõem o bolo alimentar.

Além disso, o aroma e o sabor dos alimentos acompanham esse processamento, percepções sensoriais importantes na formação de memória de longo prazo sobre aquele momento da vida do individuo. Tempestades cerebrais estarão acontecendo, pois inúmeras vias neurais sensoriais e motoras estão sendo ativadas e processadas neste momento.

A mastigação feita de forma consciente dispara os comandos neurais voluntários, além dos involuntários, os quais ativam os mecanismos envolvidos na formação de memória de curto prazo e depois de longo prazo. Memória de curto prazo é aquela com duração de segundos ou minutos e a de longo prazo de horas, dias, semanas ou mais tempo (no mínimo de 24 horas). Por isso, é importante que a mastigação seja feita de forma lenta e consciente, pois pode corroborar com a manutenção do equilíbrio psicoemocional do indivíduo.

Referências

1. ANTONIO, A. G.; PIERRO, V. S. S.; Maia, L. C. Bruxism in children: A Warning Sign for Psychological Problems. *JCDA.*, v. 72, n. 2, 2006.
2. BEEK, M. Dynamic properties of the human temporomandibular joint disc. *J. Dent. Res.*, v. 80, p. 876-80, 2001.
3. BENNET, N. G. La contribuición al studio de los movimientos de la mandíbula. *Prac. Royal. Soc. Med.*, v. 1, 1907.

4. BOSMA, J. Maturation of Function of the Oral and Pharyngeal Region. *Am. J. Ortho.*, n. 49, p. 94-104,1963.

5. CAMARGO, M. A.; SANTANA, A. C.; CARA, A. A.; RODA, M. I.; MELO, R. O. N.; MANDETTA, S.; CAPP, C. I. Lado preferido da mastigação. Acaso ou oclusão? *Revista de Odontologia da Universidade Cidade de São Paulo,* v. 20, p. 82-6, 2008.

6. DE PIETRO, A. J. *Movimiento de Bennett,* Dental Clinics of North America. W. B. Saunders, Phil. Penn, 1963.

7. ENLOW, D. H. Facial growth and development. *Int. J. Oral. Myol.,* v. 5, p. 7-10, 1979.

8. FARELLA, M.; PALLA, S.; ERNI, S.; MICHELOTTI, A.; GALLO, L. M. Masticatory muscle activity during deliberately performed oral tasks. *Physiol. Meas.*, v. 29, n. 12, p. 1397-410, 2008.

9. FUGITA, Y.; MOTEGI, E.; NOMURA, M.; KAUAMURA, S.; YAMAGUCHI, D.; YAMAGUCHI, H. Habits of Temporomandibular Disorder Patients with Malocclusion. *Bull Tokyo dent. Coll.,* v. 44, p. 201-207, 2003.

10. GRABER, T. M. *Orthodontics: Principle and Practice.* 3ª ed. Philadelphia: Wb Sauders CO, 1972.

11. GUZMAN, E. E.; Kovalski, G. S. *Neurofisiologia de La Oclusión.* Ediciones Monserrate. Bogotá, Colombia, 1986.

12. HOCHMAN, N.; EHRLICH, Y.; YAFFE, A. Diagnosis and mode of treatment for "pseudo"-Class III patients and its effects on masticatory movements. *J. Oral. Rehabil.,* v. 23, n. 8, p. 541-7, 1996.

13. LINDEN, F. P. G. M. V. D. [Ed.]. *Desenvolvimento da Dentição.* São Paulo, Santos, 1986.

14. LIMA, M. V.; Soliva, H. *Reabilitação Dinâmica e Funcional dos Maxilares sem extrações,* 3ª ed. Rio de Janeiro, 1999.

15. MAEDA, T.; OCHI, K.; NAKAMURA-OHSHIMA, K.; YOUN, S. H.; WAKISAKA, S. The Ruffini ending as the primary mechanoreceptor in the periodontal ligament: its morphology, cytochemical features, regeneration, and development. *Crit. Rev. Oral. Biol. Med.,* v. 10, n. 3, p. 307-27, 1999.

16. MOLINA, O. F. *Fisiopatologia crâniomandibular.* São Paulo: Pancast, 1989.

17. PLANAS, P. *Reabilitação Neuro-Oclusal.* 2ª ed. Editora Médica e Científica Ltda,1988.

18. SIMÕES, W. A. *Ortopedia funcional dos maxilares. Através da Reabilitação Neuro-oclusal.* 3ª ed. São Paulo: Artes Médicas, 2003.

19. SPERANDÉO, M. L. A. *Ortopedia Funcional dos Maxilares.* São Paulo: Pancast, 1987.

Capítulo 10

COLUNA CERVICAL E SUAS RELAÇÕES COM AS ATMS

"O corpo humano se modifica a cada instante, assim como as dunas do deserto."

Para estudar as ATMs será necessário analisar suas relações com a cabeça e pescoço, além dos planos oclusais. As ATMS são constituídas de estruturas ósseas da mandíbula (cabeças da mandíbula) e da cavidade glenóidea dos ossos temporais. O osso temporal forma a caixa craniana juntamente com os ossos: Frontal, Parietais e Occipital. Este último forma a base posterior do crânio juntamente com os temporais, que se localizam mais lateralmente, e o occipital medialmente. A coluna cervical encaixa-se no forame magno do osso occipital.

Classificação da coluna cervical

- **Parte atípica:** Chamada de coluna cervical suboccipital e é formada pelas duas primeiras vértebras: C.1 ou Atlas, que se encontra exatamente sob o crânio e C.2 ou Áxis, ambas com forma e funcionamento específicos;
- **Parte típica:** É formada pelas vértebras cervicais de C.3 a C.7 e todas possuem as mesmas características.

Características das vértebras cervicais

- Um corpo pequeno*;
- Os seus discos têm 1/3 da espessura dos corpos*;
  (* Essas duas características garantem uma grande mobilidade cervical, mas a forma retangular dos corpos limita um pouco as inclinações laterais);
- As faces superiores salientam-se dos lados como se fossem "lábios";
- As faces inferiores são incisadas de tal forma que se correspondem. Essa forma óssea permite ao mesmo tempo a mobilidade, como também uma grande estabilidade;
- Os corpos são "calçados" lateralmente;
- As faces superiores são um pouco convexas e inclinadas para frente;
- As faces inferiores são um pouco côncavas e inclinadas para trás;
- As espinhas têm comprimentos variáveis: C.2 e C.7 são longas e as outras bem mais curtas, favorecendo a extensão da cabeça;
- O processo transverso nasce de duas raízes: uma ao lado do corpo e a outra no pedículo. Elas são largas e limitam pelo seu encontro as inclinações laterais;

- Essas duas raízes delimitam um orifício – o forame transverso – e depois, juntam-se, por fora, formando um pequeno sulco por onde passa o nervo espinhal;
- Os processos transversos cervicais estão, portanto, "furados", deixando passar (exceto C.7) a artéria vertebral que irriga em parte o encéfalo;
- Isso explica a especial importância que tem um bom alinhamento da coluna cervical;
- Os processos articulares apresentam as facetas superiores voltadas para cima e para trás, as inferiores para baixo e para frente;
- Estas se posicionam em um ângulo de 45° e, em consequência, a inclinação lateral sempre se combina a certa rotação, ou seja, do lado da inclinação a superfície articular se desloca para baixo e um pouco para trás e, no lado oposto à inclinação, desloca-se para cima e um pouco para frente;
- A conjunção dos dois movimentos produz uma rotação para o lado da inclinação. A mobilidade da parte típica da coluna cervical é importante para a flexão, extensão e rotação, e menos importante para a inclinação lateral.

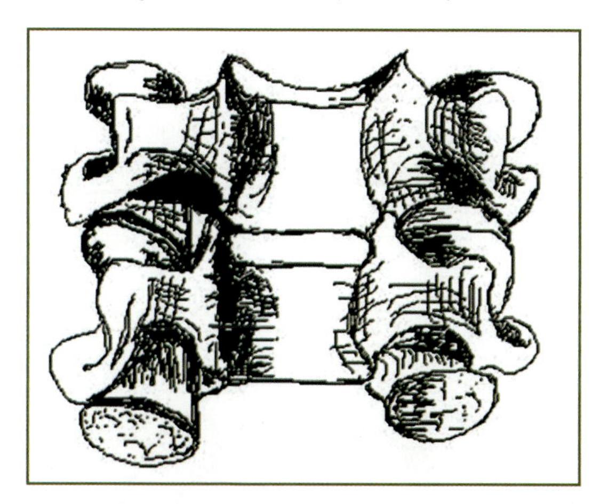

Figura 10.1: Representação esquemática das vértebras cervicais.

A coluna suboccipital é a parte mais alta da coluna cervical. Nessa região são produzidos os movimentos independentes da cabeça, como um "sim" ou um "não" leves. É formada por duas vértebras particulares: o Atlas e o Áxis.

O Atlas

É a primeira vértebra de cima para baixo, sua forma não é de fato de uma vértebra, tem a forma de um anel ósseo reforçado por dois maciços colaterais, chamados de massas laterais.

A parte da frente constitui o arco anterior (o Atlas não tem corpo). A parte de trás constitui o arco posterior (o Atlas não tem espinha). Lateralmente às massas laterais encontra-se o processo transverso, volumoso e com um forame por onde passa a artéria vertebral. O anel é dividido em dois pelo ligamento transverso do Atlas, que se fixa no interior das massas laterais. A parte anterior envolve o pivô da vértebra Áxis. A parte posterior constitui o forame vertebral, por onde passa a medula espinhal. As partes de cima e de baixo das massas laterais constituem as superfícies articulares pelas quais o Atlas se une, em cima, com o occipital e, embaixo, com o Áxis.

Kumar (1995) relata que a primeira vértebra cervical difere das outras, tanto filogenética como estruturalmente. Juntamente com as demais vértebras cervicais, é o principal suporte da cabeça, e influencia fisiologicamente a conexão com a mandíbula. O mesmo autor estabelece em seus estudos que há uma significante correlação entre a postura de cabeça e a morfologia craniofacial e características morfológicas da primeira vértebra cervical, podendo ser esta utilizada para predizer o padrão de crescimento craniofacial.

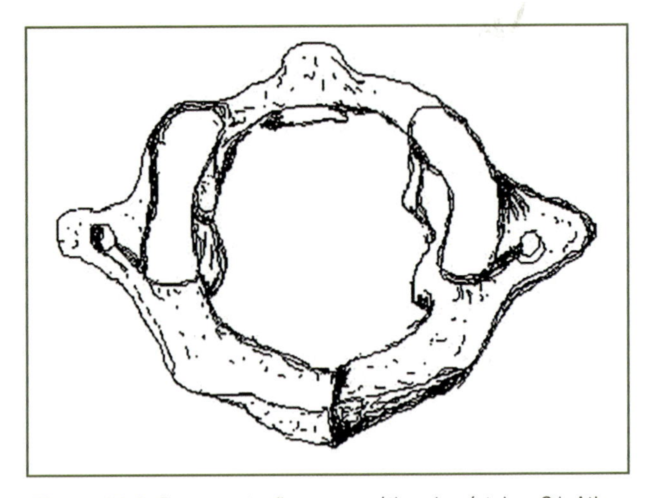

Figura 10.2: Representação esquemática da vértebra C1-Atlas.

O Occipital

O Occipital é um osso situado na parte de trás da base do crânio, tem um forame, que é a continuação do canal vertebral, por onde a medula espinhal penetra no crânio. De cada lado deste forame há uma superfície ovalar, convexa e recoberta por cartilagem, que corresponde a uma das massas laterais da cervical Atlas (C1). São chamados de côndilos do occipital. Em cima de cada massa lateral há também uma superfície ovalar, porém, côncava, recoberta por cartilagem. Todas essas superfícies se encontram sobre a curva de um mesmo círculo, cujo centro está no crânio. O conjunto é, portanto, como uma porção de esfera maciça que se articula com uma porção de esfera côncava. Isso permite movimentos em todos os sentidos, mas, na realidade, as superfícies estão limitadas, assim os principais movimentos se fazem em flexão e extensão ("sim, sim"), estando os demais fortemente impedidos pelos ligamentos. O Atlas é mantido sob o Occipital por uma cápsula bastante frouxa, com ligamentos nos quatro polos: um anterior, um posterior e dois colaterais. Além disso, outros ligamentos unem o Áxis ao Occipital e mantém, indiretamente, o Atlas entre o Áxis e o Occiptal.

Figura 10.3: Representação esquemática do Occipital, osso que forma a base posterior do crânio com seus côndilos laterais nos quais se encaixa o Atlas.

O Áxis

O Áxis é a segunda vértebra cervical e tem a forma típica de uma vértebra cervical com duas particularidades ósseas na parte de cima, que lhe permite articular-se com o Atlas. De cada lado do corpo encontra-se uma superfície ovalar convexa que corresponde à parte inferior de uma massa lateral do Atlas. Em cima do corpo do Áxis há um processo em forma de pivô: o processo odontoide ou "dente" do Áxis. Como um eixo, aloja-se na parte anterior do anel do Atlas.

Existem duas articulações ente o Atlas e o processo odontoide:

- A primeira está entre o arco anterior do atlas e a face anterior do processo odontoide.
- A segunda, entre o ligamento transverso do Atlas (que possui uma superfície articular anterior) e a face posterior do processo odontoide.

Assim, não há disco entre o Áxis e Atlas, mas duas articulações clássicas. As superfícies são convexas tanto no Atlas como no Áxis: elas não se encaixam. É uma dobradiça de mobilidade permanente. Desse modo, o Atlas se apoia sobre o Áxis e gira em torno de seu pivô: é neste nível que as rotações mais importantes se produzem (dizer "não, não").

Essas rotações põem em jogo quatro articulações:

- As duas articulações atlantoaxiais;
- As duas articulações atlantodontoides.

O eixo de articulação pode ser no processo odontoide como em uma das duas articulações atlantoaxiais.

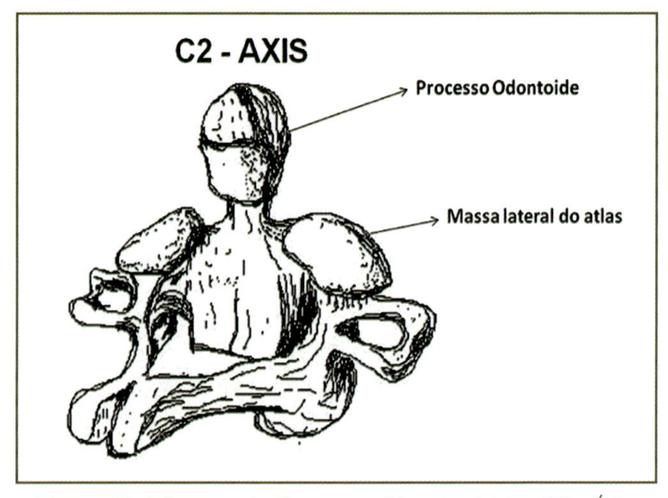

Figura 10.4: Representação esquemática da vértebra C2 – Áxis.

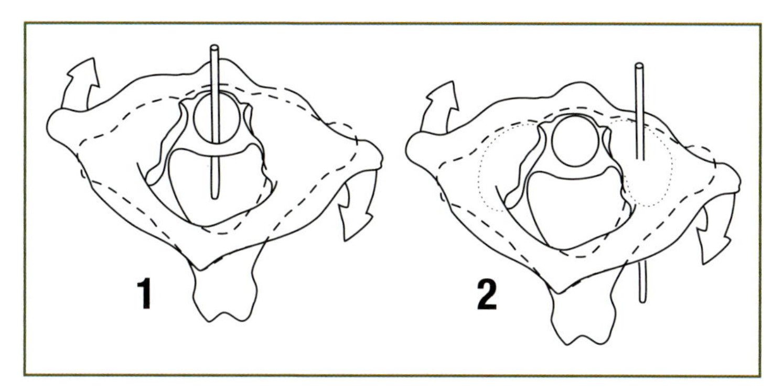

Figura 10.5: Em 1: o eixo da articulação está no processo odontoide e em 2: em uma das duas articulações atlantoaxiais (vista de cima) em movimento de rotação.

Os ligamentos que unem o Áxis ao Atlas são:

- Atlantoaxial anterior;
- Atlantoaxial posterior.

E o Áxis ao Occipital:

- Occipitoaxial;
- Occipitodontoide ou "suspensor do dente".

A coluna vertebral continua com a região torácica que apresenta doze vértebras, cinco lombares, o Sacro e o Cóccix.

O conjunto compõe uma série de curvas: sacro convexo para trás, região lombar côncava ou para trás (lordose), a torácica convexa ou para frente (cifose) e a cervical côncava (lordose).

Essas curvas variam de indivíduo para indivíduo. Olhando de frente as vértebras são cada vez mais volumosas, à medida que descem pela coluna.

A Vértebra

Cada vértebra apresenta duas partes principais:

- **Corpo vertebral:** é a parte anterior maciça da vértebra e tem a forma mais ou menos cilíndrica.
- **Arco vertebral:** é a parte posterior que compreende:
    - Dois pedículos implantados atrás do corpo;
    - Duas lâminas que se juntam simetricamente para trás prolongando-se em uma "projeção" óssea única: o processo espinhoso ou espinha.

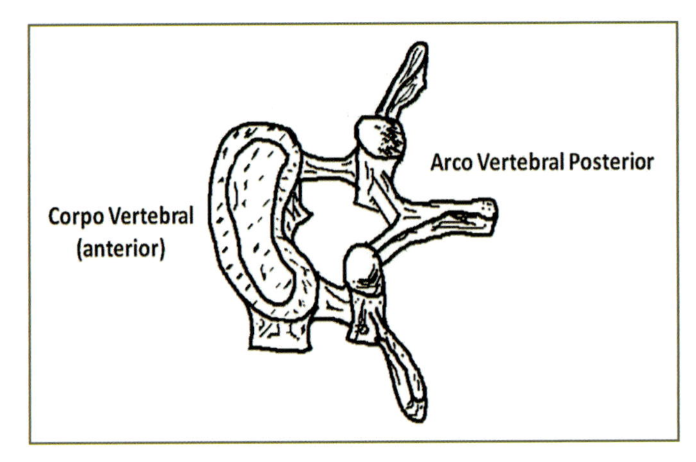

Figura 10.6: As duas partes principais de uma vértebra. O corpo vertebral, que fica na região anterior, e o arco vertebral na região posterior.

Em cada junção pedículo-laminar há um espessamento mais ou menos vertical: os processos articulares. Cada um suporta nas suas duas extremidades (superior e inferior) uma superfície articular cartilaginosa. Do mesmo processo articular sai uma projeção lateral: o processo transverso.

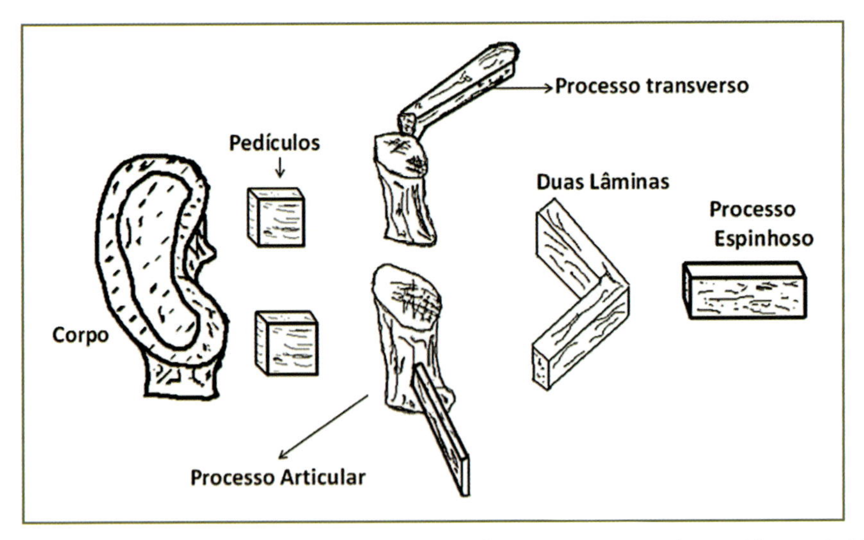

Figura 10.7: Representação esquemática de uma vértebra, como se estivesse "desmontada". O corpo vertebral, no qual se prendem os dois pedículos seguidos pelos processos transversos. As duas lâminas que se juntam formando uma única prolongação óssea: o processo espinhoso.

O arco posterior e a parte de trás do corpo delimitam o forame vertebral.

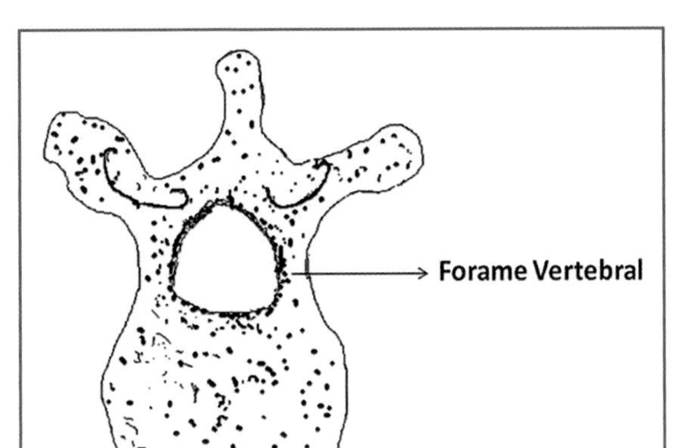

Figura 10.8: O arco vertebral posterior e a porção posterior do corpo delineiam o forame vertebral.

O empilhamento dos forames vertebrais forma como se fosse um tubo ósseo: o canal vertebral, por onde passa a medula espinhal.

Numa vista de perfil, a cada espaço intervertebral, os pedículos de duas vértebras superpostas limitam entre eles um espaço: o forame intervertebral, por onde passa cada nervo que sai da medula, simetricamente de cada lado.

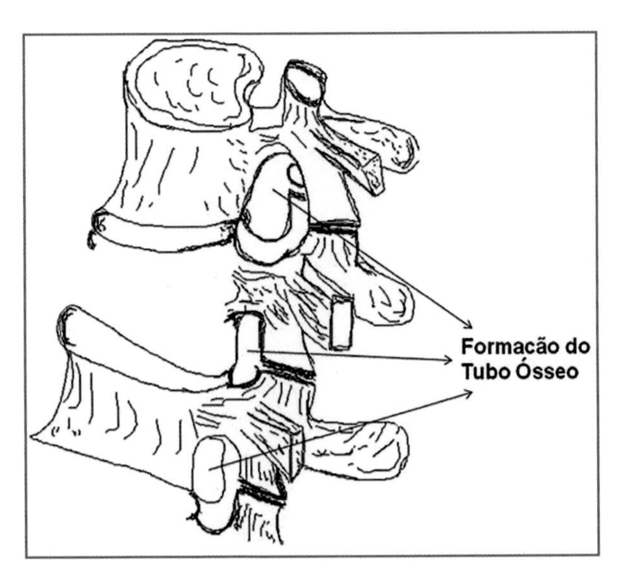

Figura 10.9: Vista de perfil do empilhamento dos forames vertebrais formando o tubo ósseo por onde passam os nervos que saem da medula, dos dois lados.

União entre as vértebras

Cada vértebra (com exceção da articulação Atlas/Áxis) se conecta com a outra seguinte por três articulações:

- Na frente, entre os corpos vertebrais há um disco intervertebral;
- Atrás, há as articulações zigoapofisárias (duas por espaço intervertebral), que são formadas pelas superfícies articulares situadas sobre os processos articulares. As superfícies inferiores da vértebra de cima correspondem às superfícies superiores da vértebra de baixo.

Essas superfícies articulares são pequenas e servem como guias para os movimentos.

Visto de cima, o disco aparece formado por duas partes:

- Uma região periférica, o anel ou ânulo fibroso que é formado por lâminas concêntricas de cartilagem fibrosa, dispostas como em uma fatia de cebola;
- Uma região central, o núcleo que é uma espécie de bola cheia de líquido gelatinoso.

O conjunto parece um amortecedor feito para suportar as grandes pressões, às quais as vértebras são submetidas.

A coluna vertebral é mantida nesse tipo de arranjo por meio de muitos e distintos ligamentos.

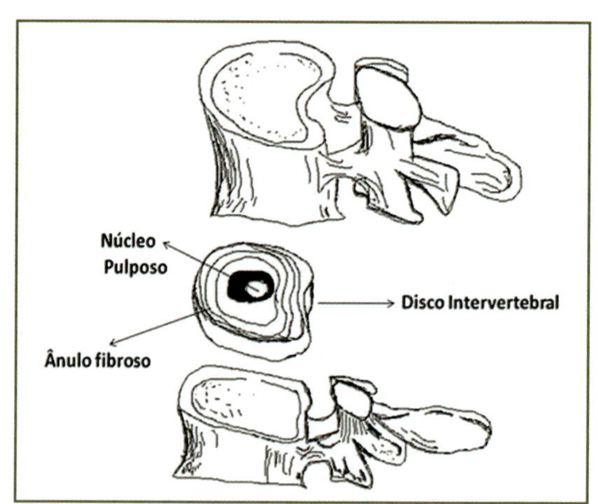

Figura 10.10: Vista de perfil a união entre as vértebras. Entre os corpos vertebrais há o disco intervertebral. O disco apresenta uma região periférica chamada de ânulo fibroso e uma central, o núcleo pulposo. Na região posterior há as articulações zigoapofisárias (duas por espaço intervertebral).

Ligamentos da coluna vertebral

Há três que funcionam como bandas contínuas do occipital ao sacro:

- **Ligamento longitudinal anterior:** à frente dos corpos vertebrais;
- **Longitudinal posterior:** situado atrás dos corpos;
- **Ligamento supraespinhal:** situado atrás das espinhas.

Os demais ligamentos são descontínuos, tais como:

- Entre duas lâminas tem-se: ligamento flavo ou amarelo (é elástico);
- Entre duas espinhas: ligamento interespinhal;
- Entre dois processos transversos: ligamentos intertransversários.

Há também outros ligamentos próprios a cada região.

Disco intervertebral "amortecedor"

As pressões chegam ao corpo vertebral através do disco intervertebral. O núcleo tende a repartir as pressões para todas as direções do espaço. As fibras do ânulo ficam então sob tensão, pois recebem pressões verticais e horizontais.

Todo o conjunto constitui um amortecedor fibro-hidráulico que funciona perfeitamente se permanecer hermeticamente fechado. Mas nem sempre é assim.

O disco é frágil e tende a envelhecer prematuramente devido às más condições mecânicas tanto em posição estática como em movimento, havendo frequentes pinçamentos.

O ânulo apresentará falhas por onde pode migrar o líquido do núcleo, comprimindo os tecidos presentes causando dores. Um exemplo: na região lombar baixa pode ocorrer a compressão do nervo ciático que leva a fortes dores.

Quando um indivíduo apresenta uma lordose lombar acentuada com compressão de nervos e sintomatologia dolorosa geralmente acompanhará uma lordose também acentuada na região cervical, podendo muitas vezes apresentar sintomatologia na região do pescoço, que pode estar ligada à disfunção de ATMs.

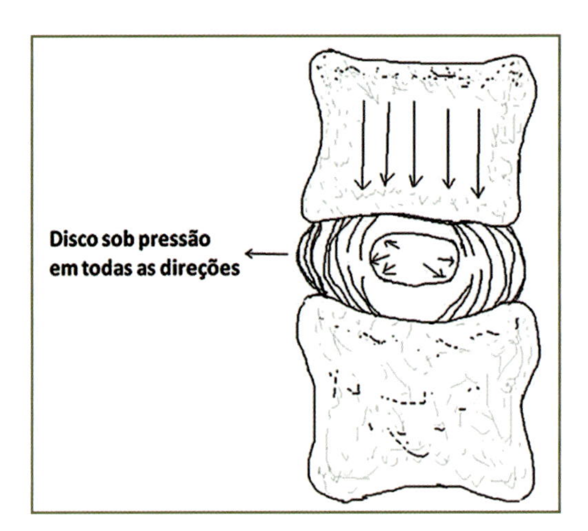

Figura 10.11: O disco intervertebral recebe pressões tanto verticais como horizontais.

O mecanismo de equilíbrio crânio-mandíbula, relacionados entre si por elementos musculares e articulares (articulação occipitoatlóidea, temporomandibular e oclusão dentária), pode ser observado nos movimentos simples, como o exemplo abaixo: com as arcadas dentárias em oclusão, deixe cair a cabeça livremente para trás.

Chegará um momento em que o movimento para. Faça agora uma abertura bucal e verá que a cabeça cairá mais para trás. Isto mostra a ação de freio que exercem os músculos da região anterior do pescoço nos movimentos de extensão da cabeça, e a última relação que ela tem com a posição postural da mandíbula e da unidade cabeça-pescoço.

Em consequência, toda ação ou condição que altere a atividade de um grupo de músculos relacionados afetará a musculatura mastigatória e, teoricamente pelo menos, a posição postural da mandíbula.

Assim, mudando a relação cabeça-tórax ou estando ambos em situações espaciais diferentes, ocorrerá forte influência na postura da mandíbula.

Postura

A Academia Americana de Ortopedia considera postura como o equilíbrio entre músculos e ossos, que protege as demais estruturas do corpo contra traumas, em quaisquer posições. A postura é um reflexo da eficiência do corpo em manter as estruturas e articulações em relações tais que exijam o mínimo de esforço e energia para exercer essas funções que lhe são propostas.

A postura não é uma situação estática, e sim dinâmica. As partes do corpo se adaptam constantemente aos mais variados estímulos recebidos, refletindo as experiências momentâneas. Para a manutenção da postura correta exigem-se tônus muscular adequado e flexibilidade, pois os músculos têm continuamente que trabalhar contra a gravidade e em harmonia uns com os outros. Assim, a má postura gera compensações em diversos grupos musculares, comprometendo as várias funções exercidas por eles.

Souchard (1990) afirma que a manutenção do equilíbrio é fundamental e a desorganização de um segmento do corpo implicará uma nova organização de todos os outros, assumindo então uma postura compensatória, a qual também influenciará as funções motoras dependentes.

Pode-se fazer uma relação entre os distúrbios oclusais e a postura do paciente, como por exemplo:

- ➔ Oclusão com retrusão mandibular: onde os incisivos estão orientados para frente, ocorre uma anteriorização da cabeça e do tronco, com um ajuste em membros inferiores em posterioridade.
- ➔ Oclusão com protrusão mandibular: são representadas pelos progênicos e levam a uma retificação da coluna como um todo e posteriorização do indivíduo (BRICOT, 2004).
- ➔ As oclusões cruzadas unilaterais representam uma das causas principais dos distúrbios tridimensionais da postura (escoliose) (BRICOT, 2004).

Desta maneira, as maloclusões com retrusão mandibular alteram a posição da cabeça e dos ombros para frente, e as maloclusões com protrusão mandibular deslocam o maciço cefálico para trás.

Postura cervical

Rocabado (1984) refere que a posição ideal da cabeça no espaço depende de três planos:

- ➔ Plano bipupilar;
- ➔ Plano ótico; e
- ➔ Plano transversal oclusal.

Estes três planos mantêm entre si uma relação horizontal e paralela que assegura a estabilidade postural do crânio. Por meio da ação de mecanorreceptores da parte superior da coluna cervical e da ATM, a posição entre os três planos mantém-se regulada.

Para manter a posição ortostática são necessários músculos cervicais posteriores bem desenvolvidos que mantém o peso da cabeça contra a gravidade, sendo os de maior importância o esternoclidomastóideo e os elevadores da escápula.

Os músculos da região posterior do corpo são mais potentes e fortes do que os da região anterior. A ação destes grupos musculares é que mantém a postura corporal e produz movimento. O equilíbrio da cabeça depende da região posterior, dos músculos suboccipitais, que relacionam o crânio com a coluna cervical e a cintura escapular.

Octógono da prioridade funcional

O Princípio da Prioridade Funcional diz respeito ao desempenho sequencial das estruturas anatômicas organizadas, para a melhor sincronização de espaço e tempo, de acordo com o sexo, a idade e seus mecanismos de crescimento e desenvolvimento. A prioridade funcional é soberana, promovendo o melhor momento de ação e inibição pelas vias mais curtas. A organização sincronizada da sequência deste desempenho é o dispositivo de segurança para manter ou determinar a função mais adequada, com maior rendimento e mínimo esforço.

Os mecanismos posturais da cabeça, pescoço, articulações, língua e mandíbula são mantidos pela tonicidade dos músculos cervicais, da mastigação, supra e infra-hióideos. A posição da cabeça está relacionada à posição da mandíbula, podendo modificar o ritmo e a força mastigatória. Os fusos neuromusculares do pescoço seriam os principais responsáveis. Outros fusos se agrupam em maior número nos músculos elevadores que nos músculos depressores para o controle da posição da mandíbula. A função de postura, ou séries de posturas – movimento da mandíbula – está relacionada com a língua. Os movimentos da língua acompanham as alterações do osso hioide durante a fonação ou a deglutição. Os movimentos funcionais da mandíbula e da língua estão inter-relacionados. As posições das ATMs, língua, mandíbula, pescoço, cabeça, coluna vertebral, região infra-mandibular e passagem de ar estão também inter-relacionadas, caracterizando o Octógono da Prioridade Funcional. Esta interação anátomo-funcional permite que as funções possam ocorrer no ritmo adequado com melhor desempenho funcional.

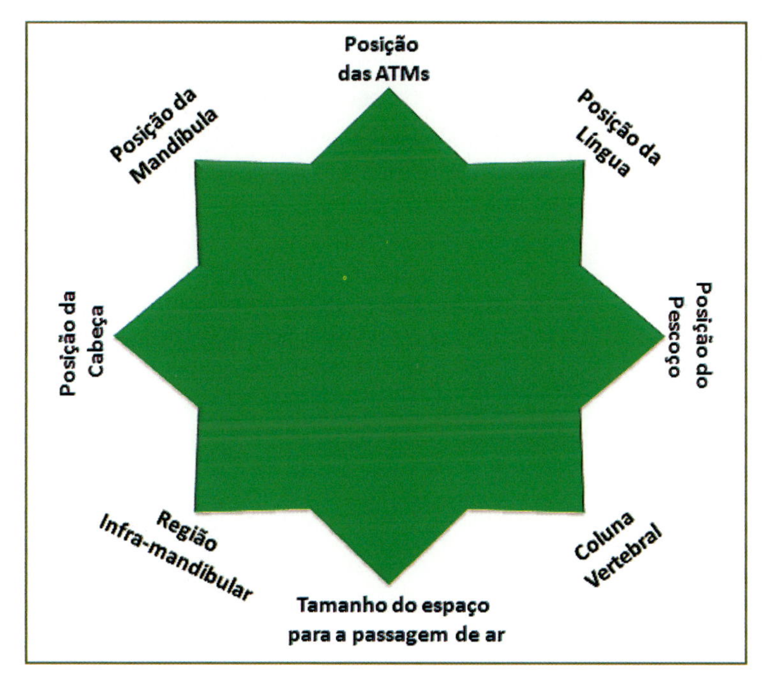

Figura 10.12: Representação do Octógono da Prioridade Funcional do SECN.

Relação entre SECN e postura cervical

De acordo com BRICOT (2004), o SECN faz parte integrante do sistema postural devido a:

- O aparelho estomatognático é o traço de união entre as cadeias musculares: anterior e posterior;
- A mandíbula e a língua estão diretamente ligadas à cadeia muscular anterior;
- Existem conexões nervosas entre os núcleos dos nervos e aferências do SECN para as formações que intervêm no equilíbrio tônico postural.

Concluindo-se que:

- Os desequilíbrios do SECN descompensam o sistema tônico postural;
- Os desequilíbrios do sistema tônico postural perturbam o sistema estomatognático.

Ressalta-se ainda:

- O SECN está diretamente conectado ao sistema muscular através do osso hioide, que tem papel de pivô, fundamental;
- Conectado também aos músculos que são o contra-apoio da oclusão e deglutição: esternocleidomastóideos, trapézio e peitorais;
- Desta forma, todo desequilíbrio do aparelho mastigatório poderá, através destas vias, repercutir sobre o conjunto do sistema tônico postural.

Então, é de suma importância que o profissional da Área tenha a visão do SECN refletido no todo do organismo. Ou seja, o sistema bucal está inteiramente coordenado com os demais sistemas responsáveis pela manutenção da postura do indivíduo.

Referências

1. BELLUGUE, P. *Introduction à l'étude de la forme humaine, anatomic plastique et mécanique.* Librairie Maloine, 1963.
2. BORDIER, G. *Anatomie appliquée à la danse.* Ed. Amphora/sports, 1984.
3. BRACCIALLI, L. M. P.; VILARTA, R. Postura corporal: reflexões teóricas. *Rev. Fisioter Mov.,* v. 14, n. 1, p. 65-71, 2001.
4. BRICOT, B. *Posturologia.* 2ª ed. São Paulo: Ícone, 2004.
5. BRIEND, J. *La reeducation fonctionnelle musculo-articulaire.* Ed. Vigot, 1955.
6. BRIZON, J.; CASTAING, J. *Les feuillets d'anatomie.* Librairie Maloine, 1967.
7. CALAIS-GERMANIN, B. *Anatomia para o movimento.* Ed. Manole, v. 1, 1992.
8. CASTAING, J. *Anatomie fonctionnelle de l'appareil locomoteur* – cahiers sur: le complexe de l'épaude, la hanche, la prono-supination, les doigts 2, 3, 4, 5. Ed. Vigot, 1979.
9. CASTAING, J.; SANTINI, J. J. *Anatomie fonctionnelle de l'appareil locomateur.* le rachis. Ed Vigot, 1960.
10. DOLTO. *Le corps entre les mains.* Ed. Hermann, 1976.
11. GOMES, M. S. C. A relação entre a postura da coluna cervical e o mecanismo do osso hioide. Monografia-Centro de Especialização em Fonoaudiologia Clínica. São Paulo, 1999.
12. KAPANDJI, A. *Fisiologia articular* – 3 vols. Ed. Manole, 1990.

13. KHALE, W.; LEONHARD, H.; PRATZE, W. *Anatomie* – tome I: Flammarion, 1992.

14. LACÔTE, M.; CHEVALIER, A. M.; MIRANDA, A.; BLETON, J.; STEVENIN, P. *Avaliação clínica da função muscular.* Ed. Manole, 1987.

15. MAGEE, D. J. *Avaliação musculoesquelética.* Tradução de: Nélson Gomes de Oliveira. 3ª ed. Barueri: Editora Manole; 2002, p. 837. [Título original: Orthopedic Phisical Assessment].

16. MOREAUX, A. *Anatomie artistique de l'homme.* Lib. Maloine, 1996.

17. MOYERS, R. E. Análise da musculatura mandibular e bucofacial. In: MOYERS, R. E. *Ortodontia.* 4ª ed. Rio de Janeiro: Guanabara Koogan; 1991, p. 167-86.

18. ROCABADO, S. M. Analisis biomecanico craneo cervical através de uma telerradiografia lateral. *Rev. Chil. Ortodont.,* p. 1: 45. 1984.

19. ROCABADO, SM. *Cabeza y cuello – Tratamento articular.* Buenos Aires: Inter Médica Editorial; 1979.

20. SIMÕES, W. *Ortopedia Funcional dos maxilares: Através da Reabilitação Neuro-Oclusal.* 3ª ed., São Paulo: Artes Médicas, 2003. 1001 p.

21. SOBOTTA. *Atlas d'anatomie.* Librairie Maloine, 1977.

22. SOUCHARD, P. E. *Reeducação postural global.* São Paulo: Ícone, 1990.

23. VANDERVAEL, F. *Analyse des mouvements du corps humain.* Libraire Maloine/ed. Desoer, 1966.

Capítulo 11

ARTICULAÇÃO TEMPOROMANDIBULAR

"A Articulação Temporomandibular é ainda um terreno obscuro na ciência odontológica."

As Articulações Temporomandibulares (ATMs) são articulações diartrodiais típicas, do ponto de vista morfológico e funcional. Um único osso (mandíbula) se articula em duas regiões: lado direito e esquerdo com o osso temporal. São também sinoviais, ou seja, os ossos articulares são separados por um menisco ou disco articular e, a articulação é revestida por uma cápsula que produz um líquido lubrificante, o líquido sinovial.

Os elementos anátomo-histológicos das ATMS

- Superfícies condilares da mandíbula ou cabeças da mandíbula.
- Ossos temporais: Cavidade glenóidea e eminência articular. Os côndilos e a eminência articular são cobertos por uma fina camada de osso compacto, mas são constituídos por osso esponjoso. A porção anterior dos côndilos e a região correspondente da eminência são cobertas por tecido conjuntivo fibroso espesso por serem regiões funcionais, onde há maior concentração de forças.
- Menisco ou disco articular que é formado por tecido conjuntivo colágeno fibroso denso. Este divide a cavidade articular em dois compartimentos: superior (têmporo-meniscal) e inferior (menisco-condílico), os quais contêm líquido sinovial. Seu centro é estreitado e as extremidades são mais largas, sobretudo a extremidade posterior. A região mais espessa do menisco, a extremidade posterior, corresponde à parte mais profunda da cavidade glenóidea e a protege contra as forças exercidas sobre a articulação. O disco conecta-se à capsula articular em todas as direções, exceto na extremidade anterior. Nessa região o disco se conecta ao tendão do feixe superior do músculo pterigóideo lateral. O bordo posterior do disco se conecta à cápsula por meio de tecido conjuntivo espesso, frouxo, que permite os movimentos para frente do disco, quando o músculo pterigóideo lateral se contrai. Dessa maneira, quando o músculo pterigóideo lateral é contraído, ocorre o deslizamento do disco e da cabeça da mandíbula em direção anterior (abertura da mandíbula) Ou seja, côndilo e disco vão em direção à eminência articular. Então, durante todo o percurso de abertura da boca, o côndilo e o menisco mantêm sempre a mesma relação de centricidade. O côndilo permanece se relacionando com a parte central mais estreita do menisco. Dessa forma a fisiologia articular é preservada. Posteriormente, o disco divide-se em duas partes.
- Região retromeniscal ou Zona Bilaminar, formada por dois feixes de ligamentos, um extrato superior e outro inferior, daí a denominação também de Zona Bilaminar. O feixe superior é delimitado por uma lâmina de tecido conjuntivo que contém muitas fibras elásticas ligando o menisco ao osso temporal, e o

feixe inferior, composto principalmente de fibras colágenas que se conecta, ao colo do côndilo. Esses dois extremos do disco unem-se à cápsula articular. Esta região é rica em vasos sanguíneos, nervos e receptores neurais que nutrem a articulação. Ela é irrigada pela artéria temporal superficial, timpânica anterior e artérias auriculares profundas. É inervada pelo nervo auriculotemporal. A porção intermediária da Zona Bilaminar contém um arcabouço para os vasos, sendo dominado por um grande plexo de veias em cujas paredes estão inseridas as fibras elásticas. Lesões nestas regiões causadas por distensões, traumas ou pressão podem conduzir a uma luxação do disco e uma disfunção temporomandibular que podem ou não ser acompanhadas por alterações degenerativas. Em determinados casos de traumas em que ocorre a perfuração da Zona Bilaminar, podem acarretar problemas na articulação, como, por exemplo, uma osteoartrose;

➔ Cápsula articular é uma membrana fibrosa que se estende desde o colo do côndilo, à certa distância da face articular, até a periferia externa da cavidade glenóidea. Funciona como um envelope fibroso que envolve os elementos articulares.

➔ Ligamentos: Ligamento Temporomandibular Lateral – consiste em dois curtos fascículos estreitos. Está inserido acima no arco zigomático e abaixo na face lateral do colo da mandíbula.
  - Ligamento Esfenomandibular: é uma faixa fina e achatada que se localiza medial à cápsula. Está inserido na espinha do esfenoide e abaixo na língula do forame mandibular.
  - Ligamento Estilomandibular: posterior à cápsula, insere-se no processo estiloide e na margem posterior do ângulo da mandíbula. Os ligamentos têm a função de controlar os movimentos da mandíbula, para que estes não sejam exagerados e causem algum dano ao complexo articular.

Tecido conjuntivo

O tecido conjuntivo é de origem mesodérmica, caracteriza-se por preencher os espaços intracelulares e a importante interfase entre os demais tecidos, dando-lhes sustentação e conjunto. Além da função de preenchimento dos espaços entre os órgãos e manutenção, toda a diversidade do tecido conjuntivo em um organismo desempenha importante função de defesa e nutrição.

Morfologicamente, apresenta grande quantidade de material extracelular (matriz) e é constituído por uma parte não estrutural, denominada de substância estrutural amorfa, e por outra porção fibrosa.

A substância amorfa

É formada por: água, polissacarídeos e proteínas. Pode assumir consistência rígida, como, por exemplo, no tecido ósseo; e mais líquida, como é o caso do plasma sanguíneo.

A porção fibrosa

É constituída por fibras que são de natureza proteica e distribuem-se conforme o tecido em:

- **Colágenas**: fibras mais frequentes do tecido conjuntivo formadas pela proteína colágena de alta resistência (coloração esbranquiçada),
- **Elásticas**: fibras formadas fundamentalmente pela proteína elastina, possuindo considerável elasticidade (coloração amarelada),
- **Reticulares**: fibras com reduzida espessura, formada pela proteína chamada reticulina, análoga às colágenas.

Tipos de tecido conjuntivo

- **Tecido Conjuntivo Frouxo:** Caracteriza-se pela presença abundante de substâncias intercelulares e relativa quantidade de fibras, frouxamente distribuídas. Nesse tecido estão presentes todas as células típicas do tecido conjuntivo: os fibroblastos ativos na síntese proteica, os macrófagos com grande atividade fagocitária e os plasmócitos na produção de anticorpos.
- **Tecido Conjuntivo Denso:** Denominado de tecido conjuntivo fibroso, apresenta grande quantidade de fibras colágenas, formando feixes com alta resistência à tração e pouca elasticidade. É tipicamente encontrado em duas situações: formando os tendões, mediando a ligação entre os músculos e os ossos; e nos ligamentos, unindo os ossos entre si.
- **Tecido Conjuntivo Cartilaginoso:** O tecido cartilaginoso, desprovido de vasos sanguíneos e nervos, é formado por células denominadas condroblastos e condrócitos. O condroblasto sintetiza grande quantidade de fibras proteicas, e com gradual redução de sua atividade metabólica passa a ser denominado condrócito.

- **Tecido Conjuntivo Ósseo:** Bem mais resistente que o tecido cartilaginoso, o tecido ósseo é constituído de uma matriz rígida, formada basicamente por fibras colágenas e sais de cálcio e vários tipos de células: osteoblastos, osteócitos e osteoclastos. Os osteoblastos são células ósseas jovens, existentes em regiões onde o tecido ósseo se encontra em processo de formação, originando os osteócitos que armazenam cálcio. Os osteoclastos, por sua vez, são células gigantes que promovem a destruição da matriz óssea.

Região retromeniscal

- O Extrato Superior da Região Bilaminar que prende o menisco ao osso temporal é rico em elastina, permitindo a elasticidade para o menisco se deslocar para frente, junto com o côndilo em translação. Além disso, é rico em vasos e receptores neurais.
- O Extrato Inferior da Região Bilaminar que prende o menisco ao colo do côndilo não tem a mesma composição, ou seja, possui fibras colágenas (de alta resistência), pois para a translação do côndilo para frente, o menisco sofre rotação para trás, portanto, essa parte não sofre distensão. É rico também em vasos e nervos.

Não há cápsula na região anterior da ATM, isso explica porque uma translação do côndilo além dos limites fisiológicos provocaria agressão ao músculo pterigóideo externo e aos tecidos sinoviais, causando até dor e disfunções. O menisco une-se à cápsula posterolateralmente; na parte anterior com o Músculo Pterigóideo Externo (MPE) que se insere no colo do côndilo. Na região retromeniscal há tecido conjuntivo elástico frouxo, nervos e vasos.

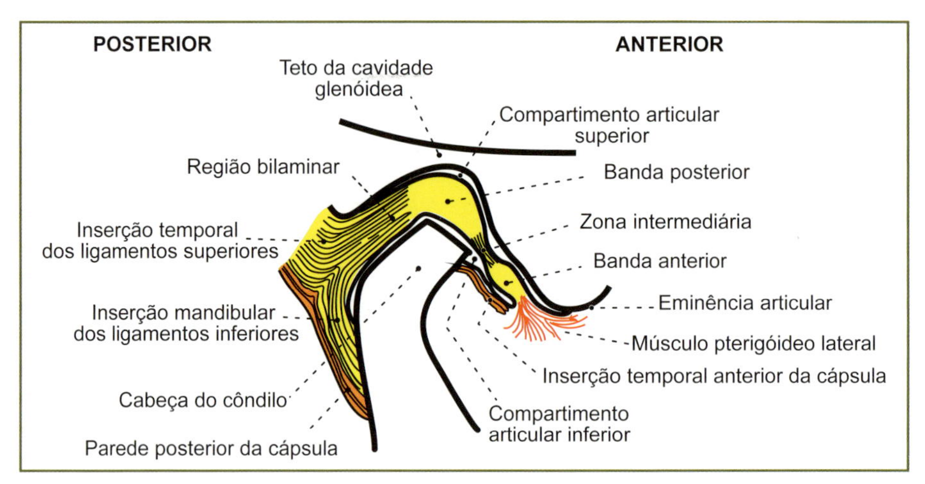

Figura 11.1: Corte frontal esquemático da ATM de humano evidenciando a cavidade glenóidea, menisco com a banda anterior, zona intermediária e banda posterior, e côndilo. Esses três componentes dividem a cavidade articular em dois compartimentos: o compartimento articular superior e o inferior. A eminência articular e os feixes superior e inferior do músculo pterigóideo externo. Região bilaminar ou retromeniscal com os dois feixes de ligamentos com inserção temporal superior e a inserção mandibular inferior, e parede posterior da cápsula articular.

Na contração do MPE ocorre o deslocamento da cabeça do côndilo e do menisco na direção anterior. Assim, na abertura, primeiro há contração do feixe superior e o menisco se desloca antes do côndilo, não excedendo a 7mm, depois ocorre a contração do feixe inferior, o que confere sempre a mesma relação entre côndilo, menisco e eminência.

Quando em PIM o côndilo fica com sua parte posterior na região central do disco, côndilo e menisco movimentam-se coordenadamente para o desempenho fisiológico das ATMs.

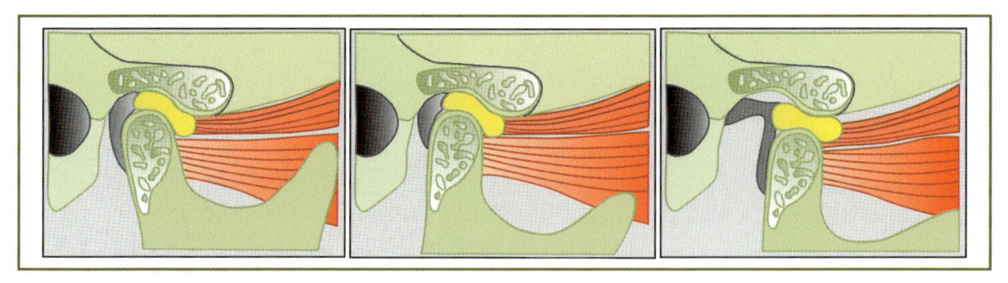

Figura 11.2: Representação esquemática fisiológica da ATM humana com a boca fechada e aberta. Com a boca fechada o côndilo se relaciona com a região central do menisco. Essa relação deve ser mantida durante toda a abertura da boca e a eminência articular limita a abertura máxima da mandíbula. O côndilo, na abertura máxima, não ultrapassa a eminência. Se isso acontecer caracteriza uma sub-luxação da mandíbula, e é patológica.

Movimentos do côndilo

Os movimentos do côndilo são de Rotação e Translação, que podem ser de:

- ➔ Balanço só do colo;
- ➔ Escorregamento só da cabeça;
- ➔ Giro do corpo todo do côndilo.

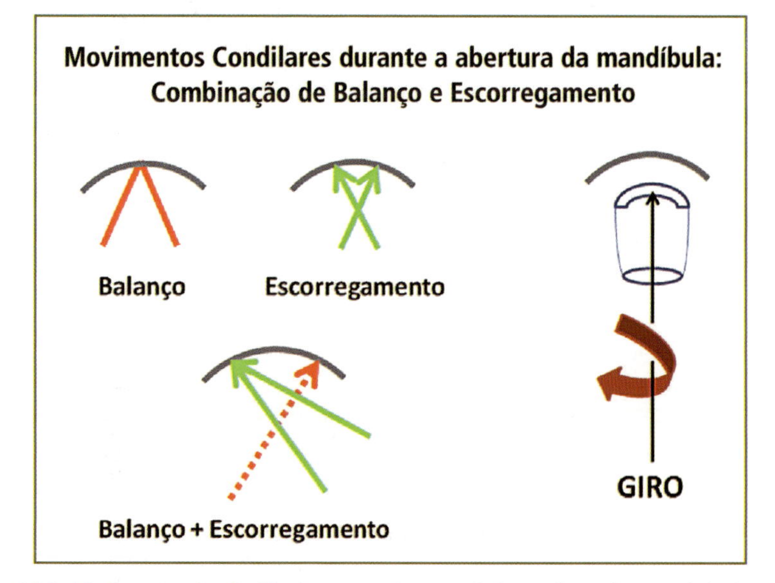

Figura 11.3: Movimentos do côndilo durante a abertura da boca. O movimento de balanço se dá no sentido vertical, onde o côndilo não desliza, se mantém em um ponto fixo e balança sobre si mesmo. No escorregamento ele não se mantém no mesmo ponto e escorrega dentro da cavidade articular, fazendo a rotação durante a abertura. À medida que a boca vai se abrindo mais, o côndilo escorrega no sentido horizontal. O giro é um pequeno movimento no corpo do côndilo.

A mandíbula, com um movimento bem pequeno, provoca na altura do corpo todo do côndilo um movimento giratório. Este movimento é muito menor em extensão e ocupa muito menos tempo que os outros.

Os movimentos mandibulares têm componentes de rotação em torno de eixos verticais e horizontais.

Neurofisiologia articular

- Na cápsula e ligamentos retromeniscais são encontradas terminações nervosas, porém não nas superfícies articulares e menisco.
- Os receptores presentes são: Vater Pacini, Ruffini, Golgi, fusos neuromusculares e terminações livres da dor.
- A informação sensorial das ATMs é responsável pelo ritmo dos movimentos mandibulares durante a mastigação.
- Os receptores da cápsula articular são responsáveis pelo controle da postura e dos movimentos mandibulares.
- Os movimentos mastigatórios também dependem da informação periodontal. Os receptores periodontais detectam a presença do bolo alimentar, impondo, assim, a força necessária para a trituração deste.

Dores nas ATMs

- A dor nas ATMs pode ter origem em: periósteo, osso subcartilaginoso esponjoso, cápsula articular, ligamentos e membrana sinovial.
- Quando o problema está na sinóvia ou no osso, a dor é mal localizada.
- Nos ligamentos, músculos ou cápsula a dor pode ser aguda ou surda, bem ou mal localizada.
- A principal causa de dor nas disfunções mandibulares tem origem nos MÚSCULOS.

Inervação das ATMs

- **Nervo auriculotemporal:** parte lateral e posterior da cápsula.
- **Nervo masseterino e temporal profundo:** parte anterior da cápsula.
- **Nervo auriculotemporal e Nervo masseterino:** parte medial da cápsula.

Mobilização do cálcio no organismo

O osso possui 99% da concentração do Cálcio corpóreo, enquanto o sangue e os tecidos concentram apenas 1%. Esta pequena concentração, no entanto, deve permanecer constante para que a contração muscular, secreções, transmissão de impulsos nervosos, adesão celular e outros fenômenos possam ocorrer normalmente.

A entrada de cálcio ocorre primeiramente na alimentação, passando ao sangue até chegar aos ossos e demais tecidos.

Há dois mecanismos de mobilização do cálcio entre os ossos e os outros tecidos para deixar a concentração de cálcio constante no organismo:

1. O mecanismo ocorre por transferência direta de íons Cálcio da hidroxiapatita para o sangue por causa da forte ligação desta molécula com as lamelas ósseas. Este processo ocorre mais facilmente em ossos esponjosos.
2. No processo, a paratireoide produz o paratormônio e a tireoide produz a calcitonina. Quando a concentração de cálcio no sangue está baixa, o paratormônio é produzido e faz com que o número de osteoclastos aumente, para que a absorção óssea também aumente. Esta absorção faz com que seja liberado o fosfato de cálcio antes armazenado no osso. O fosfato vai para os rins, enquanto o cálcio vai para o sangue, aumentando a calcemia. Entra em ação a calcitonina produzida na tireoide para abaixar a calcemia sanguínea.

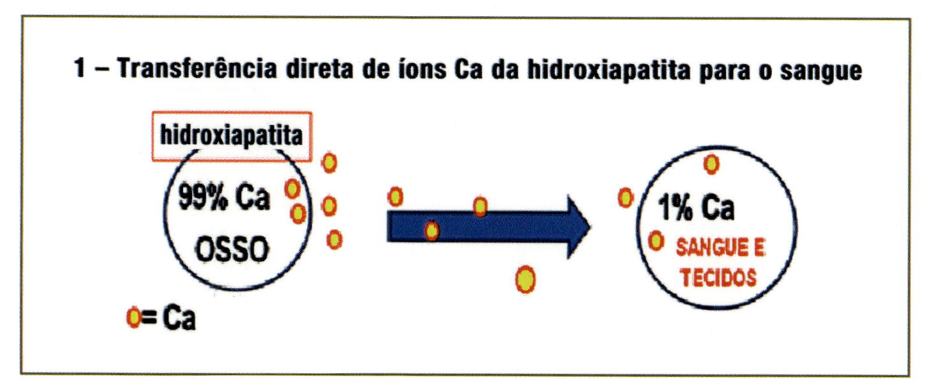

Figura 11.4: Mecanismo de mobilização do cálcio por transferência direta de íons Ca da hidroxiapatita do osso (99%de concentração) para o sangue e tecidos (1% de concentração).

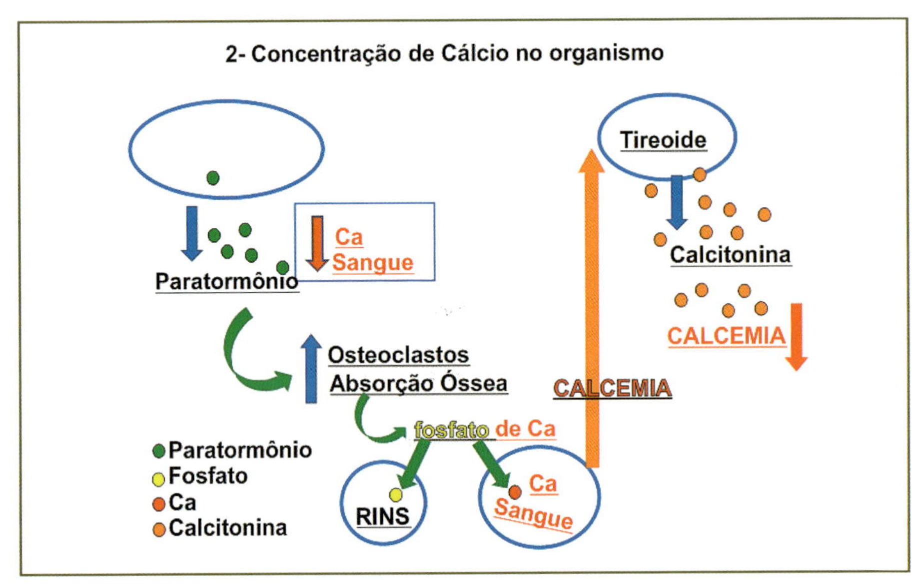

Figura 11.5: Mecanismo de mobilização do cálcio via glândulas: paratireoide e tireoide. Quando a concentração de cálcio está baixa, a paratireoide produz o paratormônio aumentando o número de osteoclastos (células que reabsorvem osso), aumentando também a absorção óssea. Com isso ocorre a liberação do fosfato de cálcio. O fosfato vai para os rins e o cálcio para o sangue, aumentando a calcemia.O aumento da calcemia estimula a tireoide a liberar a calcitonina que reduz a calcemia, equilibrando a concentração de cálcio no organismo.

Constituição histológica das ATMs

Tanto a cavidade glenóidea do osso temporal como o côndilo da mandíbula apresenta tipo de ossificação endocondral com a seguinte constituição histológica:

1. **Camada Superficial (zona de repouso):** é constituída por tecido conectivo circundante que recobre a superfície articular dos ossos formando uma camada de fibrocartilagem protetora.
   Abaixo dessa camada tem-se:
2. **Camada Proliferativa ou Intermediária (zona de proliferação):** é constituída por uma camada estreita de células indiferenciadas, mesenquimais, responsável pelo remodelamento.
   Abaixo dessa tem-se:

3. **Camada Profunda de cartilagem fibrosa (zona hipertrófica):** é constituída por neoformação de matriz de fibrocartilagem. Essa matriz será gradualmente substituída por osso haversiano ou não haversiano de acordo com as solicitações funcionais.
   Abaixo dessa tem-se:
4. **Osso Compacto (zona de calcificação):** osso já calcificado.
   Abaixo dessa tem-se:
5. **Osso Esponjoso.**

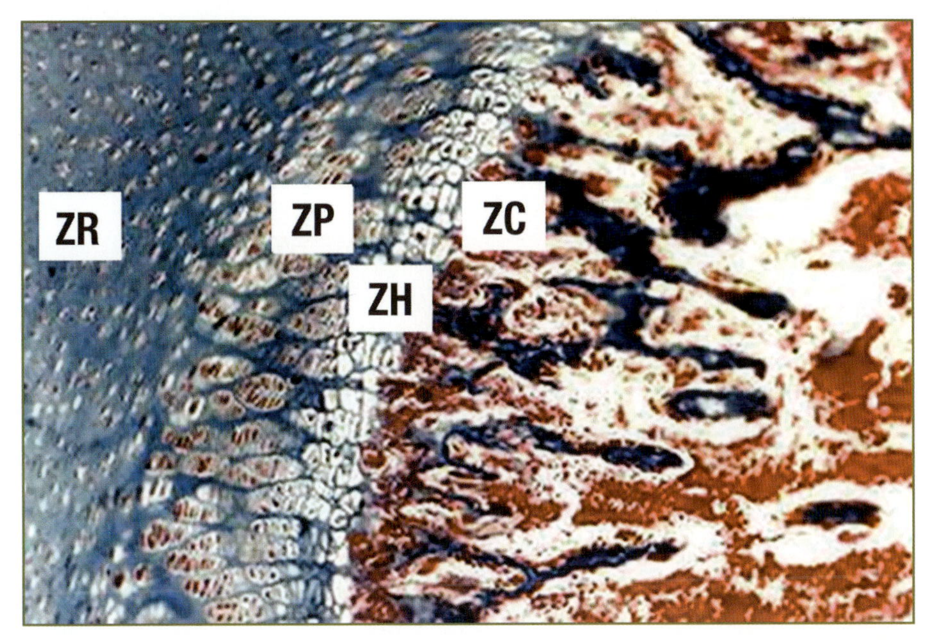

Figura 11.6: Ossificação endocondral: ZR = Zona de repouso, camada que recobre o côndilo, ZP = Zona de proliferação, células mesenquimais indiferenciadas, ZH = Zona hipertrófica, células diferenciadas que formam a matriz de fibrocartilagem e ZC = Zona de calcificação, osso já calcificado.

O tecido ósseo é conjuntivo modificado recoberto por periósteo, que é também uma camada de conjuntivo responsável pelo crescimento em espessura e pela reparação óssea. O tecido ósseo tem capacidade constante de formação, aposição e reabsorção durante toda a vida da pessoa. É, portanto, capaz de remodelar-se durante toda a vida.

As ATMs têm a capacidade de se adaptar ou de se remodelar de acordo com as demandas funcionais. Os elementos que influenciam a adaptação das ATMs:

- Estímulos externos ao organismo;
- Estímulos locais, intrínsecos do meio envolvente das ATMs, e estes podem ser influenciados pelos externos e ou sistêmicos.

O remodelamento fisiológico e patológico das ATMs ocorre de forma gradual, não havendo uma divisão exata entre as duas situações.

Assim, de um mecanismo de adaptação fisiológico as ATMs podem gradualmente ir passando para um mecanismo de adaptação patológico. Portanto, esse sistema articular passa de um **equilíbrio fisiológico** para uma situação de **equilíbrio patológico**, que gradualmente passará para uma situação de **desequilíbrio patológico**, podendo gerar uma desordem craniomandibular **(DCM)** ou Desordem Temporomandibular **(DTM)**.

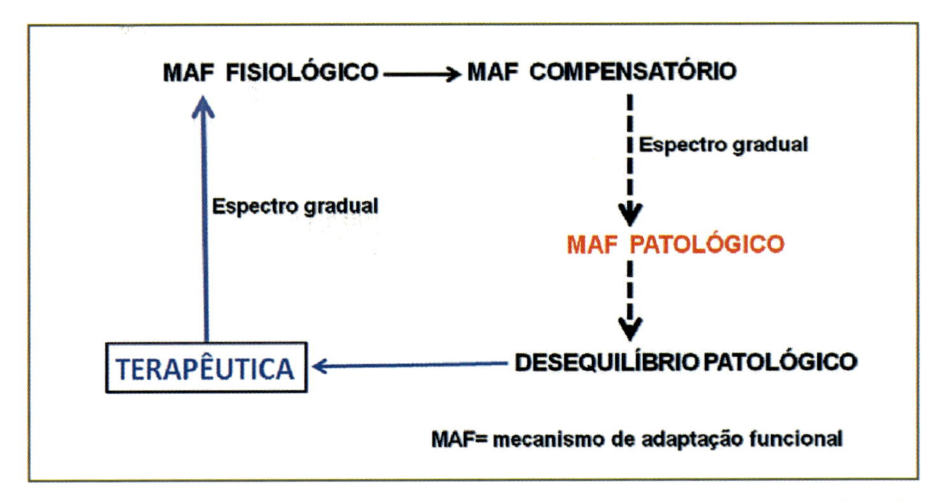

Figura 11.7: Quadro esquemático da evolução gradual das ATMs de um mecanismo de adaptação fisiológico para um compensatório, e um consequente patológico. Quando se faz o tratamento com as técnicas da OFM, o retorno à situação de equilíbrio também é gradual.

Tipos de remodelamento das ATMs

Os remodelamentos são de três tipos

- ➔ Progressivo;
- ➔ Regressivo; e
- ➔ Circunferencial ou Periférico.

Remodelamento progressivo

- As células da zona de repouso são estimuladas e, a camada superficial de células formadoras da fibrocartilagem protetora que recobre o côndilo se mantém intacta. O processo todo do remodelamento acontece abaixo dessa camada de células.
- O estímulo é transferido para a zona de proliferação, onde a camada proliferativa de células mesenquimais indiferenciadas passa a se diferenciar em condroblastos causando um espessamento na região.
- Essas novas células começam a formar uma matriz de fibrocartilagem que vai gradualmente se calcificando. Essas células vão sendo substituídas por osteoblastos (células formadoras de osso).
- Essa substituição da matriz de fibrocartilagem por osso ocorre via medula do osso vascular da mandíbula (osso haversiano) da camada profunda para a camada mais superficial.
- O osso compacto (mais velho), abaixo deste recém-formado é menos calcificado. Essa diferença de calcificação pode ser vista em cortes histológicos. No corte, a camada de osso mais novo aparece como uma linha mais branca em relação à camada abaixo, mais velha.
- O remodelado progressivo resulta em aposição óssea no bordo articular mais superior do côndilo (deixando-o mais alto) e bordo articular da eminência articular (deixando-a mais alongada) no lado de trabalho, e no fundo da cavidade glenóidea no lado de balanceio (deixando-a mais rasa).

Remodelamento regressivo

- A camada superficial que forma a fibrocartilagem protetora do côndilo se mantém intacta.
- Abaixo dela, a camada proliferativa de células mesenquimais indiferenciadas passa a se diferenciar em condroblastos, causando um espessamento da região.
- Essas novas células começam a formar uma matriz de fibrocartilagem que vai gradualmente sendo substituída por osso avascular (reabsorção óssea) e, portanto, por osteoclastos (células que reabsorvem osso).
- O osso perde altura ou diâmetro. No lado de trabalho acontece no bordo anterior articular do côndilo e no fundo da cavidade glenóidea; no balanceio na superfície superior articular do côndilo e no bordo anterior da eminência articular.

Remodelamento circunferencial ou periférico

- É semelhante ao remodelado progressivo.
- Aposição óssea na periferia ou nas laterais das estruturas ósseas, resultando em aumento de diâmetro das superfícies articulares.
- No lado de balanceio ocorre nos bordos laterais do côndilo (deixando-o com diâmetro maior).

Como resultado dos remodelamentos nas ATMs pode ocorrer:

No lado de trabalho:

- Côndilo mais alto e mais estreito;
- Eminência articular mais verticalizada;
- Cavidade glenóidea mais profunda.

No lado de balanceio:

- Côndilo mais largo e mais baixo;
- Eminência mais horizontalizada;
- Cavidade glenóidea mais rasa.

O remodelamento acentuado pode então resultar em desvio de forma (DF) das ATMs que, gradualmente, pode evoluir para uma patologia das ATMs, ou Disfunção Temporomandibular.

Disfunção Temporomandibular

As Disfunções Temporomandibulares (DTMs) representam um termo genérico relacionado a um grupo de problemas musculoesqueléticos e articulares que afetam a ATM e estruturas associadas.

De acordo com Souchard (2003), os segmentos do corpo humano, assim como as funções hegemônicas, estão anatômica e funcionalmente relacionados de tal forma que se endereçando a uma parte do indivíduo toca-se o conjunto dele. Muitos são os fatores etiológicos das DTMs:

- Alteração da função mastigatória;
- Disfunção da musculatura mastigatória;

- Distúrbios e interferências oclusais;
- Alterações posturais da mandíbula;
- Alterações posturais da coluna vertebral (cervicais);
- Mudanças intrínsecas das estruturas que compõem as ATMs;
- Tensão emocional ou estresse;
- Combinação desses fatores.

O SECN integra o sistema musculoesquelético, portanto, a correção da postura corporal constitui um dos aspectos fundamentais para o sucesso do tratamento de seus desvios. Assim, torna-se importante conhecer suas inter-relações, pois os distúrbios nesse sistema descompensam a harmonia postural, assim como os desvios posturais desequilibram o SECN, particularmente, a ATM e são um obstáculo à realização adequada de suas funções. Enquanto o SECN se encontra em equilíbrio patológico o paciente ainda não apresenta muitos sintomas, porém quando entra em desequilíbrio patológico a sintomatologia é exacerbada e o paciente entra em estado de grande desconforto. Os sintomas clássicos da DTM são os ruídos na articulação da mandíbula, limitação dos movimentos e/ou desvios dos movimentos da mandíbula, dor ao nível da articulação temporomandibular e/ou músculos mastigatórios e na região cervical. Porém, podem apresentar aspectos: facial, bucal, postural da mandíbula, postural global e psicoemocional, tais como:

- Redução de abertura de boca;
- Dificuldade mastigatória;
- Dores de cabeça, face, pescoço, cervicais, ombros e braços;
- Dor e zumbido nos ouvidos;
- Perda da acuidade auditiva;
- Tontura ou vertigem;
- Cansaço facial;
- Espasmo muscular;
- Trismo;
- Boca seca;
- Fotofobia;
- Lacrimejamento dos olhos;
- Dificuldade de centralização da mandíbula (instabilidade na cêntrica);
- Dormência de um lado da língua;
- Diminuição gustativa;
- Irritabilidade, ansiedade, medo, dificuldade no sono e depressão.

Além dos músculos mastigatórios (masseter, temporal, pterigóideo lateral e medial), os músculos da região cervical superior, longo do pescoço, supra e infra-hióideos, esternocleidomastóideo, escaleno, trapézio (parte superior), levantador da escápula e paravertebrais cervicais são necessários para estabilizar o crânio, permitir movimentos controlados e posicionar corretamente a cabeça (KENDALL *et al.*, 2007).

Isso vem, pois, demonstrar a globalidade funcional que norteia o equilíbrio estrutural do organismo. Dessa forma, faz-se necessária a utilização de instrumentos diagnósticos confiáveis para detectar a ocorrência dessa disfunção, bem como o grau de sua evolução.

A eletromiografia e a biofotogrametria digital são métodos para avaliação muscular e postural, respectivamente, que fornecem informações objetivas tanto para fins diagnósticos como para quantificar resultados terapêuticos. Contudo, importa observar a metodologia de aplicação e a adequada instrumentação a fim de obter informações seguras e corretas.

No tratamento das DTMs de forma integrada, além das TOFs o método fisioterapêutico da Reeducação Postural Global (RPG) vem corroborar no sentido de se conseguir o alongamento global associado a respiração e estímulos proprioceptivos. Este método visa à identificação da causa de uma disfunção, a fim de liberar as tensões, de forma globalizada, alongando as cadeias musculares envolvidas. Para isso, utiliza posturas de estiramento ativo por meio de contração isométrica excêntrica, ou seja, realizando o alongamento e o fortalecimento das cadeias musculares, simultaneamente. As principais regiões de disparo da dor são as localizadas nos músculos: masseter, esternocleidomastóideo, temporal, pterigóideo lateral e trapézio.

Os aparelhos ortopédicos funcionais, pela própria concepção de mudança de postura da mandíbula tanto no sentido anteroposterior como vertical, são excelentes métodos de tratamento de DTM. A MPM é responsável pela alta estimulação neural nas ATMs e em todas as partes que compõem o SECN, proporcionando o reforçamento sináptico para que ocorram as mudanças necessárias no SNC e consequentemente no SECN. Rapidamente são sanados os desconfortos sintomatológicos, gradualmente as estruturas atingidas recuperam a morfologia e a função adequadas, porém com o alívio dos sintomas o indivíduo recupera rapidamente o seu equilíbrio físico e psicoemocional.

Porém, há casos em que é necessária a introdução de técnicas de Fisioterapia aplicada ao SECN na região da face, ombros, pescoço, braços e costas.

Assim, baseando-me nos fundamentos da RPG foram criados manobras exteroceptivas/proprioceptivas e exercícios que ajudam a dissolver tensões nas regiões acima relacionadas, ou seja, a Reposição Postural Global-Crânio-Cervico-Facial (RPG-CCF). Além disso, a RPG-CCF proporciona condições para a mandíbula se posturar mais adequadamente com relação à maxila e base de crânio e vértebras cervicais.

Técnica de reposição postural global-crânio-cervico-facial

Para as manipulações externas da boca é utilizado óleo essencial de lavanda (age no SNC como sedativo reduzindo a agitação e ansiedade), o que ajuda sobremaneira no relaxamento também dos músculos comprometidos.

Inicia-se a sessão com o paciente sentado em uma cadeira que lhe dá um bom apoio das lombares e com os pés bem apoiados no chão.

É feito então a aplicação do óleo essencial (este deve ser diluído em óleo de amêndoa) nas regiões que serão trabalhadas: toda a face, ATMs, pescoço, colo, alto das costas, ombros e braços.

Na face, a aplicação é realizada de maneira excêntrica, ou seja, da linha mediana para as laterais. Faz-se da mesma maneira nas costas e colo. Aplica-se de maneira suave, mas firme no sentido de aquecer a musculatura.

Os movimentos se iniciam na região supra-hióidea, seguindo para a inferior do mento, lábio inferior e superior, arco zigomático, infra-orbitária, supra-orbitária e testa, passando pelo nariz.

As manipulações são repetidas até que o óleo seja bem incorporado, eliminando os nódulos das fibras musculares previamente analisadas. O movimento continua em direção às ATMs, orelhas, têmporas, base posterior de crânio, lembrando sempre o paciente para manter a boca entreaberta e respirando normalmente.

Nos pontos mais doloridos faz-se uma pressão um pouco mais profunda mantendo-a por aproximadamente 30 segundos, e o paciente respira mais profundamente.

A pressão nos pontos mais doloridos é repetida mais 2 ou 3 vezes até desaparecer a sensação de dor, sempre com intervalo. Após uma pressão alterna-se com manipulação mais suave (tato profundo e leve) no local. Segue em direção ao alto das costas e ombros terminando pelos braços, mãos e dedos.

As vértebras cervicais apresentam uma lordose fisiológica que, muitas vezes, está alterada na DTM. A identificação da postura cervical deve ser feita antes do tratamento fisioterapêutico.

Alonga-se o pescoço apoiando as duas mãos nas cervicais e base do crânio e pede-se ao paciente que empurre suas mãos para trás, de modo que seu pescoço fique totalmente apoiado nas mãos do profissional que vai alongando-o suavemente por aproximadamente 2 minutos.

Em seguida, o paciente relaxa o pescoço voltando à posição vertical. Há um descanso e repete-se o alongamento por mais duas vezes.

Na região das ATMs o trabalho deve ser feito com muito cuidado, sempre com a mandíbula em posição de repouso (sem contato de dentes) seguindo para o músculo temporal fazendo a manipulação de acordo com a direção de suas fibras.

Quando se detecta desvio do côndilo dentro da cavidade glenóidea, pode ser feita manobra específica para corrigi-lo.

Antes de finalizar a sessão friccionam-se as mãos aquecendo-as e aproxima-as dos olhos, orelhas, ATMs, testa e alto da cabeça do paciente uma região por vez.

Entre uma aplicação e outra se repete a fricção entre as mãos. O paciente é deixado no local por um tempo para relaxar (geralmente de 20-30 minutos), depois vagarosamente vai mexendo com as mãos, braços, pernas, olhos; respirando mais profundo e em seguida se levanta terminando a sessão.

É bastante difícil descrever esses procedimentos, seria importante estar junto do profissional para poder acompanhar sua execução.

Aspectos psicossomáticos relacionados à DTM

O segmento oral da face é responsável por uma grande variedade de ações expressivas, tais como: falar, chorar, rir, morder, sorrir, cheirar, comer, cuspir, gritar e engolir, assim a saúde e a vitalidade desta região podem ser entendidas como correspondente ao fluxo ininterrupto de tais ações e emoções. Por outro lado, quando estas não atingem o grau máximo de concretização, podem ocorrer bloqueios e tensões. De acordo com William Schutz, os músculos da garganta geralmente retêm medo de exprimir... (algo), com a respiração contida por uma garganta tensa. A região inferior da face, mandíbula, é onde as lágrimas são retidas, no choro prematuramente detido. O músculo da mandíbula, o masseter, retém muita raiva devido a inibições no morder, em diferentes situações. Os problemas dentários causados por apertamento ou bruxismo são, em muitos casos, atribuíveis a raiva reprimida. A posição do maxilar inferior é em grande parte determinada pela tensão do masseter. Assim, uma criança incapaz de enfrentar verbalmente seus pais teria tendência a contrair os músculos da mandíbula, retraindo a posição de seu maxilar inferior. Violência e raiva não são as únicas emoções que o maxilar retém. Na realidade, praticamente qualquer emoção expressa seja pela boca, ou pelo rosto, torna-se fixada na garganta e maxilar. A variedade de formas que o segmento oral da face pode adotar para posicionar-se é incontável, como também o são as diversas emoções e experiências que estruturam estas atitudes corporais. No entanto, em geral essa tensão no maxilar reflete algum grau de bloqueio da expressão tanto das emoções quanto das comunicações verbais. As formas mais comuns de tensão crônica nesta região são as manifestas no queixo retraído, saliente e contraído. Um queixo retraído geralmente reflete tristeza ou raiva retida, ou uma urgência em chorar ou gritar. Esse bloqueio pode restringir a capacidade da pessoa no sentido de exprimir alguma emoção ou crença oralmente. O queixo saliente reflete uma atitude desafiadora de caráter. À medida que o posicionamento do queixo se desloca mais para frente, a atitude determinada se torna cada vez mais de desafio e de arrogância. Um queixo contraído é uma indicação de um autocontrole desmesurado. A contração da mandíbula é como se a pessoa pudesse engolir ou dissolver a emoção ou a informação que caminhou até a boca. É evidente que esses aspectos por si só não têm muita representatividade, porém fazem parte da anamnese dos pacientes com má oclusão, sobretudo os com DCM.

Assim, sentimentos, sensações emocionais e memórias podem habitar em diferentes partes do corpo, os quais em grande parte são refletidos na organização dos músculos, ossos, face, mandíbula e ATMs, que podem corroborar para a aquisição ou manutenção do desequilíbrio do indivíduo.

Referências

1. ALKER, K.; HUMMEL, P. *Anotomie und physiologiedes limbischen systems.* Hoffaman – La Roche Basel, 1963.
2. ANDERSON, D. J. Measurement of stress in mastication. *I. J. Den. Res.*, v. 35, 1956.
3. AYER, W.; GALE, E. N. Extintion of bruxism by massed practice therapy. *J. Can. Dent. Ass.*, v. 35, p. 402-94, 1969.
4. AZRIN, N. H.; NUNN, R. G. Habit reversa: a method of eliminating nervous habits and tics. *Behav. Res. Ther.*, v. 11, p. 619-628, 1973.
5. BENNET, N. G. La contribuición al studio de los movimientos de la mandíbula. *Prac. Royal. Soc. Med.*, v. 1, 1907.
6. BROWN, R. H. Traumatic bruxism in a mentally retarded child. *N. Z. Dent. J.*, v. 66, p. 67-70, 1970.
7. BUTLER, J. H.; ABBOT, D. M.; BUSCH, F. M. Biofeedback as a method of controlling bruxism. *J. Dent. Res.*, v. 55 B, p. 310, 1976.
8. CLARK, G. The treatment of nocturnal bruxism using contingent EMG feedback with an arousal task. *Behav. Res. Ther.*, v. 19, p. 451-55, 1981.

9. CLARK, T. D. JR. A neurophysiologic study of bruxismin the rhesus monkeys. *Am. Dent. Ass.* Las Vegas, 1970.

10. CLAYTON, J. A. *et al.* Using pantographic tracings to detect TMJ dysfunction. *J. Dent. Research.*, v. 55, 1976.

11. DAWSON, P. E. *Evaluation, diagnosis and treatment of occlusal problems.* The C. V. Mosby Company, 1974.

12. DE PIETRO, A. J. *Mandibular Physiology. In Oral Rehabilitation.* Max Kornfeld. C. V. Mosby Co. 1967.

13. DE PIETRO, A. J. *Movimiento de Bennett. Dental Clinics of North America.* W. B. Saunders. Phil. Penn., Nov. 1963.

14. DE RISI, W. J. A conditioning approach to the treatment of bruxism. Tese. University of Utah, University Microfilms Inc. Ann. Arbor, Michigan, 1970.

15. DELL, P. *Reticular homeostasis and critical reactivity in musuzzi*. Fessard Jasper, Brain Mechanisms, Elsevier, Amsterdan, 1963.

16. DISPONÍVEL em: <http://ecdise.weebly.com/histologia-fotos.html>. Acessado em: 11/01/2012.

17. DISPONÍVEL em: <http://www.intranet.foar.unesp.br/histologia/At_atm.htm>.

18. ECHEVERRI, E.; RUEDA P.; HERNÁNDEZ, C.; VELA C.; HIGUERA M. El desplazamiento lateral y La pantografia. Tese. Universidad Javeriana, Bogotá, Colombia, 1981.

19. GOHARIAN, R.; NEFF, P. Effect of occlusal retainers on temporomandibular joint ad facial pain. *J. of Prost. Dent.*, v. 44, n. 2, 1980.

20. GOLDEBERG, G. The psychological, physiological and hipnotic approach to bruxism in the treatment of periodontal diseases. *J. Am. Soc. Psychosom. Den. Med.*, v. 20, p. 75-91, 1973.

21. HELLER, R. F.; STRANG, H. R. Controlling bruxism through automated aversive conditioning. *Behav. Res. Ther.*, v. 11, p. 327-329, 1973.

22. KAWAMURA, Y. Neurophysiologic backgroud of occlusion. *J. Periodont.*, v. 5, 1967.

23. KHAB, A E. Unbalanced occlusion in occlusal rehabilitation. *J. Prost. Dent.*, jul.-ago. 1964.

24. LERMAN, M. The hydrostatic appliance: a new apprach to treatment of the T. M. J. pain dysfunction syndrome. *JADA.*, v. 89, dez. 1974.

25. LONG, J. H. Locating centric relation with leaf gauge. *J. Prost. Dental.*, v. 29, 1973.

26. MCHORRIS, W. H. TMJ dysfunction-resolution before reconstruction. *Journal of European Ac. of Gnathology.*, v. 1, 1974.

27. MCHORRIS, W. H. Treatment of TMJ. Dysfunction. Tennessee, State. *Dental Association seminar.,* jan. 1978.

28. MCNEILL, C. Cranio mandibular disorders. *Journal of Prosthetic Dentristry.,* v. 49, n. 3, 1983.

29. MORGAN, D. H.; HALL, W. P.; VAMVAS, S. J. *Diseases of the temporomandibular Apparatus: a multidisciplinary Approach.* Mosby. St. Louis. Mo, 1977.

30. RAPPAPORT, A. F.; CAMMER, L.; CANNISTRACI, A. J.; GELB, H.; STRONG, D. EMG feedback for the treatment of bruxism. In: Morgan. D. H. *et al.,* 1977.

31. ROSENBAUN, M. S.; AYLLON, T. Treating bruxism with the habit reversal technique. *Behav. Res. Ther.,* v. 19, p. 87-96, 1981.

32. SCHARER, P. *Occlusal equilibration and temporomandibular joint dysfunction.* J. B. Lippincott Co., Phil, 1959.

33. SIMÕES, W. A. *Ortopedia funcional dos maxilares. Através da Reabilitação Neuro-oclusal.* 3ª ed. São Paulo: Artes Médicas, 2003.

34. SOLBERG, W. K., *et al. Emotional and occlusal factors in subjects with mandibular pain dysfunction disorders.* I. A. D. R. Houston, 1969.

35. SPERANDÉO, M. L. A. Evocação da memória aversiva: participação do receptor NMDA e analise da ativação de Zenk no hipocampo de pombos *Dissertação de Mestrado,* Universidade Estadual de Campinas (Unicamp), 91 p., 2005.

36. SPERANDÉO, M. L. A.; TAVARES, P.; SPERANDÉO, R. C. A.; BITTENCOURT, M. C.; PEREIRA, C.; ALBERTONI, C. A. P.; PERGOLI, C. S. F. Ortopedia Funcional dos Maxilares nos Tratamentos das Disfunções Temporomandibulares (DTMs), *Revista FAPES,* v. 2, 2012. (no prelo).

37. STANDLER, J. P. *et al.* Stress transfer to the mandible during anterior guidance and group function at centric movements. *J. Prost. Dent.,* v. 34, 1979.

38. STUART, C. E. Articulación de La denticíon humana. *Research Report. 1955.* Ventura, California, 1955.

39. SOUCHARD, P. E. *Fundamentos da reeducação postural global: princípios e originalidade.* São Paulo: É Realizações, 2003.

40. SOUCHARD, P. E. *Reeducação Postural Global: método do campo fechado,* São Paulo: Ícone, 2004.

41. KENDALL, F. P. *et al. Músculos: Provas e Funções – com postura e dor.* 5ª ed. São Paulo: Manole, 2007.

42. BASSO, D. B. A. Atividade muscular, alinhamento corporal e avaliação clínica de indivíduos com disfunções temporomandibulares e com desvios posturais antes e após reeducação postural global (RPG). Dissertação de Mestrado, Universidade Federal de Santa Maria (UFSM, RS), 98 p., 2009.

Capítulo 12

A RELAÇÃO DO SECN COM A POSTURA CORPORAL

Rita de Cássia Antunes Sperandéo

"O homem é um todo integral e indivisível."
(Platão)

A postura humana nos dias de hoje é resultado da evolução adaptativa das espécies em função da necessidade de sobrevivência.

Por exemplo, espécies que evoluíram de um *habitat* aquático para o terrestre sofreram uma modificação da postura das vértebras cervicais, crânio e mandíbula de um eixo horizontal para um eixo vertical, assim como também do seu plano óptico. Os músculos da mastigação, principalmente os temporais e os masseteres, também passaram pelo processo de verticalização modelando a nova postura da face, pescoço e mandíbula.

Estas e outras mudanças fisiomorfológicas aconteceram na medida em que a conquista do meio terrestre impunha novas necessidades para a manutenção das funções vitais. Necessidades de visualização e acesso aos alimentos, necessidades gravitacionais, assim como de respiração, entre outras mais, conduziram ao bipedismo e ao posicionamento ereto da espécie humana.

Este capítulo está dedicado a destacar a estreita correlação que existe entre o Sistema Estomatognático Coneural (SECN) e a postura, e como este fator deve ser considerado no tratamento ortopédico funcional.

Abordagem sistêmica

O Ser Humano é um sistema psicossomático social que interage com seu meio. Desde seu nascimento, a interferência do meio poderá provocar alterações neste indivíduo, de forma acentuada ou não, que irão repercutir no funcionamento adequado do programa biológico próprio da sua espécie.

Nesse sentido, é importante que o profissional da odontologia aborde de forma sistêmica a interação biopsicossocial do paciente. De maneira que, ao tratar o SECN (Sistema Estomatognático Coneural), há que se ter em vista que este é um subsistema de outro maior que é o paciente, que por sua vez interage com outros sistemas.

De forma geral, um sistema possui as seguintes características:

- É formado por várias estruturas organizadas.
- Está em interação com o meio em que vive.
- Apresenta um caráter dinâmico, que significa que vai mudando com o tempo.
- As forças ou tendências que mantém as características do sistema em equilíbrio são conhecidas como sinergia. Como, por exemplo, uma correta respiração, mastigação, postura dos arcos dentários levará à manutenção das características e funções orgânicas do SECN.
- As forças ou tendências que atuam para quebrar este equilíbrio são conhecidas como entropia. Como, por exemplo, uma respiração bucal, mastigação

unilateral, desvios de postura dos arcos dentários, entre outros, podem alterar as características e funções orgânicas do SECN.

- O sistema é parte de outros sistemas mais abrangentes.
- Cada sistema em sua plenitude funcional contribui para o funcionamento do sistema mais abrangente do qual faz parte, e interage com o meio a que pertence.

A seguir serão abordados conceitos sistêmicos relativos ao SECN e o Modelo Biopsicossocial (BPS).

O SECN

É um espaço primordial para a vida humana, pois supre a sua existência. A sucção faz parte do desenvolvimento neurológico intrauterino, a partir da 16ª semana o feto já suga. Sendo a boca um espaço funcional primário, se organiza ao longo da vida de acordo com as funções exercidas por ela mesma e pelo organismo. Se ocorrer desequilíbrio no SECN aparecem sintomas locais que podem repercutir em outras partes do corpo, como por exemplo, uma má oclusão causando uma mastigação ineficiente. Esta deficiência poderá desencadear uma má digestão, dores no estômago, gastrite etc.

O Modelo Biopsicossocial (BPS)

O modelo biopsicossocial propõe uma visão global do ser humano.

A esfera biológica do BPS são as funções vitais do indivíduo (fome, sede, sono, respiração, sexo e motricidade) que estão registradas em estruturas específicas no Sistema Nervoso Central (SNC), responsáveis pela realização destas.

A esfera psicológica envolve os processos emocionais, comportamentais, conscientes e inconscientes que contribuem para formação da personalidade, e como o sujeito se posiciona diante da vida.

A esfera social compõe as normas, crenças, valores, nos diversos extratos sociais tais como: família, trabalho e a comunidade a que o indivíduo pertence. O espaço geográfico e o meio ambiente também fazem parte desta esfera.

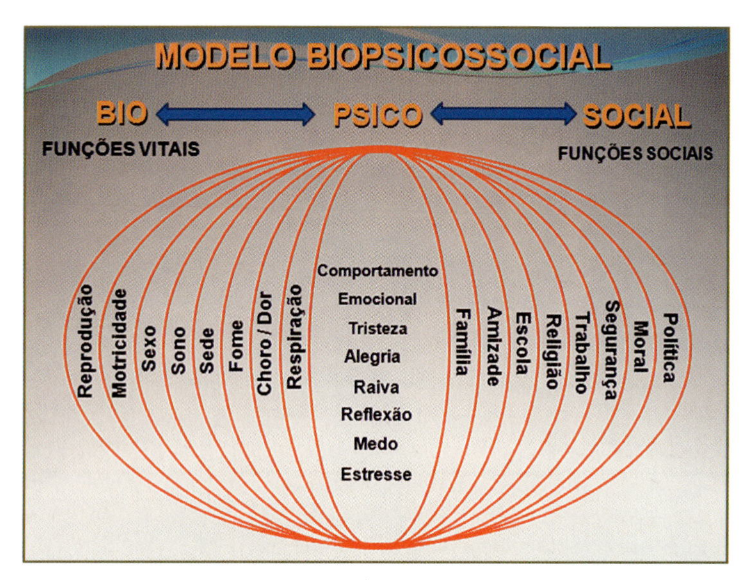

Figura 12.1: Modelo Biopsicossocial representado por esferas interligadas.

O modelo BPS mostra a interdependencia destas esferas que interagem entre si, atuando simultaneamente. Este modelo é uma ferramenta à disposição do profissional, para compreender melhor o funcionamento do organismo do seu paciente. Com ajuda deste modelo ou enfoque, o profissional terá condições de dinamizar estes conhecimentos para uma maior concientização do paciente sobre sua situação bucal em relação ao seu contexto. Devido à complexidade dos desequilíbrios no SECN, há a necessidade de tratamento interdisciplinar.

A manifestação da doença pode ser mais especificamente em uma das esferas, porém todos os níveis estão envolvidos, por isso a necessidade de integrar os sistemas.

A relação do SECN com a eretibilidade humana

O bipedismo é consequência de milhões de anos de evolução filogenética, relaciona-se com a adaptação do corpo humano à vida terrestre. Esta estrutura animal sofreu modificações ao longo de sua existência para ter hoje caracterís- ticas próprias do indivíduo humano. O equilíbrio do corpo, a posição da cabeça apoiada sobre a coluna cervical e a mandíbula em seu tônus funcional organizam e equilibram a postura, possibilitando que o indivíduo se posicione no espaço.

No contexto ontogenético, ou seja, as modificações craniofaciais e corporais desde a fase embrionária até a adulta no ser humano seguem a orientação da filogenia. Na fase embrionária o feto se encontra no meio aquático, onde não há impacto.

Ao nascer o ser humano passa pelo processo de adaptação à vida terrestre, sofre a ação da força gravitacional e da pressão atmosférica. Estes, serão estímulos funcionais para a dinâmica postural que se iniciará e continuará por toda a vida.

No neonato, o primeiro disparo desta ação postural se traduz pelo movimento, que já estava presente na fase intrauterina, e que após o nascimento se organiza por meio da coordenação motora. Todos estes estímulos serão aprimorados por meio da amamentação natural.

Para que o indivíduo desenvolva funcionalmente esta coordenação, uma série de eventos fisiológicos será necessária para culminar em uma boa postura corporal e bucal.

O crescimento e o desenvolvimento humano se organizam em fases ordenadas:

- **Ao nascer:** realiza movimentos de mímica da face, de enrolamento, de sucção (esta última essencial para a sobrevivência);
- **3 meses:** sustentação da cabeça (reflexo tônico-nucal);
- **6 meses:** senta, engatinha e inicia a erupção dos primeiros dentes (incisivos inferiores);
- **9 meses:** senta e fica de pé (início da bipedestação);
- **12 meses:** anda (presença de incisivo inferior e superior havendo toque entre eles importante para a sustentação espacial do sistema crânio-cérvico-mandibular).

O grau de desenvolvimento de erupção dentária está ligado ao grau de desenvolvimento sensorial e motor da criança. Assim, quando ocorrem distúrbios cronológicos de erupção nesta fase o desenvolvimento sensorial e motor ficam comprometidos. A dentição decídua é um sinalizador neural para erupção da dentição permanente.

O amadurecimento psicomotor realiza-se no sentido céfalo-caudal.

O SECN é um sistema especialmente ativo na realização das funções vitais (sucção e deglutição).

Amamentação natural

No recém-nascido a função vital é suprida através da amamentação natural, que sabemos ser de importância ímpar para o desenvolvimento físico, emocional e afetivo do ser humano, mas que necessita ser realizada com a postura funcionalmente correta, que é a postura verticalizada.

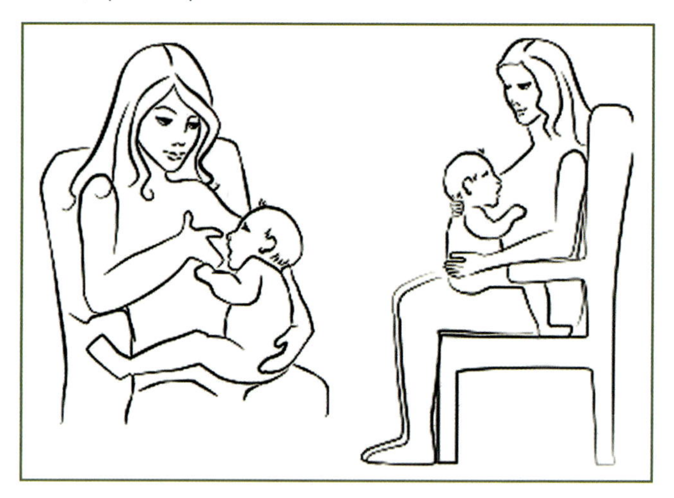

Figura 12.2: Amamentação natural em postura vertical, em norma frontal e sagital.

A postura de mamar verticalizada é biologicamente funcional para o desenvolvimento do bebê. Cada mamada nesta postura favorecerá ao bebê realizar as funções de sucção e deglutição facilitadas pela propulsão mandibular, pela ação da língua, dos lábios (que mantém vedamento total), dos músculos da mastigação, dos músculos faciais, dos músculos flexores do tronco e músculos supra e infra-hióideos de maneira ortostática. Esta atitude funcional estimula a ação peristáltica em acordo com a forças gravitacionais permitindo uma postura lingual e deglutição corretas, favorecendo uma digestão adequada e sem refluxo.

Toda esta dinâmica permite um bom desempenho das estruturas do trato respiratório, do Sistema Crânio-Cérvico-Mandibular e do Sistema Vestibular que é importante para o desenvolvimento da propriocepção e postura.

Para a mãe, a postura verticalizada colabora para a reorganização postural, recuperando-se da lordose gravídica e também possibilita uma troca direta de olhares entre mãe e filho. Se este processo for bem realizado, teremos o sistema em sinergia funcional.

Se assim não for, poderão acontecer processos fisiopatológicos, e como consequência uma alteração nos sistemas envolvidos. Entre estas alterações podem ser observadas: a respiração bucal, alterações de crescimento craniofacial, alterações posturais do SECN e do corpo.

As funções primárias vitais, tais como fome, sede, sono, respiração, sexo, motricidade, entre outras, estão registradas e programadas no SNC.

O organismo utiliza estratégias para obter a melhor postura possível, baseando-se em três princípios fundamentais:

➔ Economia de energia (mínimo consumo de energia);
➔ Máximo de estabilidade (equilíbrio estático e dinâmico);
➔ Máximo conforto (mínimo estresse ósseo-articular-muscular).

A postura humana relaciona-se com a adaptação personalizada à vida terrestre e se organiza em relação às forças gravitacionais no contexto morfológico, funcional, psíquico e social, facilitando as funções vitais com o máximo de conforto.

O Sistema Postural (SP)

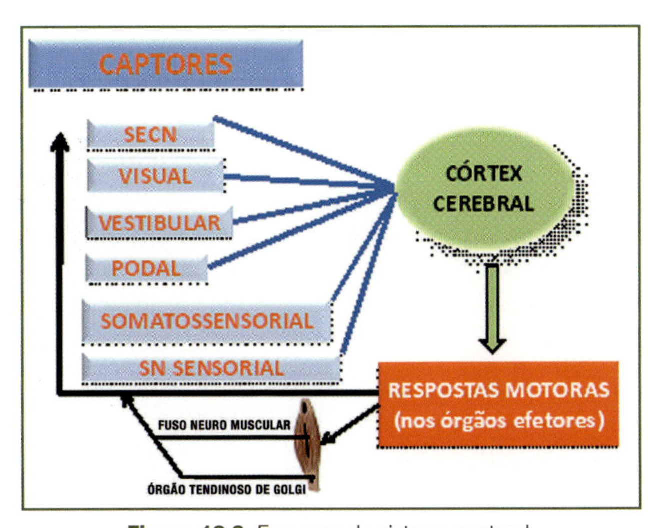

Figura 12.3: Esquema do sistema postural.

O equilíbrio postural é mantido e controlado por meio da integração de informações sensoriais advindas de diferentes sistemas: Estomatognático, Visual, Vestibular (ouvido interno), Podal (pés), Somatossensorial (pele, músculos e articulações) e Sistema Nervoso Sensorial. Os captores conduzem a informação para o córtex cerebral e este, por sua vez, tem por objetivo regular o equilíbrio dos músculos posturais. Os músculos posturais funcionam como captores e efetores (função do fuso neuromuscular e órgão tendinoso de Golgi); dessa forma, o SP torna-se um sistema autorregulado e autoadaptado.

Quando as informações são assimétricas e/ou patológicas, o SNC pode se adaptar seguindo essas informações que o corpo passa a "entender" como corretas.

Desta maneira, os sistemas da manutenção da postura começam a funcionar com essa alteração. Este é um mecanismo de autoadaptação do desequilíbrio. Neste processo, o sistema também poderá se recuperar, quando a alteração não for tão acentuada nem repetitiva. Caso contrário, não poderá mais se adaptar e as dores e desconfortos acontecerão.

A patogênese do SP pode ser de tipo descendente ou ascendente.

Tipo descendente

As alterações descendentes são causadas por alterações na postura da parte alta do corpo, advindas do: Sistema Vestibular, Visual, SECN (como DTM e maloclusões) e pescoço. Estas alterações terão suas compensações posturais com repercussão no Sistema Podal.

Por exemplo, um caso de mordida cruzada unilateral que se inicia por volta dos 3 ou 4 anos de idade onde a causa pode ser cárie com presença de dor, ou simplesmente a facilitação da mastigação. O SECN poderá se adaptar no desequilíbrio.

Com um tratamento realizado em tempo oportuno, a mastigação será corrigida e o sistema se recupera rapidamente. Se não ocorrer o tratamento, o conjunto dos captores ficará alterado. Consequentemente o SP entra em desequilíbrio, que é facilmente detectável como: assimetrias na face, coluna vertebral, e até mesmo nos pés.

Tipo ascendente

As alterações ascendentes são causadas por deformação ou assimetria dos pés, tornozelos e bacia que repercutirão na parte alta do corpo, podendo afetar a coluna cervical e postura mandibular.

A relação do SECN com a postura

Existe uma interação mútua entre o SECN e a postura. Em especial, a influência recíproca entre o Sistema Crânio-Cérvico-Mandibular (SCCM), a oclusão e o apoio plantar.

O Sistema Crânio-Cérvico - Mandibular (SCCM)

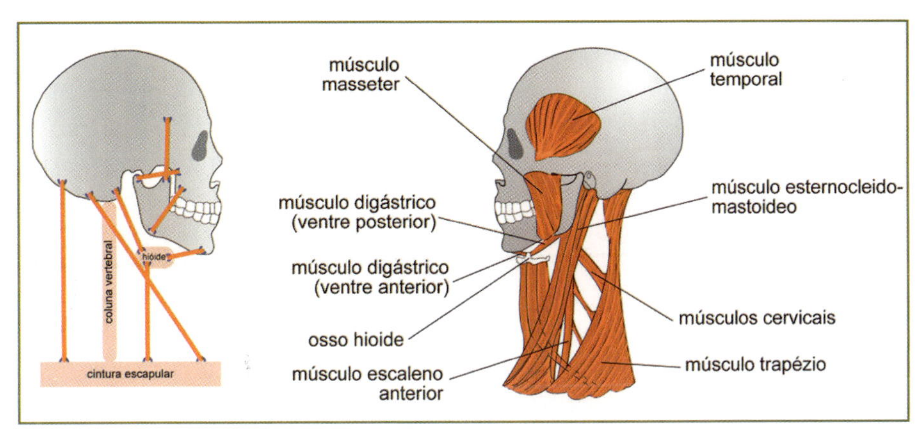

Figura 12.4: Com tensão precisa para manter o equilíbrio e a posição da cabeça, os músculos funcionam como "elásticos". Ao romper um dos "elásticos", todo o sistema será afetado e a posição da cabeça é alterada. O centro gravitacional e o volume da cabeça deslocam-se para frente da coluna cervical, os músculos fazem a compensação, a musculatura potente da região posterior se contrai e a musculatura antagônica anterior faz a oposição para que o equilíbrio postural seja mantido.

O SCCM mantém o crânio, a coluna cervical e a mandíbula em equilíbrio postural que é dado pelo sinergismo das cadeias musculares anteriores e posteriores, articulação occipitoatlóidea, articulação temporomandibular e a oclusão dentária. Seus objetivos são: manter a postura funcional da cabeça (ereta), a visão para frente e a mandíbula em tônus postural.

O movimento mandibular realiza-se através de uma cadeia cinemática fechada do SECN, da qual fazem parte os músculos: da mastigação, os supra e infra-hióideos, os da língua, os da deglutição, os extensores e flexores do pescoço e da cintura escapular. A estabilidade mandibular em estática ou em dinâmica é sustentada pela integração dos músculos elevadores, abaixadores e músculos do pescoço com diferentes funções.

A posição de repouso mandibular (sem contato dos dentes) é dada pelos músculos supra e infra-hióideos, músculos associados com a clavícula, com coluna cervical, garganta e língua. Esses músculos se inter-relacionam no osso hioide. A tensão resultante destes músculos determina a posição do osso hioide.

A ação dos músculos elevadores (temporal, masseter, pterigóideo interno), trabalhando em sinergia com os músculos cervicais principalmente o estenoclidomastóideo e o trapézio, promove a posição de intercuspidação dos dentes.

A função da deglutição acontece com a elevação do osso hioide e da mandíbula. Em seguida ocorre o abaixamento da mandíbula no final da função. Estas ações são realizadas pela integração da atividade dos grupos musculares sinérgicos e, em particular, dos músculos hióideos. Durante a mastigação, a mandíbula realiza movimentos amplos. O osso hioide também executa movimentos, mantendo-se em uma posição relativamente estável. De outro modo, não seria possível falar, mastigar e engolir sem trazer a cabeça para frente.

A mudança da posição da cabeça, ocasionada pela contração dos músculos cervicais, pode modificar a posição mandibular alterando a oclusão, os músculos mastigatórios e ATMs. Estas alterações provocam uma adaptação das estruturas, desencadeando uma série de compensações posturais que poderão gradualmente afetar o Sistema Podal. Estes desequilíbrios musculares podem ser conferidos por meio de exame eletromiográfico, que mostra a atividade elétrica do músculo.

Alterações da coluna vertebral podem ter como causa primária a má oclusão e, por sua vez, a má oclusão poderá ter sido iniciada por uma alteração de micromovimentos da coluna vertebral, que pode encontrar sua compensação na boca.

Oclusão e postura

A oclusão dental fisiológica é o momento de máxima intercuspidação entre as arcadas. O contato dos dentes deve ser uniforme, simultâneo e com o maior número de contatos de ambos os lados. Isto promove a estabilidade da mandíbula e uma condição neuromuscular adequada com o posicionamento funcional das ATMs. A máxima intercuspidação ocorre de modo voluntário ou involuntário durante o ato da deglutição, sendo este evento importante do ponto de vista biomecânico, pois permite que a mandíbula participe ativamente da estabilização do crânio sobre a coluna vertebral.

O SCCM e a oclusão são componentes de uma mesma unidade funcional. A oclusão é uma via de entrada e saída de informações proprioceptivas e exteroceptivas importantes para a postura tanto do próprio SECN como do SP.

A classificação das más oclusões é uma das referências para mostrar que a variação postural mandibular modificará a postura da cabeça, do pescoço, dos ombros que poderá repercutir em todo o sistema postural.

A classificação da oclusão segundo Angle:

- **Classe I:** normoclusão, a cúspide mésio vestibular do primeiro molar superior permanente oclui no sulco mésio vestibular do primeiro molar inferior permanente. Na região anterior, poderá ocorrer apinhamento, mordida aberta ou sobremordida.
- **Classe II:** distoclusão, o primeiro molar inferior se posiciona distalmente em relação ao primeiro molar superior e o canino superior anteriormente em relação ao inferior. O sulco mésio-vestibular do molar inferior está distalizado em relação à cúspide mésio-vestibular do molar superior.
    - Classe II divisão 1: má oclusão de classe II com inclinação vestibular dos incisivos superiores com sobremordida ou mordida aberta está associada a uma disfunção postural da língua.
    - Classe II divisão 2: os incisivos centrais superiores podem estar verticalizados ou lingualizados e os incisivos laterais superiores vestibularizados. Esta situação apresenta sobremordida e mordida coberta (quando o trespasse dos incisivos é igual ou maior do que 4 mm).
- **Classe III:** mesioclusão, o primeiro molar inferior se posiciona mesialmente em relação ao primeiro molar superior e o canino superior posteriormente em relação ao inferior. O sulco mésio-vestibular do molar inferior está mesializado em relação à cúspide mésio-vestibular do molar superior. Esta situação também pode ser uma mordida topo a topo.

A mudança postural sagital mandibular para mesial, geralmente associada à posição baixa da língua (Classe III) terá uma resposta no eixo postural do corpo (eixo central gravitacional) de modo inversamente proporcional. Ou seja, quando a mandíbula se projeta para frente haverá um deslocamento do eixo e do peso corporal para trás sobre o apoio plantar, com tendência a varo (calcâneo projetado para dentro). Além disso, o indivíduo pode apresentar retificação da lordose cervical e lombar, projeção da cabeça para trás, musculatura posterior das costas mais contraída em relação à anterior.

E quando a mandíbula se projeta para distal é uma Classe II, que pode ser em divisão 1e 2.

Na Classe II divisão 1, com mordida profunda ou aberta, muitas vezes associada à respiração bucal e com má postura da língua (posteriorizada, apoiada em palato mole), o indivíduo pode apresentar ombros projetados para frente, com exagerada anteriorização de cabeça, acentuada lordose cervical e lombar e projeção do abdômen – essas alterações estão associadas a um deslocamento do peso do corpo para frente sobre o apoio plantar, promovendo um abaixamento do arco plantar resultando em pé plano e valgo (projeção do calcâneo para fora).

Na Classe II divisão 2, com sobremordida ou mordida coberta, muitas vezes associada com o bruxismo (cêntrico e excêntrico) com compressão da língua, o indivíduo pode apresentar anteriorização da cabeça e alterações na coluna cervical e ATMs com sintomas dolorosos devido ao bruxismo.

As alterações posturais citadas são resultantes da tentativa de busca de equilíbrio do corpo. A boca poderá ser a causa primária das alterações posturais como também ser adaptativa, por isso há a necessidade de compreendê-las melhor no momento de tratar o SECN. Propõe-se um tratamento interdisciplinar.

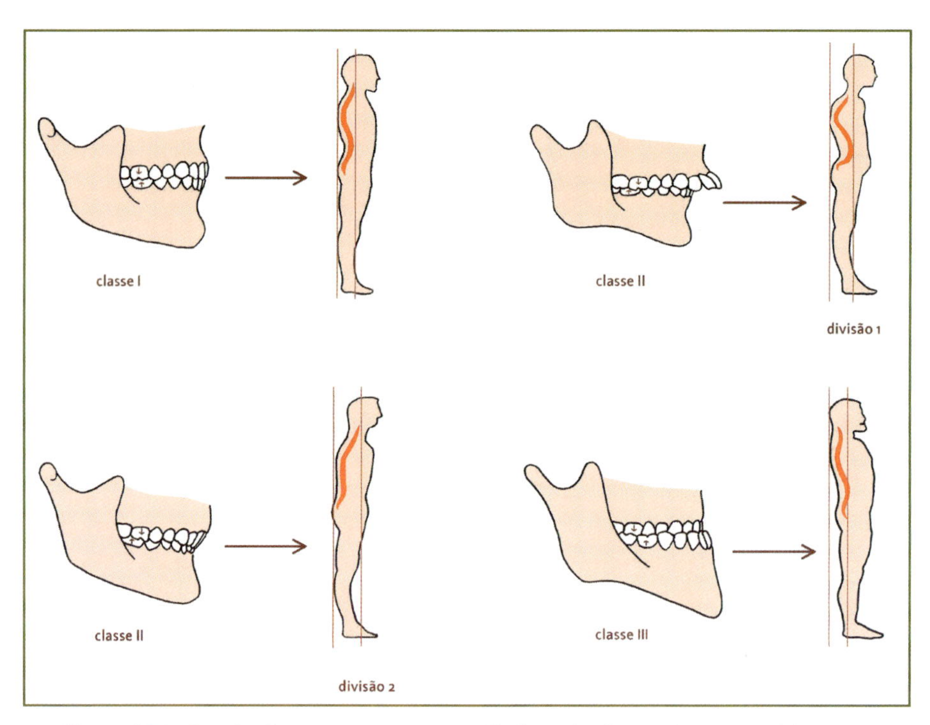

Figura 12.5: Correlação entre a postura mandibular, oclusão e o eixo postural do corpo.

A boca e os apoios podais

A boca e os pés (a planta dos pés é rica em receptores neurais) são parâmetros importantes, pois fazem parte integrante do sistema postural, local de entrada e saída de informações proprioceptiva e exteroceptiva.

Este equilíbrio é regulado por um mecanismo de alteração recíproca. Alterações da posição crânio-mandibular poderão influenciar a posição da coluna vertebral, pelve e dos pés como resultante compensatória. Da mesma forma alterações da parte inferior (pés) poderão levar a mandíbula a assumir uma postura incorreta. Assim como em relação à postura mandibular e oclusal segue-se um parâmetro do que é funcional, se faz também na relação dos apoios podais.

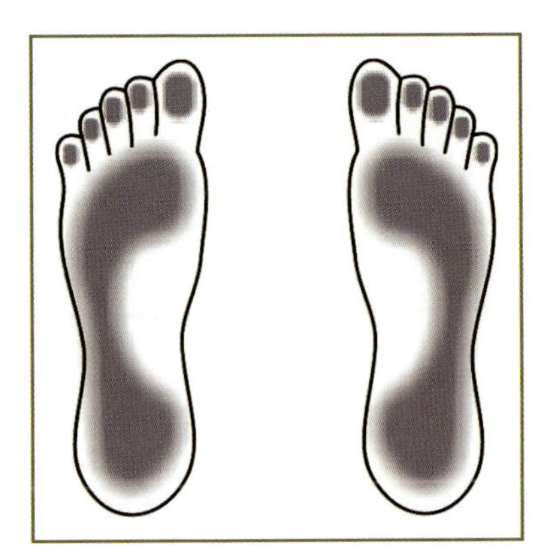

Figura 12.6: Os pés normais apresentam simetria entre eles, os apoios digitais deverão ser harmoniosos e simétricos, o apoio calcâneo é ovalado.

Antes das intervenções aparatológicas, verifica-se os apoios podais por meio do podoscópio, que consiste em uma placa de vidro que cria uma imagem do pé que é refletida em um espelho, de maneira que possa ser visualizado e fotografado. Através do podoscópio é possível ver:

- Os apoios anormais dos pés e a distribuição alterada da carga sobre eles;
- As relativas modificações estruturais e as torções impostas pelas articulações;
- As oscilações do baricentro corpóreo.

Figura 12.7: Podoscópio.

Casos clínicos com podometria

O objetivo dos casos é ilustrar que a partir do momento em que se intervém na boca, como pelo material utilizado para reposturar a relação mandíbula-maxila, ou um aparelho ortopédico, ocorrerá alguma modificação postural que será revelada pelo podoscópio ou pela plataforma de força. Por meio destes instrumentos é possivel avaliar e detectar que a correlação entre SECN e o Sistema Podal tem sua importância.

Nos casos 1 e 2 foi utilizado o podoscópio, que faz uma avaliação qualitativa da pressão plantar, e nos casos 3 e 4 foi utilizada a estabilometria.

- Em mordida habitual (MH);
- Em reposturação mandíbulo-maxilar com a cera intraoral (RMM);
- Com o aparelho ortopédico funcional (AOF) intraoral;
- Para avaliar a postura nos dois aparelhos (podoscópio ou na plataforma de força), o paciente posiciona-se de pé e registra um ponto visual na sua frente.

Caso 1

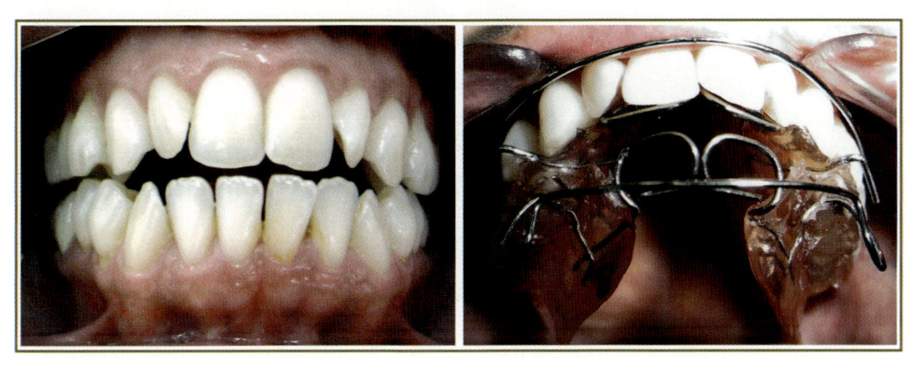

Figura 12.8: MH (a mordida é aberta) e os contatos oclusais estão nos dentes posteriores. Paciente com o AOF Klammt.

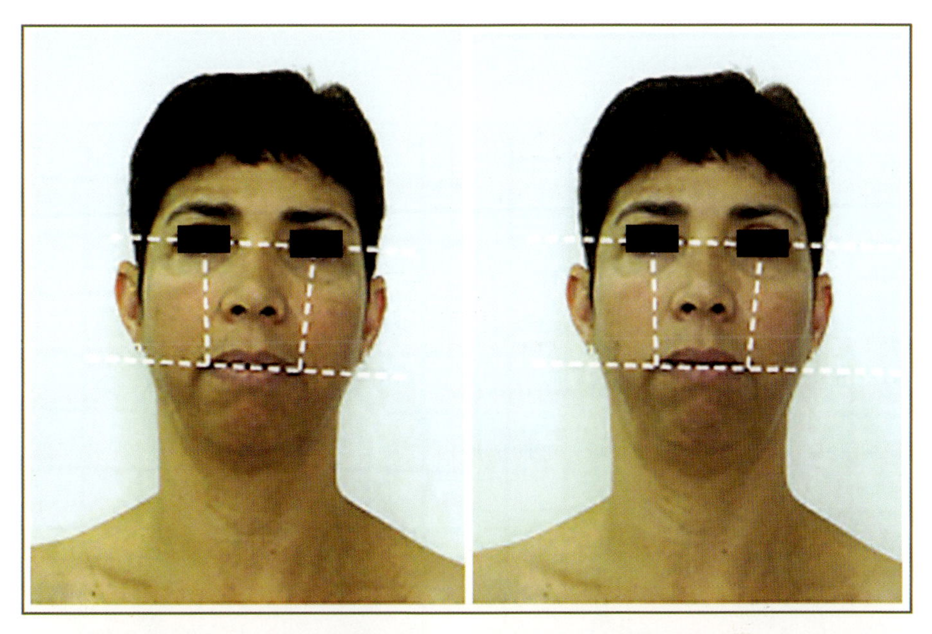

Figura 12.9: Avaliação da face em MH e avaliação da face com o AOF na boca. Os planos bipupilar e fenda labial e a distância fenda labial/centro da pupila mostram assimetrias da face. Em MH há inclinação dos planos para o mesmo lado e a distância vertical assimétrica. Com o AOF intraoral, a face tende a um alongamento e uma melhora da inclinação.

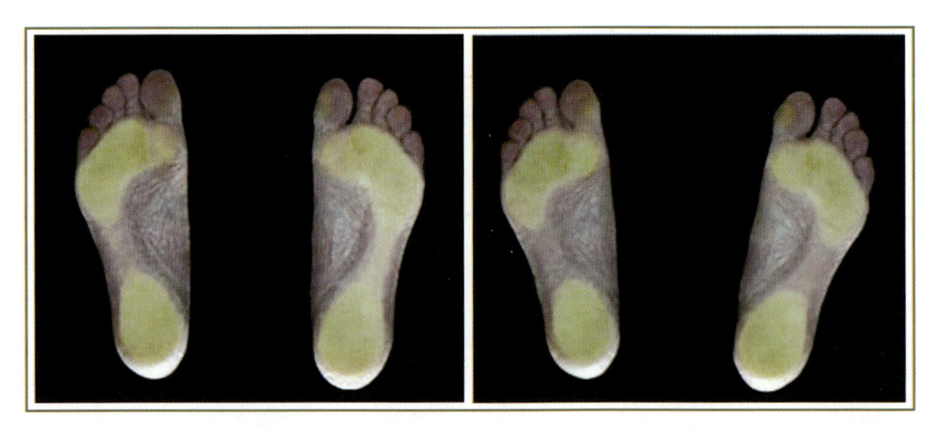

Figura 12.10: Vista dos apoios podais em MH, o apoio é maior do lado esquerdo em calcanêo e borda lateral. Na face ocorre uma inclinação também para o lado esquerdo. Vista dos apoios podais imediatamente após a colocação do AOF intraoral. Os apoios concentram-se no calcâneo e antepé.

Após 2 meses de uso do AOF (Klammt):

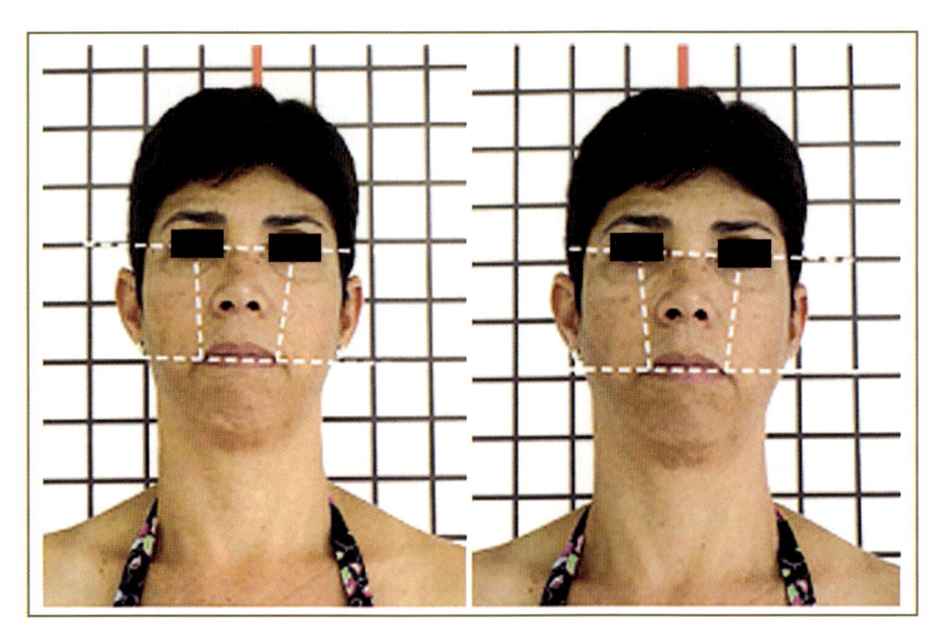

Figura 12.11: Avaliação da face em MH e avaliação da face com o AOF intraoral. Tanto em MH quanto com o AOF intraoral, nota-se uma melhora nos planos horizontais, e no vertical, uma redução da assimetria. Com o AOF intraoral, nota-se que a distância fenda labial/centro da pupila está mais simétrico.

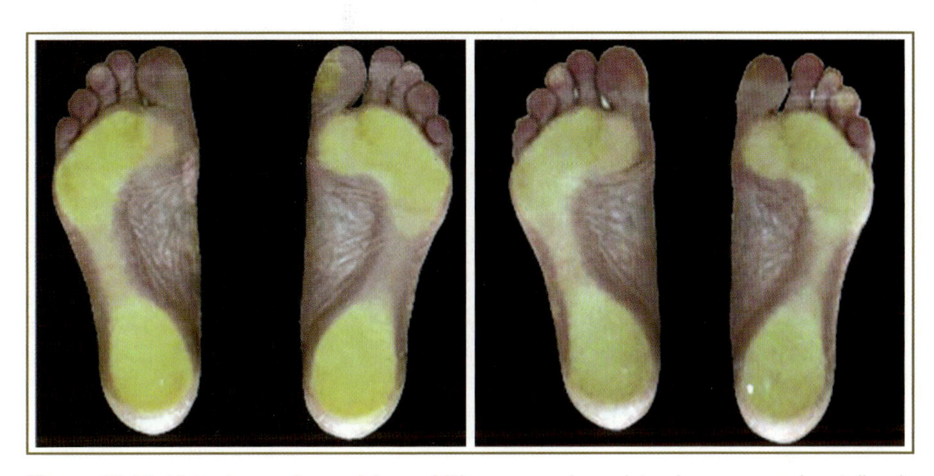

Figura 12.12: Vista dos apoios podais em MH, surge apoio na lateral e no segundo artelho do lado direito. Vista dos apoios podais com o AOF intraoral ocorre uma redistribuição dos apoios podais, com apoios em artelhos onde antes não havia.

Caso 2

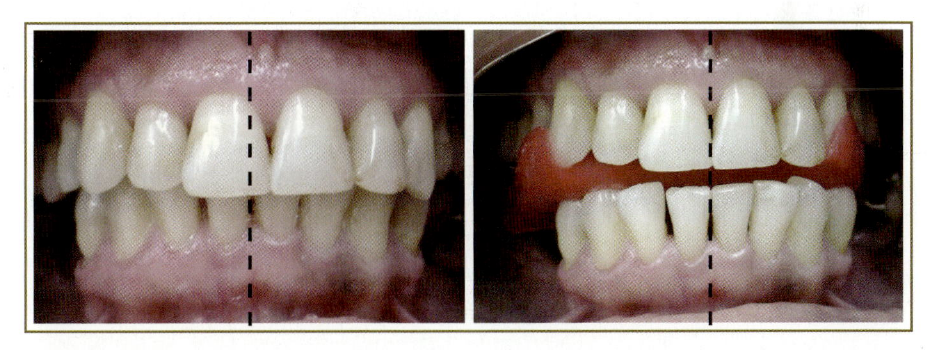

Figura 12.13: Em MH apresenta desvio de linha média dental, perdas dentárias e sobremordida.

Em RMM, há um alinhamento entre os incisivos e um levante no sentido vertical e anteriorização mandibular.

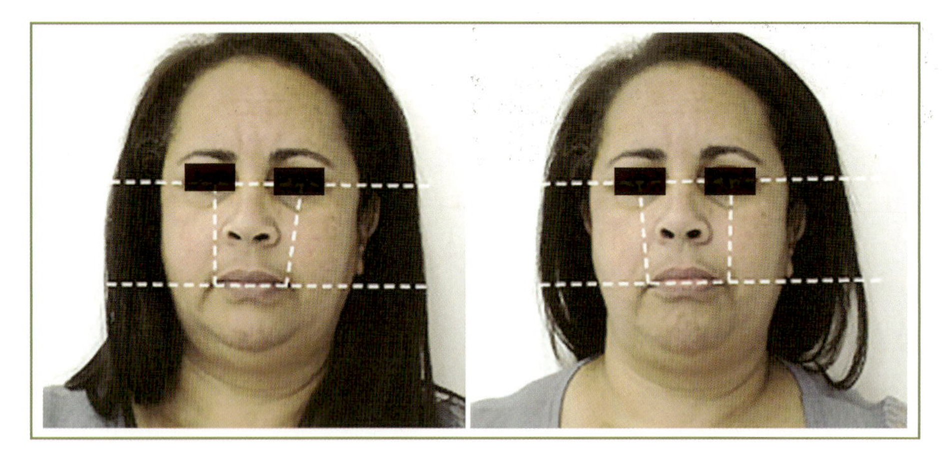

Figura 12.14: Avaliação da face em MH nota-se a assimetria da face nos planos horizontais e uma diferença em altura no plano vertical. Na avaliação da face em RMM, os planos verticais tendem a ficar paralelos, reduzindo a assimetria.

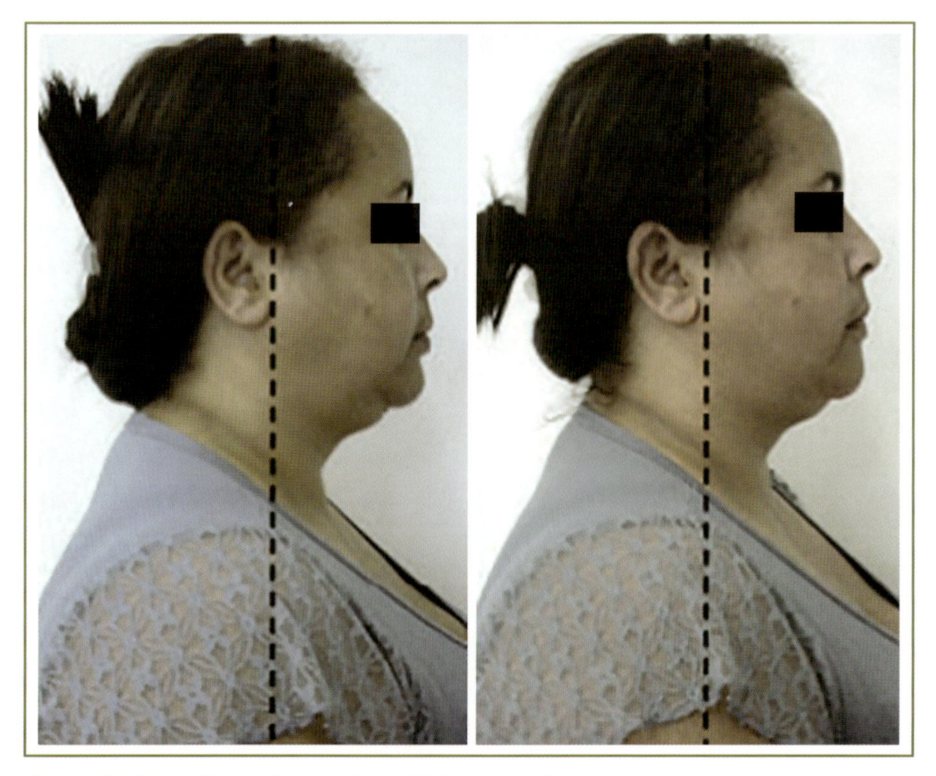

Figura 12.15: Perfil em MH e perfil em RMM; nesta última, a postura da cabeça e a coluna cervical tendem a verticalizar.

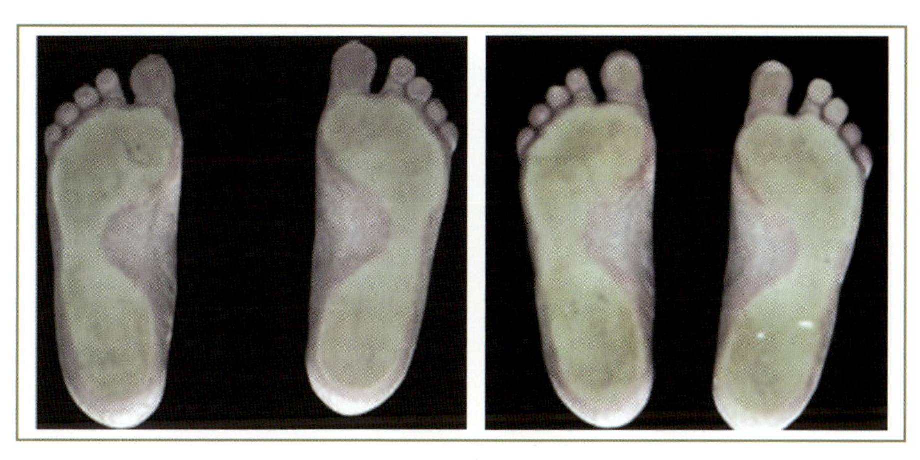

Figura 12.16: Vista dos apoios em MH, vista dos apoios podais em RMM. Nesta última, há uma redistribuição dos apoios, inclusive nos artelhos.

Casos clínicos - análise postural com estabilometria

Para manter o equilíbrio corporal sobre os pés, ocorrem oscilações mesmo estando parado, isto ocorre devido à força da gravidade sobre nós.

A plataforma de força é um equipamento com programa computadorizado empregado na medição e avaliação da postura. Para a avaliação da postura humana, podemos distinguir dois tipos principais de plataformas de força:

1. As denominadas plataformas de seis componentes, capazes de medir os três componentes de força e os três momentos de força (ou torques) em torno dos eixos da plataforma.
2. As plataformas de três componentes, projetadas exclusivamente para avaliar a força vertical e dois dos momentos de força, ou seja, a força vertical e as duas coordenadas do centro de pressão da base de contato dos pés nas direções anteroposterior e mediolateral. Destacam-se pela sua simplicidade e menor custo em comparação com as suas semelhantes de seis componentes.

Nesta amostra foi utilizada plataforma de força para avaliação postural BIOMEC400, desenvolvida pela EMG System do Brasil (www.emgsytem.com.br), que possibilita registrar os dados referentes à postura do indivíduo simultaneamente com o vídeo em tempo real.

A partir da análise dos dados registrados, podem-se extrair variáveis estabilométricas da postura humana tais como:

- Amplitude anteroposterior (AP);
- Amplitude mediolateral (ML);
- Posição média anteroposterior;
- Posição mediolateral;
- Desvio padrão anteroposterior;
- Desvio padrão mediolateral;
- Área da elipse do COP (centro de pressão da base de contato dos pés sob a plataforma);
- Velocidade anteroposterior;
- Velocidade medialateral;
- Frequência de oscilação da direção anteroposterior;
- Frequência de oscilação da direção medialateral.

Esta plataforma possui amplificadores especiais de precisão com alta resolução. A frequência de amostragem durante a coleta dos dados é programada e o conversor analógico-digital interno possui resolução de 16 bits e 50 KHz de frequência de amostragem máximo. Sua dimensão é de 50 cm x 50 cm com altura de 7 cm, conforme padrões científicos.

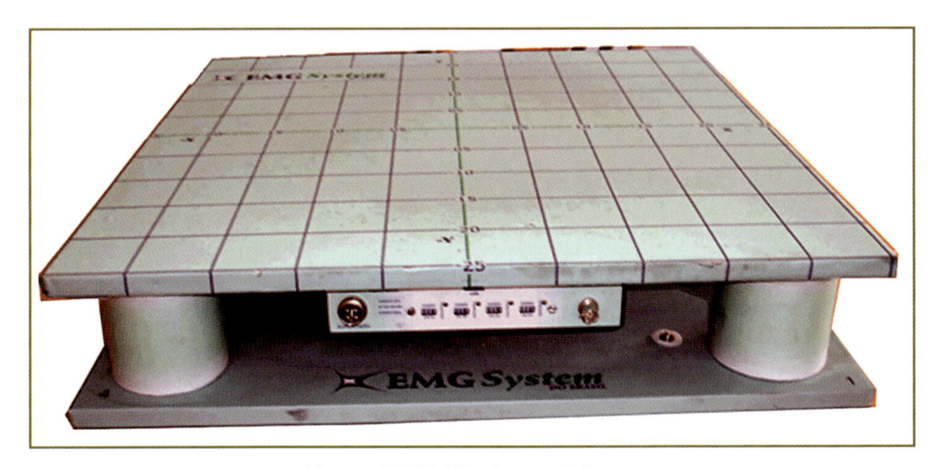

Figura 12.17: Plataforma de força.

Caso 1

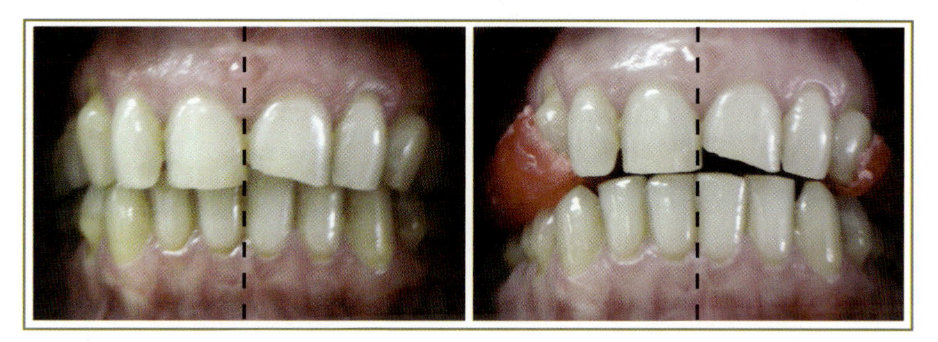

Figura 12.18: Em MH, e em RMM; nesta última, ocorre um levante da mordida.

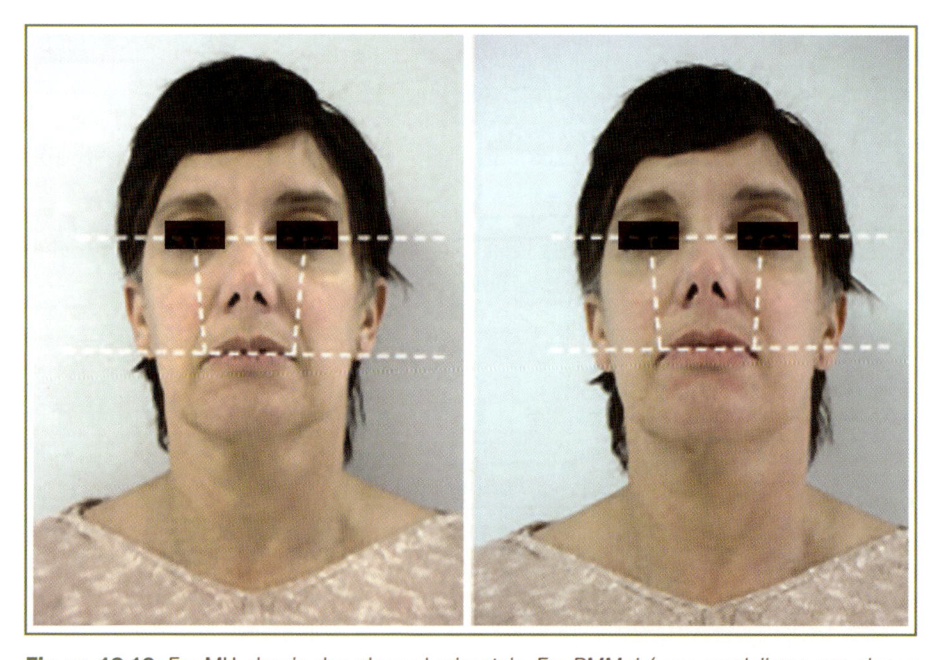

Figura 12.19: Em MH, desvio dos planos horizontais. Em RMM, há um paralelismo nos planos horizontais e simetria no plano vertical.

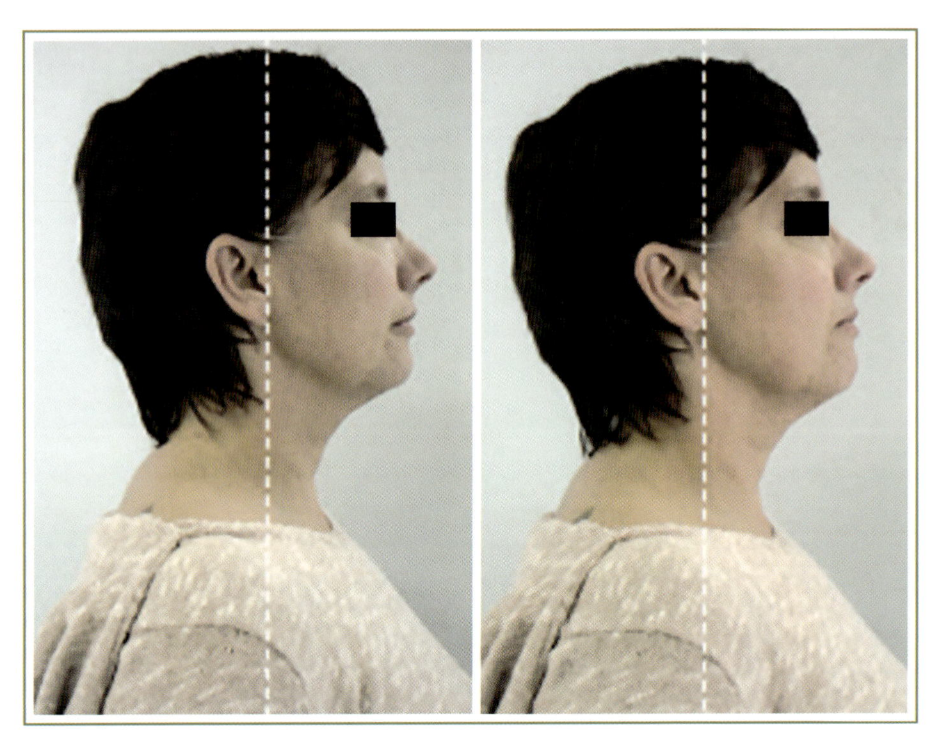

Figura 12.20: Em MH e em RMM; nesta última, a postura da cabeça e a coluna cervical tendem a verticalizar e há uma anteriorização mandibular.

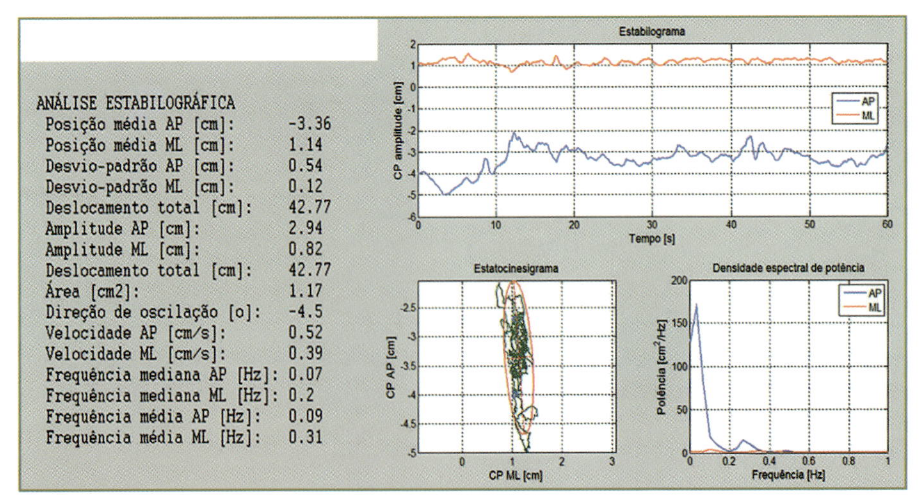

Figura 12.21: Análise postural realizada com o paciente em MH. O COP apresenta-se com deslocamento maior no sentido anteroposterior em relação ao deslocamento mediolateral.

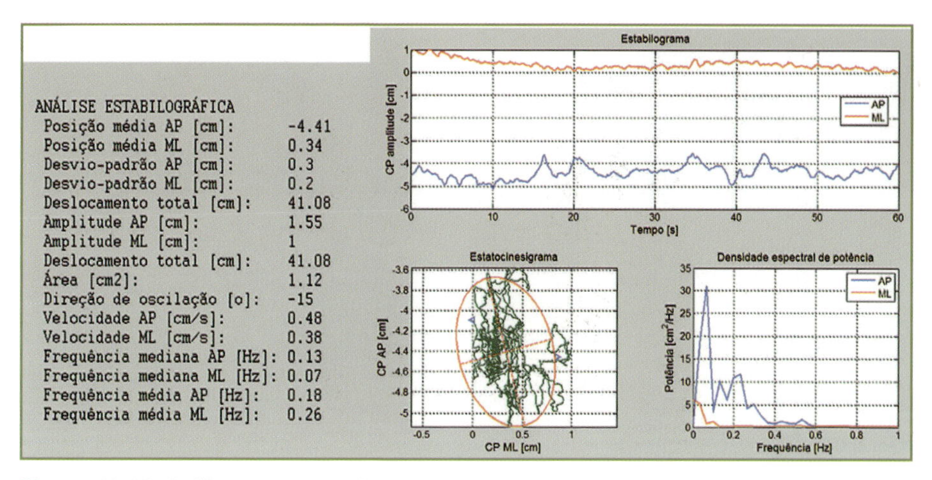

Figura 12.22: Análise postural realizada com o paciente em RMM. Ocorreu um aumento da amplitude na estatocinesigrama, sugerindo que houve uma redistribuição plantar, comparado com os dados da anterior (Figura 12.21).

Caso 2

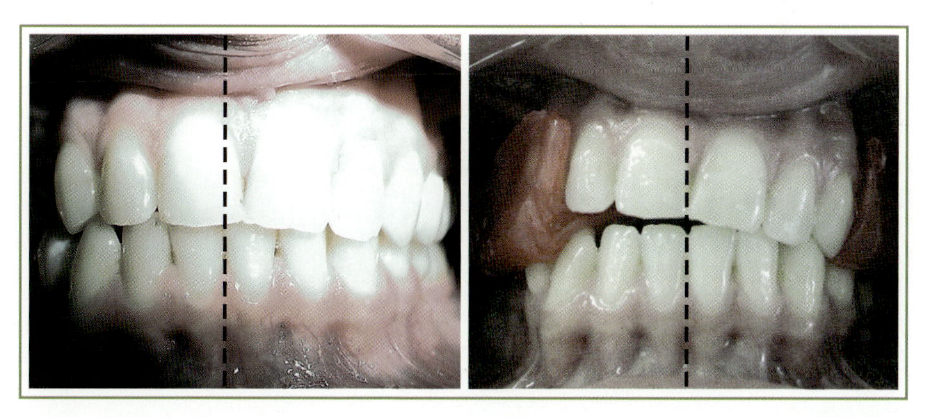

Figura 12.23: Em MH apresenta desvio de linha média e mordida cruzada do lado direito. Em RMM é corrigido o desvio.

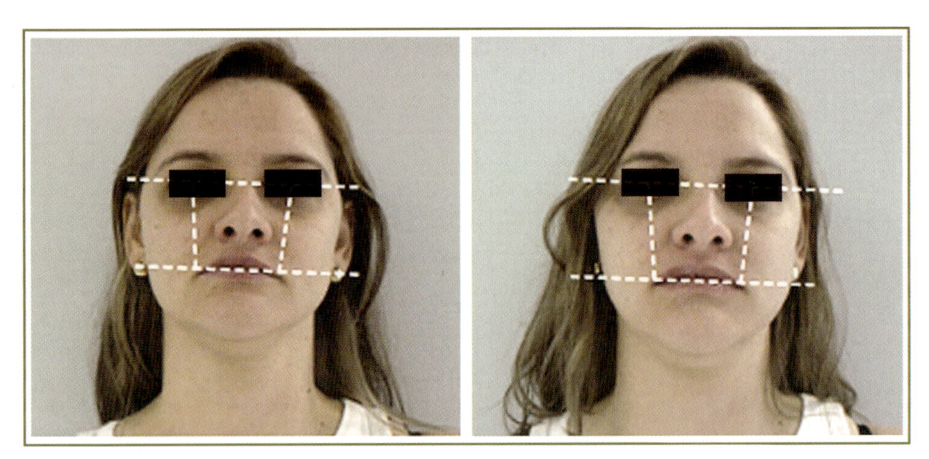

Figura 12.24: Em MH apresenta uma assimetria de face com inclinação dos planos horizontais. Em RMM o plano vertical está um pouco maior.

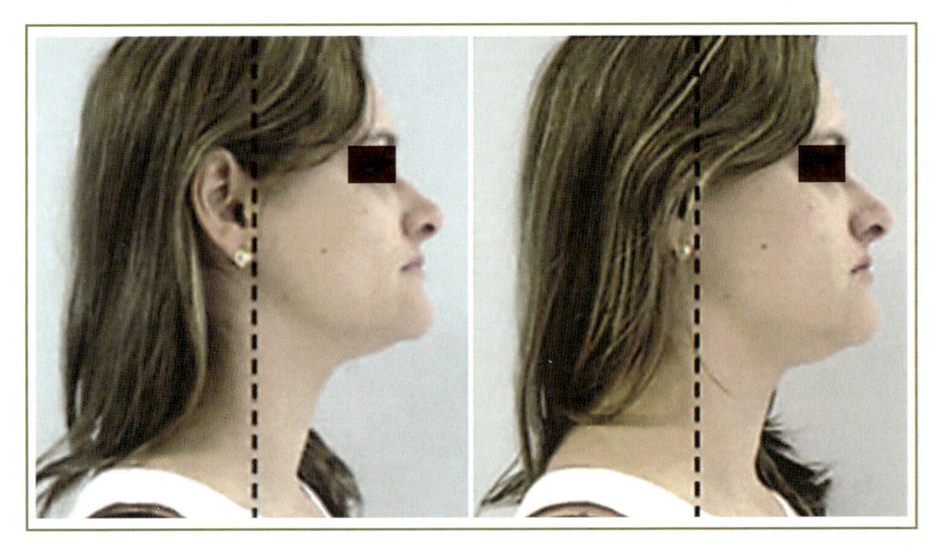

Figura 12.25: Em MH e RMM; nesta últim,a há um alongamento da face, com a relação mandíbulomaxilar harmoniosa.

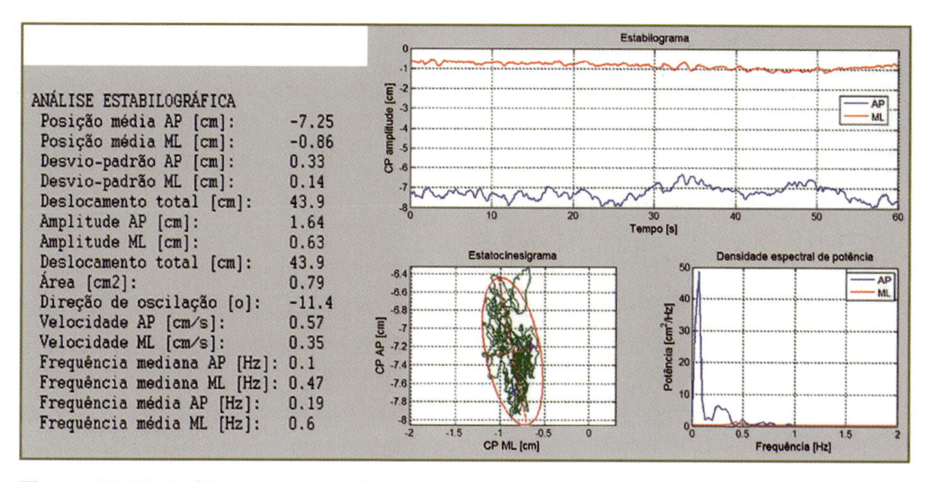

Figura 12.26: Análise postural realizada com o paciente em MH. O COP apresenta-se com deslocamentos maiores no sentido anteroposterior e mediolateral com inclinação corpórea para a esquerda.

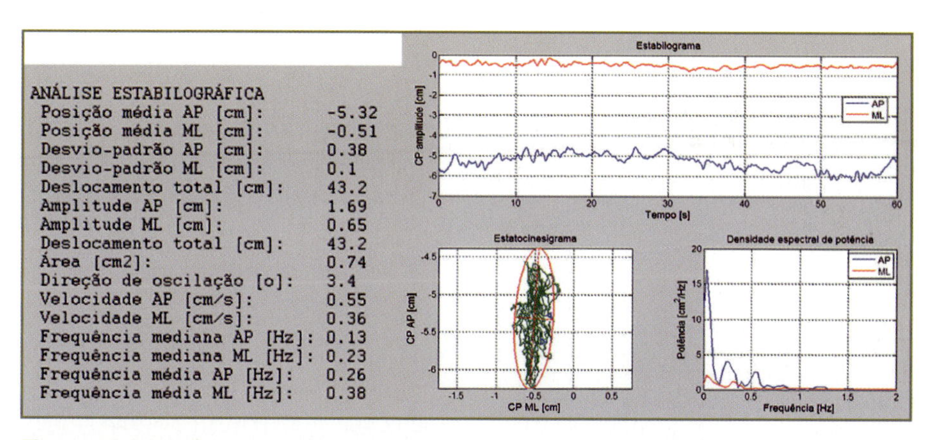

Figura 12.27: Análise postural realizada com o paciente em RMM. O COP apresenta-se com deslocamento menor no sentido anteroposterior e mediolateral com um alinhamento postural observado na direção da oscilação, comparado com o anterior (figura 12.26).

Conclusão

O objetivo deste trabalho é mostrar que quando se repostura a mandíbula com cera intraoral ou um aparato ortopédico pode ocorrer variações nos apoios podais.

Nos casos mostrados avaliados por meio da estabilometria ocorreram mudanças das variáveis posturais do COP (centro de pressão da base de contato dos pés sob a plataforma) em relação à MH e à RMM.

Embora seja uma amostra pequena, nota-se que essas mudanças relatadas podem sugerir uma inter-relação entre o equilíbrio postural do SECN com o SP.

Referências

1. AMORIM, C. F.; JR. C. C. P.; KELENCZ, C. A.; OLIVEIRA, C. S.; OLIVEIRA, L. V. F. Análise do Comportamento Motor Através da Plataforma de Equilíbrio e EMG de Superfície: Estudo no Domínio da Frequência. *Terapia Manual*, v. 20, p. 181-184, 2007.
2. ARELLANO, J. C. V. Relações entre postura corporal e sistema estomatognático. *JBA*, v. 2, n. 6, p. 155-164, 2002.
3. BALDANI, M.; FIGUEIREDO, D. L. *Bio Cibernética Bucal.* São Paulo: Ciberata, 1972.
4. BANKOFF, A. D. P.; CIOL, P.; ZAMAI, C. A.; SCHMIDT, A.; BARROS, D. D. Estudo do Equilíbrio Corporal Postural Através do Sistema de Baropodometria eletrônica. *Revista Conexões*, v. 2, n. 2, 2004.
5. BÉZIERS, M. M.; HUNSINGER, Y. *O bebê e a coordenação motora: Os gestos apropriados para lidar com a criança.* São Paulo: Summus Editorial, 1994.
6. BIASOTTO-GONZALEZ, D. A. *Abordagem interdisciplinar das disfunções temporomandibulares.* São Paulo: Manole, 2005.
7. BUENO, A. P. F. *Crescimento Craniofacial. Uma interpretação sistêmica.* Rio de Janeiro: Edição do Autor, 1997.
8. BRICOT, B. *Posturologia.* São Paulo: Ícone, 1999.
9. CUCCIA, A. M. Interrelationships between dental occlusion and plantar arch. *Journal of Bodywork and Movement Therapies.* v. 15, p. 242-250, 2011.

10. FRANÇA, A. C. L. Treinamento e qualidade de vida. Universidade de São Paulo, Faculdade de Economia, Administração e Contabilidade, Departamento de Administração; Série de Working Papers nº 01/007. www.ead.fea.usp.br/wpapers/.

11. GAGEY, P. M.; WEBER, B. *Posturologia: regulação e distúrbios da posição ortostática.* 2ª ed. São Paulo: Manole, 2000.

12. GESELL, A.; AMATRUDA, C. *Diagnóstico del desarrolho normal y anormal del niño.* Buenos Aires: Médico – Quirúrgica, 1946.

13. GUAGLIO, G. *Bocca e Scoliosi. Nuovi sviluppi in ortognatodonzia.* Nike Edizioni, 2010.

14. HAZIME, F. A.; ALLARD, P.; IDE, M. R.; SIQUEIRA, C. M.; AMORIM, C. F.; TANAKA, C. Postural control under visual and proprioceptive perturbations during double and single limb stances: Insights for balance training. *Journal of Bodywork and Movement Therapies*, v. ahead, p. of-print, 2011.

15. KLASSER, G. D., GREENE, C. S. The changing field of temporomandibular disorders: what dentists need to know. *J. Can. Dent. Assoc.*, v. 75 p. 49-53, 2009.

16. KELEMAN, S. *Anatomia Emocional.* 3ª ed. São Paulo: Summus Editorial, 1992.

17. MARTÍN, P. P. S.; MARTÍNEZ, A. G.; DE LA CRUZ, J. P. Relación entre la curvatura de las vértebras cervicales, la posición de la cabeza y las diferentes maloclusiones. *Cient. Dent.*, v. 3, n. 2, p. 113-118, 2006.

18. MOTTA, L. J.; MARTINS, M. D.; FERNANDES, K. P. S.; MESQUITA-FERRARI, R. A.; BIASOTTO-GONZALEZ, D. A.; BUSSADORI, S. K. Relação da postura cervical e oclusão dentária em crianças respiradoras orais. *Rev. CEFAC*, v. 11, Supl. 3, p. 298-304, 2009.

19. OKESON, J. P. *Tratamento das desordens temporomandibulares e oclusão.* 4ª ed. São Paulo: Artes Médicas, 2000.

20. PONZANELLI, F. Le Interazioni Fra Apparato Stomatognatico e Assetto Posturale. Facolta'Di Medicina e Chirurgia Corso Di Laurea in Scienze Delle Attivita'Motorie, Universita'Degli Studi Di Parma, Itália, 2007-2008.

21. RIGUETO, R. R. Estudo do comportamento da distribuição plantat por meio da baropodometria em pacientes portadores de bruxismo do sono após uso de esplinte oclusal; Dissertação de Mestrado, Universidade do Vale do Paraíba, Instituto de Pesquisa e Desenvolvimento, São José dos Campos, São Paulo, 2005.

22. ROCABADO, M. S. *Cabeza y cuello: tratamento articular.* Buenos Aires. Inter-Médica Editorial, 1979.

23. ROCCA, S. D. La Riabilitazione funcionale. Una visione estética olistica. *Odontoiatria*, n. 3, p. 247-252, 2010.

24. ROESLER, C. R. M.; ITARRIOZ, I.; ZARO, M. A. Identificação do conteúdo de frequências presente na força de reação do solo medida com plataforma de forças. *Revista Brasileira de Biomecânica*, n. 4, p. 51-56, 2002.

25. SILVA, R. B. X.; MATTOS, H. M.; XAVIER, L. M. B.; MILHAN, C.; PRZYSIEZNY, W. L. Análise da influência imediata das peças podais no equilíbrio corporal através da estabilometria. Disponível em: <www2.rc.unesp.br/eventos/educação_fisica>.

26. SIQUEIRA, C. M.; LAHOZ M. G. B.; CAFFARO, R. R.; FU, C.; KOHN, A. F.; AMORIM, C. F.; TANAKA, C. Misalignment of the knees: Does it affect human stance stability. *Journal of Bodywork and Movement Therapies*. v. 15, p. 235-241, 2011.

27. TRUCOLO, D. R.; COSTA, J. M.; SPERANDÉO, R. C. A.; SILVA, M. M.; JUNIOR, W. R.; BIASOTTO-GONZALEZ, D. A. Avaliação e correlação da amplitude de movimentos cervicais e mandibulares em idosos com prótese: Estudo Piloto. VI Encontro de Iniciação Científica. São Paulo. VI Encontro de Iniciação Científica: Cooperação entre professores e estudantes no processo da pesquisa. São Paulo: UNINOVE, 2009, p. 66.

Capítulo 13

MÉTODOS DE DIAGNÓSTICO

"O diagnóstico das inúmeras maloclusões constitui uma arte desafiadora para o investigador intrépido."

O diagnóstico das alterações craniofaciais é o passo primordial para preparar o plano de tratamento, definir os procedimentos que serão utilizados, prever aproximadamente o tempo de tratamento, inclusive para cada procedimento escolhido, conduzir bem o tratamento e avaliar o prognóstico. Embasado no diagnóstico realizado é possível relatar ao paciente o passo a passo de seu tratamento, quantos aparelhos irá usar dentro do período previsto e quais são as espectativas a serem alcançadas no final do tratamento. Para as alterações do SECN se tem um diagnóstico amplo, pois são avaliadas estruturas ósseas, musculares, articulares, dentárias e suas relações, dentro dos aspectos morfológicos, funcionais e estéticos. Por isso, utiliza-se um conjunto de elementos de diagnóstico, cada um com suas características e finalidades específicas, que comporão um quadro diagnóstico o mais completo possível para cada caso.

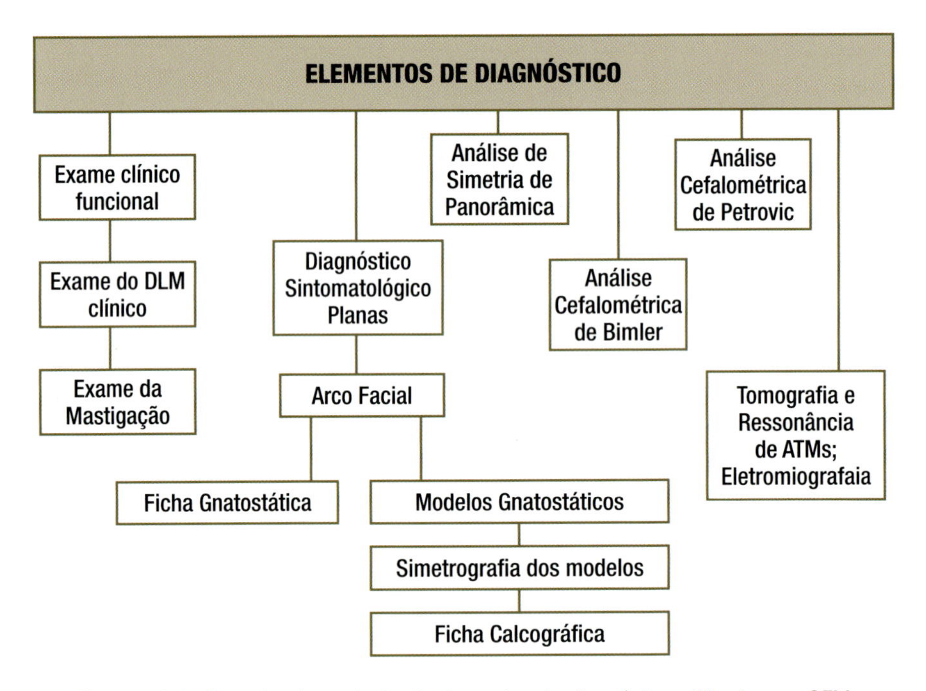

Figura 13.1: O quadro do conjunto de elementos de diagnóstico utilizados em OFM.

Além desses, incluem também a tomografia e a ressonância magnética das ATMs, assim como a eletromiografia quando necessários. Essas análises, como também a Análise Cefalométrica de Petrovic, não serão aqui abordadas.

Exame clínico funcional

Na primeira consulta, além da anamnese completa, é o momento de se realizar o exame clínico funcional, o qual é de grande importância no quadro geral de diagnóstico, pois o paciente está presente para ser meticulosamente examinado. Além disso, faz-se a moldagem do arco maxilar e mandibular para se obter dois pares de modelos. O primeiro par de modelos será usado na confecção do aparelho ortopédico indicado para o paciente, e o segundo, para o Diagnóstico Sintomatológico Planas.

Aspectos considerados no exame clínico funcional

1. Análise Facial

Observa-se a relação entre o 1/3 médio e inferior da face, e um lado da face com o outro, que pode estar simétrico ou assimétrico. Para isso, podem ser traçados planos na face tais como: mentoniano, labial, nasal, interpupilar e supraorbital conforme mostrado na Figura 13.2. Esses planos ajudam a visualizar possíveis assimetrias faciais no paciente. Além disso, na análise facial podem ser detectadas hipertrofias musculares como de masseteres, esternocleidomastóideos, mentalis; hipotonias musculares como dos orbiculares dos lábios superior e inferior, mentalis, masseter etc.

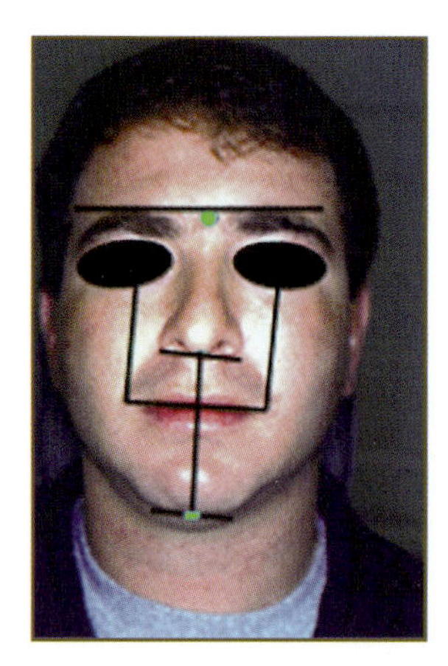

Figura 13.2: Observa-se que a face está assimétrica. A mandíbula está desviada para a direita. Mento, comissuras labiais, asa do nariz e sobrancelhas direitos estão mais altos. O masseter direito está mais volumoso, o esternocleidomastóideo direito, mais contraído. Nota-se contração do mentalis. Sugere mastigação viciosa direita.

2. Análise Bucal

1. Avaliação da mandíbula: forma, postura, situação axial dos incisivos, caninos, dentes posteriores e base óssea disponível, compatível ou não com seus diâmetros mesiodistais, agenesia, perda de dentes.
2. Avaliação da maxila, seguindo as mesmas considerações acima descritas.
3. Avaliação da situação e profundidade do plano oclusal e suas inter-relações.
4. Avaliações da situação do plano incisal (simétrico ou assimétrico) inclinação axial dos incisivos (*overjet*, *overbite*), contato incisivo.
5. Tipos de mordida anterior e posterior: cruzada, aberta, rasa, profunda, sobremordida, coberta.
6. Relações molares e caninas (Classe I, II ou III) bilateralmente.
7. Avaliação de tecidos moles como: freios lingual e labial (inserção alta ou baixa), língua e lábios (postura e tonicidade), mucosa de revestimento, bochechas.
8. Avaliação da linha mediana clínica, que poderá estar centralizada, desviada para direita ou esquerda. A LM clínica é vista relacionando-se a LM da mandíbula com a LM da maxila. Assim, a LM clínica estará desviada para um lado ou para outro se a LM da mandíbula estiver desviada em relação à maxila.
9. Avaliação das funções: mastigação, deglutição, respiração, fonação.
   - Mastigação: determinação dos AFMPs e ângulos de Bennett.
   - Deglutição que pode ser normal ou atípica com projeção da língua para a região anterior ou lateral.

- Respiração: nasal, bucal ou mista. Fonação: detecção de fonemas mal articulados. Quando se observa alterações na função respiratória é importante que se oriente o paciente a consultar um médico especialista, assim como com os fonemas a indicação de um fonoaudiólogo.

10. Palpação dos músculos da mastigação e músculos acessórios para verificar tonicidade, espessura das fibras musculares, pontos dolorosos sempre comparando um lado com o outro.

11. Exame clínico das ATMs durante os movimentos de abertura e fechamento lentos e completos da boca. Esses movimentos podem ocorrer de forma simétrica ou assimétrica, com saltos no início, meio ou no final destes. Verificar dificuldades na realização dos movimentos, com presença ou não de estalos ou ruídos. Avalia-se também os movimentos de lateralidade direita e esquerda verificando travamentos, facilidade ou dificuldade em lateralizar a mandíbula. O exame na protrusiva também é importante, principalmente em casos de mordida aberta e/ou Classe III.

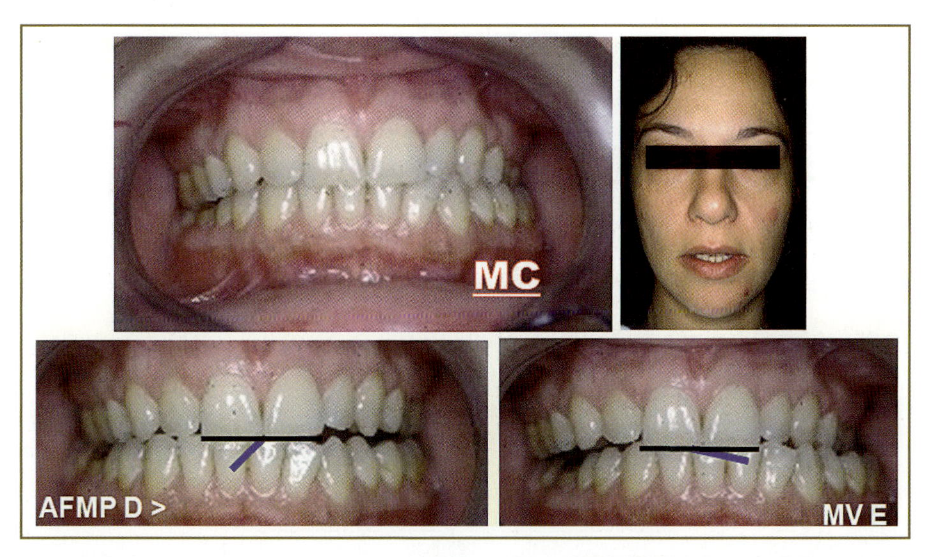

Figura 13.3: Paciente aos 32 anos de idade, com mordida cruzada direita, MDV D, AFMP D >, MVD.

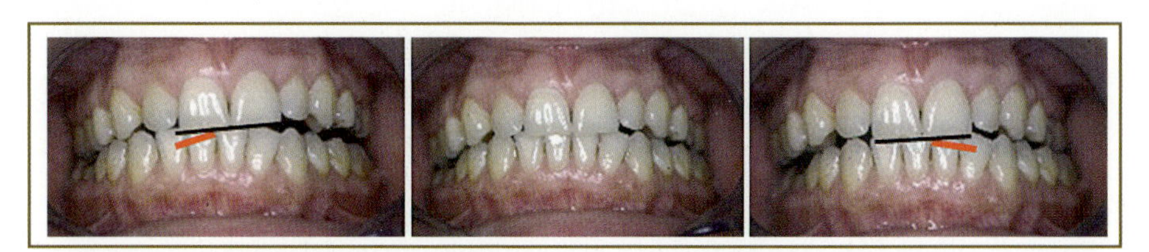

Figura 13.4: Paciente aos 34 anos de idade, com mordida descruzada, AFMPs iguais, mastigação direita (orientadas). Tratamento: PIPS I

Diagnóstico sintomatológico de Planas

O método de diagnóstico preconizado por Planas visa obter informações a respeito de assimetrias presentes no SECN, tais como a causa e o local onde se encontram. A principal causa das assimetrias é a função mastigatória realizada de forma desequilibrada. Entende-se por função mastigatória realizada de forma desequilibrada quando a mastigação foge da bilateral alternada.

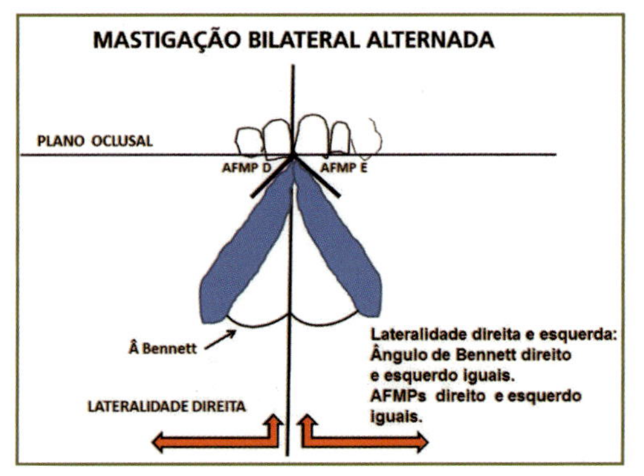

Figura 13.5: Na mastigação bilateral alternada os ângulos de Bennett e os AFMPs são iguais e, a amplitude do movimento é igual para os dois lados.

Portanto, pode ocorrer de diferentes formas, tais como:

- **Mastigação preferencialmente unilateral:** o paciente consegue mastigar por ambos os lados, mas tem preferência por um deles.

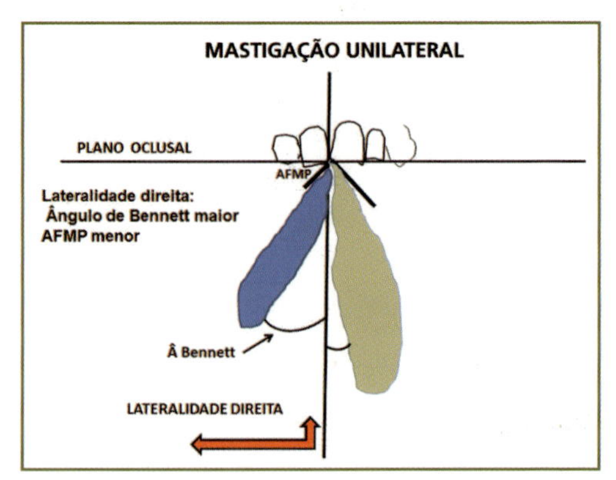

Figura 13.6: Na mastigação preferencialmente unilateral ou na viciosa unilateral o lado da mastigação terá ângulo de Bennett maior e AFMP menor e a amplitude do movimento para esse lado é, portanto, maior.

- **Mastigação viciosa unilateral:** p. ex.: mordida cruzada unilateral. O paciente consegue mastigar somente pelo lado cruzado ou pelo lado vicioso. Parece que o outro lado nem existe; falta-lhe percepção do lado não vicioso.
- **Mastigação com movimento mais vertical que lateral:** p. ex.: Classe II, divisão 2. O paciente executa a mastigação com pouca lateralidade. Quando se olha o paciente mastigando, percebe-se que a mandíbula faz movimento praticamente vertical, sem se lateralizar. Em caso de Classe II, divisão 2 com redução da DV, dentes com cúspides altas e sulcos profundos, a mandíbula encontra altos obstáculos para se lateralizar. Por isso o SECN se adapta nessa situação e, para realizar a função, o movimento vertical é o mais favorável. Seria uma forma de autoproteção.

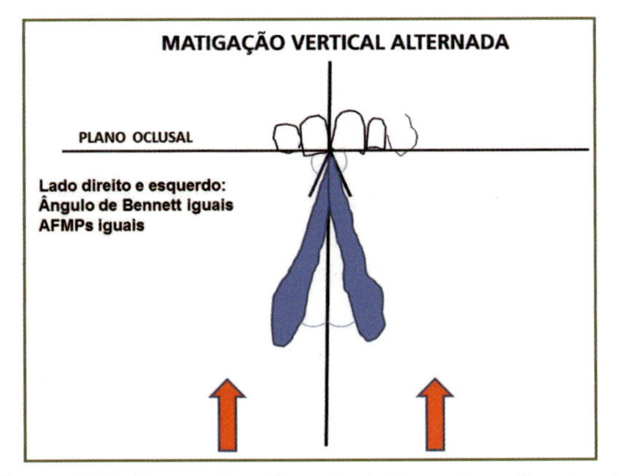

Figura 13.7: Na mastigação vertical alternada os ângulos de Bennett serão iguais e de menor tamanho, e os AFMPs também iguais e de maior valor. A amplitude do movimento é reduzida.

- **Mastigação com movimento mais protrusivo que lateral:** por exemplo: classe III. Na classe III a mandíbula já está mais protruida ou mesializada, portanto, livre, sem o freio do contato incisal. Assim, o movimento mais favorável é o protrusivo.
- **Mastigação com movimento latero-retrusivo:** por exemplo: boca com AFMP negativo e ângulo de Bennet patológico. Situação muitas vezes provocada por tratamentos de má oclusão sem a devida correção da função mastigatória.
- **Mastigação com movimentos combinados, tais como:** vertical e com um lado preferencial ou vicioso; protrusivo e com um lado vicioso ou preferencial; retrusivo e com um lado preferencial ou vicioso.

O SECN tem um alto limiar de adaptação às condições patológicas, por isso consegue se manter em equilíbrio patológico ao longo da vida. Gradualmente essas condições vão se agravando rompendo o limiar de adaptação patológico, entrando no estágio de desequilíbrio patológico. Essas anormalidades funcionais podem levar o SECN ao estágio de desequilíbrio patológico como os distúrbios de ATMs, perdas ósseas, perdas radiculares, perdas dentárias, pois são situações traumáticas cumulativas.

Além da função mastigatória, outros fatores poderão causar assimetrias faciais. Na maxila as sinostoses prematuras unilaterais (fechamento das suturas ósseas antes do tempo) podem causar assimetrias em diferentes idades de desenvolvimento. Na mandíbula as assimetrias podem ser causadas por doença sistêmica como a artrite reumatoide (quando afetam as ATMs), por hipo ou hiperplasia condilar, anquilose, tumores ou traumas. Mesmo quando os fatores acima relacionados estiverem presentes, pode-se observar que a mastigação unilateral estará associada. Então, o fator funcional é muito forte na instalação de assimetrias no complexo craniofacial. O 1/3 médio da face compreende a região dos dentes maxilares para cima até a órbita e o 1/3 inferior é constituído pela mandíbula. As assimetrias podem estar no 1/3 médio, inferior ou em ambos. A determinação da causa das assimetrias é um fator preponderante, pois conhecendo o(s) fator(es) etiológico(s) é possível determinar o seu plano de tratamento e prognóstico.

As assimetrias provocadas por desequilíbrio da função mastigatória podem ser classificadas da seguinte maneira:

A) Desvio de posição:
- **A.1)** desvio de posição de dentes
- **A.2)** desvio de postura da mandíbula

B) Desvio de forma: Crescimento assimétrico da maxila, da mandíbula ou de ambos
- **B.1)** Crescimento assimétrico no sentido transversal
- **B.2)** Crescimento assimétrico no sentido anteroposterior
- **B.3)** Crescimento assimétrico no sentido vertical

O desvio de posição de dentes caracteriza-se por apresentar uma assimetria localizada no arco, ou seja, na região do dente ou dos dentes que se encontram desviados (por exemplo: agenesia, perda prematura de decíduos, perda do permanente, erupção ectópica, apinhamento severo que provoca inclinações acentuadas em dentes, dente cruzado etc.).

O desvio de postura da mandíbula caracteriza-se por apresentar o ponto gnation (ponto mais inferior e central da região mentoniana) desviado em relação ao plano sagital mediano. O desvio de postura da mandíbula pode ser visto clinicamente, quando se olha o rosto de frente e nota-se que o mento está desviado em relação ao 1/3 médio. Geralmente esse desvio é também acompanhado pelo desvio da linha mediana clínica para o mesmo lado. No desvio de forma já ocorreu crescimento assimétrico da maxila, da mandíbula ou de ambas.

O crescimento assimétrico pode ser no sentido transversal, anteroposterior, vertical; separado ou conjuntamente. Além disso, nas assimetrias pode ocorrer desvio de postura (dentes e/ou mandíbula) associado com desvio de forma ou no arco maxilar, ou no mandíbular ou em ambos. É evidente que, quanto mais elementos comprometidos maior será o desequilíbrio envolvendo, muitas vezes, a boa saude das ATMs ou dos dentes.

As técnicas ortopédicas funcionais geralmente atuam bem nas assimetrias por desvio de dentes, de postura de mandíbula e de forma. Nas assimetrias por crescimento assimétrico (forma) em estado avançado, com o tratamento pode ser conseguido o equilíbrio do SECN, porém as estruturas ainda ficarão assimétricas. A simetria poderá ser alcançada com o treinamento mastigatório para o lado orientado (inversão do lado da mastigação) através do tempo. Importante frisar que, embora algumas regiões ósseas estejam ainda assimétricas, o SECN deve estar com a função restabelecida para garantir a manutenção da saúde bucal.

Quando se fala em assimetria facial, a má oclusão de mordida cruzada unilateral é a primeira que nos passa pela mente, pois por si só caracterizaria uma assimetria. Vamos viajar um pouco nas asas da mordida cruzada unilateral.

Mordida cruzada unilateral

Por volta dos 3 ou 4 anos a criança apresenta a dentição decídua completa, caninos e molares com cúspides pronunciadas, e a mandíbula procurando uma posição de maior aproximação com os dentes antagonistas para poder mastigar. Nessa fase de desenvolvimento as cúspides altas atrapalham o bom desempenho funcional mandibular, mesmo porque o SNC está adquirindo circuitos neurais referentes a essa função. É importante ajudar o sistema a se desenvolver oferecendo à criança alimentos duros e fibrosos. Porém, nos dias atuais, as crianças não comem esses tipos de alimentos. Por isso o tratamento funcional deve ser empregado desde a mais tenra idade para prevenir as múltiplas atrofias que advêm do mau uso do SECN. Assim, a mandíbula se desloca para um lado, ora para outro, para frente, ora para trás buscando o tal conforto que lhe propiciará a condição favorável à execução da mastigação. Em um dado momento a procura termina, quando a mandíbula cruza unilateralmente. Nessa posição de cêntrica ocorre uma perda de dimensão vertical, pois as cúspides que a mantêm (as cúspides palatinas dos molares superiores) estão sem função. Numa mordida normal, as cúspides palatinas estariam no sulco central dos molares inferiores, garantindo a real dimensão vertical. Agora, são as cúspides linguais inferiores que se situam no sulco central dos superiores. As cúspides palatinas são mais altas que as linguais. Literalmente há uma perda de dimensão vertical pela "queda" das cúspides palatinas que perdem a função mantenedora da dimensão vertical. Evidente que esse é o lado da mínima dimensão vertical, o lado da mastigação viciosa. A mandíbula realiza movimento de lateralidade só para esse lado. Para o lado oposto a lateralização é muito prejudicada. Assim se começa a criar as consequências desse cruzamento. A mordida cruzada unilateral pode causar desvio dos dentes superiores para lingual e dos inferiores para vestibular, quando a mastigação unilateral for mais com movimentos verticais que laterais. Quando a mastigação unilateral for realizada com movimentos mais laterais, a postura da mandíbula e a linha mediana podem ficar desviadas para o mesmo lado do cruzamento. Além disso, a mordida cruzada unilateral pode levar ao desvio de forma, ou seja, ao crescimento assimétrico. A hemimaxila cruzada ficará com o desenvolvimento no sentido transversal inibido pelo travamento das cúspides inferiores, que a golpeia de fora para dentro.

Na mordida normal a mandíbula golpeia a maxila de dentro para fora durante a mastigação, estimulando ainda mais o desenvolvimento da maxila no sentido transversal, deste lado (Lei Planas de desenvolvimento da maxila no sentido transversal de acordo com a mastigação). Já, no sentido anteroposterior, a hemimaxila ficará mais longa do lado cruzado, pois a mandíbula não está exercendo bloqueio sobre ela, mas sim estimulando as fibras periodontais pelo atrito entre as cúspides linguais inferiores e vestibulares superiores (Lei Planas de desenvolvimento no sentido anteroposterior da maxila de acordo com a a mastigação).

No lado oposto ao do cruzamento poderá ocorrer crescimento maior da hemimandíbula, no sentido transversal e anteroposterior, como resposta à estimulação excitatória da região retromeniscal da ATM, desse lado (Lei Planas de desenvolvimento transversal e anteroposterior da mandíbula de acordo com a mastigação). A mordida cruzada unilateral mantém o contexto bucal com morfologia e função alteradas, que levam a diferentes resultados. Esses resultados precisam ser bem diagnosticados para se definir o tratamento mais adequado para cada situação apresentada.

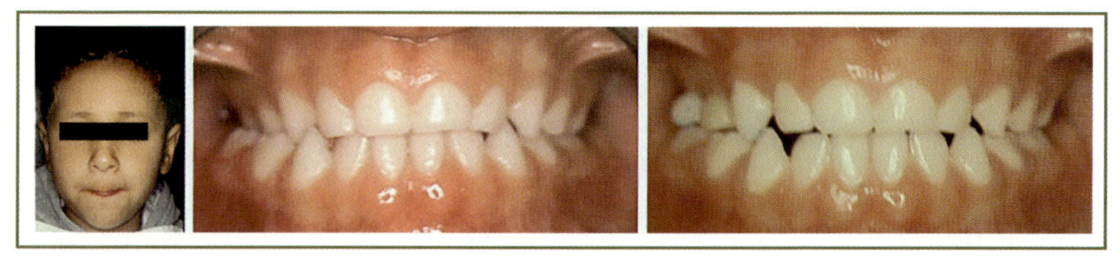

Figura 13.8: Mordida cruzada direita, aos 5 anos. DLM ausente. MDV D, MVD, AFM D <. Tendência a Classe III. Tratado com DS e PDP.

Síndrome Rotacional Frontal

A Síndrome Rotacional Frontal é outra forma de assimetria facial cuja origem pode ser tanto genética como adquirida. Caracteriza-se por um conjunto de assimetrias que atingem principalmente a mandíbula no plano frontal e está sempre acompanhada pela mastigação viciosa unilateral. A região condilar é sempre afetada, mostrando hiperplasia condilar de um lado e hipoplasia do outro. O côndilo hiperplásico tem a forma de chifre de touro. A mordida pode ser cruzada unilateral ou não, e geralmente não apresenta desvio de linha mediana clínico.

Clinicamente, a face é bastante assimétrica com um lado do rosto bem menor e mais fundo que o outro. O lado do rosto mais fundo apresenta o corpo da mandíbula menor, com uma mínima dimensão vertical bem reduzida, pois é o lado da mastigação viciosa. Do lado oposto a face é mais alta, aparentando uma forte assimetria facial. A ausência do desvio da linha mediana é explicada pela diferença de altura dos côndilos que faz a compensação.

Geralmente essa síndrome é acompanhada pelos sintomas da disfunção das ATMs como: dores de cabeça frequentes, no pescoço e face, torcicolos, cansaço muscular durante a mastigação, sensação de desconforto, tonturas, zumbido ou barulho nos ouvidos. Há casos agravados por um quadro de sintomas de depressão. As técnicas ortopédicas funcionais têm ajudado muito esses pacientes a voltarem a ter uma estabilidade do SECN e bem-estar geral.

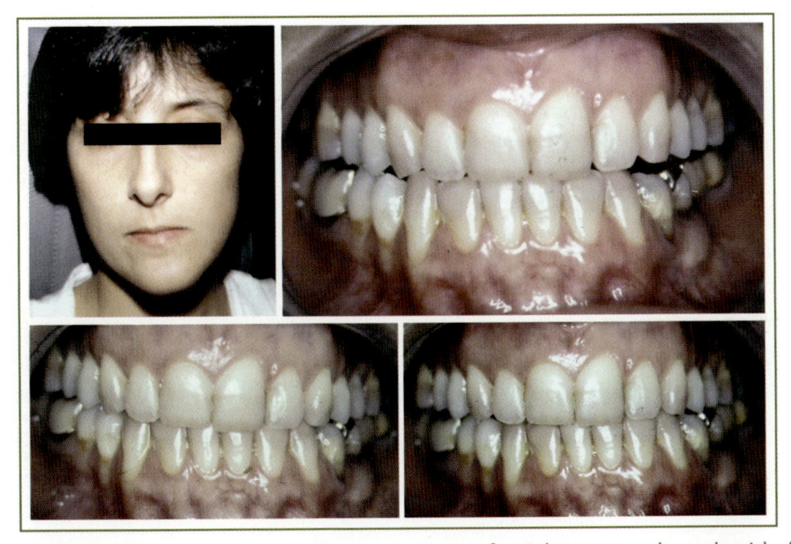

Figura 13.9: Paciente aos 35 anos. Rosto em norma frontal com grande assimetria facial. Lateralidade direita, cêntrica e lateralidade esquerda. Caso de síndrome rotacional frontal.

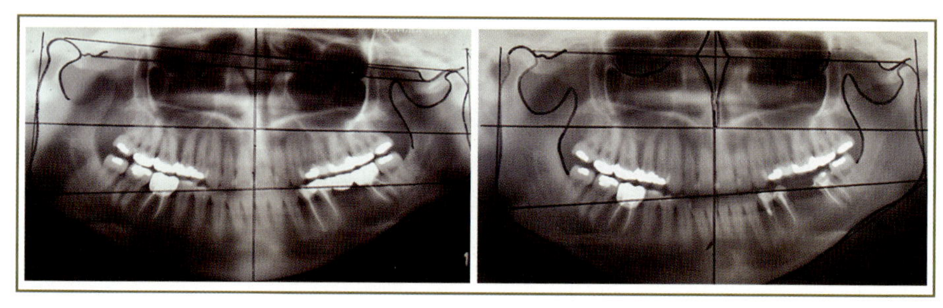

Figura 13.10: Radiografia panorâmica aos 33 anos evidenciando a hiperplasia condilar direita e hipoplasia condilar esquerda. Rx aos 35 anos: Redução da hiperplasia do côndilo direito com o uso de aparelho PIPS e DS.

Arco facial de Planas

Planas desenvolveu a técnica como também as ferramentas utilizadas para realizar o diagnóstico sintomatológico. O conjunto de ferramentas é constituído por: arco facial com as alças de mordida em três tamanhos, uma régua milimetrada, gnatostato com as bases gnatofóricas superior e inferior, simetrógrafo e calcógrafo.

O arco facial utilizado é constituído por uma barra vertical e outra horizontal. A haste vertical contém três hastes para serem colocadas nos três pontos medianos de tecido mole:

- Ofrion (Of), localizado na linha mediana entre as duas sobrancelhas no arco mais alto destas;
- Subnasal (Sn) localizado na base do nariz;
- Gnation (Gn) localizado na região mais inferior e mediana do mento.

Além dessas três hastes, a barra vertical possui uma extensão localizada entre as hastes do Gn e do Sn onde será introduzido o cabo da alça de mordida do arco facial. Acima do subnasal a barra vertical recebe a barra horizontal, a qual possui duas hastes de cada lado referentes aos pontos:

- Tragus (T) localizado na frente do tragus;
- Gônio (Go) localizado no ângulo goníaco (direito e esquerdo).

Tomada do arco facial de Planas

1. Seleção da alça de mordida. A alça escolhida deve abarcar todos os dentes superiores e inferiores sem esbarrar em nenhum, e o seu cabo deve ficar centralizado com a linha mediana da maxila. O cabo da alça de mordida deve ser adaptado de modo a formar um ângulo de 15° com o plano da mesa de trabalho, o que equivaleria a 15° com o plano de Camper.

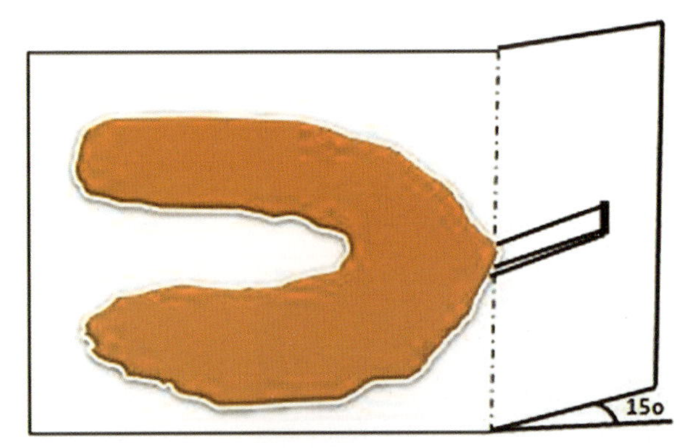

Figura 13.11: O cabo da alça de mordida com inclinação de 15º com a mesa de trabalho e preenchida com godiva.

2. Preenchimento da alça de mordida com placa de godiva de baixa fusão. Aquecer água por volta de 60°, plastificar a godiva, preencher a alça com uma camada fina de godiva de maneira que fique firmemente aderida em todo o seu contorno. Levar à boca do paciente, centralizar o cabo da alça com a linha mediana da maxila e pedir para o paciente morder de forma usual. Abrir e fechar a boca várias vezes, ora segurando a alça sobre os dentes superiores, ora sobre os inferiores para que as cúspides perfurem a godiva. Remover da boca, passar em água corrente fria e olhar contra a luz para verificar se a godiva foi realmente perfurada pelas cúspides de contato.
3. Demarcação dos pontos na pele utilizados para a montagem do arco facial (Of, Sn, Gn, Td, Te, God e Goe) com caneta retroprojetora ou lápis dermatográfico.

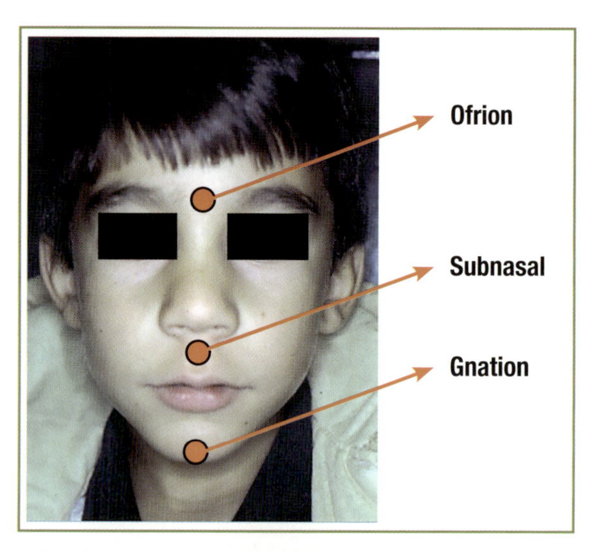

Figura 13.12: Demarcação dos pontos medianos na pele: Of, Sn e Gn.

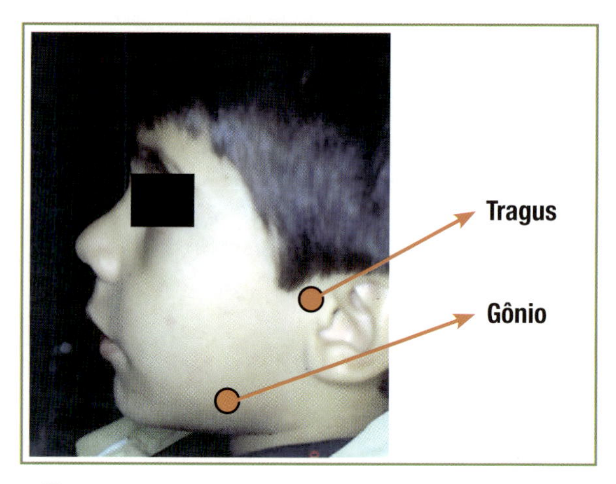

Figura 13.13: Demarcação dos pontos laterais na pele: Go e T esquerdos; o mesmo se faz no lado direito.

4. Recolocação da alça de mordida na boca. As oclusais dos dentes estão bem marcadas, portanto, fica fácil seguir as marcas para a recolocação da alça.
5. Instalação do arco. Encaixar o cabo da alça de mordida na extensão da barra vertical do arco facial, que é vazada e passui o diâmetro exato para esse encaixe. Apertar bem o parafuso de fixação. Alinhar a haste do Sn no ponto demarcado na pele e apertar o parafuso de fixação. Alinhar a haste horizontal de modo que fique equidistante em relação à região do tragus. Para conferir essa distância (distância entre a haste horizontal e o tragus), utilize a régua

que acompanha o conjunto de ferramentas. Apertar o parafuso de fixação. Em seguida, fixar as hastes de T e Go direitos e esquerdos, Of e Gn. Apertar bem firme todos os parafusos de fixação e remover da boca o conjunto todo.

6. Medir no rosto as distâncias Of-Sn e Sn-Gn transferir para a ficha gnatostática.

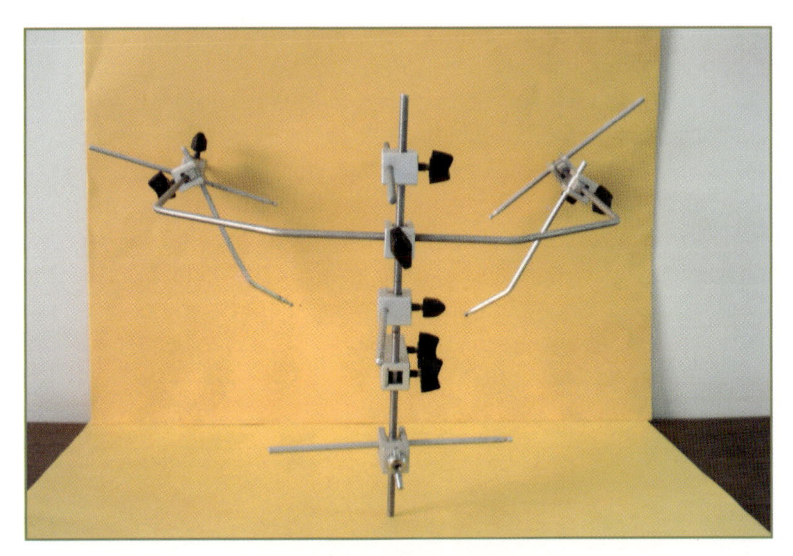

Figura 13.14: Arco facial.

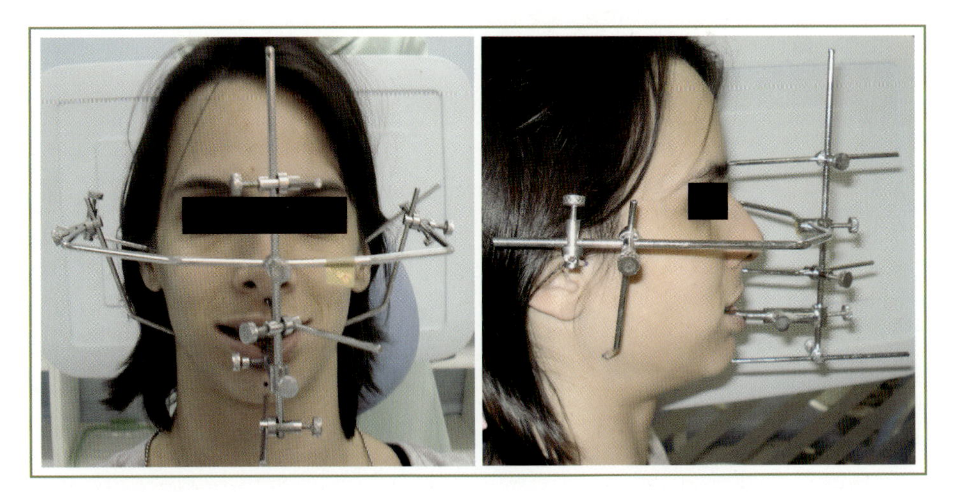

Figura 13.15: Tomada do arco facial na face da paciente em norma frontal e lateral.

Gnatostato Planas

O gnatostato é o dispositivo onde é adaptado o arco facial. Possui uma parte superior e uma inferior que são articuladas. Nessas partes são encaixadas, à maneira de gavetas, duas caixas (cubos gnatofóricos) com 7 cm de lado. Nas caixas, previamente isoladas, são montados os modelos de gesso do paciente. Mais posteriormente, o gnatostato possui duas hastes milimetradas com orifício em suas extremidades, às quais correspondem aos tragus. Nesses orifícios serão encaixadas as hastes de tragus do arco facial. Inferior a essa região há uma dobradiça para a fixação da ficha gnatostática. Mais anteriormente apresenta uma haste longa com orifício em sua extremidade onde se encaixa o subnasal do arco facial. Na região anterior superior há uma haste para adaptação do Ofrion do arco facial.

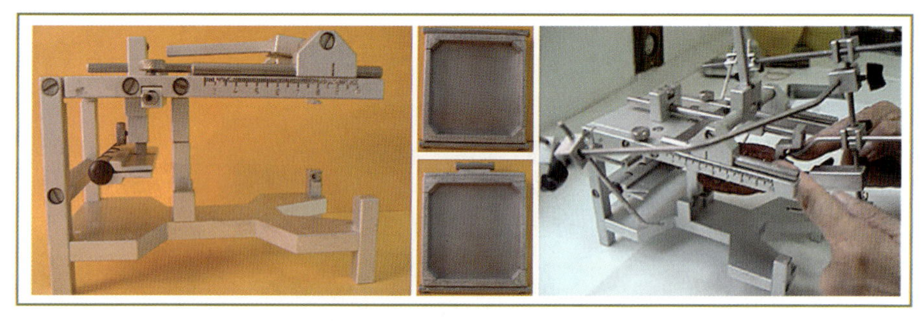

Figura 13.16: Gnatostato Planas com as suas bases de montagem dos modelos. Arco facial montado no gnatostato.

Montagem do arco facial no gnatostato

1. Encaixe das hastes do Sn e T direito e esquerdo. Leva-se o arco facial ao gnatostato desprovido das duas caixas. Adapta-se o Sn do arco no centro do Sn do gnatostato, seguida pela adaptação dos dois tragus. As distâncias de tragus no gnatostato podem ser iguais ou diferentes dependendo do caso ter ou não assimetria nessa região. O importante, nessa fase, é colocar

a haste do Sn do arco no centro do Sn do gnatostato. Fixar os parafusos correspondentes do gnatostato.

2. Encaixar a região equivalente à distância bitraguial da ficha gnatostática Planas na dobradiça do gnatostato de modo que fique centralizada.
3. Comprimir com os dedos as extremidades das hastes dos pontos de T direito e esquerdo e de Gn do arco contra a ficha para marcação destes. Remover a ficha e unir as três marcas obtendo um triângulo que corresponde à configuração geométrica da mandíbula.
4. Adaptar as hastes do Of do arco no gnatostato. As hastes de Sn e Of do gnatostato são milimetradas, por isso é possível ler os valores correspondentes após a montagem do arco. Transferir os valores para a ficha gnatostática.
5. Remover a haste do Gn do gnatostato. Colocar a caixa inferior neste. Adaptar o modelo inferior nas oclusais da alça de modida em godiva. Amarrar com cuidado, porém firmemente, o modelo inferior na alça de mordida (usar fio dental ou elástico).
6. Preparar gesso pedra, preencher a caixa gnatofórica do gnatostato com o gesso, fixar o modelo no gesso, remover os excessos de modo a se obter um modelo bem acabado.
7. Remover o arco facial com a haste de mordida e a haste do Sn do gnatostato. Colocar a caixa gnatofórica superior no gnatostato, adaptar o modelo superior no modelo inferior conforme mordida usual do paciente e prender os dois modelos com elástico ou fio dental. Preparar gesso pedra, preencher a caixa gnatofórica com o gesso, fixar o modelo, remover os excessos.
8. Obtenção dos modelos gnatostáticos. As caixas do gnatostato são desmontáveis, de modo que após a presa do gesso, desrrosqueia-se os parafusos que mantêm as caixas montadas e separam-se os modelos destas.

Modelos gnatostáticos

Os modelos gnatostáticos têm a forma de um cubo de 7 cm de lado chamado de cubo gnatofórico de Andressen. O bordo inferior da base gnatofórica superior coincide com o plano de Camper do paciente. O plano sagital médio dos modelos gnatostáticos coincide com o do paciente. A região posterior dos modelos fica sempre a uma distância de 3 cm do plano frontal que passa pelos pontos Ts. Assim, a linha bitraguial apresenta uma distância de 3 cm em relação a um prolongamento imaginário e para trás no plano de Camper.

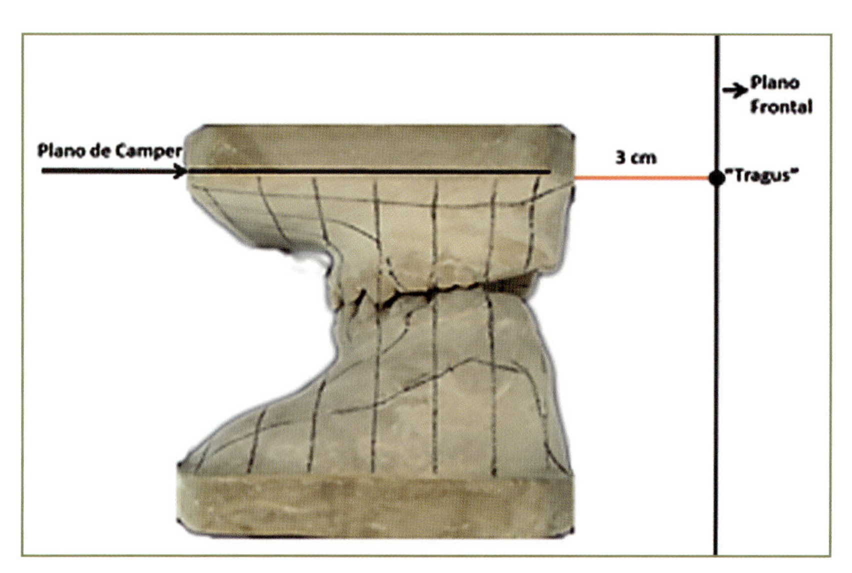

Figura 13.17: Modelos gnastotásticos cujo bordo inferior do modelo superior coincide com o plano de Camper do paciente. A região posterior dos modelos fica a uma distância de 3 cm do plano frontal que passa pelos pontos Td e Te.

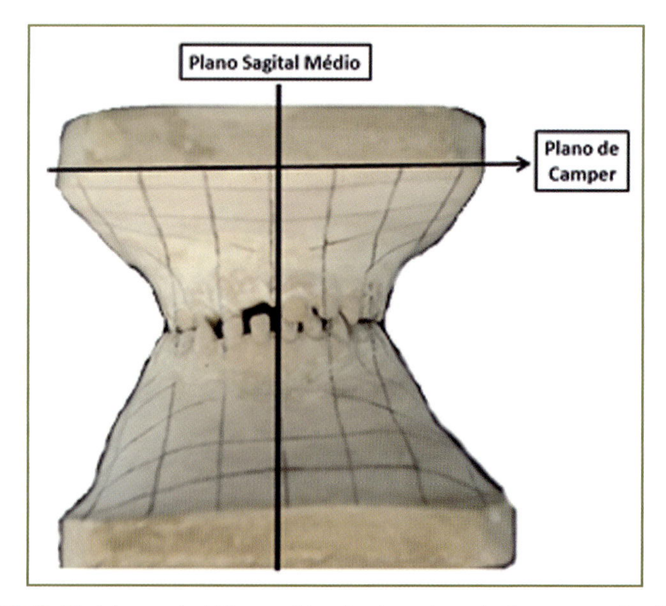

Figura 13.18: Modelos gnatostáticos evidenciando o plano de Camper e o Sagital Médio.

Nos modelos assim obtidos são facilmente visualizadas as assimetrias no sentido vertical, relacionando dentes e plano oclusal com as bases dos modelos que são simétricas.

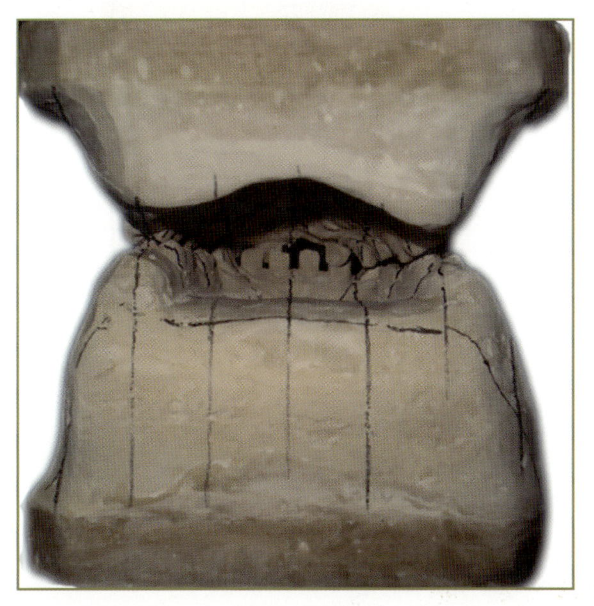

Figura 13.19: Nos modelos gnatostáticos em vista posterior podem ser analisadas assimetrias verticais.

Ficha gnatóstatica

A ficha gnatostática é de papel comum e toda milimetrada. Nela serão traçados: o perfil de tecido mole configurado pela união dos pontos Of, Sn e Gn paralelamente ao plano sagital médio. Quando se demarca os pontos na face para a tomada do arco facial, as distâncias de Of-Sn e de Sn-Gn são medidas no rosto e transferidas para a ficha gnatostática.

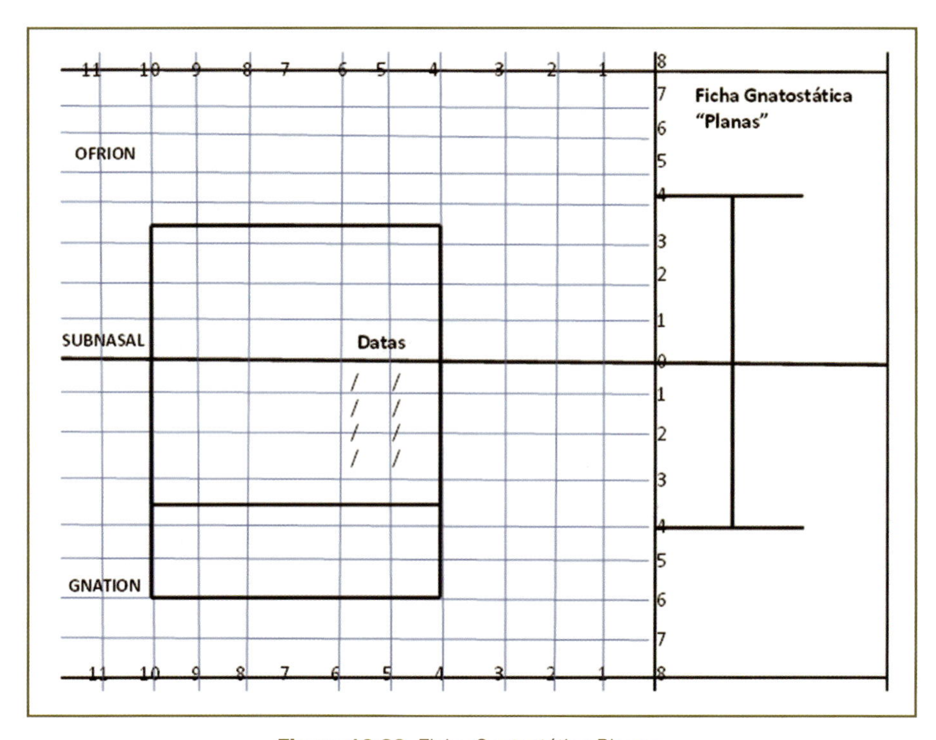

Figura 13.20: Ficha Gnatostática Planas.

Na extremidade direita da ficha há uma representação desse tipo:

Figura 3.21: Representação dos dois "tragus" da ficha gnatostática.

As duas linhas verticais cruzam com uma horizontal, e no cruzamento há dois pontos vermelhos. Os pontos vermelhos representam os locais onde se encaixa a ficha na dobradiça do gnatostato e representam também o plano frontal bitraguial. No meio do plano bitraguial passa uma linha que divide a ficha em duas partes e que corresponde ao plano sagital mediano. Ainda no lado direito da ficha, logo após e paralela à representação acima descrita, há uma linha milimetrada. Essa linha milimetrada corresponde a uma régua da metade para cima e outra régua da metade para baixo da ficha. Essas duas réguas são numeradas a cada centímetro, de zero a 8. Assim, tem-se marcações até 8 cm. Na régua superior demarca-se o valor da distância Sn-Of, e o Sn fica no plano sagital sobre o ponto zero e na inferior a distância Sn-Gn. Utiliza-se uma régua, um compasso ou mesmo um paquímetro para fazer essas medidas na face do paciente, as quais são transferidas para a ficha conforme explicado acima. Obtém, dessa maneira, as alturas faciais de tecido mole correspondentes às distâncias de Sn-Of e Sn-Gn no plano sagital mediano.

O ponto vermelho demarcado na régua do zero para cima na altura de 6,5 mm corresponde à distância de Sn-Of medida no rosto e transferida para a ficha. O ponto vermelho do zero para baixo, na altura de 6,5, corresponde à distância de Sn-Gn.

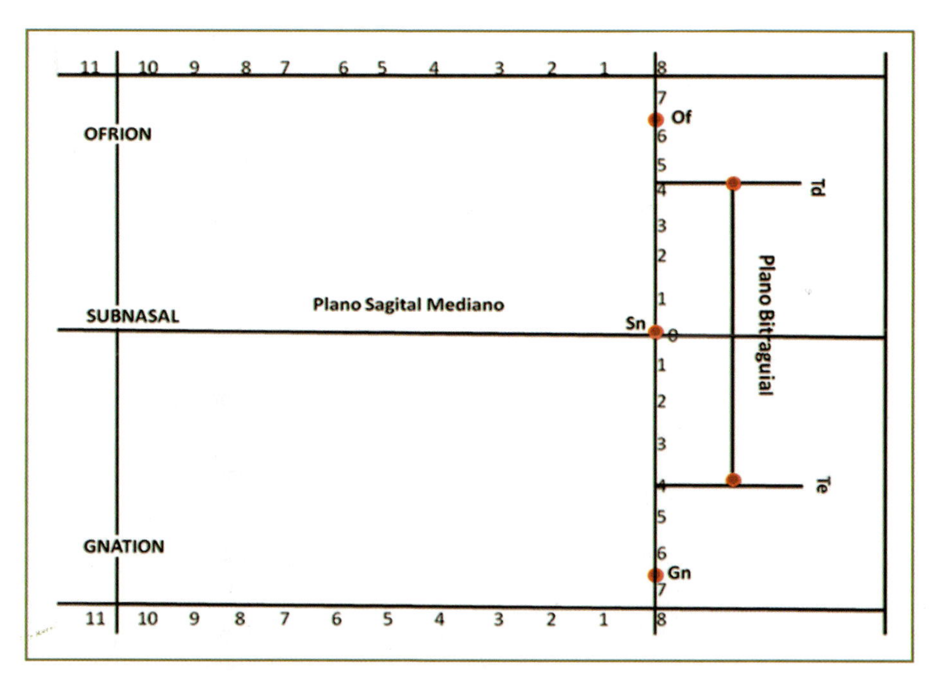

Figura 13.22: Marcação das distâncias Sn-Of e Sn-Gn sobre a régua milimetrada e numerada a cada centímetro na ficha gnatostática. Transfere-se a medida tomada no rosto de Sn-Of do zero para cima cujo valor é de 6,5 mm e a Sn-Gn do zero para baixo, com o valor de 6,5 mm.

Depois de montado o arco facial no gnatostato, a haste relativa ao Of e ao Sn do arco facial tem a sua correspondente no gnatostato. Essas hastes do gnatostato são milimetradas, o que permite ler os seus valores e marcar na ficha.

Assim, transferem-se as medidas correspondentes para a ficha, medidas estas que juntamente com as medidas feitas no rosto das distâncias Sn-Of e Sn-Gn, completarão a profundidade da face.

Pelo sistema de coordenadas faz-se a projeção do ponto Of (altura de 6,5 mm na régua superior) para o valor de 7 mm obtido na haste do gnatostato) e marca-se um ponto vermelho na confluência dos dois pontos acima relatados. Obtém, assim, a localização anterior do ponto Of. O ponto Sn do rosto é marcado no ponto zero do plano sagital mediano (bolinha vermelha sobre o ponto zero do plano sagital mediano). Faz-se a leitura no gnatostato para o Sn e transfere-se para a ficha sobre o plano sagital mediano (bolinha vermelha sobre o plano sagital mediano). Unem-se os dois pontos mais anteriores de Of e Sn, resultando em uma reta.

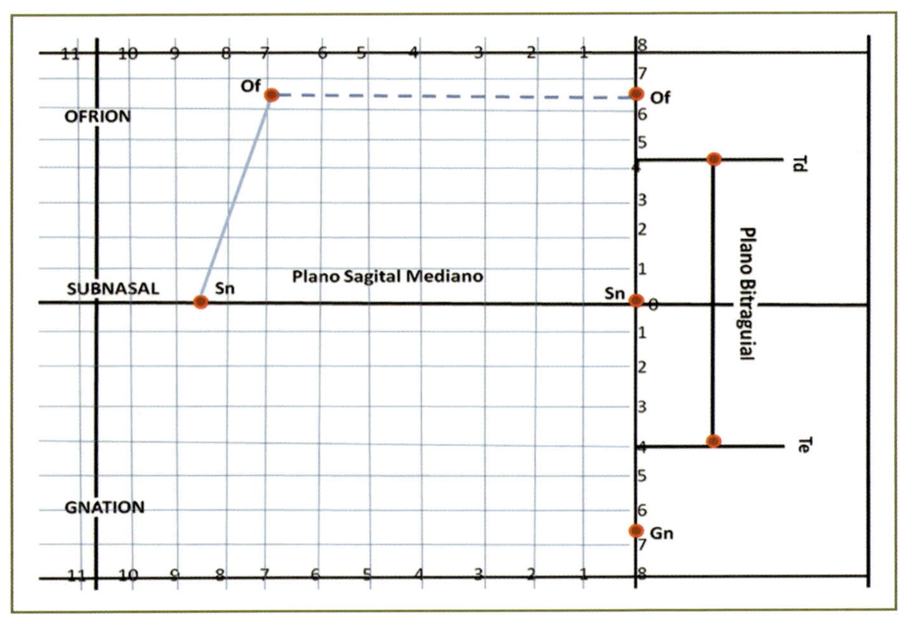

Figura 13.23: Os pontos: Of e Sn são marcados na região mais anterior da ficha e foram conseguidos por meio da leitura feita nas hastes correspondentes do gnatostato. Projeção do ponto Of pelo sistema de coordenadas e união com o Sn formando uma reta que corresponde ao perfil superior de tecido mole do paciente (linha pontilhada em azul é a projecão do Of e a reta em azul é o perfil superior da face).

O triângulo mandibular configurado pela união dos pontos Goe, God e ponto Gn é projetado paralelamente ao plano de Camper, no sentido horizontal.

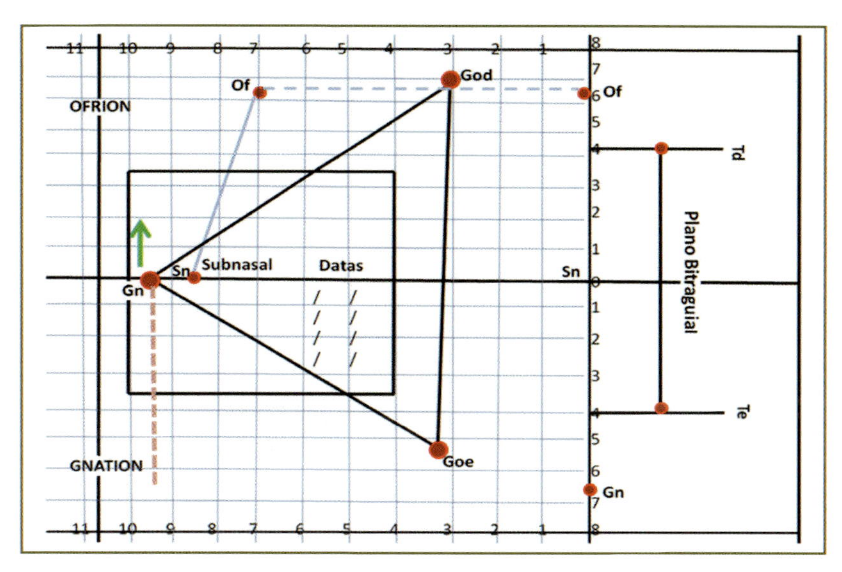

Figura 13.24: Representação gráfica do triângulo mandibular dada pela união dos pontos God, Goe e Gn e o perfil superior de tecido mole (Of-Sn).

O ponto Gn que faz parte do perfil de tecido mole é determinado da seguinte maneira: Após a demarcação do triângulo mandibular, tem-se o ponto Gn já definido na ficha. Projeta-se esse ponto para baixo, na mesma direção do Gn obtido diretamente no rosto.

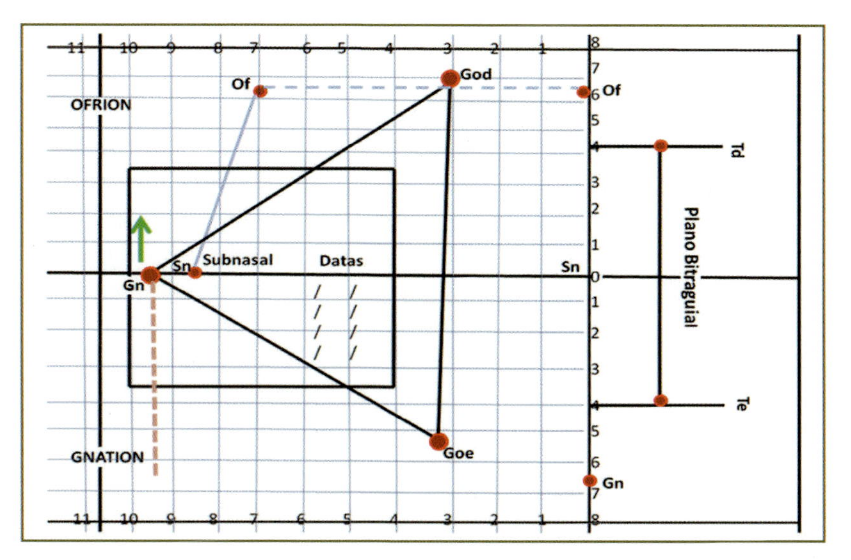

Figura 13.25: Projeção do ponto Gn do triângulo mandibular para baixo na mesma direção ao Gn obtido no rosto do paciente (linha pontilhada em lilás).

Faz-se também o prolongamento da marcação feita na pele relativa ao ponto Gn, já marcado na régua milimetrada da ficha, em direção à projeção anteriormente explicada. Na união dessas duas projeções, tem-se o ponto Gn do perfil.

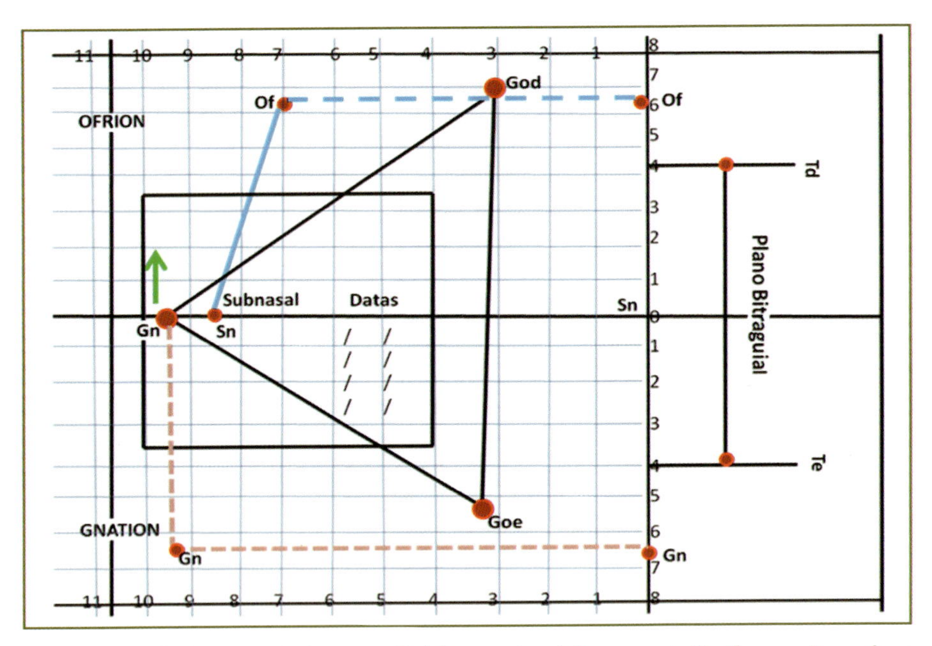

Figura 13.26: Prolongamento da marcação feita na pele relativa ao ponto Gn, já marcado na régua milimetrada da ficha, em direção à projeção do Gn do triângulo mandibular. Na união dessas duas projeções tem-se o ponto Gn do perfil (bolinha vermelha na confluência das duas projeções em lilás).

Desenha-se a união do ponto Sn com o Gn para obter o perfil inferior de tecido mole do paciente. No exemplo, a altura do Gn no rosto é de 6,5 mm. Pelo sistema de coordenadas tem-se a confluência desses dois pontos. Assim, prolonga-se o Sn do perfil até atingir a confluência obtendo-se o local do Gn, completando o traçado do perfil.

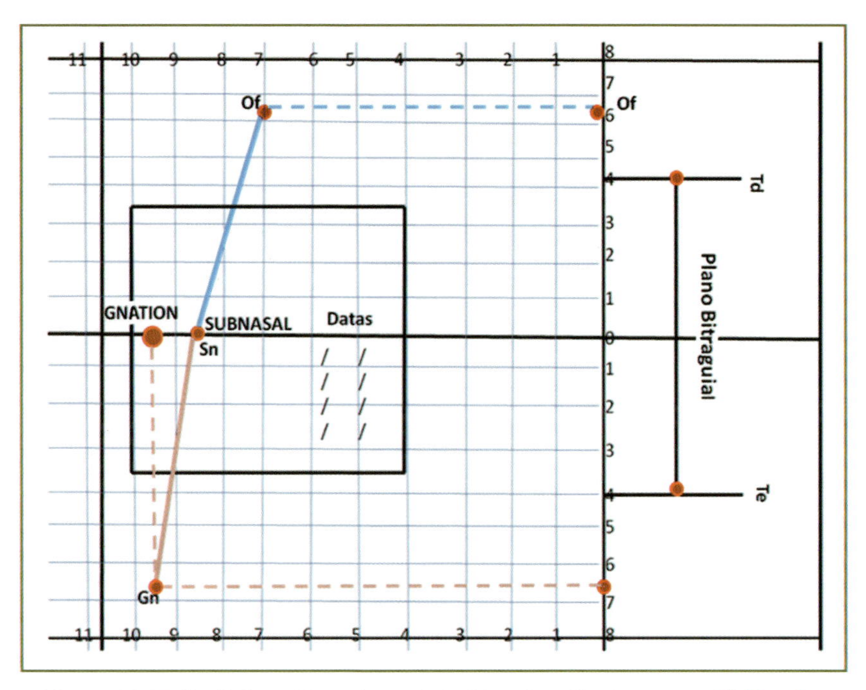

Figura 13.27: Perfil de tecido mole estabelecido pela união dos pontos Of, Sn e Gn.

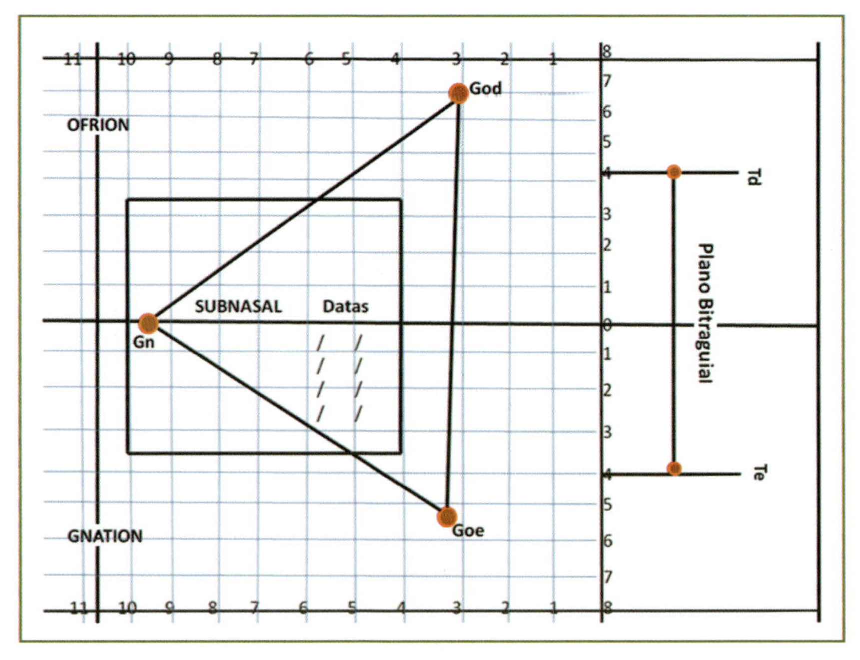

Figura 13.28: Triângulo mandibular determinado pela união dos pontos God, Goe e Gn.

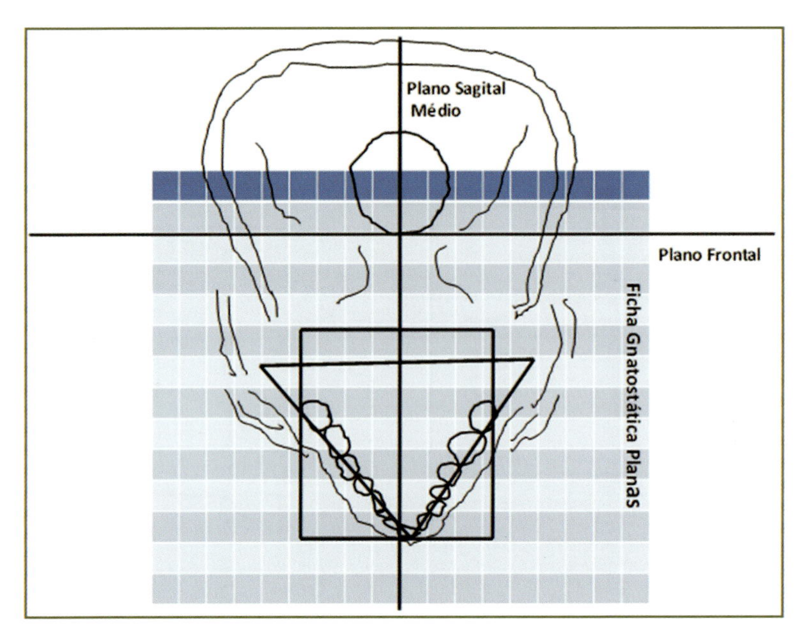

Figura 13.29: Representação esquemática do cubo gnatofórico de Andressen na ficha gnatostática em um plano horizontal, como também do triângulo mandibular (união dos pontos bigonial e gnation) centrado em relação aos planos frontal e sagital médio.

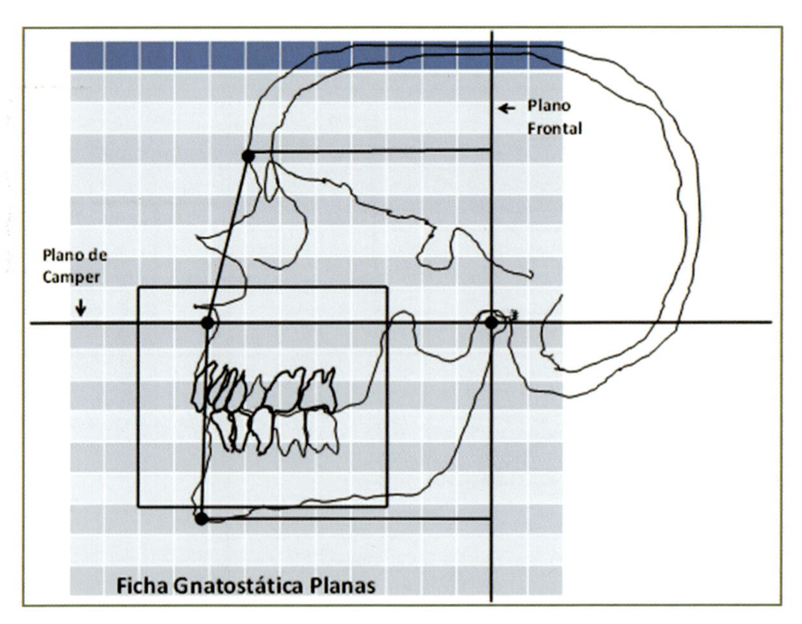

Figura 13.30: Projeção lateral da ficha em relação ao crânio, o cubo gnatofórico na mesma relação em que se encontra com o plano de Camper, o plano frontal que passa pelos dois tragus e o perfil de tecido mole (Of-Sn-Gn).

Na ficha gnatostática marca-se também o desvio de linha mediana clínica (DLM). Se houver desvio será indicado por uma seta à direita ou à esquerda.

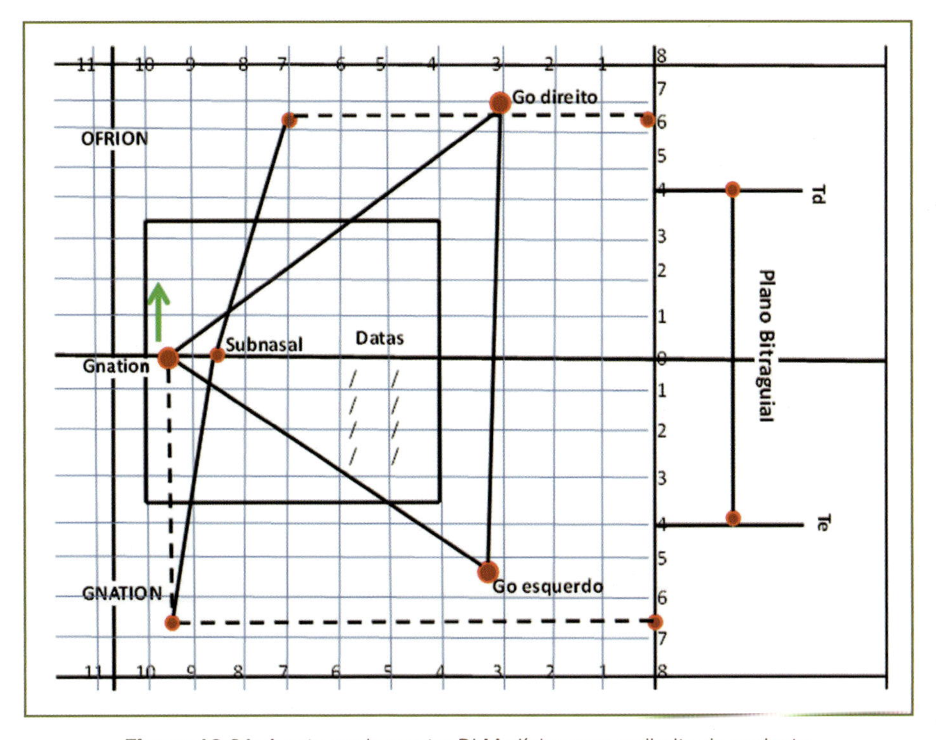

Figura 13.31: A seta verde mostra DLM clínica para a direita do paciente.

Outra assimetria ou simetria que é assinalada na ficha gnatostática é a distância de tragus no gnatostato. As hastes de tragus do gnatostato são milimetradas, por isso pode-se ler diretamente nelas o valor do lado direito e esquerdo. Se forem iguais, coloca-se sinal de igual dos dois lados sobre a linha do PLANO BITRAGUIAL. Se forem diferentes, coloca-se sinal de maior no lado maior.

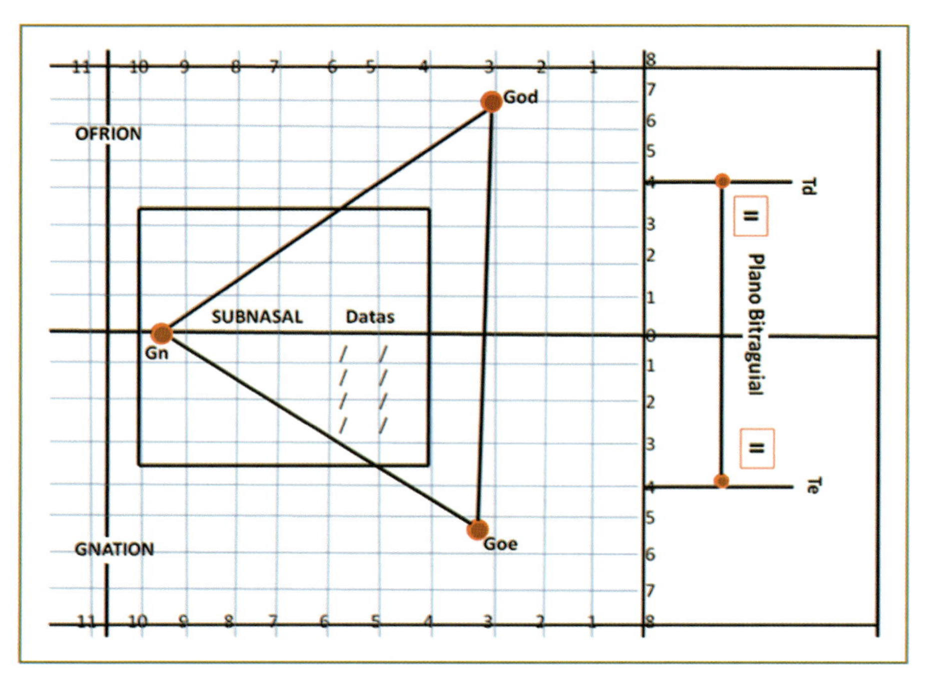

Figura 13.32: Ficha gnatostática com distâncias de tragus iguais.

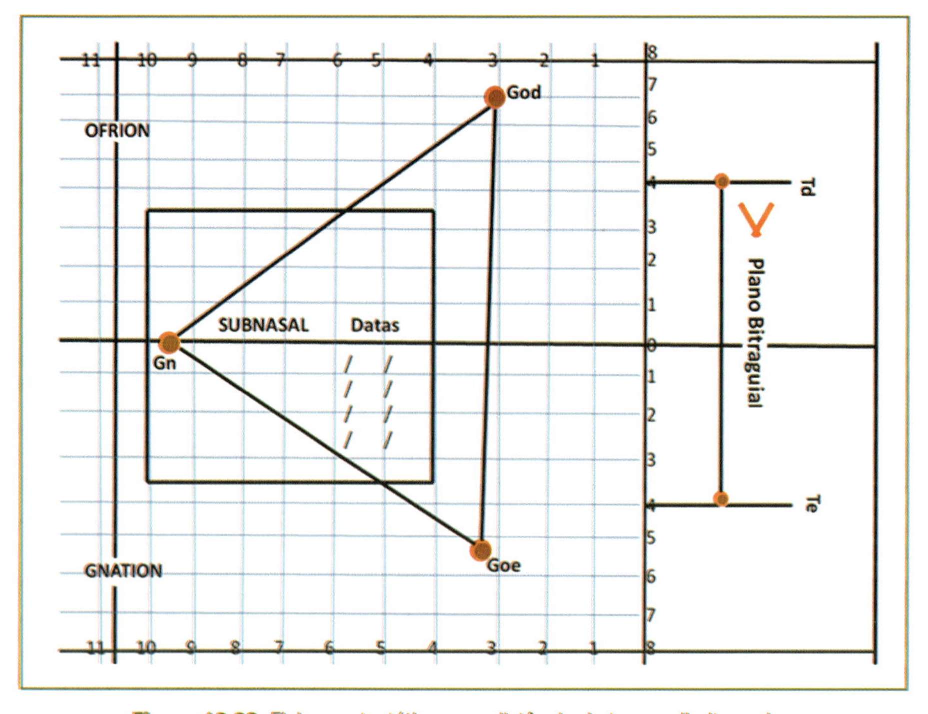

Figura 13.33: Ficha gnatostática com distância de tragus direita maior.

Simetrografia

Os modelos gnatostáticos serão, em seguida, simetrografados, um de cada vez. Para isso utiliza-se um simetrógrafo. Esse aparelho apresenta uma base também de 7 cm de lado, de modo que o modelo pode ser facilmente encaixado e receber traços com 1 cm de distância entre eles, paralelos ao rafe palatino e ao plano frontal. Dessa maneira, os modelos ficam quadriculados, o que permite a visualização de desvios no sentido transversal e anteroposterior. A análise dos modelos gnatostáticos pode evidenciar lesões sintomáticas de desenvolvimento e função por meio das assimetrias nos sentidos: transversal, anteroposterior e vertical. Ou ainda as simetrias, levando em consideração as leis de desenvolvimento do SECN.

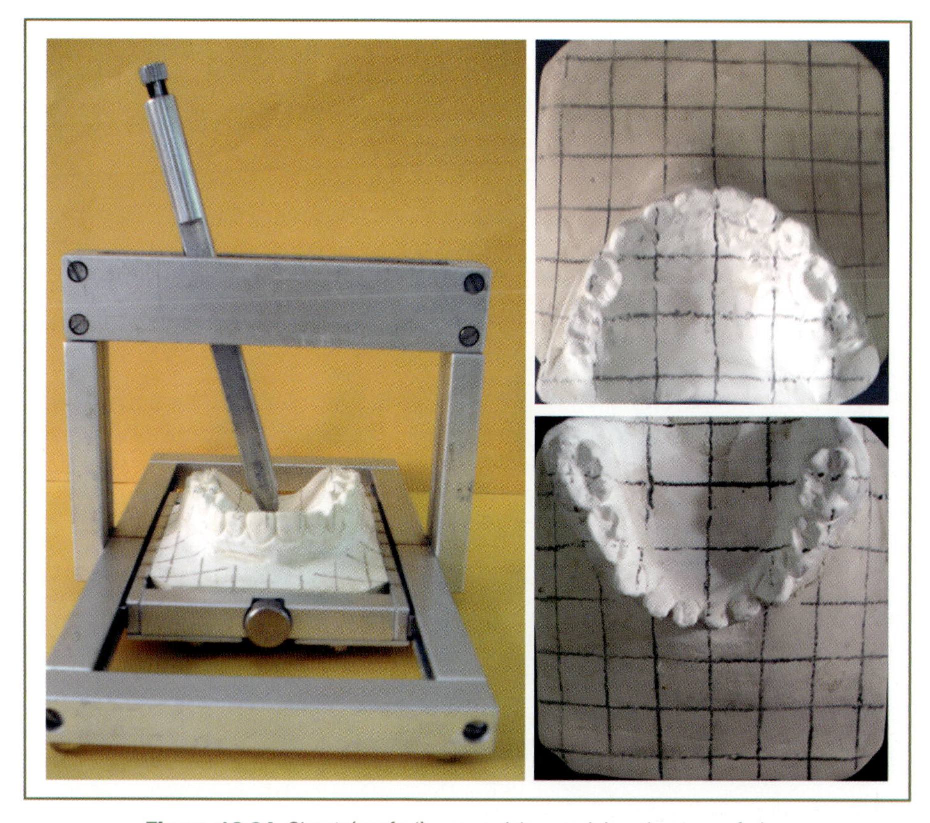

Figura 13.34: Simetrógrafo (à esquerda) e modelos simetrografados.

Referências

1. CHATEAU, M. *Orthopédie dento-faciale*, Tomes 1 et 2 Paris: CdP.1993.
2. CORTI, A. Studio sul tracciato cefalometrico posturale e nuove proposte di attuazione. Relazione al VI Congresso Nazionale AIPP – "Protocolli di diagnosi e terapia in RNO". Città di Castello (PG), 26-27 jan. 2007.
3. CORADESCHI, L. Diagnosi e terapia in dentatura decidua. Relazione al VI Congresso Nazionale AIPP – "Protocolli di diagnosi e terapia in RNO". Città di Castello (PG), 26-27 jan. 2007.
4. DAWSON, P. E. *Avaliação, diagnóstico e tratamento dos problemas oclusais.* 2ª ed. São Paulo: Artes Medicas, 1993.
5. FRIANT, M. *Anatomie comparée craniofaciale et dentaire.* Paris: J. Prélat, 1953.
6. PLANAS, P. *Reabilitação neuro-oclusal.* Rio de Janeiro: Ed. Médica e Científica, 1988.
7. PORTER, J.; MARTELLI, M. Tecnica gnatostatica: utile o obsoleta? Relazione al Vº Congresso Nazionale AIPP – "RNO e riprogrammazione motoria". Città di Castello (PG), 2-3 dez. 2005.
8. SANTOS, S. M. M. C. Estudo de recursos complementares de diagnóstico--cefalometria e ficha gnatostática Planas na avaliação de pacientes portadores de fissura de labio e/ou palato. Dissertação de Mestrado, Pontifícia Universidade Católica do Rio Grande do Sul, Porto Alegre, 2000, 121 p.
9. SIMÕES, W. A. *Ortopedia funcional dos maxilares vista através da reabilitação neuro-oclusal.* São Paulo: Ed. Santos, 1985. p. 167-173.
10. SILVESTRINI, B. P. Le asimmetrie facciali: segno statisticamente patologico o semplicemente un dismorfiSMO funzionale? Relazione al VII Congresso Nazionale AIPP – "La masticazione monolaterale: patognesi eimplicazioni cliniche". Città di Castello (PG), 7-9 mar. 2008.
11. VIDONI, L. Un nuovo software per il rilevamento gnatostatico – Relazione al II Congreso Federaciòn International Asociaciones Pedro Planas. Barcellona 5-8 maio 2006.

Capítulo 14

FICHA GNATOSTÁTICA DE PLANAS

"Os grandes mestres são os pilares do conhecimento e da evolução cultural da humanidade."

A ficha gnatostática Planas constitui um elemento de diagnóstico para as assimetrias craniofaciais. Nela podem ser identificados: o perfil gnatostático, o triângulo mandibular e a situação das distâncias de tragus, os quais auxiliam na análise dos desvios de forma e de posição.

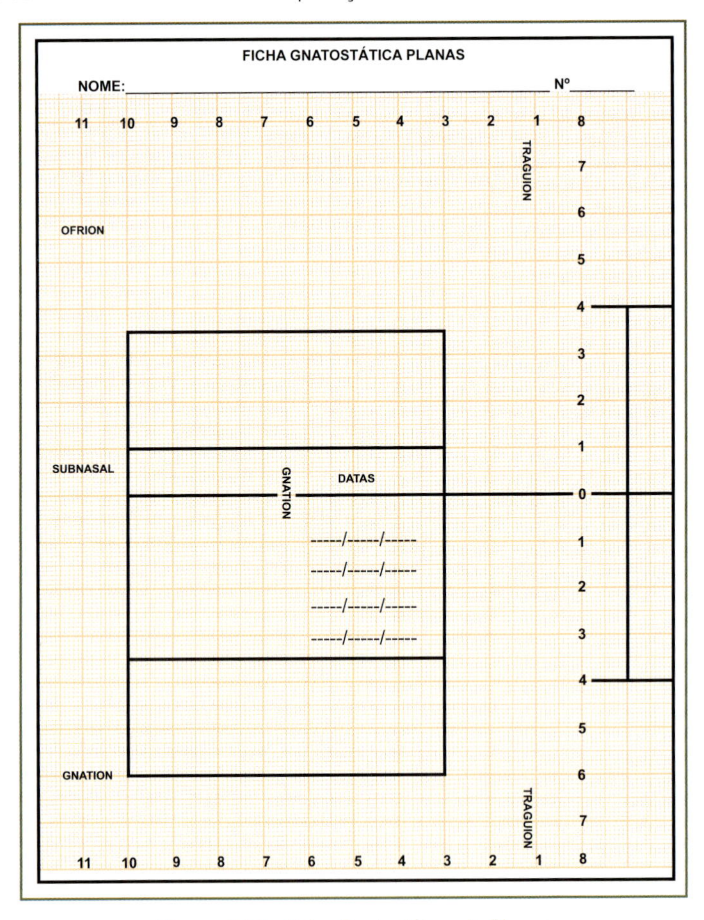

Figura 14.1: Ficha Gnatostática de Planas

Assim como no traçado cefalométrico de Bimler, o estudo de Planas identifica nove (9) tipos de perfis ou biótipos. Os perfis são definidos de acordo com a localização dos pontos Ofrion, Subnasal e Gnation. Ofrion (Of), localizado na linha mediana entre as duas sobrancelhas no arco mais alto destas. Subnasal (Sn), localizado na base do nariz. Gnation (Gn), localizado na região mais inferior e mediana do mento.

Quando esses três pontos estão alinhados, pertencendo a uma única reta, tem-se um perfil reto, porém, se desviados da reta são denominados por letras, de acordo com o desvio apresentado.

Os nove perfis gnatostáticos Planas

1. Perfil A

O perfil A apresenta os pontos Of e Gn desviados para trás em relação ao Sn, assim, as distâncias x e x' representam o desvio do Of e Gn respectivamente em relação ao Sn. Pode ser classificado em:

1.1. Perfil A típico: quando x e x' forem iguais ou maiores que 5 mm;

1.2. Perfil A: quando x e/ou x' medirem 3 ou 4 mm;

1.3. Perfil A tangencial: quando x e/ou x' medirem 2 ou 1 mm. Se for a distância x que está reduzida o perfil será A tangencial ao D; se for a distância x', será perfil A tangencial ao B. Quando x e x' estiverem reduzidos, o perfil A é tangencial ao F, que é o perfil reto.

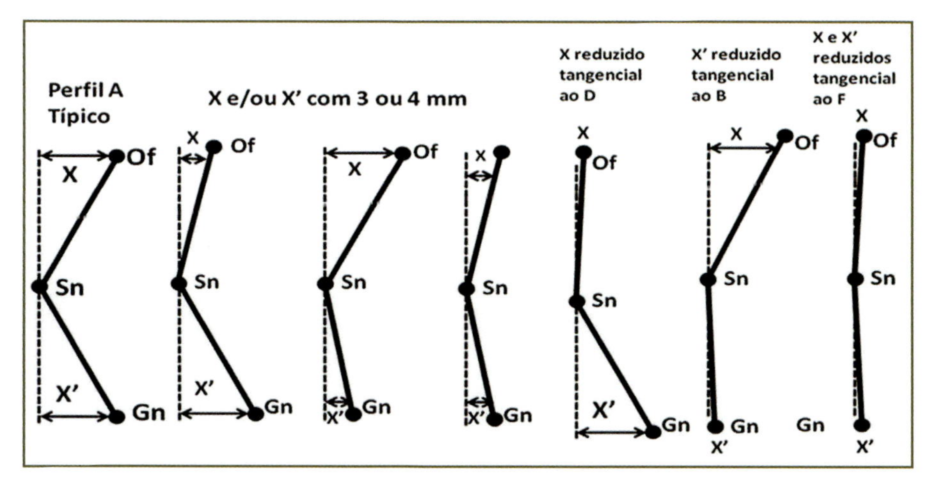

Figura 14.2: Perfil A típico; x e/ou x' com 3 ou 4 mm: x reduzido tangencial ao D, x' reduzido tangencial ao B; x e x' reduzidos tangencial ao F.

2. Perfil B

O perfil B apresenta o ponto Of desviado para trás em relação ao Sn, assim, a distância x representa o desvio do Of em relação ao Sn. Os pontos Gn e Sn são alinhados. Pode ser classificado em:

2.1. Perfil B típico: quando x for igual ou maior que 5 mm;

2.2. Perfil B: quando x' medir 3 ou 4 mm;

2.3. Perfil B tangencial: quando x medir 2 ou 1 mm e será tangencial ao F.

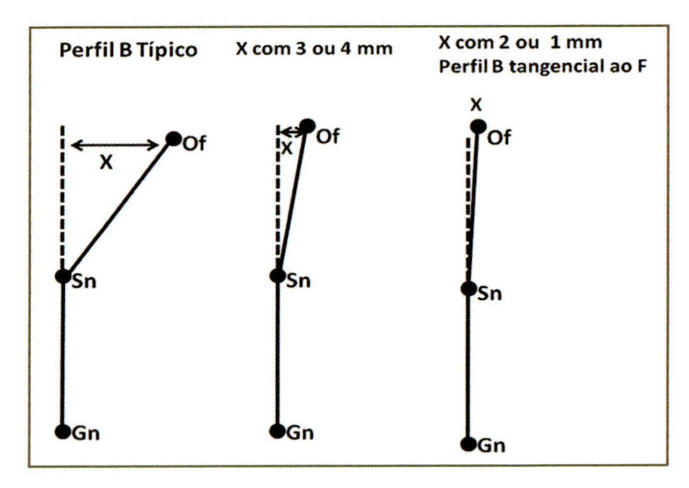

Figura 14.3: Perfil B típico; x com 3 ou 4 mm; x reduzido com 2 ou 1 mm, tangencial ao F.

3. Perfil C

O perfil C apresenta o ponto Of desviado para trás e o Gn para frente em relação ao Sn; assim, a distância x representa o desvio do Of em relação ao Sn e x' o desvio de Gn em relação ao Sn. Pode ser classificado em:

3.1. Perfil C típico: quando x e x' forem iguais ou maiores que 5 mm;

3.2. Perfil C: quando x e/ou x' medirem 3 ou 4 mm;

3.3. Perfil C tangencial: quando x e/ou x' medirem 2 ou 1 mm. Com a distância x reduzida o perfil C será tangencial ao E, com x' reduzida tangencial ao B e x e x' reduzidas será tangencial ao F.

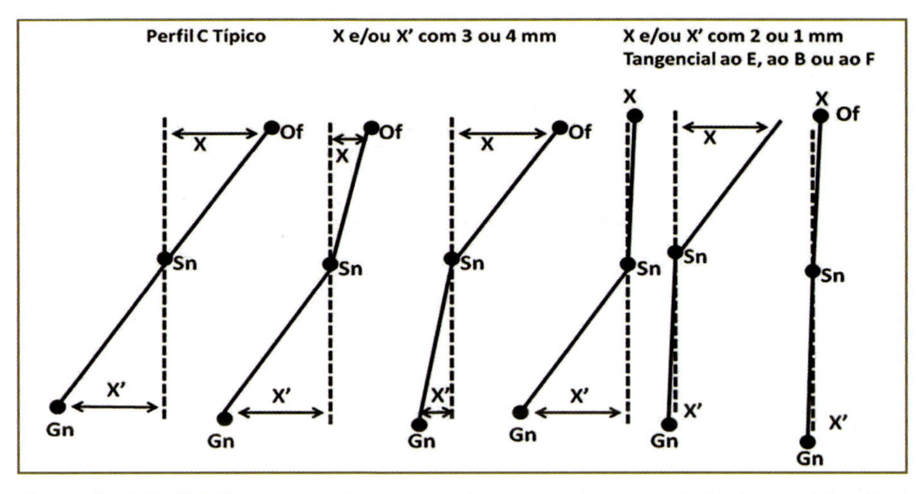

Figura 14.4: Perfil C típico; x com 3 ou 4 mm; x' com 3 ou 4 mm; x reduzido tangencial ao E, x' reduzido tangencial ao B; x e x' reduzidos tangencial ao F.

4. Perfil D

O perfil D apresenta o ponto Gn desviado para trás em relação ao Sn, assim, a distância x' representa o desvio do Gn em relação ao Sn. Os pontos Of e Sn são alinhados. Pode ser classificado em:

4.1. Perfil D típico: quando x' for igual ou maior que 5 mm;

4.2. Perfil D: quando x' medir 3 ou 4 mm;

4.3. Perfil D tangencial: quando x' medir 2 ou 1 mm. Com a distância x' reduzida, o perfil D será tangencial ao F.

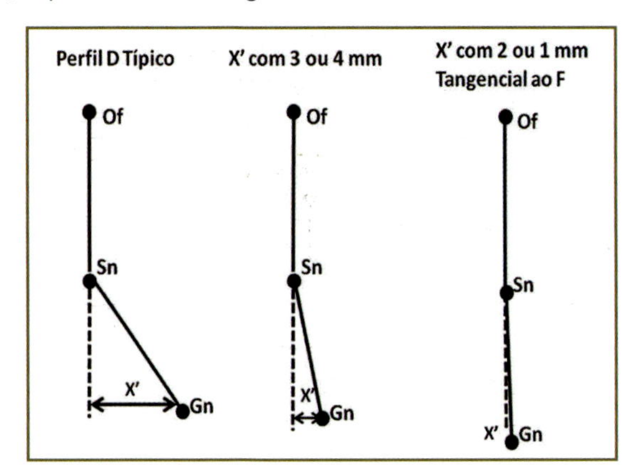

Figura 14.5: Perfil D típico; x' com 3 ou 4 mm; x' com 2 ou 1mm, tangencial ao F.

5. Perfil E

O perfil E apresenta o ponto Gn desviado para frente em relação ao Sn, assim, a distância x' representa o desvio do Gn em relação ao Sn. Os pontos Of e Sn são alinhados. Pode ser classificado em:

5.1. Perfil E típico: quando x' for igual ou maior que 5 mm;

5.2. Perfil E: quando x' medir 3 ou 4 mm;

5.3. Perfil E tangencial: quando x' medir 2 ou 1 mm. Com a distância x' reduzida, o perfil E será tangencial ao F.

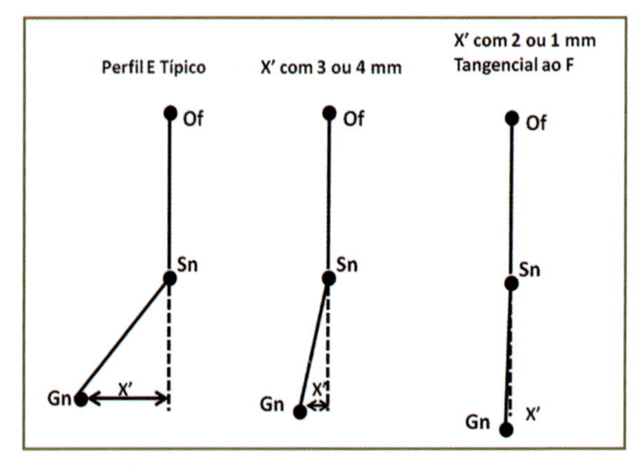

Figura 14.6: Perfil E típico; x' com 3 ou 4 mm; x' com 2 ou 1 mm, tangencial ao F.

6. Perfil F

O perfil F apresenta os pontos Of, SN e Gn em uma mesma reta. Quando os pontos Of e/ou Gn saírem do alinhamento com o Sn o perfil passa a ser tangencial, o qual poderá ser qualquer um dos outros perfis.

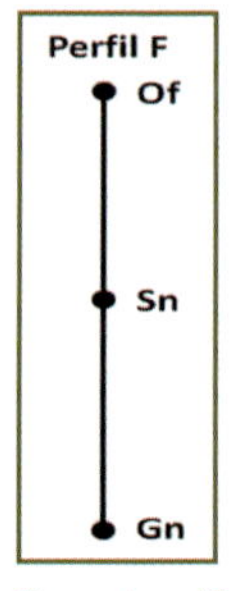

Figura 14.7: Perfil F típico, os 3 pontos (Of, Sn e Gn) numa mesma reta.

7. Perfil G

O perfil G apresenta os pontos Of e Gn desviados para frente em relação ao Sn; assim, a distância x representa o desvio do Of em relação ao Sn e x' o desvio de Gn em relação a Sn. Pode ser classificado em:

7.1. Perfil G típico: quando x e x' forem iguais ou maiores que 5 mm;

7.2. Perfil G: quando x e/ou x' medirem 3 ou 4 mm;

7.3. Perfil G tangencial: quando x e/ou x' medirem 2 ou 1 mm. Com a distância x reduzida será tangencial ao perfil E. Com x' reduzida será tangencial ao H. Com x e x' reduzidos, tangencial ao F.

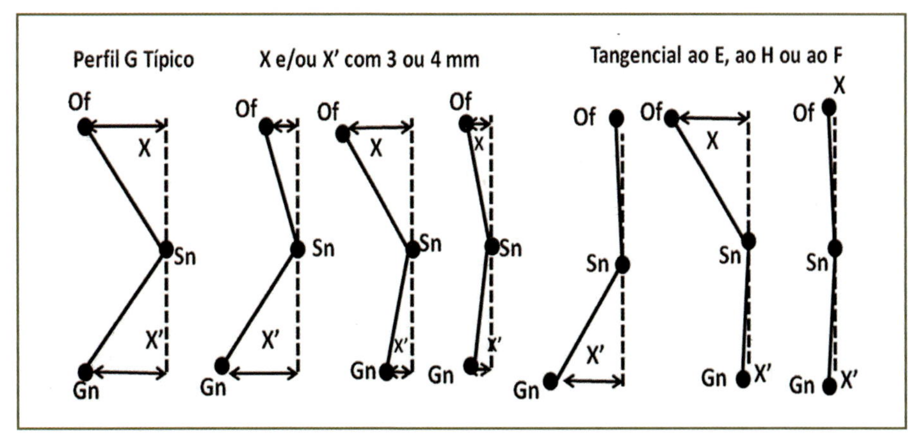

Figura 14.8: Perfil G típico; x com 3 ou 4 mm; x' com 3 ou 4 mm; x reduzido tangencial ao E, x' reduzido tangencial ao H; x e x' reduzidos tangencial ao F (medindo 2 ou 1 mm).

8. Perfil H

O perfil H apresenta o ponto Of desviado para frente em relação ao Sn; assim, a distância x representa o desvio do Of em relação ao Sn. Os pontos Gn e Sn são alinhados. Pode ser classificado em:

8.1. Perfil H típico: quando x' for igual ou maior que 5 mm;

8.2. Perfil H: quando x' medir 3 ou 4 mm;

8.3. Perfil H tangencial: quando x medir 2 ou 1 mm. Com a distância x reduzida, o perfil H será tangencial ao F.

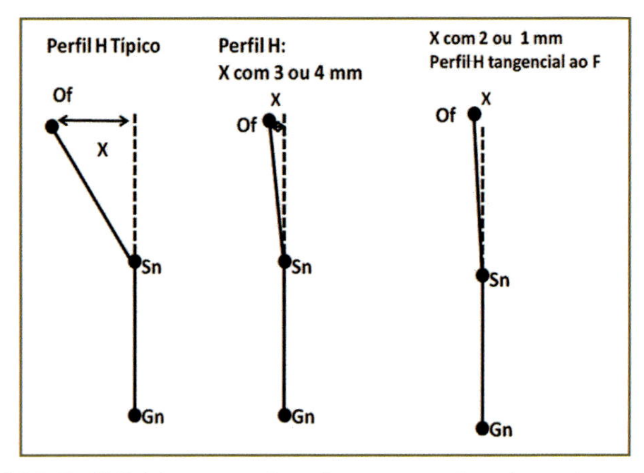

Figura 14.9: Perfil H típico; x com 3 ou 4 mm; x com 2 ou 1 mm, tangencial ao F.

9. Perfil I

O perfil I apresenta o ponto Of desviado para frente e o Gn para trás em relação ao Sn; assim, a distância x representa o desvio do Of em relação ao Sn e x' o desvio de Gn em relação ao Sn. Pode ser classificado em:

9.1. Perfil I típico: quando x e x' forem iguais ou maiores que 5 mm,

9.2. Perfil I: quando x e/ou x' medirem 3 ou 4 mm,

9.3. Perfil I tangencial: quando x e/ou x' medirem 2 ou 1 mm. Com a distância x reduzida o perfil I será tangencial ao D, com x' reduzida tangencial ao H e x e x' reduzidas será tangencial ao F.

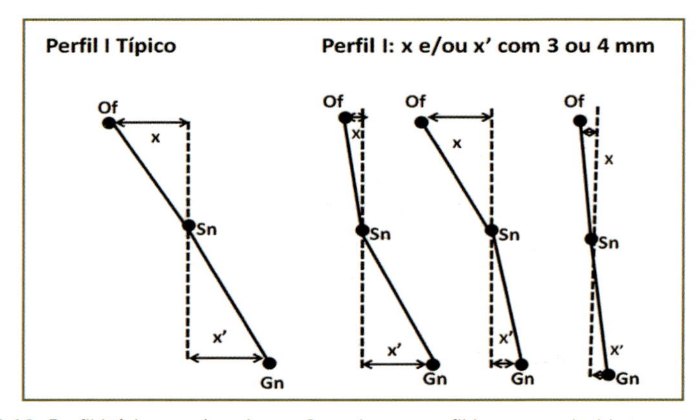

Figura 14.10: Perfil I típico; x e/ou x' com 3 ou 4 mm: perfil I com x reduzido tangencial ao E, x' reduzido tangencial ao B; x e x' reduzidos tangencial ao F.

Análise do triângulo mandibular

O triângulo mandibular é formado pela união dos pontos: Gn, GoD e GoE. A análise desse triângulo contribui na identificação da etiologia dos desvios de linha mediana.

Os desvios de linha mediana (DLM) podem ser causados por:

1. **Desvio de postura (DP):**
   1.1. De dentes;
   1.2. Da mandíbula.
2. **Desvio de forma (DF):**
   2.1. Crescimento assimétrico dos maxilares:
      2.1.1. No sentido transversal;
      2.1.2. No sentido anteroposterior;
      2.1.3. No sentido vertical.

Na análise do triângulo mandibular deve-se levar em conta alguns aspectos clínicos como: se há mastigação viciosa (Exame Clínico da Mastigação) e qual lado; se há DLM Clínico (verificar o desvio da linha mediana inferior com relação ao superior); se o ponto Gn está ou não desviado do plano sagital. Além da ficha gnatostática, utiliza-se também a análise da Ficha Calcográfica e da Simetria da Radiografia Panorâmica para detectar os desvios de forma e de posição.

Assim, o Exame Clínico da Mastigação; o DLM Clínico; a Interpretação das Fichas: Gnatostática e Calcográfica e a Análise de Simetria de Radiografia Panorâmica constituem um conjunto de metodologias para diagnosticar os desvios de posição e de forma do SECN.

Na ficha gnatostática, unindo-se os três pontos GoD, GoE e Gn, obtém-se o triângulo mandibular que representa uma configuração geométrica da mandíbula vista de baixo para cima. Além disso, é registrada nela, a distância de Td e Te do gnatostato em relação ao plano sagital. Essas distâncias podem ser iguais (=) ou diferentes, registra-se o lado maior, caso sejam diferentes. O ponto Gn do gráfico do triângulo mandibular pode coincidir ou não com o plano sagital. Além disso, representa-se também o DLM clínico colocando uma seta para a direita ou esquerda dependendo do lado do desvio, o qual é verificado na boca. Caso não haja DLM clínico, marca-se na ficha: DLM ausente.

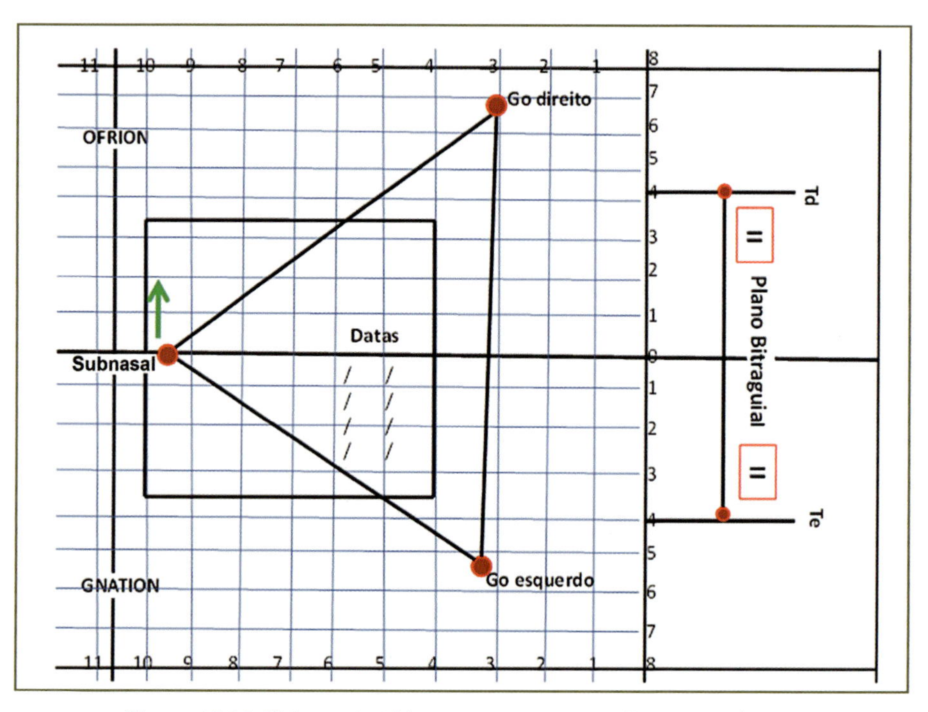

Figura 14.11: Ficha gnatostática com as representações esquemáticas.

Situações possíveis

1ª Situação

Na 1ª Situação podem ser encontradas três diferentes possibilidades:

1ª Situação A

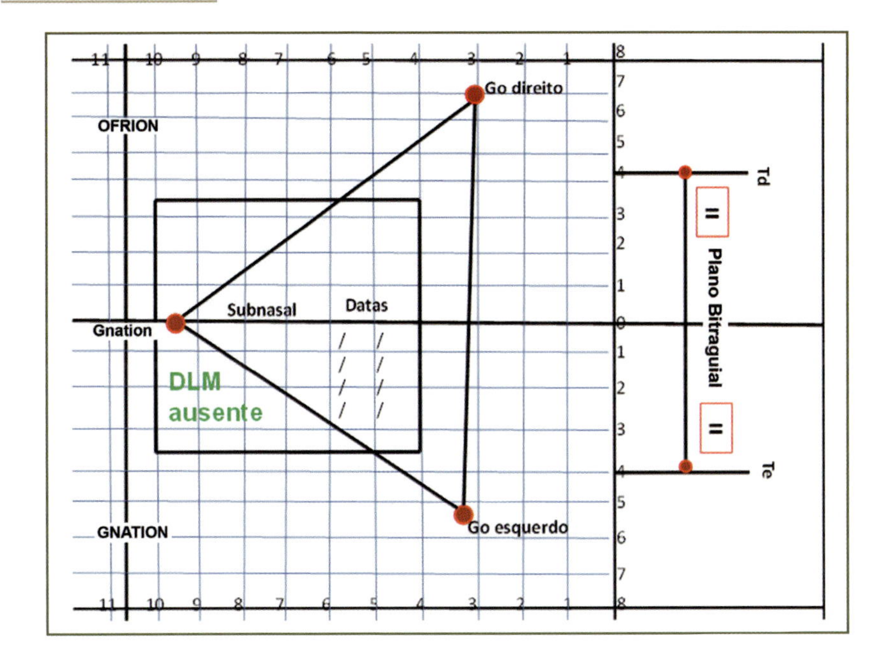

1ª Situação B

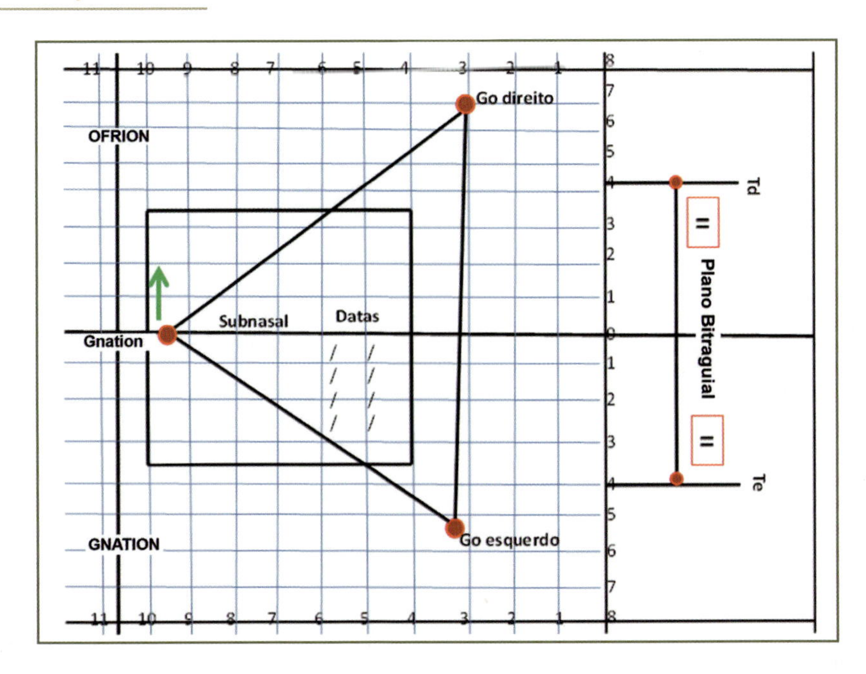

1ª Situação C

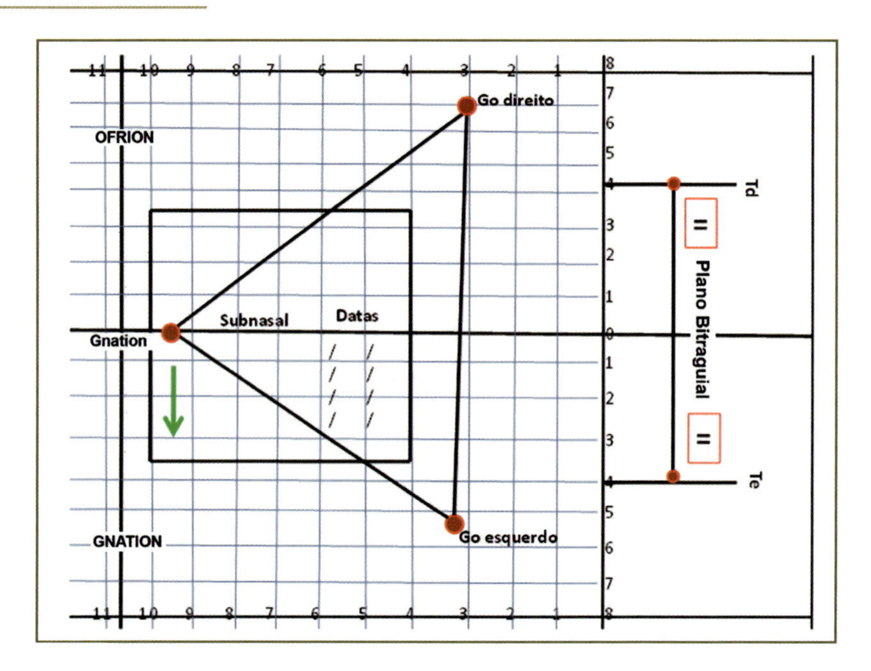

Nas três 1ªs situações as distâncias de Td e Te no gnatostato são iguais, o ponto Gn do triângulo mandibular coincide com o plano sagital mediano. A diferença se encontra na LM clínica, que pode estar sem desvio ou desviada para a direita, ou para a esquerda. Diagnóstico provável: Em A: ausência de qualquer desvio. Em B e C: desvio de dentes e/ou crescimento assimétrico em estágio inicial. O desvio de dentes pode estar compensando o crescimento assimétrico em estágio inicial.

Essa situação é encontrada mais em crianças, em jovens e adultos que apresentam pouco ou nenhum distúrbio funcional do SECN.

2ª Situação

Na 2ª Situação podem ser encontradas três diferentes possibilidades:

2ª Situação A

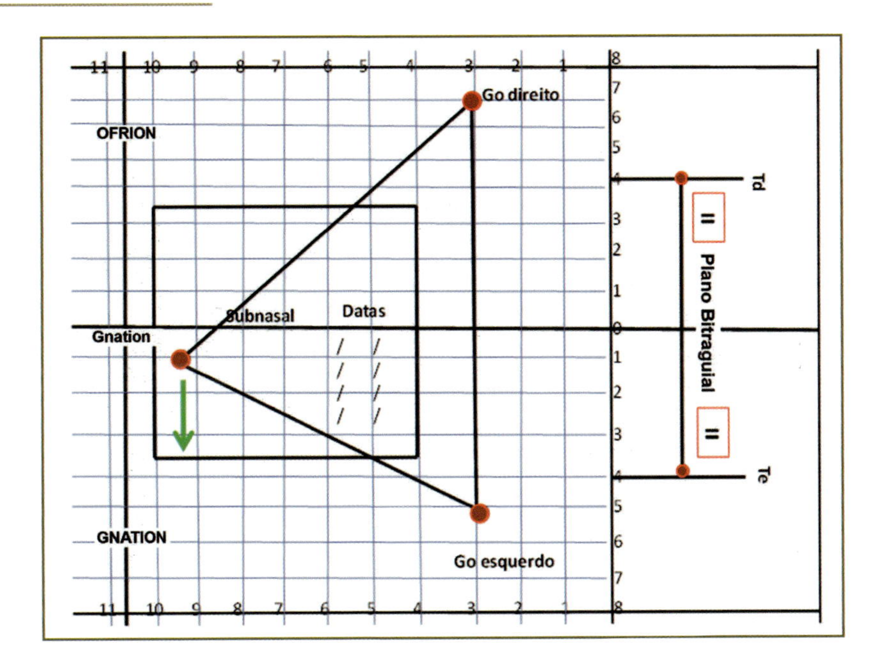

2ª Situação B

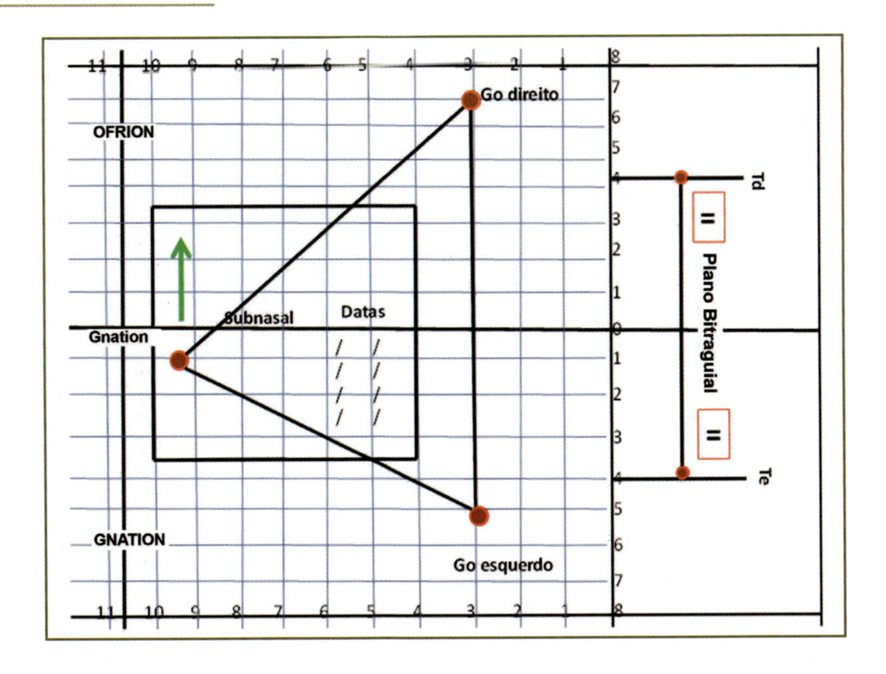

2ª Situação C

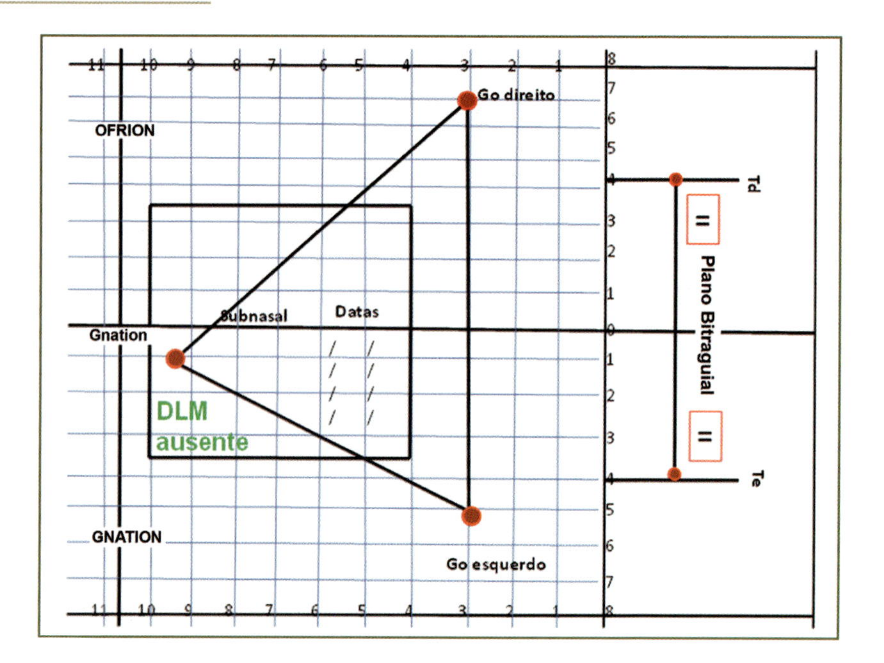

Nas três 2as situações as distâncias de Td e Te no gnatostato são iguais, o ponto Gn do triângulo mandibular se encontra desviado em relação ao plano sagital mediano. A LM clínica está desviada para a esquerda ou para a direita, ou ainda sem desvio. Diagnóstico provável: A) Desvio de postura de mandíbula para o mesmo lado do DLM clínico. Clinicamente pode ser observado um desvio do ponto Gn, ou seja, assimetria do terço inferior da face (mandíbula).

Essa situação pode ser encontrada tanto em crianças como em adultos com certa frequência.

Em B: DLM Clínico para o lado oposto do desvio de postura da mandíbula e em C: DLM ausente. Diagnóstico provável: desvio de postura da mandíbula adicionado a desvio de dentes, perda de dentes com rotação ou migração dos vizinhos, próteses mal adaptadas, traumas etc.

Essas situações são encontradas em adultos, muito raras em crianças.

3ª Situação

Na 3ª Situação podem ser encontradas três diferentes possibilidades:

3ª Situação A

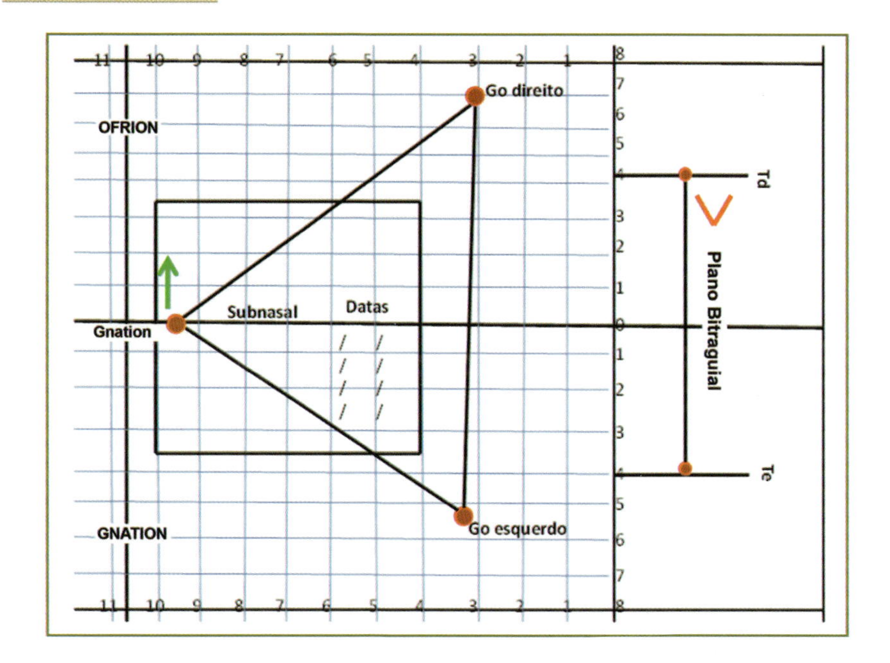

3ª Situação B

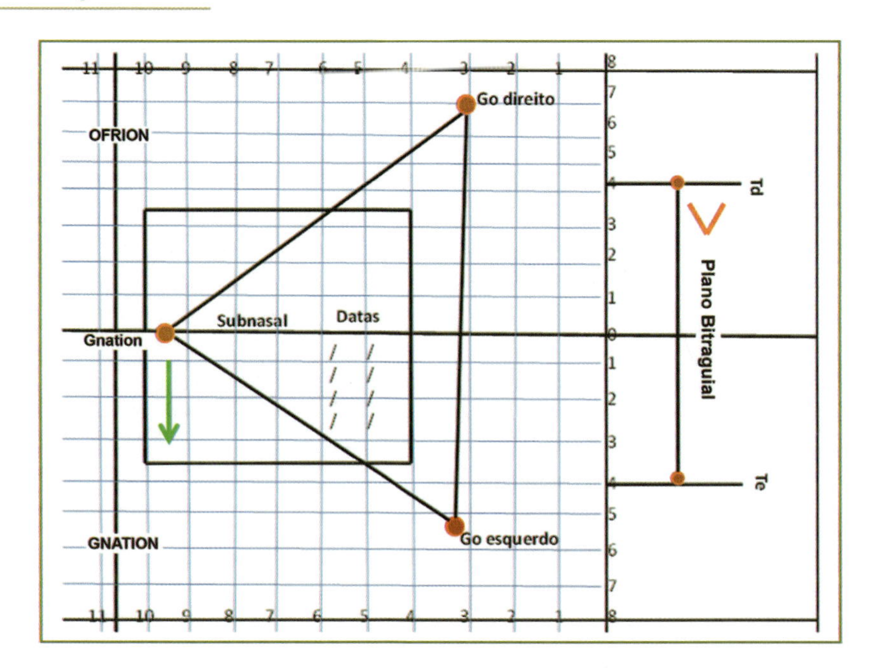

3ª Situação C

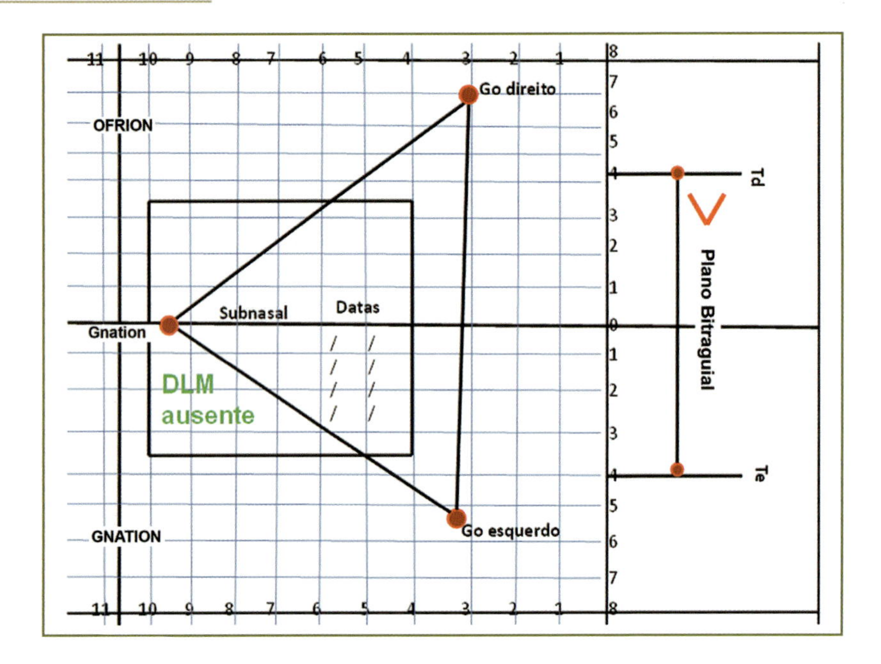

Nas três 3ªs situações as distâncias de Td e Te no gnatostato são diferentes em relação ao plano sagital. Na tomada do arco facial, uma haste do tragus do arco facial fica mais curta que a outra, porque a região do rosto correspondente está mais saliente, por isso toca antes a pele do que o outro lado. Quando se transfere o arco facial para o gnatostato, será necessário estender mais a haste do tragus do gnatostato para encaixar a haste mais curta do arco facial. Assim, na ficha gnatostática, o lado de tragus maior corresponde ao lado do rosto mais saliente, provocado provavelmente por mastigação viciosa do lado do tragus maior do gnatostato e menor do arco facial.

O ponto Gn do triângulo mandibular se encontra centralizado com relação ao plano sagital. O diagnóstico mais provável é de crescimento assimétrico em estágio avançado.

- **DLM para o mesmo lado do tragus maior:** possível diagnóstico de crescimento assimétrico em estágio avançado. Observar clinicamente se há assimetria no terço médio da face (maxila). Essa situação pode ocorrer na fase de crescimento ontogenético ou após, e em adultos a causa mais provável é uma mastigação viciosa antiga.
- **DLM para o lado oposto do tragus maior:** crescimento assimétrico avançado associado a desvio de dentes, alteração de número, forma e tamanho de dentes, próteses, traumas, ou outras situações.

➔ **DLM ausente:** essa situação denota a presença de desvio de dentes que estaria compensando a ausência do DLM clínico que deveria estar presente, devido ao crescimento assimétrico em estágio avançado. Em síndrome rotacional frontal também pode ocorrer crescimento assimétrico avançado com ausência de DLM. Ocorrem mais em adultos do que em crianças. Em crianças poderá estar presente em situações mais complicadas como em pacientes portadores de síndrome de Dawn, síndromes que alteram o crescimento craniofacial, agenesias múltiplas, síndrome rotacional frontal congênita.

4ª Situação

Na 4ª Situação podem ser encontradas três diferentes possibilidades:

4ª Situação A

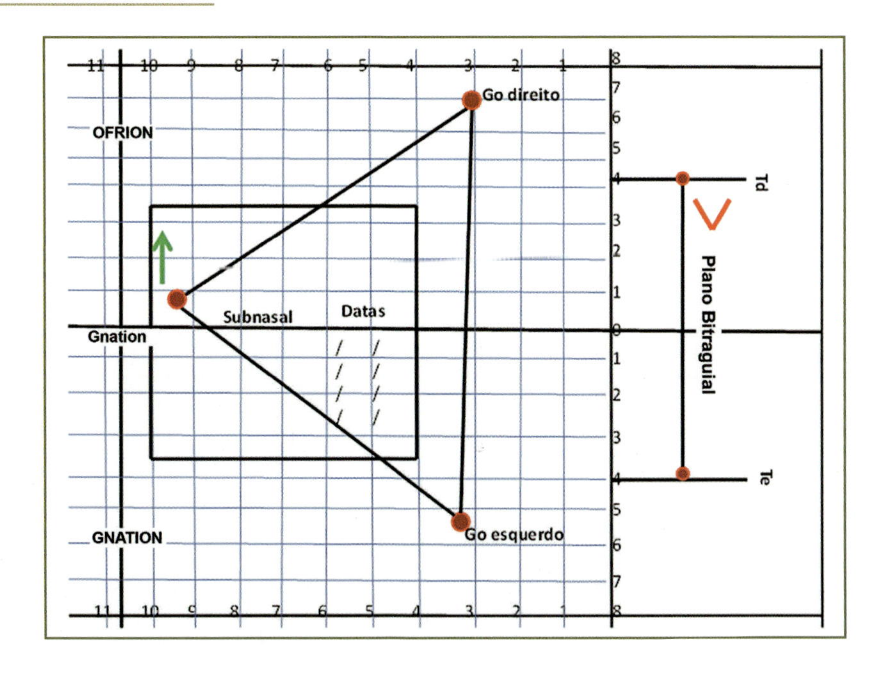

4ª Situação B

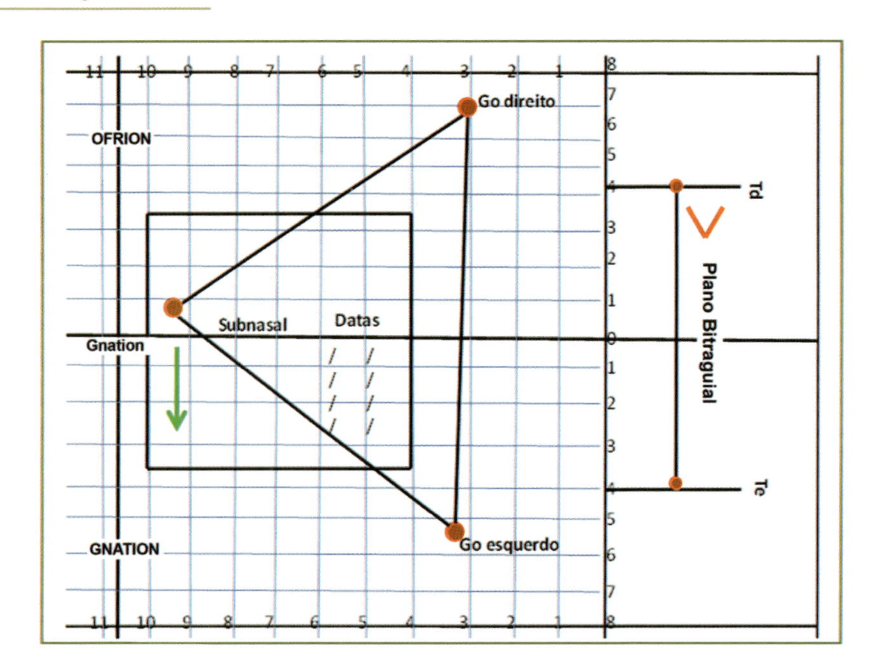

4ª Situação C

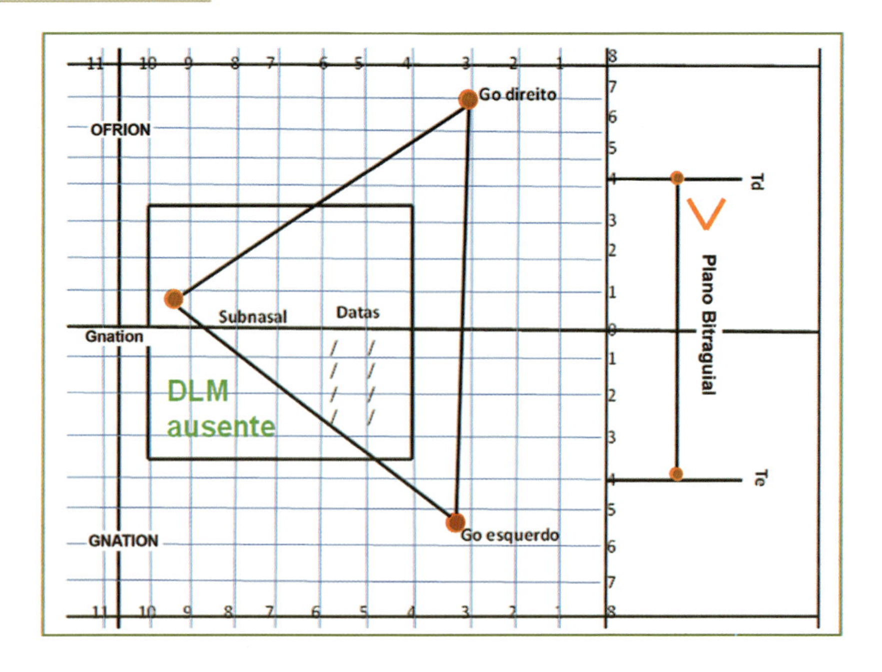

Nessa situação, as distâncias de Td e Te no gnatostato são diferentes em relação ao plano sagital. O ponto Gn do triângulo mandibular se encontra desviado para o mesmo lado do tragus maior do gnatostato. O diagnóstico provável será de crescimento assimétrico em estágio avançado e desvio de postura da mandíbula para o mesmo lado do tragus maior. Ambos provocados pela mastigação viciosa unilateral antiga do mesmo lado do desvio da mandíbula.

- **DLM para o mesmo lado do tragus maior e do desvio de postura da mandíbula:** possível diagnóstico de crescimento assimétrico em estágio avançado com desvio de postura da mandíbula para o lado da mastigação viciosa unilateral antiga.
- **DLM para o lado oposto do tragus maior e do desvio de postura da mandíbula:** crescimento assimétrico avançado, desvio de postura da mandíbula com desvio de dentes, alteração de número, forma e tamanho de dentes, próteses, traumas ou outras situações mais raras.
- **DLM ausente:** essa situação é mais rara, pois o DLM ausente deve estar sendo compensado por fatores como: múltiplas perdas dentárias com migrações dos dentes remanescentes, próteses mal adaptadas.

5ª Situação

Na 5ª Situação podem ser encontradas três diferentes possibilidades:

5ª Situação A

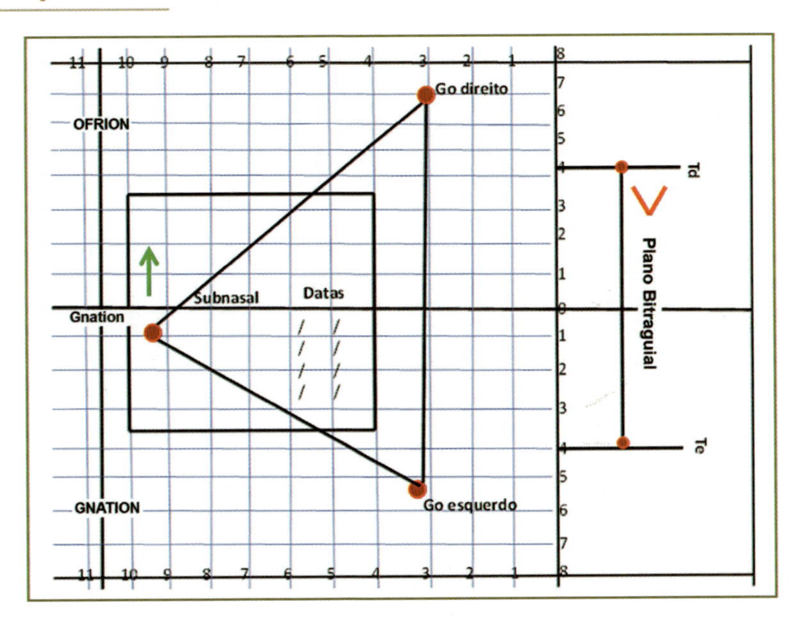

5ª Situação B

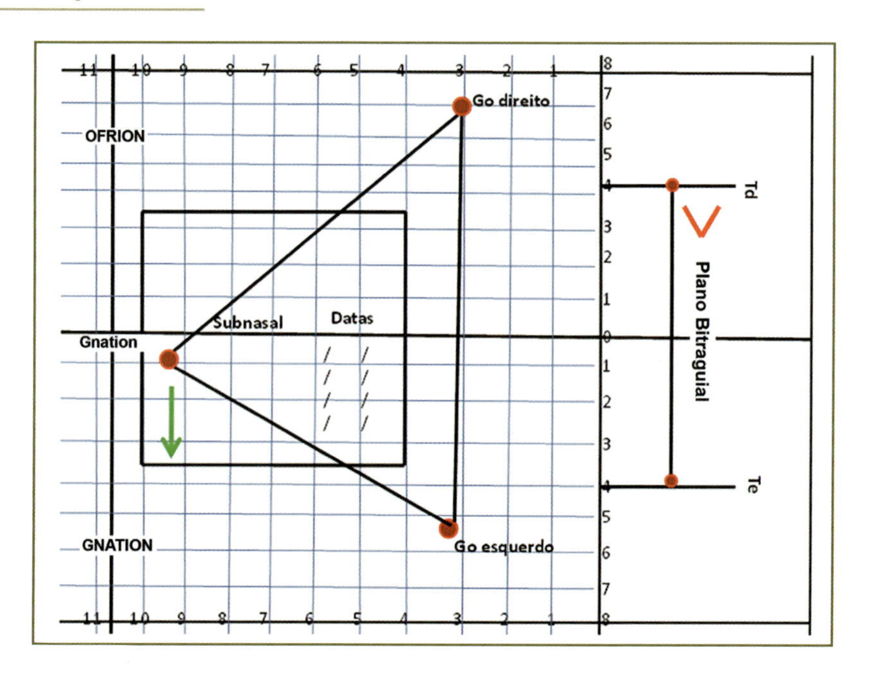

5ª Situação C

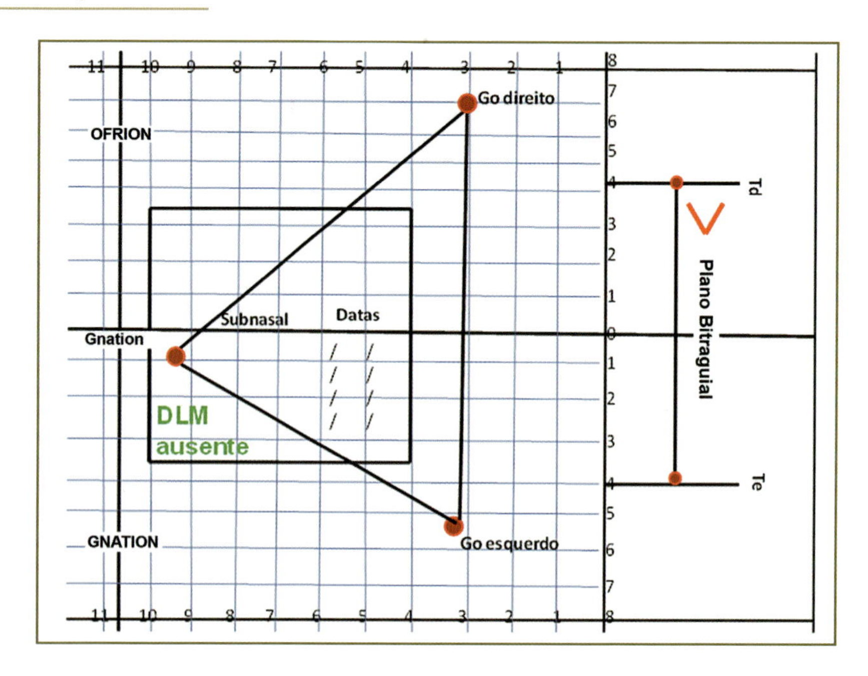

Na quinta possibilidade, as distâncias de Td e Te no gnatostato são diferentes em relação ao plano sagital. O ponto Gn do triângulo mandibular encontra-se desviado para o lado oposto do tragus maior do gnatostato.

O diagnóstico provável será de crescimento assimétrico em estágio avançado com desvio de postura da mandíbula para o lado oposto do crescimento assimétrico. São casos bem raros, mas possíveis.

➔ **DLM para o mesmo lado do tragus maior:** possível diagnóstico de crescimento assimétrico em estágio avançado com desvio de postura da mandíbula para o lado oposto do crescimento assimétrico. Denota possível troca de lado de mastigação por circunstâncias locais e temporais, como: troca de restaurações ou próteses com pontos de contato alterados, o que leva à mudança de lado de mastigação e ao desvio de postura de mandíbula para o lado oposto.

➔ **DLM para o lado oposto do tragus maior:** crescimento assimétrico avançado, desvio de postura da mandíbula, desvio de dentes, perdas de dentes, próteses, traumas, ou outras situações mais raras.

➔ **DLM ausente:** o DLM ausente deve estar sendo compensado pelo desvio de postura da mandíbula para o lado oposto do crescimento assimétrico, mascarando-o.

A quarta e quinta situações são mais raras, pois o SECN deve estar com desequilíbrio de posição de dentes, de postura da mandíbula e de forma. São casos mais difíceis de serem diagnosticados, pois um fator etiológico compensa o outro, mascarando o diagnóstico. Por isso é necessário lançar mão de todos os recursos de diagnóstico para analisar as assimetrias faciais. Utilizar o exame clínico da mastigação, análise de simetria de panorâmica, modelos gnatostáticos, ficha gnatostática e ficha calcográfica Planas.

Referências

1. BARBOSA, D. F. Hiperdivergência tratada com Ortopedia Funcional dos Maxilares. *Ortodontia SPO.*, v. 42, n. 2, p. 114-21, 2009.

2. BENNETT, D. T.; SMALES, F. C. Orientated study models. *Dental Practitioner.*, v. 18, n. 10, p. 353-55, 1968.

3. BERTRAND, A.; MAURAN, G. Le Plan d'occlusion et le Systeme Stomatognathique – Generalites sur le plan d'occlusion. In: Mauran, G.; Bertrand, A.; Barrois, A. Le Plan d'occlusion. Rapport du 61° Congrés Annuel, Montpellier, Mai. 1988, *L'Orthod Franç.*, v. 59, p. 46-49, 1988.

4. BRUHN, C.; HEFRATH, H.; KORKHAUS, G. *Ortodoncia.* Barcelona, Labro, 1944, p. 395.

5. DISPONÍVEL em: <http://www.cbofm.com.br/trabalhospdf/teses_monografias/Monografia_Helio_Venacio_da_Silva_Junior.pdf>. Acessado em: 26/02/2012.

6. GRIBEL, M. N. Planas direct tracks in the early treatment of unilateral crossbite with mandibular postural deviation: why worry so soon? *World J. Orthod.*, v. 3, p. 239-249, 2002.

7. HILLYER, N. L. A broader of the gnathostatic diagnosis of Simon. *JADA.*, v. 1, p. 430-4, 1930.

8. PLANAS, P. *Rehabilitación Neuro-Oclusal (RNO).* 2ª ed., Barcelona, Masson--Salvat Odontologia, 1994, pp. 139-174.

9. PLANAS, P. C. La Ley Planas de la Mínima Dimensión Vertical. *Española de Parodoncia.*, v. 6, p. 215-246, 1968.

10. PLANAS, P. Gnatostato Planas. *Actas Del XIV Congreso de Odontologia*, Madrid, 1945.

11. PLANAS, P. La Loi Planas de la dimension verticale minima. *L'Orthod Franç.*, v. 39, 1968.

12. PLANAS, P. Novo diagnóstico sintomático e funcional visto sob o conceito da reabilitação neuroclusal. *Reabilitação Neuroclusal.* 2ª ed. Rio de Janeiro: Medisi, 1997, p. 135-56.

13. SANTOS, S. M. M. C; OLIVEIRA, M. G. Estudo de recursos complementares de diagnóstico – cefalometria computadorizada e ficha gnatostática planas – na avaliação de pacientes portadores de fissura de lábio e/ou palato da Faculdade de Odontologia-PUCRS. *Rev. Odonto. Ciênc.*, v. 16, n. 32, p. 60-67, 2001.

14. SIMÕES, W. A. *Ortopedia Funcional dos Maxilares através da reabilitação neuro-oclusal.* Artes Médicas; 2003.

15. SIMÕES, W. A. Some oral neurophysiological resources applied in the use of functional orthopedic techniques. *J Jap Orthod Soc.*, v. 38, p. 40-8, 1979.

16. SIMON, P. W. The simplified gnathostatic method. *Int. J. Orthod. Oral. Surg. and Radiography*, v. 18, p. 1081-7, 1932.

Capítulo 15

FICHA CALCOGRÁFICA DE PLANAS

"As técnicas de diagnóstico da RNO são de grande valia para a OFM."

A ficha calcográfica de Planas é uma cópia fiel das arcadas dentárias dos modelos gnatostáticos. Assim, o seu estudo representa a interpretação dos achados nos modelos gnatostáticos Planas. É mais fácil manuseá-la que os modelos gnatostáticos, por isso pode ser utilizada na clínica do dia a dia, enquanto os modelos podem permanecer guardados. Os modelos dão uma visualização no plano vertical, transversal e anteroposterior; já a ficha, no transversal e anteroposterior.

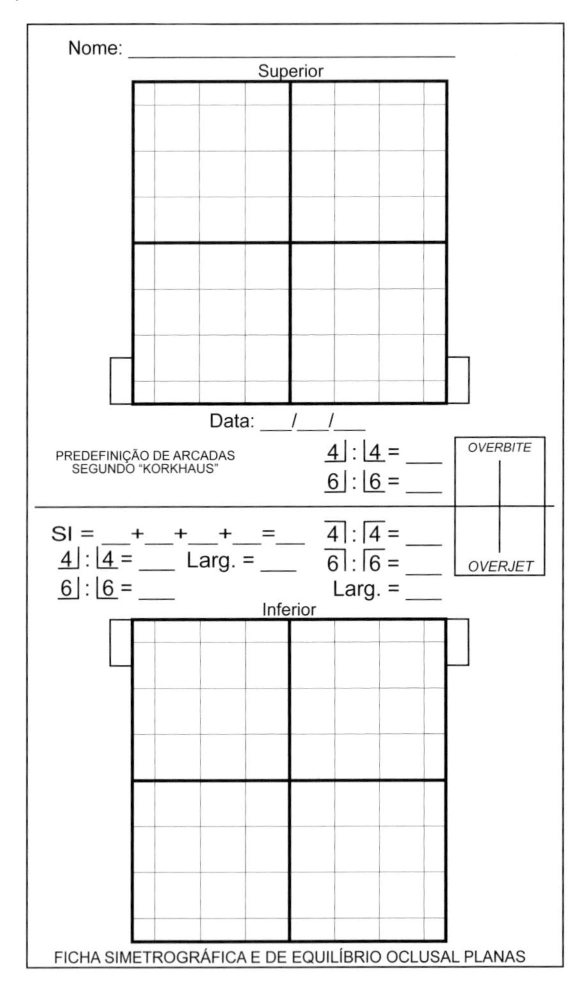
Nome: ____________________

Superior

Data: ___/___/___

PREDEFINIÇÃO DE ARCADAS SEGUNDO "KORKHAUS"

4|:|4 = ___

6|:|6 = ___

OVERBITE

SI = ___+___+___+___=___

4|:|4 = ___ Larg. = ___

6|:|6 = ___

4|:|4 = ___

6|:|6 = ___

Larg. = ___

OVERJET

Inferior

FICHA SIMETROGRÁFICA E DE EQUILÍBRIO OCLUSAL PLANAS

Figura 15.1: Ficha calcográfica de Planas.

A ficha calcográfica é de papel transparente (papel vegetal ou de transparência) com impressão de dois quadrados de 7 cm de lado iguais ao cubo gnatofórico dos modelos gnatostáticos: da maxila e da mandíbula. Esses quadrados são quadriculados no sentido vertical e horizontal a cada 1 cm. Como os modelos gnatostáticos foram simetrografados, ou seja, quadriculados no sentido transversal e anteroposterior com espaço de 1 cm, fica fácil fazer a cópia das arcadas dentárias, uma vez que a ficha é de papel transparente. Nos dois quadrados, a linha central no sentido vertical e a central no sentido horizontal são traçadas mais escuras, com maior evidência. Elas formam uma cruz no centro da ficha (Cruz Central – CC).

A linha vertical central corresponde ao plano sagital e, quando se simetrografa a maxila, essa linha deve coincidir com a linha mediana do modelo. Porém, nem sempre coincide com a linha mediana na região de incisivos, que podem estar desviados. Se houver desvio nessa região é importante que coincida com a região posterior mediana do modelo. A linha horizontal central é chamada de Linha Eixo da Mastigação (LEM), que pode variar em relação ao arco dentário de acordo com a mastigação, idade do indivíduo e do biótipo. A LEM caracteriza-se por ser a região onde ocorre a maior concentração dos esforços mastigatórios.

Na dentição permanente a LEM fisiologicamente deve passar na região dos pré-molares, mas pode passar também nos molares dependendo do biótipo como, por exemplo, no biprotruso.

Bimler registra essa mesma região como o Eixo de Estresse da Dentadura, que é o fator 6 de sua análise cefalométrica. O Eixo de Estresse é considerado a região onde ocorre maior concentração de esforços mastigatórios.

De acordo com Korkhaus, essa região (pré-molares) é considerada como a zona de sustentação da dentição, região mais baixa do plano oclusal, onde incide os maiores esforços mastigatórios.

Durante o crescimento e desenvolvimento a arcada dentária se desloca para frente (mesial) e a LEM se desloca para trás (distal). Esse deslocamento ocorre desde a dentição decídua e continua durante toda a vida do indivíduo.

Fisiologia da LEM

Na dentição decídua, os arcos dentários ficam mais próximos do limite posterior dos modelos gnatostáticos. No modelo inferior, o arco mandibular fica mais afastado, mais distante da base inferior do modelo gnatostático. Com o desenvolvimento e amadurecimento, os arcos dentários vão se deslocando para frente e se aproximando do bordo inferior da base gnatostática inferior.

Fisiologicamente, com o aumento da idade, os arcos se modificam discretamente em relação ao craniofacial devido à ação da mastigação e, na ficha calcográfica, aparecem de forma centrífuga e simétrica em relação à cruz central.

Por volta dos quatro anos as arcadas dentárias ficam posicionadas atrás da LEM, pois corresponde à fase de inicio do desenvolvimento dos reflexos da mastigação, portanto, os arcos dentários ainda não atingem a LEM.

Aos seis anos, a LEM começa a passar pelos dentes (incisivos laterais), fase em que os reflexos mastigatórios estão mais estabelecidos. Quando ocorre a esfoliação dos incisivos laterais a LEM já estará nos caninos. A LEM nunca passa por região desdentada, uma vez que está intimamente correlacionada com a função mastigatória.

A partir daí, a LEM vai distalizando até a complementação da dentição permanente quando estará nos pré-molares ou nos molares, dependendo do biótipo.

No período de crescimento, a LEM passa por áreas específicas correspondentes ao determinado período de crescimento. Há 9 regiões específicas por onde passa a LEM.

Regiões da LEM

1. Interproximal de canino e 1° pré-molar ou 1° molar decíduo;
2. Interproximal de 1° pré-molar ou 1° molar decíduo e 2° pré-molar ou 2° molar decíduo;
3. Interproximal de 2° pré-molar ou 2° molar decíduo e 1° molar permanente;
4. Na metade oclusal 1° pré-molar ou 1° molar decíduo;
5. Na metade oclusal 2° pré-molar ou 2° molar decíduo;
6. Na mesial de 1° pré-molar ou 1° molar decíduo;
7. Na distal de 1° pré-molar ou 1° molar decíduo;
8. Na mesial de 2° pré-molar ou 2° molar decíduo;
9. Na distal de 2° pré-molar ou 2° molar decíduo.

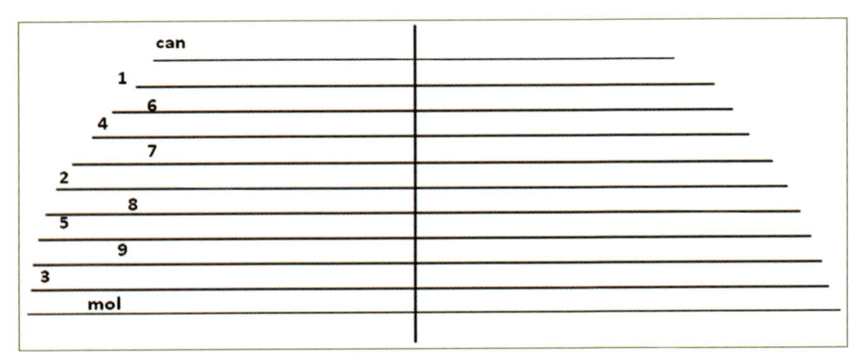

Figura 15.2: As nove regiões por onde passa a LEM, mais as regiões: can (caninos) e mol (molares).

Quando a LEM passar no 1° molar permanente é designada por mol, e quando passar no canino designa can. A LEM da maxila e mandíbula é então designada em forma de fração seguindo a numeração acima. Assim, pode-se ter uma LEM ¼, em que o número 1 designa a posição de LEM 1 para a maxila e o número 4 de 4 para a mandíbula.

Patologias da LEM

- Uma criança de 11 anos, por exemplo, em que a LEM está passando nos incisivos. Isto denota atraso de desenvolvimento no sentido anteroposterior e falta de espaço para os dentes.

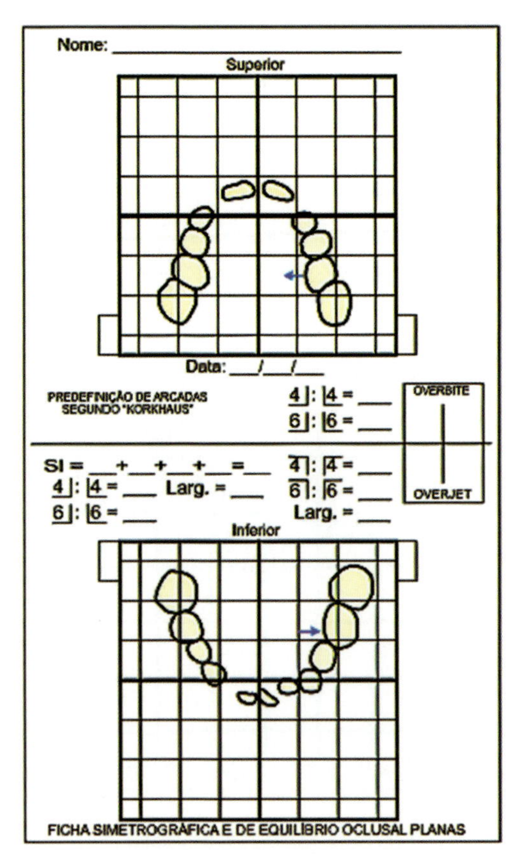

Figura 15.3: Paciente aos 8 anos, LEM passando na região de caninos superiores e inferiores, atraso de desenvolvimento no sentido anteroposterior. BDM para E, MCE com vestibularização do 2° molar decíduo inferior e palatinização do antagonista.

➔ Já no período pós-ontogenético (após o término da fase de crescimento) a LEM não deve passar nos caninos, isso seria uma patologia advinda da falta de desenvolvimento no sentido anteroposterior.

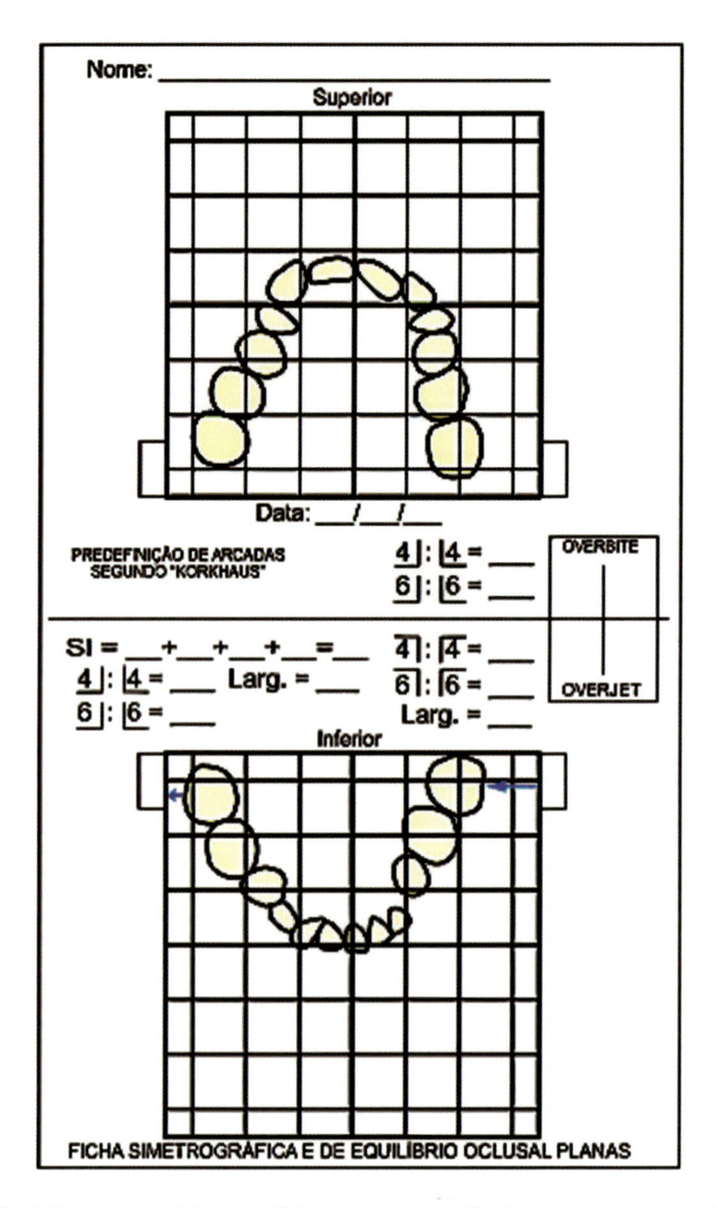

Figura 15.4: Paciente aos 30 anos, LEM passando na região de caninos superiores (extração dos 1os pré-molares superiores e inferiores). Na mandíbula a LEM passa em incisivos, patologia de desenvolvimento no sentido anteroposterior. Maxila direita maior no transversal e anteroposterior e descio de dentes. Mandíbula esquerda maior no anteroposterior.

➔ Os desvios dentários são facilmente visualizados no traçado dos arcos dentários em relação à CC, tais como migrações, inclinações por anodontia ou perdas dentárias, falta de espaço, apinhamentos etc. O desvio dentário afeta somente a região do arco acometida pela causa acima citada.

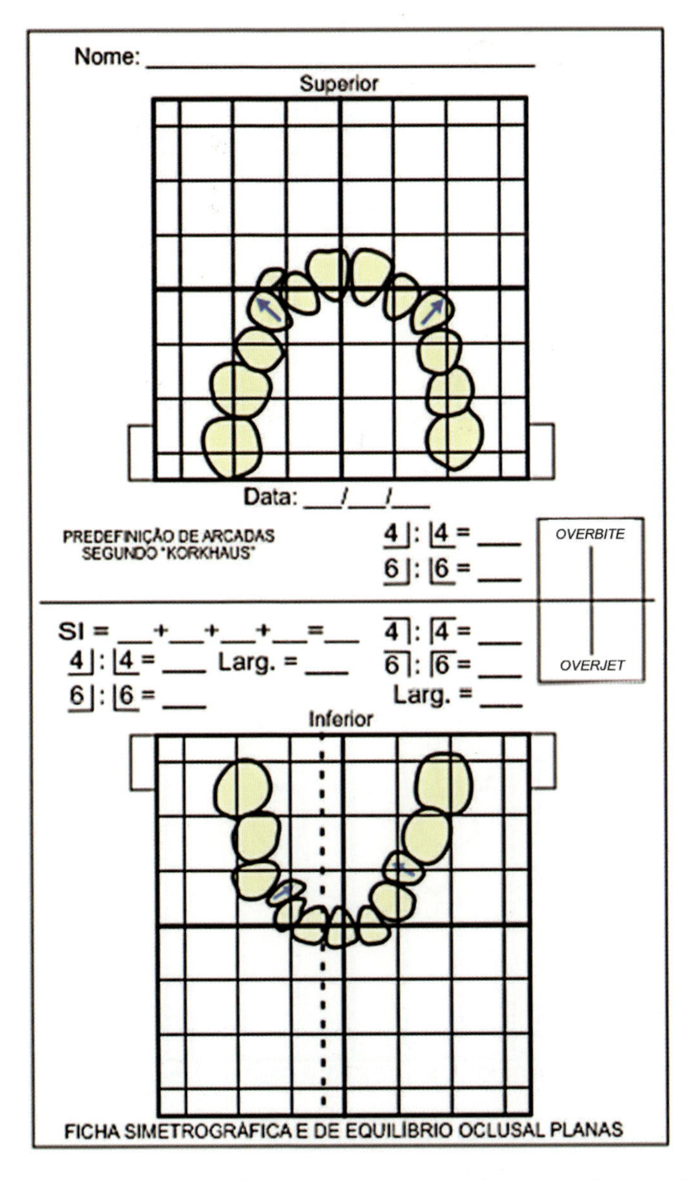

Figura 15.5: Paciente aos 13 anos com desvio de dentes na maxila e mandíbula (setas azuis). Mandíbula e maxila bem posteriorizadas. Apinhamento severo.

➔ As atrofias transversais bilaterais são representadas pelos arcos dentários mais próximos da linha vertical da CC.

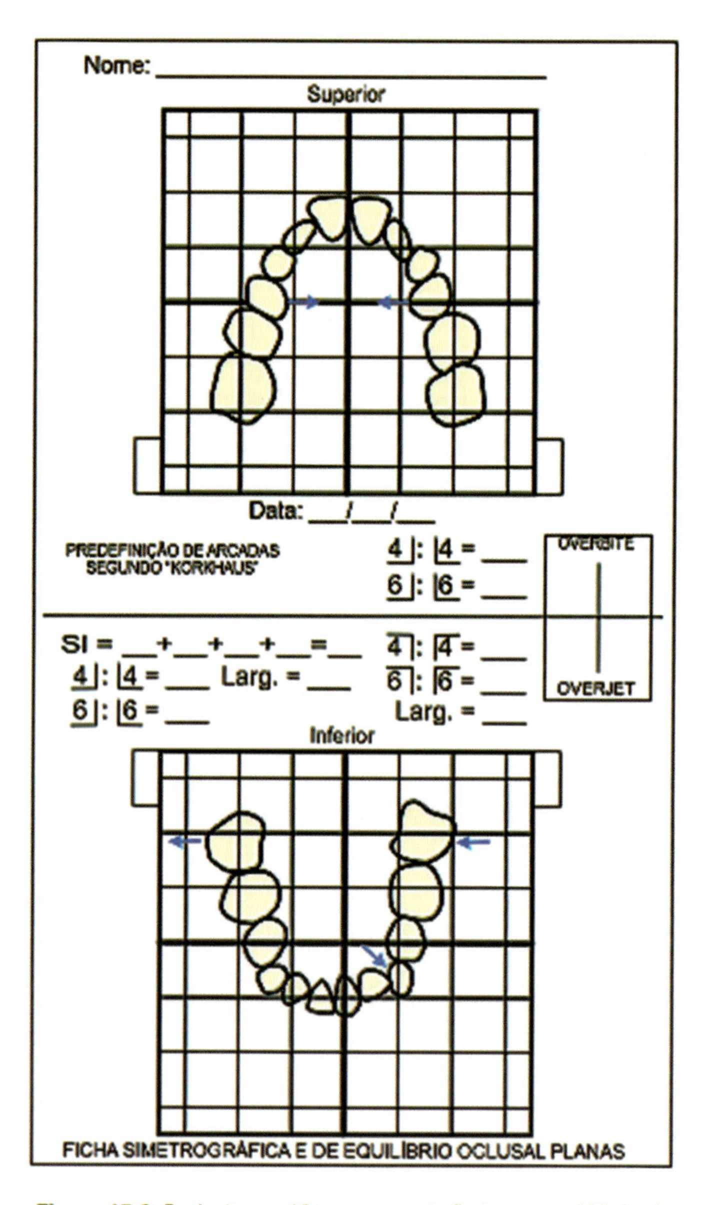

Nome: ____________

Superior

Data: __/__/__

PREDEFINIÇÃO DE ARCADAS SEGUNDO 'KORKHAUS'

4|: |4 = ___

6|: |6 = ___

OVERBITE

SI = __+__+__+__=__

4|: |4 = ___ Larg. = ___

6|: |6 = ___

4|: |4 = ___

6|: |6 = ___

Larg. = ___

OVERJET

Inferior

FICHA SIMETROGRÁFICA E DE EQUILÍBRIO OCLUSAL PLANAS

Figura 15.6: Paciente aos 10 anos com atrofia transversal bilateral da maxila (setas azuis). Desvio de postura de mandíbula para a direita (setas em azul na mandíbula) e desvio de dentes.

➔ O crescimento assimétrico no sentido transversal da maxila e mandíbula é detectado na ficha, comparando-se um lado com o outro. O lado maior terá os dentes mais afastados da linha vertical da CC.

➔ O crescimento assimétrico no sentido anteroposterior na maxila apresenta o incisivo central, do lado da mastigação viciosa, com a face mesial ultrapassando a linha vertical da CC, ou seja, avançando o lado oposto ao da mastigação viciosa. Traçando uma linha na distal dos últimos dentes da maxila pode ser evidenciado o perímetro do arco maxilar. O perímetro vai da linha traçada na distal dos últimos dentes até a mesial do incisivo central, bilateralmente. O perímetro maior é o que apresenta a distal do último dente mais afastada da linha aí traçada, e o incisivo central do mesmo lado "invadindo" o lado oposto. Isso significa que houve mais crescimento ósseo na região do tuber da maxila.

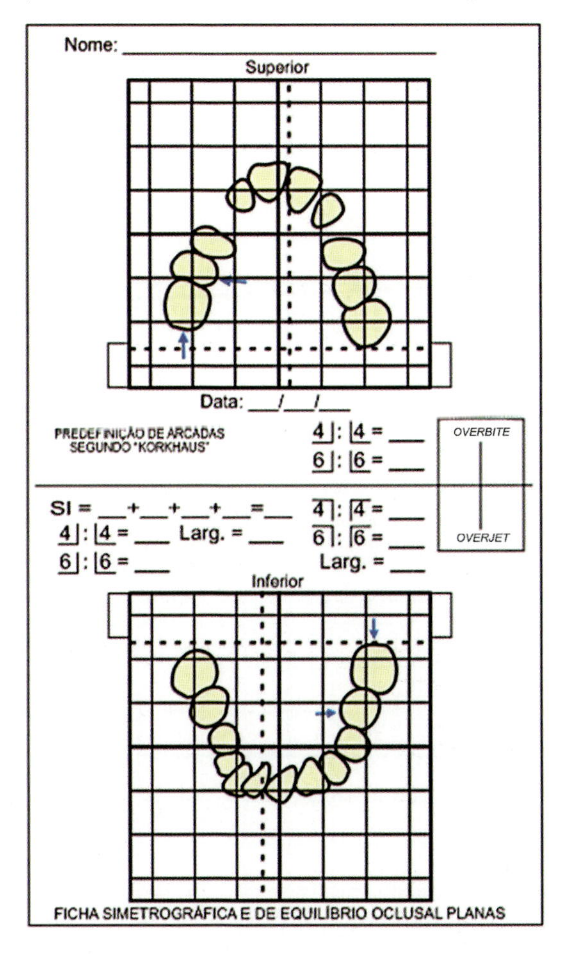

Figura 15.7: Paciente aos 13 anos. Maxila direita maior no sentido transversal e anteroposterior; mandíbula esquerda maior no sentido transversal e anteroposterior.

- O crescimento assimétrico no sentido anteroposterior na mandíbula apresenta o incisivo central, do lado oposto ao da mastigação, com a face mesial ultrapassando a linha vertical da CC, ou seja, avançando para o lado da mastigação. O perímetro maior (mesial de incisivo central até a distal do último dente) é o que apresenta a linha traçada na região posterior encostada na distal do último dente e o incisivo central do mesmo lado "invadindo" o lado oposto. Isto mostra que houve maior crescimento ósseo na região do trígono retromolar (Figura 15.7).
- O desvio de postura da mandíbula é graficamente observado quando o arco é simétrico, mas deslocado em relação à vertical central da ficha. A linha mediana do arco fica deslocada para o lado do desvio em relação à linha vertical da CC. O desvio da mandíbula pode ser para direita, ou esquerda, também para frente ou para trás (Figuras 15.4 e 15.6).

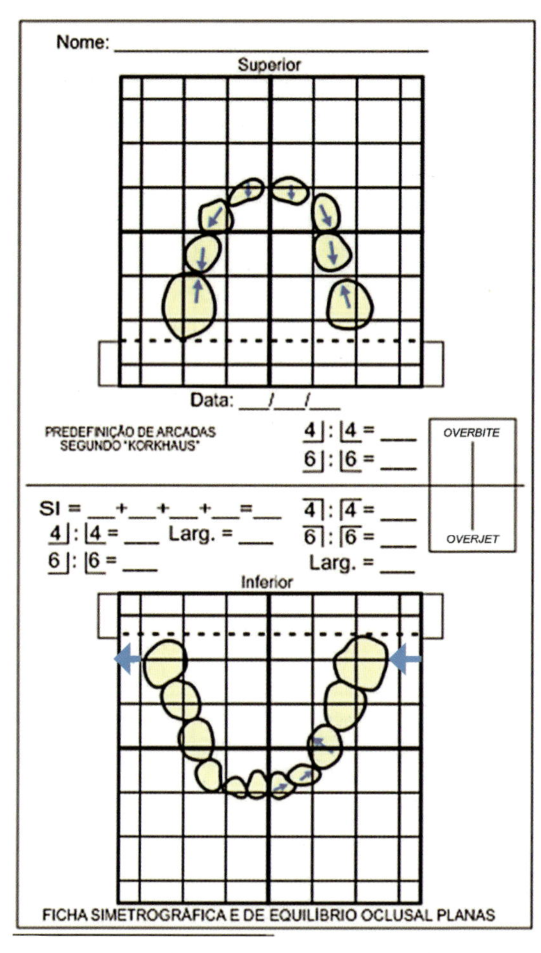

Figura 15.8: Paciente aos 12 anos: Desvio de postura da mandíbula para a direita. Ausência de dentes na maxila e mandíbula (desvio de dentes). No anteroposterior a mandíbula direita é maior.

➔ No crescimento assimétrico, o arco inteiro aparece distorcido no sentido anteroposterior sem razão aparente, mas nos desvios dentários sempre há uma causa concreta (perda de dente, anodontia, alteração de forma etc.) que pode atingir só uma região ou mais do arco (Figura 15.7).

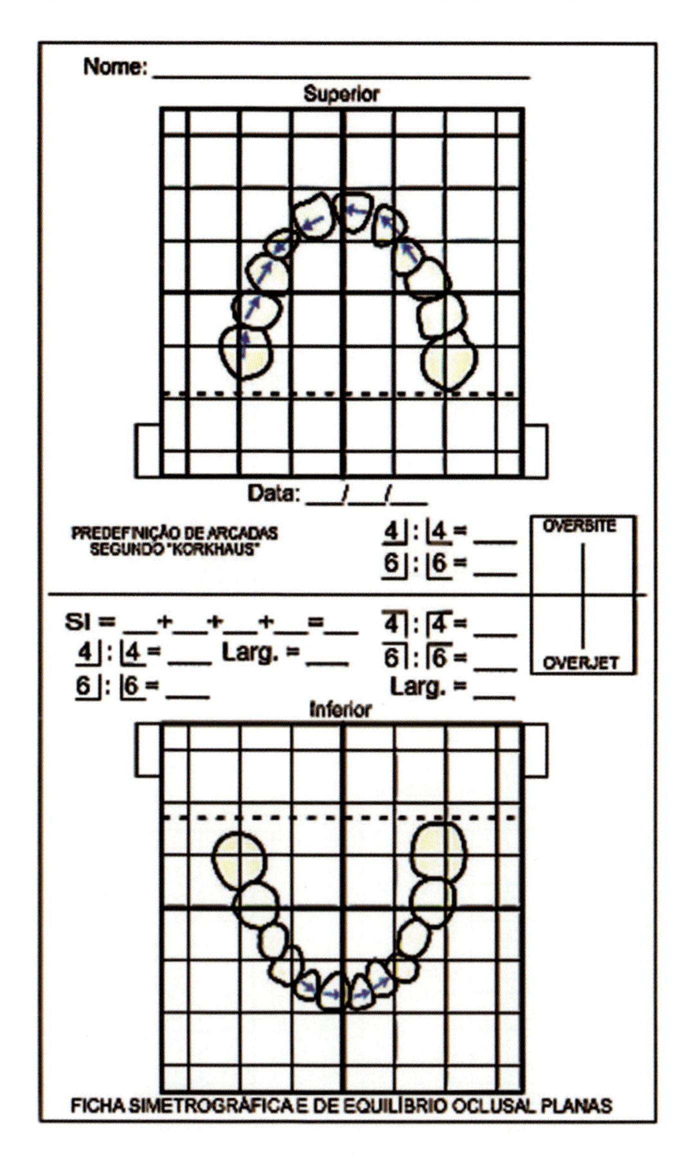

Figura 15.9: Paciente aos 10 anos: Ausência de canino superior direito, a maxila esquerda escorreu para o lado do dente ausente e os dentes posteriores migraram para anterior. No anteroposterior a maxila é maior no lado esquerdo. A mandíbula direita escorreu para a esquerda. No anteroposterior a mandíbula direita é maior.

- ➔ Crescimento assimétrico, desvios de dentes e de postura da mandíbula podem aparecer juntos e a interpretação da ficha é mais complicada (Figura 15.8).
- ➔ Classe II pode ser bem evidenciada na ficha calcográfica, principalmente Classe II divisão 1, pois o desenho do arco mandibular estará mais próximo da região posterior da ficha, evidenciando a distalização da mandíbula (Figura 15.6).
- ➔ As Classes III podem ser bem visualizadas. Podem ser: Classe III devido ao maior desenvolvimento da mandíbula. Classe III devido à maxila hipoplásica. Classe III por maxila retruída com a mandíbula bem posicionada. Classe III por mandíbula mesializada e maxila normal e Classe III por combinação de todas as outras (Figuras 15.10a e 15.10b).

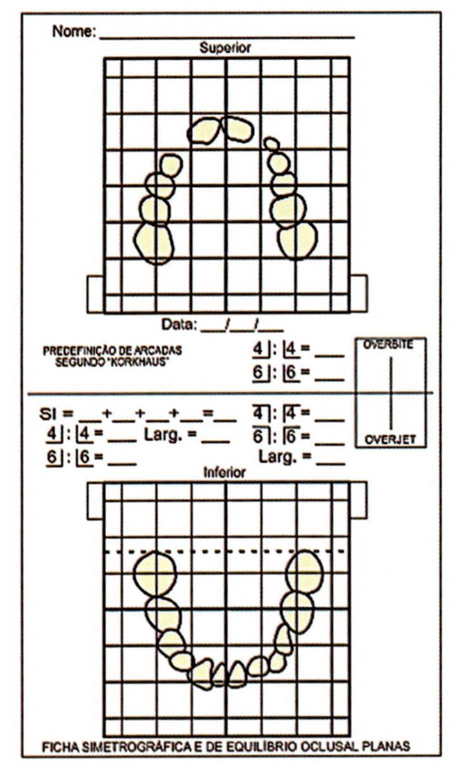

Figura 15.10a

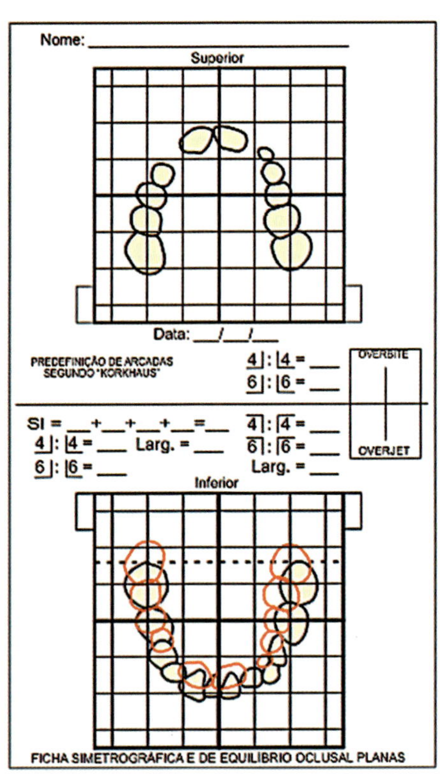

Figura 15.10b

Paciente aos 8 anos, com mandíbula em Classe III. Maxila sobreposta à mandíbula: Os incisivos inferiores estão à frente dos superiores. Mandíbula mesializada.

➔ Mordida cruzada unilateral (MCU) em estágio inicial aparece com os dentes superiores desenhados um pouco mais próximos da linha vertical da CC que os inferiores do lado cruzado. Numa fase inicial, os dentes maxilares podem ficar inclinados para palatino, grafando, portanto mais próximos da CC do lado cruzado (Figura 15.3).

➔ MCU por desvio de postura da mandíbula apresenta o arco inferior deslocado para o lado da MC. O arco por si só é simétrico, mas é assimétrico em relação à CC. Neste caso, a maxila do lado cruzado pode estar ainda simétrica, devido ao desvio compensatório patológico da mandíbula (Figuras 15.11 e 15.12).

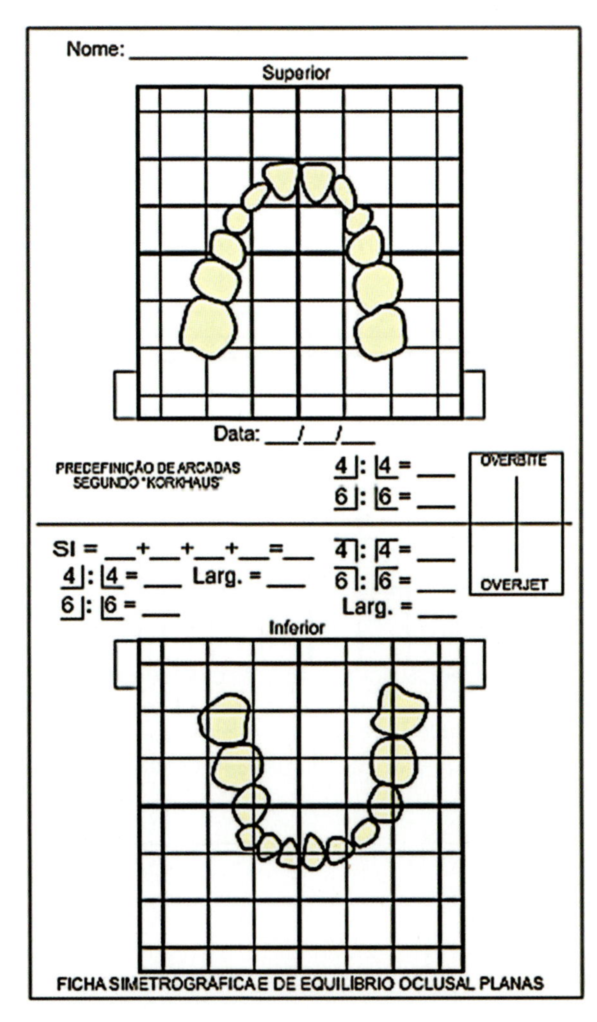

Figura 15.11: Paciente aos 10 anos, com mordida cruzada unilateral esquerda. Maxila simétrica.

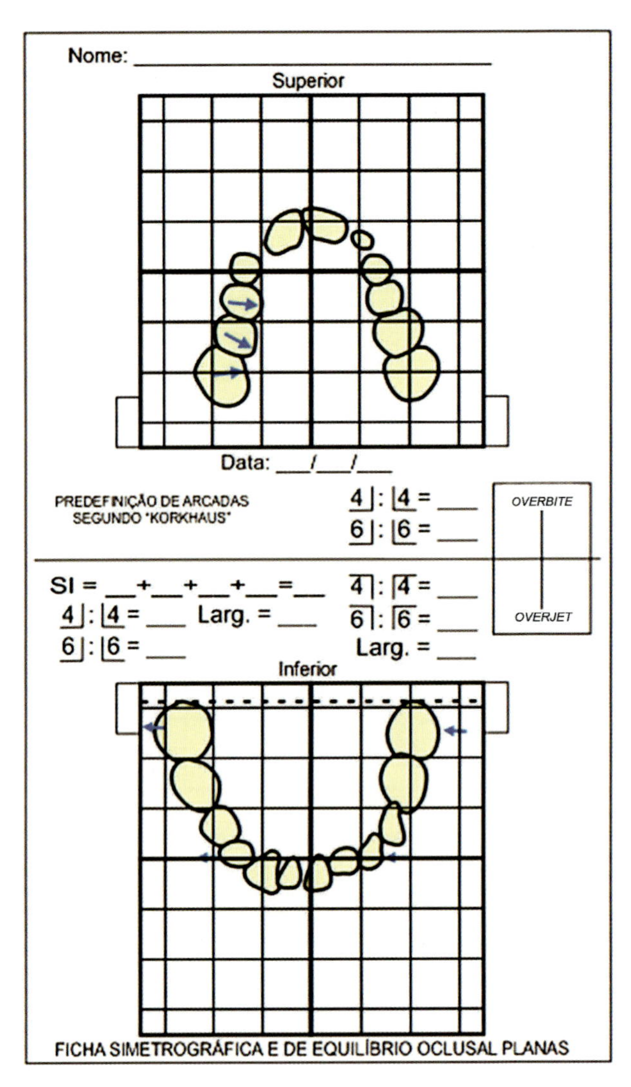

Figura 15.12: Paciente aos 8 anos: Mordida cruzada direita, mandíbula desviada para direita com o arco simétrico. Maxila direita menor na transversal.

- MCU por crescimento assimétrico. No sentido transversal, no lado cruzado, a maxila pode ser impedida de crescer pelos golpes da mandíbula de fora para dentro, travando-a. Então, o traçado dos dentes da maxila desse lado será mais próximo da linha vertical, portanto, menor desse lado. Porém, o perímetro da maxila é maior desse lado, pois o lado cruzado é o lado de trabalho, onde ocorre maior crescimento ósseo na maxila. Os golpes mandibulares de fora para dentro não impedem a maxila de crescer mais no sentido anteroposterior, do lado cruzado. Aí, a lei de Planas de crescimento no sentido anteroposterior da maxila de acordo com a mastigação se mantém. O lado cruzado é também o lado da mínima dimensão vertical.

- MCU, na mandíbula, os dentes do lado cruzado podem ficar mais afastados da linha vertical por inclinação deles para vestibular.

- MCU por desvio de postura da mandíbula apresenta o arco inferior deslocado para o lado da MC. O arco por si só é simétrico, mas é assimétrico em relação à CC. Devido ao deslocamento da mandíbula para o lado cruzado, no sentido transversal, o desenho mostra o arco maior no lado cruzado, porém isso pode não ser verdadeiro, pois o desvio da mandíbula poderá estar simulando este aumento (Figura 15.12).

- MCU por crescimento assimétrico. Na mandíbula, o perímetro será maior no lado oposto ao do cruzamento, ou seja, no lado de balanceio. Os dentes da mandíbula aparecem como que inclinados para o lado não cruzado, e a linha mediana do arco "invade" a linha vertical mediana da ficha para o lado não cruzado, mostrando que o perímetro está maior desse lado não cruzado (Figura 15.13).

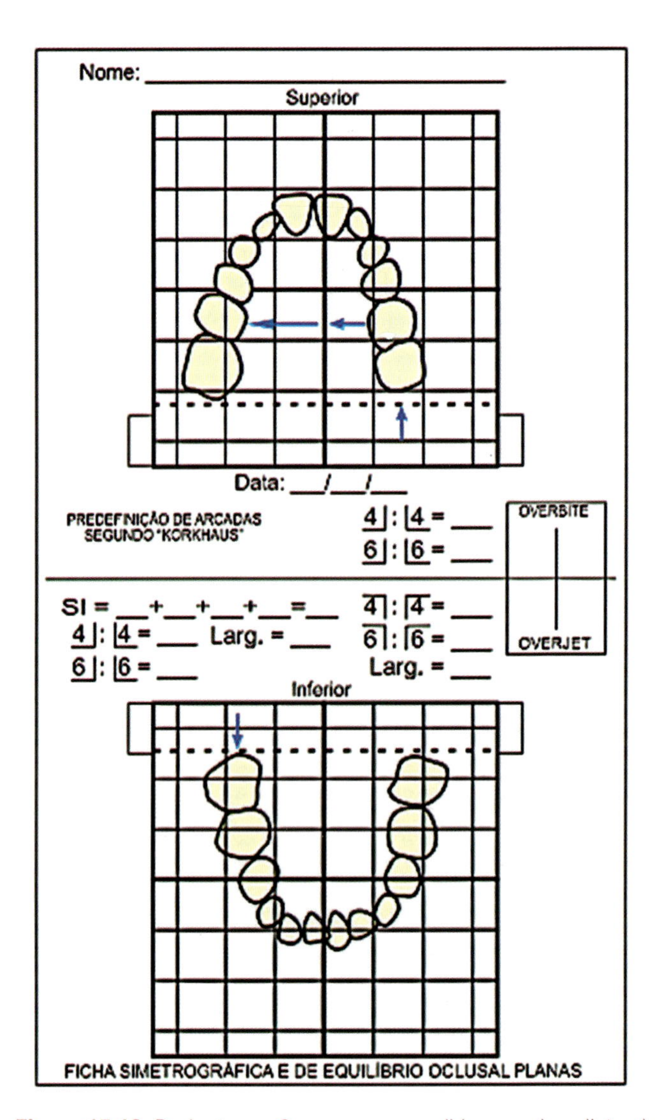

Figura 15.13: Paciente aos 9 anos, com mordida cruzada unilateral esquerda. Maxila esquerda menor no transversal e maior no anteroposterior. Mandíbula direita maior no anteroposterior.

➔ MC bilateral, o desenho do arco maxilar fica bilateralmente próximo da linha vertical mediana da ficha. O arco maxilar é menor que o mandibular (Figuras 15.14a e 15.14b).

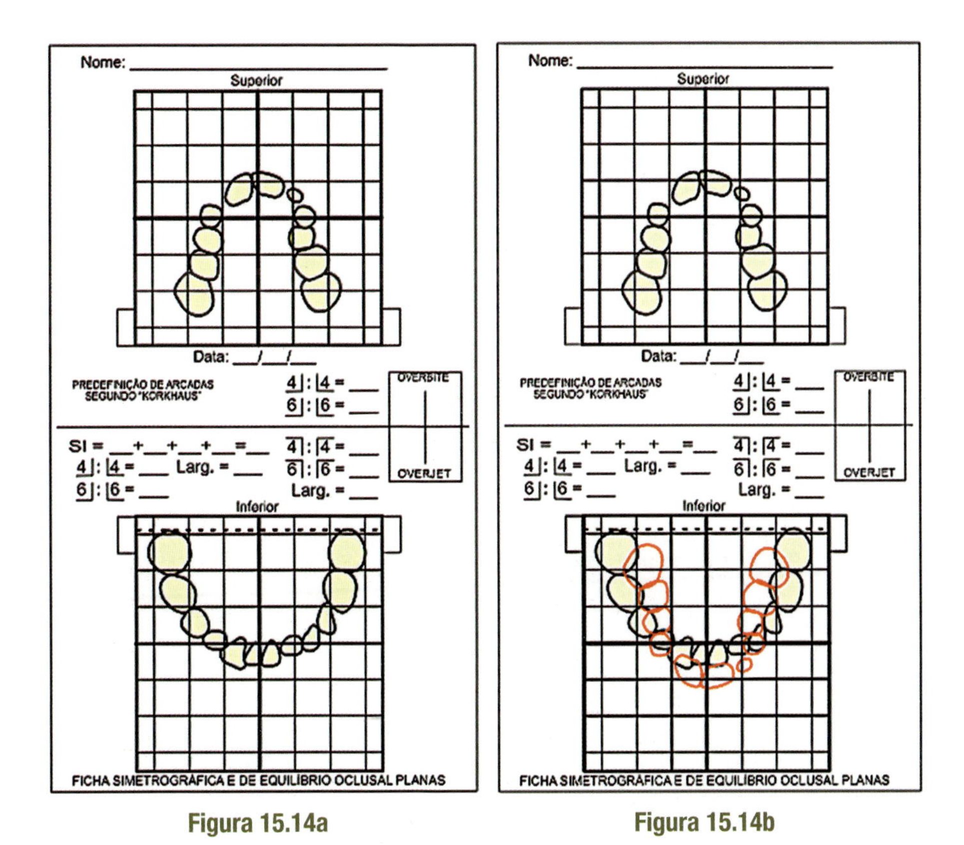

Figura 15.14a **Figura 15.14b**

Aos 7 anos, mordida cruzada bilateral. Atrofia bilateral da maxila. Desenho dos dentes maxilares sobreposto aos da mandíbula. Mandíbula maior que a maxila no transversal.

➔ As relações maxilares no sentido vertical só podem ser visualizadas nos modelos gnatostáticos. Nos modelos gnatostáticos, por serem tridimensionais, pode-se notar que no lado da mastigação a base mandibular fica mais alta em relação ao outro lado. A base maxilar fica mais próxima do limite superior do modelo maxilar, do lado da mastigação.

Referências

1. BARBOSA, D. F. Hiperdivergência tratada com Ortopedia Funcional dos Maxilares. *Ortodontia SPO.*, v. 42, n. 2, p. 114-21, 2009.
2. BENNETT, D. T.; SMALES, F. C. Orientated study models. *Dental Practitioner.*, v. 18, n. 10, p. 353-55, 1968.
3. BERTRAND, A.; MAURAN, G. Le Plan d'occlusion et le Systeme Stomatognathique – Generalites sur le plan d'occlusion. In: Mauran, G.; Bertrand, A.; Barrois, A. Le Plan d'occlusion. Rapport du 61° Congrés Annuel, Montpellier, Maio 1988, *L'Orthod Franç.*, v. 59, p. 46-49, 1988.
4. BRUHN, C.; HEFRATH, H.; KORKHAUS, G. *Ortodoncia.* Barcelona, Labro, 1944, p. 395.
5. GRIBEL, M. N. Planas direct tracks in the early treatment of unilateral crossbite with mandibular postural deviation: why worry so soon? *World J. Orthod.*, v. 3, p. 239-249, 2002.
6. HILLYER, N. L. A broader of the gnathostatic diagnosis of Simon. *JADA.*, v. 1, p. 430-4, 1930.
7. JR SILVA, V. H. Modelos Gnatostáticos. Dissertação de mestrado em Ortopedia Funcional dos Maxilares, Centro Universitário Hermínio Ometto – UNIARARAS, 2004.
8. PLANAS, P. *Rehabilitación Neuro-Oclusal (RNO).* 2ª ed., Barcelona, Masson--Salvat Odontologia, 1994, pp. 139-174.
9. PLANAS, P. C. La Ley Planas de la Mínima Dimensión Vertical. *Española de Parodoncia.*, v. 6, p. 215-246, 1968.
10. PLANAS, P. Gnatostato Planas. *Actas Del XIV Congreso de Odontologia*, Madrid, 1945.
11. PLANAS, P. La Loi Planas de la dimension verticale minima, *L'Orthod Franç.*, v. 39, 1968.
12. PLANAS, P. Novo diagnóstico sintomático e funcional visto sob o conceito da reabilitação neuroclusal. *Reabilitação Neuroclusal.* 2ª ed. Rio de Janeiro: Medisi, 1997, p. 135-56.
13. SANTOS, S. M. M. C.; OLIVEIRA, M. G. Estudo de recursos complementares de diagnóstico – cefalometria computadorizada e ficha gnatostática planas – na avaliação de pacientes portadores de fissura de lábio e/ou palato da Faculdade de Odontologia-PUCRS. *Rev. odonto. Ciênc.*, v. 16, n. 32, p. 60-67, 2001.
14. SIMÕES W. A. *Ortopedia Funcional dos Maxilares através da reabilitação neuro--oclusal.* Artes Médicas; 2003.
15. SIMÕES, W. A. Some oral neurophysiological resources applied in the use of functional orthopedic techniques. *J. Jap. Orthod .Soc.*, v. 38, p. 40-8, 1979.
16. SIMON, P. W. The simplified gnathostatic method. *Int. J. Orthod. Oral. Surg. and Radiography,* v. 18, p. 1081-7, 1932.

Capítulo 16

ANÁLISE DE SIMETRIA DE PANORÂMICA

"Assim como o sequenciamento do genoma, o Rx revolucionou a área da saúde."

Pela observação minuciosa de uma radiografia panorâmica, pode-se constatar que existe diferença no tamanho e na forma de estruturas correspondentes do lado direito e do esquerdo. Ainda que este fenômeno possa ser particularmente explicado por um inevitável efeito de distorção, típico em radiografia panorâmica rotacional, outra razão adicional muito importante é o fato de que existe uma assimetria esquelética fisiológica bilateral. Ainda que não medindo diferenças no comprimento mandibular, WOO (1931) afirmou que os ossos do lado direito do crânio eram maiores do que os do esquerdo, relacionando a assimetria da face a uma demanda funcional do aparelho mastigatório e do sistema musculoesquelético. MELNIK (1992) evidenciou o fato de que há impacto da musculatura facial sobre o desenvolvimento esquelético e desarmonias dentais.

A Radiologia Panorâmica é importante para o estudo dos corredores de erupção dos dentes e também para observação das simetrias presentes no 1/3 médio da face que compreende da maxila até o osso frontal, e 1/3 inferior da face que é a mandíbula propriamente dita, quando se compara os 2 lados, direito e esquerdo. A análise de simetria da Panorâmica faz parte do conjunto de procedimentos de diagnóstico para detectar as assimetrias faciais, tais como: a ficha gnatostática planas, ficha calcográfica planas, desvio da linha mediana clínica e mastigação viciosa. A Radiologia Panorâmica sozinha não serve para se fazer o diagnóstico das assimetrias. Por isso é usada concomitantemente com os outros elementos.

Definição

O paronograma de simetria é o estudo comparativo entre o lado direito e esquerdo da radiografia panorâmica, com o objetivo de se detectar assimetrias do terço médio e inferior da face.

Método usado - Sistema de Referência Ortogonal

Usa-se para fazer o traçado o sistema de referência ortogonal que é formado por dois planos perpendiculares entre si, sendo um vertical e outro horizontal, que se cruzam sempre em um mesmo ponto, formando entre si ângulos retos.

Pontos de referência

ENA (Espinha Nasal Anterior)

O ponto ENA é a referência para o cruzamento dos dois planos: vertical e horizontal. O ponto ENA está localizado na intersecção da espinha nasal anterior com o processo palatino da maxila.

ENA'

É a projeção mais inferior do ponto ENA. Ponto localizado entre o ápice das raízes dos incisivos centrais superiores.

PM (Pré-Maxila)

É o ponto mais inferior da sutura pré-maxilar entre os dois incisivos centrais (na altura da espinha alveolar entre os dois incisivos centrais superiores).

Pontos ENPd e ENPe

Espinha nasal posterior direito e esquerdo, localizados nas extremidades, direita e esquerda do plano palatino.

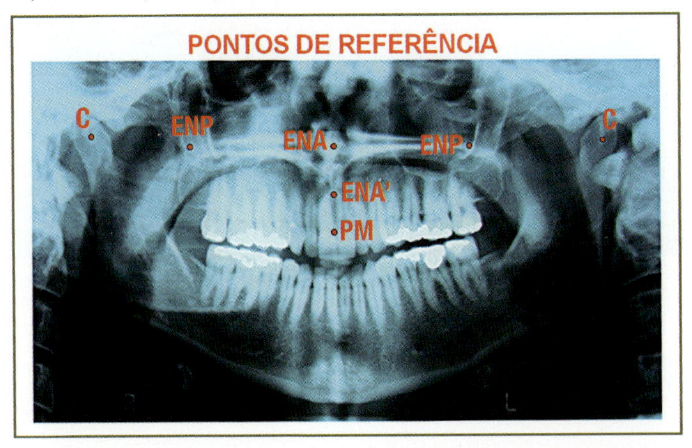

Figura 16.1: Pontos de Referência: ENA, ENA', ENPd e ENPe, PM e Cd e Ce.

Pontos FPgd e FPge

Pontos localizados na porção inferior da fissura ptérigo palatina direita e esquerda.

Pontos Ord o Ore

Pontos orbitários: localizados no bordo inferior do soalho das órbitas.

Pontos Cd e Ce

Chamado de capitulare localizado no centro geométrico da cabeça do côndilo, direito e esquerdo.

Pontos God e Goe

Pontos localizados na intersecção da bissetriz do ângulo formado pelas tangentes dos bordos posteriores e inferiores na mandíbula com o próprio osso mandibular. O ponto gônio (Go) é o mais inferior e exterior do ângulo goníaco.

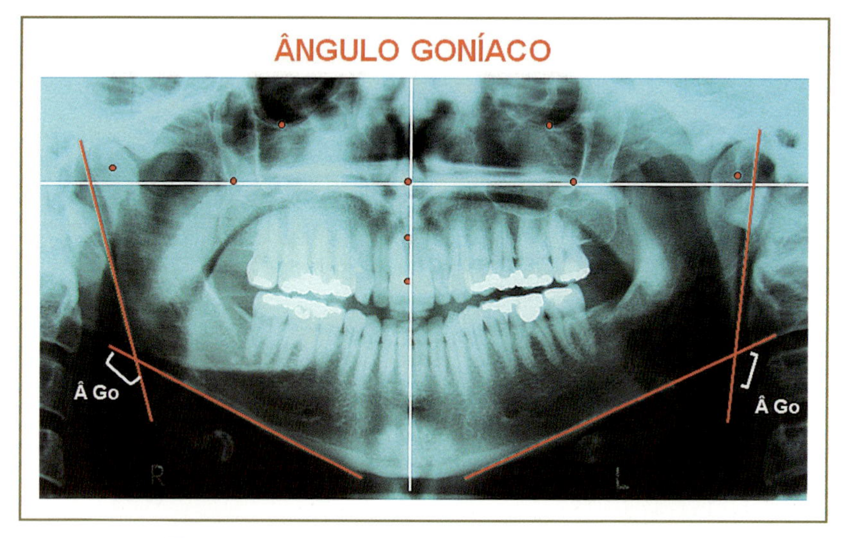

Figura 16.2: Traçado do ângulo goníaco – tangente ao ramo com tangente ao corpo da mandíbula. Na bissetriz do ângulo formado pelas tangentes fica o ponto Go.

Planos de referência

Plano Espinal Anterior ou Sagital (Plano S)

É formado pela união dos pontos ENA e ENA'. É o plano vertical do sistema de referência ortogonal. Usa-se esses dois pontos porque são nítidos, fáceis de se localizar e também estão na região que divide a face em duas metades aproximadas para se comparar os lados direito e esquerdo.

Plano Palatino (Plano P)

Este plano passa pelo processo palatino da maxila através dos pontos ENP direito e esquerdo. Aparece como uma linha radiopaca que corta o ponto espinha nasal anterior (ENA), através do qual se traça o plano horizontal básico do sistema de referência ortogonal. Os pontos ENPd e ENPe podem se localizar, em algumas radiografias panorâmicas, em um plano diferente do ENA e não ser caso de radiografia tirada em má posição como, por exemplo, com a cabeça muito inclinada para baixo. Deve-se considerar esta alteração durante a análise.

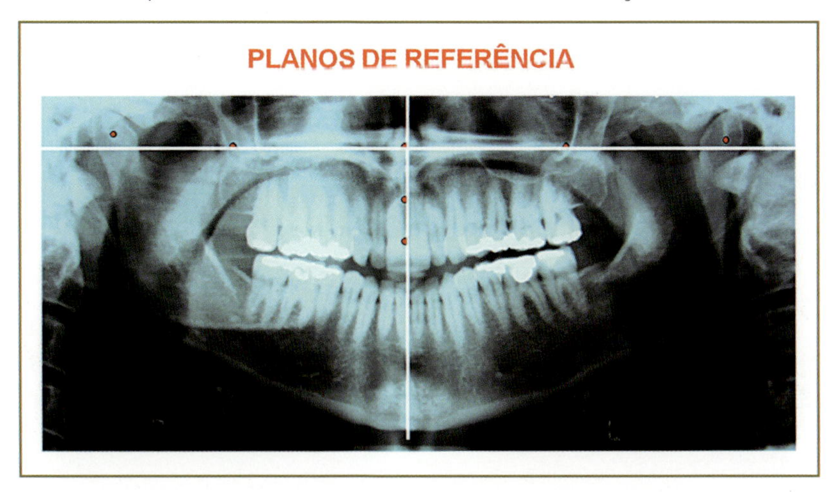

Figura 16.3: Plano Vertical: formado pela união dos pontos ENA e ENA'. Plano horizontal: formado pela união dos pontos ENPd e ENPe, cruzando no ponto ENA.

Plano Mandibular Direito e Esquerdo (Plano Md e Me)

Passa pela tangente do bordo inferior do corpo da mandíbula, não considerando a região do mento.

Plano da Eminência Direito e Esquerdo (Plano Ed e Ee)

Tangente à eminência articular do osso temporal.

Plano do Ramo da Mandíbula (Plano R)

Passa pelas tangentes dos bordos externos (R) e internos (R') dos ramos mandibulares.

Plano Cd e Ce

Passam através dos pontos Cd e Ce. São paralelos ao plano S.

Plano Orbital (Plano Or)

Passa pelo ponto Or que pode ser um ou dois dependendo da altura dos pontos Ord e Ore e são paralelos ao plano palatino.

Plano FPgd e FPge

Passam pelos pontos FPg direito e esquerdo e são perpendiculares ao plano S.

Plano PM

Passa pelo ponto PM e pode ou não coincidir com o plano S. Quando há crescimento assimétrico com desvio da pré-maxila, ou desvios de dentes, o desvio da linha mediana acaba deslocando o ponto PM, distinto do plano S, sendo paralelo a este.

Planos A e B

Passam pela tangente ao bordo superior das cavidades orbitárias e pela tangente do bordo mais inferior do mento, respectivamente. O primeiro corresponde ao plano do 1/3 médio da face e o segundo ao do 1/3 inferior da face.

Estruturas analisadas

Estruturas articulares

Côndilos

Tem-se a altura em relação à base da maxila. Mede-se a distância que vai do plano P até uma tangente ao bordo mais superior ao côndilo (eixo vertical). Largura: Mede-se a distância que vai entre as tangentes do bordo mais externo do côndilo passando pelo ponto C (eixo horizontal). Sabe-se que, nas ATMs, os côndilos e as eminências são os que mais sofrem desvio de forma. Geralmente no lado da mastigação viciosa o côndilo é mais afilado (mais estreito) e mais alto, no lado de balanceio ele é mais achatado (mais largo) e mais baixo.

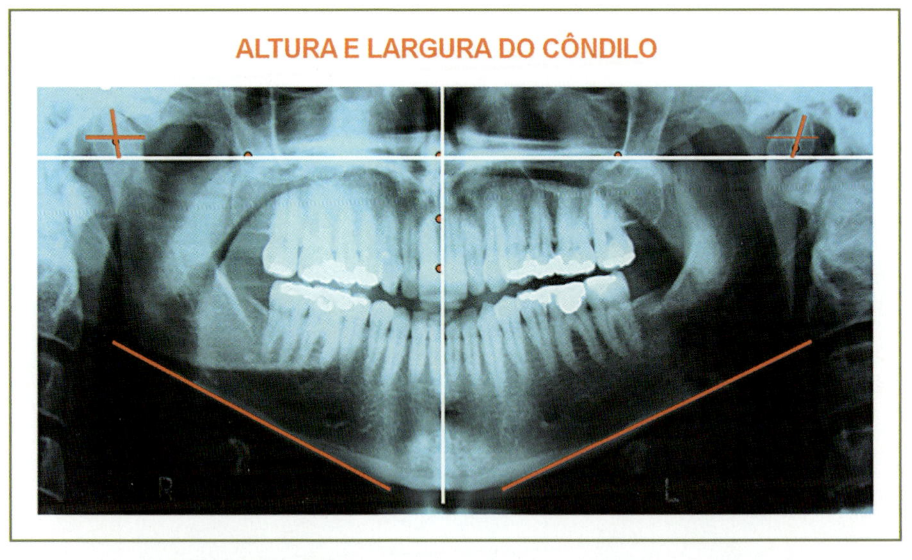

Figura 16.4: Altura do côndilo: medida entre o plano palatino e o bordo superior do côndilo. Largura: medida entre as vertentes interna e externa do côndilo.

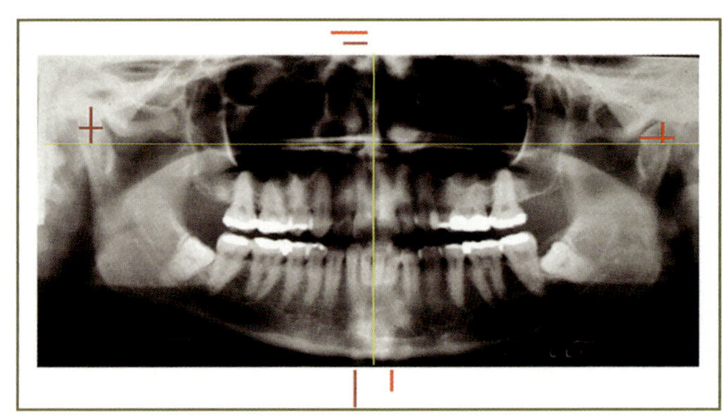

Figura 16.5: Medida da largura do côndilo maior no lado esquerdo e altura do côndilo maior no lado direito.

Eminência articular

Traça-se uma tangente à eminência até o plano palatino (plano P). Na intersecção dessas duas retas forma um ângulo, que é o ângulo E (Ângulo da Eminência). Esta é a única medida angular, as demais são lineares. Deve-se considerar assimetria da eminência quando houver variação entre um lado e outro de mais de 10°. A eminência articular no lado de trabalho (da mastigação viciosa) é mais vertical e o ângulo E é maior; no lado de balanceio o ângulo E é menor e a eminência é mais horizontal.

Como ocorre excitação neural no lado de balanceio (lado funcional) e o movimento do côndilo deste lado é para frente, para baixo e para dentro (translação), a eminência articular e o côndilo vão se remodelando apresentando os aspectos descritos acima. No lado de trabalho (não funcional) ocorre movimento de rotação do côndilo (para trás, para cima e para fora).

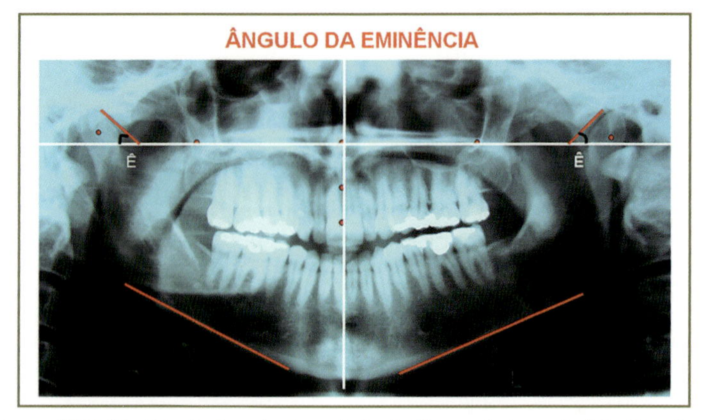

Figura 16.6: Medida do ângulo da eminência. Tangente traçada à inclinação da eminência até o plano palatino formando um ângulo, o ângulo da eminência.

Espaço articular

É importante frisar que só se mede quando realmente aparecer diferença entre um lado e outro. Mede-se a distância entre o plano "E" e a paralela a este que passa pelo bordo do côndilo. No lado de trabalho o espaço articular é diminuído, e no lado de balanceio é maior.

Mandíbula

Ramo

Largura – Mede-se entre os planos R e R'. Altura – Distância que vai do ponto Go até o processo condilar.

No lado de balanceio tem-se geralmente ramo mais largo. O ramo será mais baixo no lado de trabalho na mastigação viciosa, embora o côndilo seja mais alto (nota-se isto pela altura do ramo medida do ponto Go até o plano P e a altura do côndilo do plano P até bordo superior da cabeça do côndilo).

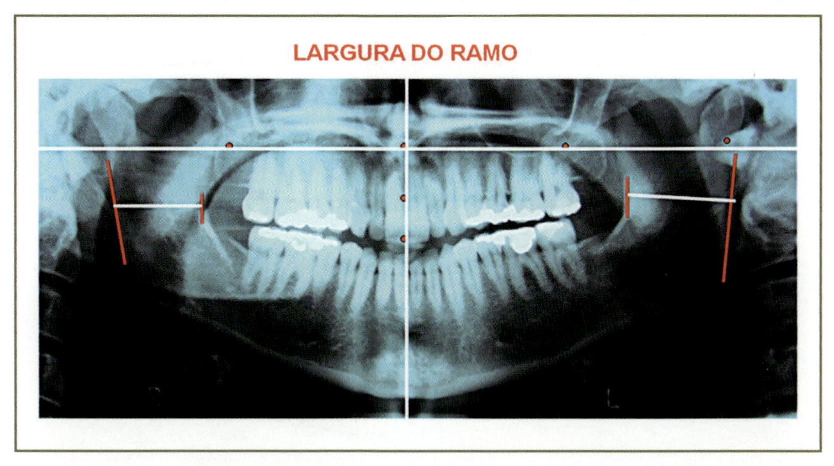

Figura 16.7: Medida da largura do ramo: entre as tangentes interna e externa do ramo.

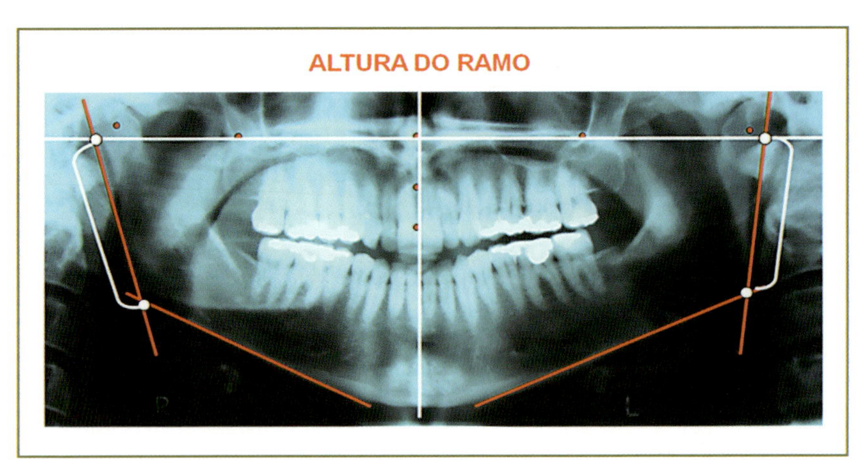

Figura 16.8: Medida da altura do ramo: distância do vértice do ângulo Go até o plano palatino.

Corpo da mandíbula

Comprimento – Mede-se o plano Md e Me. Altura – Mede-se a distância que vai do plano M até o nível do rebordo alveolar na altura dos colos de dentes já erupcionados. Usar a mesma referência dos dois lados. No lado de balanceio tem-se comprimento maior do corpo da mandíbula, e no lado de trabalho a altura maior do corpo.

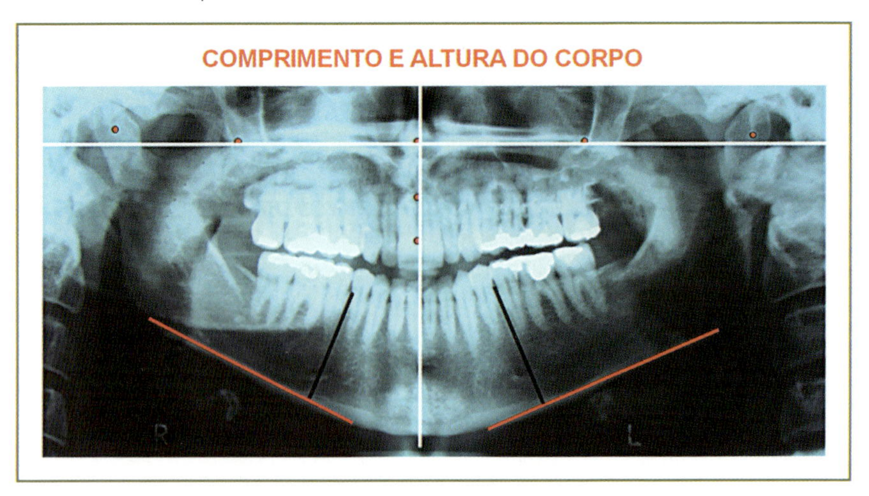

Figura 16.9: Medida do comprimento da mandíbula: tangente ao bordo inferior do corpo, desprezando o mento. Altura da mandíbula: distância do bordo inferior do corpo até o rebordo alveolar escolhido.

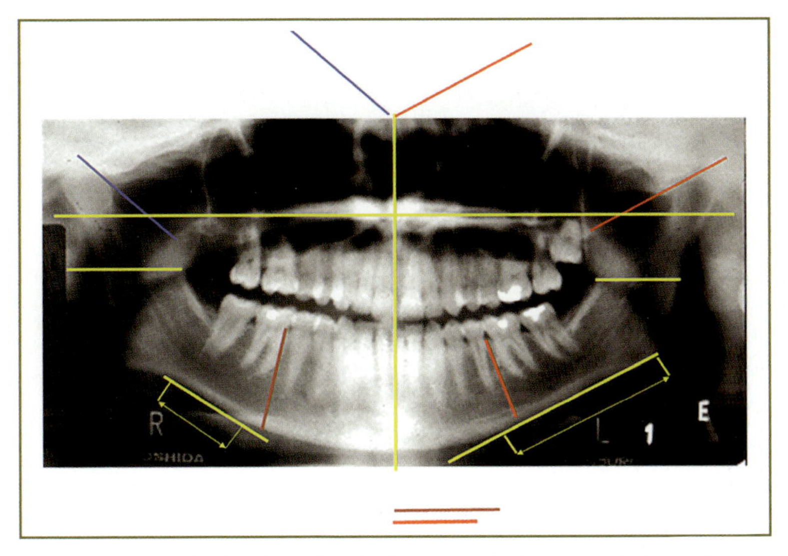

Figura 16.10: Medida do ângulo da eminência é maior no lado direito (em azul), comprimento do corpo maior do lado esquerdo (amarelo), largura do ramo maior do lado direito (amarelo) e altura do corpo maior do lado direito (vermelho). A mastigação é unilateral direita, clinicamente confirmada.

Aspectos do soalho, fossas e septo nasal

Devem-se notar obstruções, desvios patológicos e comunicações. O osso vômer tem aspecto anatomicamente inclinado, o qual deve ser considerado na avaliação de desvios patológicos.

Aspectos das cavidades orbitárias

Quando há simetria o plano Or coincide com os pontos Ord e Ore. Quando assimétricos tem-se 2 planos Or distintos paralelos ao plano P.

Em caso de desvio patológico, estes planos são assimétricos como nos casos de hiperplasia ou hipoplasia condilar.

No caso de crescimento assimétrico compensatório (desvio de forma) no andar médio da face pode ocorrer assimetria nas cavidades orbitárias, mas mais suave que os desvios patológicos. O olho mais alto no rosto é o do lado da mastigação viciosa, e na radiografia apresentará o plano Or mais baixo.

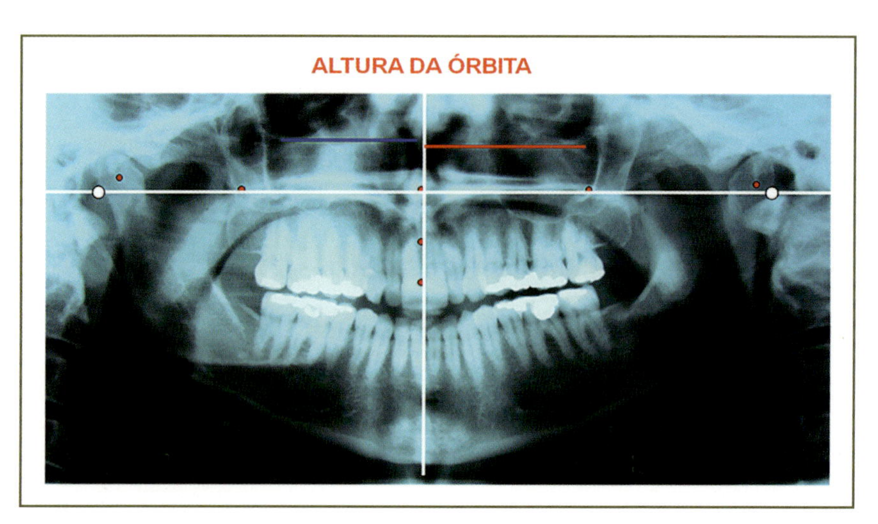

Figura 16.11: Altura da órbita: Traça-se o plano infraorbitário direito e esquerdo. No caso, a esquerda está mais baixa que a direita.

Aspectos dos seios maxilares

Não se faz traçados no sentido de medi-los. Pode-se traçá-los para ver os limites anatômicos e analisar visualmente a simetria entre os lados. Deve-se avaliar se há comunicação entre os seios, raízes dentárias e com as fossas nasais. Analisa-se também a intensidade de radiopacidade direita e esquerda.

No caso dos seios maxilares, como são espaços vazios, a coloração na radiografia deve ser mais radiolúcida. Se houver coloração mais radiopaca, deve-se suspeitar de sinusite.

Aspectos das fissuras pterigomaxilares: direita e esquerda

Elas têm o aspecto de duas gotas d'água invertidas. Podem ser iguais ou terem dimensões diferentes. Traçam-se as tangentes das paredes laterais, soalho e teto. Tem-se assim um retângulo que mostra as dimensões a serem comparadas.

Os planos FPgd, FPge devem passar pelos pontos FPgd e FPge situados no soalho das fissuras. Na maior parte dos casos, no lado da mastigação viciosa é mais estreita.

Velocidade de erupções dentárias

Para verificar a velocidade de erupção dos dentes de um lado em relação ao outro, traça-se planos paralelos ao plano P, que passam pelas cúspides que estão mais altas dos dentes permanentes dos dois lados. Se há um só plano passando pelos primeiros pré-molares significa que os dois têm a mesma velocidade de erupção. Se há assimetria na velocidade de erupção, ela é maior no lado de trabalho na maxila e no lado de balanceio na mandíbula em casos de mastigação viciosa.

Aspectos no andar médio e inferior da face

No andar inferior da face têm-se todos os aspectos morfológicos articulares e mandibulares que determinam simetria ou assimetria. No andar médio têm-se os aspectos sinusais, nasais, cavidades orbitárias e das FPg simétricos ou assimétricos.

A relação entre essas duas partes da face (1/3 médio e 1/3 inferior) depende da idade e do biótipo.

Traçado do plano GO

O plano GO é formado pela união dos dois pontos GOs. No lado do desvio da postura da mandíbula o plano GO fica mais alto, assim como no lado da mastigação viciosa. Na síndrome rotacional frontal o plano GO fica muito assimétrico. No lado da face com o encurtamento de masseter, o plano GO é mais alto. Este plano quando paralelo ao plano P mostra uma simetria do osso mandibular com relação à maxila e à base do crânio. Quando não paralelo ao plano P mostra o deslocamento da mandíbula para a direita ou esquerda por crescimento assimétrico ou por desvio de postura. O lado onde o plano Go é mais alto é o lado na mastigação viciosa nos crescimentos assimétricos e também o desvio da postura da mandíbula.

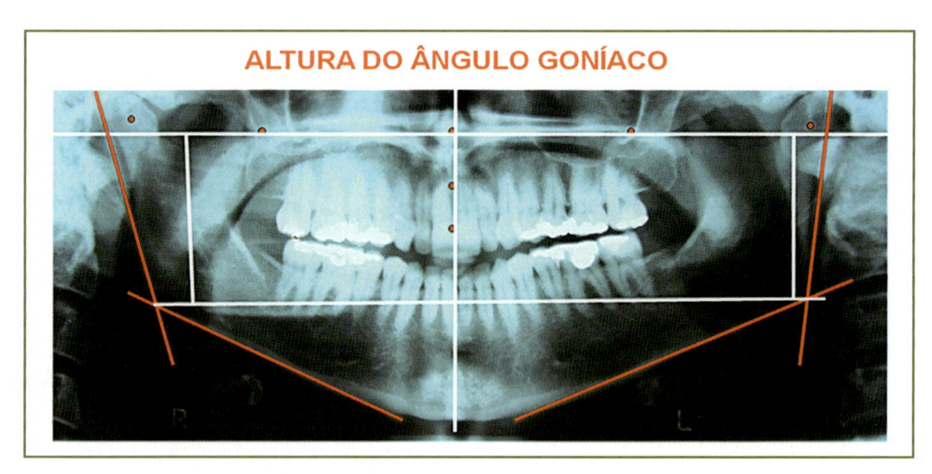

Figura 16.12: Traçado do Plano Go: união dos dois pontos Go.

Plano bicondilar (Cd)

O plano Cd paralelo ao plano P é formado pela união dos dois pontos condilares Cdd e Cde localizados no bordo mais superior do côndilo. No lado de trabalho o plano Cd fica mais alto devido ao alongamento ocorrido no côndilo. Na síndrome rotacional frontal o plano Cd fica mais alto no lado do côndilo com hiperplasia.

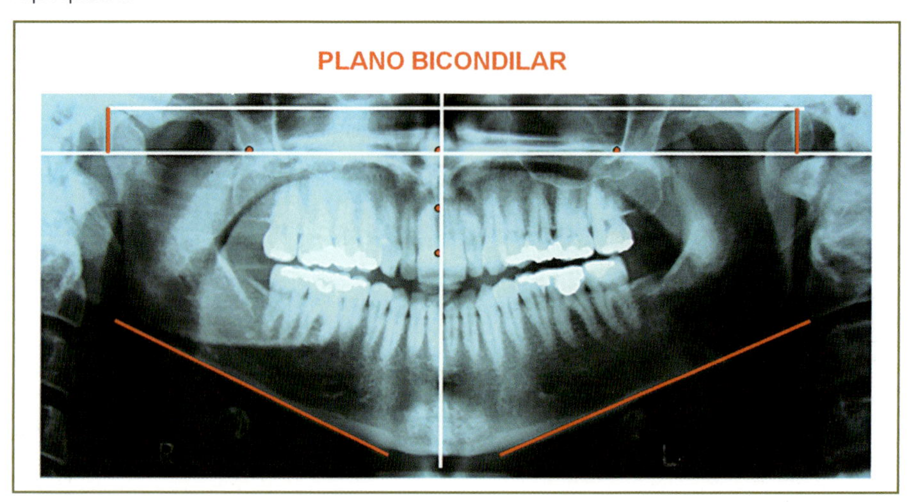

Figura 16.13: Plano bicondilar: União dos bordos superiores dos côndilos. Compara-se ao plano palatino.

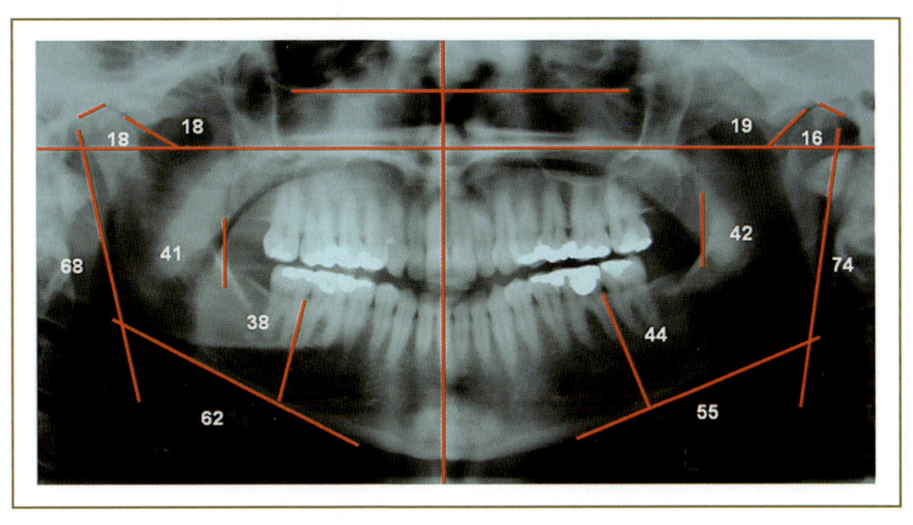

Figura 16.14: Traçado de simetria de panorâmica completo com suas medidas bilaterais.

Direito		Esquerdo	
Alt Co	18	**Alt Co**	**19**
Alt Ro	68	Alt Ro	74
Lg Co	**18**	Lg Co	16
Lg Ro	41	Lg Ro	42
Cp Cpo	**62**	Cp Cpo	55
Alt Cpo	38	**Alt Cpo**	**44**
Ê	33	**Ê**	**43**
Lado de não trabalho		**Lado de trabalho**	

Figura 16.15: Tabela das medidas feitas na radiografia panorâmica comparando as do lado direito com as do lado esquerdo. As diferenças estão entre: largura do côndilo (Lg Co), comprimento do corpo (Cp Cpo) e ângulo da eminência (Ê). O lado esquerdo é o lado de trabalho visto clinicamente.

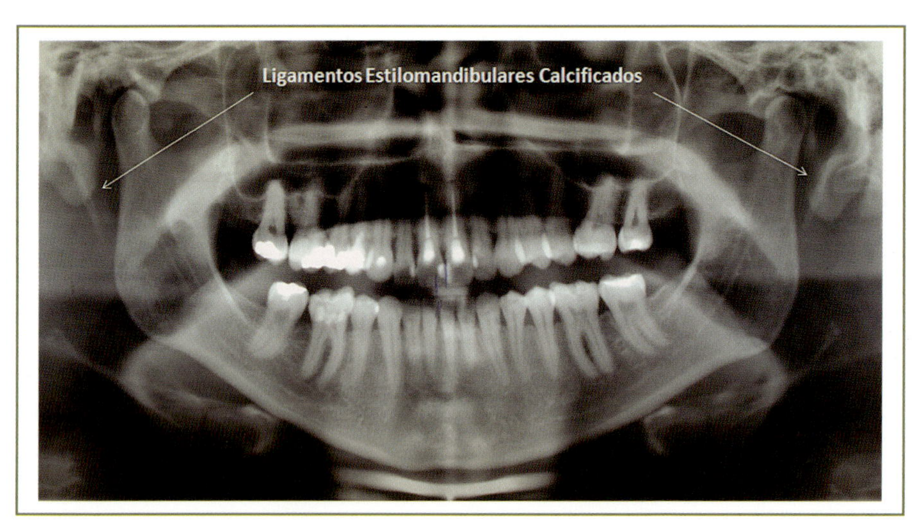

Figura 16.16: Radiografia Panorâmica:
Ligamentos Estilomandibulares Calcificados.

A face para ser considerada em estado de assimetria avançada precisa apresentar pelo menos quatro medidas da análise de simetria de panorâmica alteradas.

No RX panorâmico podem-se identificar os ligamentos estilomandibulares. Eles só aparecem quando estão calcificados e ficam radiopacos.

O estudo de simetria na radiografia panorâmica deve ser feito com ressalvas e sempre vinculado com o exame clínico funcional, com o diagnóstico sintomatológico de Planas com: ficha gnatostática, calcográfica e os modelos gnatostáticos.

Referências

1. CARVALHO, A. A. F. Avaliação da simetria da imagem do ramo da mandíbula em radiografias panorâmicas. *Pesqui. Odontol. Bras.*, v. 14, n. 3, p. 248-255, jul./set. 2000.

2. CAVALCANTI, M. G. P.; ARITA, E. S.; VAROLI, O. J. et al. Estudo radiográfico comparativo de grandezas lineares maxilo-mandibulares por meio de elipsopantomografias e telerradiografias frontais em leucodermas e descendentes de japoneses. *Rev. Odontol. Univ.* São Paulo., v. 7, p. 115-119, 1993.

3. HANS, M. G.; ENLOW, D. H.; NOACHTAR, R. Age-related in mandibular ramus growth: a histologic study. *Angle Orthod.*, v. 65, p. 335-340, 1995.

4. LARHEIM, T. A.; SVANAES, D. B. Reproducibility of rotational panoramic radiography: mandibular linear dimensions and angles. *Am. J. Orthod. Dentofac. Orthop.*, v. 90, p. 45-51, 1986.

5. LIN, Y. F.; ONO, V.; ONO, H. A study on a method to identify the border between mandibular corpus and ramus on lateral cephalometric radiograph. *Bull Tokyo Med. Dent. Univ.*, v. 39, p. 1-7, 1992.

6. MADEIRA, M. C. *Anatomia da face.* 2ª ed. São Paulo: Sarvier, 1997. 176 p.

7. MELNIK, A. K. A cephalometric study of mandibular asymmetry in a longitudinally followed sample of growing children. *Am. J. Orthod. Dentofac. Orthop.*, v. 101, p. 355-366, 1992.

8. PANELLA, J.; FREITAS, A.; VAROLI, O. J. *et al.* Contribuição para o estudo do dimorfismo sexual através da análise de medidas lineares da mandíbula, obtidas em pantomogramas de elipsopantomografias. *Rev. Odontol. Univ.* São Paulo, v. 2, p. 92-96, 1988.

9. ROWSE, C. W. Notes on interpretation of the orthopanto – mogram. *Brit. Dent. J.*, v. 130, p. 425-434, 1971.

10. SIMÕES, W. A. *Ortopedia funcional dos maxilares. Através da Reabilitação Neuro-oclusal.* 3ª ed. São Paulo: Artes Médicas, 2003.

11. TURP, J. C.; VACH, W.; HARBICH, K. W. *et al.* Determining mandibular condyle and ramus height with the help of an orthopantomogram a valid method? *J Oral Rehabilitation.*, v. 23, p. 395-400, 1996.

12. URSI, W. J. S. Crescimento e alterações nas relações mandibulares dos 6 aos 8 anos de idade. *Ortodontia.*, v. 29, p. 4-12, 1996.

13. VAROLI, O. J.; FREITAS, A.; SILVA, M. Estudo radiográfico dos incrementos ósseos mandíbulo-faciais em quinquênios, de pacientes leucodermas, através de elipsopantomografias. *Rev. Odontol. Univ.* São Paulo, v. 2, p. 25-31, 1988.

14. VAROLI, O. J.; FREITAS, A. Estudo radiográfico do dimorfismo sexual em leucodermas nas elipsopantomografias, por meio de avaliações lineares dos incrementos ósseos faciais. *Rev. Odontol. Univ.* São Paulo, v. 5, p. 84-89, 1991.

15. WOO, T. L. On the asymmetry of human skull. *Biometrika.*, v. 22, p. 324-352, 1931 apud *Am. J .Orthod. Dento-fac. Orthop.*, v. 101, p. 355-366, 199

Capítulo 17

REABILITAÇÃO NEURO-OCLUSAL – RNO

"A ciência é dinâmica, o que parece verdadeiro hoje pode não ser amanhã."

Dr. Planas e Dra. Sperandéo.

Por mais de 50 anos Dr. Pedro Planas estudou, observou e tratou clinicamente inúmeros casos de distúrbios do SECN. Escreveu as leis biológicas de desenvolvimento de acordo com a mastigação, estabeleceu métodos próprios para diagnosticar e tratar os distintos desequilíbrios morfológicos e funcionais do SECN. Planas designou seus conceitos de "Reabilitação Neuro-Oclusal" – RNO. Deixou para a Ciência Odontológica um importante e rico legado, hoje confirmado por outras ciências como a Neurofisiologia, Biologia Funcional e Molecular, Fisioterapia etc. O ponto primordial da RNO é de fazer uma Reabilitação do Sistema Neuro-Oclusal que se encontra doente morfológica e/ou funcionalmente. Para isso, lança mão de aparelhos que fazem estimulação neural adequada nas distintas partes que compõem o SECN. São aparelhos que atuam por presença, ou seja, uma vez inseridos no contexto bucal estimulam os receptores neurais sensoriais deste meio. Os receptores sensoriais ativados pelos componentes dos aparelhos disparam novos circuitos neurais sensoriais. Estes são transportados por nervos específicos para o córtex sensorial, onde são codificados, interpretados e integrados. Em seguida, o córtex motor envia novas respostas para o local onde ocorreu o estímulo sensorial. Essas respostas podem ser de remodelamento e/ou crescimento ósseo e remodelamento neuromuscular, as quais irão corrigindo a forma, as funções e consequentemente a estética da boca. Com a ação intermitente desses aparelhos, o sistema é estimulado sem sofrer fadiga ou excesso de estímulo. Esses aparelhos são inertes, ou seja, não possuem força própria. Eles são colocados em marcha pela ação neuromuscular da boca, ou melhor, pela dinâmica mandibular. Por atuarem em região rica em terminações neurais devem estimular de forma sensível e sutil, sem causar pressão ou dor nos dentes, gengivas e ATMs. Ao contrário, eles devem sanar os desconfortos e dores orofaciais. Por isso, o seu manuseio é também mais complexo, exigindo do profissional que atua na área conhecimentos em Neurofisiologia, Oclusão, Fisioterapia Bucal, além dos refinamentos da própria técnica. Os aparelhos de Planas proporcionam aos elementos neurais da boca um aumento ou diminuição de atividade, excitando ou inibindo as suas diferentes regiões de acordo com a necessidade. Para isso faz mudança de postura da mandíbula no sentido anteroposterior e vertical deixando-a livre de interferências dentais, possibilitando sua movimentação espontânea, ampla e dinamicamente. Atua então nas estruturas das ATMs e nas bases ósseas. Pode também fazer a mudança de postura da mandíbula de forma assistida, a qual é definida durante a construção do aparelho. A RNO está extensivamente incorporada à Ortopedia Funcional dos Maxilares, pois ambas cuidam dos mesmos alvos e apresentam os mesmos objetivos, além de serem ferramentas que atuam de formas semelhantes tanto no SNC como no SECN. Assim como as outras TOFs, os aparelhos de Planas não se apoiam em dentes deixando-os livres, pois são locais-alvo de respostas às estimulações neurais que estão acontecendo pela presença deles. O SECN protagoniza várias funções: sucção, mastigação, deglutição, fonação, mímica e co-protagoniza outras como respiração e digestão. Além disso, é um sistema que recebe influências do estado psíquico-emocional do indivíduo. Apertamento e bruxismo são situações fortemente vinculadas a isso. Esse sistema quando desequilibrado pode comprometer a eficácia dessas funções. Os seus elementos constituintes primordiais, os dentes, apresentam importância relevante não só para o sistema bucal, como também para o próprio SNC, pois estariam envolvidos na manutenção das memórias de longo prazo. Manter a integridade de seus elementos constituintes e em função equilibrada se torna fundamental para o equilíbrio do indivíduo como um Ser único. Os dentes devem ser mantidos pelo maior tempo possível em suas posições adequadas. Com as novas pesquisas de materiais biologicamente compatíveis, como os utilizados pela Implantodontia, muito tem ajudado na busca desse equilíbrio. Assim como as novas técnicas da Biologia Funcional e Molecular e da Genética no sentido de criar em laboratório dentes humanos naturais e íntegros para serem utilizados na substituição de elementos perdidos. Em qualquer idade o indivíduo pode perder o equilíbrio do SECN, desde a 1ª infância (0-6 anos), na fase de desenvolvimento da dentição permanente (7aos 14 anos), na fase adulta (15 aos 25-35 anos) ou mesmo na fase adulta madura (a partir dos 40 anos). Independente da idade as TOFs são muito bem aplicadas com excelentes resultados. Por isso, devem ser empregadas não somente em crianças em fase de desenvolvimento, mas também em adultos jovens, em idades mais maduras ou em idades mais avançadas, sempre que necessitem recuperar o equilíbrio funcional, morfológico e estético do SECN. No entanto, é claramente entendido que se houver desequilíbrio desse sistema nas fases precoces de desenvolvimento (já na primeira infância – do nascimento aos seis anos) é necessário intervir para que o equilíbrio do sistema seja rapidamente recuperado. O paciente é tratado quando apresenta a doença, ou seja, não importa a idade, mas sim a presença da doença. O mesmo é válido para o adulto maduro que passa a apresentar desequilíbrio do SECN em fase tardia. O momento do tratamento é quando aparece o distúrbio. A grande plasticidade do SECN aliada à alta plasticidade do SNC permite a realização de tratamentos em indivíduo em qualquer idade desde que se utilize corretamente a técnica mais apropriada para cada caso.

Princípios neurofisiológicos que dão embasamento à OFM

Os comportamentos do Ser são resultados da interação entre os genes e o meio ambiente, assim como também os comportamentos bucais. Nos humanos, os mecanismos mais importantes pelos quais o ambiente altera o comportamento são o aprendizado e a memória, que são processados no SNC. O aprendizado é o processo pelo qual se adquire conhecimentos sobre o mundo. A memória é o processo pelo qual os conhecimentos são codificados, armazenados e mais tarde recuperados. Durante toda a vida se adquire novas memórias, o que caracteriza a alta plasticidade do SNC. Desde o nascimento, o homem aprende constantemente novas habilidades motoras que o permitem controlar o ambiente. Os mamíferos (como o humano) ao nascerem apresentam um comportamento fisiológico inato de sugar, ordenhar o seio materno. Até mesmo antes do nascimento apresentam esse comportamento. Adicionada à função de ordenha têm-se as funções de deglutir e respirar. Esses comportamentos estimulam receptores sensoriais e motores locais conduzindo gradualmente, o SNC e o SECN, a um estado de maior maturação. Com o crescimento, novos alimentos são exigidos pelo organismo, alimentos pastosos e posteriormente mais duros que exigem agora novo aprendizado funcional. Inicia-se o processo de aprendizagem da função mastigatória. Quando o bebê é alimentado pela amamentação natural a via neural está preparada para o subsequente aprendizado mastigatório. Assim, esses estímulos benéficos (amamentação natural e o uso de alimentos mais sólidos e secos) possibilitam a aquisição da função primordial do SECN: mastigação alternada bilateral, com movimentos laterais e protrusivos, mais laterais que protrusivos. Porém, se a amamentação for artificial, outras vias neurais estarão envolvidas, diferentemente daquelas formadas pela amamentação natural. Então, nem todos os aprendizados são benéficos. Os aprendizados quando nocivos podem produzir comportamentos disfuncionais, os quais levam a desordens fisiológicas. Pelo uso, ou pelo treinamento neuromuscular durante a mastigação, o SECN vai adquirindo melhor desempenho, pois concomitantemente vai acontecendo a maturação do SNC. Portanto, a maturação de ambos, SNC e SECN, depende de estímulos do contexto que leva ao aprendizado contextual adequado. Aproximadamente aos 4-5 anos a criança poderá desempenhar melhor a função mastigatória, porque já transcorreu um tempo de treinamento necessário para a aquisição e consolidação de memórias contextuais bucais relativas à sua forma e função.

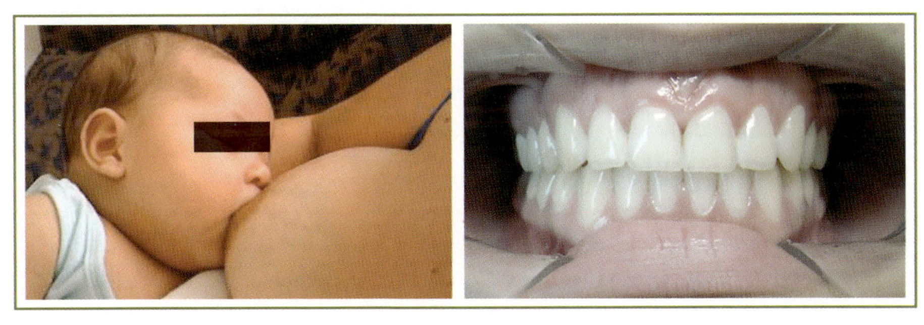

Figura 17.1: A interação entre os genes (DNA) e as informações adequadas do meio ambiente que chegam até o contexto bucal (amamentação natural e posterior uso de alimentos duros e secos) gera comportamentos bucais equilibrados, pois ocorre o aprendizado e este é convertido em memórias funcionais e morfológicas equilibradas.

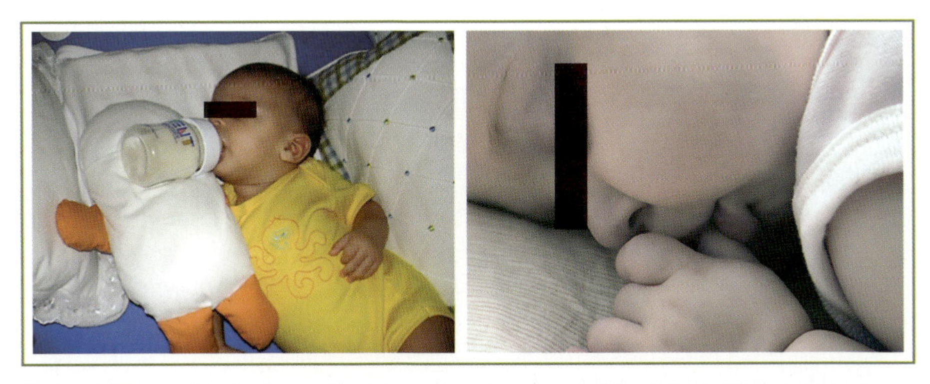

Figura 17.2: As influências ambientais nocivas (amamentação artificial, hábitos nocivos) que chegam ao contexto bucal geram aprendizados nocivos formando memórias relativas a esse aprendizado, que levam ao desequilíbrio do SECN.

A ferramenta criada por Planas para levar o SECN de volta ao equilíbrio é a das mais eficientes no sentido de introduzir nele um novo aprendizado, mais fisiológico, o qual possa ser incorporado ao SNC formando memórias espaciais, contextuais mais próximas da neurofisiologia do sistema. Das técnicas ortopédicas existentes até o momento, pode-se dizer que as da RNO são as que devolvem estímulos fisiológicos à mandíbula de maior intensidade. A aparatologia Planas devolve à mandíbula liberdade de movimentos laterais amplos, protrusivos ou retrusivos, deixando-a livre de interferências nocivas. Faz um excelente trabalho nas ATMs alteradas, pois têm a capacidade de acalmar os conflitos neuromusculares de forma rápida. Alivia as dores geradas pela disfunção, além de promover o remodelamento das superfícies ósseas articulares modificando suas morfologias anteriormente patológicas. Assim, forma e função vão conjuntamente se desenvolvendo, e criando condições para o SNC adquirir e consolidar as novas memórias de longo prazo referentes ao contexto bucal.

Classificação dos aparelhos de Planas

- ➔ **Pistas Indiretas Planas Simples (PIPS):**
  - ↘ Para Classe I, Classe II e Classe III.
- ➔ **Pistas Indiretas Planas Compostas (PIPC):**
  - ↘ Podem ser: sem Equiplan ou com Equiplan.
- ➔ **Estabilizadores Planas.**

Pistas Indiretas Planas Simples (PIPS)

Os aparelhos PIPS são sempre duplos: superior e inferior. O princípio fundamental desses aparelhos é liberar a mandíbula de qualquer interferência dentária de modo que por si só possa buscar uma postura nova que seja mais adequada a ela. A mudança de postura da mandíbula, portanto, é livre, solta, não imposta por arcos ou por qualquer elemento dos aparelhos. Com isso, permite que a mandíbula realize seus movimentos de lateralidade de forma ampla, sem travamentos. Tanto os dentes como as ATMs ficam liberados, destravados, trabalhando de forma nova. Esses novos estímulos no contexto bucal são conduzidos ao SNC onde são integrados, coordenados e organizados em respostas de crescimento e remodelamento ósseo que são enviadas de volta ao meio bucal. Gradualmente vão se formando no SNC as novas memórias comportamentais concernentes ao SECN. Os aparelhos PIPS são muito bem indicados em todos os casos em que a mandíbula não funcione bem, que esteja com dificuldade de realizar os movimentos de lateralidade funcionais. Além disso, são ótimos na finalização de tratamentos de má oclusão realizados com qualquer técnica ortopédica ou ortodôntica para o ajuste mais fino do sistema.

Componentes do aparelho superior

- Pistas de resina acrílica;
- Expansor mediano e ou expansor unilateral com o gancho de arrasto;
- Estabilizadores;
- Apoios em caninos;
- Arco vestibular de Hawley, Arco de Hawley modificado ou Arco de Bimler;
- **Acessórios:** molas em S e Ff; alça recuperadora de circuito neural; acessórios I3 e I5 de Bimler (estes acessórios podem também ser usados no aparelho inferior);
- Resina acrílica que recobre o palato.

Componentes do aparelho inferior

- Pistas de resina acrílica;
- Expansor mediano e/ou expansor unilateral com o gancho de arrasto;
- Apoios em caninos;
- Arco vestibular de Hawley, Arco de Hawley modificado ou Arco de Bimler;
- Apoios oclusais em molares permanentes ou em segundos molares decíduos;
- Resina acrílica que recobre a base mandibular.

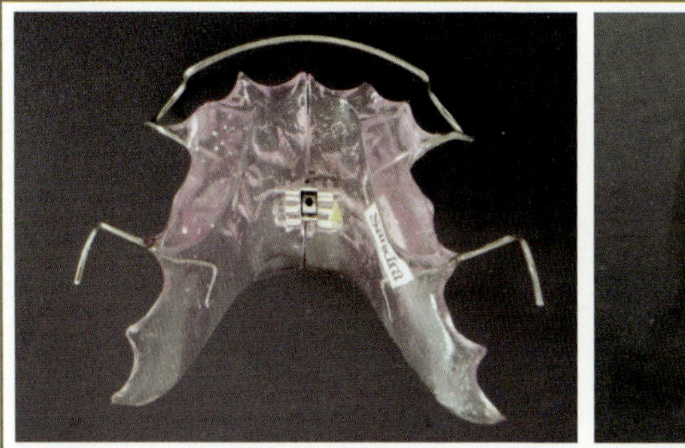
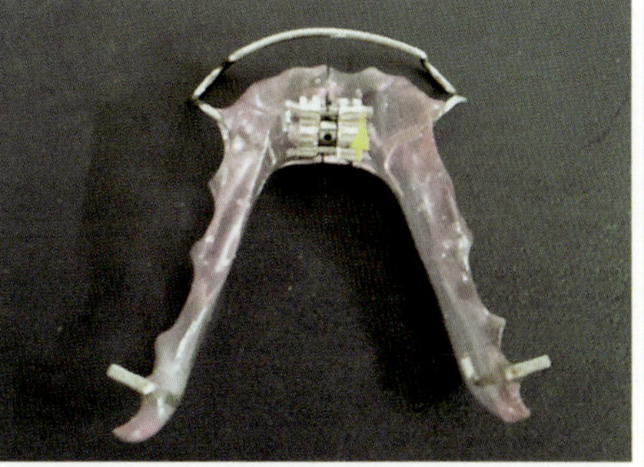

Figura 17.3: PIPS – Superior: arco vestibular de Hawley, expansor mediano, estabilizadores entre os segundos pré-molares e primeiros molares e as pistas. Inferior: apoios oclusais em primeiros molares permanentes, arco vestibular de Hawley, expansor mediano e as pistas.

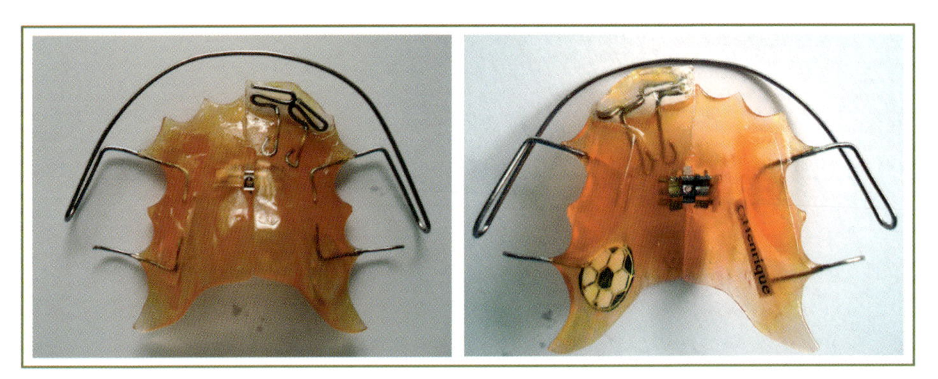

Figura 17.4: PIPS I Superior evidenciando as molas em S que irão atuar nos elementos 11 e 12 (vista interna). O mesmo aparelho em uma vista externa. A resina recobre as molas em S.

Inclinação do plano oclusal em relação ao plano de Camper

O plano de Camper (PC) é formado pela união de tragus com a asa do nariz. Na Classe I o plano oclusal (PO) fica paralelo ao PC. Assim, a mínima dimensão vertical (MDV) é a mesma, tanto na região posterior como a anterior do arco. Na Classe II o PO forma um ângulo com o PC fechando atrás, ou seja, a MDV na Classe II fica na região posterior, na região de molares. A distância vertical entre PC e o PO na região de molares é reduzida, os molares ficam mais próximos do PC do que a região anterior. Já na Classe III essa relação se dá de forma contrária, ou melhor, o PO forma ângulo fechando na frente com o PC, portanto, a região de incisivos fica mais próxima do PC que a região de molares, ou seja, MDV fica na região anterior.

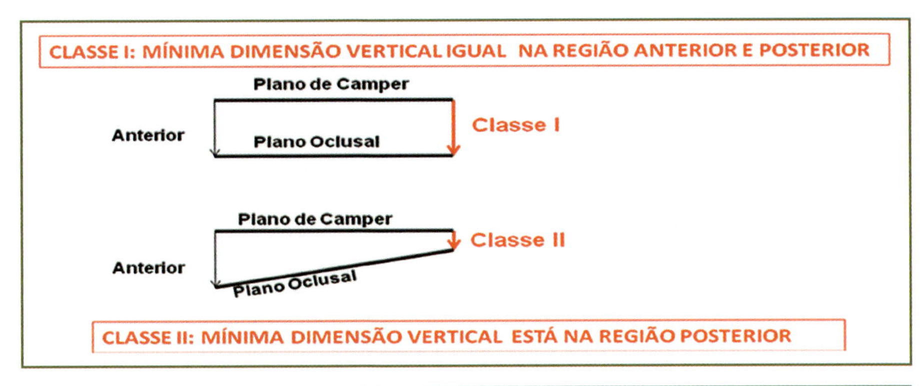

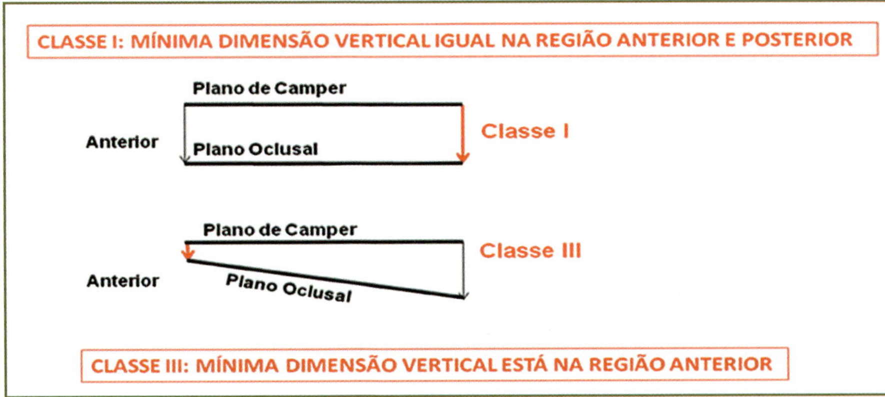

Figura 17.5: Na Classe I o PO e o PC são paralelos entre si, portanto, a MDV é a mesma anterior ou posteriormente. Na Classe II o PO forma ângulo com o PC fechando atrás, portanto, a MDV está na região posterior. Já na Classe III o PO forma ângulo com o PC fechando na frente, portanto, a MDV está na região anterior.

Pistas em resina acrílica

No tratamento das maloclusões com os aparelhos de Planas, as pistas inferiores e superiores terão a inclinação adequada para fazer a mudança de postura da mandíbula. As pistas inferiores são as de referência, e as superiores serão acopladas a elas.

As inferiores são mais altas que as superiores, as primeiras devem ficar acima do plano oclusal dos dentes inferiores e as superiores no nível do plano oclusal dos dentes superiores. Porém, a altura final das pistas é dada em função do levante necessário para o deslizamento livre da mandíbula sem interferência de cúspides, portanto, é uma decisão individual para cada tratamento.

No caso de Classe I as pistas inferiores e superiores são paralelas entre si, porque a mandíbula está bem posicionada em relação à maxila e à base de crânio.

Na Classe II as pistas são inclinadas de modo a facilitar o deslocamento da mandíbula para mesial.

Para que isso ocorra, as inferiores serão mais altas na região anterior e mais baixas na posterior. As superiores mais altas atrás e mais baixas na frente. Dessa forma, inverte-se o local da MDV que antes estava na região posterior, agora passa para a região anterior.

Na Classe III, as pistas são justamente opostas da Classe II, pois o objetivo é distalizar a mandíbula e inverter a MDV para trás. As pistas inferiores são mais altas atrás e mais baixas na frente, as superiores mais altas na frente e mais baixas atrás.

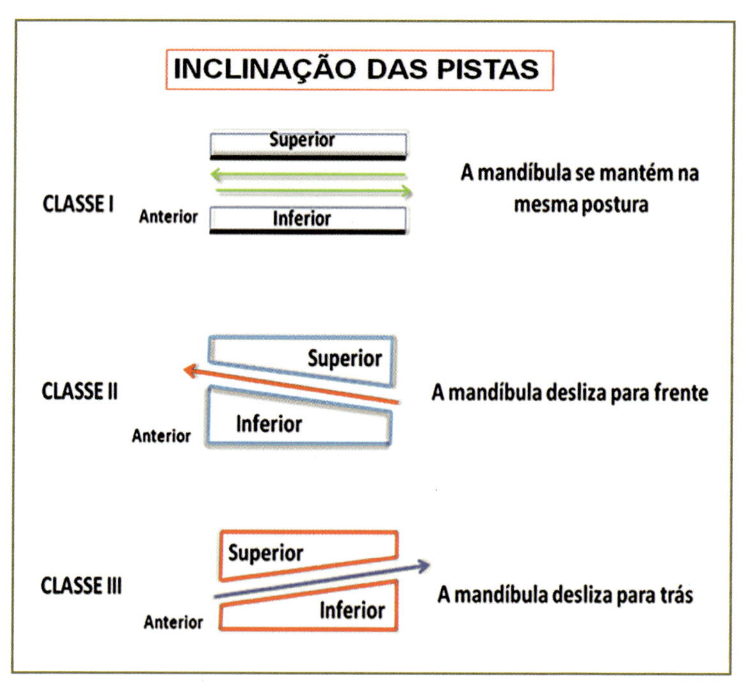

Figura 17.6: Na Classe I as pistas são paralelas entre si, na Classe II as pistas inferiores são mais altas na região anterior e mais baixas na posterior e as superiores são invertidas. Na Classe III as inferiores são mais altas atrás e mais baixas na frente, e as superiores ao contrário. As inclinações das pistas têm o objetivo de estimular a mandíbula a se posturar mais para mesial ou para distal de forma livre, espontânea, para que busque por si só uma postura mais adequada de acordo com o estímulo no sentido anteroposterior incitado pelo aparelho.

As pistas se localizam na região de pré-molares, não devem avançar nos caninos nem tampouco em molares. Se avançarem nos caninos atrapalha o deslizamento da mandíbula, podem ser um empecilho à lateralidade da mandíbula. Se excederem nos molares podem ser um aditivo à ação nociva dos apoios oclusais nos primeiros molares permanentes corroborando para a intrusão destes. Por isso, as pistas devem terminar na distal do 2º pré-molar.

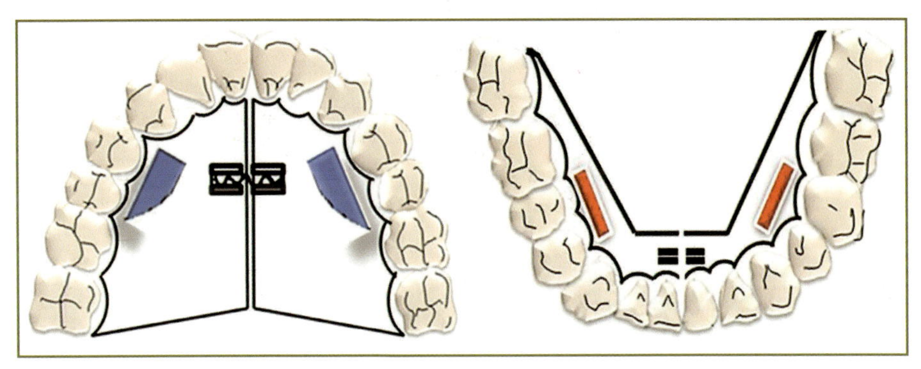

Figura 17.7: O aparelho PIPS é constituído de um superior e outro inferior que funcionam conjuntamente pelo deslizamento de suas pistas adequadamente ajustadas no sentido vertical e com as inclinações próprias para cada caso. A figura mostra o aparelho superior com o expansor mediano, e as pistas (em azul) colocadas na região de pré-molares. O aparelho inferior com expansor mediano e com as pistas (em vermelho) na região também de pré-molares para que haja uma perfeita adaptação destas.

As pistas inferiores são colocadas paralelamente e próximas aos colos dos dentes, e as superiores mais afastadas dos colos. Essa localização é bem fisiológica, pois os dentes superiores ficam mais para fora em relação aos inferiores e essa localização permite um correto acoplamento entre as pistas.

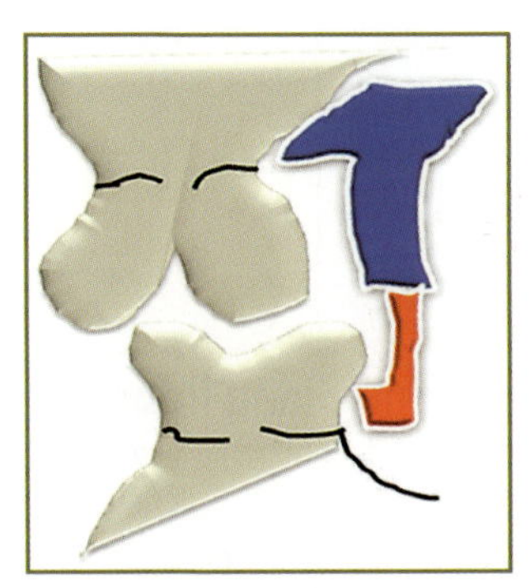

Figura 17.8: Na mordida normal, ou seja, dentes maxilares à frente dos mandibulares, a pista superior fica mais afastada dos colos dos dentes e a inferior mais encostada nos seus colos para haver uma superfície maior de deslizamento da mandíbula sobre a maxila.

As inferiores são mais estreitas que as superiores, pois são as primeiras que deslizam sobre as segundas, então, é preciso ter superfície de deslizamento suficiente para a mandíbula realizar movimentos amplos de lateralidade. As superiores têm de 3 a 4 mm e as inferiores 2 mm de largura.

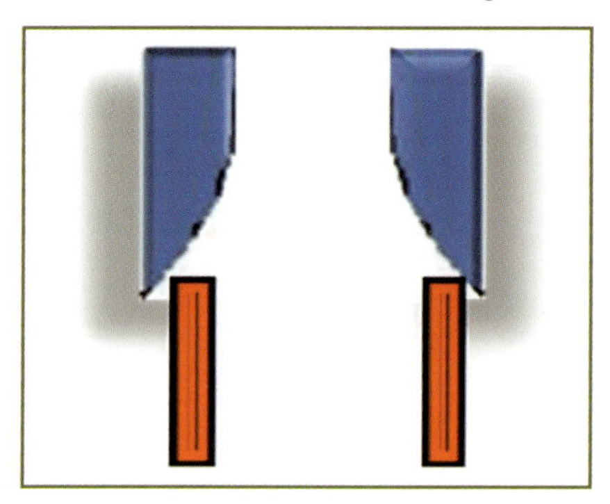

Figura 17.9: Pistas superiores (em azul) com largura de 3 a 4 mm e as inferiores mais estreitas com 2 mm. As inferiores são retangulares e as superiores, por palatino terminam em zero.

Além da inclinação no sentido anteroposterior as pistas também têm sempre uma inclinação no sentido vestíbulo-lingual (em sua largura). O plano oclusal, além da inclinação no sentido anteroposterior (curva de decolagem), apresenta também uma inclinação no sentido vestíbulo-lingual, por isso as pistas devem seguir essa inclinação. Assim, as inferiores são inclinadas de modo que sua parte mais vestibular seja mais alta que a lingual e as superiores são inclinadas inversamente para ocorrer o acoplamento.

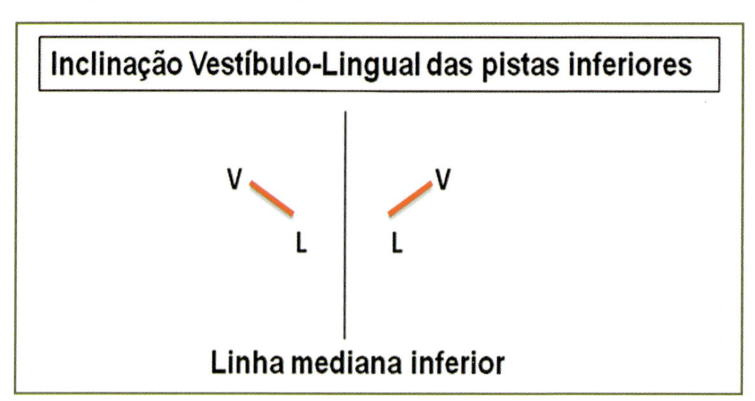

Figura 17.10: Os aparelhos PIPS para Classe I, II ou III apresentam as pistas inferiores com uma inclinação no sentido vestíbulo-lingual. Na região vestibular as pistas são ligeiramente mais altas que na lingual, pois acompanham a mesma inclinação do plano oclusal. As superiores seguem com uma inclinação invertida para fazerem o acoplamento, ou seja, na vestibular são mais baixas, e na palatina, mais altas. Essa inclinação pode mudar em situações específicas.

O plano oclusal é mais baixo na região dos pré-molares (zona de sustentação de Korkhaus). As pistas seguem, portanto, a inclinação fisiológica do plano oclusal. Essa inclinação dá às pistas um aspecto de semicírculo muito suave no sentido direito e esquerdo, quase imperceptível.

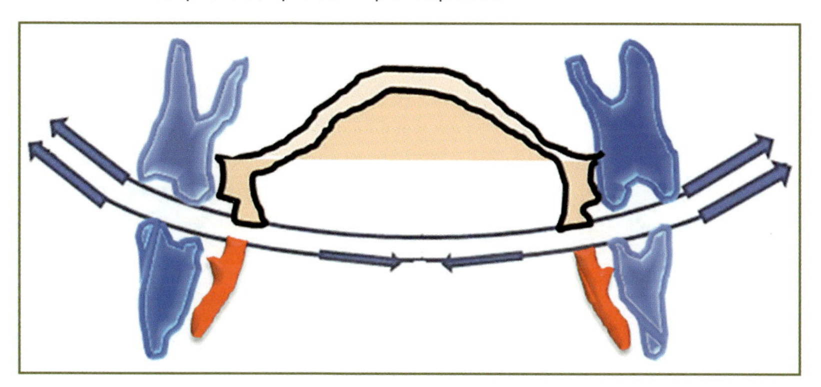

Figura 17.11: O PO além da inclinação no sentido anteroposterior (curva de decolagem) apresenta também uma inclinação muito suave no sentido vestíbulo-lingual. Por isso as pistas devem seguir essa mesma inclinação fisiológica para terem uma concordância com a fisiologia do PO.

Na mordida cruzada unilateral, a pista superior desse lado deve ser mais próxima do colo dos dentes, e a inferior, mais afastada. Da mesma maneira que a mordida está invertida, as pistas também são invertidas para funcionarem adequadamente.

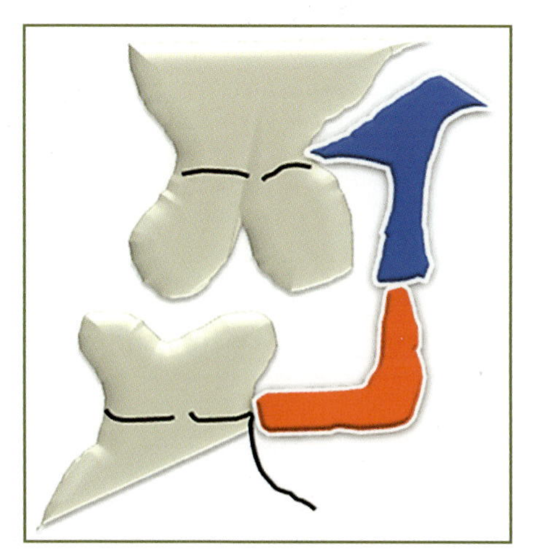

Figura 17.12: Posicionamento das pistas na mordida cruzada posterior. A pista inferior deve ser mais afastada dos colos dos dentes para se acoplar com a superior e ter superfície de deslizamento suficiente para a mandíbula. A superior então fica mais próxima do colo dos dentes. Na mordida não cruzada essa situação é contrária.

Na mordida cruzada bilateral as duas pistas superiores são mais próximas dos colos e as duas inferiores mais afastadas. A mola em S (fio 0,8 mm) é um acessório que deve ser colocado perpendicular ao colo do dente em que está atuando, pois sua função não é de inclinar o dente, mas sim de estimular a base óssea onde se encontra o elemento dentário, de modo que a unidade biológica (dente, membrana e osso) possa ser estimulada adequadamente.

Na Classe II divisão 1 o aparelho superior do PIPS II deve ganhar uma pista anterior colocada próxima dos colos dos incisivos com a finalidade de servir como apoio às incisais dos incisivos inferiores que irão escorregar sobre ela inibindo seu crescimento vertical, que nesses casos é exagerado, pois não encontram seus antagonistas durante a mastigação.

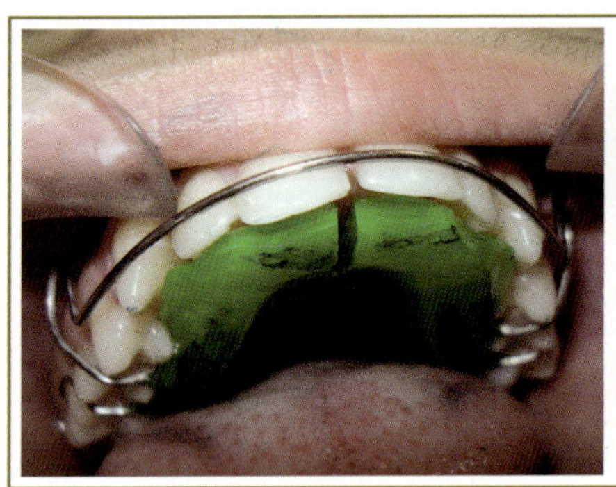

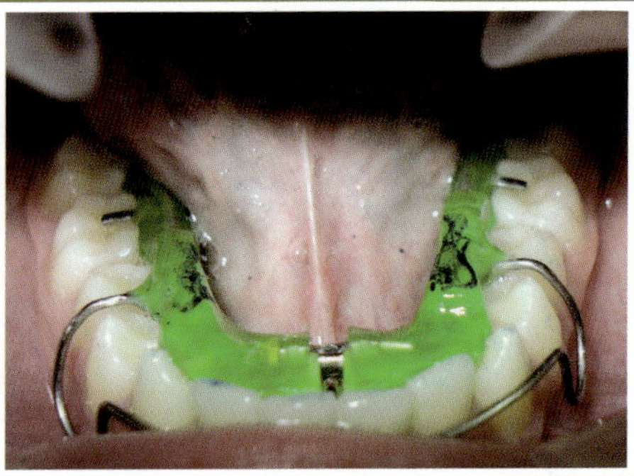

Figura 17.13: No Aparelho superior do PIPS II com pista anterior próxima ao colo dos incisivos, usado para Classe II divisão 1. Aparelho inferior do PIPS. Ambos foram ajustados e tanto as pistas laterais como a anterior estão marcadas com carbono. Arco vestibular superior e inferior de Hawley com as alças nos primeiros pré-molares. Apoios oclusais nos primeiros molares inferiores, estabilizadores superiores e expansores medianos (superior e inferior).

Expansor mediano superior e inferior

O expansor mediano superior ou inferior deve ser colocado o mais próximo possível da base óssea e centralizado na linha mediana (entre os incisivos centrais). Não pode haver nenhum desvio de colocação, pois poderia provocar estimulação de forma inadequada. O superior deve ficar na região de pré-molares.

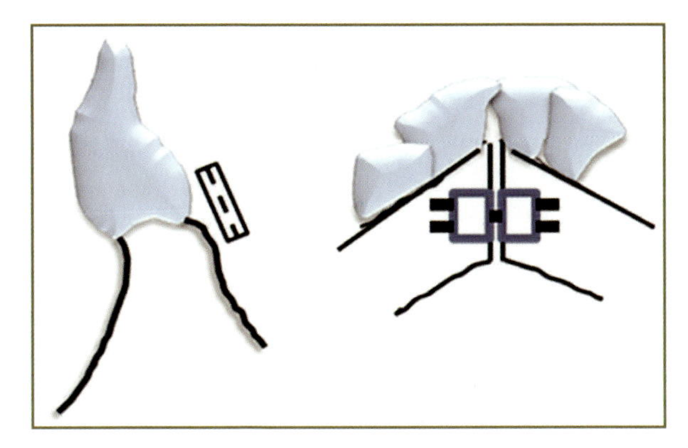

Figura 17.14: Evidencia a colocação do expansor mediano inferior bem simétrico à linha mediana e levemente afastado da base óssea para dar o estímulo necessário.

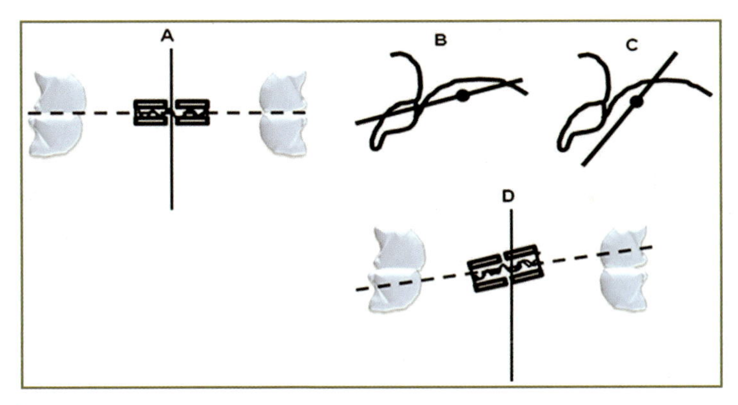

Figura 17.15: Em A: aparelho superior mostrando a colocação do expansor superior simétrico à linha mediana, na região de pré-molares. Em B: Inclinação correta do expansor superior. Em C: Relação incorreta do expansor superior. Em D: Inclinação incorreta do expansor superior, o que levaria a expansões indesejáveis.

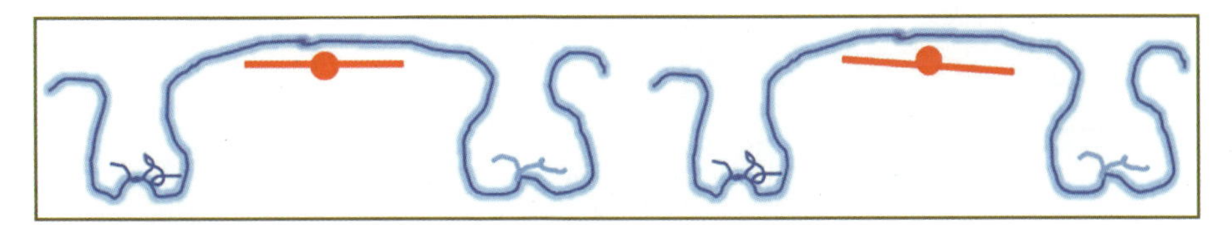

Figura 17.16: Em norma posterior mostrando o expansor superior levemente afastado do palato e bem alinhado com a rafe palatina, e o segundo desenho salienta a colocação assimétrica inconveniente.

Expansor unilateral

Além do expansor mediano, o aparelho PIPS permite também o uso dos expansores unilaterais para expansão setorizada. Por exemplo, quando há falta de espaço para canino ou pré-molar superior (1° ou 2°). O aparelho superior e o inferior além do expansor mediano podem ter também um expansor unilateral, que deve estar sempre acompanhado com o gancho de arrasto (fio 0,8 ou 0,9 mm) colocado na mesial do dente mais distal ao ausente com a falta de espaço.

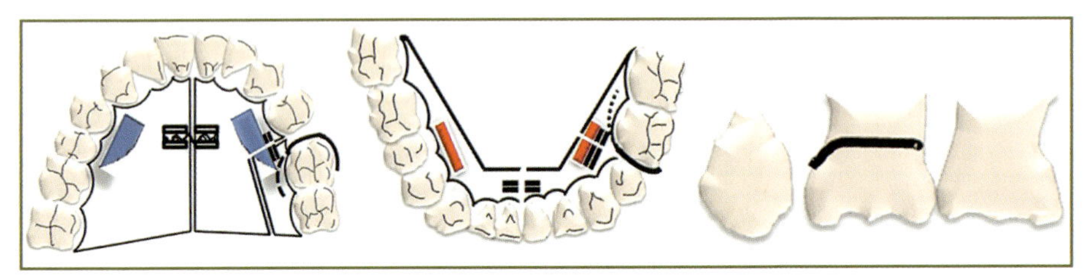

Figura 17.17: PIPS superior com gancho de arrasto na mesial do 26 e expansor unilateral para ganhar espaço para o 25. PIPS inferior com gancho de arrasto na mesial do 36, expansor unilateral para recuperar espaço para o 35. Expansores medianos: superior e inferior. Vista vestibular do gancho de arrasto.

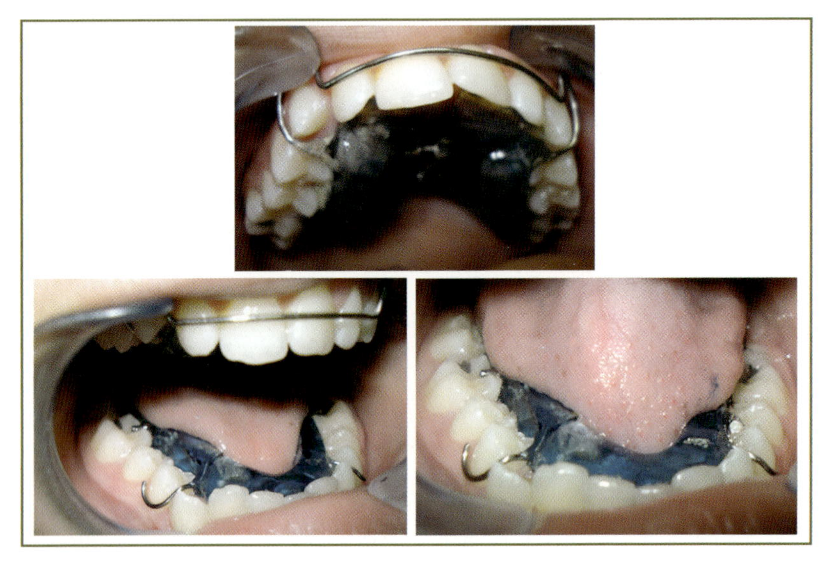

Figura 17.18: PIPS, aparelho superior com o arco vestibular de Hawley com alças nos caninos. Aparelho superior e inferior com as pistas já ajustadas dando o levante necessário para o deslizamento da mandíbula. Aparelho inferior evidenciando o corte na resina referente ao expansor unilateral com o gancho de arrasto no elemento 44 para ganhar espaço para o 43.

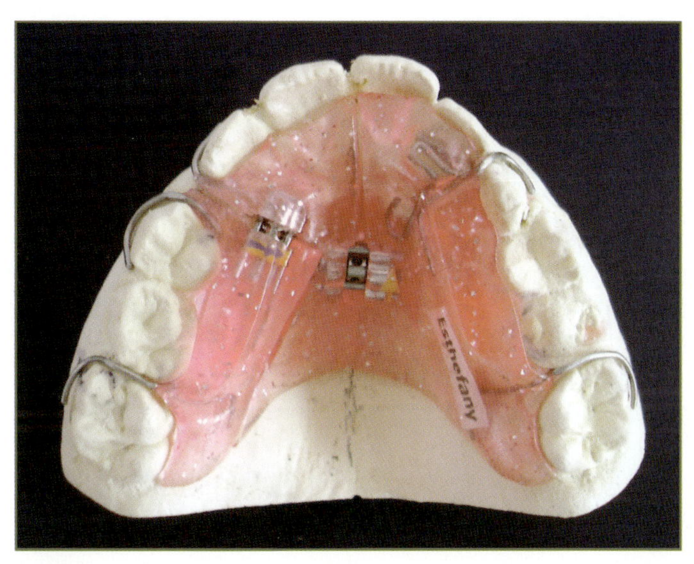

Figura 17.19: PIPS, aparelho superior com apoio na mesial de canino esquerdo, gancho de arrasto na mesial de primeiro pré-molar superior direito e expansor unilateral. Estabilizadores superiores, expansor mediano superior. O aparelho tem o corte na resina relativo ao expansor mediano, assim como o corte relativo ao expansor unilateral.

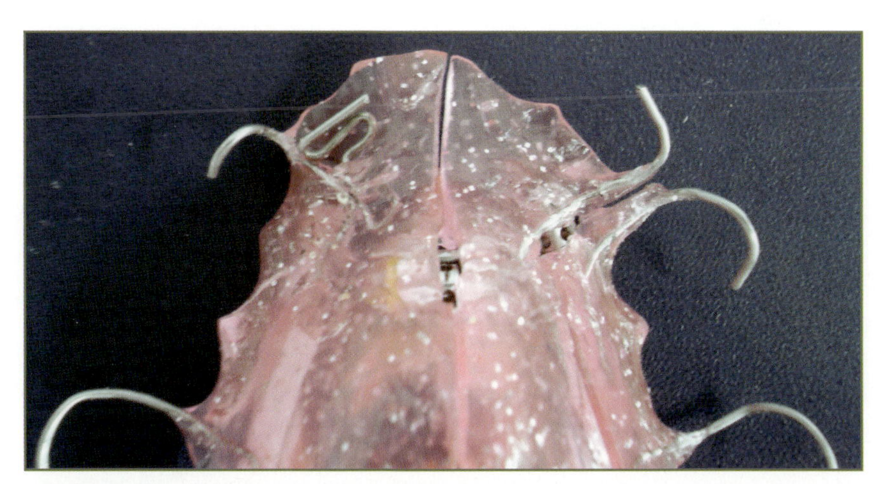

Figura 17.20: O mesmo aparelho PIPS, em uma vista interna. Região que se assenta na mucosa do palato, com o expansor unilateral e o seu corte na resina, assim como o corte para o expansor mediano. Mola em S no 22.

Estabilizadores superiores e apoios caninos

Os estabilizadores do aparelho superior são confeccionados com fio 0,7 mm e colocados entre os pré-molares ou molares decíduos e têm a função de estabilizar o aparelho durante o ajuste das pistas no momento da sua instalação na boca. Depois que o paciente se adaptou ao uso do aparelho, os estabilizadores podem ser removidos.

Os apoios caninos superiores e/ou inferiores (fio 0,8 mm) são colocados na interproximal de incisivo lateral e canino bilateralmente e serão utilizados quando se quer expandir os arcos. Estes não podem ser removidos, pois são peças fundamentais para a mudança da forma do arco e manutenção do aparelho em equilíbrio na boca.

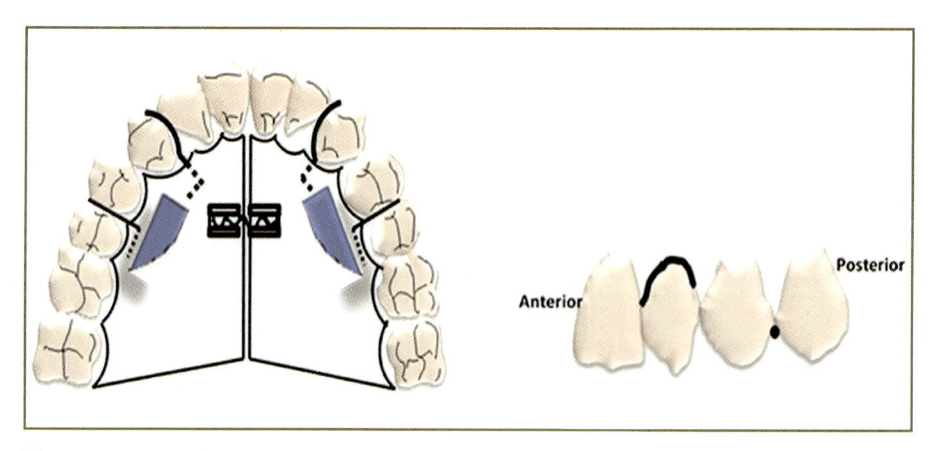

Figura 17.21: PIPS superior com apoios na mesial dos caninos direito e esquerdo. A parte do fio dos apoios caninos que entra na resina deve ser colocada paralelamente ao colo dos dentes. Estabilizadores na interproximal dos pré-molares. Expansor mediano na região de pré-molares e as pistas colocadas bilateralmente e paralelas à oclusal dos dentes. Vista vestibular do apoio canino saindo da resina por mesial, contornando a face vestibular por cervical do canino e se dirigindo para a distal deste. Vista vestibular do estabilizador entre os pré-molares superiores.

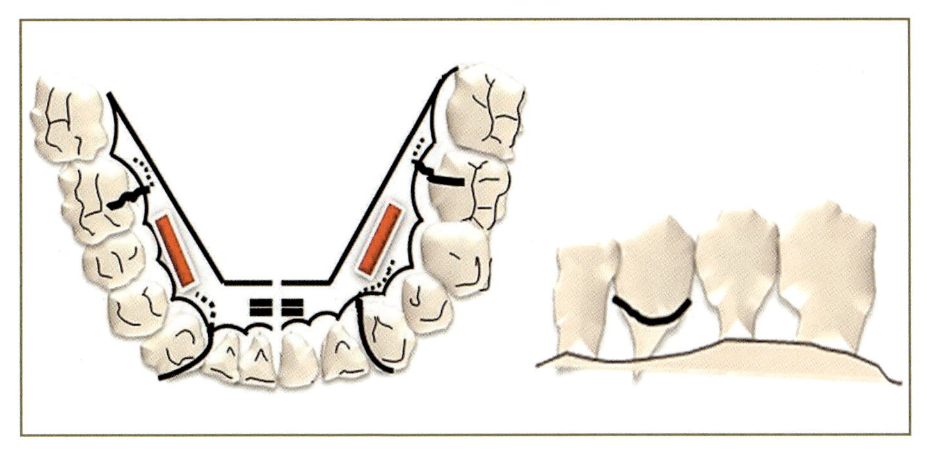

Figura 17.22: PIPS inferior com apoios na mesial dos caninos, apoios oclusais em 1os molares permanentes, expansor mediano e pistas bilaterais colocadas paralelamente às oclusais dos dentes. À direita uma visão da face vestibular dos dentes evidenciando o apoio canino com o fio saindo da resina na mesial deste, contornando-o na cervical.

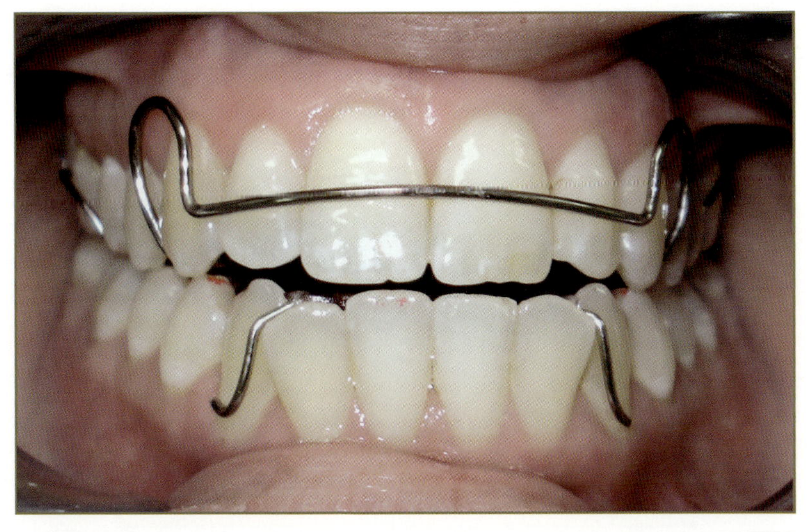

Figura 17.23: PIPS I Superior e Inferior. No inferior: apoios nas mesiais dos caninos e no superior: arco vestibular de Hawley e estabilizadores na mesial dos primeiros molares permanentes.

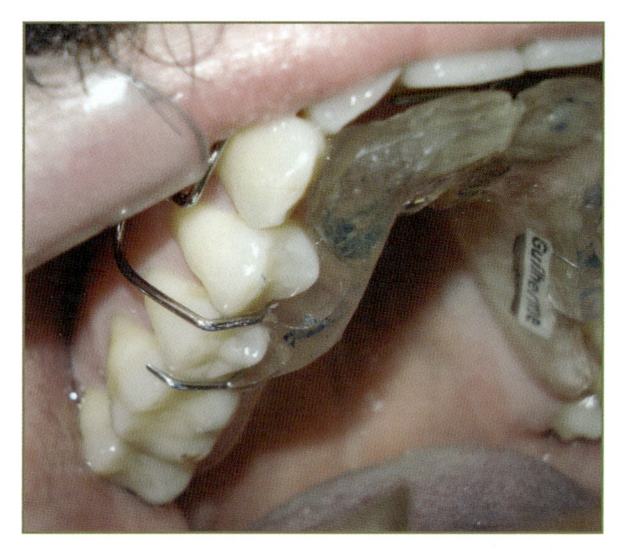

Figura 17.24: PIPS Superior evidenciando o estabilizador colocado na interproximal de segundo pré-molar e primeiro molar direitos.

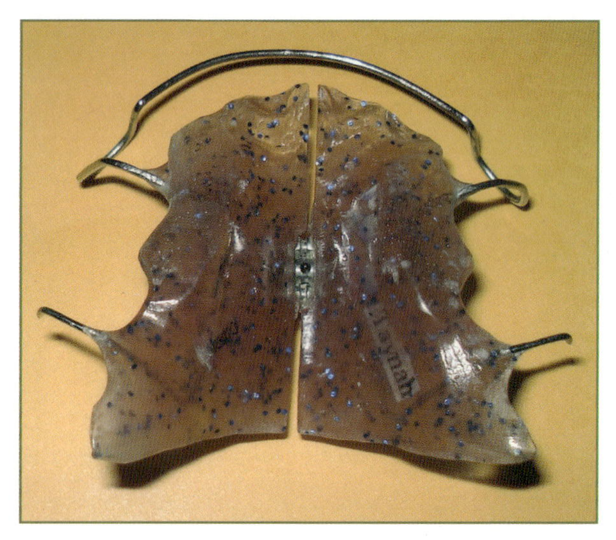

Figura 17.25: PIPS Superior evidenciando o estabilizador colocado na interproximal de segundo pré-molar e primeiro molar direito e esquerdo. Arco vestibular superior de Hawley.

Arcos vestibulares

O arco vestibular (fio 0,9 mm) é colocado no aparelho para alinhar os incisivos inferiores e/ou superiores. Coloca-se o arco vestibular no início do tratamento, quando já existe espaço suficiente para o alinhamento dos incisivos. Pode ser colocado numa fase posterior após a expansão da mandíbula e/ou maxila. Para a expansão o aparelho PIPS não tem arco vestibular, mas sim, apoios caninos. O arco vestibular de Hawley com as alças em caninos é mais indicado para alinhar os quatro incisivos inferiores e/ou superiores, com a resina ancorando bem por lingual. O arco vestibular de Hawley modificado com as alças nos primeiros pré-molares é usado quando for necessário corrigir também a posição dos caninos (caninos vestibularizados, com mesio ou distoversão). Quando se quer afastar a musculatura de bochechas pode ser usado o arco vestibular de Bimler no aparelho inferior ou no superior. Quando for colocado o arco de Bimler no superior, é melhor que no inferior se coloque o arco de Hawley.

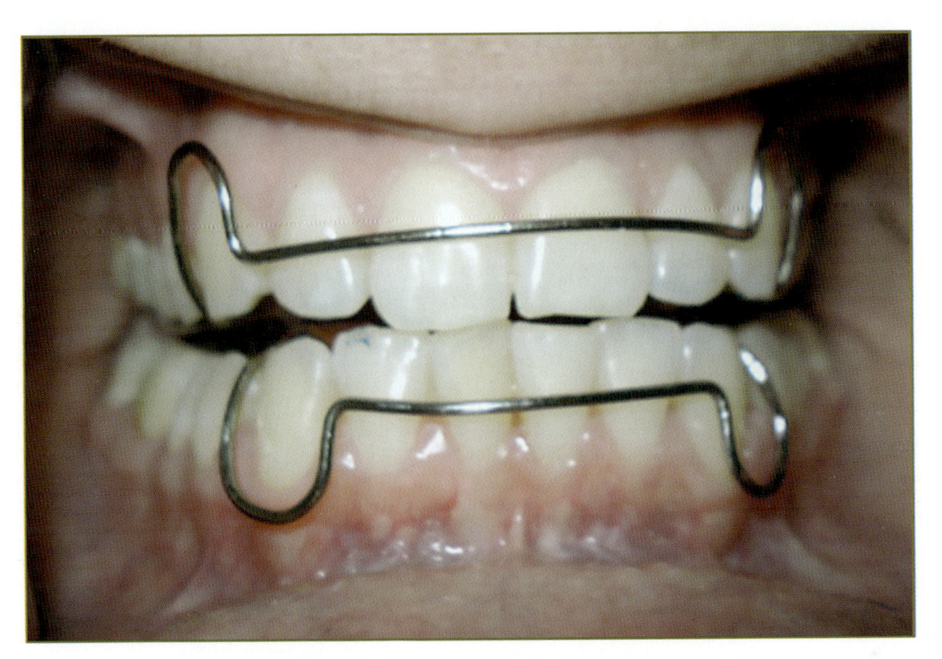

Figura 17.26: PIPS com arco vestibular de Hawley superior e inferior com alças nos caninos permanentes.

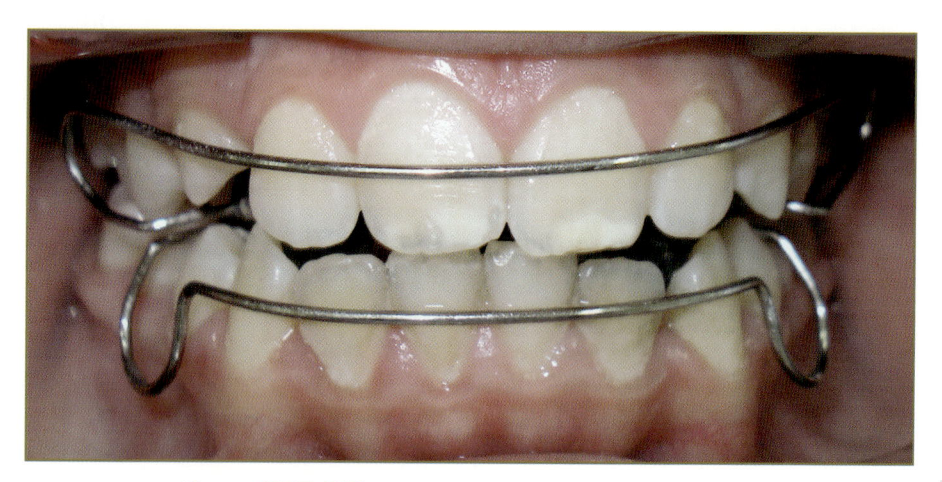

Figura 17.27: PIPS com arco vestibular superior de Bimler, e inferior de Hawley com alças nos primeiros pré-molares.

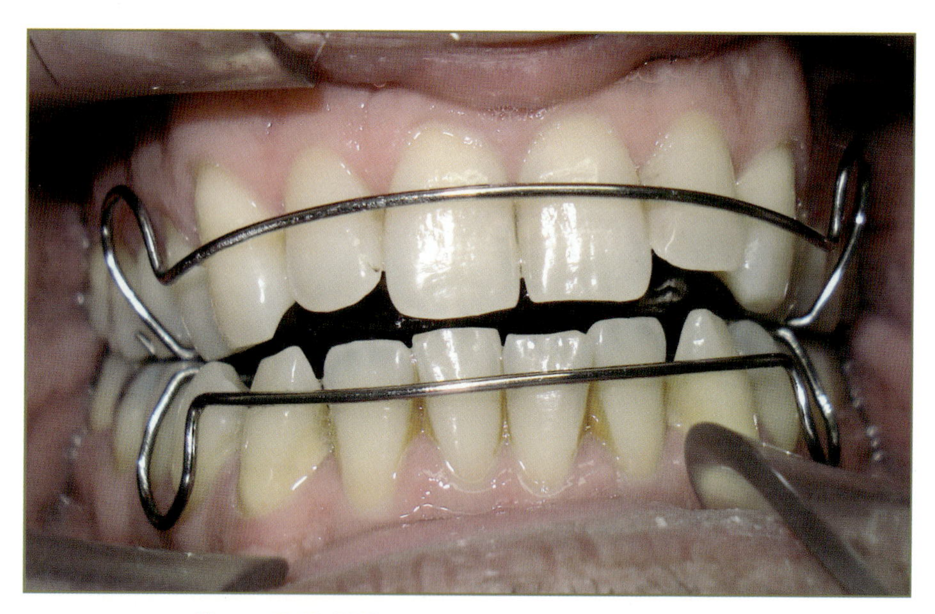

Figura 17.28: PIPS com arco vestibular superior e inferior de Hawley com alças nos primeiros pré-molares.

Acessórios

Molas em S

As molas em S são colocadas na lingual ou na palatina dos incisivos centrais e/ou laterais para alinhá-los. Para que isso ocorra, é necessária a ação do arco vestibular juntamente com as molas em S. A forma aquadradada da mandíbula é muito importante para que a mandíbula faça o movimento de lateralidade ampla durante a função mastigatória. O arco vestibular e as molas em S atuando adequadamente irão dar essa forma aos arcos dentários. A mola em S pode também ser colocada nos demais dentes como: caninos, pré-molares ou molares superiores e inferiores para corrigir desvios axiais.

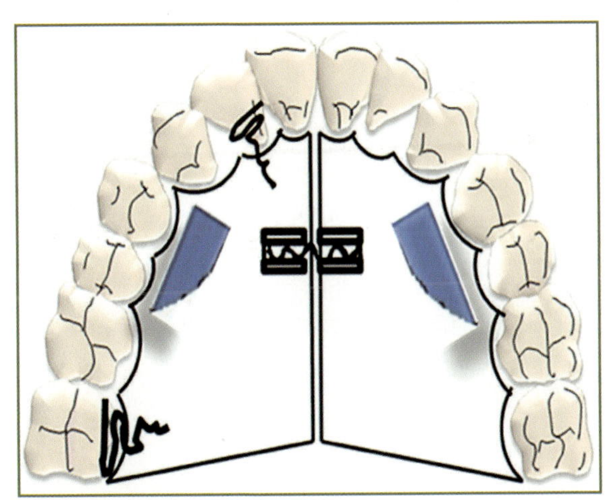

Figura 17.29: Desenho da mola em S colocada no colo dos elementos 12 e 17 de forma que fiquem perpendiculares aos seus colos para ativarem corretamente a unidade biológica.

Figura 17.30: PIPS com mola em S colocada no colo do elemento 22.

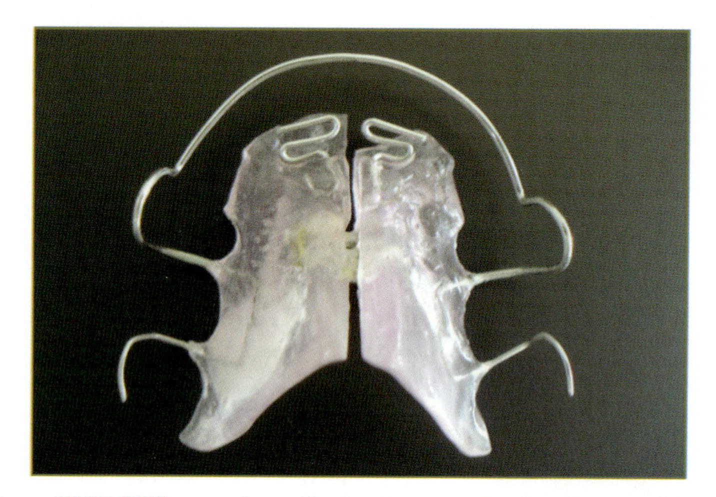

Figura 17.31: PIPS com mola em S colocadas nos colos dos elementos 11 e 21.

Alça recuperadora de circuito neural

A alça recuperadora de circuito neural é um elemento muito útil para recuperar espaço de um elemento dentário. Confeccionada com fio 0,8 mm pode ser colocada na região de laterais superiores, caninos e pré-molares superiores e inferiores. Ela tem a função de restabelecer o circuito neural dente a dente interrompido por perda precoce de decíduo. Esta alça toma o lugar do dente ausente e fica encostada nos colos dos dentes adjacentes do espaço a ser recuperado, e assim promove a estimulação das fibras transeptais (fibras que conectam as raízes dos dentes no sentido horizontal). A alça toma a forma curva do rebordo em direção vestibular.

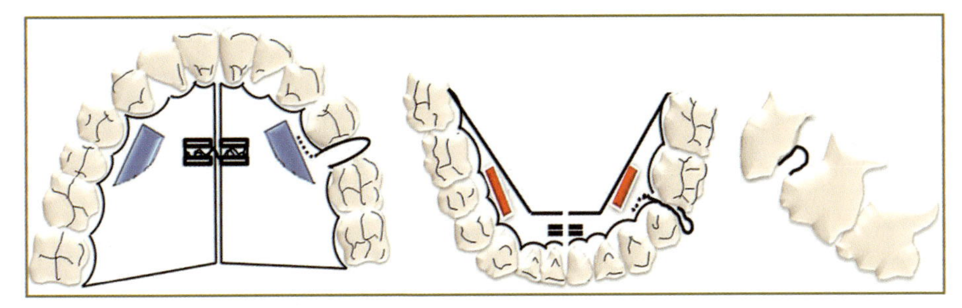

Figura 17.32: No primeiro e segundo desenhos (vista oclusal) e no terceiro (vista vestibular). Na maxila há ausência do elemento 25 e falta de espaço. Para recuperação desse espaço é utilizado um acessório chamado alça recuperadora de circuito neural, de fio 0,8 mm, que emerge da resina da distal do 24, vai para vestibular e apoia o braço livre na mesial do 26 na região do colo desses dentes. Esse acessório pode ser usado para recuperar espaço de incisivos laterais, caninos e pré-molares superiores. Na mandíbula também pode ser usado o mesmo acessório para recuperação de espaço de caninos ou pré-molares. O fio emerge da resina por distal do dente mais mesial ao dente ausente e apoia o braço livre na mesial do próximo dente. Faz a curva da alça por vestibular e abraça o rebordo alveolar do dente ausente correspondente.

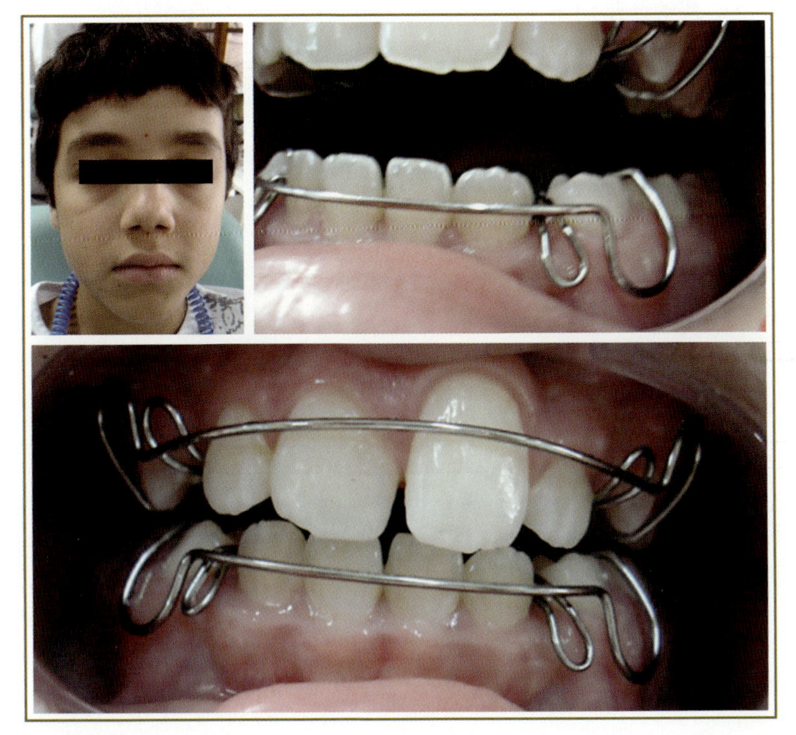

Figura 17.33: Paciente com 10 anos e falta de espaço para os elementos 13, 23, 33 e 43. No local desses elementos foram colocadas as alças recuperadoras de circuito neural para resgatar a estimulação dente a dente interrompida pela perda dos decíduos.

Acessório I5

É um acessório originalmente de Bimler, mas pode ser usado nos aparelhos de Planas, quando se tem molar permanente ou pré-molar vestibularizado. Pode ser colocado no arco superior ou inferior no aparelho de Planas. Assim, o dente vestibularizado gradualmente entra em posição no arco devido às ativações que se faz no acessório.

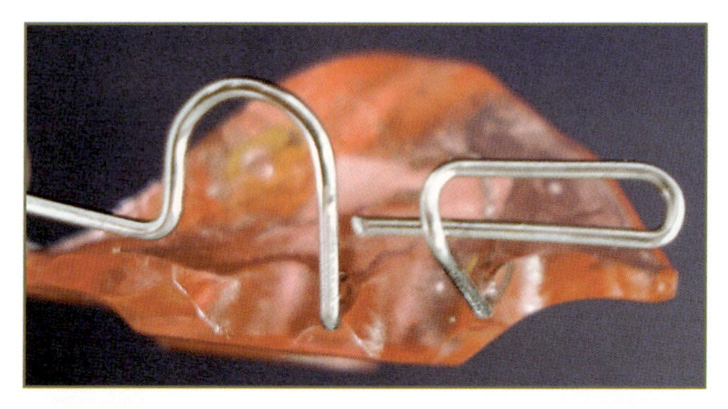

Figura 17.34: Acessório I5 colocado na vestibular do elemento 26 que está vestibularizado. É confeccionado com fio 0,8 mm.

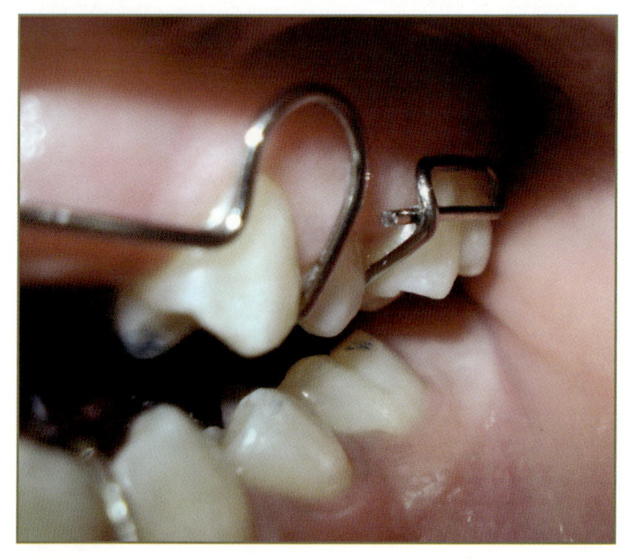

Figura 17.35: Acessório I5 colocado na vestibular, região cervical do elemento 26 que está vestibularizado, para alinhar o dente no arco.

Acessório - Molas Ff

É um acessório também criado por Bimler que pode ser usado nos aparelhos de Planas. É confeccionado com fio 0,8mm e serve para fechar diastemas entre os elementos 11 e 21, ou entre 12 e 22. Há casos em que os incisivos centrais decíduos esfoliam e junto com eles também os laterais. Isto devido a incisivos centrais bem maiores que os decíduos, formando diastemas entre os centrais permanentes. Além disso, os laterais ficam sem espaço para fazerem a erupção. As molas Ff são colocadas na palatina dos dentes na altura da cervical. Apresenta uma curvatura na distal dos dentes, que se orienta para vestibular na região cervical. Com a ativação dessas molas consegue-se o fechamento do diastema entre os incisivos centrais superiores, deixando assim espaço para os laterais.

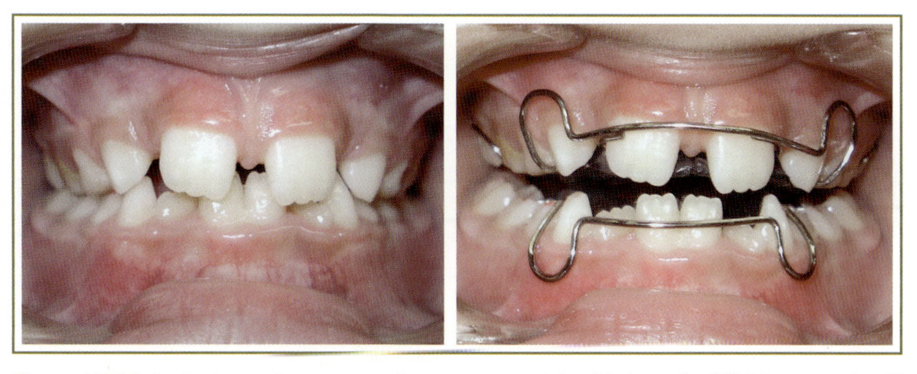

Figura 17.36: Paciente aos 8 anos com diastemas entre 11 e 21. Aparelho PIPS II, com molas Ff colocadas na cervical-palatina dos centrais permanentes para fechar o diastema entre eles. Notar que as molas se curvam na distal dos centrais e continuam por vestibular na altura das cervicais.

Aleta de resina

Quando há DLM provocado por DPM, ou até mesmo crescimento assimétrico em estágio inicial, usa-se aleta de resina colocada na palatina da pista superior no lado oposto ao desvio. Na oclusão com o aparelho inferior a aleta irá tocar na lingual da pista inferior deste lado centralizando a LM, impedindo a lateralidade da mandíbula para o lado do desvio e facilitando para o outro lado.

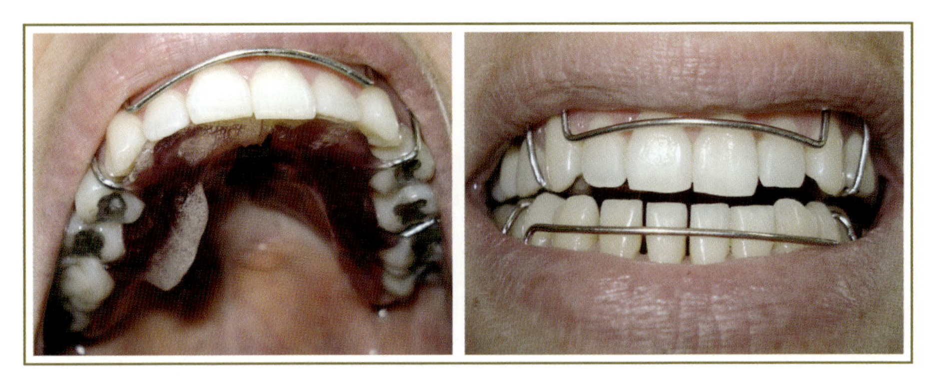

Figura 17.37: Paciente com DLM clínico para esquerda. PIPS centralizando a linha mediana. O aparelho superior com aleta na lingual da pista direita bloqueando a lateralidade esquerda da mandíbula e consequente liberação para a direita.

Apoios oclusais

Os apoios oclusais inferiores são colocados nos primeiros molares permanentes ou nos segundos molares decíduos, são confeccionados com fio meia cana 1,2 até 1,5 mm e adaptados no sulco que separa as cúspides mesio e disto linguais. Os apoios oclusais são necessários para o aparelho não afundar durante a oclusão do inferior com o superior, caso contrário causariam lesões nos tecidos moles. Porém, eles podem provocar intrusão dos dentes em que se apoiam, aspecto negativo destes. A intrusão desnivelaria o plano oclusal, o que é desapropriado ao equilíbrio da boca. Então, a correta adaptação dessas peças é fundamental para diminuir a possibilidade de ocorrer a indesejada intrusão dos dentes em que se apoiam. O comprimento dessas peças é um aspecto importante a ser observado, ou seja, não deve ultrapassar o sulco central do dente em que se encontra. Além disso, pode-se alternar os apoios oclusais, ora nos primeiros, ora nos segundos molares permanentes, quando possível, assim, essa ação não fica concentrada apenas nos primeiros molares permanentes. Outro aspecto essencial é com relação ao comprimento das pistas inferiores, que não deve ultrapassar a distal de segundos pré-molares ou segundos molares decíduos. Quando mais longas, avançando em primeiros molares permanentes, é um estímulo a mais para provocar a intrusão destes.

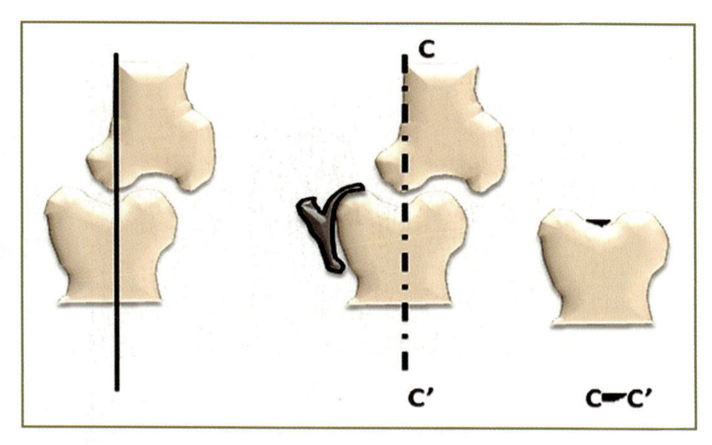

Figura 17.38: Cúspide palatina do molar superior deve ocluir no sulco central do molar inferior. Corte sagital mostrando a colocação do apoio oclusal no molar inferior. Apoio oclusal em fio meia cana com a parte curva do fio em contato com o sulco e a parte reta voltada para o meio bucal.

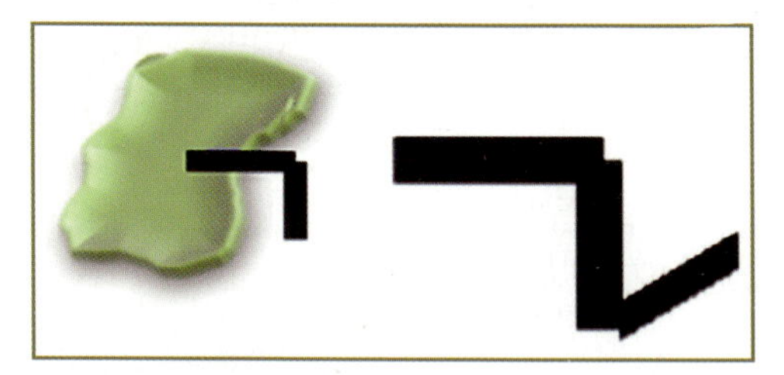

Figura 17.39: Molar permanente inferior com o apoio oclusal (fio meia cana de 1,2 a 1,5 mm). Observe o comprimento do fio na oclusal do dente que deve terminar antes do sulco central deste. É importante que as três dobras do apoio sejam em ângulo reto.

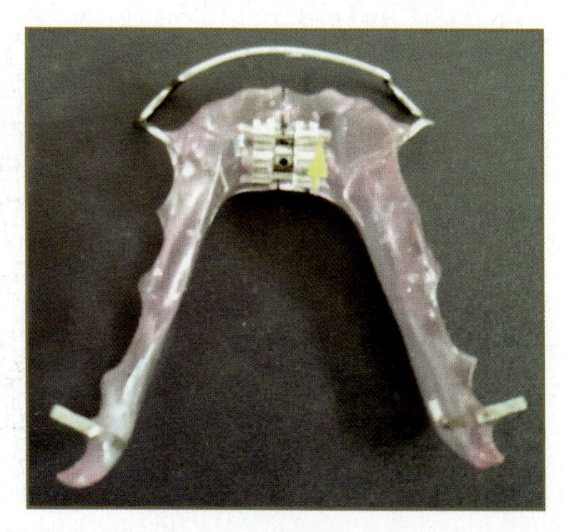

Figura 17.40: Apoios oclusais nos primeiros molares permanentes inferiores.

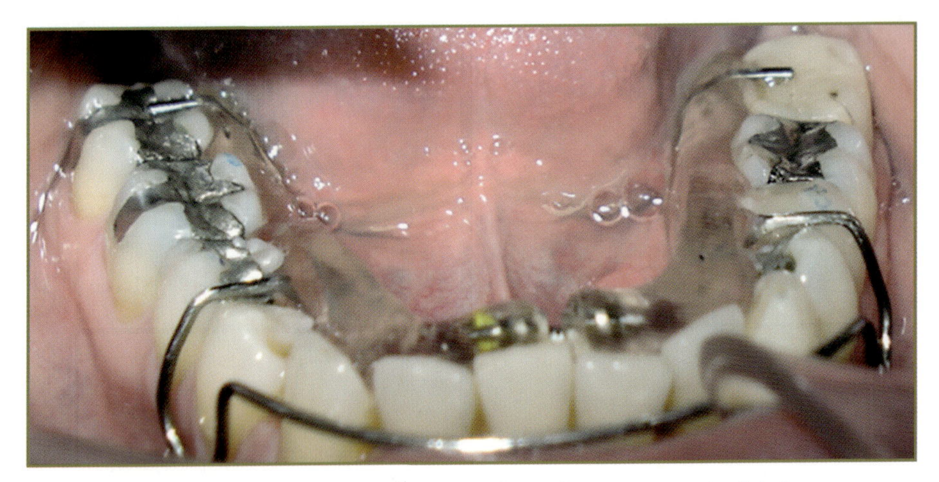

Figura 17.41: Apoios oclusais nos segundos molares permanentes inferiores.

Resina acrílica

As peças dos aparelhos de Planas são unidas por resina acrílica que recobre o palato e a base óssea da mandíbula.

Adaptação do aparelho PIPS para Classe I e Classe II no paciente

- Os aparelhos PIPS são ajustados separadamente, iniciando-se pelo inferior;
- Colocação do aparelho inferior na boca;
- Adaptação do contorno de resina nos colos dos dentes. Se houver excesso em alguma região, deve ser desgastada;
- Ativação do expansor se o aparelho estiver folgado;
- **Adaptação das peças em fio:** os apoios caninos devem terminar antes da papila gengival, e os apoios oclusais antes do sulco central dos segundos

molares decíduos ou primeiros molares permanentes. As pontas terminais das peças devem ser lixadas com broca, disco de lixa ou borracha abrasiva. Molas em S, arco vestibular, ganchos de arrasto ou outros acessórios devem ser também adaptados;

- **Adaptação das pistas inferiores:** Coloca-se uma folha de papel articular de 200 µs sobre cada pista e o paciente oclui e desliza a mandíbula para a direita e esquerda amplamente, vencendo a resistência oferecida pelas pistas. O paciente deve ultrapassar o impedimento destas. O carbono marcará as interferências das cúspides dos dentes superiores nas pistas inferiores. As marcas de carbono são removidas com broca para desgaste de resina. Esse procedimento é repetido quantas vezes forem necessárias para que não haja mais nenhuma marca de interferência superior nas pistas inferiores;
- Remoção do aparelho inferior da boca.
- Adaptação do aparelho superior, que segue os mesmos critérios acima relacionados. Além disso, adaptam-se os estabilizadores.
- **Adaptação dos dois aparelhos conjuntamente:** com os dois aparelhos na boca e uma folha de carbono entre cada lado das pistas, pede-se ao paciente que oclua forte e faça repetidamente movimentos bilaterais e amplos com a mandíbula, protrusão e retrusão. Os carbonos devem ser bem apertados entre as pistas. As pistas superiores e inferiores devem ficar igualmente marcadas no final do ajuste. Para isso, repete-se o processo fazendo-se os desgastes nas pistas, nos locais adequados, para igualar as marcações.
- **Finalização da adaptação das pistas:** As pistas devem ficar uniformemente marcadas, proporcionando uma lateralidade suave e ampla. Os aparelhos devem ficar estáveis, sem fazer báscula na movimentação mandibular.
- **Ajuste das pistas quando há assimetria no sentido vertical provocada pela MV:** as pistas inferiores devem ficar uma mais baixa que a outra;
- O lado da mastigação viciosa apresenta a MDV e, no tratamento, é importante inverter o lado mastigatório;
- No lado da MDV a pista inferior deve ser mais alta e, no lado contrário (novo lado de trabalho), a pista deve ser mais baixa;
- As pistas assim adaptadas proporcionam estímulo para a mandíbula deslizar mais para o lado da pista mais baixa (novo lado de trabalho);
- A resposta a esse estímulo será um maior crescimento vertical no lado em que a pista é mais baixa;
- No ajuste das pistas, o lado com a pista mais baixa terá marcas de carbono mais suaves em relação ao outro lado.
- O paciente deve sentir conforto com os aparelhos na boca, sem nenhuma interferência, com a mandíbula livre para lateralizar amplamente.

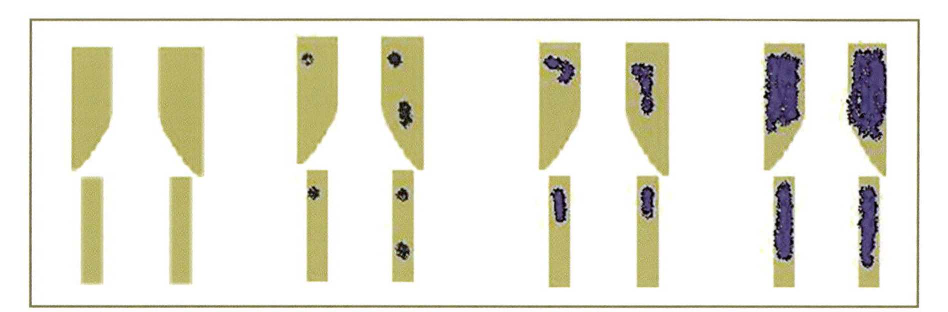

Figura 17.42: Durante a adaptação das pistas dos aparelhos superiores e inferiores vai-se obtendo marcas de carbono tanto nas superiores como nas inferiores, que devem ser desgastadas. Colocam-se novamente as folhas de carbono entre elas e o paciente lateraliza amplamente a mandíbula, e novas marcas de carbono são obtidas. Assim, vai-se fazendo sucessivamente até a obtenção de marcas uniformes nas quatro pistas.

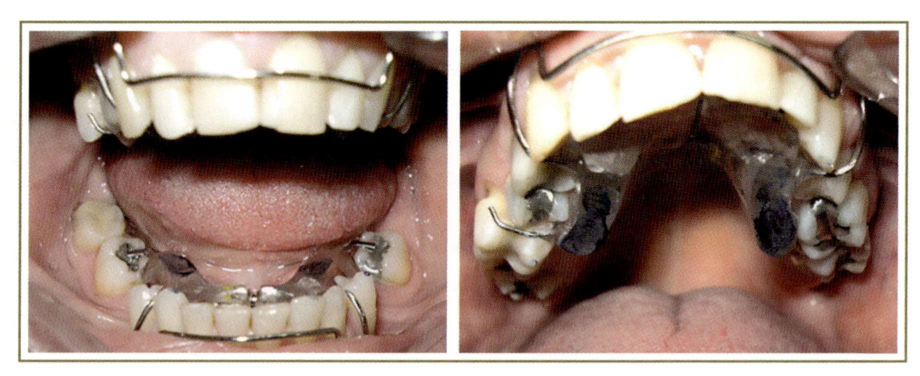

Figura 17.43: PIPS com as pistas inferiores e superiores ajustadas. As marcas de carbono estão uniformes nas quatro pistas.

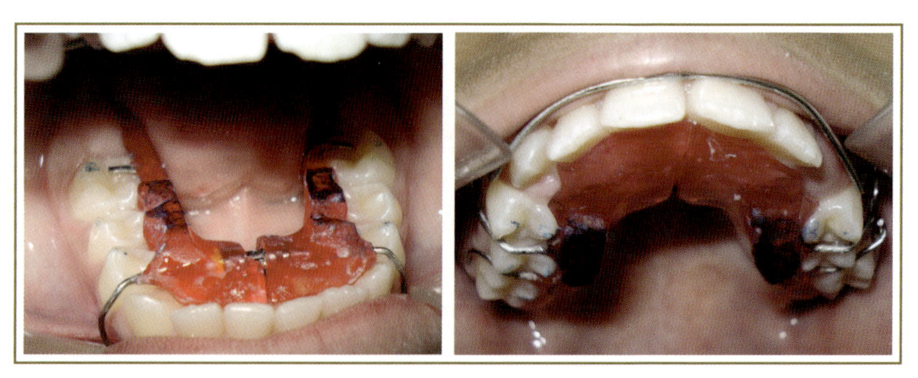

Figura 17.44: PIPS com as pistas inferiores e superiores ajustadas e acopladas. As marcas de carbono evidenciam o acoplamento.

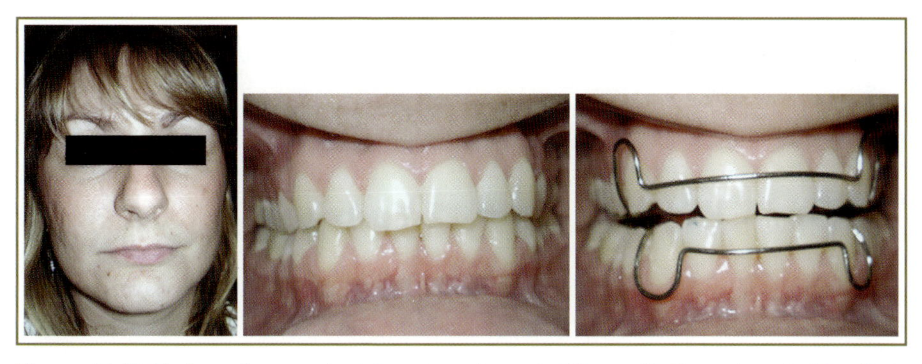

Figura 17.45: Na figura à esquerda: A face da paciente de 25 anos. Na figura do meio: Mandíbula e maxila em cêntrica. Na figura à direita: PIPS – com arco vestibular superior e inferior e levante da DV dando leve contato na incisal dos incisivos centrais direitos.

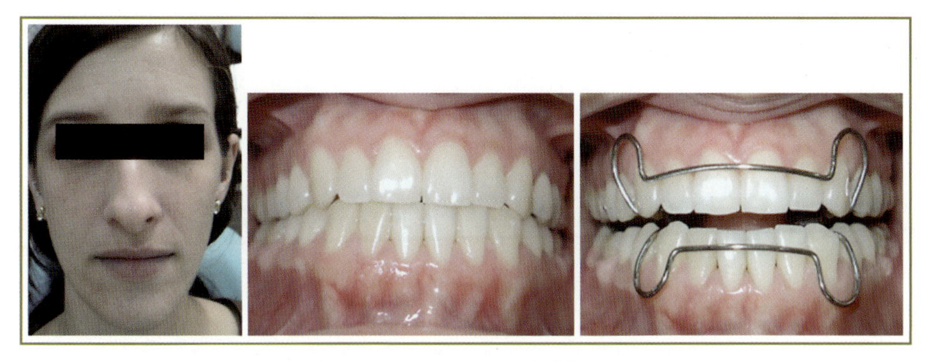

Figura 17.46: Na figura à esquerda: Face da paciente de 25 anos em norma frontal. Na figura do meio: Em cêntrica: uma boca estética, mas com síndrome de DTM. Na figura à direita: Aparelho PIPS I em desoclusão para liberar os movimentos da mandíbula. Com este levante de pistas, a paciente se sentiu confortável.

Variação do aparelho PIPS

Em situações de trauma oclusal, trauma articular com perda de dentes, o aparelho PIPS é muitas vezes bem indicado. Apesar disso, o paciente pode ter na boca prótese removível, o que dificultaria o uso também do PIPS. Devido a essas circunstâncias adversas ao uso do PIPI, foram idealizadas modificações que permitiram a sua aplicação junto com a prótese removível.

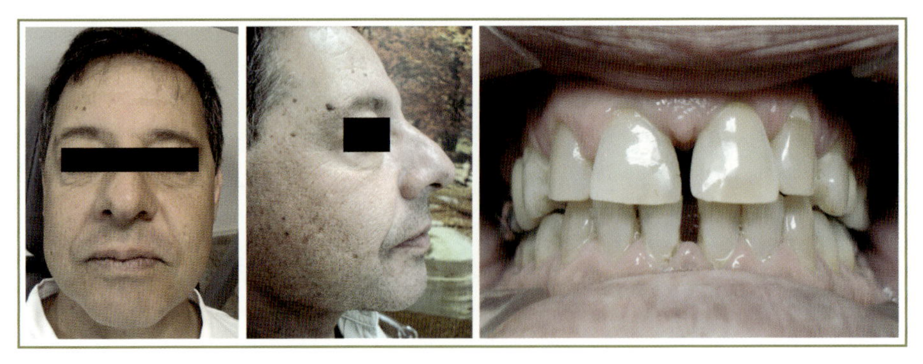

Figura 17.47: Paciente J. M., aos 55 anos, face em norma frontal e lateral. Incisivos centrais superiores vestibularizados, com diastema e mobilidade.

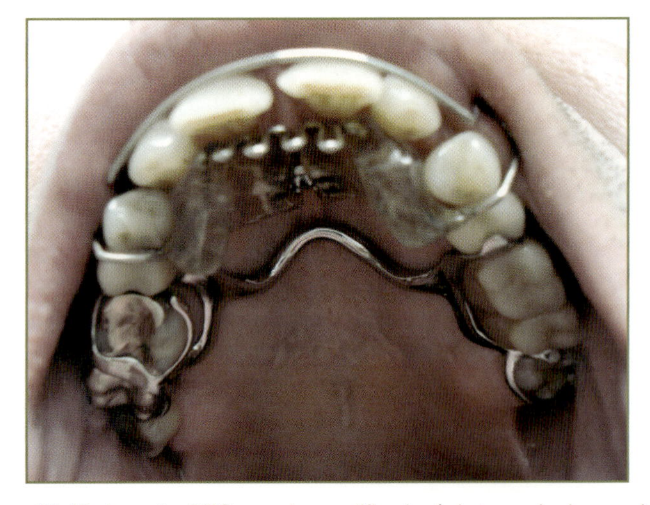

Figura 17.48: Aparelho PIPS superior modificado: é de tamanho bem reduzido com as pistas mais anteriores. Grade em w (fio 0,8 mm) para posturar a língua.

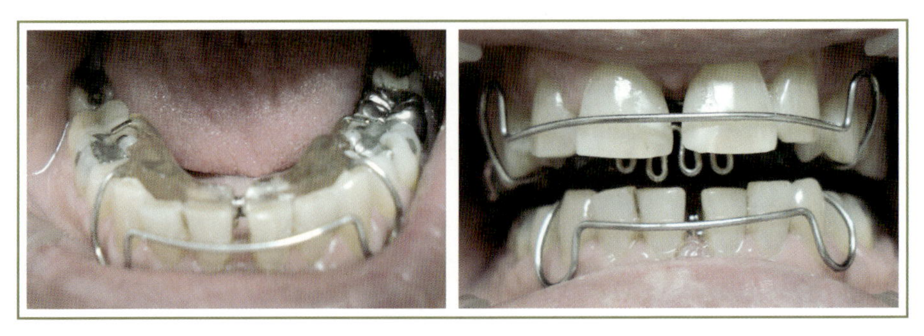

Figura 17.49: Aparelho PIPS inferior modificado: o seu comprimento é também reduzido, com as pistas mais anteriores para estabelecer o seu acoplamento com o superior.

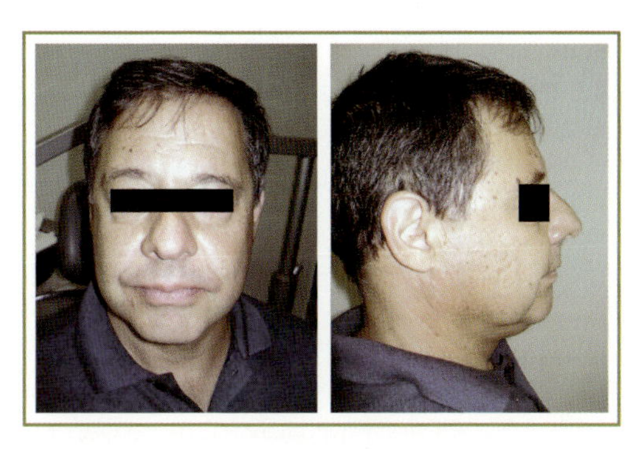

Figura 17.50: Paciente J. M. 1 ano depois – Face em norma frontal e lateral.

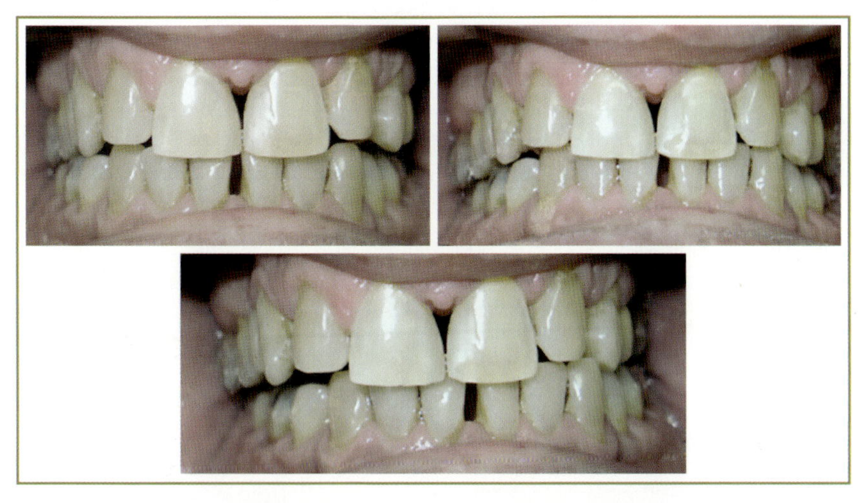

Figura 17.51: Paciente J. M., 1 ano depois – Lateralidade direita, cêntrica e lateralidade esquerda.

Aparelhos PIPS para Classe III

O aparelho PIPS para Classe III apresenta as seguintes características:

Arco de progenia (fio 0,9 mm) colocado no aparelho superior. O arco de progenia possui duas alças verticais nos caninos superiores. Essas alças são largas e profundas em direção ao vestíbulo da região dos caninos. Elas devem ficar afastadas da base óssea e promover uma extensão dos tecidos do fundo do sulco vestibular. O estímulo de estiramento do tecido conjuntivo aí presente terá como resposta crescimento ósseo na região da pré-maxila, que na Classe III é pouco desenvolvida, devido à compressão realizada pelo lábio superior. As alças afastadas da base óssea permitem a aposição óssea, como também promovem o afastamento do cinturão formado pelos músculos orbiculares dos lábios e bucinadores.

A barra horizontal do arco de progenia ficará no terço médio vestibular dos incisivos inferiores, quando se deseja mudança de postura da mandíbula para distal, e inclinação dos incisivos para lingual. Ou na região da base óssea dos incisivos, quando se deseja mudança de postura da mandíbula para distal.

Em determinadas épocas do desenvolvimento a barra horizontal não pode se apoiar em incisivos como nas seguintes situações: incisivos decíduos, incisivos permanentes em fase de erupção, incisivos permanentes recém-erupcionados, ou ainda em incisivos permanentes em situação de trauma. Nessas circunstâncias, a barra horizontal deve ficar apoiada na base óssea da região dos incisivos inferiores. O arco de progenia pode ser diretamente colocado na resina do aparelho superior.

O arco de Progenia pode ser colocado também de forma indireta no aparelho superior, inserindo na resina dois pedaços de tubo telescópico (com luz de 10 mm) sob as duas pistas. O arco de progenia será adaptado dentro desses tubos durante a instalação dos aparelhos na boca. Após o ajuste completo dos aparelhos PIPS para Classe I e II já descrito, passa-se à adaptação do PIPS para Classe III.

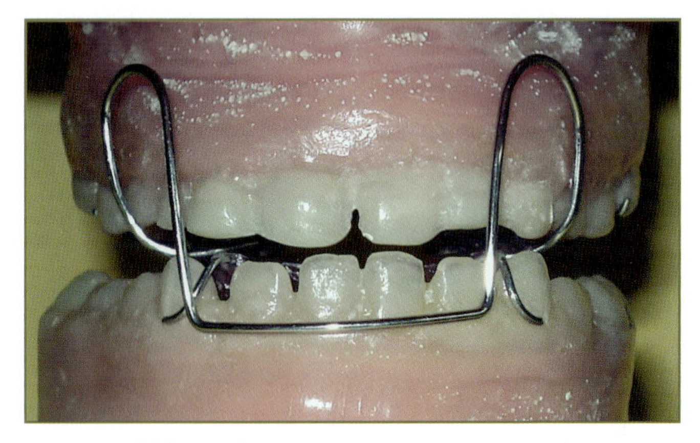

Figura 17.52: Aparelho PIPS para Classe III. Arco de progenia superior com as alças verticais superiores bem profundas no fundo do sulco vestibular para causar um estiramento do tecido conjuntivo da região e possibilitar crescimento e desenvolvimento ósseo na região da pré-maxila, afastando o lábio superior. A barra horizontal inferior encosta bem na base óssea inferior para inibir a mandíbula.

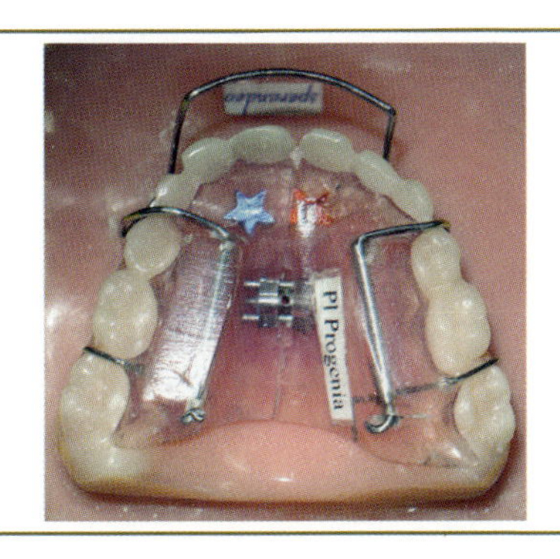
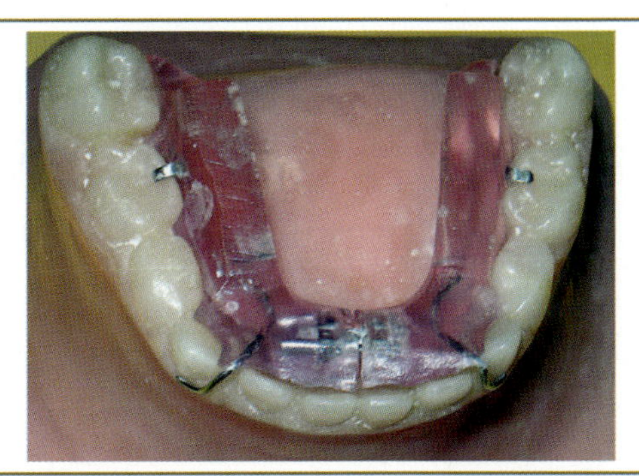

Figura 17.53: Aparelho PIPS para Classe III superior e inferior. No superior há dois tubos colocados por baixo das pistas e os braços do arco de progenia são adaptados dentro deles.

Adaptação do aparelho PIPS III

- Segue os mesmos critérios dos aparelhos PIPS I e II;
- Adaptação arco de progenia: colocam-se os dois braços do arco de progenia dentro dos tubos do aparelho superior e marca-se com um lápis o limite final dos braços que saem dos tubos;
- Remover o arco de progenia do aparelho;
- Destemperar as extremidades do fio até a marcação feita, levando-o à chama de uma lamparina;
- Colocar os dois braços dentro dos tubos e fazer uma torção em direção à palatina da pista para que fiquem bem justos dentro dos tubos;
- Cortar o excesso de fio e ajustar as extremidades, curvando-as muito bem para não ficarem cortantes;
- Passar uma pedra e borracha abrasiva para dar acabamento nas extremidades do fio;
- Adaptar as alças superiores e a barra horizontal do arco de progenia de acordo com a necessidade do caso;
- A barra horizontal deve ficar justa contra a cervical da base óssea anterior da mandíbula;
- As alças superiores devem ficar bem afastadas da mucosa de revestimento do vestíbulo oral anterior, porém, sem ferir a mucosa do lábio superior.

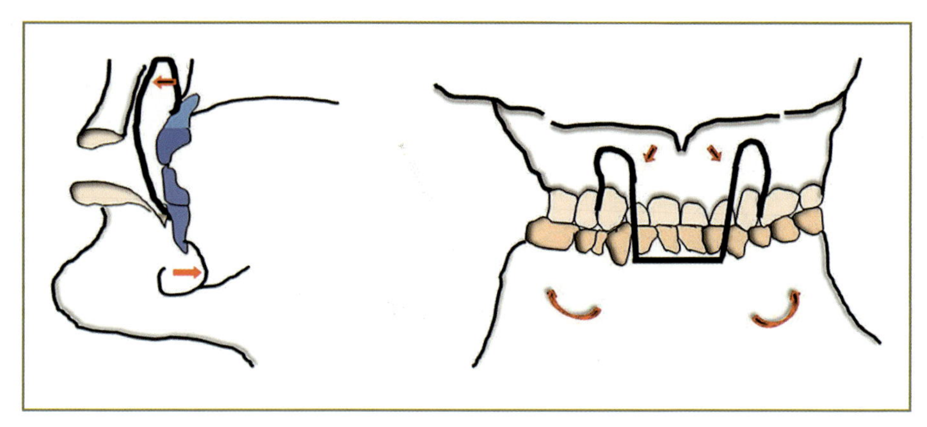

Figura 17.54: Desenho esquemático que mostra o arco de progenia colocado no PIPS para Classe III. As alças superiores devem ser bem profundas em direção ao fundo do sulco vestibular para provocar um estiramento das fibras do tecido conjuntivo aí presentes. Como resposta ocorre crescimento ósseo na região da pré-maxila, que na Classe III é bem deficiente. Além disso, as alças verticais afastam o lábio superior causador de uma tensão na região, uma verdadeira cinta que segura o crescimento ósseo para vestibular, como também o transversal. As alças verticais eliminam essa tensão, permitindo o crescimento ósseo tão necessário nessa região nos casos de Classe III. A barra horizontal toca no terço médio ou cervical dos incisivos inferiores, mantendo a mandíbula mais distalizada. Desenho esquemático em norma frontal: notam-se as alças verticais afastando o lábio superior e o arco horizontal atuando na base óssea mandibular inibindo-a no sentido posteroanterior, ou seja, fazendo uma mudança de postura da mandíbula paradistal.

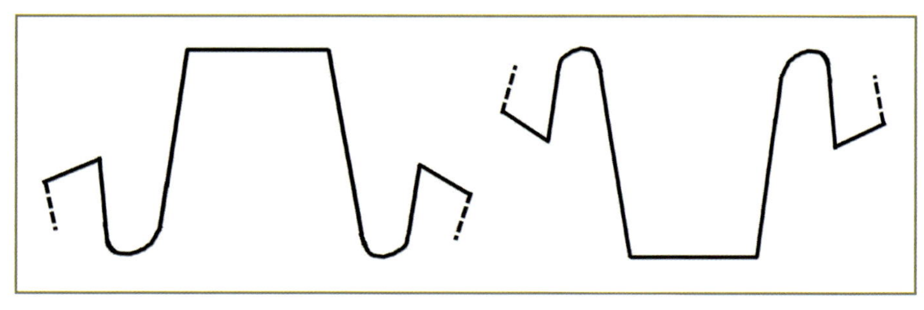

Figura 17.55: Arcos de progenia que podem vir separados dos aparelhos e adaptados pelo dentista durante a sua colocação. Esta técnica tem a vantagem de, uma vez rompido o arco, não é necessário removê-lo da resina superior, o que causaria dano nas pistas já adaptadas. Os arcos de progenia removíveis têm a vantagem de serem facilmente recolocados clinicamente, não necessitando de auxílio laboratorial.

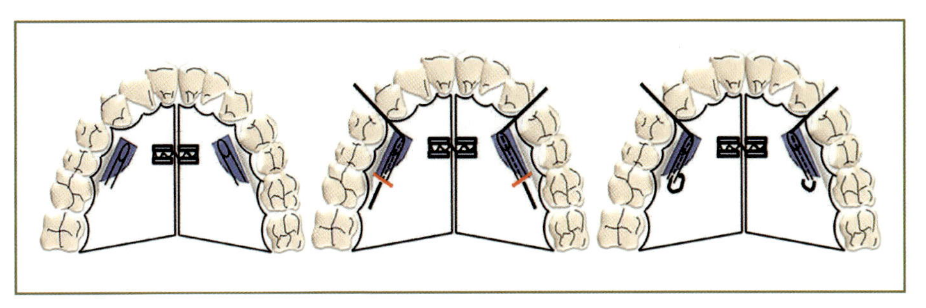

Figura 17.56: Na figura à esquerda: aparelho PIPS superior para Classe III com os tubos telescópicos colocados sob as pistas. Na figura do meio, o arco de progenia está colocado dentro dos tubos com o limite posterior direito e esquerdo marcados em vermelho. Na figura à direita as extremidades do fio já foram levadas à chama de uma lamparina até chegarem ao rubro, destemperando o fio. Dessa forma, com o fio menos resistente, pode ser curvado para prender o arco no aparelho. Assim, o arco de progenia não escapa do tubo, fica bem adaptado e é fácil de ser substituído, caso seja fraturado.

Aparelho PIPC para Classe II

O PIPC é usado nos casos de Classe II nos biótipos negativos, ou seja, que apresentam mandíbula resistente em mudar a postura para mesial. São mandíbulas que resistem à ação das pistas simples. Para isso é preciso usar um dispositivo que intensifique a estimulação mandibular para frente. O PIPC é semelhante ao PIPS com as seguintes diferenças:

Tubos telescópicos

Os tubos telescópicos ficam no aparelho inferior, têm luz de 10 mm e são colocados bilateralmente. Comprimentos: da distal do último molar até a mesial de canino. Localização: altura da cervical destes dentes.

Na mesial dos caninos, os tubos são curvados e fechados para servir de retenção na resina, e de limite para os arcos dorsais superiores que serão aí introduzidos.

Arcos Dorsais

Os arcos dorsais ficam no aparelho superior e são confeccionados com fio 0,9 mm. Comprimentos: são definidos pela mudança de postura da mandíbula para mesial.

Os arcos são introduzidos nos tubos e vão até o final destes: na mesial dos caninos inferiores.

Eles devem ser adaptados corretamente sem provocar qualquer desvio à mandíbula. Têm a função de unir os aparelhos superior e inferior, os quais mantêm a mandíbula na nova postura.

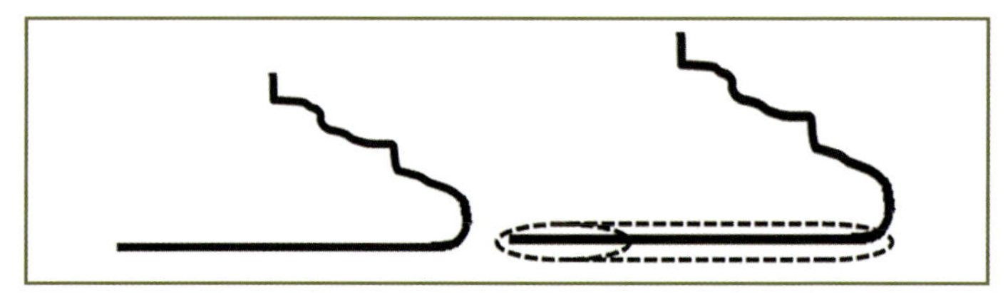

Figura 17.57: No primeiro desenho tem-se o arco dorsal utilizado em aparelhos PIPC. E no segundo o arco dorsal dentro do tubo telescópico, que é colocado na lingual do aparelho inferior. Os arcos dorsais têm a finalidade de unir os aparelhos inferior e superior na nova postura da mandíbula, mais mesializada, uma vez que o PIPC é utilizado em Classe II, o que exige um estímulo mais contundente no sentido posteroanterior. O tubo telescópico vai de distal dos últimos molares até a mesial de caninos inferiores.

Os movimentos laterais são limitados pelos arcos dorsais, mas não impedidos. O DLM clínico e o desvio de postura da mandíbula devem ser corrigidos na mordida construtiva do aparelho, durante sua confecção. Todavia, se o DLM clínico for causado por desvio de dentes ou por crescimento assimétrico, não se faz a correção na mordida construtiva do aparelho.

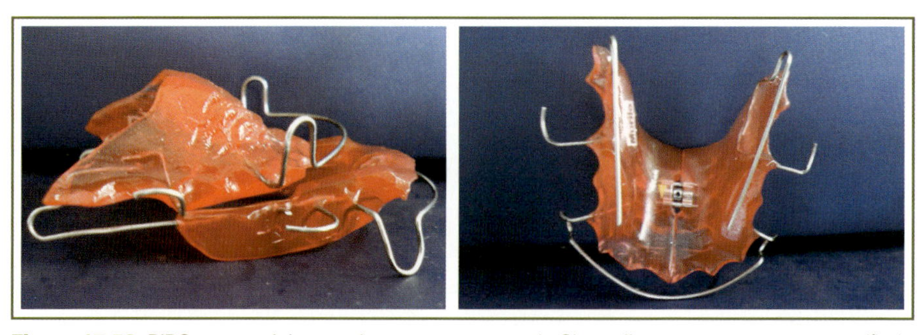

Figura 17.58: PIPC sem equiplan usado para tratamento de Classe II que apresenta uma mandíbula resistente ao avanço para mesial, necessitando uma MPM para mesial mais contundente para se obter uma resposta adequada de desenvolvimento no sentido posteroanterior e vertical.

Aparelho PIPC para Classe II com Equiplan

O PIPC com Equiplan é indicado para Classe II com SM ou mordida coberta. O PIPC com Equiplan é semelhante ao PIPC com a seguinte diferença:

Equiplan

É uma peça pré-fabricada de aço inoxidável que possui uma angulagem de aproximadamente 45° entre a parte mais larga e a mais estreita. Este possui umas pequenas aletas na parte mais larga que servem de retenção para a fixação na resina.

O Equiplan é colocado no aparelho inferior: é preso por lingual, sobre as incisais dos incisivos inferiores.

A parte mais estreita do Equiplan recebe a incisal dos incisivos superiores e a mais larga deve ser colocada sobre a incisal dos incisivos inferiores,

Objetivo: corrigir a deficiência de crescimento no sentido vertical do SECN.

Na mordida construtiva do aparelho, os incisivos ficam quase topo a topo.

O Equiplan e as pistas inferiores devem ter a mesma altura. Se estiver mais alto que as pistas, somente ele estará agindo, se for mais baixo não terá ação e só as pistas estarão agindo.

Este aparelho não possui apoios oclusais inferiores, pois a presença do Equiplan impede que afunde na boca. Além disso, os apoios seriam inconvenientes para o crescimento vertical no local onde seriam colocados (primeiros molares permanentes ou segundos molares decíduos inferiores).

Esse tipo de aparelho pode ser usado na dentição decídua, na dentição permanente jovem ou madura que apresente a mesma má oclusão.

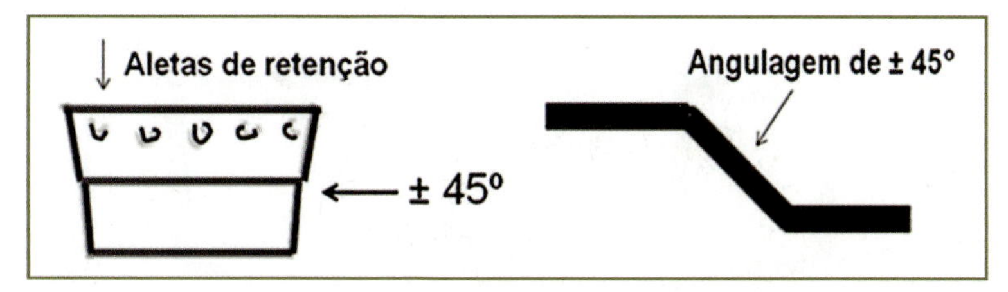

Figura 17.59: Na primeira figura apresenta-se o equiplan, peça em aço inoxidável pré-fabricada, que se caracteriza por ter duas plataformas em níveis diferentes, a mais alta contém algumas aletas para fixação na resina e a outra que fica mais baixa devido a uma angulação de aproximadamente 45° entre elas. Na segunda figura em norma lateral observa-se essa angulação. O Equiplan não deve ser dividido ao meio. Mas, às vezes, isto é feito para pequenos ajustes do expansor inferior.

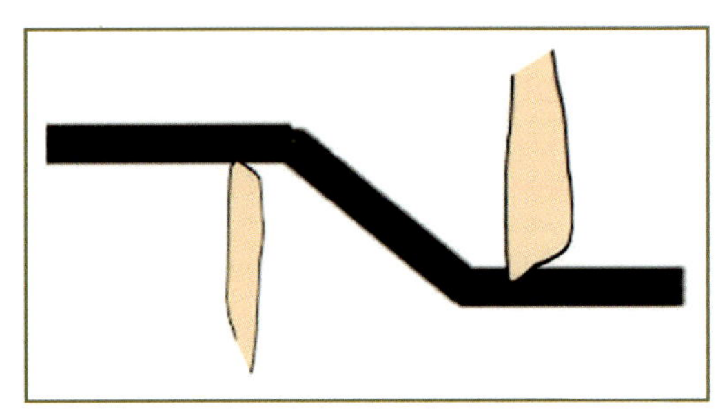

Figura 17.60: A parte mais alta do Equiplan recebe a incisal dos incisivos inferiores, e a parte mais baixa recebe a incisal dos superiores, numa posição quase de topo. (Grande aumento para melhor visualização.)

Mecanismo de ação do Equiplan

O Equiplan colocado sobre a incisal dos incisivos inferiores estimula os receptores neurais presentes nas membranas periodontais desses elementos. A resposta seria de crescimento vertical, porém, com a presença do Equiplan os incisivos são bloqueados. Como a mandíbula é formada por dois mamelões embrionários que se unem na linha mediana, o estímulo periodontal produzido nos incisivos (direitos e esquerdos) pelo Equiplan é conduzido dente a dente para a região posterior (demais dentes), local que responde com crescimento vertical. Então, os segmentos posteriores da mandíbula, livres da presença do Equiplan, respondem ao estímulo dente a dente com crescimento ósseo no sentido vertical.

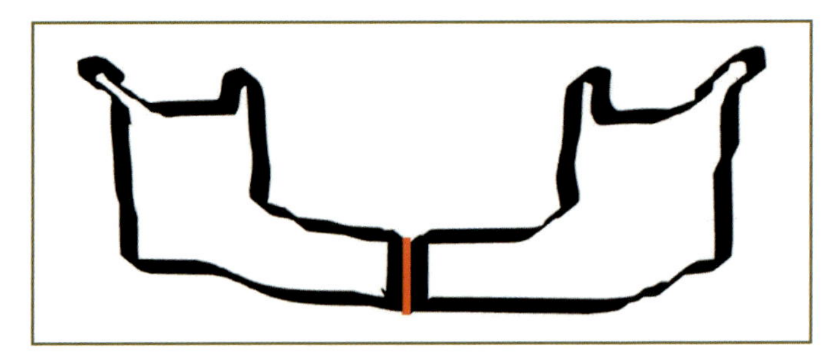

Figura 17.61: A mandíbula é formada por dois mamelões embrionários: um direito que contém os dentes: de incisivo central até o último molar e outro idêntico esquerdo, que se unem na linha mediana.

A maxila é formada por três mamelões embrionários: o anterior (4 incisivos), posterior direito e posterior esquerdo (de canino até o último molar de cada lado).

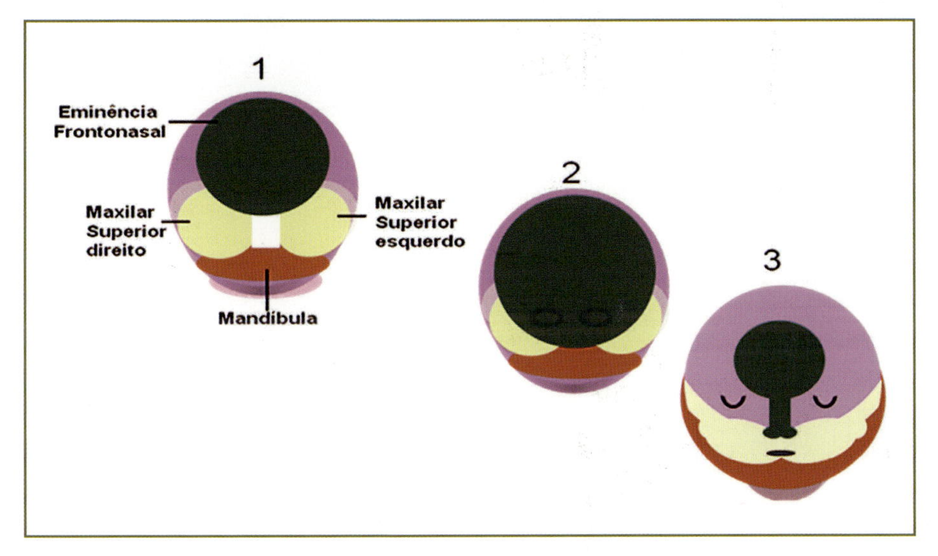

Figura 17.62: A maxila é formada por três mamelões embrionários: um anterior formado pela eminência frontonasal que dá origem à pré-maxila. Este segmento contém os quatro incisivos. E dois posteriores formados pelo maxilar superior direito e esquerdo e contêm os dentes de canino até o último molar de cada lado. Nesses três estágios de desenvolvimento embrionário da maxila é evidenciada essa formação.

Na maxila, os incisivos são estimulados, mas também bloqueados pelo Equiplan e os segmentos posteriores não são estimulados, pois pertencem a mamelões embrionários diferentes. Assim, os segmentos posteriores não estimulados não crescem verticalmente.

O segmento anterior da maxila também não cresce porque está inibido pelo Equiplan.

Assim, a SM ou a mordida coberta são corrigidas devido ao crescimento vertical dos segmentos posteriores inferiores. Se os quatro incisivos inferiores contatam o Equiplan há maior estímulo, portanto, a resposta de crescimento vertical será mais rápida. Porém, é necessário que pelo menos um incisivo de cada lado da mandíbula tenha contato no Equiplan para se corrigir a SM.

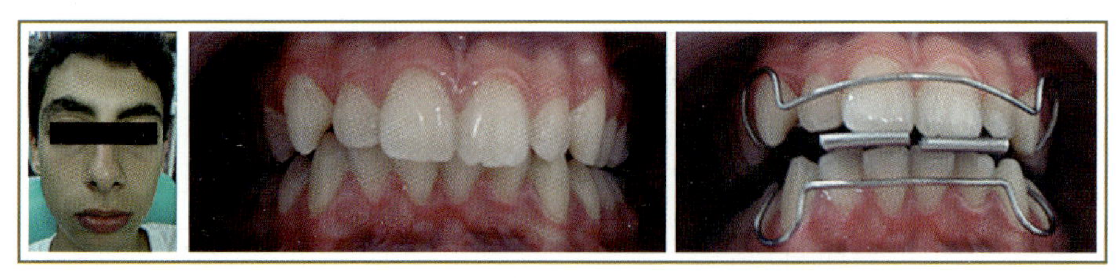

Figura 17.63: Face em norma frontal do paciente com 12 anos, gênero masculino. Mandíbula e maxila em cêntrica com SM. Aparelho na boca, PIPC com Equiplan.

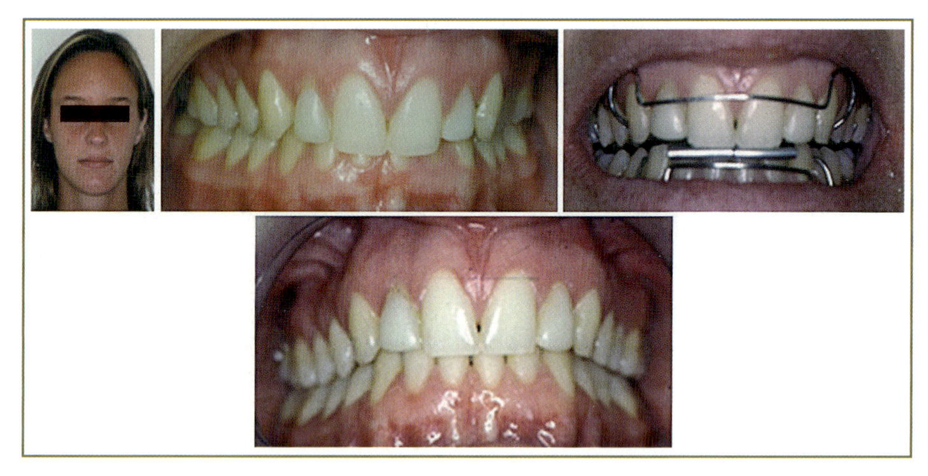

Figura 17.64: Face em norma frontal da paciente aos 20 anos, gênero feminino. Inicial em cêntrica evidenciando a sobremordida. Aparelho PIPC com Equiplan na boca. Cêntrica após 12 meses de tratamento com correção da SM.

Figura 17.65: Aparelho PIPC com Equiplan com a parte superior e inferior acopladas. À direita, os aparelhos desacoplados. O superior com os arcos dorsais, e o inferior com o Equiplan marcado em vermelho pelo papel articular, devido ao deslizamento dos incisivos superiores sobre ele. Ainda no aparelho inferior, os tubos telescópicos dentro da resina nas laterais deste.

Aparelho estabilizador Planas

O Estabilizador de Planas é um aparelho usado no final de tratamento nos casos de Classe II divisão 1, nos quais se fez mudança de postura de mandíbula para mesial e ainda falta crescimento na região condilar. O tratamento está praticamente terminado, só faltando o final do crescimento dos côndilos para que os incisivos permaneçam com contato em DA. Clinicamente, essa situação é observada quando o paciente, sem o aparelho, não mantém o contato incisivo em DA, ou melhor, existe ainda um *overjet*. Por isso, é necessária a manutenção do aparelho, principalmente com uso noturno, aguardando o crescimento final dos côndilos. É um aparelho semelhante ao PIPC sem Equiplan e com as pistas de tamanho reduzido, apenas na região dos primeiros pré-molares. Dessa forma, os tubos telescópicos ficam aparentes. O comprimento dos arcos dorsais é que garante o contato incisivo em DA. Este aparelho é mais leve que o PIPC, o que permite maior conforto ao paciente até a finalização do tratamento.

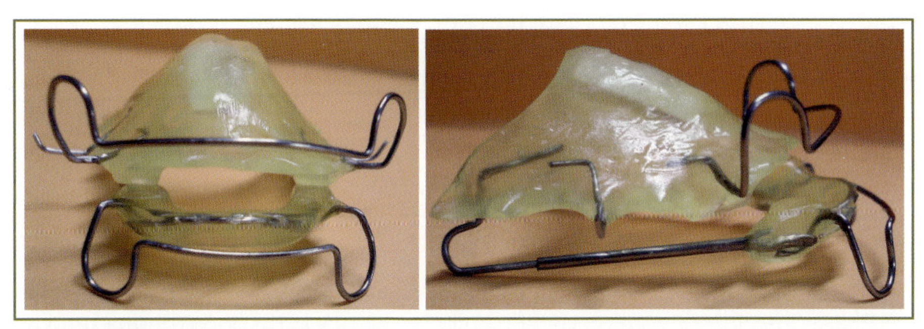

Figura 17.66: Aparelho Estabilizador de Planas com as partes: superior e inferior acopladas na MPM desejada. Ao lado, o mesmo aparelho com os arcos dorsais ligeiramente afastados para visualizar o encaixe nos tubos telescópicos.

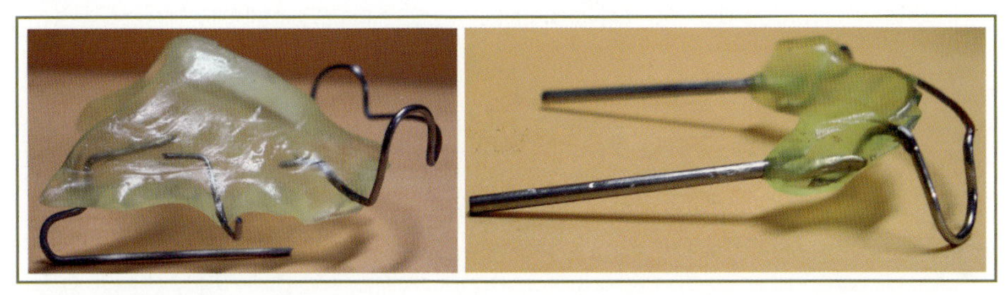

Figura 17.67: Aparelho Estabilizador de Planas com as partes: superior e inferior totalmente desacopladas. A parte inferior possui resina somente na região anterior, deixando os tubos descobertos na parte posterior.

Sequência do tratamento com os aparelhos de Planas

Sessões subsequentes

- Após a instalação do aparelho é importante que o paciente retorne uma semana depois, para eliminar eventuais desconfortos, como irritação da mucosa devido à resina ou às peças em fio. É importante observar muito bem o assentamento dos aparelhos superior e inferior, o contorno dos colos, a adaptação de apoios, estabilizadores e demais peças.
- Após a eliminação de todos os inconvenientes, passa-se à ativação dos aparelhos.

Ativação dos aparelhos PIPS: Aparelho Inferior

- Inicia-se pelo aparelho inferior acionando o expansor mediano e o unilateral, se houver. O expansor mediano é acionado com o objetivo de manter o aparelho bem adaptado nos colos dos dentes, sem causar pressão forte sobre a base mandibular. Assim, o paciente deve sentir ligeira pressão sem ser excessiva.
- As peças em fio: arco vestibular, apoios oclusais, gancho de arrasto e acessórios devem ser também adaptados e ativados.
- **Pistas inferiores:** com o aparelho inferior adaptado na boca, checam-se as pistas inferiores colocando uma folha de papel articular sobre cada pista e o paciente faz extensos movimentos de lateralidade. Se houver alguma marcação de carbono sobre as pistas, remove-se com broca apropriada, pois estas são interferências dos dentes superiores sobre as pistas inferiores.

Ativação do Aparelho Superior

- São realizados os mesmos procedimentos de adaptação do aparelho inferior.
- Com o acionamento do expansor superior as marcas das rugosidades palatinas do aparelho não coincidem mais com as do paciente, por isso devem

ser removidas com broca apropriada, caso contrário fariam uma estimulação palatina inadequada.

- Contornos dos colos dos dentes devem ficar exatos. Com o aparelho superior readaptado na boca, checam-se as pistas superiores.
- **Pistas superiores:** coloca-se uma folha de papel articular sobre cada pista e o paciente faz extensos movimentos de lateralidade. Se houver alguma marcação de carbono sobre as pistas, estas são removidas, pois são interferências dos dentes inferiores sobre as pistas superiores.

Ativação dos aparelhos PIPS - Superior e Inferior juntos

- Com os aparelhos já adaptados e ativados separadamente, passa-se a ajustá-los juntos.
- Checagem e Adaptação das QUATRO PISTAS: com os dois aparelhos na boca coloca-se uma folha de papel articular entre as pistas inferiores e superiores (direita e esquerda).
- O paciente deve fazer movimentação ampla de lateralidade da mandíbula, apertando bem a mandíbula contra a maxila, para que as pistas fiquem bem marcadas.
- Desgastam-se as pistas conforme a marcação destas. As pistas devem ficar igualmente marcadas com o carbono.
- Esse desgaste geralmente é suave, pois na sessão anterior as pistas já ficaram bem adaptadas. Mas como houve mudança nos expansores estas necessitam ser checadas. Assim, toda vez que os expansores são acionados, o processo inteiro se repete nas sessões seguintes.

Adaptação do aparelho PIPS III

- Seguem as mesmas orientações anteriores.
- **Diferença:** Não se faz expansão no aparelho inferior enquanto não descruzar a maxila.
- O EXPANSOR SUPERIOR é acionado nas sessões sucessivas, com o objetivo de manter a estimulação neural produzida pela presença do aparelho. Assim, a resposta é de desenvolvimento do maxilar superior.
- O ARCO DE PROGENIA é ajustado no final. A barra horizontal (inferior) do arco de progenia deve ficar justa na base da mandíbula (sem causar irritação

da mucosa) ou nos colos dos incisivos inferiores. Tem, portanto, a ação de inibir a postura mesializada da mandíbula e seu desenvolvimento para anterior.

- As alças verticais superiores do arco de progenia ficam afastadas da mucosa, colocadas na profundidade do sulco vestibular, porém, não devem causar lesão na mucosa do lábio superior.
- Se houver fratura do arco de progenia, pede-se ao paciente retornar o mais rápido possível ao consultório para troca da peça. Como o arco é introduzido em tubos telescópicos, facilmente pode ser removido e colocado um novo.

Adaptação do aparelho PIPC

Adaptação do aparelho inferior

- Desconectam-se os arcos dorsais dos tubos e coloca-se o aparelho inferior na boca.
- Seguem as mesmas orientações anteriores com relação às adaptações de resina e peças em fio.
- **Pistas inferiores:** com o aparelho inferior adaptado na boca, checam-se as pistas inferiores colocando uma folha de papel articular sobre cada pista.
- O paciente deve fazer movimentos de lateralidade não muito amplos, uma vez que o PIPC controla a lateralidade da mandíbula.
- Se houver alguma marcação de carbono sobre as pistas, remove-se com broca apropriada, pois estas são interferências dos dentes superiores sobre as pistas inferiores.

Adaptação do aparelho superior

- Seguem as mesmas orientações do aparelho inferior descritas acima.
- **Pistas superiores:** As folhas de papel articular devem ser colocadas sobre as pistas, apesar dos arcos dorsais, e o ajuste segue de acordo com o já descrito.

Adaptação do aparelho PIPC acoplados

- Colocam-se os arcos dorsais dentro dos tubos telescópicos correspondentes.
- **Acoplamento das Pistas:** As pistas inferiores devem ficar encostadas nas superiores. Caso estejam afastadas, ajusta-se na curva dos arcos dorsais com alicate curvo, até que elas se acoplem adequadamente.

- **Comprimento dos arcos dorsais:** Os arcos dorsais devem finalizar na mesial dos caninos inferiores dentro dos tubos telescópicos. Devem ser ajustados de maneira a não interferir na mudança de postura da mandíbula que se deseja nem tampouco na linha mediana.
- **Adaptação das Pistas:** Com o aparelho na boca, colocam-se duas folhas de papel articular entre as pistas superior e inferior (direitas e esquerdas) e o paciente faz movimento controlado de lateralidade, apertando bem a mandíbula para marcação do carbono nelas.
- As quatro pistas devem ficar igualmente marcadas. Se for necessário, faz-se o desgaste nas pistas até que fiquem uniformemente marcadas.
- Nas sessões subsequentes são realizadas as ativações das peças que compõem o aparelho de acordo com a necessidade de cada caso, seguindo sempre a mesma sequência descrita acima.

Adaptação do aparelho PIPC com Equiplan

- Seguem as mesmas orientações do aparelho PIPC descritas acima.
- **Adaptação do Equiplan:** Com o aparelho na boca, as pistas inferiores e o Equiplan devem ficar igualmente marcados de papel articular.
- Caso as pistas fiquem marcadas e o Equiplan sem as marcas das incisais dos incisivos superiores o aparelho não vai funcionar, pois o Equiplan está inativo.
- Se somente o Equiplan estiver marcado de carbono e as pistas estiverem sem marcação há uma sobrecarga na região dos incisivos, estimulação nociva à região.
- É importante que pelo menos um incisivo inferior de cada lado esteja tocando no Equiplan, como também os incisivos centrais superiores, as pistas inferiores e superiores acopladas.
- Assim, estimula-se o circuito neural dente a dente na mandíbula e o circuito neural das duas ATMs necessário para o desenvolvimento no sentido vertical da mandíbula, na correção dos casos de SM ou MC.
- Nas sessões subsequentes são realizadas as ativações das peças que compõem o aparelho de acordo com a necessidade do caso, seguindo sempre a mesma sequência descrita acima.

Casos clínicos

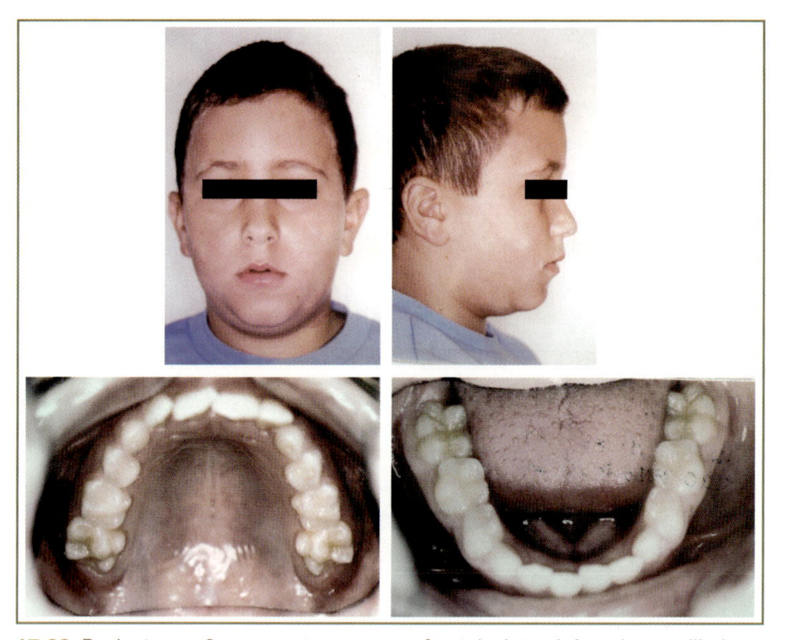

Figura 17.68: Paciente aos 8 anos, rosto em norma frontal e lateral. Arcada mandibular e maxilar.

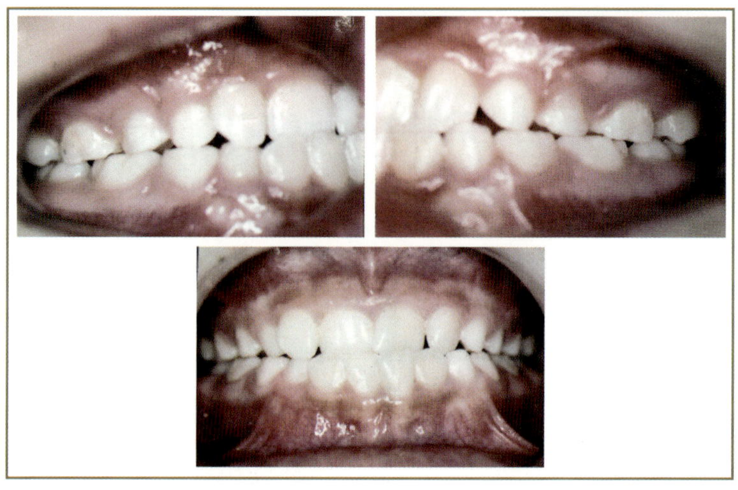

Figura 17.69: Paciente aos 8 anos, apinhamento anterior superior e inferior, mordida cruzada anterior.

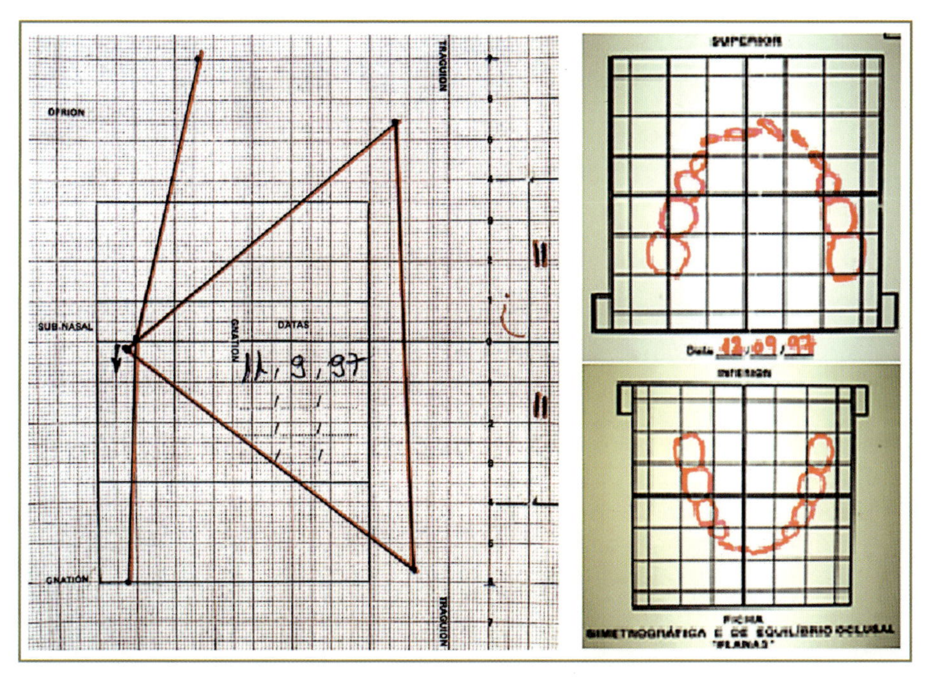

Figura 17.70:: Ficha gnatostática e calcográdica. Perfil C, Maxila maior no transversal no lado esquerdo, DPM para esquerda, DLM para esquerda.

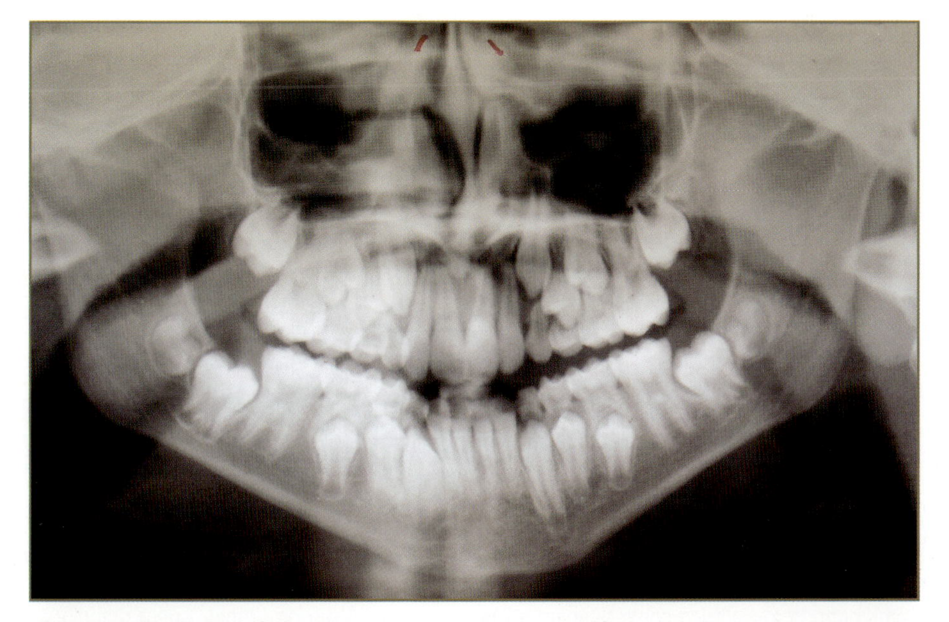

Figura 17.71: Rx Panorâmico do paciente – nota-se a mandíbula com desvio para a esquerda.

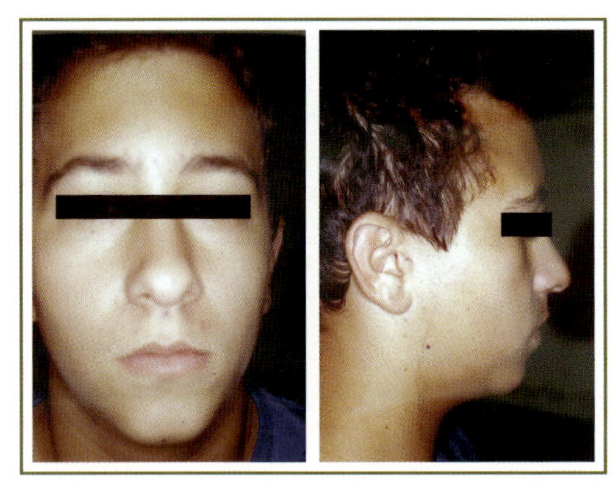

Figura 17.72: Paciente aos 13 anos, face em norma frontal e lateral.

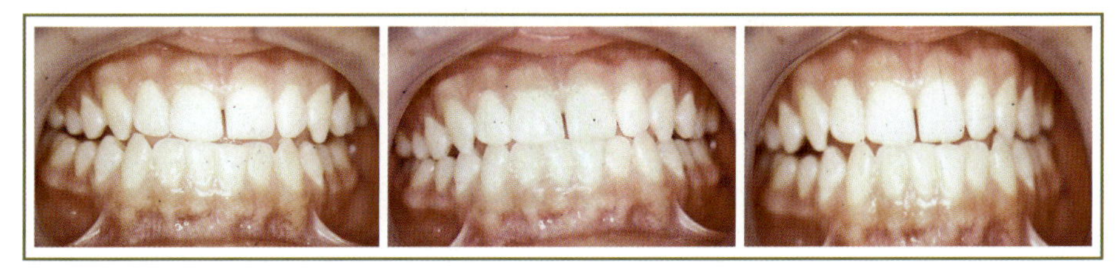

Figura 17.73: Paciente aos 13 anos, lateralidade direita, cêntrica e lateralidade esquerda. Contato em trabalho e em balanceio com os incisivos em topo, sem perder o contato.

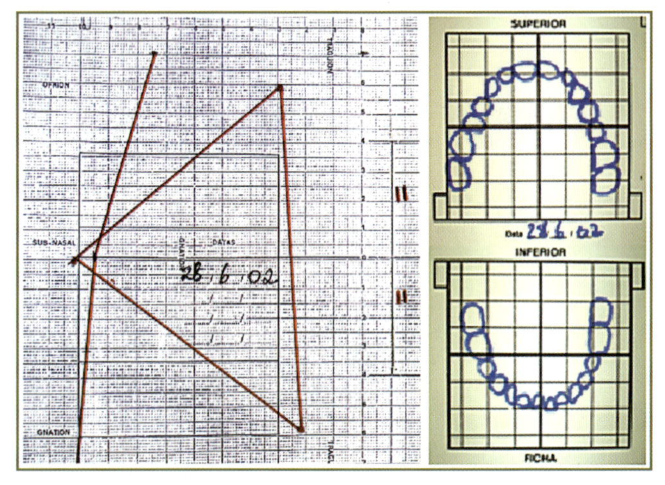

Figura 17.74: Na Ficha gnatostática o paciente manteve o perfil C, porém, sem prejudicar seu perfil que ficou harmônico. Na ficha calcográfica pode ser visto o crescimento anteroposterior da mandíbula e da maxila, principalmente da maxila que está à frente da mandíbula. Mandíbula bem centrada e simétrica como também a maxila, que se desenvolveu mais que a mandíbula, superando a situação inicial de Classe III e de apinhamento da pré-maxila.

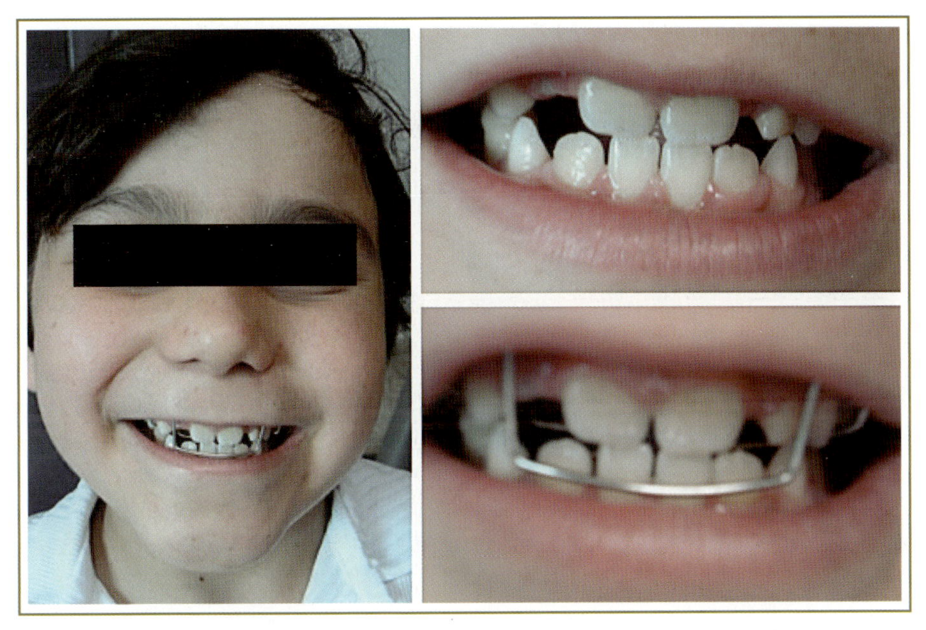

Figura 17.75: Paciente aos 7 anos, Classe III, mordida cruzada anterior. Aparelho SN3 com arco de progenia. Movimento mastigatório protusivo.

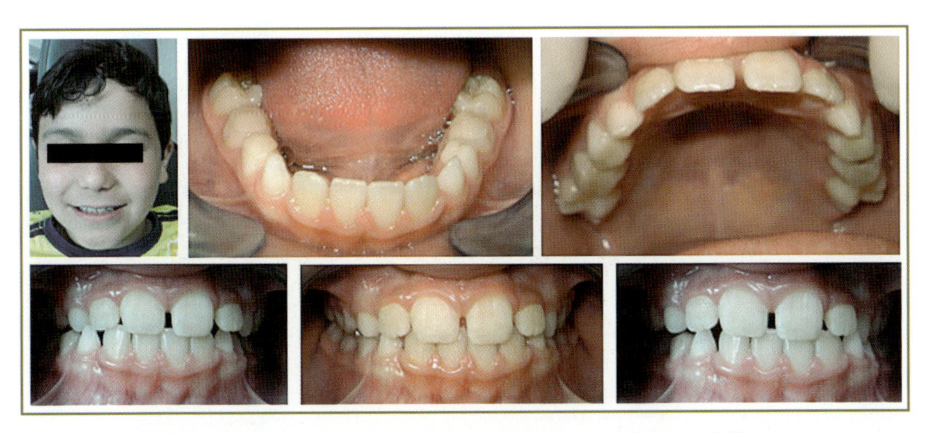

Figura 17.76: Paciente aos 8 anos, mandíbula e maxila aquadradadas, PDP nos aclusais dos molares decíduos superiores e inferiores. Lateralidade direita, cêntrica e lateralidade esquerda.

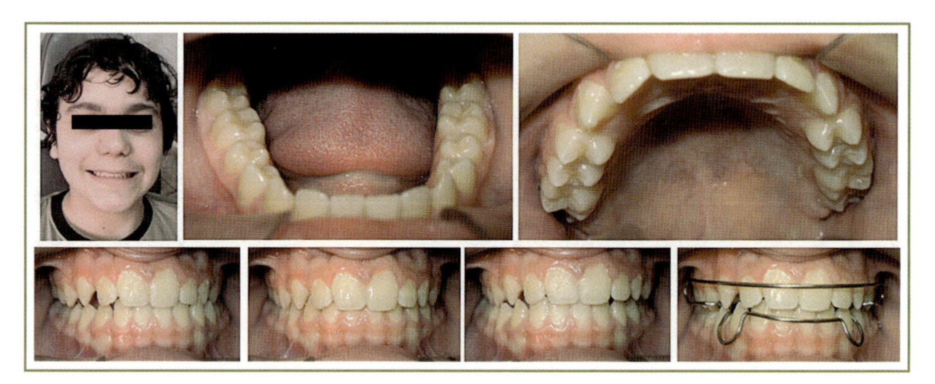

Figura 17.77: Paciente aos 12 anos, dentição permanente completa. Md e Mx aquadradadas, contato incisivo em DA, lateralidades D e E com contatos dentários adequados. Aparelho SN3 com arco vestibular inferior.

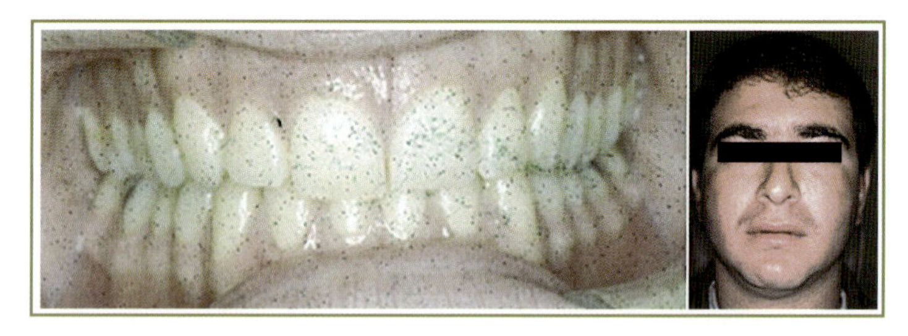

Figura 17.78: Paciente aos 30 anos. Apresentou fortes dores de cabeça com fotofobia, assimetria facial, com o masseter direito em hipertrofia. No exame facial foi verificado o desvio do ponto Gn para a direita, e mandíbula esquerda maior. Em cêntrica apresentou sobremordida e DLM para direita. Mastigação viciosa direita.

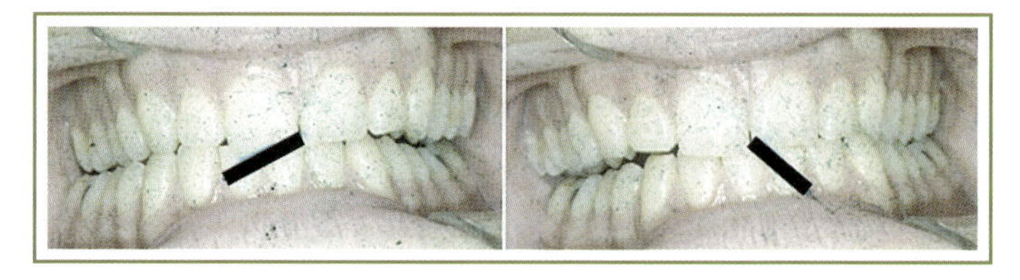

Figura 17.79: Paciente aos 30 anos. O AFMP direito menor que o esquerdo, confirmando a mastigação viciosa direita. O movimento para a esquerda está comprometido pelo travamento das cúspides.

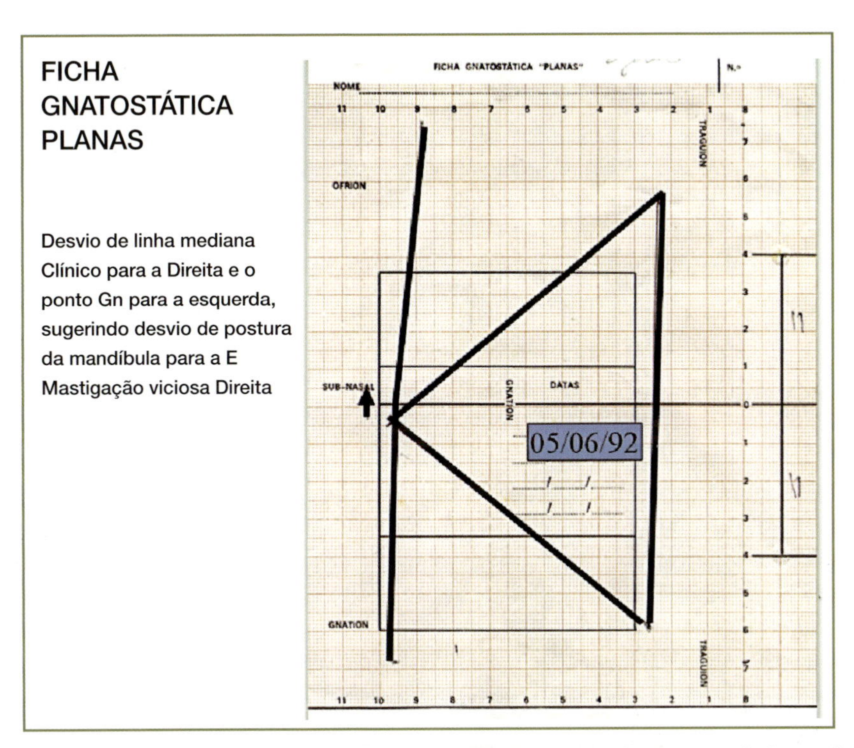

Figura 17.80: Paciente aos 30 anos. Apesar da mastigação direita e DLM para a direita, na ficha gnatostática a mandíbula está desviada para a esquerda.

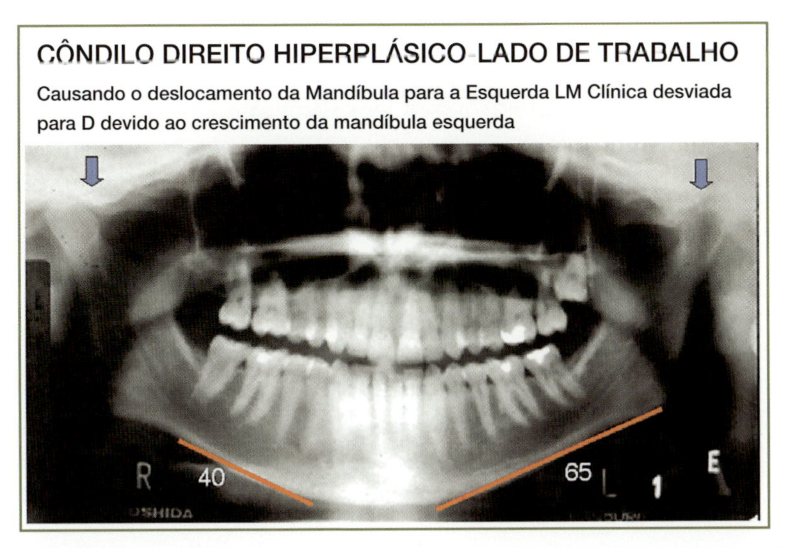

Figura 17.81: Paciente aos 30 anos. Na panorâmica o côndilo direito está hiperplásico (mais alto), causando o desvio da mandíbula para a esquerda. O DLM está para a direita porque o corpo da mandíbula esquerda está maior.

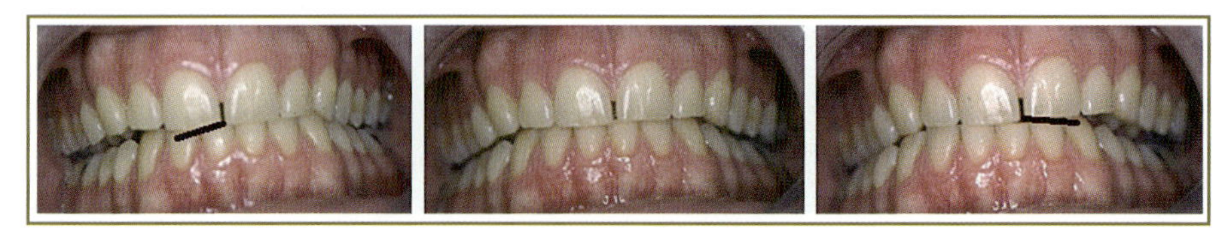

Figura 17.82: Paciente aos 33 anos. AFMPs praticamente igualados, com o esquerdo ligeiramente menor que o direito para favorecer a mastigação esquerda. Houve crescimento vertical, na lateralidade direita e esquerda, contatos em trabalho e balanceio com os incisivos topo a topo.

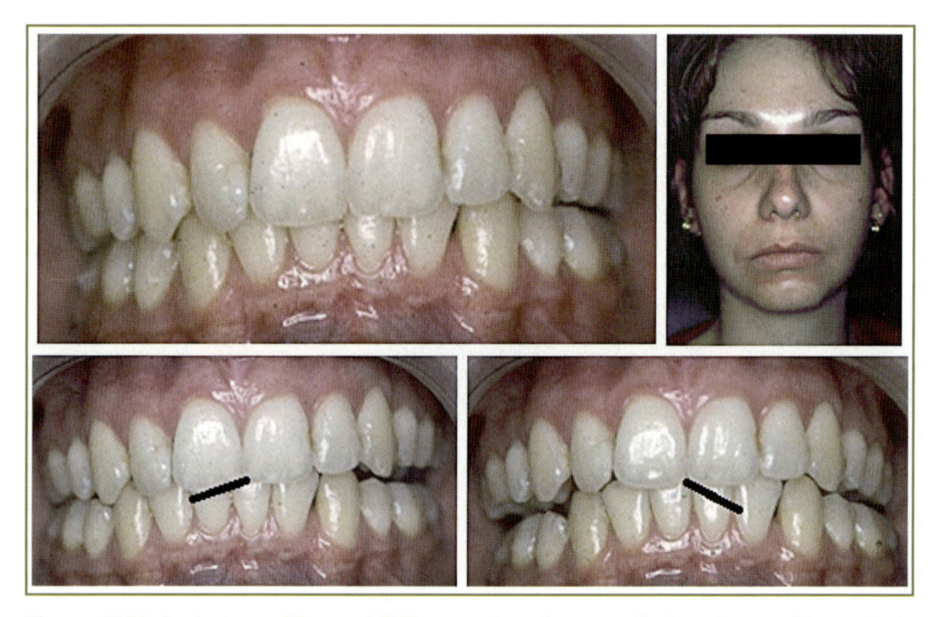

Figura 17.83: Paciente aos 25 anos. AFMP esquerdo maior que o direito, sobremordida, perda de contatos posteriores na lateralidade direita e esquerda. Assimetria facial e cervical. Clinicamente, fortes dores de cabeça, cervicais e faciais. Falta de contatos também na cêntrica.

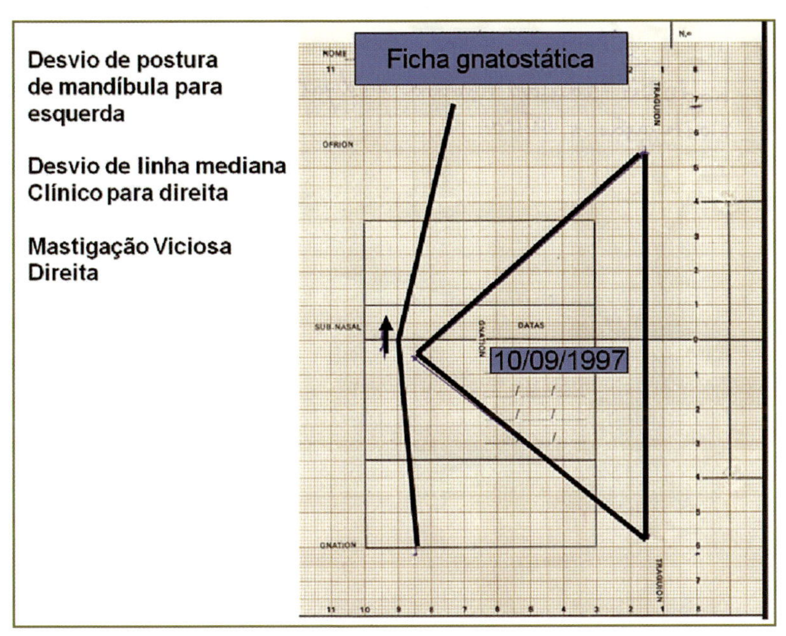

Figura 17.84: Paciente aos 25 anos. Na ficha gnatostática a mandíbula está desviada para esquerda, DLM para a direita. Clinicamente a mastigação é viciosa direita.

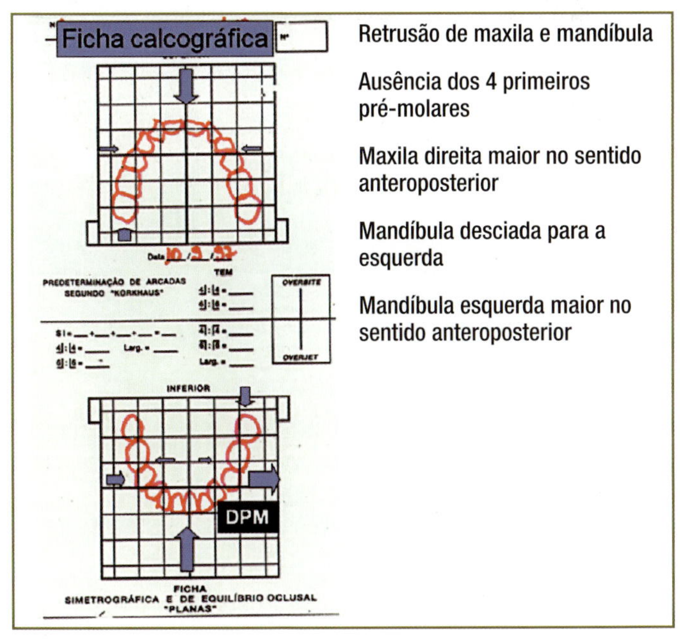

Figura 17.85: Paciente aos 25 anos. Na ficha calcográfica a maxila e a mandíbula estão retruídas porque houve extração de quatro pré-molares. A sobremordida segurou os dois maxilares para distal. Maxila direita maior no anteroposterior, mandíbula desviada para esquerda e também maior no anteroposterior.

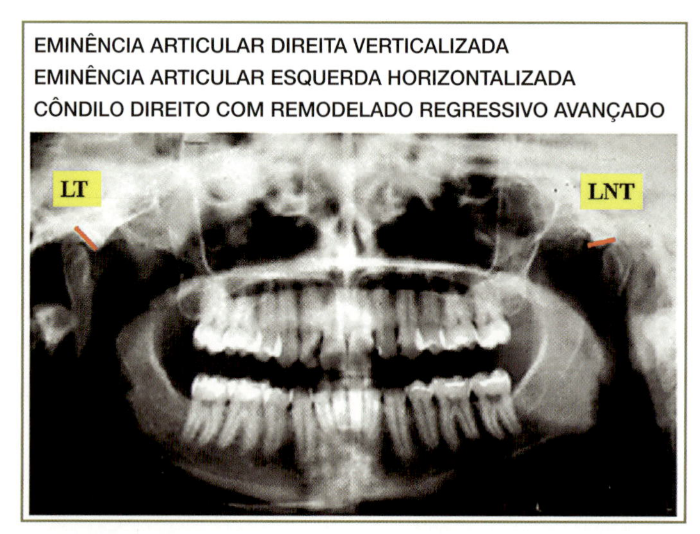

Figura 17.86: Paciente aos 25 anos. Na panorâmica o ângulo da eminência articular direito (lado de trabalho) está maior (mais verticalizado). A mandíbula está espacialmente desviada para a esquerda, confirmando a calcografia. Côndilo direito com remodelamento regressivo (perda óssea).

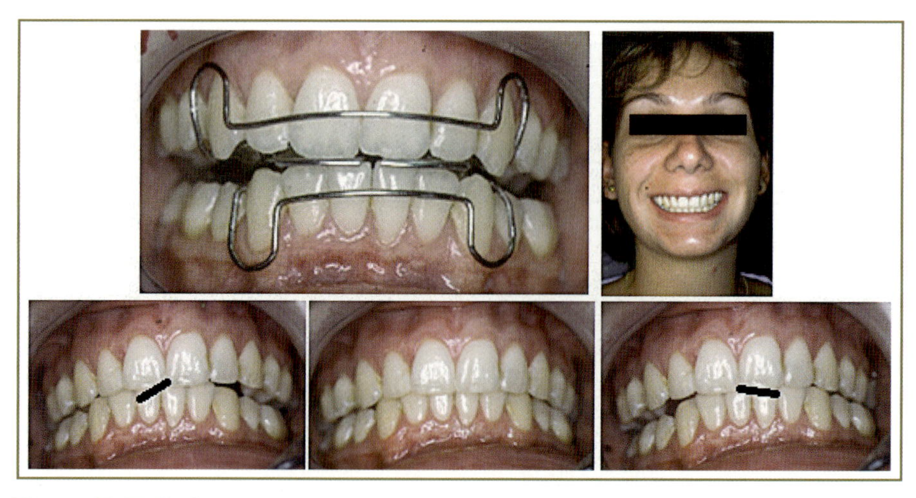

Figura 17.87: Paciente aos 27 anos. Rosto em norma frontal e lateral, face e pescoço mais simétricos. AFMP esquerdo menor, pois foi invertido o lado da mastigação (para a esquerda). O aparelho na boca: PIPC com Equiplan.

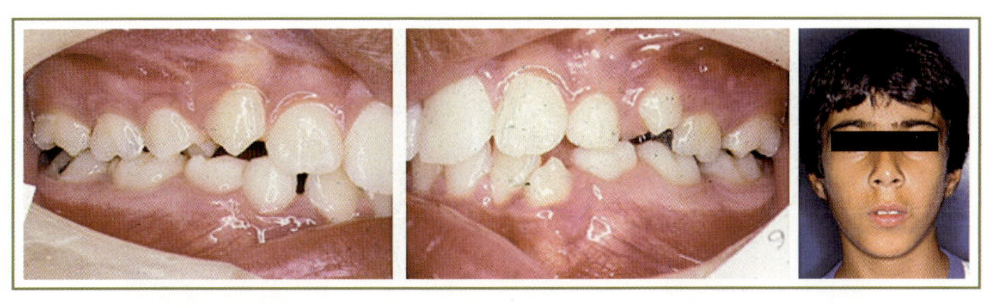

Figura 17.88: Paciente aos 10 anos. Rosto em norma frontal e lateral, lábios abertos e evertidos. Mandíbula esquerda menor que a direita devido à falta de espaço para o canino esquerdo e espaço suficiente para o canino direito. Protrusão com sobremordida. Mastigação direita confirmada clinicamente. Tratamento com PIPS II, PIPC finalizando com PIPS.

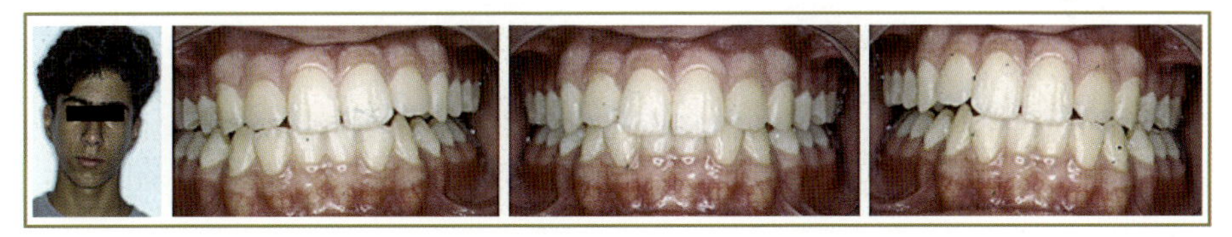

Figura 17.89: Paciente aos 13 anos. Rosto em norma frontal e lateral, lábios vedados. Lateralidade direita, cêntrica e lateralidade esquerda em equilíbrio em trabalho e balanceio bilateralmente. O canino esquerdo está alinhado no arco mandibular.

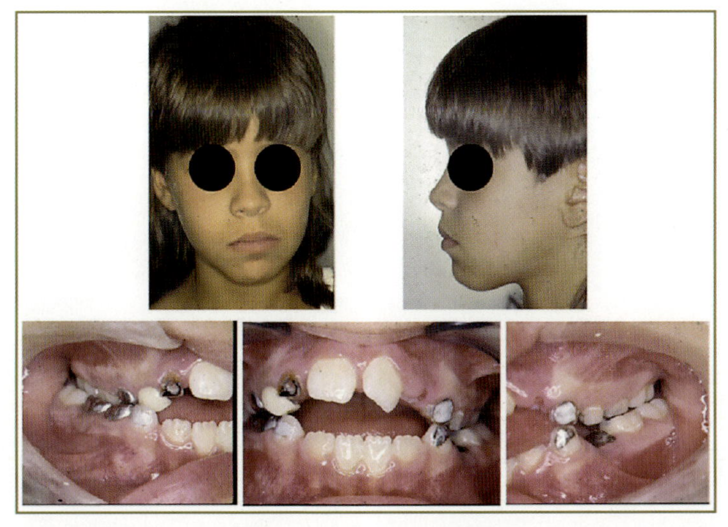

Figura 17.90: Paciente aos 7 anos. Rosto em norma frontal e lateral. Na face, a mandíbula está desviada para a esquerda. Mordida aberta anterior, protrusão de incisivos superiores e cruzada bilateral. DLM e mandíbula para a esquerda. Mastigação mais esquerda, embora com muita dificuldade para qualquer lado. A língua dá uma grande ajuda na mastigação. Tratamento com PIPS III, aparelho de Klammt e finalização com PIPS I.

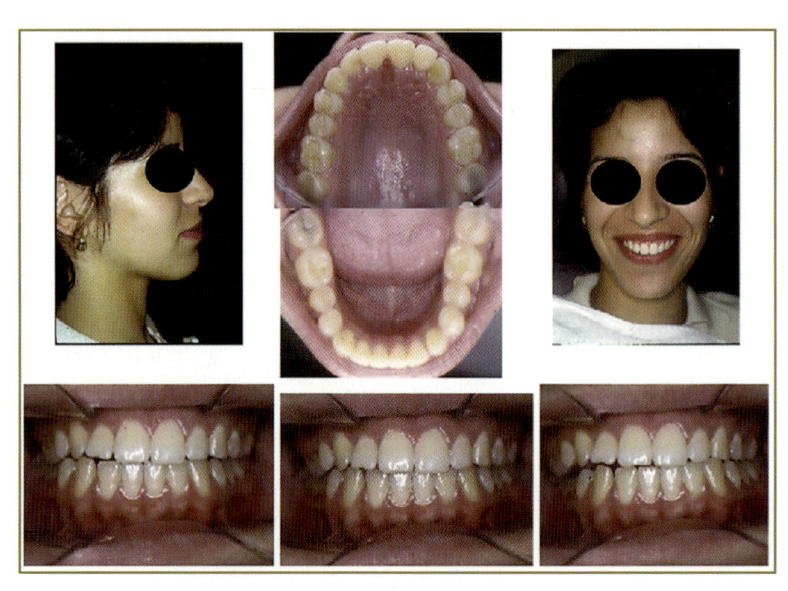

Figura 17.91: Paciente aos 23 anos. Rosto em norma frontal e lateral. Maxila e mandíbula aquadradadas, lateralidade direita, cêntrica e lateralidade esquerda em equilíbrio. Contatos em trabalho e balanceio. A linha mediana e a mandíbula estão centralizadas. O plano oclusal, antes invertido, agora está quase perfeito, com a curva de decolagem melhor da esquerda que da direita. Ainda com orientação de mastigar mais pelo lado direito.

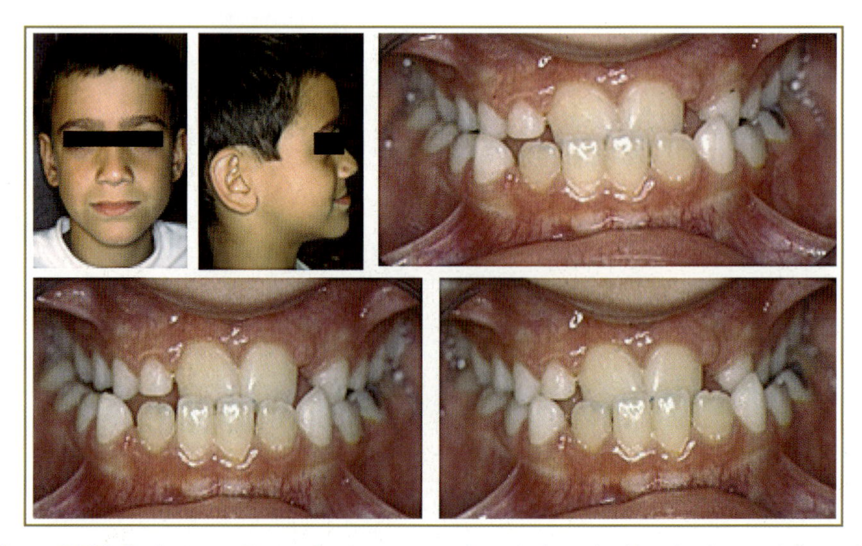

Figura 17.92: Paciente aos 7 anos. Rosto em norma frontal e lateral evidenciando a posição mesial da mandíbula. Mordida cruzada anterior, agenesia dos elementos 12 e 22, bastante desfavorável para o desenvolvimento da pré-maxila. Na lateralidade direita e esquerda a mandíbula faz mais protrusão que lateralidade. Tratamento com PIPS III com arco de progenia.

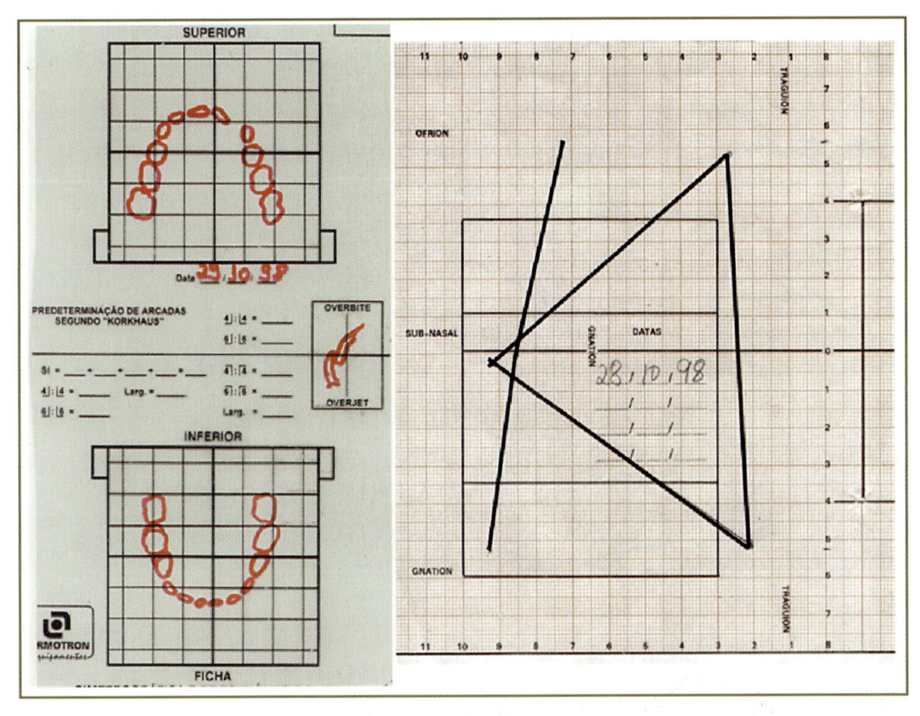

Figura 17.93: Paciente aos 7 anos. Ficha calcográfica: Maxila maior no lado direito no sentido transversal, LEM na região da mesial de 1° molar decíduo superior. Mandíbula centralizada com a base gnatofórica, LEM na interproximal de 1° e 2° molares decíduos inferiores. Evidencia o avanço da mandíbula em relação à maxila. Na ficha gnatostática, o perfil é C e DPM para esquerda.

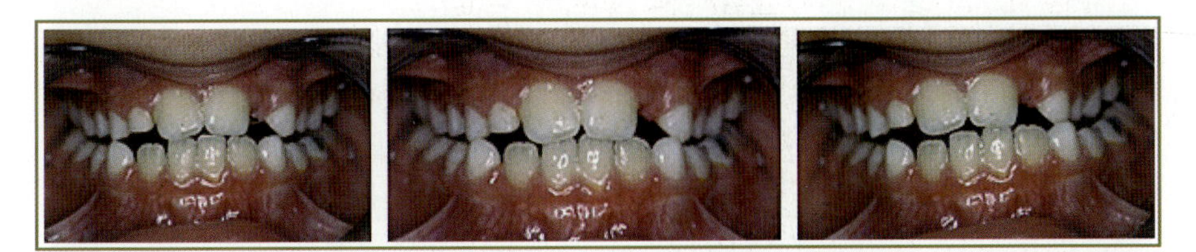

Figura 17.94: Paciente aos 8 anos. Descruzamento da mordida em cêntrica e contato incisivo na lateralidade direita e esquerda. A mandíbula agora faz movimento mais lateral que protrusivo, ou seja, foi capturada a ação da mandíbula sobre a maxila, importante para estimular o desenvolvimento da maxila. Aumento de espaço para o 22 ausente, que está sendo mantido para sua futura reposição.

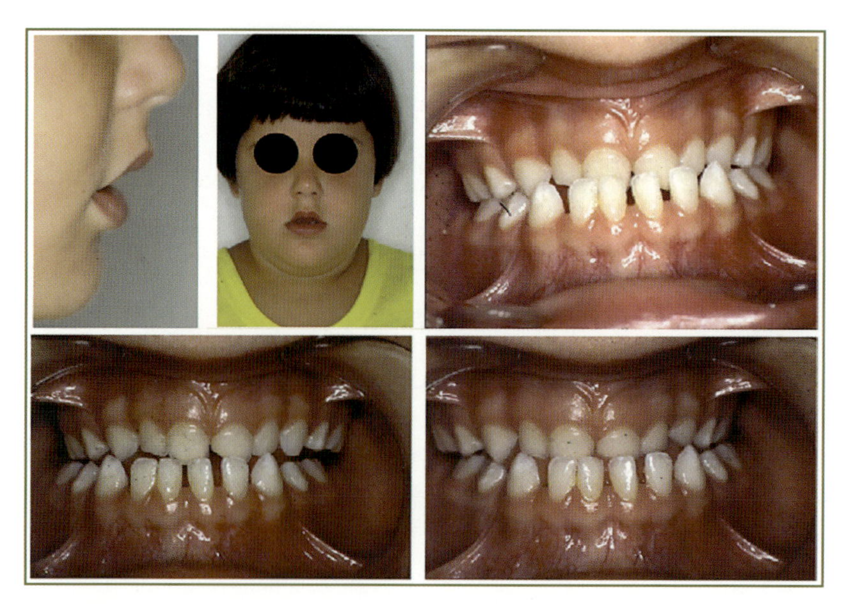

Figura 17.95: Paciente aos 4 anos. Face em norma frontal e lateral, lábios abertos e hipotônicos. O lábio superior é curto. Mordida cruzada de canino a canino. Mandíbula em Classe III na cêntrica. Em lateralidade o movimento é protrusivo. Tratamento com PIPS III durante todo o tempo, havendo trocas devido ao crescimento dos maxilares, quando necessárias.

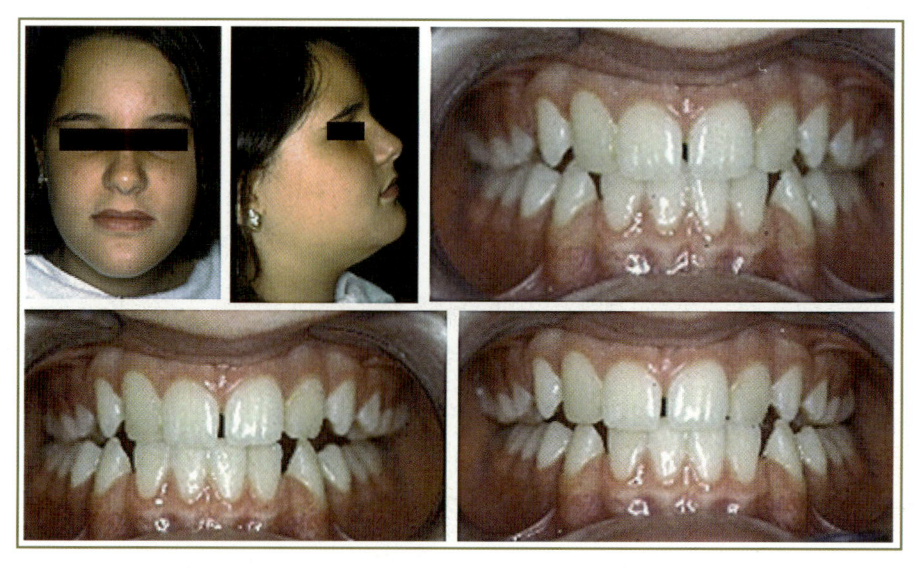

Figura 17.96: Paciente aos 10 anos. Face em norma frontal e lateral com vedamento e posicionamento dos lábios. Cêntrica com trespasse incisivo de 2 mm. Lateralidade direita e esquerda com contatos em trabalho e balanceio com os incisivos topo a topo.

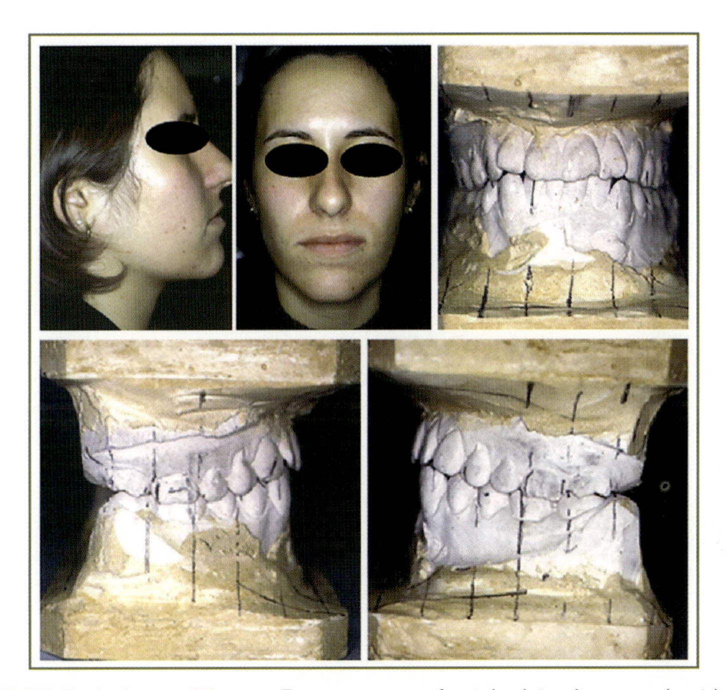

Figura 17.97: Paciente aos 25 anos. Face em norma frontal e lateral com assimetria labial, a comissura esquerda está mais alta que a direita. Ângulo goníaco esquerdo mais proeminente na face. Modelos gnatostáticos em norma frontal: apinhamento anterior superior e inferior, canino inferior direito mais vestibularizado que o esquerdo. Modelos gnatostáticos em norma lateral direita e esquerda: plano oclusal formando ângulo com o plano de Camper na frente, planos oclusais posteriores direito e esquerdo muito baixos, com uma inclinação ascendente de posterior para anterior. No exame clínico foi constatada a mastigação vertical. Queixa de dores de cabeça e face.

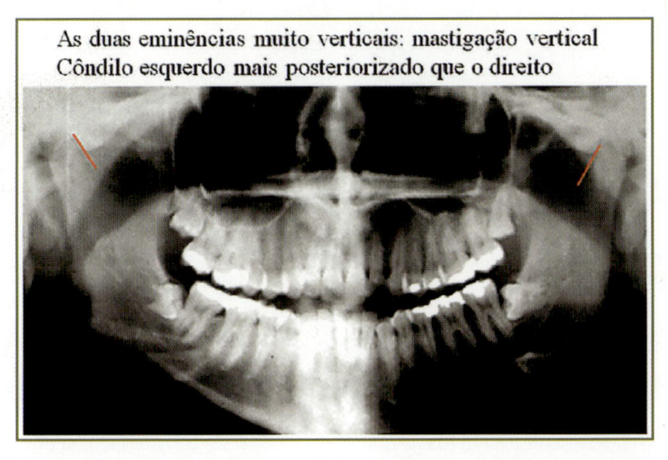

Figura 17.98: Paciente aos 25 anos. Na panorâmica, as duas eminências estão bem verticalizadas, característica da mastigação vertical. Côndilo esquerdo mais distalizado na cavidade glenóidea.

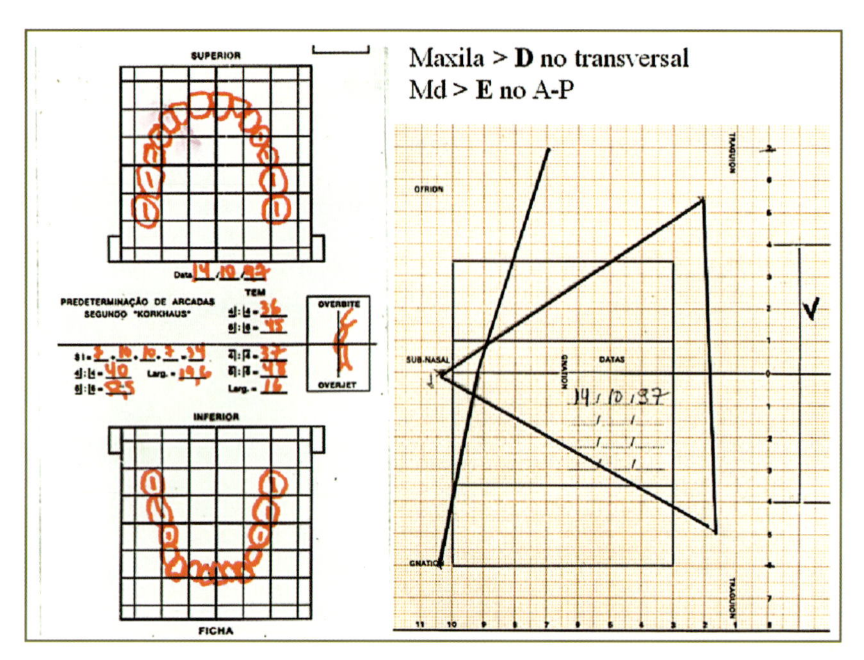

Figura 17.99: Paciente aos 25 anos. Na ficha gnatostática o perfil é C, a distância de tragus direito está maior. Na ficha calcográfica, a maxila direita está maior no transversal e a mandíbula esquerda maior no anteroposterior. A maxila maior direita confirma a distância de tragus direita maior na ficha gnatostática.

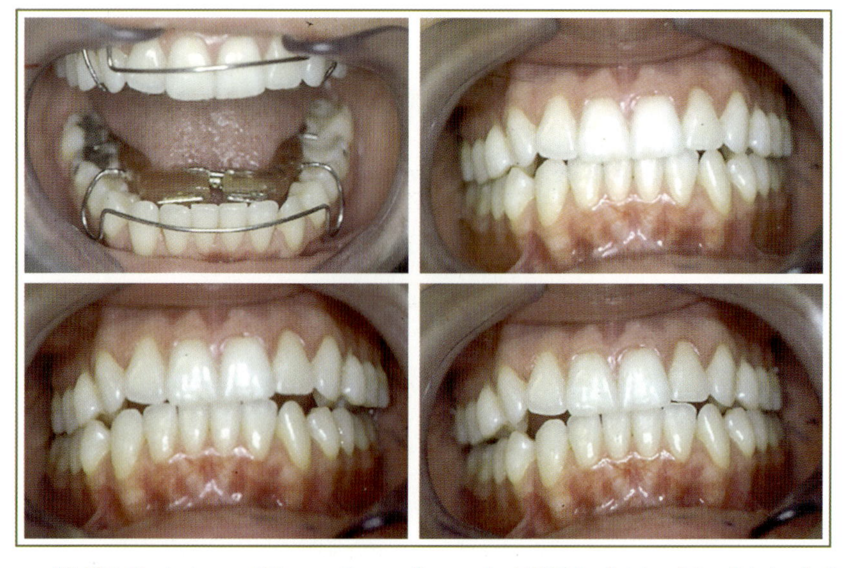

Figura 17.100: Paciente aos 27 anos. O aparelho usado é PIPS I, cêntrica, lateralidade direita e esquerda. Mandíbula e maxila aquadradadas, contato incisivo em DA. Lateralidades com contatos em trabalho e balanceio com os incisivos topo a topo.

Referências

1. BEGUIGUI, F. Parodonto e riabilitazione neuro-Occlusale. *Relazione al VII Congresso Nazionale AIPP – "La masticazione monolaterale: patognesi e implicazioni cliniche".* Città di Castello (PG). 7-9 mar. 2008.
2. CASADEI, M. Asimmetrie nelle diverse classi scheletriche: cases reporter. *Relazione al VII Congresso Nazionale AIPP – "La masticazione monolaterale: patognesi e implicazioni cliniche"*. Città di Castello (PG). 7-9 mar. 2008.
3. CHATEAU, M. *Orthopédie dento-faciale,* Tomes 1 et 2. Paris: CdP, 1993.
4. ESPOSITO, G. Riabilitazione neuro-posturale: integrazione tra RNO e kinesiologia odontoiatrica. *Relazione all V Congresso Nazionale AIPP.* Firenze, 2004.
5. GARCÍA DEL CARRIZO SAN MILLÁN, R. Ajuste y colocación en boca de placas planas. *Relazione al XLIII Congreso del CIRNO.* CÓRDOBA, 2005.
6. FUENTES, J. M. S. Importancia de la mordida constructiva en la fabricación y funcionamiento del equiplan. *Relazione al XLIII Congreso del CIRNO.* Córdoba, 2005.
7. KANDEL, E. R.; SCHWARTZ, J. H.; JESSEL, T. M. 2000. In: *Principles of Neural Science.* N. Y.: McGraw-Hill.
8. PLANAS, P. Arc gothique et rehabilitation neuro oclusale. *L'Orthod Franc.,* v. 36, p. 244-253. 1965.
9. PLANAS, P. Reabilitacion neuro-oclusale. *L'Orthod Franc.,* v. 42, p. 333-347. 1971.
10. PLANAS, C. S. Utilisation de la goniométrie orthodontique pour l'étude de l'expansion apicale, obtenue par laméthode du professeur Planas: la Réhabilitation Neuro-Occlusale. *Orthodontie Française,* v. 63, n. 2, p. 527-535. 1992.
11. PLANAS P. *Reabilitação Neuro-Oclusal.* San Paulo: Mesdi, 1988.
12. REALI, M. BY-TE REALI: perché un bite in RNO? *Relazione al V Congresso Nazionale AIPP – "RNO eriprogrammazione motoria"*. Città di Castello (PG). 2-3 dez. 2005.
13. REALI M. La masticazione monolaterale come causa di problemi cranio--mandibolari. *Relazione al VII°Congresso Nazionale AIPP – "La masticazione monolaterale: patognesi e implicazioni cliniche".* Città diCastello (PG). 7-9 mar. 2008.
14. SIMÕES, W. A. Propriocepção, exterocepção e aparatologia de Bimler, Frankel e Planas. *Ortodontia.,* v. 7, n. 2, p. 153-161, 1974.

15. SIMÕES, W. A. Functional jaw orthopedics. Better oral neurophisiology information gives better clinical results. *J. of Pedodontics,* v. 8, n.1, p. 108-115. 1983.

16. SIMÕES, W. A.; PETROVIC, A. G.; STUTSMANN, J. J. Modus operandi of Planas' Appliance. *J. Clin. Ped. Dent.,* v. 16, n. 2, p. 79-85, 1992.

17. SIMÕES, W. A. Aparelhos ortopédicos funcionais. In M. Saadia J. Ahlin. *Atlas de ortopedia facial.* São Paulo: Santos, 2000.

18. SIMÕES, W. A. *Ortopedia funcional dos maxilares. Através da Reabilitação Neuro-oclusal.* 3ª ed. São Paulo: Artes Médicas, 2003.

19. SPERANDÉO, M. L. A. Evocação da memória aversiva: participação do receptor NMDA e analise da ativação de Zenk no hipocampo de pombos. Tese de Mestrado. Universidade de Campinas, 91 p, 2005.

20. ZAFFUTO, E. Gli apparecchi funzionali di Planas: caratteristiche, indicazioni ed effetti clinici. *Relazione Al Convegno ANDI.* Carrara, 2008.

Capítulo 18

TRATAMENTO NA DENTIÇÃO DECÍDUA

"A Ortopedia Funcional dos Maxilares aplicada na primeira dentição ajuda o pequeno ser a se desenvolver e a crescer com mais saúde."

A criança nasce com um número de neurônios muito maior do que aqueles que sobreviverão na tentativa de formar os circuitos neurais. É uma situação fisiológica, mesmo porque os aprendizados estão se iniciando, logo após o nascimento, onde as informações externas começam a chegar, quando as primeiras experiências funcionais começam a ser influenciadas por essas informações. O craniofacial é no recém-nascido muito desproporcional em relação ao crânio-encefálico. Enquanto o segundo apresenta quase o tamanho do adulto, o primeiro está muito longe disso. O crânio-encefálico contém o encéfalo, órgão que controla a homeostase do ser, em alta vibração, com as células buscando os seus alvos adequados para se conectarem dando início à formação de redes neurais que comandarão toda e qualquer atividade desse indivíduo. O craniofacial contém estruturas responsáveis pela execução das funções de respiração, sucção, deglutição e fonação comandadas por informações neurais específicas impressas no DNA humano. Essas funções são vitais para a sobrevivência, assim, pode-se dizer que ambos (craniofacial e crânio-encefálico) estariam envolvidos no comando da homeostase. Portanto, esses dois órgãos precisam receber estímulos para crescer e se desenvolver de forma adequada. Porém, o diferencial entre eles é que o craniofacial precisa crescer muito mais para chegar à fase adulta em harmonia morfológica e funcional. Então a detecção e tratamento das desarmonias faciais nas crianças desde a mais tenra idade são muito importantes para a manutenção desta homeostase.

A OFM é detentora de conceitos e técnicas que se aplicam muito bem à obtenção do equilíbrio de desenvolvimento morfofuncional do SECN nesses pequeninos. Por isso, é necessário que se faça uma investigação precoce do desenvolvimento morfológico e funcional do SECN. Como já foi mencionada em outros capítulos, a mastigação fisiológica é aquela em que a mandíbula realiza movimento lateroprotrusivo (mais lateral que protrusivo) bilateralmente de forma alternada. Clinicamente, devem ser avaliados os AFMPs e os ângulos de Bennett.

Ângulo Funcional Mastigatório Planas

O Ângulo Funcional Mastigatório Planas (AFMP) é o ângulo formado pela mandíbula ao movimentar-se para direita e esquerda em um plano vertical frontal em relação ao plano horizontal. O Plano Vertical situa-se na linha mediana da mandíbula e o Plano horizontal na incisal dos incisivos superiores. Na mastigação bilateral alternada os AFMPs são iguais, e na mastigação viciosa unilateral os AFMPs são desiguais, sendo menor do lado de trabalho.

O AFMP revela o grau de dificuldade ou de facilidade que a mandíbula tem para se lateralizar. A partir da cêntrica a mandíbula se desloca à direita ou à esquerda, de preferência para o lado que lhe oferece menor resistência. Este é o lado onde ocorre mais a função mastigatória, pois nessa função há atrito entre as faces oclusais dos dentes e suas cúspides sofrem desgastes graduais. Assim, diminui-se as interferências de deslocamento da mandíbula em seus movimentos neurofuncionais. Nesse lado, com a força de atrito, os ligamentos periodontais são altamente estimulados tanto da mandíbula como da maxila e como resposta há o remodelamento ósseo na maxila e crescimento ósseo na mandíbula no sentido vertical. O corpo da mandíbula fica mais alto e cada vez mais próximo da maxila. A mandíbula vai à busca da maxila mesmo se for às custas da redução da dimensão vertical, ainda que mínima. Este é também chamado lado da **mínima dimensão vertical.** A mastigação é sempre realizada no lado da mínima dimensão vertical, pois é o lado que oferece menos resistência mecânica, menos gasto de moléculas energéticas acumuladas no organismo. Além disso, apresenta circuitos neurais bem estabelecidos pelo treinamento, que geram aquisição e consolidação de memória de longo prazo. Esse conjunto de facilidades mantém a mastigação unilateral e esta, por sua vez, pode levar o SECN a assimetrias ósseas, musculares, posturais e dentárias.

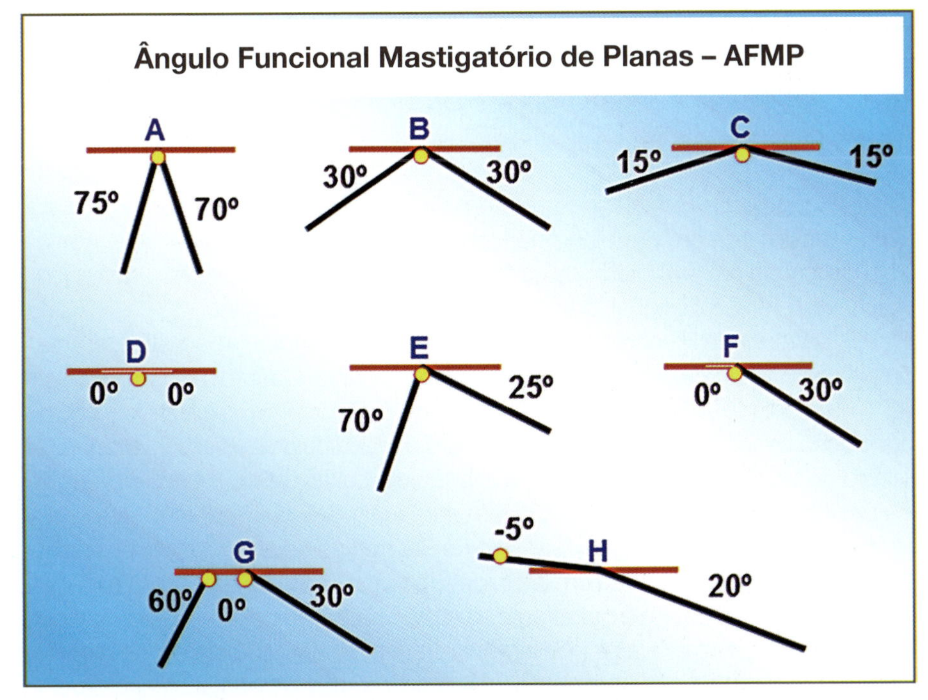

Figura 18.1: AFMs em A, B, C e D iguais (mastigação bilateral alternada) em E, F, G e H desiguais (mastigação viciosa do lado menor).

Em A os AFMPs são iguais e com valor muito alto, mostrando que a mandíbula abre muito ao fazer lateralidade devido às cúspides muito altas, apesar de ter mastigação alternada. Em B os AFMPs de 30 graus revelam que a mandíbula se afasta menos da maxila ao se lateralizar, portanto, cúspides mais baixas devido à herança ou ao desgaste pelo uso. No caso C as cúspides devem estar bem baixas. O valor de zero evidencia cúspides totalmente desgastadas em dentição decídua madura (por volta dos 6 anos) ou permanente madura (por volta dos 60 anos). Pode acontecer em qualquer idade por patologia funcional, tal como o bruxismo. Em E um lado o AFMP é de 70 (lado de balanceio) com cúspides muito altas e do outro de 25 graus, sendo este o lado de trabalho com cúspides bem mais baixas devido à mastigação viciosa unilateral antiga. No caso em F tem-se zero em um lado de trabalho (cúspides aplanadas) e 30 do outro (lado de balanceio). Nesse caso, o lado de AFMP zero mostra que esse lado vem trabalhando exageradamente em relação ao lado oposto. Em G é caso de dupla cêntrica, pois há uma extensão entre um lado e outro e AFMPs desiguais. Em H um lado é negativo, isto é, lateralidade com retrusão e do outro valor de 20 graus, situação patológica que ocorreria em adultos com graves desequilíbrios funcionais.

Ângulo de Bennett

O ângulo de Bennett é formado pela mandíbula ao movimentar-se para direita e esquerda em um plano horizontal em relação ao plano vertical frontal. Na mastigação bilateral alternada os ângulos de Bennet são iguais e a mastigação viciosa unilateral é desigual, sendo maior o do lado de trabalho.

O ângulo de Bennett é formado quando a mandíbula, ao se lateralizar, descreve no ar um desenho em forma de gota invertida. Quanto mais ela se afasta da linha mediana (plano vertical) maior é o ângulo, portanto, mais baixas são as cúspides, menos interferências existem para a mandíbula ultrapassar, sendo este o lado de trabalho. Quanto menos a mandíbula se lateraliza, menor é o ângulo de Bennet e maior o AFMP, que podem ser iguais dos dois lados ou desiguais. Clinicamente pode-se observar o ângulo de Bennett pedindo ao paciente mastigar uma goma de mascar ora de um lado, ora do outro. Deve-se olhar para a mandíbula nesse momento. Se a mandíbula se movimentar verticalmente, significa que o ângulo é pequeno e que há interferências altas. Se a mandíbula se movimentar deslocando-se mais para a lateral, significa que há menos obstáculos a superar, mais facilidade para realizar o movimento. Na figura 18.2, o desenho da gota em preto, mais próxima do plano vertical – linha mediana – pode ocorrer igualmente dos dois lados quando as cúspides forem altas, sem desgastes, como no exemplo de AFMPs iguais a 70 graus, ou ainda de forma desigual devido à mastigação unilateral como no exemplo de AFMPs de 70 e 25 graus. Na mesma figura o desenho da gota em azul mostra ângulo de Bennett maior, provavelmente devido às cúspides mais baixas, e pode ser igual bilateralmente ou desigual como nos casos da figura 18.1 em B, (iguais) e em E (desiguais) referentes aos AFMPs. O terceiro desenho, gota em lilás, equivaleria a AFMP próximo de 15 graus como na figura 18.1-C (iguais) ou F (desiguais).

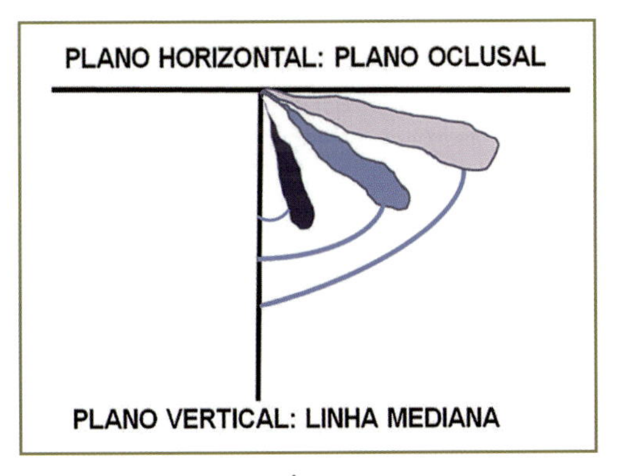

Figura 18.2: Representação esquemática do Ângulo de Bennet no plano vertical relacionado ao plano oclusal. No movimento de lateralidade a mandíbula descreve no ar um desenho em forma de gota invertida. Essa gota invertida pode ser clinicamente observada quando uma pessoa realiza a mastigação de um lado e depois do outro. Geralmente há diferença entre os dois. Quanto mais vertical o movimento descrito pela mandíbula menor é o valor do ângulo, o que mostra impedimentos para a lateralização (desenho da gota mais próximo do plano vertical – linha mediana). Nos demais desenhos, a gota vai se afastando do plano vertical, o ângulo vai aumentando de valor e a lateralização vai aumentando de amplitude.

O exame clínico funcional feito nas crianças é muito importante para se obter o diagnóstico funcional e decidir qual a terapêutica a ser aplicada para se conseguir de novo o equilíbrio de desenvolvimento morfofuncional do sistema.

A dentição decídua tem os segmentos posteriores curtos, portanto, superfície de deslizamento pequena para a mandíbula realizar a mastigação. A eficiência mastigatória vai ganhando terreno com a maturação dessa dentição, que para isso necessita de bom relacionamento entre as partes envolvidas: mandíbula e maxila. A mandíbula tem um papel de comando funcional frente à maxila. É ela que lidera o seu próprio desenvolvimento e o da maxila. Sendo assim, é muito importante se examinar o comportamento da mandíbula em cêntrica, lateralidade e protrusão. Em cêntrica as incisais dos incisivos inferiores por vestibular estarão em contato com o terço incisal por palatino dos superiores. A vertente mesial do canino inferior se relaciona com a distal do incisivo lateral, e a distal com a mesial do canino superior. As cúspides palatinas dos molares superiores ocluindo nos sulcos centrais dos inferiores. Em lateralidade, no lado de trabalho, os incisivos ficam topo a topo, vertente distal do canino inferior com a mesial do superior, cúspides vestibulares e linguais dos molares inferiores com as vestibulares e palatinas dos superiores, com contatos bem marcados. No balanceio os incisivos ficam topo a topo, caninos em desoclusão, cúspides vestibulares dos molares inferiores com as palatinas dos superiores, cujos contatos são tênues.

Prevalência de má oclusão na 1ª dentição

A nível de Saúde Pública, sabe-se que as crianças em fase de dentição decídua são assistidas nos Postos de Saúde e nas escolas públicas. Seria de grande ajuda para as que apresentam distúrbios de desenvolvimento do SECN que estes órgãos governamentais implementassem como rotina as técnicas clínicas utilizadas para devolver o equilíbrio de desenvolvimento da boca. Uma vez que a boca desequilibrada possa desencadear uma série de doenças nas vias aéreas, afastando a criança da escola e exigindo uso de medicamentos (também fornecidos pelos órgãos governamentais) seria de suma importância que essas crianças readquirissem o equilíbrio morfo-funcional do SECN. São medidas profiláticas e até mesmo curativas benéficas para os pequeninos e para os órgãos públicos. O Brasil necessita de crianças que possam aprender, crescer e desenvolver-se com potenciais físicos, mentais, culturais e emocionais para contribuírem grandemente com o País.

As crianças que apresentam má oclusão, quando tratadas precocemente, muitas vezes o seu sistema bucal readquire a capacidade de se desenvolver de forma equilibrada, e assim restabelecer totalmente a sua oclusão normal. Outras vezes pode-se diminuir consideravelmente o tempo em que esse indivíduo ficaria em tratamento ortopédico ou ortodôntico (Planas, 1998; Sperandéo, 2002; Simões, 2003; Gribel, 2006). Assim, é de grande importância olhar para essas situações de desequilíbrio de desenvolvimento bucal em fases precoces, pois se evitaria muitos e futuros problemas provocados por elas. As más oclusões nessa faixa etária podem levar a desequilíbrios de saúde geral, tais como: adenoides e amígdalas aumentadas com possíveis infecções repetitivas, otites, respiração bucal que aumenta a possibilidade de rinites e das infecções anteriormente citadas, dificuldade na fala, dificuldade mastigatória que leva à dificuldade de triturar alimentos e da aceitação de alimentos mais sólidos e, consequentemente, leva ao prejuízo da saúde geral do pequeno paciente (O'Ryan, Gallagher, LaBanc,

Epker, 1982; Aragão, 1991; Saffer, Filho, Neto, 1995; Bueno Junior, 1996; Planas, 1998; Motonaga, Berte, Anselmolima, 2000).

Facholli, em 2003, verificou a prevalência de más oclusões e oclusões normais em idades precoces, em 1200 crianças na faixa etária de 3 a 6 anos e com dentadura decídua completa, na cidade de Londrina. Os resultados foram: incidência de 25,1% de oclusão normal; 32,1% de má oclusão de Classe I; 40% de má oclusão de Classe II; 2,8% de má oclusão de Classe III.

Degan, Pignataro Neto e Rontani, em 2004, avaliaram clinicamente as relações morfológicas oclusais de crianças com idade entre três anos e seis meses a seis anos e 11 meses, frequentadoras de creches municipais da cidade de Piracicaba-SP. Os resultados mostraram que houve alta prevalência de má oclusão na amostra (71,6%), encontrando-se a mais alta incidência para a mordida aberta anterior associada à mordida cruzada lateral posterior.

Kaneshima, em 2004, fez um estudo epidemiológico avaliando 4913 crianças de escolas da Rede de Ensino Público do Município de Marília, na fase de dentição mista e permanente, envolvendo a faixa etária de 7 a 16 anos. O índice percentual de más oclusões encontrada foi de 86,48%, o que demonstrou uma frequência elevada. Os percentuais de más oclusões encontradas foram: Classe I (42,80%), Classe II, ¼ (21,70%), Classe II, ½ (16,75%), Classe II completa (12,62%) e Classe III (6,14%).

Biázio, Costa e Virgens Filho, em 2005, verificaram a prevalência de má oclusão em 49 crianças de 3 a 9 anos no Distrito de Entre Rios em Guarapuava-PR.

Os resultados na dentadura decídua mostraram que 75,5% apresentaram má oclusão. No que se refere à distribuição de má oclusão, prevaleceu a de Classe I (67,5%), seguida pela de Classe II (29,8%) e, finalmente, pela Classe III (2,7%). Quanto aos resultados na dentição mista, 76,6% apresentou má oclusão.

Raniere Luiz Sousa e equipe, em 2007, avaliaram 366 crianças de cinco anos da cidade de Natal (RN) com o objetivo de investigar a prevalência e os fatores associados à ocorrência de mordida aberta. Os resultados mostraram que a prevalência da mordida aberta anterior foi de 20% do total da amostra e que havia uma associação significativa entre a presença de hábito de sucção não nutritiva, a classe econômica e a renda, sendo o nível socioeconômico desfavorável fator de proteção para o desenvolvimento desta má oclusão.

Gimenez e equipe em 2008 analisaram a prevalência de más oclusões em 100 crianças de 2 a 4 anos, com a dentadura decídua completa. Os resultados mostraram alta prevalência de más oclusões (superior a 50% da amostra avaliada) e uma correlação positiva entre a falta de amamentação natural e hábitos bucais inadequados em relação à presença de más oclusões. A equipe enfatiza que esse resultado evidencia a face alarmante do problema de falta de medidas preventivas (incluindo o incentivo à amamentação natural) e a necessidade de interceptação destas más oclusões na infância.

Classificações das más oclusões clinicamente tratáveis na dentição decídua

1. A situação de desequilíbrio mais leve que se pode encontrar é uma dentição desenvolvendo bem, com diastemas entre os incisivos, relação de equilíbrio entre mandíbula e maxila (Classe I), porém, na lateralidade os caninos se enroscam, não permitindo um livre deslizamento da mandíbula. Na Classe I, o plano oclusal e o plano de Camper estão paralelos entre si. Essa é uma atrofia de desenvolvimento provocada pela falta de uso de alimentos mais duros e secos. Geralmente apresenta mastigação viciosa unilateral com DLM clínica para o lado da mastigação unilateral, ou seja, para o lado do AFMP menor. O DLM clínico denota o início de crescimento assimétrico provocado pela mastigação viciosa unilateral.

Classe I: PARALELISMO ENTRE OS 2 PLANOS

Plano de Camper

Plano Oclusal

Plano de Camper: união dos pontos tragus e asa do nariz

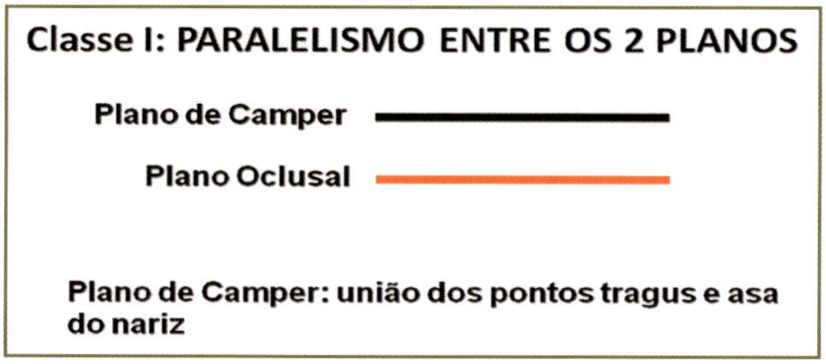

Figura 18.3: Relação de Classe I entre o plano oclusal e o plano de Camper. Este último é formado pela união dos pontos de tragus e asa do nariz. Existe um paralelismo entre eles na Classe I.

2. Quando a atrofia for mais acentuada, a dentição decídua se encontra em uma relação de Classe II (mandíbula distalizada em relação à maxila) com protrusão de incisivos superiores com ou sem mastigação unilateral, porém, nota-se uma atrofia acentuada da maxila no sentido transversal. Na Classe II, o plano oclusal e o plano de Camper formam ângulo entre si que se fecha posteriormente.

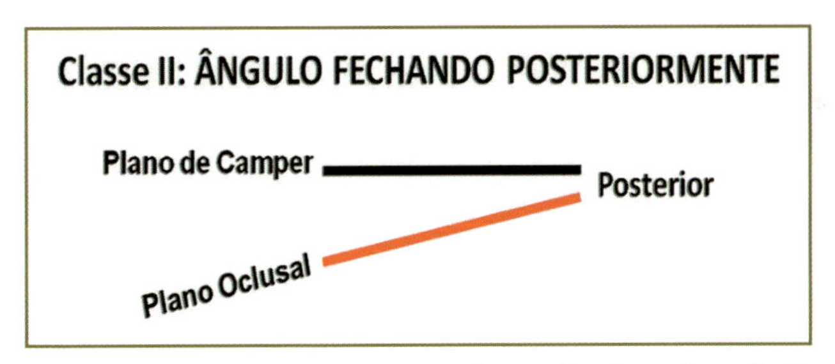

Figura 18.4: Relação de Classe II entre o plano oclusal e o plano de Camper. Esses dois planos formam entre si um ângulo que se fecha atrás.

3. Atrofia em que a mandíbula se encontra distalizada em relação à maxila (Classe II), incisivos superiores verticalizados, sobremordida (redução da dimensão vertical que muitas vezes atrasa ou até mesmo impede a erupção dos primeiros molares permanentes) e plano oclusal posterior invertido. A relação entre o plano oclusal e o de Camper é o mesmo mostrado na figura 18.4. Os caninos são longos e impedem os movimentos laterais da mandíbula, por isso, durante a mastigação, a mandíbula realiza movimentos praticamente verticais.

4. Mordida cruzada unilateral. No início da aprendizagem mastigatória, os dentes recém-erupcionados apresentam cúspides pontudas que deveriam ser imediatamente postas em uso quando os alimentos oferecem certa resistência. Como atualmente os alimentos usados são pastosos oferecendo pouca resistência à trituração, as cúspides permanecem sem desgastes dificultando a aprendizagem mastigatória. Assim, a mandíbula, na tentativa de conseguir a mínima dimensão vertical, desloca-se para um lado para outro, para frente ou para trás, na expectativa de encaixar seus dentes com os superiores. Nessa fase de "procura pelo melhor arranjo oclusal", a mandíbula repentinamente se encaixa em uma determinada posição em que seus dentes se encaixam com os seus irmãos-antagônicos, sobretudo quando isso se dá no cruzamento unilateral. Quando ocorre o cruzamento unilateral, esse é o lado da MDV e o da mastigação. O crescimento assimétrico ocorre ao longo do tempo mastigatório unilateral, por isso, quanto mais cedo descruzar a mordida, menores serão os danos nas bases ósseas.

5. A mordida cruzada anterior (Classe III, mandíbula mesializada em relação à maxila). A mastigação é feita com movimento mais protrusivo que de lateralidade. Esta má oclusão é de difícil tratamento, por isso, quanto mais cedo detectada e tratada, melhor o prognóstico. Na Classe III o plano oclusal e o plano de Camper formam ângulo entre si, que se fecha anteriormente.

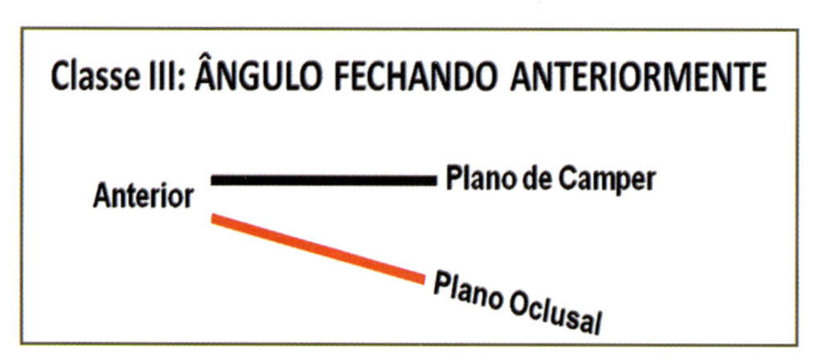

Figura 18.5: Relação de Classe III entre o plano oclusal e o plano de Camper. Esses dois planos formam entre si um ângulo que se fecha na frente.

6. Nas mordidas abertas os planos oclusais posteriores e anterior estão invertidos, ou seja, os incisivos ficam em um plano mais alto que os posteriores. O fulcro de abertura da mordida pode estar nos segundos ou nos primeiros molares decíduos. A mordida aberta na dentição decídua pode causar respiração bucal, hipotonia dos músculos labiais, desequilíbrio do tônus e da postura da língua, deglutição atípica e dificuldade na fala. É importante que o tratamento seja realizado o mais precocemente possível. (Planas,1998; Sperandéo, 2002; Simões, 2003; Ramirez-Yanez, 2003; Gribel e Gribel, 2005).

Tratamentos propostos

1ª situação

Para a 1ª situação o tratamento tem por objetivo funcionalizar o lado de balanceio, tornando-o por algum tempo o novo lado de trabalho. Com a inversão da mastigação ocorrerá maior estímulo na maxila direita e na mandíbula esquerda, corrigindo o crescimento assimétrico que estava em curso. O SECN com o novo treinamento funcional formará novos circuitos neurais que fortalecerão o desenvolvimento mais equilibrado.

Geralmente são as cúspides dos caninos decíduos que impedem a lateralização da mandíbula, por não terem sido desgastadas pelo uso natural. O tratamento consiste em fazer um ajuste oclusal (AO) ou desgaste seletivo (DS) em locais específicos. No novo lado de trabalho executam-se os seguintes procedimentos:

- O canino superior decíduo tem a vertente mesial curta e a distal longa, por isso desgasta-se a vertente mesial do canino superior alongando-a de modo a tornar-se única.
- O canino inferior decíduo tem a vertente distal curta e a mesial longa, assim, desgasta-se a sua vertente distal alongando-a.
- Cúspide disto vestibular do segundo molar superior.
- Incisais dos incisivos superiores do mesmo lado.

No lado inverso, novo lado de balanceio, os desgastes serão:

- Cúspide disto palatina do segundo molar superior;
- Cúspide disto palatina do primeiro molar superior, se necessário;
- Incisais dos incisivos superiores do mesmo lado.

O paciente J. M. exemplifica a 1ª situação. Paciente do gênero masculino, 5 anos de idade, com mastigação unilateral esquerda, DLM clínica para a esquerda e AFMP E menor, o que evidencia crescimento assimétrico em estágio inicial provocado pela mastigação unilateral.

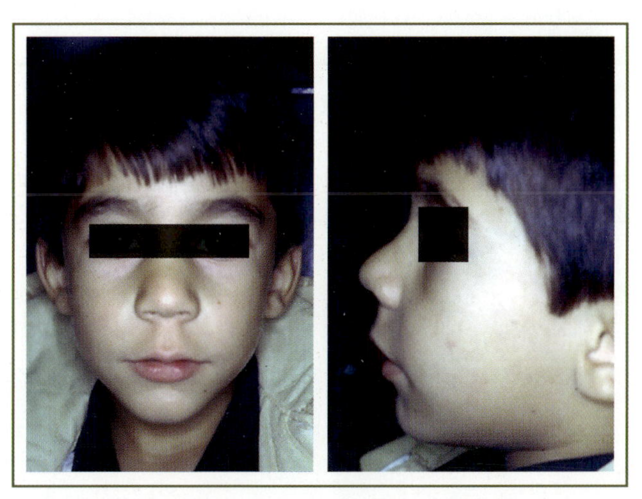

Figura 18.6: Paciente J. M. aos 5 anos de idade, foto de rosto em norma frontal e lateral.

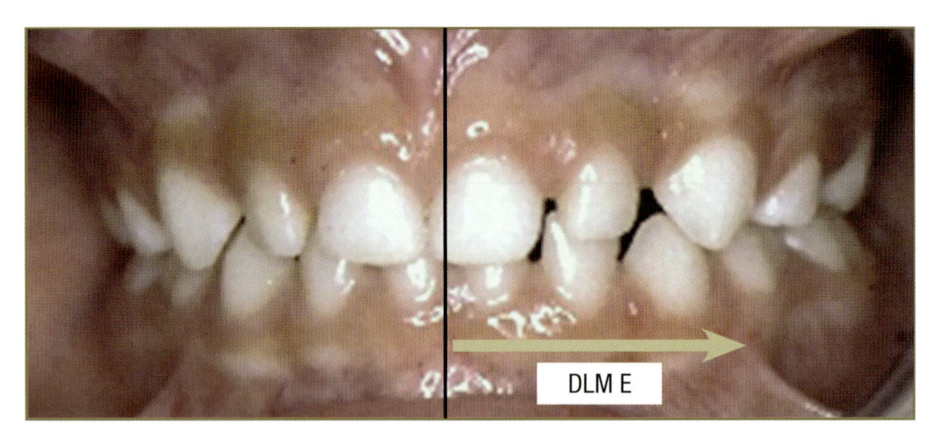

Figura 18.7: Foto da cêntrica do paciente. Dentição decídua completa, com diastemas e bem desenvolvida. Desvio da linha mediana clínica para a esquerda evidenciando mastigação viciosa esquerda e início de crescimento assimétrico.

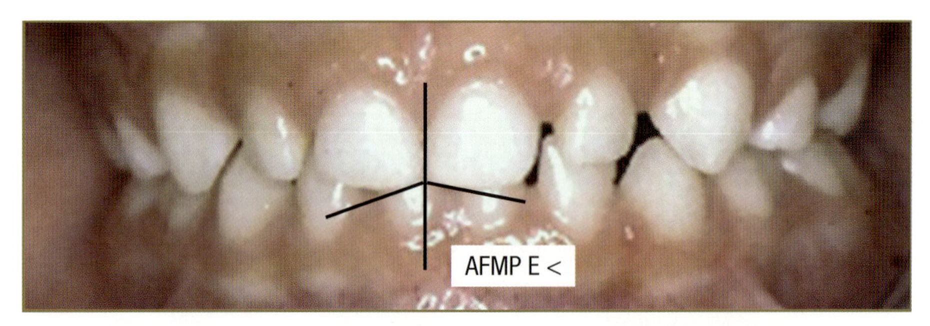

Figura 18.8: Cêntrica do paciente com AFMP E menor que o direito; evidência de mastigação viciosa esquerda.

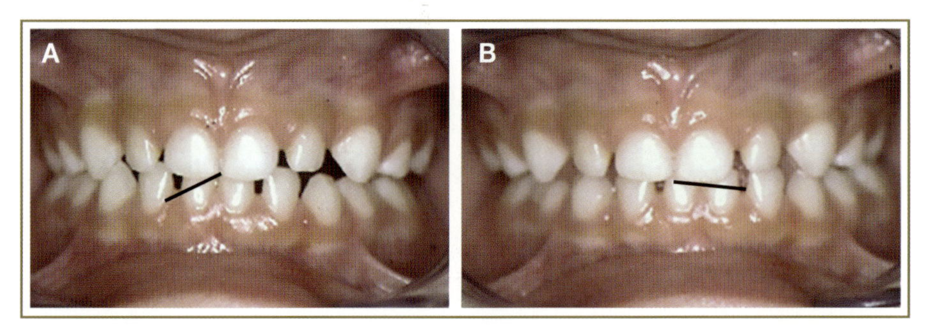

Figura 18.9: Lateralidade direita em A e lateralidade esquerda em B. Em A: Na lateralidade direita a mandíbula faz movimento reduzido devido ao travamento feito pela cúspide dos caninos do mesmo lado, AFMP D maior. Em B: movimento amplo de lateralidade da mandíbula, lado da mastigação viciosa, da mínima dimensão vertical e AFMP E menor.

O paciente foi atendido em uma única sessão de DS, cujo objetivo foi de funcionalizar o lado de balanceio (direito) tornando-o por algum tempo o novo lado de trabalho, e aproximadamente 6 meses depois devolver a mastigação bilateral alternada com outro DS. O DS foi executado nas seguintes regiões: vertente mesial do canino superior alongando-a de modo a tornar-se única e vertente distal do inferior do novo lado de trabalho (lado direito). Cúspide distovestibular do segundo molar superior, incisais dos incisivos superiores do mesmo lado. No lado inverso: cúspide disto palatina do segundo molar superior.

Assim, o AFMP do novo lado de trabalho (direito) ficou com valor ligeiramente inferior ao outro lado, com isso, a mandíbula tem preferência mastigatória por esse lado. A criança foi orientada para mastigar sempre por esse novo lado, inclusive que usasse goma de mascar por 10 a 15 minutos diariamente de forma consciente, sentada, prestando atenção na mastigação e com supervisão da mãe. Isso favorece a formação de novos circuitos neurais mais rapidamente, formando nova memória funcional. Aproximadamente após 6 meses de treinamento intensivo deve-se realizar novo ajuste oclusal para igualar os AFMPs e obter a mastigação bilateral alternada, assegurando o desenvolvimento equilibrado do SECN.

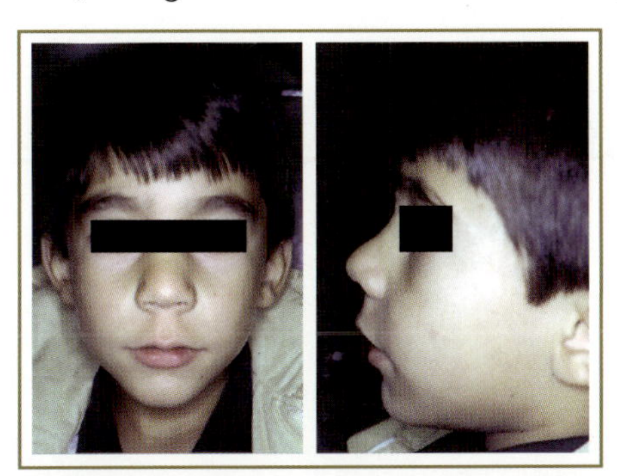

Figura 18.10: Paciente J. M. aos 5 anos de idade, rosto em norma frontal e lateral logo após o tratamento clínico.

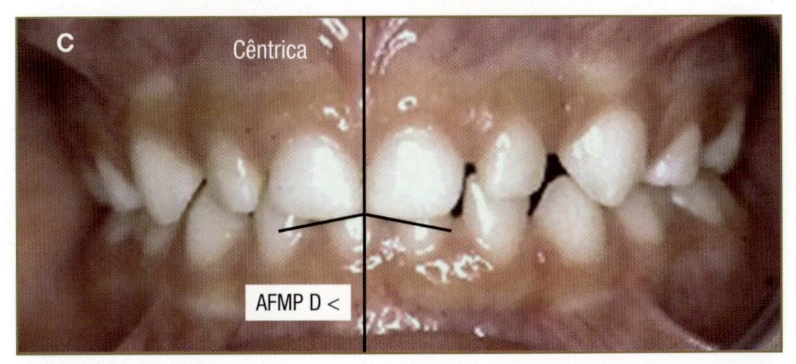

Figura 18.11: Em C – Cêntrica do paciente. O AFMP D ficou menor após o tratamento de DS realizado em uma única sessão clínica. A mastigação passou a ser pelo lado direito.

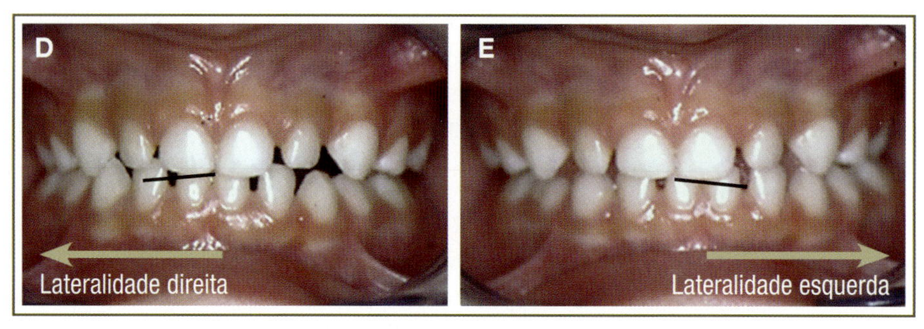

Figura 18.12: Lateralidade direita em D e lateralidade esquerda em E. Em D – Na lateralidade direita, a mandíbula agora, após o DS, faz amplo movimento de lateralidade. AFMP D ficou ligeiramente menor que o esquerdo, como também o lado da mínima dimensão vertical, o que possibilita a mandíbula buscar automaticamente esse lado como o preferencial para a mastigação. Em E, lateralidade esquerda, o movimento continua o mesmo de antes do DS, porém, com mais dificuldade de lateralização da mandíbula, se comparado com o direito.

2ª situação

Quando a atrofia for mais acentuada, com relação de classe II, protrusão de incisivos superiores com ou sem mastigação unilateral, o objetivo do tratamento é normalizar o melhor possível a relação entre a mandíbula e a maxila e corrigir a mastigação unilateral, se presente. A meta é tornar o plano oclusal o mais paralelo possível com o plano de Camper. Nessa situação o plano oclusal e o plano de Camper formam um ângulo que se fecha posteriormente, ou atrás (figura 18.4). No tratamento serão realizados DS e Pistas Diretas Planas (PDP). Compreende-se por PD a aplicação de resina fotopolimerizável sobre os dentes decíduos em regiões preestabelecidas para se atingir o equilíbrio desejado para cada caso em tratamento.

O DS é realizado da seguinte forma:

- Oclusal dos segundos molares inferiores (direito e esquerdo), deixando a distal mais baixa que a mesial.
- Caninos superiores (direito e esquerdo), reduzindo a altura da cúspide alongando a vertente mesial.

Dessa maneira, a mandíbula deslizará mais facilmente para mesial mudando a sua postura. Com a mandíbula mesializada, tendo como referência a relação de incisivos, haverá um espaço interoclusal que será preenchido com resina composta (PDP).

A PDP é feita nos seguintes locais:

- Oclusal de segundos molares superiores.
- Cúspide de caninos inferiores alongando a vertente distal (sendo única).
- O espaço interoclusal que sobrar entre os 1os molares decíduos superiores e inferiores é preenchido com a resina da seguinte maneira: uma metade é preenchida com resina colocada na oclusal do superior e a outra metade na oclusal do inferior.

Com esse tratamento o desenvolvimento e crescimento do sistema tende a entrar em sincronia, mas nem sempre será suficiente para livrá-lo de aparatologia, pois muitas vezes as atrofias são detectadas em idade próxima do início da dentição mista, portanto, sem tempo hábil para compensar o atraso ocorrido. Além disso, a criança pode ter influências externas que corroboram com o desenvolvimento desequilibrado, como: respiração bucal, hábitos viciosos etc.

A paciente M. G. S. do gênero feminino, 6 anos, exemplifica a 2ª situação.

Além de classe II com protrusão de incisivos superiores, apresenta também mordida aberta, lábios hipotônicos, abertos, com o inferior evertido e DLM clínica para a direita. No exame clínico funcional a mastigação se mostrou mais vertical que lateral, porém, com preferência pelo lado direito, mesmo lado do DLM.

O tratamento foi feito em uma única sessão com o objetivo de conseguir uma melhor relação entre mandíbula e maxila (avanço da mandíbula), buscando um paralelismo entre os planos: oclusal e de Camper.

O DS foi feito na oclusal dos segundos molares inferiores deixando a distal mais baixa que a mesial e caninos superiores, reduzindo a altura da cúspide, alongando a vertente mesial.

Após o DS a mandíbula se soltou, veio à frente buscando o contato incisivo.

Com a mandíbula mesializada, tendo como referência a relação de incisivos, ficou um espaço interoclusal que foi preenchido com resina composta (PDP) da seguinte maneira: oclusal de segundos molares superiores; cúspide de canino inferior direito alongando a vertente distal; a metade do espaço interoclusal existente entre os primeiros molares decíduos (superiores e inferiores) foi preenchida com resina colocada na oclusal do superior e a outra metade na oclusal do inferior. Imediatamente após o tratamento a mandíbula se manteve na nova postura mais mesializada, a LM se centralizou, os lábios se fecharam, o movimento da mandíbula para a esquerda ficou facilitado em relação à direita.

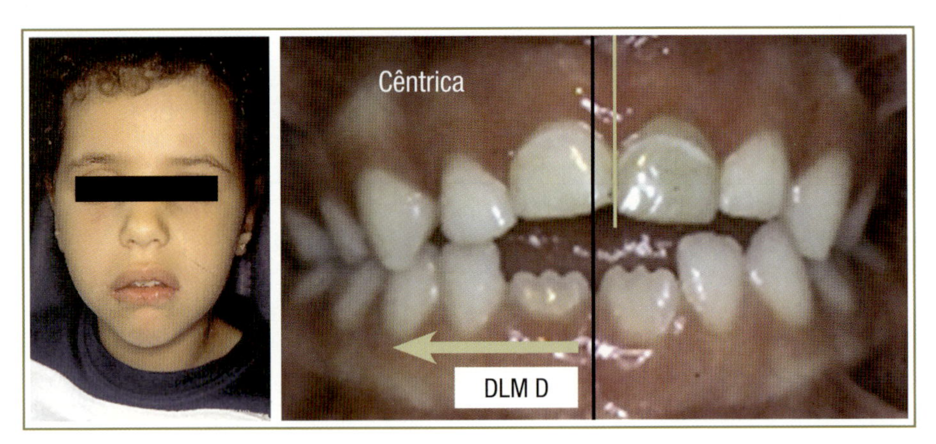

Figura 18.13: Paciente M. G. S aos 6 anos de idade, rosto em norma frontal. Observe a retrusão da mandíbula, lábios abertos, hipotônicos e o inferior evertido. Na cêntrica, mordida aberta, protrusão dos incisivos superiores, elementos 31 e 41 em processo de erupção ativo, plano oclusal invertido, ou seja, incisivos mais altos que os molares. O fulcro de abertura de mordida está na região mais posterior – nos 2os molares decíduos. A mastigação é mais vertical que lateral, mas o lado direito é o mais usado, mesmo lado do DLM e o lado da MDV. Cúspides de caninos e molares intactas, sem desgastes fisiológicos. Nota-se que a hemimandíbula esquerda está avançada, e a direita está para trás. Isso é comprovado pela relação dos caninos. No esquerdo estão em relação de Classe I e no direito, de Classe II.

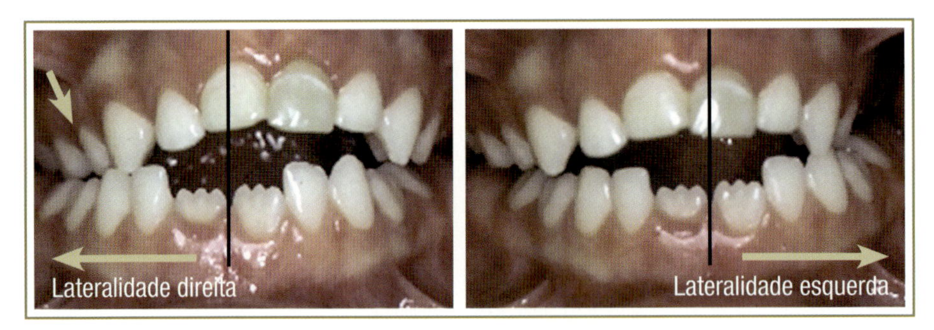

Figura 18.14: Lateralidade direita e lateralidade esquerda da paciente M. G. S. O movimento para a direita já está propício para a mandíbula, está mais facilitado, é o lado da mínima dimensão vertical. A seta na maxila aponta para a erupção do 1º molar permanente que já iniciou antes do inferior. Situação provocada pela própria patologia. A mandíbula se lateraliza para a esquerda com maior impedimento, embora para ambos os lados ocorra um aumento da abertura da mordida.

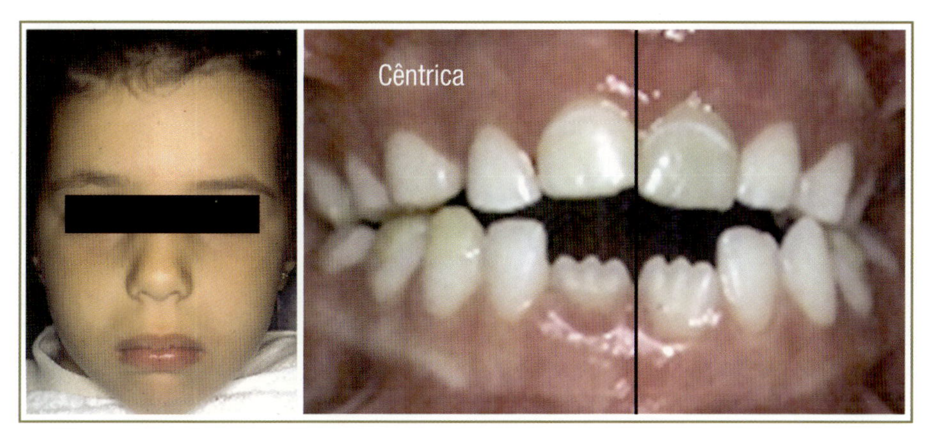

Figura 18.15: Paciente M. G. S com 6 anos de idade, rosto em norma frontal imediatamente após o tratamento clínico. A mandíbula se mesializou e os lábios se fecharam. A cêntrica mostra correção do DLM, ou seja, LM praticamente centralizada. O DS foi efetuado em: caninos superiores, 2os molares inferiores. A resina foi colocada na oclusal de 2os molares superiores (acréscimo maior no 2º molar direito que o esquerdo), oclusal dos 1os molares direitos e esquerdos superiores e inferiores e incisal de canino inferior direito. No lado esquerdo não houve necessidade de colocar PDP no canino inferior, somente o DS no canino superior foi suficiente. Dessa forma foi regularizada a situação e a profundidade do plano oclusal, pois estava assimétrico; o lado direito era o da MDV. A relação canina dos dois lados está em Classe I. A mínima dimensão vertical está agora no lado esquerdo.

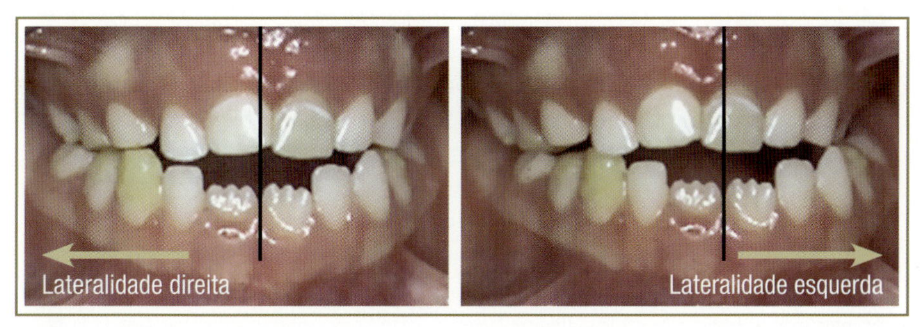

Figura 18.16: A lateralidade direita ficou reduzida em relação à esquerda. A mandíbula faz movimento mais amplo para a esquerda após o tratamento. Houve uma redução da mordida aberta. Foi utilizada resina composta mais amarela para distinguir a PDP em canino inferior direito, oclusal de 2os molares superiores e oclusal de 1os molares superiores e inferiores. A mastigação ficou preferencialmente pelo lado esquerdo.

3ª situação

Atrofia em que a mandíbula se encontra distalizada em relação à maxila (Classe II), incisivos superiores verticalizados, sobremordida (redução da dimensão vertical que muitas vezes atrasa ou até mesmo impede a erupção dos primeiros molares permanentes) e plano oclusal posterior invertido. A relação entre o plano oclusal e o de Camper é igual à da figura 18.4. Os caninos são longos e impedem os movimentos laterais da mandíbula, por isso durante a mastigação a mandíbula realiza movimentos praticamente verticais. Quando detectada em idades precoces da dentição decídua é muito rapidamente tratada com aparelho: Pistas Indiretas Planas Compostas com Equiplam (PIPC com Equiplan).

Esse aparelho pode estimular o desenvolvimento ósseo no sentido vertical, pois apresenta o Equiplan apoiado sobre a incisal dos incisivos inferiores. Quando o paciente oclui, os incisivos superiores tocam também no Equiplan. Dessa maneira, os incisivos inferiores e superiores são estimulados, porém, inibidos pela presença do Equiplan. Os segmentos posteriores inferiores são estimulados, pois a mandíbula é embrionariamente formada por dois segmentos, um direito (de incisivo central até o último molar desse lado) e outro esquerdo (de incisivo central ao último molar desse mesmo lado). Então, o estímulo provocado nos incisivos inferiores pelo Equiplan é transmitido aos demais dentes inferiores, dente a dente, por meio das fibras transceptais, ricas em redes neurais que se entrelaçam e, a resposta a esse estímulo é de crescimento e remodelamento ósseo da mandíbula no sentido vertical. Na maxila, não ocorre crescimento ósseo, uma vez que é formada por três mamelões embrionários: anterior (incisivos), direito e esquerdo (de canino ao último molar de cada lado). Os incisivos são estimulados, mas inibidos pelo próprio Equiplan, e os segmentos posteriores não são estimulados, portanto, não haverá resposta de crescimento. Assim, a correção da sobremordida ou das mordidas cobertas quando se usa o Equiplan de Planas ocorrem por crescimento ósseo dos segmentos posteriores inferiores como resposta à excitação neural periodontal dada pelo Equiplan.

Na fase madura da dentição decídua (6-7anos), com os incisivos inferiores esfoliando e/ou erupção dos permanentes, é contraindicado o uso do Equiplan.

Na Classe II e incisivos verticalizados – SM ou mordida coberta, os primeiros molares superiores decíduos ficam com a curva do plano oclusal em um nível mais alto que os segundos. Esses últimos ficam com a distal mais baixa que a mesial. Esse aspecto do plano oclusal inibe o crescimento no sentido vertical do craniofacial e, muitas vezes, impede a erupção dos 1os molares permanentes. Não há espaço interoclusal suficiente para a erupção dos 1os molares permanentes antagônicos. Além disso, geralmente o superior consegue erupcionar antes que o inferior, travando ou retardando a sua erupção. A erupção do superior antes que o inferior cria uma patologia no plano oclusal que dificulta o desempenho mastigatório e o desenvolvimento do Sistema.

Assim, para dar melhores condições de crescimento vertical ao SECN e erupção adequada desses elementos dentários permanentes, Sperandéo propõe um tratamento clínico de DS e PDP – Modificada por Sperandéo (PDP-S).

Figura 18.17: Situação de Classe II com SM ou mordida coberta (os incisivos superiores cobrem os inferiores).

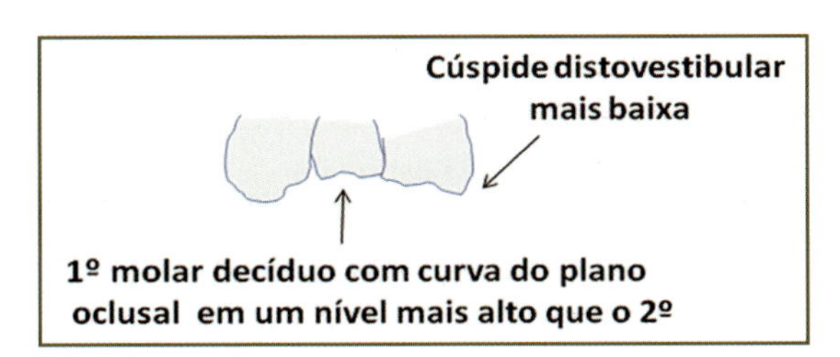

Figura 18.18: Dentição decídua com Sobremordida (SM) ou mordida coberta e curva do plano oclusal do 1° molar mais alta que do 2° molar, que apresenta cúspide distovestibular mais baixa que a mesiovestibular. Situação desfavorável à erupção dos 1os molares permanentes, devido à deficiência de crescimento no sentido vertical.

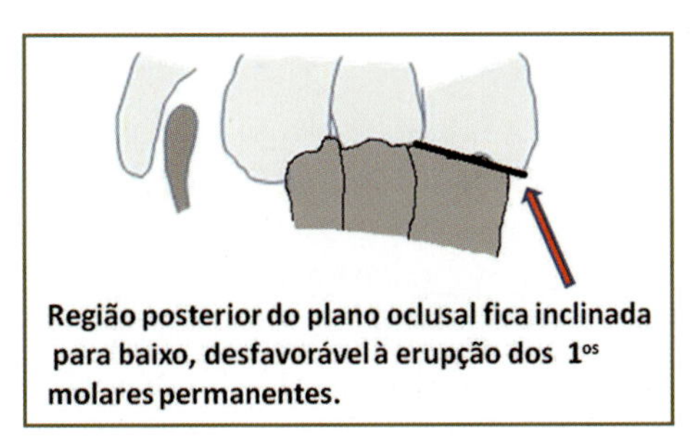

Figura 18.19: O plano oclusal fica inclinado para baixo travando a erupção dos 1os molares permanentes, ou seja, a região do tuber da maxila e trígono retromolar da mandíbula ficam apertadas, sem espaço vertical, impedindo ou dificultando a erupção dos 1os molares permanentes.

O desgaste será feito nas cúspides distovestibulares dos segundos molares superiores para regularizar a curva do plano oclusal, diminuindo suas alturas.

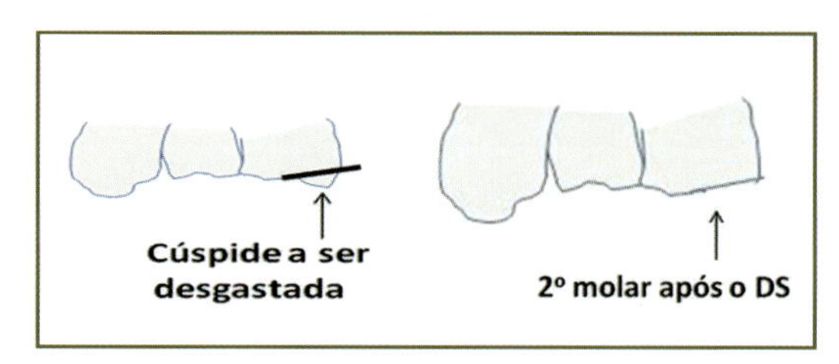

Figura 18.20: Tratamento proposto por Sperandéo: DS da cúspide distovestibular de 2os molares decíduos superiores, proporcionando uma melhor situação para a formação da curva do plano oclusal quando da erupção dos 1os molares permanentes.

Após o DS, manipula-se a mandíbula para mesial até o contato incisivo com um trespasse de 2 mm. Nota-se que nessa posição existirá um espaço livre entre a oclusal dos inferiores e superiores.

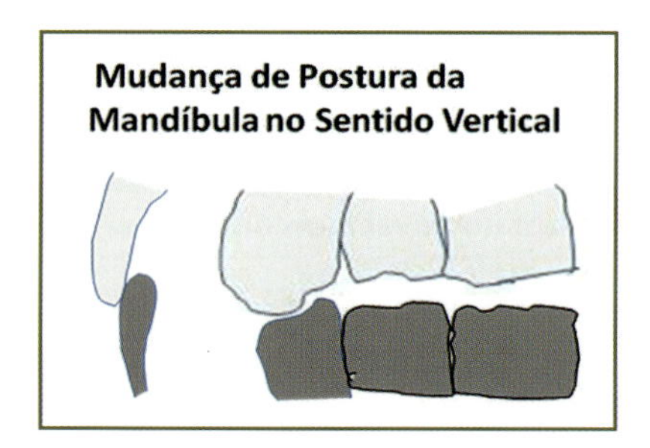

Figura 18.21: Situação de Classe II com SM ou coberta após o DS e mudança de postura da mandíbula (MPM) no sentido vertical, que resulta em um espaço a ser preenchido com resina composta.

A colocação da resina composta (PDP-S) é feita da seguinte maneira:

- Oclusal de primeiros molares superiores, de modo que fique em um nível mais baixo do que os segundos superiores, delineando assim uma leve curva de decolagem.
- Metade mesioclusal dos segundos molares superiores.
- Oclusal de primeiros e segundos molares inferiores até contato com os antagonistas na nova posição da mandíbula.

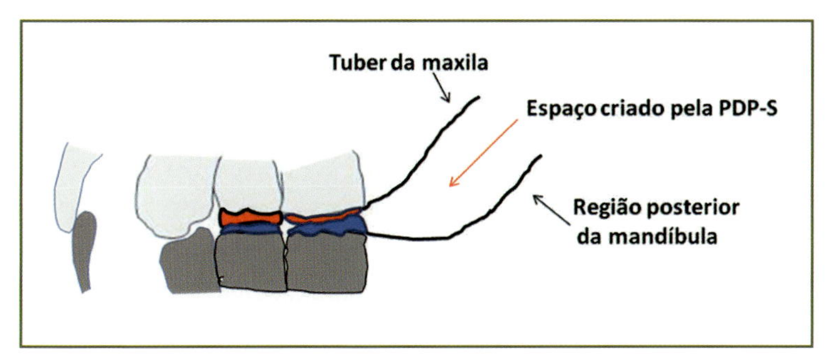

Figura 18.22: Resina composta colocada na oclusal de 1° e 2° molares superiores (em vermelho) e 1° e 2° molares inferiores (em azul). Com o levante da DV se obtém um espaço posterior entre a região do tuber da maxila e trígono retromolar da mandíbula necessário para a erupção dos 1os molares permanentes.

Os objetivos do tratamento são:

- Proporcionar condições de paralelismo entre o plano oclusal e o plano de Camper.
- Aumentar a dimensão vertical.
- Criar um espaço entre as regiões do tuber da maxila e trígono retromolar desbloqueando a erupção dos 1os molares permanentes.
- Destravar os caninos para que a mandíbula possa se lateralizar durante a mastigação (antes do tratamento, a mandíbula faz mastigação com movimentos verticais), ocorrendo assim outras informações sensoriais que possibilitam a formação de novos circuitos neurais e novas memórias relativas à situação espacial da mandíbula, língua, lábios, ATMs etc. Os primeiros molares permanentes terão uma referência de altura predeterminada pela curva do plano oclusal dos segundos molares decíduos.
- As cúspides longas dos caninos serão úteis após o preenchimento oclusal, pois estes poderão exercer o papel de orientador dos movimentos de lateralidade da mandíbula durante a mastigação.

O paciente G. S., do gênero masculino, 7 anos, classe II e SM, dentição mista, com grande redução da dimensão vertical que impede a erupção dos primeiros molares permanentes inferiores é um exemplo do exposto acima. Os primeiros molares permanentes superiores fizeram a erupção antes dos inferiores, que ficaram travados pela falta de espaço vertical. Em situação de equilíbrio de desenvolvimento, os 1os molares permanentes inferiores devem erupcionar antes que os superiores. Quando isso é invertido os 1os inferiores ficam mais travados ainda. Para solucionar essa alteração foi realizado em uma única sessão clínica o tratamento de PDP-S. O DS foi realizado nas cúspides distovestibulares dos segundos molares decíduos superiores com a finalidade de remover essas interferências na lateralidade da mandíbula e regularizar a situação do plano oclusal. Com a mandíbula em uma nova postura, mais mesializada e os incisivos com trespasse de 2 mm, ficou um espaço interoclusal que foi preenchido com resina fotopolimerizável aplicada nas faces oclusais dos 1os e 2os molares decíduos inferiores e superiores direito e esquerdo. Não foi necessário colocar resina nos 2os superiores. Em seguida, foi feito o ajuste oclusal para obter os contatos adequados tanto em trabalho como em balanceio.

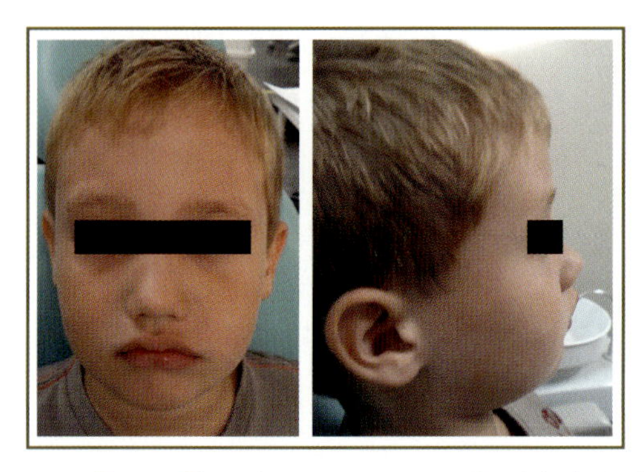

Figura 18.23: Paciente aos 7 anos. Foto de rosto em norma frontal e lateral. Incisivos superiores cobrindo os inferiores.

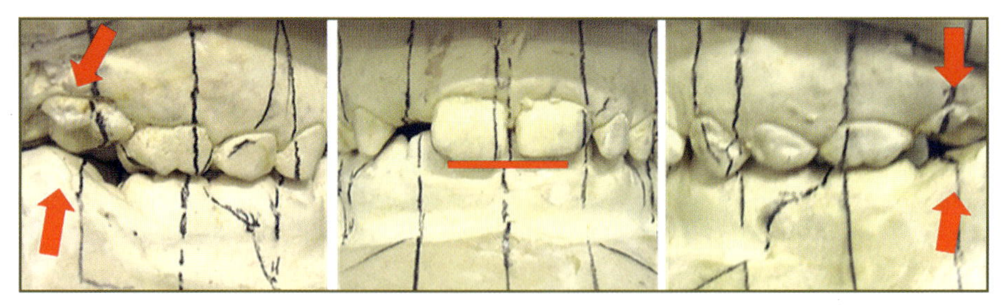

Figura 18.24: Modelos gnatostáticos do paciente G. S. As setas vermelhas mostram a erupção dos 1os molares permanentes superiores antes dos inferiores e tocando já o rebordo dos 1os inferiores, o que impede a erupção destes. Na foto central: incisivos centrais superiores cobrindo os inferiores.

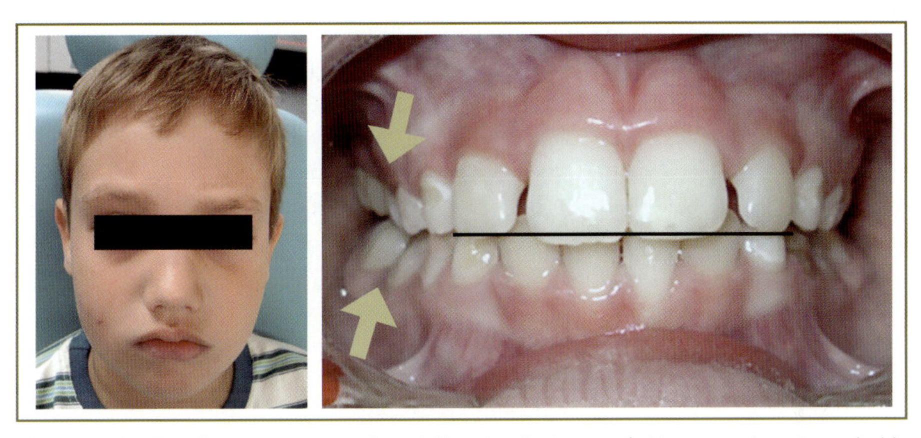

Figura 18.25: Foto de rosto em norma frontal. Foto dos dentes em cêntrica com o levante produzido pelas PDP-S. As setas brancas evidenciam a presença dos 1os molares inferiores e superiores com suas coroas clínicas com dimensão vertical adequadas.

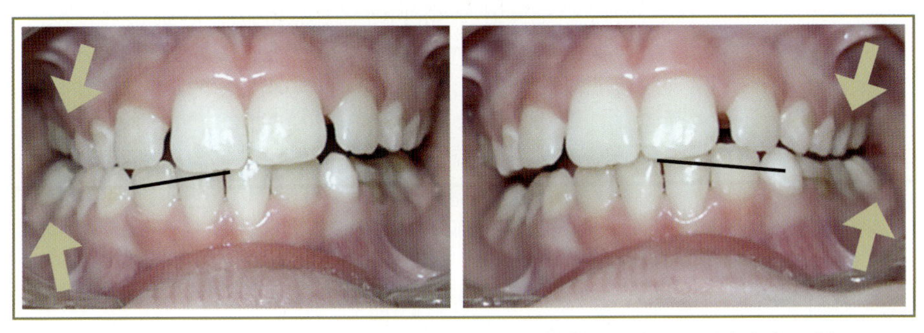

Figura 18.26: Lateralidade direita e esquerda com os AFMPs iguais dos dois lados. Observar a presença dos 1os molares participando da lateralidade como trabalho e balanceio.

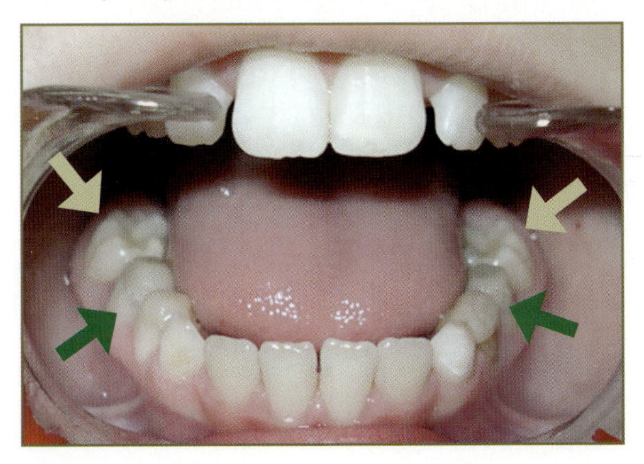

Figura 18.27: Mandíbula aquadradada. As setas brancas indicam a presença dos 1os molares inferiores permanentes totalmente erupcionados. As verdes indicam a resina composta colocada nas oclusais dos 1os e 2os molares decíduos.

Com o levante da DV e regularização do plano oclusal houve destravamento dos movimentos de lateralidade da mandíbula, proporcionando estímulo de crescimento da mandíbula e maxila de forma mais equilibrada. Por isso, a mandíbula obteve mais espaço ficando com a forma aquadradada, 6 meses após o tratamento das PDP-S. Foi dada a orientação mastigatória ao paciente com relação ao uso de alimentos duros e mais secos e mastigação bilateral alternada.

4ª situação

Mordida cruzada unilateral. Essa má oclusão pode se instalar com frequência na dentição decídua. No início da aprendizagem mastigatória, os dentes recém-erupcionados apresentam cúspides pontudas que deveriam ser imediatamente postas em uso quando os alimentos oferecem certa resistência. Como atualmente os alimentos usados pelas crianças são pastosos oferecendo pouca resistência à trituração, as cúspides permanecem sem desgastes dificultando a aprendizagem mastigatória. Assim, o sistema neural recebe informações interrompidas como se fosse uma estação de rádio mal sintonizada, comprometendo o "entendimento" das mensagens que chegam. O SECN, por sua vez, tenta se adaptar frente às dificuldades impostas pelas cúspides pontiagudas que impedem o bom desempenho mandibular. O movimento mastigatório inicia com os maxilares em oclusão cêntrica, ou seja, numa posição em que existe uma máxima aproximação entre os maxilares (mínima dimensão vertical). A partir daí a mandíbula se lateraliza para um lado, aumentando a distância interoclusal e realizando o ciclo mastigatório que termina também na posição de oclusão cêntrica. Assim, a mandíbula, na tentativa de conseguir a mínima dimensão vertical, desloca-se para um lado, para outro, para frente ou para trás na expectativa de êxito. Nesses arranjos mandibulares repentinamente, em uma determinada posição, ela encontra o tão esperado encontro íntimo com os seus antagonistas, sobretudo quando isso se dá no cruzamento unilateral. Nessa posição haverá um melhor "entendimento" das mensagens que chegam ao sistema nervoso e a resposta é de mais equilíbrio, mais apoio, mais "compreensão" na conversa entre as duas partes (mandíbula e maxila). Instala-se, assim, a mordida cruzada unilateral e a mastigação viciosa unilateral, sendo o cruzado o lado mastigatório. Uma vez instalado o cruzamento, os dentes superiores podem se inclinar para palatino e os inferiores para vestibular, principalmente se a mastigação for realizada com movimentos verticais da mandíbula. Essa situação ocorre devido ao impacto dos dentes mandibulares de fora para dentro contra os dentes maxilares. Na ficha calcográfica Planas os dentes maxilares do lado cruzado estarão mais próximos da LM da ficha e os dentes mandibulares do mesmo lado estarão mais afastados. Quando a mandíbula se lateraliza exageradamente para o lado cruzado durante a mastigação ou mesmo durante a fala, a mordida cruzada unilateral pode provocar desvio de postura da mandíbula (DPM) para o lado cruzado. Na ficha calcográfica Planas o arco mandibular é simétrico por si só, porém se encontra desviado para o lado cruzado em relação à linha mediana da ficha. Gradualmente, a mordida cruzada unilateral pode provocar crescimento assimétrico na maxila, na mandíbula ou em ambos os arcos, no sentido transversal e/ou anteroposterior, ou então vertical. O crescimento assimétrico ocorre ao longo do tempo mastigatório unilateral, por isso quanto mais cedo for descruzada a mordida, menores serão os danos nas bases ósseas. Portanto, os objetivos do tratamento são descruzar a mordida e inverter o lado da mastigação por um tempo controlado. Manipula-se clinicamente a mandíbula para corrigir o desvio de linha mediana geralmente presente nesses casos. Após o tratamento a linha mediana ficará centralizada em oclusão cêntrica, a mandíbula terá liberdade para se movimentar para o lado não cruzado e dificuldade para o lado cruzado. Devem-se inibir os estímulos intensos do antigo lado de trabalho e intensificá-los no novo lado de trabalho. Para isso, utilizam-se as técnicas de DS e PDP.

O DS é feito no lado não cruzado para diminuir as interferências cuspídeas, reduzir a dimensão vertical, tornando-o o lado da mínima dimensão vertical e da mastigação. O DS do lado não cruzado:

- Cúspide de canino superior reduzindo sua altura, alongando a vertente mesial.
- Cúspide de canino inferior alongando a vertente distal.
- Cúspides vestibulares dos molares superiores.
- Cúspides linguais dos molares inferiores.
- Incisal dos incisivos laterais e centrais superiores, se necessário.

Manipula-se a mandíbula centralizando a LM e observa-se no lado cruzado (agora lado de balanceio) se ainda há porção de cúspide cruzada. Em caso afirmativo, desgasta-se até que fique topo a topo (molares, incisivos, e principalmente caninos). Os dentes estão preparados para receberem a PDP aplicando-se resina fotopolimerizavél nas faces vestibulares de molares e canino superiores, tornando-as longas em direção oclusal para funcionar como uma barreira à mandíbula; oclusal de molares superiores e inferiores quando necessário para estabelecer o contato oclusal. Orienta-se a criança para mastigar exclusivamente pelo lado novo testando imediatamente a mastigação com goma de mascar por aproximadamente 15 minutos, prestando atenção no ato mastigatório. Isto servirá para ativar neurônios silentes, fora de circuito, para que iniciem a nova rede neural. Notar-se-á que a criança mastigará pelo lado novo conforme instrução dada anteriormente, passará a goma de mascar para o antigo, sentirá a barreira e voltará para o novo. Isso se repetirá por algum tempo, pois estarão se formando os novos circuitos neurais, novas memórias espaciais e funcionais. Controla-se essa mastigação por alguns meses, por um tempo suficiente às respostas de crescimento agora invertidas. O importante é rever o paciente a cada 3 meses, avaliar sua evolução e pouco a pouco liberar a mandíbula para o lado antigo, caso contrário poderá ser criada uma nova mastigação viciosa.

O paciente G. R, do gênero masculino, 7 anos, mordida cruzada direita e mordida aberta anterior, DLM para direita e AFMP D menor, MDV lado direito. Dentição mista e tendência a Classe III. Lateralidade direita facilitada pelo cruzamento, mas quando a mandíbula vai para a esquerda também cruza, mostrando uma atrofia da maxila.

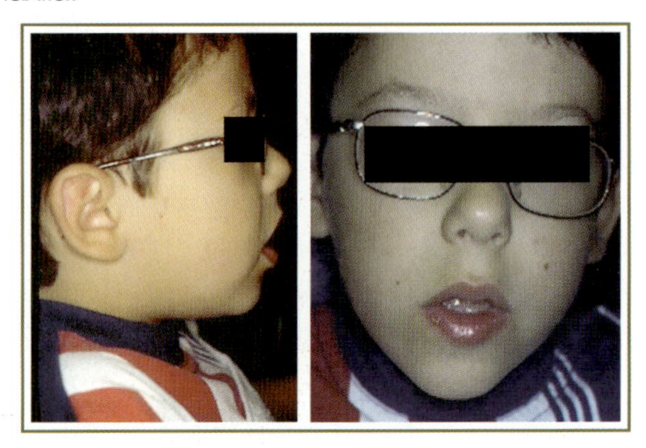

Figura 18.28: Paciente G. R., 7 anos, face em norma lateral e frontal. Lábios abertos e língua se interpondo.

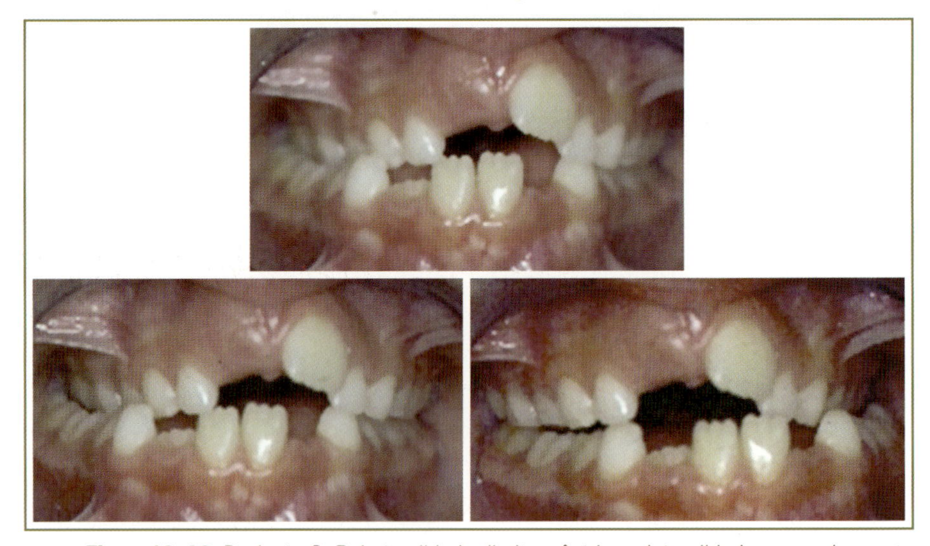

Figura18. 29: Paciente G. R. Lateralidade direita, cêntrica e lateralidade esquerda.

O tratamento proposto foi de DS nas interferências cuspídeas do lado não cruzado: canino superior, alongando a vertente mesial, canino inferior alongando a vertente distal, cúspides vestibulares dos molares superiores cúspides linguais dos molares inferiores. No lado cruzado: vertente distal de canino inferior e vertente mesial do superior, deixando-os topo a topo.

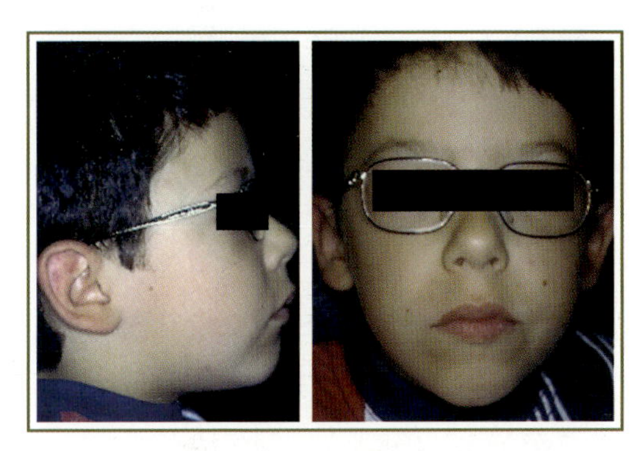

Figura 18.30: Paciente G. R., 7 anos, face em norma lateral e frontal com os lábios vedados.

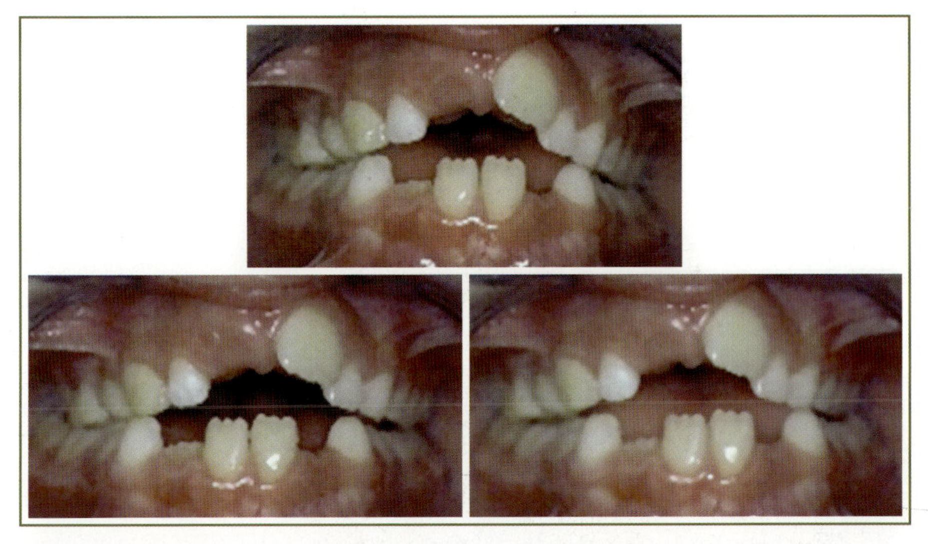

Figura 18.31: Paciente G. R. Cêntrica, lateralidade direita e lateralidade esquerda após o DS e PDP. A resina foi colocada na oclusal e vestibular de 1º e 2º molares e canino superiores direitos.

Os objetivos do tratamento foram de descruzar a mordida, acertar a linha mediana, facilitar a mastigação pelo lado esquerdo. Apesar da mordida ser também aberta foi necessário colocar resina na oclusal dos molares direitos porque havia um cruzamento muito profundo e o DS teria de ser muito radical. O DS teve como fator limitante a sensibilidade dentária do paciente. O paciente foi orientado a fazer mastigação pelo lado esquerdo.

5ª situação

A mordida cruzada anterior (Classe III) pode ser tratada clinicamente com DS e PD. Além disso, elege-se a aparatologia adequada para o caso. A mastigação é feita com movimento muito mais protrusivo que de lateralidade.

O DS em cêntrica deve ser feito nas incisais dos incisivos superiores e inferiores que estão inversamente se sobrepondo, de modo a ficarem topo a topo. Na bilateralidade as vertentes distais dos caninos inferiores e as mesiais dos superiores, nas cúspides linguais dos molares inferiores e vestibulares superiores no lado de trabalho e no balanceio as vestibulares dos inferiores e palatinas dos superiores, de modo a remover as interferências impedidoras da lateralidade da mandíbula. Após o DS é notável a mudança do movimento mandibular durante a mastigação, antes praticamente protrusivo, agora indo para a lateralidade, devido ao resgate do contato incisivo que permitirá o estabelecimento do circuito neural incisal de desenvolvimento tridimensional do SECN. Nesse DS é importante que se obtenha o contato incisivo topo a topo em cêntrica e em bilateralidade; caso os incisivos se afastem na lateralidade, perde-se o equilíbrio de desenvolvimento funcional.

Para um reforçamento desse estado neural é indicada a aplicação de resina nas faces vestibulares dos incisivos superiores com a finalidade de alargar a superfície incisal, dando assim um maior contato dos incisivos inferiores contra os superiores. Coloca-se uma camada mais espessa de resina composta na região incisal e gradualmente diminui-se em direção cervical, que é nula.

O objetivo do tratamento é descruzar a mordida anterior restabelecendo o contato incisivo, modelar as oclusais posteriores resgatando o movimento lateral da mandíbula na mastigação. Assim, o SECN poderá responder com crescimento mais equilibrado dos planos oclusais.

O paciente V. M., de 5 anos de idade, gênero masculino, apresenta mordida cruzada anterior (Classe III) e desvio de linha mediana para a direita. A Classe III foi confirmada pelos modelos gnatostáticos tomados antes de qualquer tratamento, que mostra tanto no lado direito como no esquerdo uma inclinação do plano oclusal com o plano de Camper, formando ângulo na região anterior.

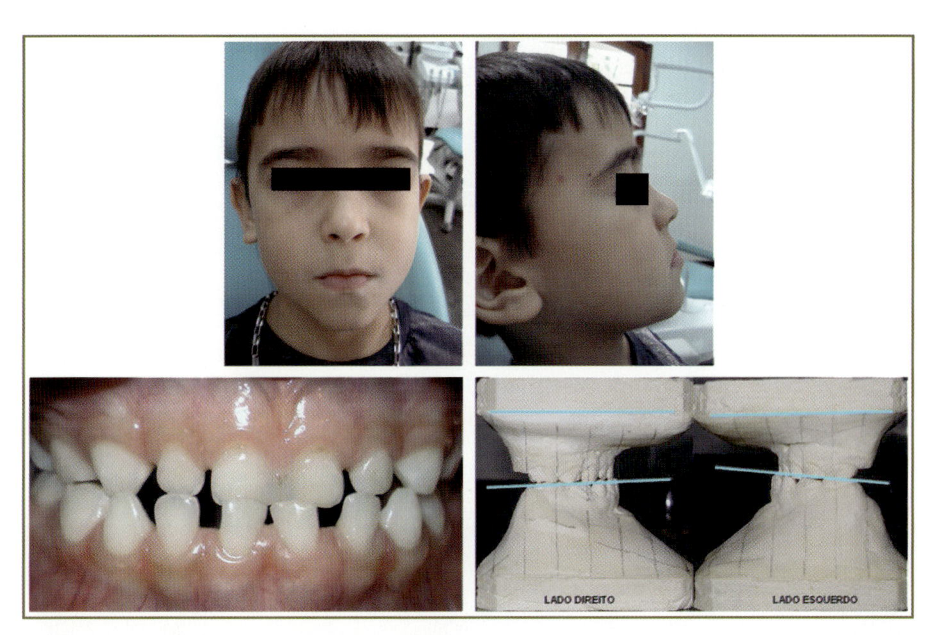

Figura 18.32: Paciente V. M., aos 5 anos, gênero masculino. Rosto em norma frontal e lateral evidenciando o avanço da mandíbula. Mordida cruzada anterior e desvio de linha mediana para a direita. Modelos gnatostáticos em norma lateral direita e esquerda com o plano oclusal e de Camper formando ângulo na frente (Classe III).

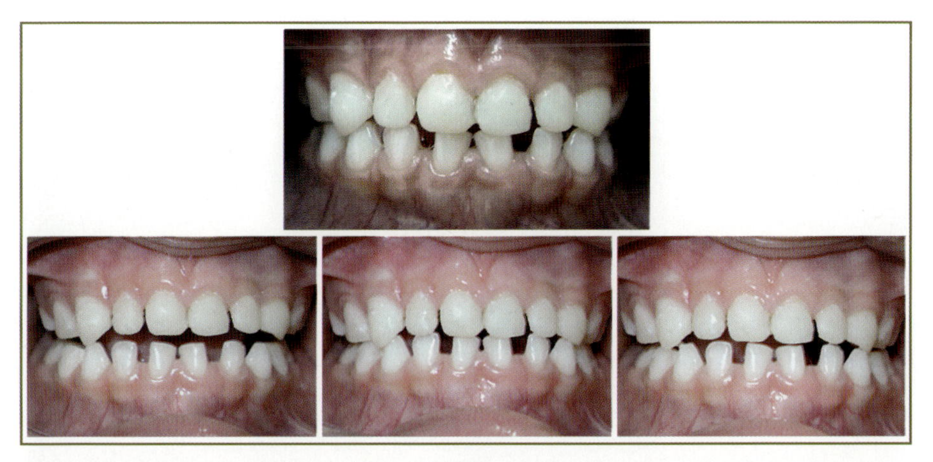

Figura 18.33: Paciente V. M. após o DS e colocação de resina composta na vestibular dos incisivos e canino direitos superiores. O canino superior foi alongado para impedir a lateralidade direita por um período de tempo, até a consolidação da memória mastigatória esquerda. A lateralidade esquerda ficou facilitada pelo tratamento. Na cêntrica, os incisivos estão descruzados e a LM centralizada.

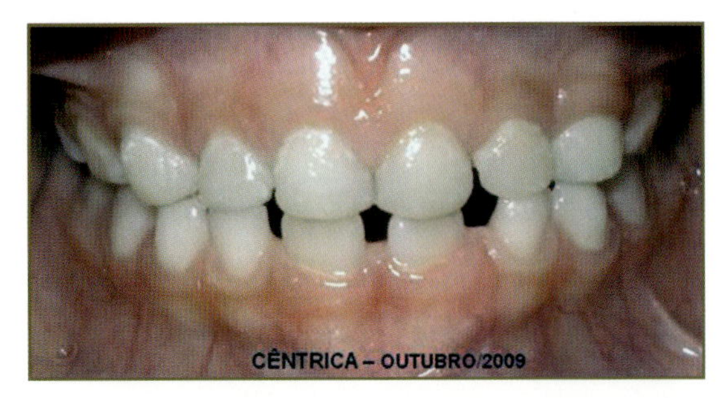

Figura 18.34: Paciente V. M., 8 meses após o tratamento. O alongamento vestibular do canino superior já foi removido, portanto, foi liberado o lado direito para mastigação. A linha mediana continua centralizada. Houve um desenvolvimento dos maxilares no sentido transversal e anteroposterior.

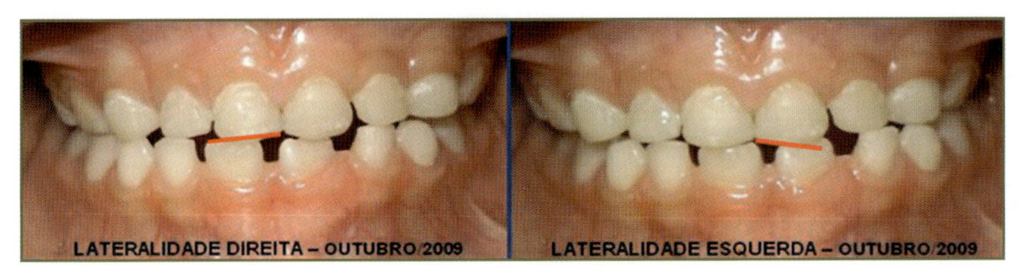

Figura 18.35: Paciente V. M., 8 meses após o tratamento. Lateralidade direita e esquerda com AFMPs iguais, portanto com mastigação bilateral alternada.

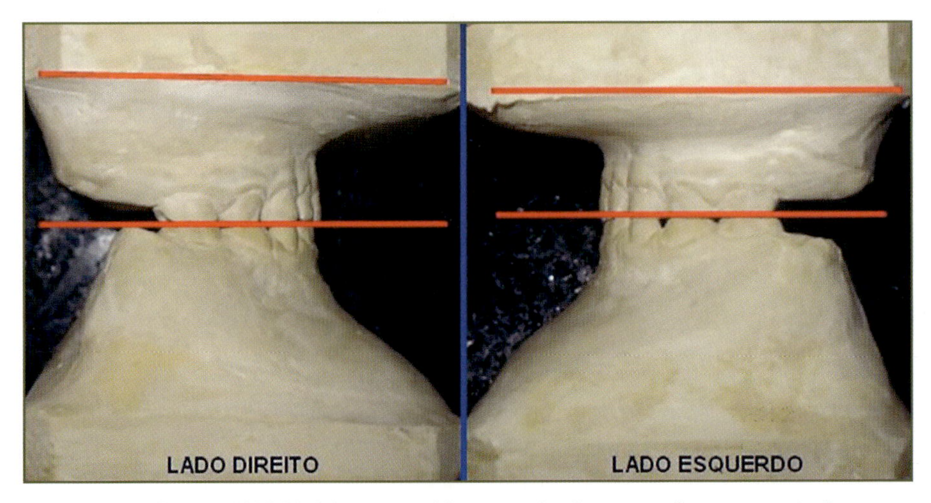

Figura 18.36: Paciente V. M. Modelos gnatostáticos tomados 8 meses após o tratamento. Em norma lateral direita e esquerda o plano oclusal e de Camper estão paralelos entre si, ou seja, em Classe I.

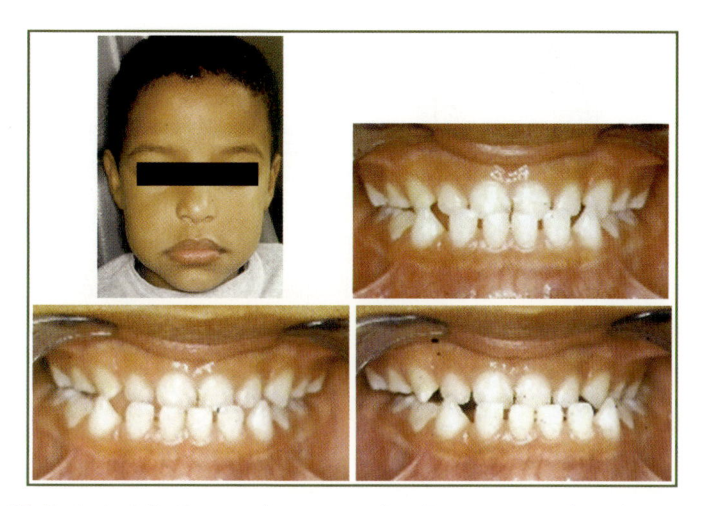

Figura 18.37: Paciente J. S., 5 anos, gênero masculino. Face em norma frontal com proeminência da mandíbula, lábio inferior evertido. Cêntrica, lateralidade direita e lateralidade esquerda. Na cêntrica há um cruzamento de canino a canino (Classe III). O movimento da mandíbula é muito mais protrusivo que lateral.

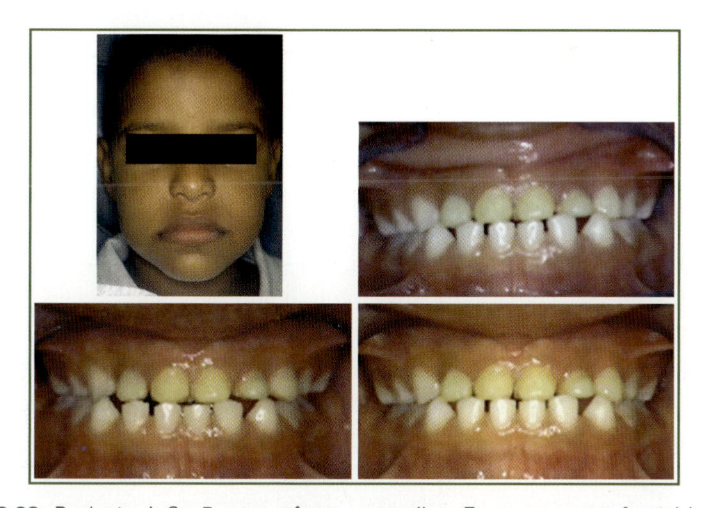

Figura 18.38: Paciente J. S., 5 anos, gênero masculino. Face em norma frontal logo após o tratamento de DS e colocação de resina composta. O DS foi em: incisal de incisivos superiores e inferiores; vertente mesial de caninos superiores e distal dos inferiores; cúspides vestibulares de molares superiores e linguais dos inferiores. A resina em: vestibular dos incisivos superiores. Lateralidade direita agora com contato de incisivos topo a topo. Cêntrica com os incisivos de topo e caninos descruzados. A lateralidade esquerda é pequena, porém, sem o movimento protrusivo.

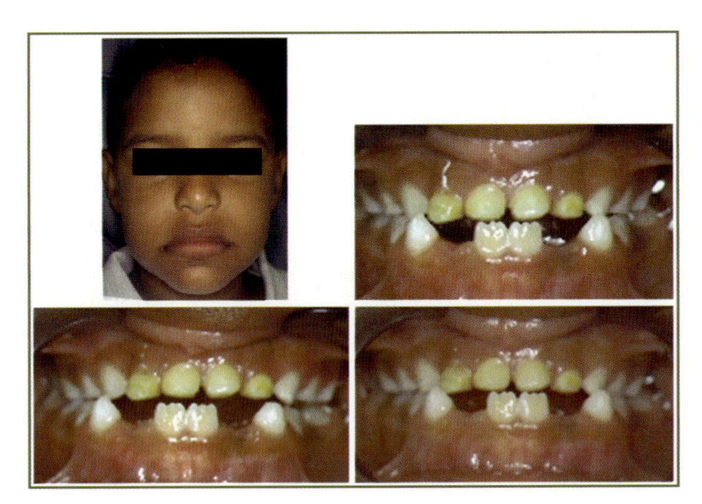

Figura 18.39: Paciente J. S. aos 7 anos, gênero masculino. Face em norma frontal. Os incisivos centrais inferiores já estão erupcionados e os laterais estão em início de erupção. Os centrais superiores decíduos estão quase esfoliando. Os 1os molares permanentes estão em erupção. A mandíbula está agora contida em seu crescimento e a maxila se beneficiou do esfregamento dos incisivos em topo, pois houve crescimento visto pelos diastemas. Cêntrica, lateralidade direita e lateralidade esquerda.

6ª situação

Nas mordidas abertas os planos oclusais posteriores e anterior estão invertidos, ou seja, os incisivos ficam em um plano mais alto que os posteriores. O fulcro de abertura da mordida pode estar nos segundos ou nos primeiros molares decíduos. Essa situação pode ser melhorada com DS em cêntrica removendo altura das cúspides que estão mantendo a mordida aberta, diminuindo a DV. As cúspides a serem desgastadas: palatinas dos molares superiores, vestibulares dos inferiores. O DS é feito também na bilateralidade com o objetivo de eliminar os travamentos da mandíbula. Nesses casos busca-se aproximar o máximo possível os incisivos, tanto em cêntrica como em bilateralidade. A mordida aberta é uma anomalia de desenvolvimento que requer a utilização de máximos recursos terapêuticos para o restabelecimento da harmonia contextual do meio bucal. Por isso, pode também ser aplicada resina nas vestibulares e palatinas dos incisivos superiores alongando as incisais, quando não se consegue o contato entre os incisivos após o DS. Esses recursos clínicos em todos os casos aqui mostrados não impedem o uso de aparatologia, que deve ser aplicada também, quando necessária.

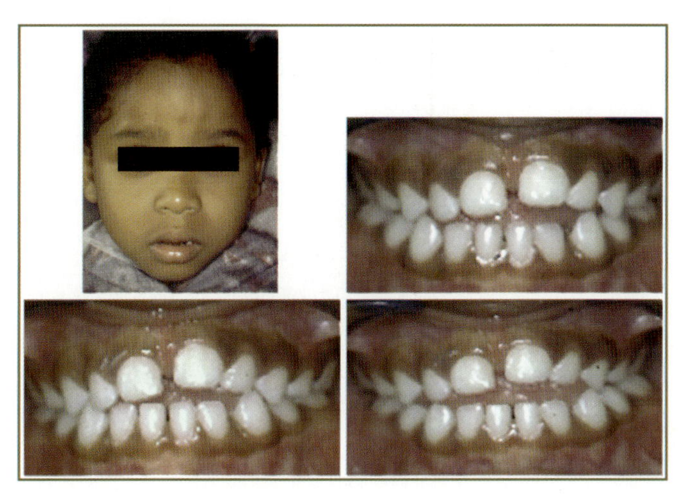

Figura 18.40: Paciente M. F. S. aos 6 anos, gênero feminino, mordida aberta anterior e DLM para direita. Face em norma frontal com os lábios abertos. Lateralidade direita, cêntrica e lateralidade esquerda com interposição de língua.

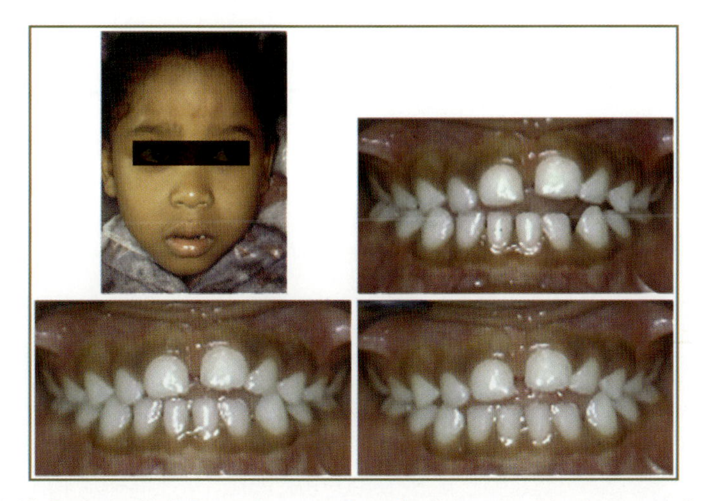

Figura 18.41: Paciente M. F. S. aos 6 anos, gênero feminino, mordida aberta anterior. Face em norma frontal. O tratamento realizado foi DS em cêntrica nas cúspides palatinas dos molares superiores e as linguais dos inferiores para diminuir a DV. Em lateralidade a vertente mesial dos caninos superiores e a distal dos inferiores, além das vestibulares dos molares superiores. Houve redução da DV em cêntrica e em lateralidade. Na lateralidade direita e esquerda contato de incisivo lateral direito, ora como trabalho, ora como balanceio. Em cêntrica foi conseguido contato nos incisivos lateral e central direitos.

Referências

1. ALARCÓN, J. A.; MARTÍN, C.; PALMA, J. C.; MENÉNDEZ-NÚÑEZ, M. Activity of jaw muscles in unilateral cross-bite without mandibular shift. *Arch. Oral. Biol.*, v. 54, n. 2, p. 108-14. Epub 2008 Nov 18. 2009.

2. ANDRADE, A. D. A. S.; GAMEIRO, G. H.; DEROSSI, M.; GAVIÃO, M. B. Posterior crossbite and functional changes. A systematic review. *Angle. Orthod.*, v. 79, n. 2, p. 380-6. Review. 2009.

3. ARAGÃO, W. Arag's function regulation the stomatognatic system and postural changes in children. *J. Clin. Pediatr. Dent.*, v. 15, n. 4, p. 226-230, 1991.

4. BIÁZIO, R. C.; COSTA, G. C.; FILHO VIRGENS, J. S. Prevalência de má oclusão na dentadura decídua e mista no distrito de Entre Rios, Guarapuava-Pr. *Revista Publicatio UEPG Ciências Biológicas e da Saúde*, v. 11, n. 1, p. 29-38. 2005

5. BUENO JUNIOR, A. T. As funções da boca como meta para prevenção e manutenção da saúde. *J. Bras. Ortodon. Ortop. Maxilar*, v. 1, n.3, p. 63-65, 1996.

6. BUELAU, P. J.; BUELAU, M. I. M. *Atrofia de 3º Grau – Relato de um caso clínico.*

7. CHAVES, M. M. *Odontologia social.* 3ª ed. São Paulo: Artes Médicas. 1986, 448 p.

8. CHIERIGHINI, R. *Caso clínico de mesioclusão: tratamento com recurso de resina composta.* Disponível em: www.abpprno.com.br/page4.htm.

9. FACHOLLI, A. M. L. *Prevalência da má oclusão na dentadura decídua.* Dissertação de Mestrado, 87 p. Bauru, 2003.

10. GIMENEZ, C. M. M.; MORAES, A. B. A.; BERTOZ, A. P.; FRANCISCO ANTONIO BERTOZ, F. A.; AMBROSANO, G. B. R. *Dental. Press. Ortodon. Ortop. Facial.*, Maringá, v. 13, n. 2, p. 70-83, 2008.

11. GRIBEL, M. N.; GRIBEL, B. F. Planas Direct Tracks in Young patients with Class II Malocclusion. *World J. Orthodox*, p. 355-368. 2005.

12. GRIBEL, M. N. B. F. Tratamento da Distoclusão durante a Dentadura Decídua com Ortopedia Funcional dos Maxilares – um estudo comparativo. *Internacional Journal of Jaw Functional Orthopedics*, p. 1-21. 2006.

13. INGERVAL, B.; THILANDER, B. Activity of temporal and masseter muscles in children with a lateral forced bite. *Angle. Ortho.*, v. 45, p. 249-258,1975.

14. JÄMSÄN, T.; KIRVESKARI, P.; ALANEN, P. Malocclusion and its association with clinical signs of craniomandibular disorder in 5,10 and 15 year old children in Finland. *Proc. Finn. Dent. Soc.*, v. 84, n. 4, p. 235-40. 1988.

15. JORNAL DO CFO, 91, jul-ago de 2009.

16. KANESHIMA, E. N. Levantamento epidemiológico das más oclusões em jovens de 7 a 16 anos da cidade de marília. Dissertação de mestrado. 66 p. Maríla, 2004.

17. KRIGER, L. ABOPREV. Promoção de saúde bucal. São Paulo: Artes Médicas, 1997. 475 p.

18. LAMBOURNE, C.; LAMPASSO, J.; BUCHANAN, W. C JR; DUNFORD, R.; MCCALL, W. Malocclusion as a risk factor in the etiology of headaches in children and adolescents. *Am. J. Orthod. Dentofacial Orthop.*, v. 132, n. 6, p. 754-61. 2007.

19. LIMME, M. Interception in the primary dentition: mastication and neuro--occlusal rehabilitation. *Orthod. Fr.*, v. 77, n. 1, p. 113-35. 2006.

20. MOTONAGA, S. M.; BERTE, L. C.; ANSELMOLIMA W. T. Respiração bucal: causas e alterações no sistema estomatognático. *Rev. Bras. Otorrinolaringol.*, v. 66, n. 4, p. 373-379, 2000.

21. O'RYAN, F. S.; GALLAGHER, D. M.; LABANC, J. P.; EPKER, B. N. The relation between nasorespiratory function and dentofacial morphology: a review. *Am. J. Orthod.*, v. 82, n. 5, p. 403-10, 1982.

22. PLANAS, P. La therapeutique orthodontique la plus prècoce avec les composites polymèrisable avec l'ultra-violet. *Orth. Fr.*, v. 48, p. 177-185, 1977.

23. PLANAS, P. *Reabilitação Neuro-Oclusal.* 2ª ed. Editora Médica e Científica Ltda.,1988.

24. RAMIREZ-YAÑEZ, G. O. Planas Direct Tracks for Early Crossbite Correction. *J. Clin Orthod.*, v. 37, n. 6, p. 294-8, 2003.

25. RAMIREZ-YAÑES, G. O.; FARIA, P. Early Treatment of a Class II, division 2 Malocclusion with the Trainer for kids (T4K): A Case Report. *J. Clin. Pediatric. Dent.*, v. 32, n. 4, p. 325-330, 2008.

26. SADAKYIO, C. A.; DEGAN, V. V.; PIGNATARO NETO, G.; RONTANI, R. M. P. Prevalência de má oclusão em pré-escolares de Piracicaba-SP. *Cienc. Odontol. Bras.*, v. 7,n. 2, p. 92-9. 2004.

27. SAFFER, M.; FILHO, A. A.; NETO, J. F. Efeitos sistêmicos da obstrução nasal e da respiração bucal persistente na criança. *Rev. AMRIGS*, v. 9, n.3, p. 179-185. 1995.

28. SILVA FILHO, O. G.; SANTAMARÍA JR., M.; CAPELOZZA FILHO, L. Epidemiology of posterior crossbite in the primary dentition. *J. Clin. Pediatr. Dent.*, v. 32, n. 1, p. 73-8. 2007.

29. SIMÕES, W. A. Selective grinding and Planas'direct tracks as asource of prevention. *J. Pedodontics*, v. 5, n.4, p. 298-314, 1981.

30. SIMÕES, W. A. *Ortopedia Funcional dos Maxilares. Vista através da Reabilitação Neuro-Oclusal.* São Paulo: Livraria Editora Santos, 1985.

31. SIMÕES, W. A.; PETROVIC, A. G.; STUTZMANN, J. J. *Modus operandi* of Planas' Appliance. *J. Clin. Ped. Dent.*, v. 16, n. 2, p. 79-85. 1992.

32. SOUSA, R. L. S.; LIMA, R. B.; FLORÊNCIO, F. C.; LIMA, K. C.; DIÓGENES, A. M. N. Prevalência e fatores de risco da mordida aberta anterior na dentadura decídua completa em pré-escolares na cidade de Natal/RN. *Revista Dental Press de Ortodontia e Ortopedia Facial*, v. 12, n. 2, p. 129-138. 2007.

33. THILANDER, B.; RUBIO, G.; PENA, L.; MAYORGA C. Prevalence of temporomandibular dysfunction and its association with malocclusion in children and adolescents: an epidemiologic study related to specified stages of dental development. *Angle. Orthod.*, v. 72, n. 2, p. 146-54. 2002.

Capítulo 19

DESGASTE SELETIVO NA DENTIÇÃO PERMANENTE

"O momento do Desgaste Seletivo é como cultivar a terra, plantá-la no tempo oportuno e, assim, colher os frutos desta ação."

Oclusão fisiologicamente equilibrada

O aborígene australiano apresenta o esqueleto facial com as formas bem desenvolvidas, ou seja, processos alveolares de maxila e mandíbula proeminentes, resultando no prognatismo facial médio e palato largo, porém, o corpo da mandíbula não é particularmente grande, dando a impressão de queixo subdesenvolvido. O ramo da mandíbula é largo com um "notch" suave (região da inserção do músculo masseter) mostrando músculos mastigatórios muito desenvolvidos. A fossa infratemporal é normalmente profunda e, em geral, o processo coronoide não é tão alto como o processo zigomático. Com essas características anatomofuncionais permite-se à mandíbula excursionar amplamente durante a fase de moagem, trabalhando a fundo nos ciclos mastigatórios. Os dentes são largos e os arcos dentários, bem formados.

As dimensões do arco não são estéticas, pois após a erupção dos dentes permanentes sofrem simultaneamente mudanças contínuas com a idade, com redução do comprimento do arco e aumento na largura do arco. De acordo com Begg (1954) 12% apresentavam CL II – divisão I,1% CL II – divisão II e 3% CL III com a preservação da maior parte dos dentes em estado de atividade funcional no decorrer da vida.

As cáries são raras, mas há perda parcial da dentição, às vezes, em idades avançadas, por causa de infecção pulpar decorrentes de processo de uso oclusal excessivo.

Há casos em que as raízes dos dentes assumiam um plano horizontal de oclusão (por rotação destes dentes) e funcionavam como a face oclusal de coroas desses dentes.

Esse "deslocamento" se dava devido às forças cortantes geradas por inclinações oclusais vestibulares dos dentes inferiores durante mastigação vigorosa. A aplicação de força de fora da boca também poderia estar envolvida neste "deslocamento".

As relações oclusais mudavam continuamente da infância para a idade avançada. Eram povos nômades que lutavam diariamente por comida. Comiam raízes, frutos silvestres, sementes, répteis, pássaros, marsupiais e outros alimentos do deserto. Os alimentos eram comidos crus ou a cocção era primitiva, os animais eram cozidos em fornos (buracos) dentro da terra com areia e cinzas quentes (levando esta areia abrasiva junto com os alimentos) causando uma abrasão rápida nos dentes. Usavam as mãos e os dentes para comer.

No trabalho de Beyron (1964) podem ser apontadas algumas características dos movimentos mastigatórios nos aborígenes australianos quando comparados com europeus de nossa era:

Não há restrição de movimentos mandibulares quando a boca está vazia nem assimetrias. Abertura e fechamento regulares sem nenhum desvio acentuado da linha média.

Excursões laterais amplas em extensão e, dos dois lados, com contato entre os dentes antagonistas no lado de trabalho, e este contato tende a crescer com a idade, devido à atrição oclusal progressiva, mas mesmo nos jovens os contatos são mais extensos que no homem moderno sem atrição. Contatos anteriores são também extensos na protrusiva.

Possuem forte apreensão e corte do alimento, a incisão do alimento é efetivamente feita pelos incisivos e caninos, além do uso vigoroso dos músculos incluindo músculos do braço (segurando o alimento com as mãos), mandíbulas, pescoço, ombros, lábios e língua.

O padrão mastigatório difere do observado nos europeus da era moderna, a mastigação é bilateral alternada, com muita regularidade, com número similar de ciclos.

Atrição e oclusão continuamente modificada

- A atrição era uma característica normal que progredia com a idade durante a vida do indivíduo (contraste com a vida atual);
- Eliminação total das cúspides;
- Alimentação áspera e abrasiva;
- Relações oclusais não estáticas mudando gradualmente, no decorrer da vida;
- Eficiência mastigatória não era prejudicada com a atrição, o processo servia para estabelecer e manter relações oclusais ideais;
- Início da atrição: com a erupção dos 1° dentes decíduos e continuava durante toda a vida;
- Desgaste tanto oclusal quanto proximal mudando tamanho e forma das coroas com a idade;
- Três fases distintas de relações oclusais: *Wear-in*, *Wear-out*, e *Last-stage* (Barret, 1969).

A fase *Wear-in*

Começa cedo, com a eliminação das interferências cuspídeas e outras irregularidades oclusais. As cúspides eram gradualmente reduzidas em altura e as superfícies opostas dos dentes tornavam-se mais planas e maiores em área, conduzindo a uma maior eficiência dos ciclos mastigatórios.

Relação de incisivos, a função de morder era modificada com uma gradual oclusão topo a topo na região anterior.

Com a atrição continuada havia a exposição da dentina e, às vezes, grande redução da altura da coroa até o nível gengival. Em dentes com mais de uma raiz o desgaste ia além, passando da bifurcação das raízes de modo que seus fragmentos se inclinavam lateralmente e funcionavam como novas superfícies oclusais.

A fase *Wear-out*

Mecanismos compensatórios permitiam que os indivíduos tivessem suas dentições completas, ainda que muito desgastadas, em um estado de eficiência funcional com pequena evidência de prejuízo patológico.

Em alguns casos a atrição era maior que a compensação de se adaptar, então a atrição não era mais fisiológica.

A fase *Last-stage*

Polpa dentária era exposta e infeccionada com sequelas alveolares e periapicais. As cargas oclusais excessivas às vezes conduziam à degeneração das estruturas das ATMs, com artrites progressivas nas superfícies articulares.

- ➔ Aos 6 anos (1os molares permanentes) dentição decídua muito desgastada.
- ➔ O tipo de desgaste dos molares decíduos também ocorria nos primeiros molares permanentes. O desgaste aumentava mais rápido nas cúspides vestibulares de molares inferiores e nas linguais dos superiores, porque as inclinações externas e centrais destas cúspides estavam envolvidas na fase de moagem da mastigação.
- ➔ Isto leva a um plano oclusal oblíquo que é dirigido ao palato no 1º molar superior, chamado de desgaste *ad palatum*, que é oposto ao tipo de curvatura oclusal no plano coronal.

- Isto resulta em redução gradual na altura das cúspides, em especial das vestibulares inferiores e linguais superiores, com consequente aumento da área dos dentes opostos durante a mastigação.
- Arcada maxilar fica mais ampla em relação à mandíbula (crescimento na sutura palatina e remodelamento alveolar).
- Os primeiros molares permanentes assumem uma carga oclusal maior logo após sua erupção, pois os decíduos já se encontram muito desgastados, e permanecem por um tempo maior até a erupção dos outros dentes (segundos molares e terceiros molares).
- Os primeiros molares desgastam-se fortemente e a atrição sobre os outros dentes posteriores permanentes é consideravelmente menor.
- Desgaste *ad palatum* também ocorre nos pré-molares e primeiros molares da maxila.
- O grau de inclinação do plano oclusal pode ser quase horizontal nos segundos molares superiores e pode inclinar-se em direção ascendente e vestibular nos terceiros molares.
- Os planos de desgaste dos inferiores opostos refletem simultaneamente ao dos superiores. Este plano oclusal é chamado composto helicoidal.
- Na região de primeiro molar o arco superior é mais largo, e na mandíbula o arco é mais largo na região de 3º molar formando a curva helicoidal.
- Quando a mandíbula e maxila têm a mesma largura na região de terceiros molares, ou na maxila é maior, a curva de atrição se altera proporcionalmente.
- Processos compensatórios:
  - Produção de dentina secundária;
  - Remodelamento alveolar;
  - Remodelamento das ATMs.
- Mesmo em caso de marcante redução de dentes, a perda da altura da face é minimizada.
- Atrição interproximal, tornavam-se superfícies de contato proximais e não pontos.
- Relação incisiva topo a topo com o envelhecimento do indivíduo.
- ATMs preservadas pela adaptação funcional.
- Com a atrição, indivíduos que apresentavam o primeiro pré-molar inferior na direção do forame mentoniano, com o passar da idade era o segundo pré--molar que se relacionava com este forame e, mais tarde, o primeiro molar. Isso mostra a migração mesial contínua na arcada inferior.
- Remodelamentos das ATMs (côndilo e eminência) sugerem mudança anterior progressiva da mandíbula inteira com contínuo desgaste dentário.
- A atrição dentária foi sempre fisiológica e benéfica e os mecanismos compensatórios foram sempre efetivos, conclusão esta sustentada por alguns autores. (Öberg, Carlsson, e Fajers, 1978; Petrovicc, Stutzman, 1977; Moffett, 1974).

- ➔ Desgastes severos levavam a perda do equilíbrio e causavam mudanças degenerativas nos dentes e ATMs, levando a osteoartrites ou artrites degenerativas (Richards e Brown, 1981; Murphy, 1959; Griffin, Powers e Kruszynsky, 1979) em alguns casos.
- ➔ Função das cúspides:
  - Servem como guias para os dentes opostos entrarem na posição correta, e manutenção de seus alinhamentos na arcada.
  - Os dentes quando erupcionam não têm raízes completas. A interdigitação cuspídea serve para manter a posição dos dentes como também a sua estabilidade até que a raiz se forme totalmente.
  - Com o uso a compactação alveolar aumenta, não precisando mais da intercuspidação.
  - Estabelecem reflexos neurais relativos às posições e o movimento da mandíbula.
  - Talvez não seja coincidência que, nas dentições de funcionamento natural, as cúspides dentárias estejam em vias de eliminação, pelo tempo de crescimento facial estar próximo do crescimento global do indivíduo, no início da idade adulta (ação hormonal) (Björk; 1969; Börk e Skieller, 1972; Börk e Skieller, 1974).
  - Esta fisiologia do SECN continua no homem moderno. Por isso, muitas vezes o odontólogo precisa interferir para manter este sistema em equilíbrio fisiológico e funcional.

Desgaste seletivo na dentição permanente

O SECN está envolvido por um envelope chamado de Envelope de Posselt, que representa este sistema em movimento.

Desgaste Seletivo (DS) é um procedimento clínico essencial para se obter o equilíbrio e o bom funcionamento da boca. Pensando na sua importância, pode-se comparar metaforicamente o DS com o revolver da terra antes de plantá-la e, assim, colher os frutos desta ação. Como colher o trigo e a cana, e desta feita obter o pão e o mel. Assim, o momento de se fazer o DS seria o mesmo momento oportuno necessário para cultivar a terra e plantá-la e se ter uma boa colheita. O momento do DS é sempre aquele em que o SECN está necessitando, quando algum desequilíbrio esteja impedindo o seu bom funcionamento, o florescer deste sistema, para produzir os resultados adequados de eficiência mastigatória, com o gasto mínimo de energia. E acima de tudo prevenir as perdas que possam prejudicá-lo quanto à integridade de seus elementos, função e estética.

O objetivo do DS é tornar o local um terreno fértil novamente, para que seus elementos possam se fortalecer, produzindo função eficiente e adequada e, assim, restabelecer a sua saúde. É sabido que, com o advento da industrialização dos alimentos, estes ficaram mais moles e pastosos, não oferecendo resistência necessária para promover o desgaste fisiológico nos dentes, tão importante para a manutenção saudável do SECN. O DS é um método para devolver o equilíbrio ao Envelope de Posselt.

Esses alimentos mais moles, que não provocam o desgaste fisiológico, podem produzir uma mastigação não fisiológica, que leva a traumas e perdas das estruturas que compõem o Sistema Bucal, tais como:

➔ Mastigação preferencial só de um lado;
➔ Mastigação viciosa unilateral;
➔ Mastigação vertical bilateral;
➔ Mastigação vertical unilateral;
➔ Mastigação mais protrusiva que lateral;
➔ Mastigação laterorretrusiva.

Em todas estas situações o trauma estará presente, podendo degenerar as ATMs ou desequilibrar a situação do plano oclusal provocando perda gradativa das unidades biológicas, com formação de bolsa periodontal, perda óssea, mobilidade do dente e até a perda deste, que esteja sob trauma.

Quando o DS é indicado deve-se sempre traçar o seu objetivo, e estabelecê-lo de forma bem clara.

O DS está indicado para todas as idades desde a dentição decídua completa (ver tratamento na 1° dentição), na mista, permanente jovem ou mais madura. É importante realçar que o DS deve ser sempre compatível com a idade do indivíduo. Então, em uma pessoa de 40 anos o DS pode ser mais acentuado que em uma de 20 anos. A ideia geral mais simples na realização do DS é de alongar vertentes de determinadas cúspides, para neutralizar as interferências, que elas estão provocando ao Sistema Bucal.

Assim, uma boca de 50 anos poderá ser mais desgastada que a de 40 e, por volta dos 60 anos a dentição permanente já madura deverá estar com as cúspides dos dentes posteriores praticamente aplanadas, caninos superiores com as vertentes mesiais únicas, caninos inferiores com as distais únicas e incisivos com redução do trespasse incisal, de modo a ficarem topo a topo.

A quantidade de material dentário a ser desgastado deve ser definida de acordo com o objetivo do DS, respeitando a idade do indivíduo e a manutenção da DV ideal para o caso em tratamento.

O DS deve ser visto como o procedimento clínico dentro da Odontologia, o mais simples, o mais natural, uma vez que tem por objetivo funcionalizar o Sistema. A função primordial do SECN é a mastigação, portanto, deve ser realizada mais perfeitamente possível, sem interferências e traumas, com a mandíbula livre para flotar (lateralizar) à direita e à esquerda, e com as duas ATMs sendo estimuladas igualmente, com a mesma intensidade, durante os vários ciclos mastigatórios realizados durante uma refeição. O DS quando bem indicado transforma o desequilíbrio em equilíbrio, travamentos em destravamentos, em liberdade de movimentação da mandíbula mudando padrões sensoriais e motores, possibilitando a formação de outras memórias, pelo novo treinamento e aprendizado a ser realizado pelo SECN.

Para a prática do DS é utilizada a broca em forma de roda, diamantada, com diâmetro de 4,5 mm e espessura de 1,5 mm. Para crianças é aconselhável cortar um pedaço do cabo, pois se tem pouco espaço para trabalhar e a roda da broca deve ficar verticalmente à face oclusal do dente. É importante esse procedimento para evitar acidentes nas crianças.

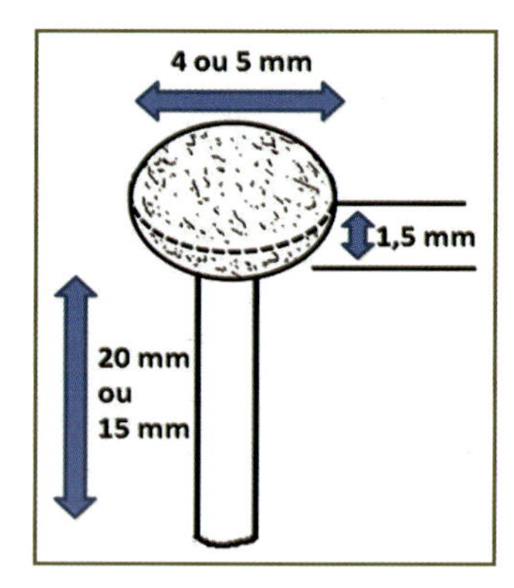

Figura 19.1: Broca em forma de roda, diamantada, de alta rotação com as especificações adequadas.

O papel articular usado é da marca Baush – 200u. No desgaste em lateralidade começa-se colocando uma folha no lado de balanceio e duas no lado de trabalho. Depois três no trabalho e duas no balanceio, em seguida quatro no trabalho e três no balanceio. É feito nesta desproporção, porque no lado de trabalho é preciso ter a máxima aproximação entre os dentes, por ser o da mínima dimensão vertical. Além disso, o bolo alimentar estará entre os dentes desse lado e não no lado de balanceio.

A mastigação ou o DS deixará o plano oclusal gradualmente com um aspecto sinusoidal:

Dentes superiores apresentam:

- **Incisivos:** incisal com a distal mais curta que a mesial;
- **Caninos:** com a vertente mesial mais longa que a distal;
- **Pré-molares e molares:** cúspides vestibulares com as vertentes mesiais mais longas; cúspides palatinas com as vertentes distais mais longas.

Dentes inferiores apresentam:

- **Caninos:** com a vertente distal mais longa que a mesial;
- **Pré-molares e molares:** cúspides vestibulares com as vertentes distais mais longas; cúspides linguais com vertentes mesiais mais longas.

Este aspecto será na dentição permanente madura, por volta dos 40 anos, pois, como já dito anteriormente, aos 60 estará mais aplanada.

No adulto jovem (por volta dos 20-30 anos) os desgastes deverão ser suaves no sentido de eliminar excessos e ou interferências, que estejam atrapalhando o movimento excursivo suave da mandíbula durante a mastigação, ou a eliminação de traumas. É importante lembrar sempre da:

Compatibilidade da idade × DS

Em uma oclusão cêntrica, com os dentes em máxima intercuspidação, tem-se uma DV que deve ser mantida para não causar distúrbios ao sistema. Cúspides específicas são responsáveis pela manutenção da DV, estas são chamadas de pontos de apoio. Essas cúspides fazem seus contatos ou apoios em determinadas regiões específicas, que são chamadas de trajetos dos pontos de apoio.

Os pontos de apoio podem ser classificados de acordo com o grau de importância na manutenção da DV, em oclusão cêntrica, numa escala decrescente.

Pontos de apoio

- Pontos de apoio primários (os mais importantes);
- Pontos de apoio intermediários;
- Pontos de apoio secundários (menos importantes).

Pontos de apoio primários

- **Incisivos:** pontos de apoio: Bordos oclusais dos incisivos inferiores, A, B. Trajetos: Faces palatinas dos incisivos superiores, A', B';
- **Caninos:** pontos de apoio: Bordos das vertentes distais dos caninos inferiores C. Trajetos: Face palatina dos caninos superiores nas vertentes mesiais, C';

- **Pré-molares:** pontos de apoio: Cúspides vestibulares dos pré-molares inferiores D, E. Trajetos: Fossas interproximais dos pré-molares superiores, D', E';
- **Molares:** pontos de apoio: Cúspides mesiopalatinas dos molares superiores, F, G. Trajetos: Fossa central dos molares inferiores, F', G'.

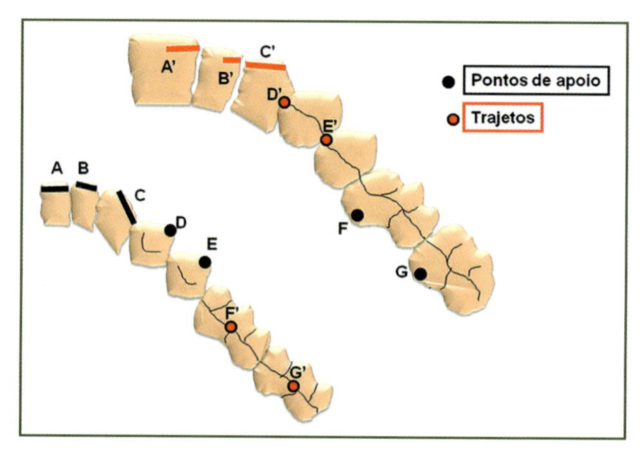

Figura 19.2: Em cêntrica, os pontos de apoio primários e seus trajetos. Bolinhas pretas representam os pontos de apoio e as vermelhas, seus trajetos.

Pontos de apoio intermediários

- **Primeiros molares inferiores:** pontos de apoio: Cúspides mesiovestibulares H. Trajetos: Fossas interproximais de segundo pré-molar superior com o primeiro molar superior, H'.

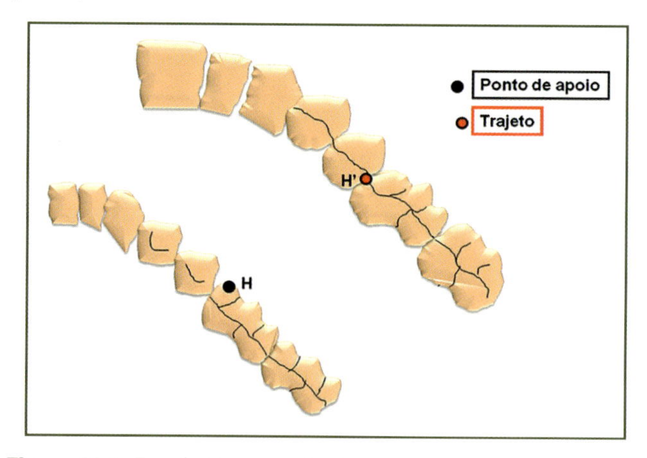

Figura 19.3: Em cêntrica, o ponto de apoio secundário e seu trajeto. Bolinha preta representa o ponto de apoio e a vermelha, seu trajeto.

Pontos de apoio secundários

- **Cúspides palatinas dos pré-molares superiores:** i e j pontos de apoio contra as fossas interproximais dos pré-molares inferiores (trajetos) i' e j'.
- **Cúspides vestibulares dos molares inferiores:** k, l, m e n contra o sulco central das faces oclusais dos molares superiores (trajetos) k', l', m', e, n'.

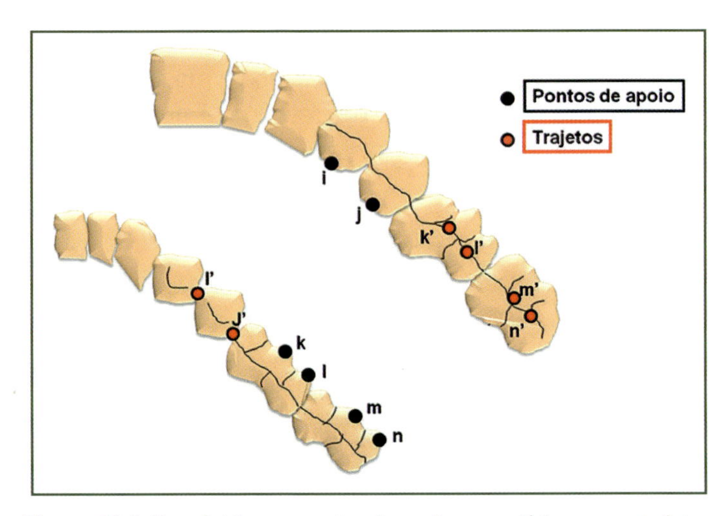

Figura 19.4: Em cêntrica, os pontos de apoio secundários e seus trajetos. Bolinhas pretas representam os pontos de apoio e as vermelhas, seus trajetos.

No processo mastigatório, durante a vida do indivíduo ocorrem os desgastes das facetas oclusais de maneira fisiológica. Assim que os dentes fazem a erupção e entram em contato com os antagonistas, esse processo já se inicia e continua durante toda a existência do elemento dental na boca.

Assim, no lado de trabalho as facetas superiores vão se desgastando de palatino para vestibular nas cúspides palatinas e de mesial para distal nas cúspides vestibulares. As facetas inferiores, de vestibular a lingual nas cúspides linguais e de distal a mesial nas cúspides vestibulares.

No lado de balanceio o desgaste se dá nos dentes superiores de distal para mesial e de vestibular para palatino e nos dentes inferiores de lingual para vestibular e de mesial para distal.

Desgaste seletivo das facetas oclusais

Incisivos

Faces palatinas dos incisivos superiores a partir da cêntrica que é respeitada, aumentando para o bordo mesial ou distal (no LT aumenta para distal, no LB para mesial).

Caninos

- **Caninos superiores:** na face palatina em sua vertente mesial, a partir da cêntrica, assim irá aumentando a vertente mesial.
- **Caninos inferiores:** na face vestibular em sua vertente distal, assim irá aumentando a vertente distal.

Pré-molares

No LT devem ser respeitados os pontos dos pré-molares inferiores, que mantêm a DV e a cêntrica. Esses são pontos de apoio primários e estão nas cúspides vestibulares e bordo distal dos pré-molares inferiores. Os seus trajetos estão nas vertentes mesiais das cúspides vestibulares dos pré-molares superiores.

Os pontos de apoio secundários estão nas cúspides palatinas e bordo mesial dos pré-molares superiores. Seus trajetos estão nas vertentes mesiais das cúspides linguais dos pré-molares inferiores.

No LB, as cúspides vestibulares nas vertentes mesiolinguais dos pré-molares inferiores deslizam pelo espaço existente entre as vertentes proximais palatinas dos pré-molares superiores. Os pré-molares superiores ficarão com as faces oclusais aplanadas, devido à diminuição da altura gradual da cúspide vestibular, no sentido mesiodistal em trabalho, e da cúspide palatina, no sentido distomesial em balanceio.

Molares

Os pontos de apoio em cêntrica que não se podem tocar são as cúspides mesiopalatinas dos molares superiores. Estas cúspides marcam dois trajetos na oclusal dos molares inferiores, que são desgastados a partir do centro, que é intocável. No LT o trajeto é feito nas duas cúspides linguais dos molares inferiores, as quais podem ser desgastadas, aumentando para o bordo lingual. A broca durante o desgaste deve ser direcionada do sulco central, que se respeita para o bordo lingual.

No lado de balanceio, os mesmos pontos de apoio primários são marcados entre as cúspides vestibulares dos molares inferiores: central e distal, que podem ser desgastadas a partir da cêntrica para o bordo vestibular. As cúspides de apoio secundário são as cúspides vestibulares dos molares inferiores, contra as vertentes mesiais das cúspides vestibulares dos molares superiores. Estas últimas é que podem ser desgastas. Importante lembrar que essas cúspides de apoio secundário apresentam trajetos nos molares superiores somente no trabalho.

No trabalho, os molares superiores se desgastam diminuindo as cúspides vestibulares no sentido mesiodistal.

No balanceio, os molares superiores se desgastam, diminuindo as cúspides palatinas no sentido distomesial.

No trabalho, os molares inferiores desgastam as cúspides vestibulares no sentido distomesial e no balanceio, as cúspides linguais no sentido mesiodistal.

Patogenias tratadas com o desgaste seletivo

Há várias patogenias que podem ser tratadas com o DS, o qual irá funcionalizar o sistema, salvando seus elementos constituintes e sua função.

Grande sobremordida

Em casos de ressalte normal, a oclusão cêntrica é registrada como pontos ou linhas no terço incisal, das faces vestibulares dos caninos e incisivos inferiores, quando o paciente morde por vezes sucessivas o papel articular.

Nas grandes sobremordidas, onde os incisivos superiores cobrem muito os inferiores, a oclusão cêntrica é registrada como SUPERFÍCIES nas vestibulares dos incisivos e caninos inferiores.

Essas superfícies apresentam-se como facetas. Com o papel articular colocado entre os incisivos, pede-se para o paciente dar várias mordidas ficando marcado nas vestibulares dos incisivos inferiores verdadeiras facetas. Excepcionalmente, nesses casos está mais indicado o DS nas incisais dos inferiores e não nos superiores. Isto porque ficaria antiestético se o DS fosse realizado nos superiores, pois os incisivos inferiores ficariam muito longos e os superiores curtos.

Assim, faz-se a diminuição das facetas marcadas com o papel articular nos incisivos inferiores, desgastando-os por vestibular e de cima para baixo até se obter uma linha horizontal no contato em cêntrica.

É então restabelecido o contato incisal em cêntrica. Esse desgaste pode ser também realizado nos caninos inferiores, se for necessário. Depois se faz o DS em lateralidade direita e esquerda.

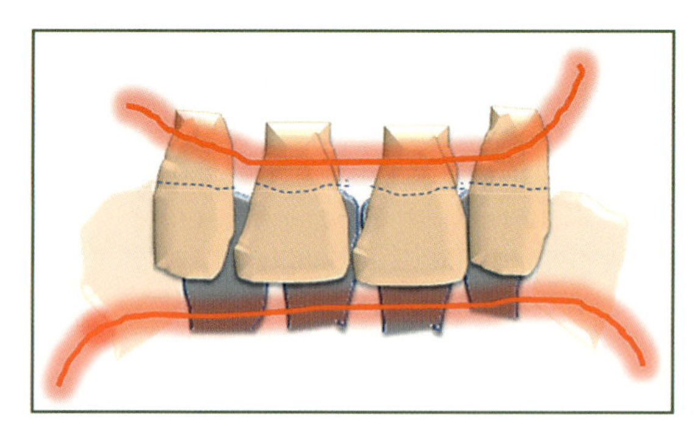

Figura 19.5: Desenho esquemático de grande sobremordida em adulto, com trespasse excessivo dos dentes anteriores superiores contra os inferiores.

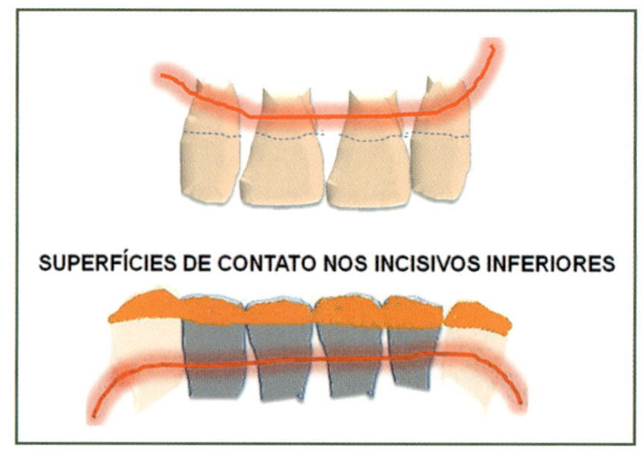

Figura 19.6: Desenho esquemático de grande sobremordida em adulto, mostrando as superfícies de contato, demarcadas com papel articular, nas vestibulares dos incisivos inferiores.

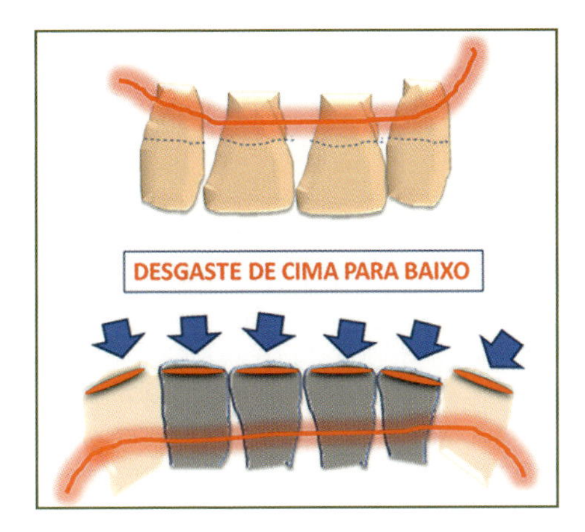

Figura 19.7: Desenho esquemático de grande sobremordida em adulto, mostrando o desgaste seletivo feito com uma broca em roda, diamantada, seguindo a orientação de cima para baixo diminuindo a altura das incisais dos incisivos inferiores.

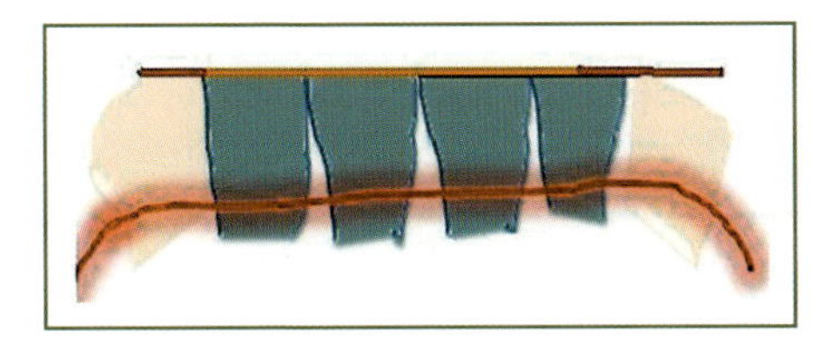

Figura 19.8: Desenho esquemático de grande sobremordida em adulto, mostrando que as incisais dos incisivos inferiores já estão com as alturas diminuídas.

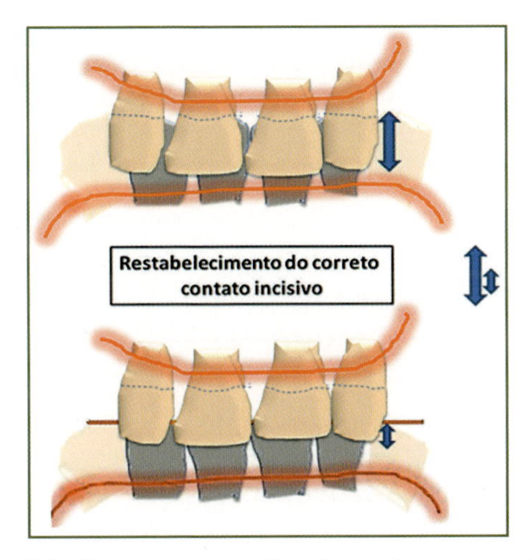

Figura 19.9: Desenho esquemático de grande sobremordida em adulto, mostrando o restabelecimento do correto contato incisivo.

Dupla cêntrica

A posição postural da mandíbula mantém os maxilares afastados, sem contato dentário, com um espaço livre entre as superfícies oclusais, e os côndilos ficam o mais atrás possível na cavidade articular, porém, sem comprimir os tecidos articulares. Esta é a relação cêntrica da mandíbula, posição esta condicionada pelo equilíbrio entre os músculos elevadores e abaixadores, os quais estão neuralmente condicionados pelos receptores periodontais. Nessa situação, o tônus dos elevadores e abaixadores é mantido em um equilíbrio antagônico num reflexo extensor miotático.

Ao iniciar o fechamento da boca passa-se a um primeiro contato dentário, diminuindo a DV do terço inferior da face. Esta será a oclusão cêntrica que pode coincidir ou não com a máxima intercuspidação dentária. Se coincidir a oclusão cêntrica, será também a oclusão funcional e será normal.

Todavia, nem sempre ocorre dessa maneira. Se não coincidente, quando se dá o primeiro contato, que condiciona a cêntrica, a mandíbula se desloca para frente ou para esquerda ou direita até encontrar a máxima intercuspidação. Isto ocorre sempre com uma redução da DV, mesmo que seja muito pequena. Esta será a oclusão funcional, a qual não depende da relação intermaxilar, portanto, pode ocorrer em casos de Classe I, II ou III de Angle.

A oclusão funcional baseia-se na lei da mínima dimensão vertical (Planas, 1988). Na dupla cêntrica, a oclusão funcional está patológica, ou seja, a partir de uma primeira oclusão cêntrica com boa Intercuspidação passa-se a outra mais protrusiva, quando se pede ao paciente que oclua mais forte. Ocorre sempre com a redução da dimensão vertical, mesmo que seja em uma quantidade muito pequena. Esta última oclusão (a mais protrusiva) é a verdadeira funcional, embora também patológica.

Dupla oclusão em dentição permanente jovem

A dupla oclusão pode ocorrer em qualquer idade, porém acomete com frequência pacientes com a dentição permanente jovem, por volta dos 12/13 anos.

A causa desta lesão é devido à ausência de função mastigatória perfeita pela falta de uso de alimentos duros, fortes e secos.

Características

- Indivíduos por volta dos 12/13 anos, com equilíbrio e desenvolvimento perfeitos.
- Mastigação equilibrada, alternada a direita e a esquerda, com contato oclusal em trabalho e em balanceio.
- O não uso de alimentos duros e fortes.
- Falta de desgaste do esmalte dos dentes e da formacão das facetas de desgaste fisiológicas, pois não usa a força necessária durante a mastigação.
- O primeiro pré-molar inferior, na cêntrica, fica apoiado somente por meia vertente oclusal do primeiro pré-molar superior. Além disso, ele não possui cúspide língual.
- Se a carga que esse dente recebe durante o trabalho não for completamente anulada durante o balanceio (o que ocorre se não houver uma mastigação dura e seca), ele tende a crescer.
- Assim, ao fechar a boca, o primeiro pré-molar inferior tropeça de leve com a sua vertente oclusal disto vestibular, contra a vertente mesio vestibular, da cúspide palatina, do primeiro pré-molar superior.
- Esse tropeço provoca o escorregamento da mandíbula para frente.

Consequência

- Sobrecarga ou contato prematuro que quase sempre se localiza na face mesial da vertente vestibular da cúspide palatina do primeiro pré-molar superior.
- Quando a lesão é pequena, faz-se o desgaste no local citado acima (primeiro pré-molar superior).
- No DS elimina-se o avanço da mandíbula e se reduz a DV em oclusão cêntrica.
- Com esse procedimento é eliminado o obstáculo, ou seja, o contato prematuro que mantinha a DV mais alta no momento do primeiro contato oclusal em cêntrica e obrigava a mandíbula a fazer um movimento protrusivo que espontaneamente lhe facilitava uma redução da DV.
- Obtém-se, assim, a oclusão cêntrica e a oclusão funcional, coincidentes e fisiológicas.

Observação: Não se deve fazer essa redução suprimindo a altura cuspídica do primeiro pré-molar inferior, porque se o contato oclusal em cêntrica é perdido, o dente volta a crescer e a dupla oclusão aparecerá novamente. O correto é sempre eliminar a superfície do primeiro pré-molar superior, a partir da cêntrica, e controlar o movimento de balanceio.

Técnica

- O paciente deve estar sentado com a coluna vertebral na vertical, com o plano de Frankfurt paralelo ao chão e relaxado o máximo possível.
- Segura-se o queixo do paciente com a primeira falange do polegar e do indicador.
- Coloca-se duas folhas de papel articular entre os dentes, uma do lado direito e outra do esquerdo.
- Golpeia-se a mandíbula contra o maxilar várias vezes.
- É encontrado um primeiro contato (marca do carbono) em posição ligeira distal, que corresponderá à oclusão cêntrica.
- Mantendo essa posição da mandíbula com os dedos, pede-se ao paciente que feche a boca com mais força.
- Notar-se-a um ligeiro avanço ou deslize da oclusão para frente, sempre com uma perda da DV.
- Esta é a oclusão funcional e patológica.
- Faz-se o desgaste da marca de carbono resultante do primeiro contato em posição ligeira distal, que corresponde à oclusão cêntrica.

Local do desgaste

- Face mesial da vertente vestibular da cúspide palatina do primeiro pré-molar superior.
- Reduzir a altura dessa oclusão cêntrica até ficar idêntica à funcional ou menor, para sua estabilizacão.
- Desta forma, o paciente não consegue passar para a oclusão funcional patológica, pois esta será mais alta.

Dupla cêntrica em dentição permanente adulta

- Em geral, não se elimina pontos de apoio ou apoios, ou seja, bordos dos incisivos inferiores, bordo distal de canino inferior, cúspide vestíbular e bordo distal de pré-molares inferiores, cúspide palatina e seu bordo mesial dos pré--molares superiores, cúspide mesiopalatina dos molares superiores e cúspides vestibulares dos molares inferiores.

- A DV em cêntrica é diminuída, eliminando-se as superfícies que se opoem a esses pontos, ou seja, aprofundando-se os trajetos ou vales.
- Não é necessário, em geral, a eliminação dos bordos incisivos inferiores, pois ao retruir permanece um leve *overjet* que talvez seja compensado pela diminuição da dimensão vertical.
- Se necessário, elimina-se as faces mesiolinguais dos caninos superiores.
- Na maioria das vezes, é preciso desgastar aprofundando as fossas inter proximais dos pré-molares superiores e as vertentes linguomesiais das cúspides linguais dos primeiros pré-molares.
- Aprofunda-se as faces oclusais dos molares inferiores e as vertentes das cúspides vestibulares dos molares superiores, ou seja, diminui-se a dimensão vertical em cêntrica.
- Controle do restabelecimento da oclusão cêntrica e da funcional em uma só.
- Faz-se o teste exploratório movendo a mandíbula do paciente para cima e para baixo, com ajuda dos nossos dedos.
- Após o acerto da cêntrica funcional, é feito o ajuste em lateralidade.
- Assim, tem-se a reabilitação neuro-oclusal do sistema.
- Esta técnica fundamenta-se na Lei da Mínima Dimensão Vertical de Planas.

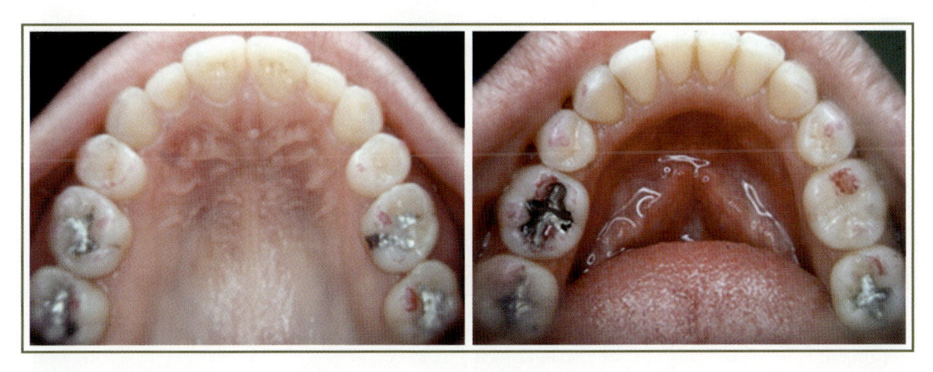

Figura 19.10: Maxila e mandíbula com os contatos prematuros marcados em papel articular vermelho que causam a dupla cêntrica.

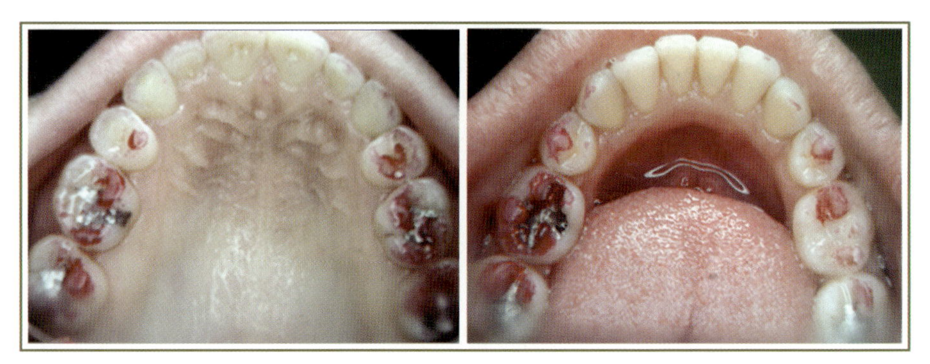

Figura 19.11: Maxila e mandíbula após o primeiro desgaste para a eliminação da dupla cêntrica, com aumento considerável dos contatos dentários.

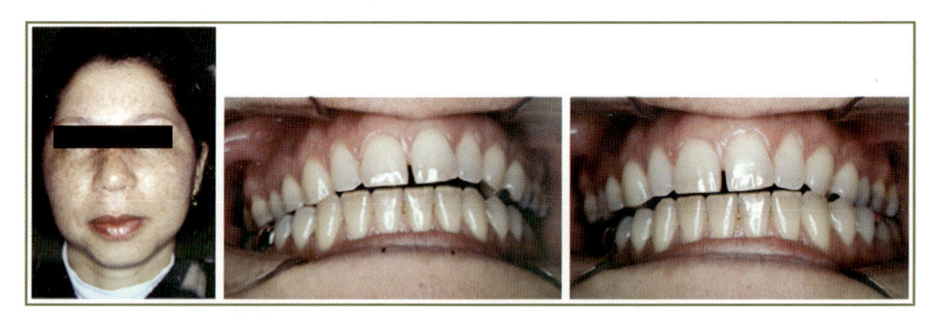

Figura 19.12: Após a eliminação da dupla cêntrica foi verificada a lateralidade da mandíbula. Há perda de contato incisal nas lateralidades direita e esquerda.

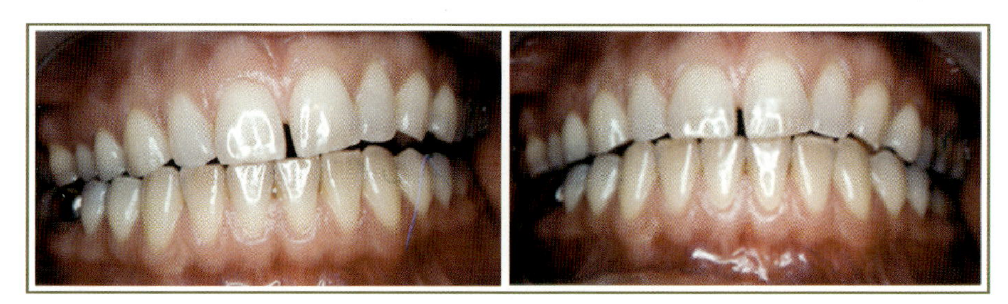

Figura 19.13: Após o DS em lateralidade direita e esquerda os contatos dos incisivos ficaram em topo a topo, além dos contatos em trabalho e balanceio obtendo-se, assim, o equilíbrio da boca.

Trauma Incisivo

FUNÇÃO DOS INCISIVOS

A função de cortar é realizada pelas faces vestibulares no terço incisal dos incisos inferiores contra as faces linguais dos incisivos superiores no movimento de lateralidade da mandíbula à maneira de tesoura, e como resultado desta função tem-se o desgaste desses dentes.

Sem essa função não há desgaste

Assim, quando a função dos incisivos está ausente, ocorre uma função exagerada dos processos laterais (pré-molares e molares), causando uma sobrecarga dos incisivos em cêntrica e a consequência será:

Formação de diastemas nos incisivos superiores e posterior mobilidade

Tratamento

- Antes do ajuste do trauma incisivo, deve-se examinar a existência ou não de dupla cêntrica. Se houver, elimina-se antes.
- O trauma incisivo é sentido pelo profissional colocando-se o dedo sobre a coroa do incisivo superior, na altura da cervical juntamente com o início da raiz deste. Percebe-se uma mobilidade do dente examinado, quando a mandíbula golpeia a maxila em cêntrica.
- O ajuste é feito eliminando-se o contato em cêntrica, nos pontos de apoio, ou seja, nos bordos dos incisivos inferiores.

- Testar a eliminação do trauma, colocando a polpa do dedo nos incisivos superiores na altura da cervical da coroa e início da raiz e fazendo a mandíbula golpear com abertura e fechamento.
- Em lateralidade: eliminar os contatos prematuros nas faces linguais dos incisivos superiores a partir da cêntrica (cêntrica obtida com o desgaste dos bordos inferiores) e com trajeto funcional, ou seja, até chegar ao bordo incisal (topo a topo).
- Nesta técnica, não se elimina material dos incisivos superiores, em cêntrica,
- Contato incisivo perfeito: sem sobrecarga em cêntrica. Nos movimentos de lateralidade da mandíbula sem perda de contato incisal, ou seja, os incisivos ficam topo a topo.

Disfunção unilateral

- Esta lesão é chamada de Lei Diagonal de Thieleman ou disfunção unilateral Planas e aparece quando o indivíduo passa a fazer uma mastigação unilateral. São bocas sãs, onde rapidamente se inicia uma lesão periodontal no incisivo lateral superior e, em seguida, no central e canino do mesmo lado.
- De acordo com as Leis de Planas, o esfregamento à direita e à esquerda dos incisivos inferiores contra as faces linguais dos incisivos superiores (alternando trabalho-balanceio) mantém a saúde e o equilíbrio periodontal desses dentes, pois pertencem ao mesmo mamelão embrionário (fronto-nasal). No caso de mastigacão unilateral, no trabalho direito excitam-se os incisivos superiores do lado direito ficando em vazio os do lado esquerdo.
- A resposta de crescimento provocada pelo esfregamento dos incisivos direitos chega a todos os incisivos superiores, inclusive aos do lado esquerdo, pois pertencem ao mesmo mamelão embrionário. Os incisivos direitos crescem, mas são desgastados pelo atrito mastigatório. Os esquerdos também crescem, mas contam com a mudança do lado de mastigação, para neutralizá-los e desgastá-los, mantendo o equilíbrio.
- Mas, no caso de mastigação só do lado direito, os incisivos superiores do lado esquerdo (Balanceio) continuarão crescendo pela falta de mastigação esquerda, ficando mais longos que os do lado direito.
- Quando ocluir em cêntrica, os bordos dos incisivos inferiores tropeçam com os incisivos superiores mais longos (lado esquerdo) devido à inclinação da face lingual, e estes são então empurrados para fora, para vestibular.
- Na maior parte dos casos, a lesão começa no lateral que se alonga ultrapassando o plano oclusal, aparece o diastema e é expulso para vestibular.

- Posteriormente, o central e o canino do mesmo lado podem acompanhar.
- De acordo com o tempo da lesão, os AFMPs terão maior ou menor diferença entre eles, e do lado de trabalho será menor, impedindo o movimento para o outro lado.

Observação: Esta lesão compreende: mudança da situação do plano oclusal, do crescimento dos anteriores do lado que não funciona, vai se agravando, e sua reversão será às vezes muito difícil.

Tratamento

- Suprimir o contato em cêntrica do dente lesionado eliminando, se possível, o contato na face lingual do lateral.
- Diminuir também o bordo oclusal dos incisivos inferiores, que contatam em cêntrica.
- Levar o lateral superior para lingual e, se for necessário, também o central e o canino do mesmo lado, com aparelho apropriado.
- Ao mesmo tempo é controlado o equilíbrio para o lado que não trabalha, suprimindo inclusive o fator etiológico (siso, cárie, restaurações etc.).
- Para se conseguir a igualdade do AFMP durante o DS, será necessário reduzir o bordo incisal do lateral e talvez do central e canino superiores alongados.
- O mais importante é deixar o AFMP do lado lesionado igual ou menor, se for possível, que o AFMP do lado que trabalhava.
- Desta forma, o paciente passará a mastigar exclusivamente pelo lado do ângulo menor, que agora será o lesionado e, com a recuperação da função, se reabilitará mais facilmente.
- Depois de algum tempo, se for preciso e com um prévio controle, iguala-se novamente os AFMPs, para reduzir o necessário o ângulo do lado que trabalhava, antes de iniciar o tratamento.
- Fazer também o devido tratamento periodontal, se for necessário.

Classificação dos biótipos

Os biótipos podem ser classificados de acordo com a sua principal derivação das três lojas blastodérmicas em: Ectoblástico, Mesoblástico, Endoblástico e Condroblástico.

Biótipo Ectoblástico

Tem uma maior derivação da loja blastodérmica ectoblástica e se caracteriza por:

- ➔ Maior desenvolvimento dos tecidos de origem ectoblástica: sistema nervoso, pele e anexos;
- ➔ Sistema muscular pouco desenvolvido;
- ➔ Vida sedentária, tipo mais intelectual que de atividade física;
- ➔ Geralmente apresenta má oclusão de Classe II divisão 1;
- ➔ Biótipo Negativo, pois os músculos e ossos são pouco desenvolvidos.

Biótipo Mesoblástico

Tem uma maior derivação da loja blastodérmica mesoblástica e se caracteriza por:

- ➔ Maior desenvolvimento dos tecidos de origem mesoblástica: sistema muscular e ósseo;
- ➔ Sistema nervoso pouco desenvolvido;
- ➔ Gosta de atividade física, do tipo incansável, mais físico que intelectual;
- ➔ Má oclusão de Classe II divisão 2;
- ➔ Biótipo Positivo, pois tem forte desenvolvimento muscular e ósseo.

Biótipo Endoblástico

Tem uma maior derivação da loja blastodérmica endoblástica e se caracteriza por:

- ➔ Maior desenvolvimento dos tecidos de origem endoblástica: sistema gástrico e endócrino;
- ➔ Mais gastronômico que físico, tende à obesidade;
- ➔ Má oclusão de Classe II, Classe III, ou I;
- ➔ Biótipo Negativo.

Os biótipos negativos exigem maior número de DS para manter a dinâmica mandibular em equilíbrio, pois a musculatura e os ossos são pouco desenvolvidos.

Os biótipos positivos não necessitam de intensos DS. Controla-se a função mastigatória, pois apresentam ossos e musculatura eficientes.

Biótipo Cordoblástico

Tem um equilíbrio de desenvolvimento das três lojas blastodérmicas. Apresenta um equilíbrio corporal, energético vital e psicossocial. É um biótipo positivo.

A importância de se detectar os biótipos reside na tomada de decisão com relação ao tipo de aparelho que melhor se aplicaria para a má oclusão apresentada, ao tratamento a ser realizado no menor tempo possível para equilibrar o SECN.

Indicações e objetivos do DS na mordida aberta

No exame clínico funcional observa-se qual tipo de mastigação realiza (quais movimentos a mandíbula faz no ato da mastigação). Na Mordida Aberta (MA), pelo próprio desequilíbrio do plano oclusal, favorece-se a mastigação com movimentos mais verticais que laterais.

Outro aspecto a ser observado é se há preferência por um lado durante a mastigação.

O DS em cêntrica, na qual se deve averiguar a existência ou não de dupla cêntrica. Se houver, se ajusta a cêntrica dupla, em seguida continua em cêntrica para diminuir o máximo a MA, buscando o contato incisivo. Muitas vezes, pode-se conseguir isto, mas em outras não, depende do "tamanho" da abertura da mordida. Tem-se o plano incisal alto e os planos oclusais posteriores baixos, com fulcro de abertura de mordida na região de molares ou pré-molares. Na MA a mandíbula quer colocar os seus dentes em contato com a maxila, mas não consegue, pois tem um travamento (contato) posterior que a impede de fazer a sua adequada flexão e assim alcançar também os incisivos superiores. Isto se dá devido ao plano oclusal posterior ser muito baixo, com a curva de decolagem em sentido contrário ou invertida. A mínima dimensão vertical está localizada no local do fulcro de abertura de mordida. A intenção no DS é de inverter a MDV e tentar o contato incisivo para equilibrar e distribuir melhor as forças mastigatórias. Depois se faz o desgaste em lateralidade. Há casos em que se consegue o contato incisivo após o DS em cêntrica, mas na lateralidade é perdido. Então, no DS em lateralidade direita e esquerda o objetivo é de se conseguir o contato incisivo topo a topo, sempre que possível. Se houver mastigação preferencial por um lado com o AFMP menor, pode ser feito o desgaste invertendo o AFMP, deixando menor no lado oposto ao preferencial.

Se não houver mastigação viciosa (visto no exame clínico funcional) faz-se o DS em lateralidade direita e esquerda, deixando os dois lados com AFMP iguais. Os contatos no lado de trabalho são: incisivos topo a topo, vertente distal do canino inferior com a vertente mesial do canino superior, pré-molares e molares inferiores com as cúspides vestibulares e linguais em contato com as mesmas superiores. No balanceio: incisivos topo a topo, caninos em desoclusão, cúspides vestibulares de pré-molares e molares inferiores com as palatinas superiores.

Em todos os tipos de má oclusão, em que ao fazer a lateralidade há perda de contato incisal no lado de trabalho direito ou esquerdo e, também no lado de balanceio com perda de contatos anteriores e ou posteriores direito ou esquerdo, deve-se fazer o DS como mordida aberta, pois há um aumento da dimensão vertical, onde os maxilares se afastam deixando um espaço entre as incisais/e ou oclusais dos dentes. A mordida aberta não é considerada apenas em cêntrica, mas também quando ela aparece no movimento de lateralidade da mandíbula. Assim, o DS nesses casos segue ao da MA.

Na MA pode ser feito desgastes nos pontos de apoio primários e secundários além de seus trajetos, pois o objetivo é de diminuir a DV, dependendo da idade da pessoa, tanto em cêntrica como em lateralidade.

Dessa maneira, pode-se obter o contato incisal em cêntrica e em lateralidade direita e esquerda (1° item da Lei de Equilíbrio de Hanau) e regularizar a situação e profundidade do plano oclusal (4° e 5° itens da Lei de Hanau).

Os objetivos são:

- ➔ Diminuir a DV posterior para melhorar a situação do plano oclusal;
- ➔ Buscar o contato incisivo em cêntrica e lateralidade direita e esquerda;
- ➔ Reduzir o AFMP maior se houver diferença entre eles; e
- ➔ Inverter o lado da mastigação por algum tempo;
- ➔ Fazer novo desgaste posteriormente para igualar os AFMPs;
- ➔ Controlar sempre a mastigação.

Sempre que houver preferência mastigatória para um lado ou mesmo mastigação viciosa unilateral está indicado o treino mastigatório pelo novo lado, para intensificar os estímulos sensoriais que levam ao reforçamento sináptico e, assim, promover a formação de nova memória relativa ao novo lado mastigatório. O treino é feito com goma de mascar durante 5 a 10 minutos antes das principais refeições, porque funciona como um pré-estímulo à mastigação dos alimentos que ocorrerá logo em seguida. Essa pré-ativação facilita o reforçamento sináptico para a aquisição de nova memória relativa ao novo lado mastigatório.

Sempre que se deixar os AFMPs diferentes, ou seja, com o AFMP do novo lado mastigatório menor que o outro, novo DS deverá ser feito após a correção de eventuais assimetrias, deixando os AFMPs iguais para uma mastigação bilateral alternada.

Indicações e objetivos do DS na Classe II - Divisão 1

A má oclusão de classe II – divisão 1 apresenta a mandíbula em retrusão com *overjet* dentário e os incisivos superiores em protrusão. Os incisivos inferiores poderão estar tocando no colo dos incisivos superiores por palatino. A MDV é posterior mesmo porque incisivos não se tocam e o plano oclusal forma com o plano de Camper ângulo fechando atrás. Há uma perda da altura suborbital da face, ou seja, da dimensão vertical. A mastigação é posterior mais vertical que lateral, pois há travamento na lateralidade na região de caninos e às vezes também nos incisivos laterais superiores quando mais palatinizados. Pode haver também preferência por um lado da mastigação (MV), estando os AFMPs desiguais, sendo o menor no lado da mastigação. É interessante verificar se há desvio de linha mediana clínica e se este desvio está para o mesmo lado da MV.

Os objetivos são:

- Eliminar as interferências cuspídeas que impedem a mandíbula de fazer os movimentos lateroprotrusivos durante a mastigação, desta forma a mandíbula começa a aprender estes novos movimentos, que antes eram mais verticais.
- Se há mastigação unilateral, deve-se inverter a mastigação por algum tempo, deixando o lado do AFMP maior, agora menor, transformando este lado de balanceio em trabalho.
- Futuramente, fazer novo desgaste seletivo para igualar o AFMP. Neste tipo de má oclusão não se deve desgastar os pontos de apoio primários e secundários, mas sim seus trajetos, para não perder DV. No lado de trabalho desgastam-se as cúspides vestibulares dos superiores (vertentes mesiais) e linguais dos inferiores (vertentes distais).
- Se houver interferências no lado de balanceio, deverão estar na vestibular dos molares inferiores ou nas palatinas dos molares superiores.

O DS tem uma ligação direta com a idade da pessoa; assim, aos 40 anos, o desgaste já poderá ser feito em cúspides de pontos de apoio primário e secundário, pois já está na idade adulta.

Aos 60 anos, sabe-se que os dentes posteriores deverão estar praticamente sem cúspides, os incisivos topo a topo, caninos superiores só com a vertente mesial, onde a distal já foi reduzida totalmente e vertente distal do inferior alongada. O DS é compatível com a idade.

A cêntrica é sempre testada antes, durante e após o termino do DS, a qual deve ser intocável. Se houver dupla cêntrica, esta deve ser corrigida antes de iniciar o desgaste em lateralidade. Nestes casos de Classe II divisão 1 não se consegue contato incisal topo a topo na lateralidade, pois os incisivos superiores estão protruídos.

O importante são os contatos no balanceio, pois só contato no lado de trabalho não garante o equilíbrio do sistema.

Muitas vezes, ao fazer a lateralidade, tem-se um contato (interferência) no balanceio, que ajuda a abrir a mordida no lado de trabalho e também no próprio balanceio e este contato está ocorrendo em pontos de apoio primários e secundários (cúspide palatina de molares superiores e vestibulares de molares inferiores). Nestes casos, desgasta-se na vestibular inferior (de preferência) ou na palatina do superior, procurando dar o maior número de contatos no balanceio, além dos contatos em trabalho.

Indicações e objetivos do DS na Classe II - Divisão 2

A classe II divisão 2 apresenta mandíbula em retrusão, onde o plano oclusal forma com o plano de Camper um ângulo fechando atrás com sobremordida e incisivos superiores em retrusão. Nestes casos há perda de DV (altura suborbital da face está diminuída), MDV é atrás e a mastigação é praticamente vertical, podendo ou não ter mastigação unilateral. A mandíbula precisa vencer muitas interferências dentárias e a sobremordida, para se colocar em lateralidade, e os incisivos não vão ficar topo a topo, mas sim ainda com trespasse na lateralidade.

Nos adultos em idade madura, 40, 50 anos os incisivos superiores e inferiores podem estar longos, impedindo o movimento. Em contrapartida, pode haver bruxismo com os incisivos e caninos estarem bastante desgastados pelo atrito. Em todos os casos, deve-se testar a cêntrica. Se houver necessidade, esta será acertada. Depois no 1º caso (com os incisivos longos), o desgaste é feito na região de incisivos inferiores. Escolhem-se os inferiores e não os superiores porque na cêntrica, quando se marca com o carbono, encontra-se uma mancha muito larga na vestibular dos incisivos inferiores (ver: DS em grande sobremordida, no mesmo capítulo).

Nos casos em que os incisivos estão desgastados (bruxismo) ou também os posteriores, com perda de dimensão vertical, primeiramente a alteração funcional é tratada e depois os dentes serão restaurados, estabelecendo alturas e contatos. Em seguida, faz-se o ajuste sempre verificando a cêntrica, e depois em lateralidade direita e esquerda.

Indicações e objetivos no DS - Mastigação Vertical

Na Mastigação Vertical, os AFMPs têm valor mais alto, pois a lateralidade é praticamente inexistente e a pessoa tem dificuldade em realizar os movimentos laterais, precisando até de ajuda para realizá-los. Os ângulos de Bennet são pequenos e a mandíbula durante a mastigação faz abertura e fechamento espremendo os alimentos entre os dentes, sem os atritos. As interferências dentárias são grandes com cúspides altas.

Na radiografia panorâmica, os dois côndilos aparecem geralmente com a morfologia semelhante, onde estarão alongados e as eminências articulares bem verticalizadas.

Mesmo na mastigação vertical, o indivíduo poderá ter preferência por um lado, e os AFMP serem diferentes. Se for assim, após verificar se a cêntrica está bem, inicia-se o desgaste pelo lado contrário daquele preferido pela pessoa, sendo este agora o lado de trabalho. Segue-se sempre com a mesma orientação, buscando o deslizamento lateroprotrusivo da mandíbula para o lado de trabalho diminuindo o AFMP deste lado (para isso é necessário desgastar caninos e incisivos superiores que são trajetos dos caninos e incisivos inferiores) e as interferências em balanceio.

Os contatos em balanceio são fundamentais para salvar a boca, pois se estabelece assim o equilíbrio e a melhor distribuição das forças mastigatórias, estabelecendo o tripé de equilíbrio do SECN (contato incisal em topo a topo no trabalho e balanceio), contato nos molares em trabalho e em balanceio adequadamente.

Depois se passa a desgastar o lado oposto, removendo as interferências que impedem a mandíbula de deslizar lateroprotrusivamente. No final do ajuste seletivo os AFMPs serão menores dos dois lados em relação aos valores iniciais, e os ângulos de Bennet são também aumentados. No exame mastigatório, verifica-se que a mandíbula descreverá os arcos góticos direito e esquerdo com maior amplitude, dando conforto ao paciente, após o tratamento com o DS.

Indicações e objetivos no DS – Mastigação Viciosa Unilateral

Na mastigação viciosa unilateral indica-se o DS, pois a boca está funcionando de forma traumática. A mastigação viciosa unilateral, de acordo com as leis de Planas, cria assimetrias nos maxilares e também nas ATM's. No lado de trabalho, estimula o crescimento na maxila no sentido transversal, anteroposterior e vertical (também na vertical na mandíbula). No lado de balanceio, estimula o crescimento da mandíbula no transversal e anteroposterior.

Provoca desvio de LM clínica para o lado de trabalho. No lado de trabalho os molares ficam em classe II, e no balanceio em classe I.

No lado de trabalho, chamado de lado não funcional para a ATM o côndilo se remodela ficando com a forma mais alongada e mais estreita, com a eminência articular mais verticalizada e com ângulo maior quando medido em relação ao plano palatino nos raios X panorâmicos.

No lado de balanceio, chamado de lado funcional para a ATM, o côndilo se remodela ficando mais largo e mais baixo, com ângulo da eminência menor e eminência mais horizontalizada. O plano oclusal no lado de trabalho fica mais elevado, pois a mandíbula cresce mais na vertical devido ao atrito entre seus dentes com os antagonistas, provocando a intrusão na maxila e elevando assim o plano oclusal. As cúspides dos dentes do lado de trabalho apresentam suas vertentes mais desgastadas.

No balanceio, o plano oclusal está mais baixo pela leve extrusão que vai ocorrendo na maxila. O mesmo desnível pode haver no plano dos incisivos. No lado de trabalho, os incisivos estão mais altos (mais curtos) pelo desgaste realizado durante o atrito, e no lado de balanceio estão mais longos, pois são estimulados e crescem, mas não são desgastados ficando, portanto, mais longos. O AFMP do LT é menor que do LB.

O ângulo de Bennet é maior no LT e menor no balanceio. O objetivo é transformar o lado de balanceio em lado de trabalho diminuindo o AFMP, deixando-o ligeiramente menor que o do lado de trabalho.

Para diminuir o AFMP é necessário desgastar as incisais dos incisivos e caninos, deixando-os com aspecto sinusoidal. As incisais ficam com a mesial mais longa e a distal mais curta, canino superior com a vertente mesial alongada e a vertente distal diminuída, canino inferior com a vertente distal alongada.

As vertentes mesiais das cúspides vestibulares dos pré-molares e molares superiores ficam mais longas que as distais. As vertentes distais das cúspides palatinas ficam mais alongadas que as mesiais.

Nos pré-molares e molares inferiores, as vertentes distais das cúspides vestibulares mais alongadas que as mesiais. As vertentes mesiais das cúpides linguais ficam mais alongadas que as distais. É importante dar contatos no lado de balanceio: cúspides vestibulares dos pré-molares e molares inferiores com as palatinas dos superiores; canino em desoclusão e incisivos topo a topo.

Após o desgaste deste novo lado como trabalho, deve-se conferir a lateralidade do lado oposto para ver se há interferências no balanceio ou no trabalho. No novo lado de balanceio não é interessante desgastar incisivos e caninos, o que poderia diminuir o AFMP, e no caso não é recomendado, pois se quer inverter o lado da mastigação.

Após o término do desgaste, em todas as situações de má oclusão, o paciente faz a mastigação com goma de mascar para testar se há interferência em qualquer um dos lados. Se houver será removida. Testa-se novamente com a goma de mascar, repete-se o procedimento até que fique totalmente ajustada a oclusão.

Indicações e objetivos do DS - Classe III

Nos casos de classe III, onde se tem sobremordida invertida, o movimento mastigatório é mais protrusivo que lateral e a língua acompanha a protrusão. Quando há sobremordida invertida, primeiramente o desgaste é em cêntrica, buscando o contato de incisivos no topo a topo, uma vez que estão cruzados e com trespasse negativo. O desgaste pode ser uma parte na incisal dos superiores e parte dos inferiores, até que fiquem de topo.

Se houver outros dentes cruzados (caninos) se faz o mesmo em cêntrica. Depois o desgaste é feito em lateralidade, eliminando as interferências à direita ou à esquerda, ora como trabalho, ora como balanceio, deixando o mais próximo possível do funcional.

É importante lembrar que o DS nem sempre é o único tratamento que aquela pessoa está recebendo. É evidente que as más oclusões deverão ser trabalhadas adequadamente com os aparelhos mais indicados para cada caso. Então, na classe III, como em outros tipos de má oclusão, instala-se o aparelho mais adequado. O DS é realizado para facilitar o salto da mandíbula conseguindo e mantendo o contato incisivo depois de descruzada, controlando ao AFMPs e os ângulos de Bennet, a forma de garantir a postura nova desta mandíbula.

Nas classes III com mordida aberta, além da aparatologia, o DS segue como o descrito para mordidas abertas e para as classes III.

Indicações e objetivos no DS em Mordida Cruzada Unilateral

Na mordida cruzada unilateral este é o lado de trabalho, há desvio da linha mediana para este lado e é o lado da MDV. O AFMP é menor também aí. Deve-se inverter o lado da mastigação deixando o lado não cruzado com AFMP menor, transformando-o como lado de trabalho e o da MDV. A aparatologia deverá ser adequada, mas o objetivo do DS é de eliminar as interferências de cúspides que impedem a lateralidade para o lado não cruzado. O plano oclusal do lado cruzado é mais baixo, e na lateralidade para o lado não cruzado abre muito o lado cruzado (agora balanceio) e também os contatos dos dentes posteriores e incisivos estão inadequados neste novo lado de trabalho.

Muitas vezes, em um único desgaste, não é possível dar o equilíbrio completo ao SECN. Por isso, pode ser feito novo DS após algum tempo, aproximadamente depois de 6 meses. Na mastigação viciosa unilateral é muito importante que se dê a orientação mastigatória com goma de mascar, pelo novo lado mastigatório, por 5 a 10 minutos antes de cada refeição.

Controla-se a mastigação e o remodelamento ósseo resultante dessa nova mastigação porque, quando estiverem corrigidas as assimetrias, novo DS deverá ser realizado para que a mastigação passe a ser bilateral alternada.

Indicações e objetivos do DS – Mordida Cruzada Bilateral

Na mordida cruzada bilateral, a mastigacão é vertical, sendo ajudada pela língua que "amassa" o bolo alimentar contra os dentes mandibulares. Há trespasse das cúspides vestibulares inferiores posteriores sobre as cúspides vestibulares dos superiores, impedindo o deslizamento lateral.

Os incisivos não estão cruzados. Pode ou não haver preferência por um lado durante a mastigação. O DS irá eliminar as cúspides impedidoras da lateralidade mandibular. O desgaste é realizado deixando os AFMPs iguais, se não houver mastigação viciosa. Se houver mastigação viciosa, este lado tem o AFMP menor e inverte-se deixando o lado oposto com o AFMP ligeiramente menor, para inverter o lado da mastigação. Isto deverá ser controlado mesmo que no futuro se tenha que fazer novo desgaste para igualar esses ângulos. O paciente deverá receber também tratamento com aparatologia.

Trauma dental e DS

Em todos os casos em que há trauma oclusal em cêntrica ou em lateralidade este deve ser removido, tendo sempre em mente os pontos de apoio primários, secundários e intermediários, relacionando a idade da pessoa com o desgaste, deixando a mandíbula o mais livre possível de interferências, para que possa realizar os movimentos lateroprotrusivos de maneira equilibrada e balanceada. Diagnosticar corretamente os traumas, pesquisar o tipo de movimento da mandíbula durante a mastigação, definir os objetivos do DS e atingi-los após o procedimento, no sentido de eliminar os entraves e as dificuldades do sistema, para que se torne harmonioso durante a função mastigatória, preservando, assim, a sua saúde.

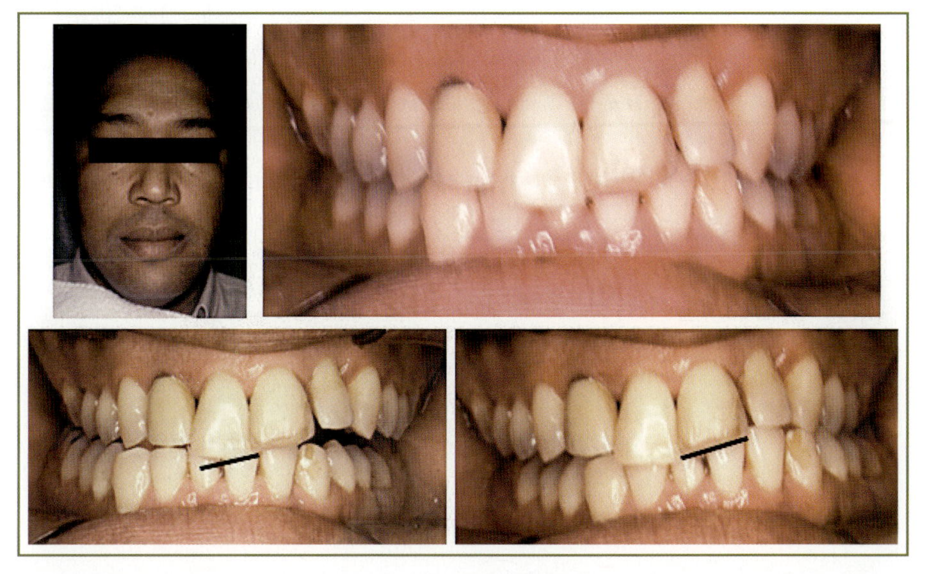

Figura 19.14: Paciente aos 45 anos, com mastigação viciosa esquerda, trauma nos incisivos superiores, principalmente nos do lado direito. Desgaste dos incisais esquerdos. Os incisivos direito cresceram, mas não foram desgastados, por isso são traumatizados quando a mandíbula termina o movimento lateral esquerdo. AFMP esquerdo muito menor que o direito.

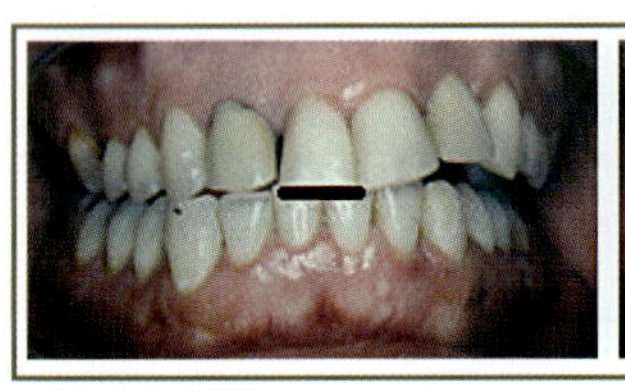
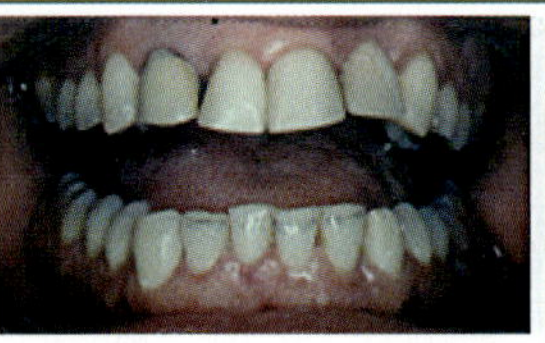
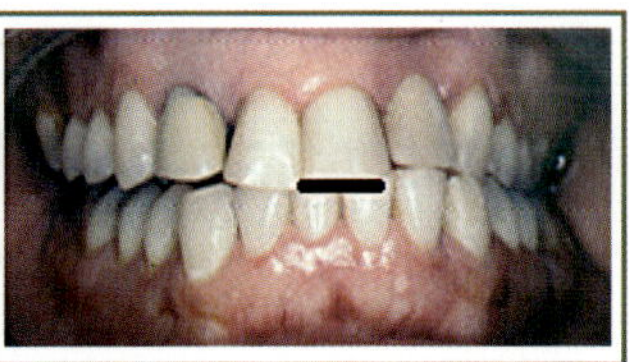

Figura 19.15: Paciente aos 45 anos, tratado com DS com o lado direito como lado de trabalho. AFMP direito bem reduzido para inverter o lado mastigatório. Agora é possível a mastigação direita. Eliminação do trauma incisal.

Referências

1. PLANAS P. *Reabilitação Neuro-Oclusal.* San Paulo: Mesdi, 1988.
2. SIMÕES, W. A. *Ortopedia funcional dos maxilares. Através da Reabilitação Neuro-oclusal.* 3ª ed. São Paulo: Artes Médicas, 2003.
3. PLANAS, P. Arc gothique et rehabilitation neuro oclusale. *L'Orthod. Franc.*, v. 36, p. 244-253, 1965.
4. PLANAS, P. Reabilitacion neuro-oclusale. *L'Orthod Franc.*, v. 42, p. 333-347, 1971.
5. BEGUIGUI, F. Parodonto e riabilitazione neuro-Occlusale. *Relazione al VII Congresso Nazionale AIPP. Lamasticazione monolaterale: patognesi e implicazioni cliniche.* Città di Castello (PG). 7-9 mar. 2008.
6. SPERANDÉO, M. L. A. *Ortopedia Funcional dos Maxilares.* 2ª ed. São Paulo: Pancast, 2002.

Capítulo 20

TÉCNICA DE BIMLER

"A sabedoria dos grandes mestres
e seus feitos são valiosos presentes
para as futuras gerações e,
estas, têm a importante missão
de enriquecer esses presentes."

Na época da Segunda Grande Guerra, Dr. Hans Peter Bimler desenvolveu suas técnicas inovadoras de aparelhos ortopédicos funcionais com ação bimaxilar utilizadas para diferentes tipos de má oclusão. Além disso, desenvolveu uma metodologia própria para fazer os diagnósticos das má oclusões. Seu diagnóstico é fundamentado em:

- **Telerradiografia lateral da cabeça:** uma tomada radiográfica em norma lateral da cabeça, na qual é feito um traçado cefalométrico específico do autor.
- **Ficha Estomatognática Bimler:** ficha que registra as deficiências maxilares no sentido transversal, além de ser muito útil durante o tratamento, pois possibilita verificar o controle do crescimento e desenvolvimento dos maxilares no sentido transversal.
- **Ficha Calcográfica Bimler:** na qual é feita uma calcografia dos arcos dentários (cópia 1/1 dos arcos dentários) e o desenho do aparelho a ser utilizado. Então, é uma ficha que também serve como uma receita do aparelho indicado.

Traçado Cefalométrico

Para a execução manual do traçado cefalométrico, coloca-se a telerradiografia em um negatoscópio e, sobre ela, um papel transparente que possibilite uma ótima visualização desta. Utiliza-se lápis preto 0,1 ou 0,2. Inicialmente é feito o contorno das estruturas ósseas e a demarcação dos pontos de referência utilizados nessa técnica.

Pontos de referência

- **Nasion (N):** localizado na união entre o osso frontal e nasal.
- **Orbitário (Or):** limite mais inferior do contorno ósseo da órbita.
- **Porio (Po):** limite superior do meato acústico externo.
- **Espinha nasal anterior (ENA):** na própria espinha nasal anterior.
- **Espinha nasal posterior (ENP):** na união entre palato duro e mole.
- **Ponto T:** este ponto fica localizado na fissura pterigomaxilar e é dado pela interseção do plano de Frankfurt (PF) com a vertical T.
- **Ponto A de Downs:** na maior concavidade do contorno ósseo da maxila.
- **Ponto B de Downs:** na maior concavidade do rebordo alveolar da mandíbula.
- **Ponto A':** é a projeção ortogonal do ponto A no PF.
- **Ponto B':** é a projeção ortogonal do ponto B no PF.

- **Apicale (Ap):** no ápice da raiz do 1º pré-molar superior.
- **Gnation (Gn):** região mais anterior do mento.
- **Mentoniano (M):** região mais inferior do mento.
- **Genion ou Mentale (Ge-Me):** região mais posterior da apófise geni.
- **Notch (No):** na maior concavidade do limite inferior do corpo da mandíbula. É a região da incisura masseterina (onde o músculo masseter se insere).
- **Gonion (Go):** no vértice do ângulo goníaco.
- **Capitulare (C):** no centro geométrico do côndilo.
- **Ponto TM:** projeção ortogonal do ponto C no PF.
- **Condilion (Cd):** na região mais superior do côndilo.
- **Sela túrcica (S):** no centro geométrico arbitrário da sela túrcica.
- **Clivus superior (Cls):** um centímetro abaixo do limite superior do clivus.
- **Clivus inferior (Cli):** um centímetro acima do limite inferior do clivus.

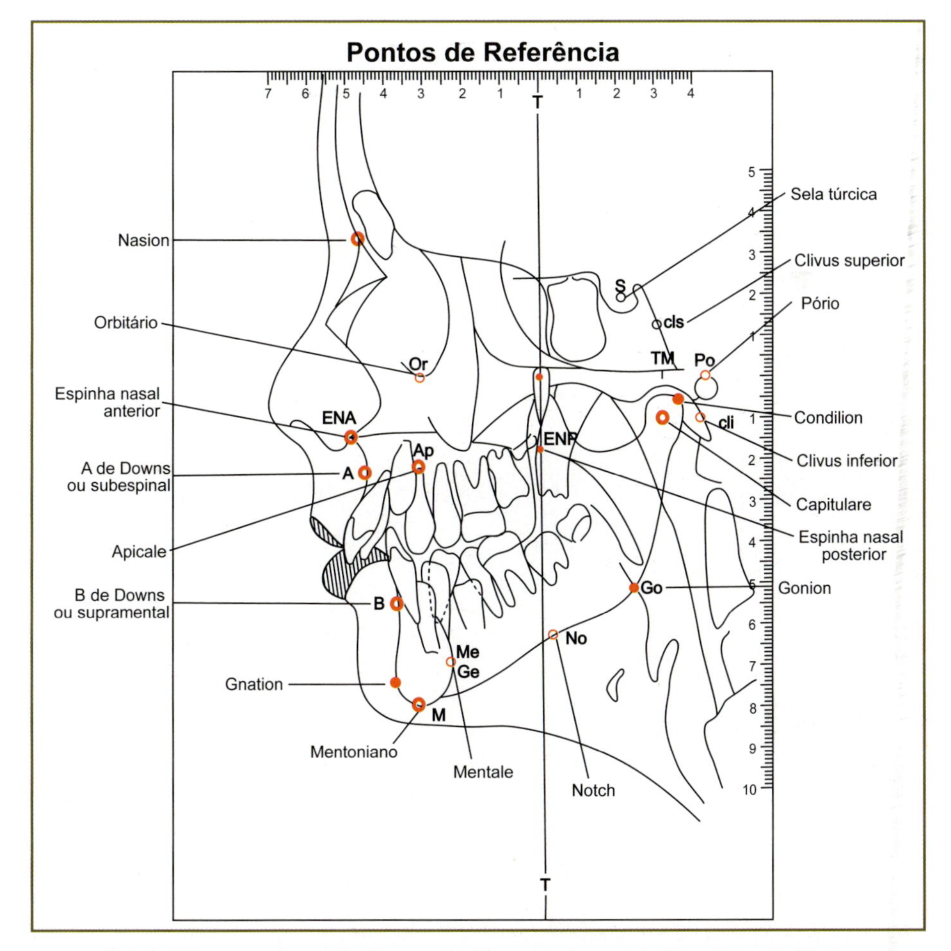

Figura 20.1: Pontos de referência usados para o traçado cefalométrico de Bimler.

Para o traçado cefalométrico são utilizados dois sistemas de referência:
- ➔ Sistema de Referência Ortogonal (SRO); e
- ➔ Sistema de Referência Esférico (SRE).

Sistema de Referência Ortogonal (SRO)

O SRO é formado por duas retas que se cruzam formando ângulo de 90° entre si. Nesse traçado tem-se uma reta no sentido horizontal representada pelo PF e outra no vertical representada pela vertical T. O PF é formado pela união dos pontos Or e Po. A vertical T passa pelo ponto ENP (região do tuber da maxila) e pelo ponto T (este fica dentro da fissura pterogomaxilar) e é ortogonalmente traçada em relação ao PF. Portanto o PF e a Vertical T (VT) se cruzam no ponto T. Nesse sistema há outras verticais complementares: a vertical A, que passa pelo ponto A; a vertical C passando pelo ponto C, sempre traçadas ortogonalmente ao PF.

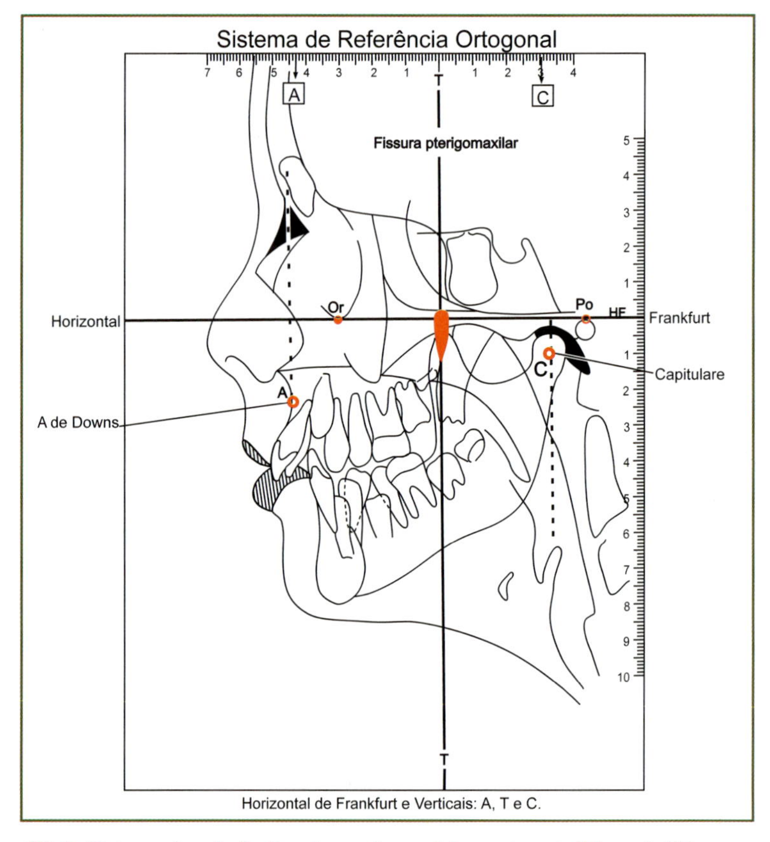

Figura 20.2: Sistema de referência ortogonal, que é formado pelo PF e pela VT que se cruzam no ponto T localizado na fissura pterigomaxilar.

Sistema de Referência Esférico (SRE)

Para o SRE, é feito o traçado da curva de Spee. Esta é formada pelo maior número de pontos de contatos entre os dentes posteriores (pré-molares e molares), passando inclusive pelo ponto C. Assim, obtém-se uma circunferência cujo centro é o ponto Cm – Centro Mastigatório. O raio dessa circunferência obtido pela união do ponto Cm ao Me é chamado de Eixo de Estresse da Dentadura (EED). O EED é o fator 6 do traçado de Bimler e é considerada a região onde ocorre a maior concentração dos esforços mastigatórios.

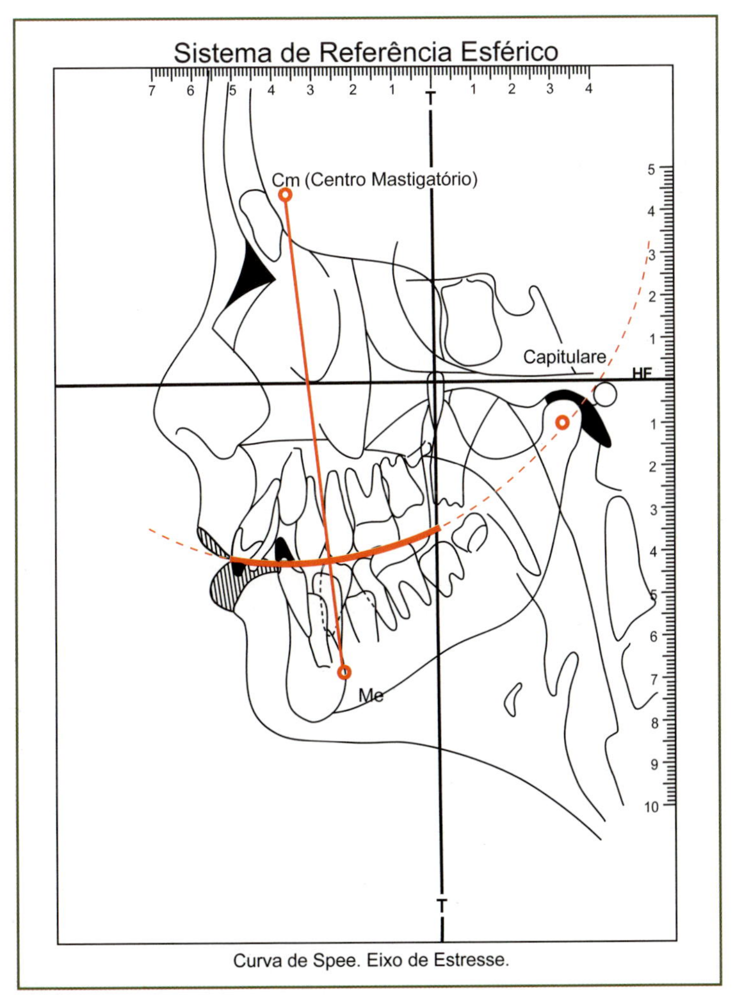

Figura 20.3: Sistema de referência esférico, que é formado pela curva de Spee, pelos pontos Cm e Me. A união dos dois pontos forma o eixo de estresse da dentadura que recai na região de pré-molares.

Correlômetro

É um transportador de medidas angulares introduzido por Bimler. Apresenta uma linha base no sentido horizontal e outra no vertical que o divide ao meio medindo 90° de cada lado. Na união das duas linhas há um orifício que é o ponto central ou ponto zero do aparelho. Possui 9 semicírculos concêntricos, que são usados para traçar individualmente a circunferência da curva de Spee, como também 2 réguas milimetradas para as medidas lineares. O correlômetro é usado para fazer manualmente o traçado cefalométrico de Bimler.

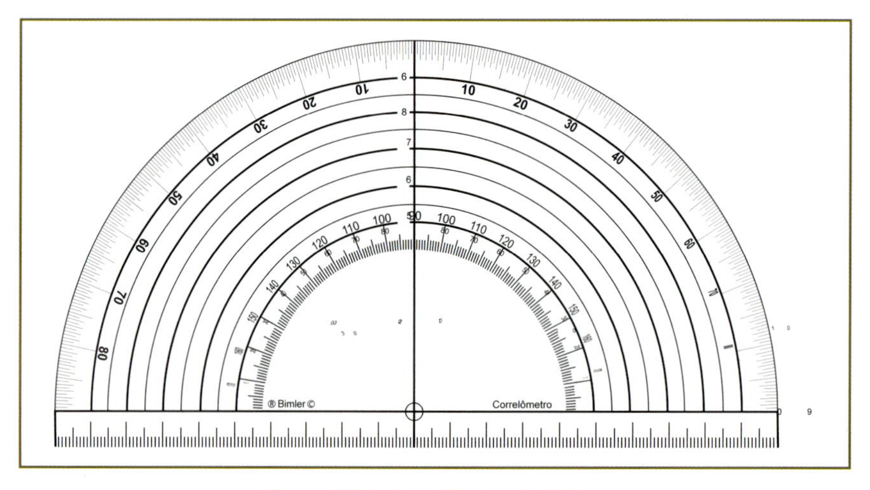

Figura 20.4: Correlômetro de Bimler.

Ângulo de Perfil Anterior da Face - Ângulo A

O ângulo de perfil anterior da face, ou ângulo A, é formado pela união dos pontos N-A-B e constitui o perfil anterior da face. Sua medida é dada pelo suplemento do ângulo, ou seja, mede-se o que falta para 180°. O perfil pode ser:

- Convexo, quando o ponto A estiver na frente de N e B e seu valor será positivo;
- Côncavo, quando o ponto A estiver atrás de N e B e será negativo; e
- Reto, quando NAB estiverem numa mesma reta e seu valor será zero.

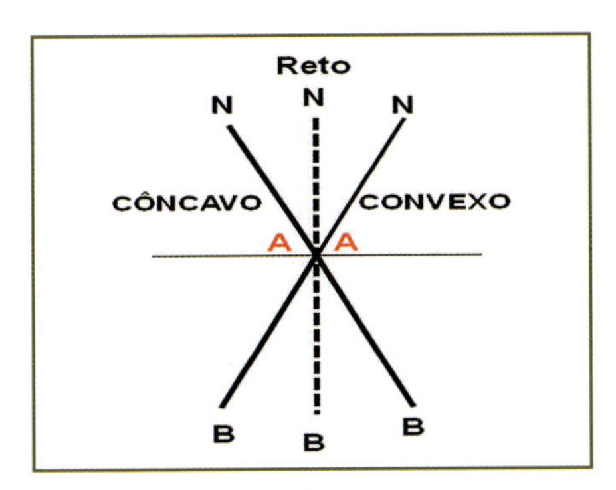

Figura 20.5: Classificação do Ângulo de Perfil Anterior da Face, ou Ângulo A. Convexo (positivo), côncavo (negativo) e reto.

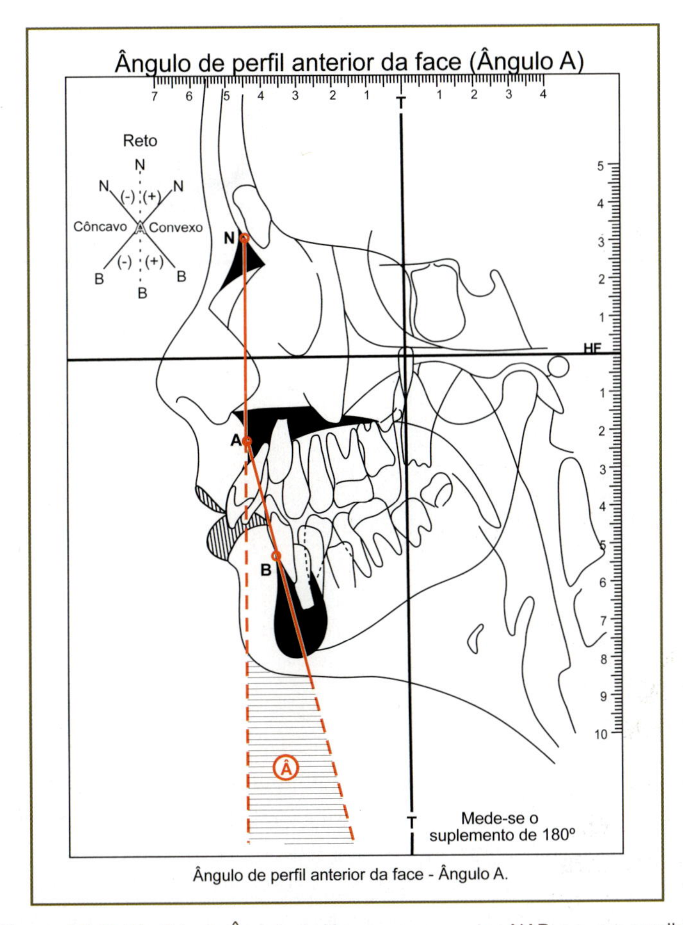

Figura 20.6: Medida do Ângulo A. Unem-se os pontos NAB e a sua medida é dada pelo suplemento do ângulo, ou seja, o que falta para 180°.

Ângulo de Perfil Posterior Total da Face (APPTF)

Este ângulo também é chamado de ângulo basal total, que é usado para o estudo da prosopia. Prosopia é a classificação dos tipos faciais em relação ao ângulo basal total. Este ângulo é formado pela junção de duas retas: uma reta formada pela união dos pontos Cls – Cli, e a outra pelos pontos M – Go. Recebe também o nome de Ângulo Clivus Mandibular. De acordo com a prosopia, pode ser classificado em:

➔ **Dolicoprosópico:** face com profundidade maior que a altura;
➔ **Mesoprosópico:** profundidade e altura se equivalem;
➔ **Leptoprosópico:** face com a altura maior que a profundidade;

O APPTF pode ser dividido em superior e inferior:

➔ Ângulo de perfil posterior superior da face ou ângulo basal superior (C);
➔ Ângulo de perfil posterior inferior da face ou ângulo basal inferior (B).

O ângulo C é formado pelas retas: Cls-Cli e ENA – ENP também chamado de Ângulo Clivus Maxilar.

Classificação:

➔ **Dolicoprosópico (D):** 50° - 60°;
➔ **Mesoprosópico (M):** 60° - 70°;
➔ **Leptoprosópico (L):** 70° - 80°.

O ângulo B é formado pelas retas: ENA-ENP e M-Go, também chamado de Ângulo Maxilomandibular.

Classificação:

➔ **Dolicobasal (D):** 0° - 15°;
➔ **Mesobasal (M):** 15° - 30°;
➔ **Leptobasal (L):** 30° - 45°.

As faces harmônicas apresentam uma combinação igual no seu andar superior e inferior, porém são raras. Comumente, as faces apresentam combinações diferentes e, quanto mais distantes, maior será a discrepância da face. Assim, as combinações D/L e L/D são as mais discrepantes e por si só caracterizam má oclusões de mordida aberta e sobremordida, respectivamente, de caráter basal.

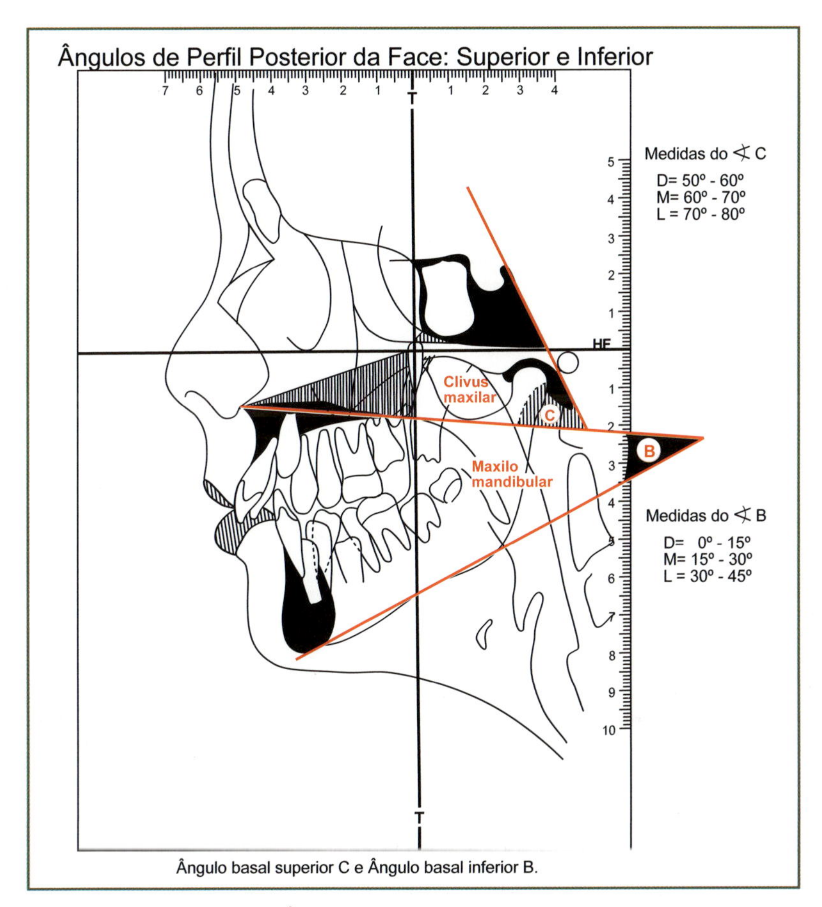

Figura 20.7: Medida dos Ângulos: C ou Clivus Maxilar e B ou Maxilomandibular.

Índice Facial Suborbital – IFSO

O IFSO é uma medida feita no sentido vertical da face (altura) e projetada sobre a horizontal de Frankfurt (profundidade). Para isso, mede-se distância do ponto A' ao M e, em seguida, projeta-se o valor obtido sobre o PF.

Classificação:

- **Dolicoprósopo (D):** profundidade da face maior que a altura;
- **Mesoprósopo (M):** profundidade e altura se equivalem;
- **Leptoprósopo (L):** altura da face maior que a profundidade.

Com um compasso mede-se a distância A'M e com uma ponta do compasso em A' projeta-se a distância obtida sobre o PF. Se a projeção cair antes da intersecção de clivus com o PF será D; se cair sobre a intersecção de clivus com o PF será M, e se cair depois será L.

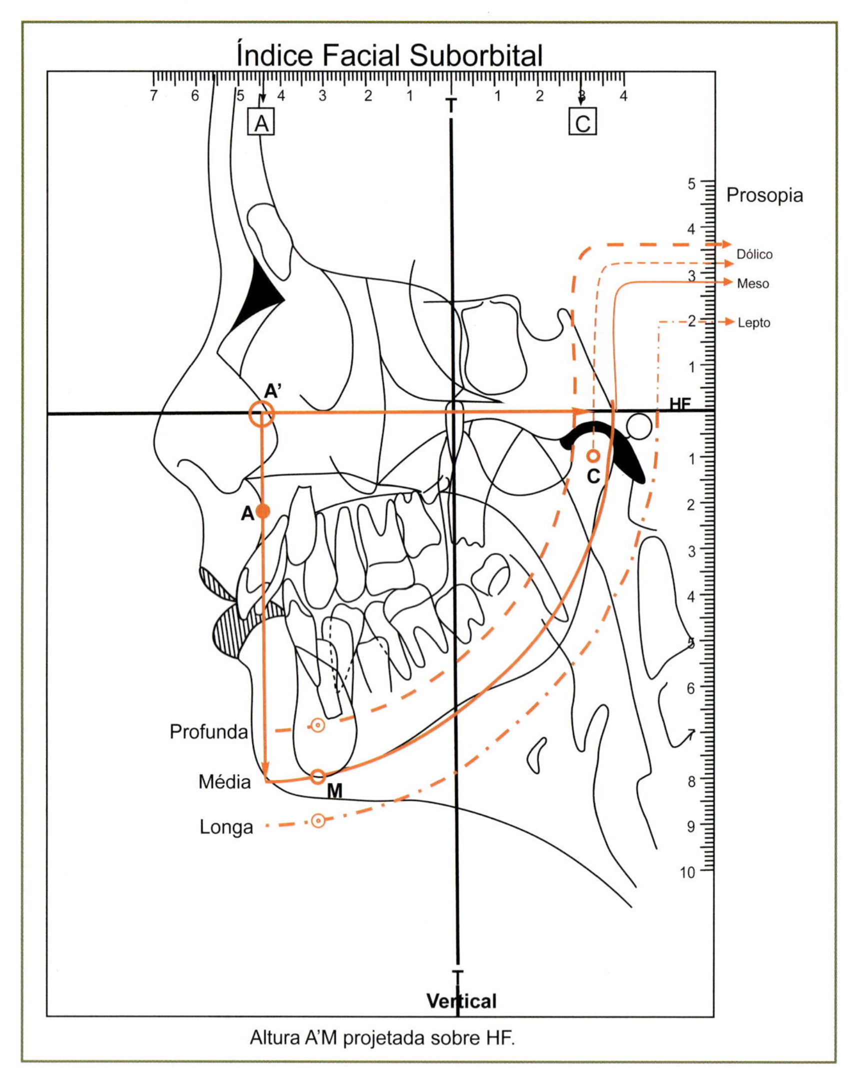

Figura 20.8: Medida do IFSO.

Fórmula Facial

A fórmula facial faz parte da fórmula estrutural da análise cefalométrica de Bimler e contém dados específicos da face. Nela se inserem o valor do ângulo A; a relação entre ângulo C e B (letras representativas da prosopia) e o IFSO.

Valor do Ângulo A	Relação entre Ângulo C e B	IFSO

Figura 20.9: A fórmula inteira é chamada de: Fórmula Estrutural. A parte superior do jogo da velha refere-se à fórmula facial.

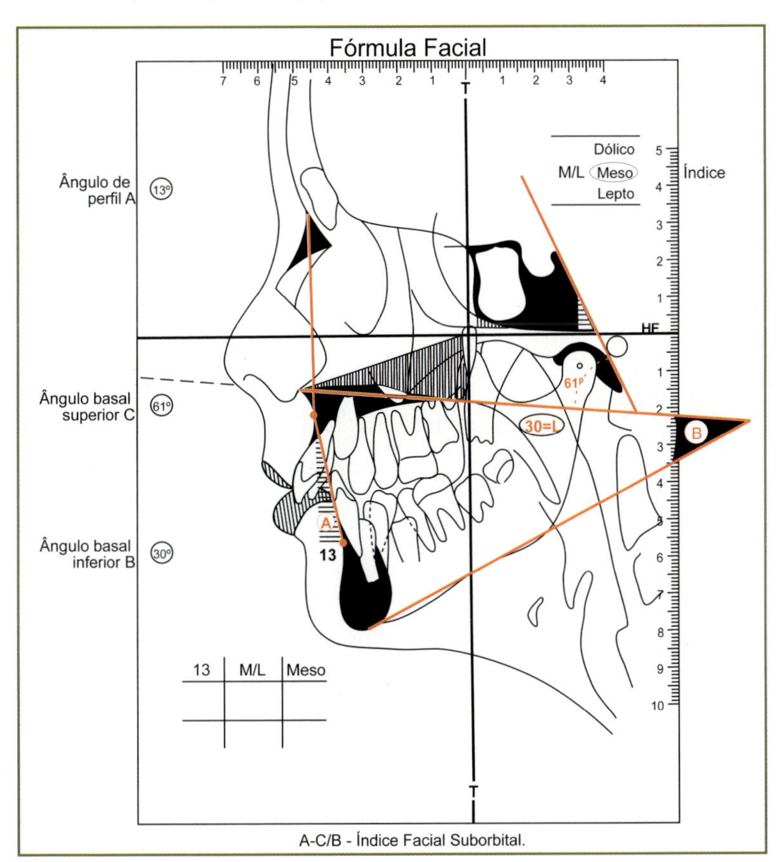

Figura 20.10: No traçado em questão a fórmula facial apresenta valor do Ângulo A de 13°, M/L para os Ângulos C e B e Meso para o IFSO.

Análise de fatores

Os fatores são segmentos de reta que formam ângulo com o PF ou com a vertical T. Assim, são medidos usando uma dessas duas referências, uma vez que o sistema é ortogonal. São dez os fatores da análise cefalométrica de Bimler.

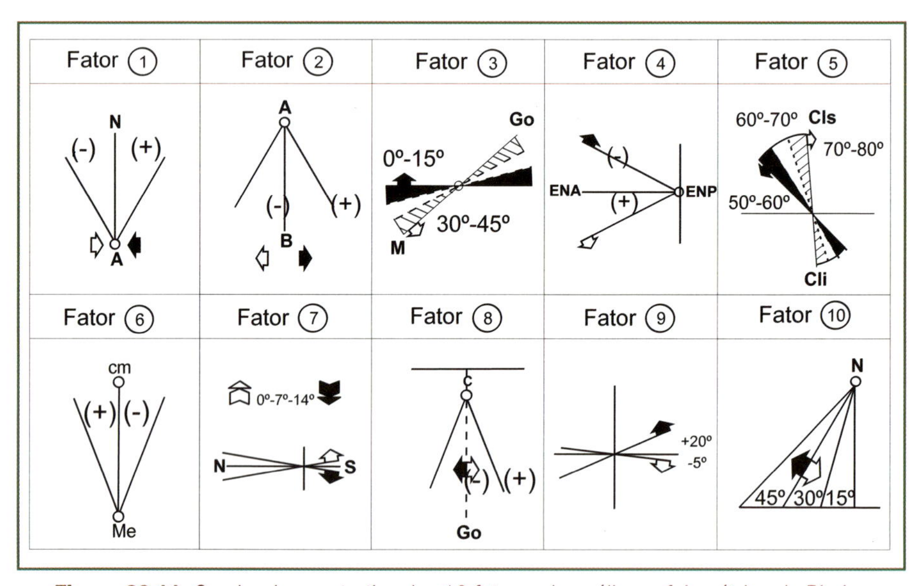

Figura 20.11: Quadro demonstrativo dos 10 fatores da análise cefalométrica de Bimler.

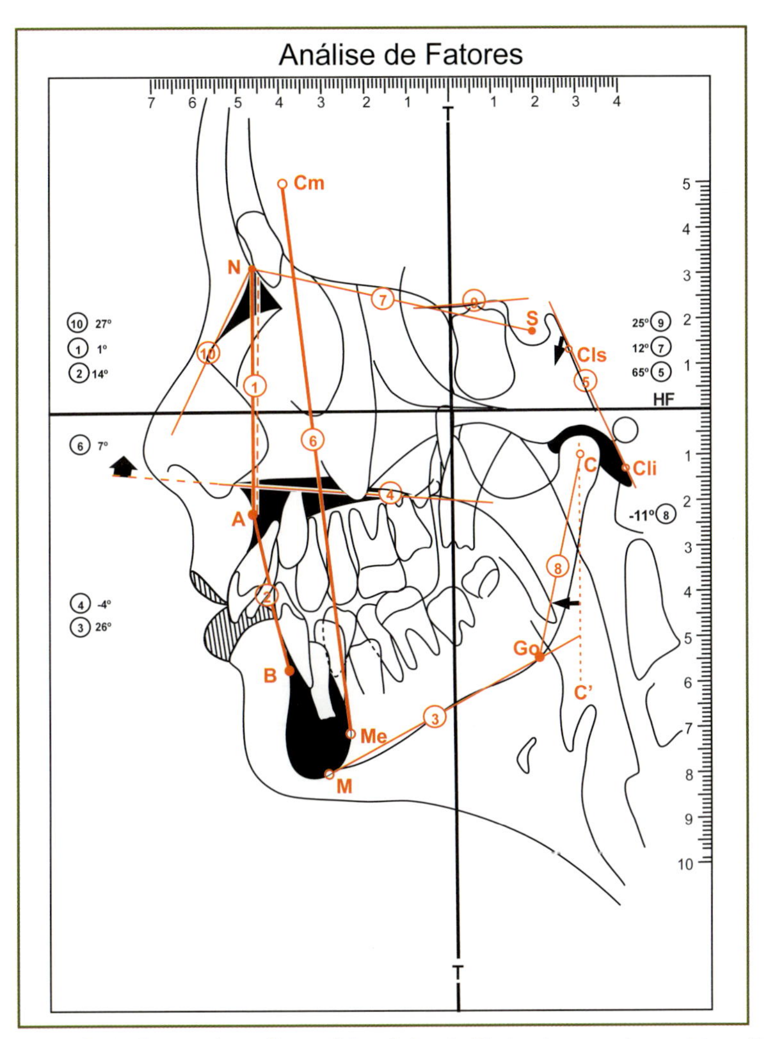

Figura 20.12: Os 10 fatores da análise cefalométrica de Bimler demarcados na telerradiografia.

Fator 1. Ângulo de Perfil Anterior Superior da Face

Esse fator é dado pela união dos pontos N e A, obtendo-se a reta NA.

Para medir, coloca-se a linha base do correlômetro sobre a reta NA e o ponto zero do correlômetro coincidindo com o ponto A. O fator 1 é medido usando a reta complementária A traçada ortogonalmente em relação ao PF. Mede-se o ângulo formado com a linha base do correlômetro e a vertical A.

Classificacão:

- **Retrognata:** Ponto A atrás do N, e o ângulo é negativo;
- **Prognata:** Ponto A na frente do N, e o ângulo é positivo;
- **Ortognata:** Pontos A e N na mesma direção, e o ângulo é zero.

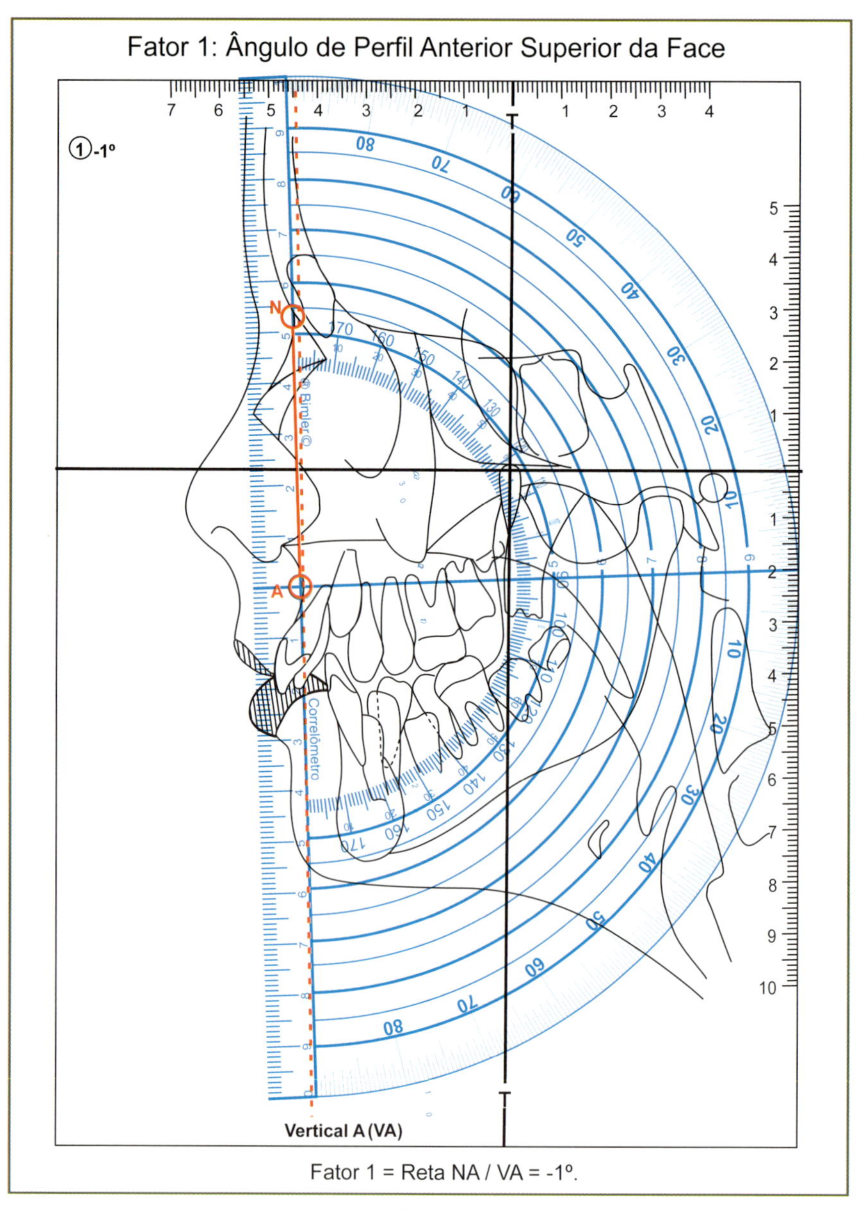

Figura 20.13: Medida do fator 1 ou Ângulo de Perfil Superior da Face. No caso em questão o valor é –1° (Retrognata), pois o ponto A está atrás do N.

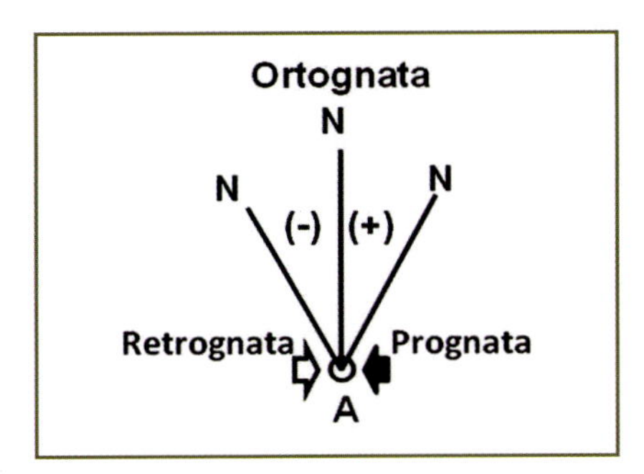

Figura 20.14: Representação da classificação do fator 1.
Ortognata: o perfil é reto (valor zero), ponto A na frente de N é Prognata (valor positivo) e ponto A atrás de N é Retrognata (valor negativo).

Fator 2. Ângulo de Perfil Anterior Inferior da Face

O fator 2 é formado pela união dos pontos A e B, portanto, reta AB, a qual é medida em relação ao PF. Para medir, coloca-se a linha base do correlômetro sobre a reta AB e o ponto zero do correlômetro na intersecção com o PF. É feita a leitura do ângulo acima ou abaixo do PF. Se o ângulo estiver acima do PF será positivo, e abaixo, negativo.

Classificacão:

➔ **Retrogênico:** Ponto B atrás do A e o ângulo é positivo;
➔ **Progênico:** Ponto B na frente do A e o ângulo é negativo;
➔ **Ortogênico:** Pontos A e B na mesma direção e o ângulo é zero.

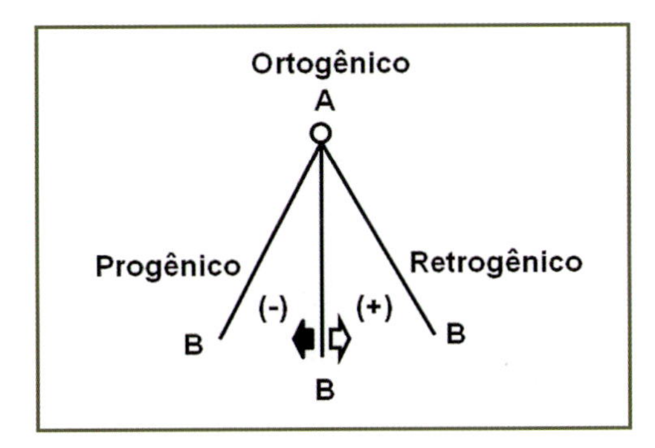

Figura 20.15: Representação da classificação do fator 2.
Ortogênico: o perfil é reto (valor zero).
Progênico: ponto B na frente de A (valor negativo).
Retrogênico: ponto B atrás de A (valor positivo).

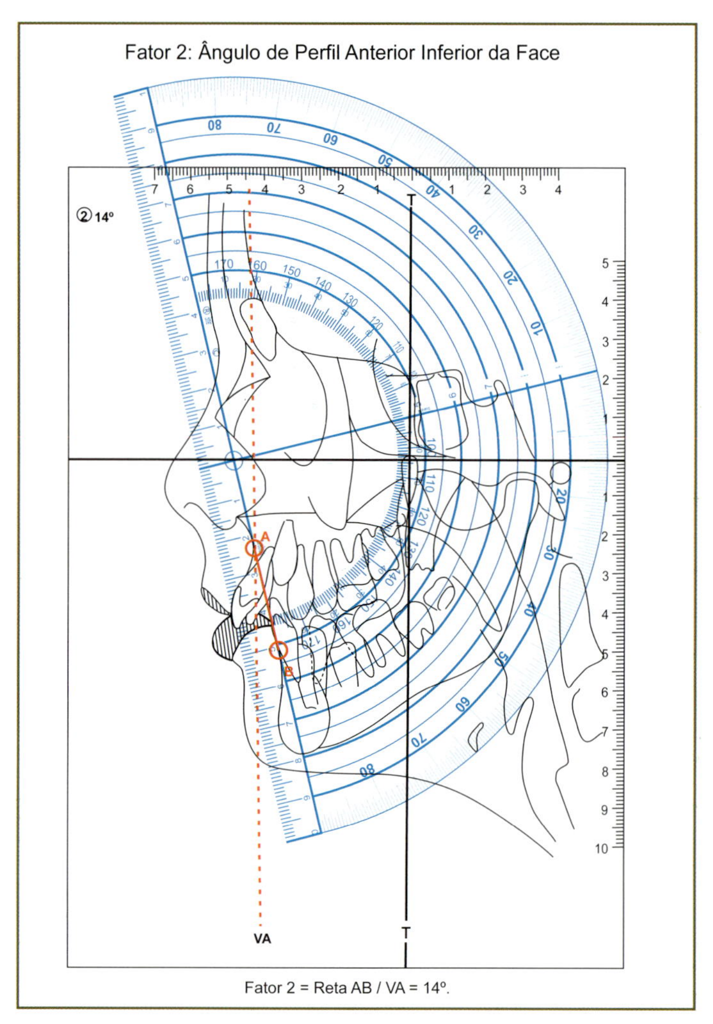

Figura 20.16: Medida do fator 2 ou Ângulo de Perfil Inferior da Face. No caso em questão o valor é 14° (Retrogênico), pois o ponto B está atrás do A.

Fator 3. Inclinação mandibular

O fator 3 é formado pela união dos pontos M e Go, portanto, reta MGo, a qual é medida em relação ao PF. Para medir, coloca-se a linha base do correlômetro sobre a reta MGo e o ponto zero do correlômetro na intersecção com o PF. Se for necessário, faz-se o prolongamento tanto da vertical T como da reta MGo para a formação do ângulo entre elas. O fator 3 recebe influência do tamanho e forma da mandíbula e do grau de abertura do ângulo goníaco. O fator 3 pode ter uma variação grande sem caracterizar um desequilíbrio facial ósseo.

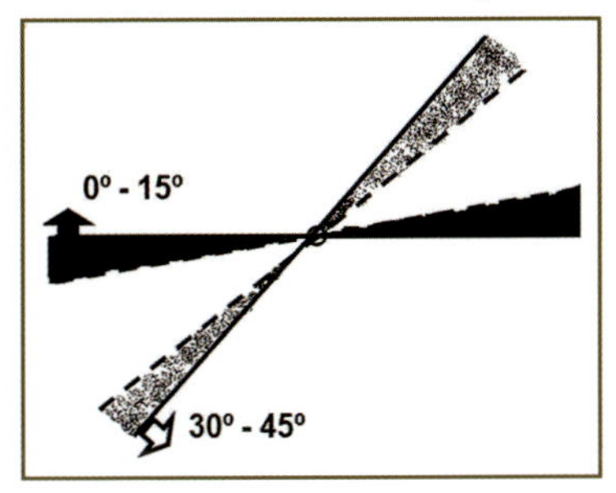

Figura 20.17: Variação do valor do fator 3. De zero a 15° representa corpo da mandíbula pouco inclinado e ângulo goníaco com valor mais reduzido. De 30° a 45°, corpo da mandíbula mais inclinado e ângulo goníaco mais aberto ou com maior valor.

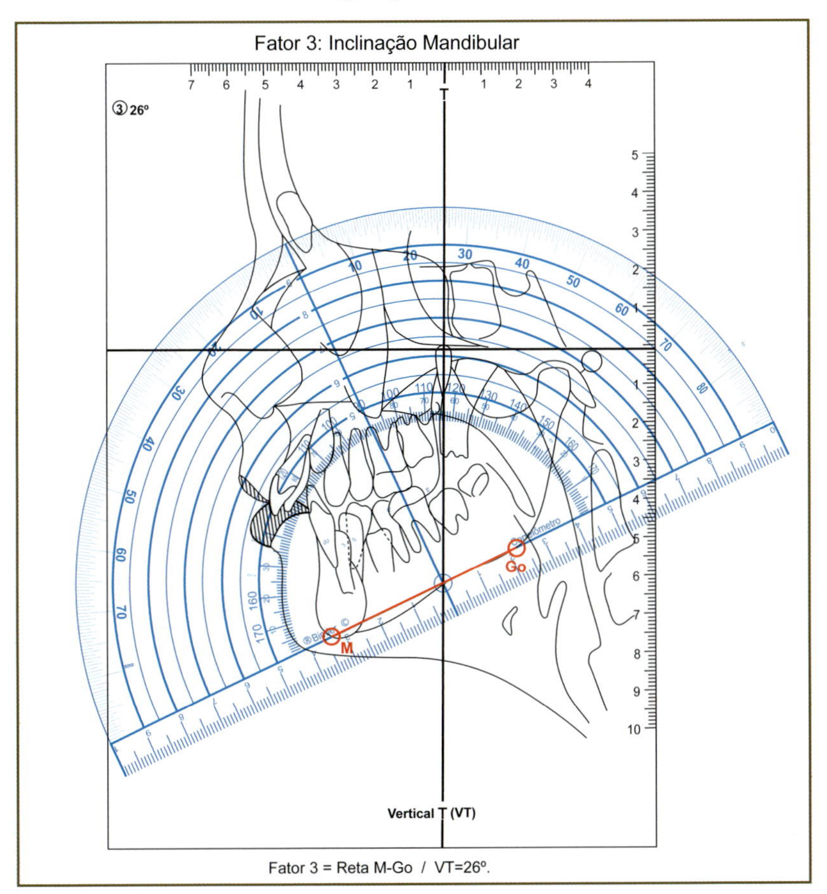

Figura 20.18: Medida do fator 3 ou inclinação mandibular. No caso em questão, o valor é 26°.

Fator 4. Inclinação maxilar

O fator 4 é formado pela união dos pontos ENA e ENP, portanto, reta ENA-ENP, a qual é medida em relação à vertical T. Para medir, coloca-se a linha base do correlômetro sobre a reta ENA-ENP e o ponto zero do correlômetro na intersecção com a vertical T.

Classificacão:

- **Retrogênico:** Ponto ENA inclinado em direção ao PF e o ângulo é negativo;
- **Progênico:** Ponto ENA inclinado se afastando do PF e o ângulo é positivo;
- **Ortogênico:** Reta ENA-ENP paralela ao PF e o ângulo é zero.

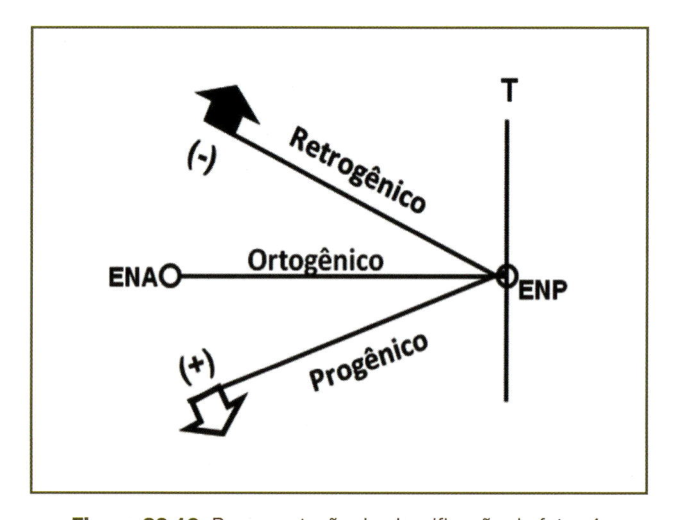

Figura 20.19: Representação da classificação do fator 4. Ortogênico: Reta ENA-ENP paralela ao PF (valor zero). Retrogênico: ENA inclinado em direção ao PF (valor negativo). Progênico: ENA inclinado se distanciando do PF (valor positivo).

O fator 4 negativo com valor acima de 2,5° faz parte da tríade da displasia microrrínica descrita por Bimler. Os fatores 7 e 8 alterados completam a tríade cefalométrica.

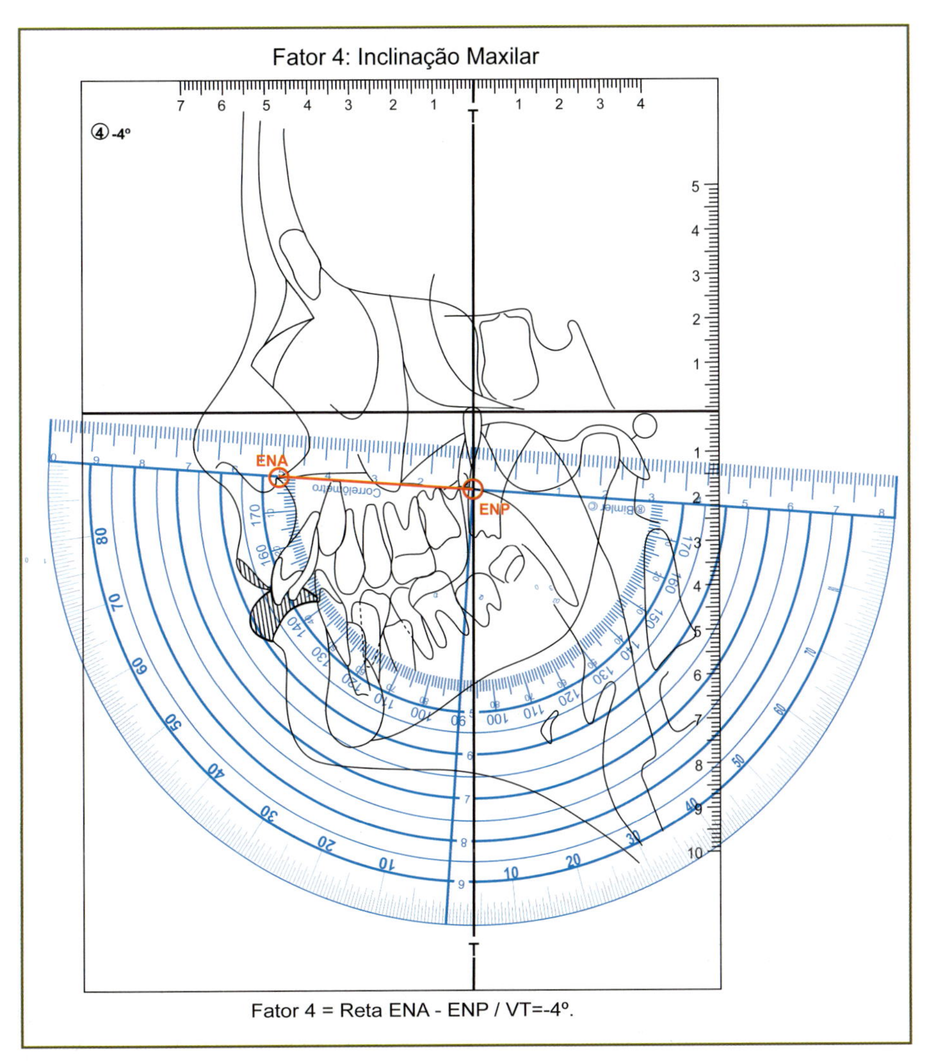

Figura 20.20: Medida do fator 4 ou inclinação maxilar. No caso em questão o valor é –4° (Retrogênico), pois ENA está inclinado se aproximando do PF.

Fator 5. Inclinação de Clivus

O fator 5 é formado pela união dos pontos Cls e Cli, portanto, reta Cls-Cli, a qual é medida em relação ao PF. Para medir, coloca-se a linha base do correlômetro sobre a reta Cls-Cli e o ponto zero do correlômetro na intersecção com o PF. Faz-se a leitura do ângulo formado entre Cls e o PF.

Classificação:

- **Clivus Inclinado:** 50° - 60°;
- **Clivus Médio:** 60° - 70°;
- **Clivus Verticalizado:** 70° - 80°.

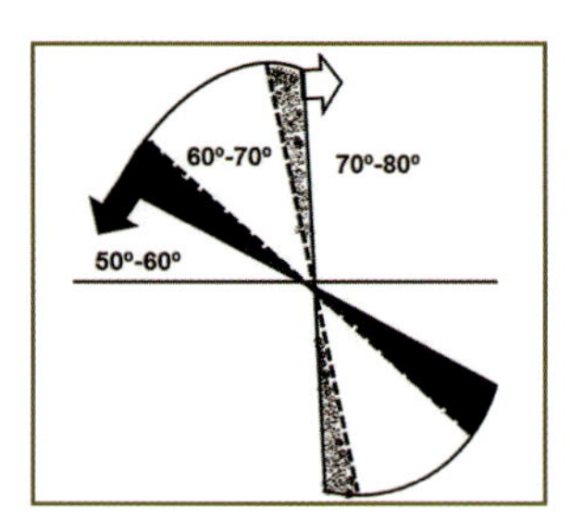

Figura 20.21: Representação da classificação do fator 5. Clivus Inclinado: 50° - 60°; Clivus Médio: 60° - 70° e Clivus Verticalizado: 70° - 80°.

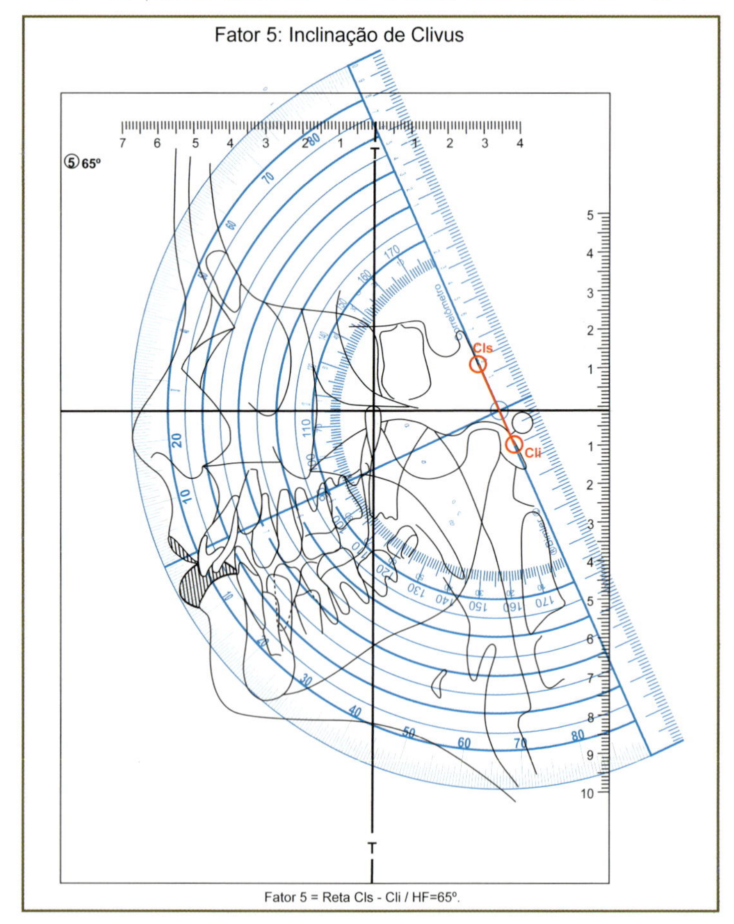

Figura 20.22: Medida do fator 5 ou inclinação de Clivus. No caso em questão, o valor é 65° (Médio).

Fator 6. Eixo de Estresse da Dentadura (EED)

O fator 6 se refere ao Sistema de Referência Esférico, no qual se destaca a curva de Spee (curva que passa pelo maior número de pontos de contato dos dentes posteriores e pelo ponto C). A curva de Spee pode ser determinada colocando nos pontos acima descritos, os semicírculos concêntricos do correlômetro, por tentativa, começando pelo mais interno. Há 9 semicírculos, os quais vai-se experimentando qual deles mais se adapta nos pontos de contato e no ponto C. Além disso, é importante que a reta que divide o correlômetro em duas partes esteja tangenciando o ponto Me. Quando a curva de Spee estiver determinada, marca-se com um lápis o ponto zero do correlômetro que é vazado. Este ponto é o Cm. Unindo-se este ao ponto Me tem-se a reta Cm-Me ou fator 6, que é medido em relação ao PF. Para medir, coloca-se a linha base do correlômetro sobre a reta Cm-Me e o ponto zero do correlômetro na intersecção com o PF. Se a reta estiver se inclinando para frente da vertical T (se afastando da vertical T) o ângulo é positivo, se estiver inclinando em direção à vertical T será negativo. Esse fator é também chamado de eixo de estresse da dentadura, pois é onde ocorre maior concentração das forças mastigatórias e se localiza na região de pré-molares.

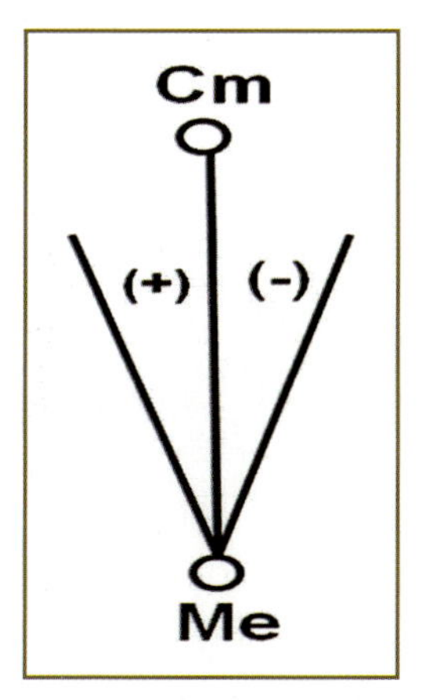

Figura 20.23: Representação da classificação do fator 6. É positivo quando a reta Cm-Me se afasta da VT. Será negativo quando se aproxima da VT. Quando Cm-Me coincide com a VT, o valor é zero.

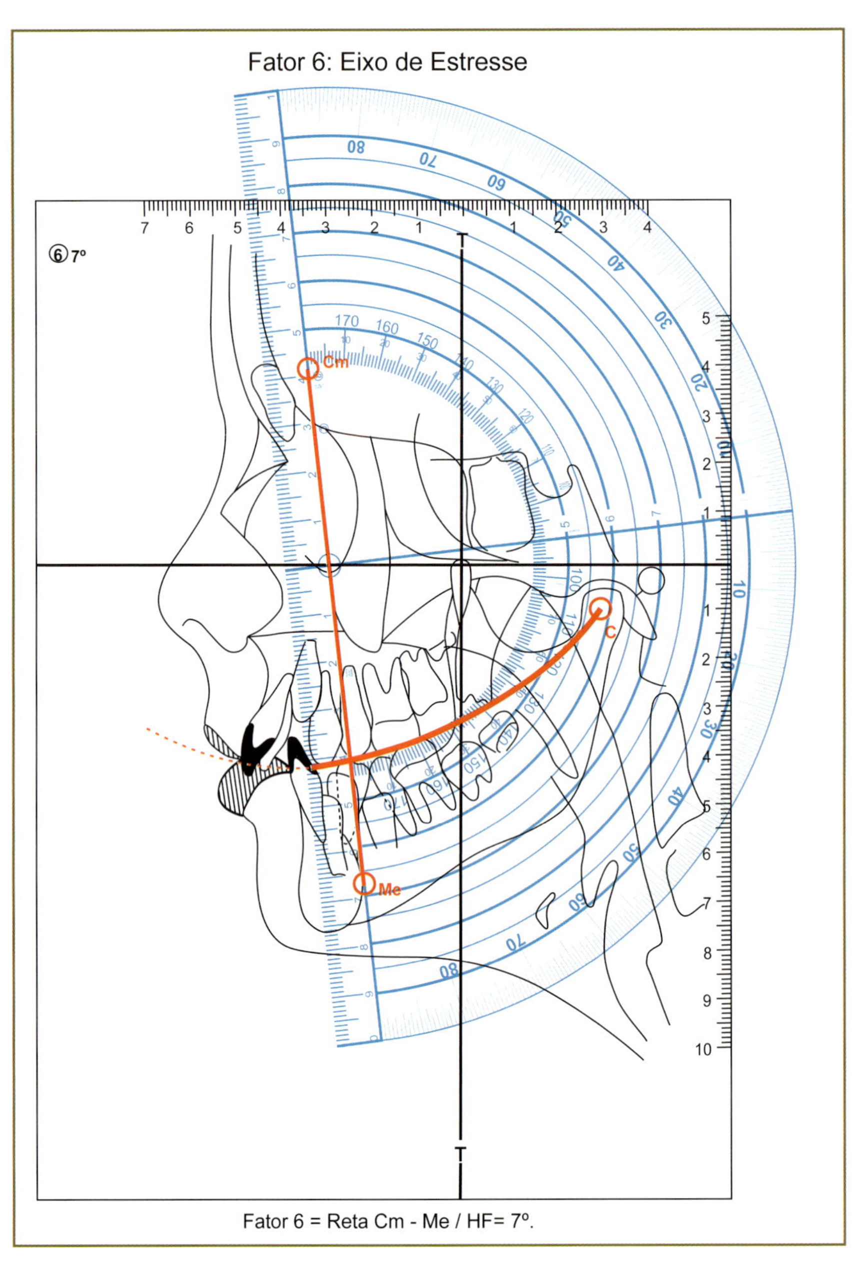

Figura 20.24: Medida do fator 6 ou eixo de estresse da dentadura. No caso, o valor é 7°.

Fator 7. Inclinação da linha NS

O fator 7 é formado pela união dos pontos N e S, portanto, reta N-S, a qual é medida em relação à vertical T. Para medir, coloca-se a linha base do correlômetro sobre a reta N-S e o ponto zero do correlômetro na intersecção com a vertical T. A média desse fator é de 7°, acima desse valor caracteriza o declive ascendente da base anterior do crânio, típico da displasia microrrínica mencionada na descrição do fator 4.

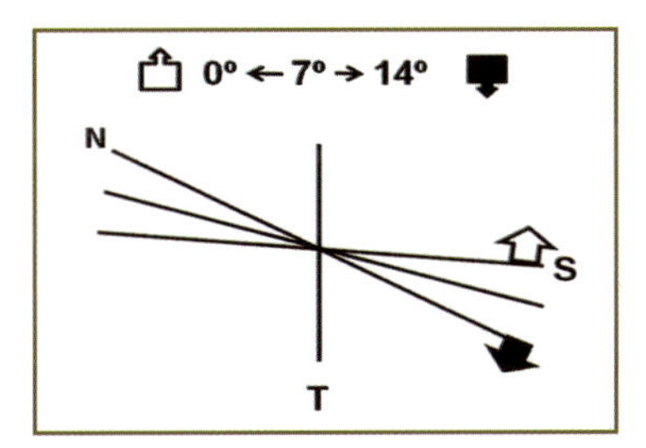

Figura 20.25: Representação da classificação do fator 7. Sua média é de 7°.

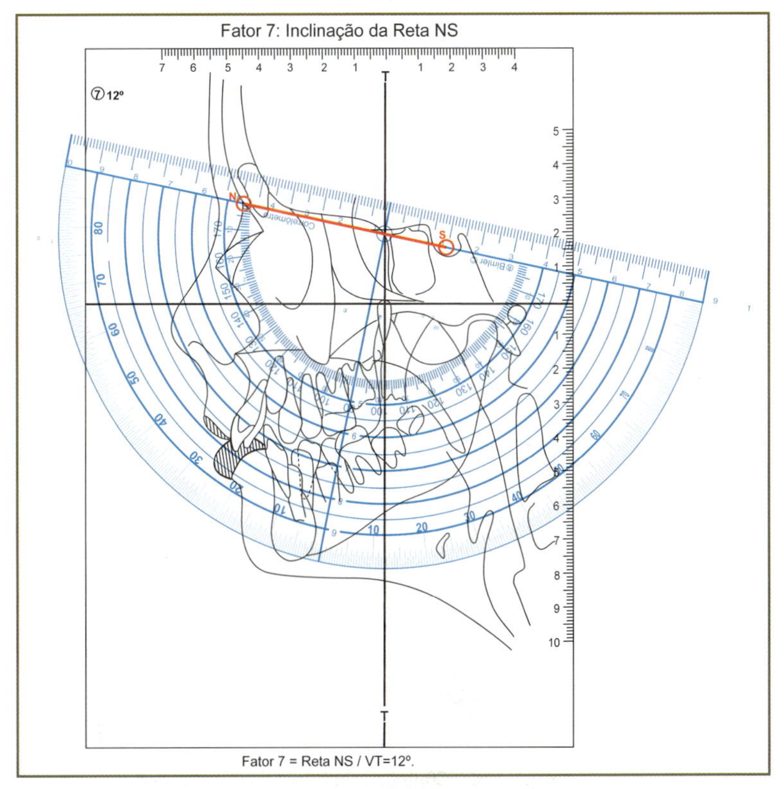

Figura 20.26: Medida do fator 7 ou inclinação da reta NS. No caso, o valor é 12° (aumentado).

Fator 8. Flexão mandibular

O fator 8 é formado pela união dos pontos C e Go, portanto, reta C-Go, a qual é medida em relação ao PF. Para medir, coloca-se a linha base do correlômetro sobre a reta C-Go e o ponto zero do correlômetro na intersecção com o PF.

Classificação:

- **Hiperflexão:** Quando o ponto Go ficar à frente da vertical complementária C e o valor do ângulo é negativo;
- **Hipoflexão:** Quando o ponto Go ficar atrás da vertical complementária C e o valor do ângulo é positivo;
- **Ortoflexão:** Quando a reta C-Go coincidir com a reta complementária C e o valor do ângulo é zero.

O fator 8 em hiperflexão (-) faz parte da tríade da displasia microrrínica de Bimler, ou seja: fator 4 e 8 negativos e o 7 aumentado, ou acima de 7°. O fator 8 diz respeito à capacidade da mandíbula se flexionar para colocar seus dentes em contato com os antagonistas superiores. É um fator essencialmente funcional, por isso pode ser mudado durante o tratamento com os AOFs quando é feita a mudança de postura da mandíbula. O EED segundo Bimler passa na região dos pré-molares e corresponde à região de maior concentração dos esforços mastigatórios.

Alguns autores dão valores + à hiperflexão, mas mantenho valor – à hiperflexão por Bimler, pois representa melhor a diminuição da DV quando a Md busca contatos com os antogonistas.

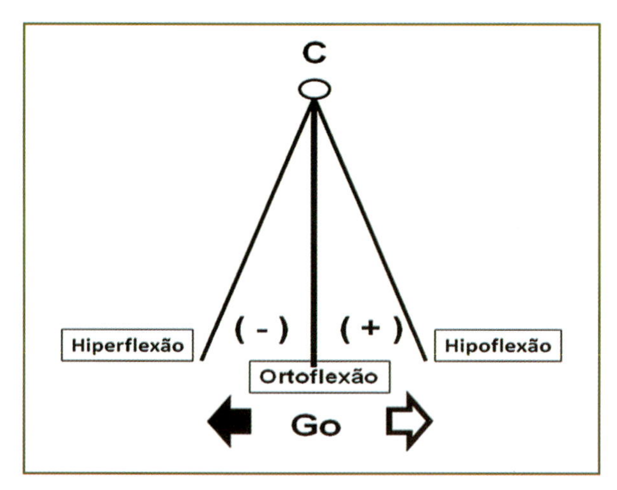

Figura 20.27: Representação da classificação do fator 8. Hiperflexão (-), Hipoflexão (+) e Ortoflexão.

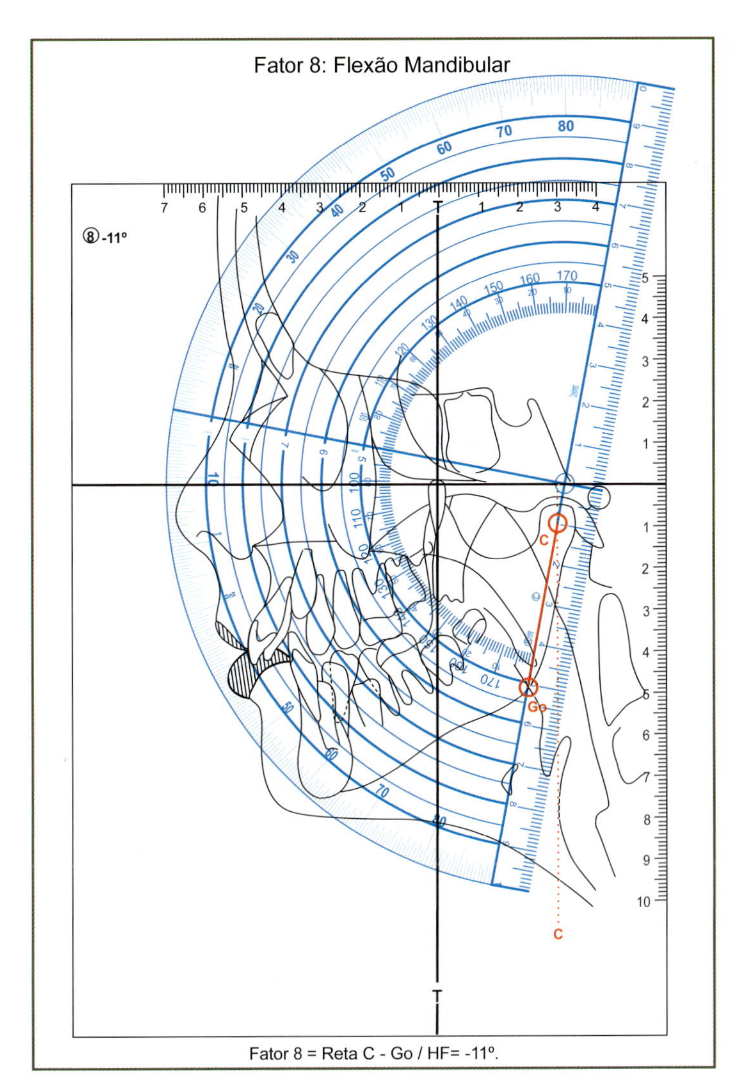

Figura 20.28: Medida do fator 8 ou flexão mandibular. No caso, o valor é –11° (Hiperflexão).

Fator 9. Inclinação esfenoidal

Sobre a fossa esfenoidal aparece uma linha bem radiopaca na telerradiografia. Traça-se sobre ela uma reta, que é o fator 9. Este é medido colocando a base do correlômetro sobre a reta e o seu ponto zero na intersecção com a vertical T. Varia de – 5 a +20. Inclinado para cima o ângulo é negativo e, para baixo, positivo.

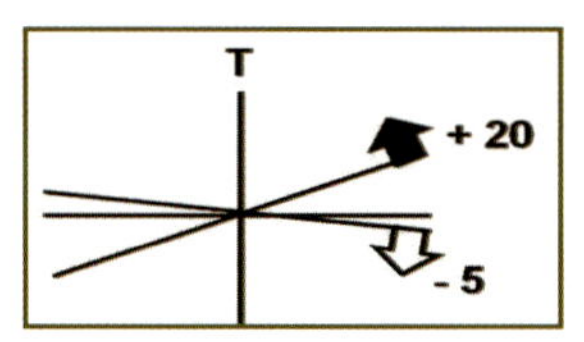

Figura 20.29: Representação da classificação do fator 9. Varia de – 5° a +20°.

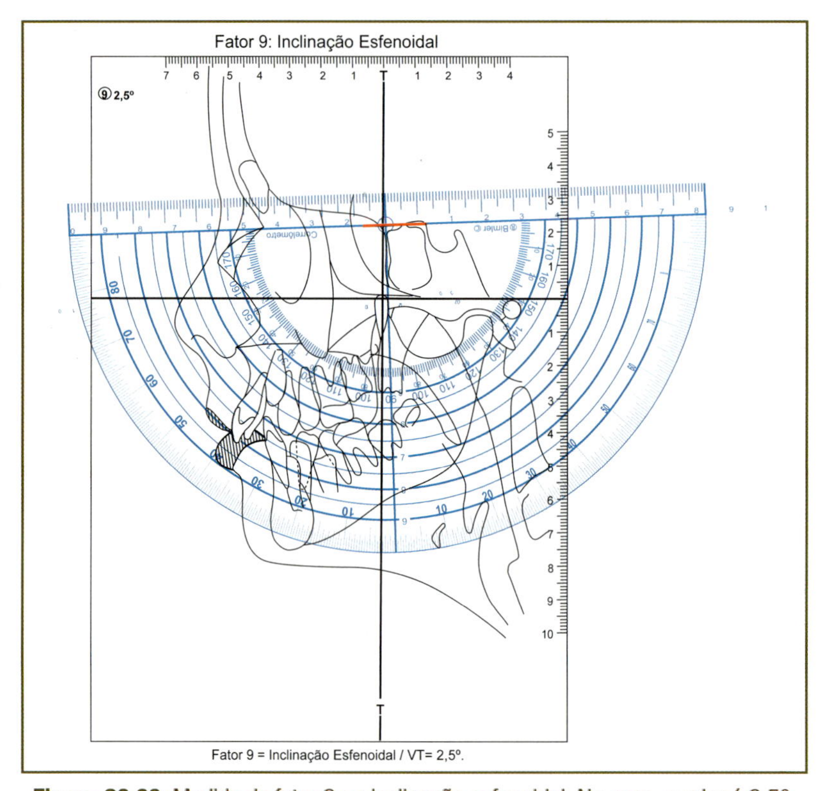

Figura 20.30: Medida do fator 9 ou inclinação esfenoidal. No caso, o valor é 2,5°.

Fator 10. Inclinação nasal

O fator 10 é formado pela união dos pontos N e pela tangente que passa pelos ossos nasais, em relação ao PF. Para medir, coloca-se a linha base do correlômetro sobre a reta do fator 10 e o ponto zero do correlômetro na intersecção com o PF.

Classificação:

➔ **Microrrínico:** 0° - 15°;
➔ **Mesorrínico:** 15° - 30°;
➔ **Macrorrínico:** 30° - 45°.

O fator 10 não faz parte da displasia microrrínica de Bimler, ou seja, nem todos os casos de fator 10 microrrínico apresentam a displasia microrrínica.

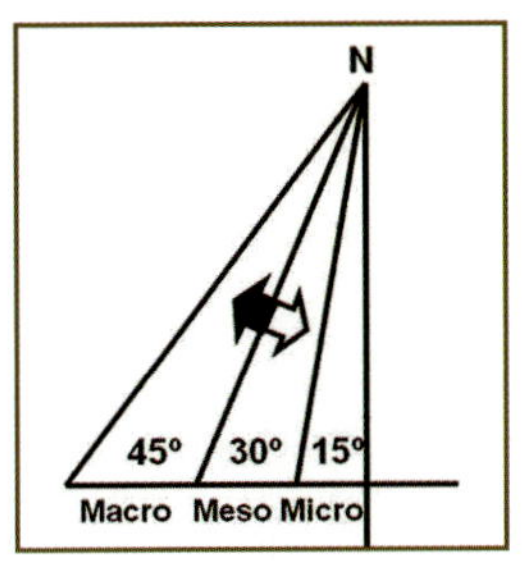

Figura 20.31: Representação da classificação do fator 10. Microrrínico (0° - 15°), mesorrínico (15° - 30°) e macrorrínico (30° - 45°).

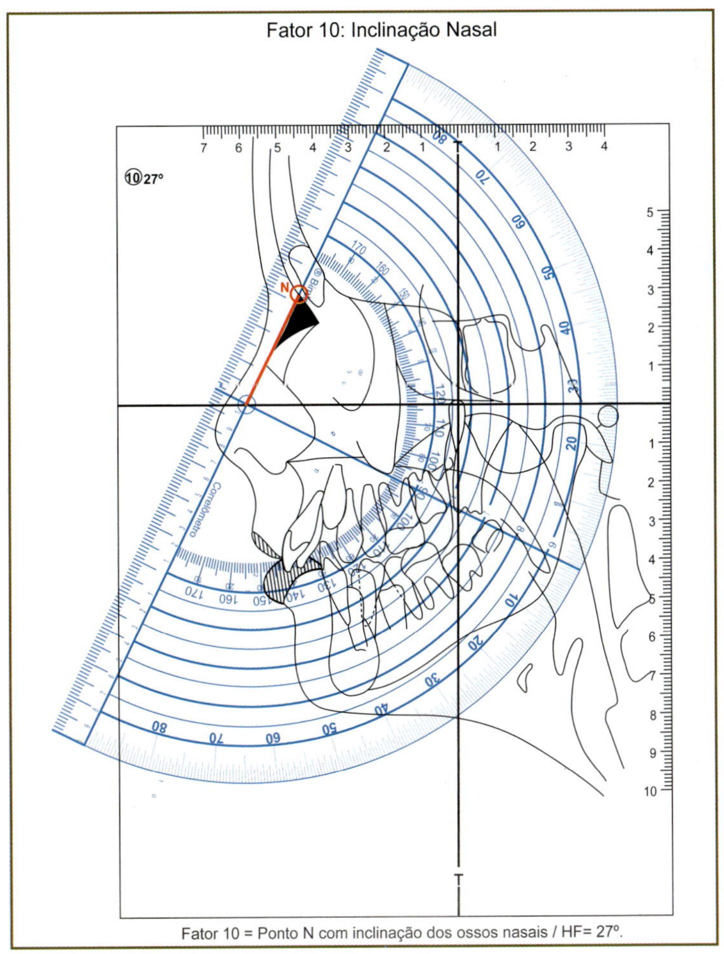

Figura 20.32: Medida do fator 10 ou inclinação nasal. No caso, o valor é 27° (mesorrínico).

Aferição dos ângulos C e B

Uma forma de averiguação do ângulo C quanto ao seu real valor é fazendo a somatória dos fatores 5 e 4, e do ângulo B somando fatores 4 e 3. É uma maneira de aferir o valor obtido quando os ângulos são medidos diretamente, reduzindo a possibilidade de erros. Quando o fator 4 for negativo na aferição do ângulo C faz-se a subtração, uma vez que a maxila fez rotação para cima (inverso do deslocamento para frente e para baixo do complexo maxilar no crescimento ontogenético fisiológico). Quando for positivo, faz-se a somatória.

Para o ângulo B, quando o fator 8 for negativo, faz-se a somatória, pois a mandíbula flexionou mais para colocar seus dentes em contato antagônico. Quando positivo, faz-se a subtração.

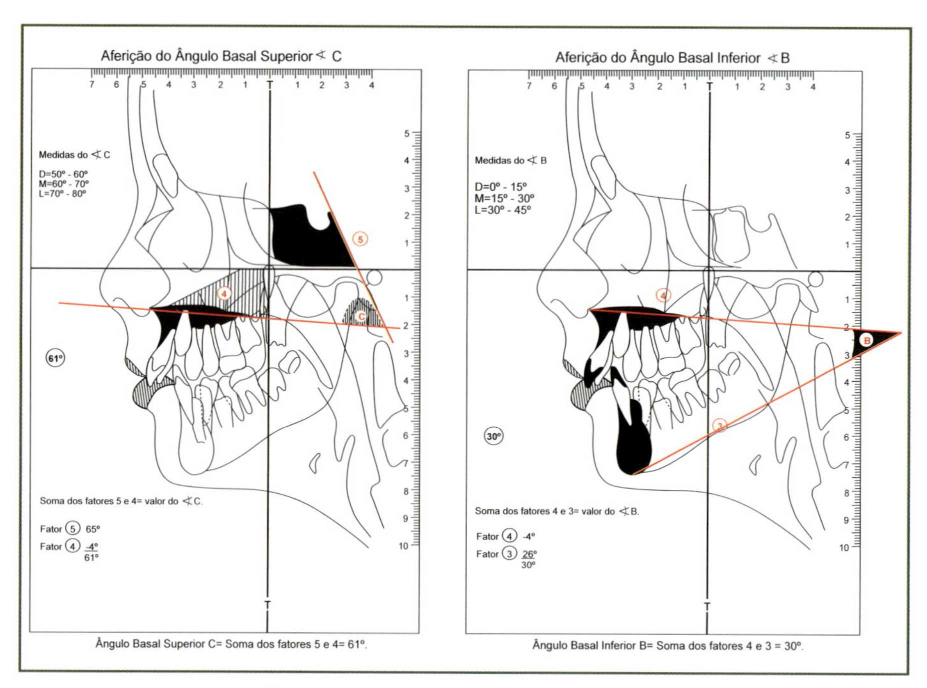

Figura 20.33: Aferição do Ângulo C: No caso em questão foi feita a subtração do valor do fator 5 com o valor do fator 4. Aferição do Ângulo B: soma do valor do fator 4 com o valor do fator 8.

Ângulo Goníaco

O Ângulo Go é formado pelos fatores 8 e 3. Assim, pode ser medido somando esses fatores com 90°.

Valor do ângulo Go = valor do fator 8 + valor do fator 3 + 90º.

Pode também ser medido colocando a base do correlômetro sobre o fator 8 e o ponto zero na intersecção do 8 com o 3 diretamente sobre a telerradiografia.

Classificação:

- **Dolicognata:** 90° a 105°;
- **Mesognata:** 105° a 120º;
- **Leptognata:** 120º a 135°.

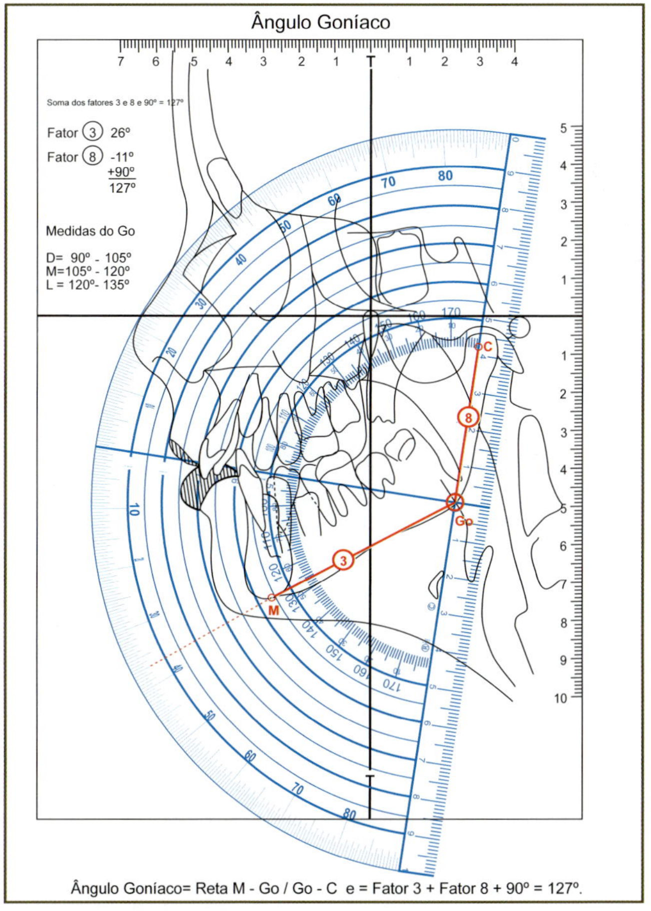

Figura 20.34: Medida do Ângulo Goníaco. No caso é de 127°.

Medidas Lineares

1. **Profundidade da maxila:** medida de A' ao ponto T.
2. **Distância T-TM:** relação entre o tuber da maxila e o centro geométrico do côndilo (regiões mais posteriores da maxila e mandíbula, importantes na determinação de suas relações no sentido anteroposterior).
3. ***Overjet* Ósseo:** distância A' - B' que determina as discrepâncias ósseas entre os dois maxilares na região anterior.
4. **Profundidade da Mandíbula:** medida de B' ao ponto TM.
5. **Linha NS:** medida diretamente sobre a linha NS, importante relacioná-la com a profundidade da mandíbula e da face.
6. **Profundidade da Face:** B' - TM + A'B', mostra a profundidade total da face,
7. **Longitude da Mandíbula:** medida da sínfise mentoniana até o limite posterior do côndilo – Gn-Cd.
8. **Altura Facial Suborbital:** A' - M.
9. **Altura Facial Total:** distância NM.
10. **Altura do Ramo Mandibular:** medida do Cd ao ponto Go.

De acordo com o trabalho de Bimler, entre 12-13 anos, a distância T-TM pode variar de 28-30 mm para Classe I. Na Classe II o valor seria maior que 30 mm, e na Classe III valor menor que 28 mm. Assim, a distância T-TM é uma medida importante na identificação das Classes I, II ou III nos casos limítrofes.

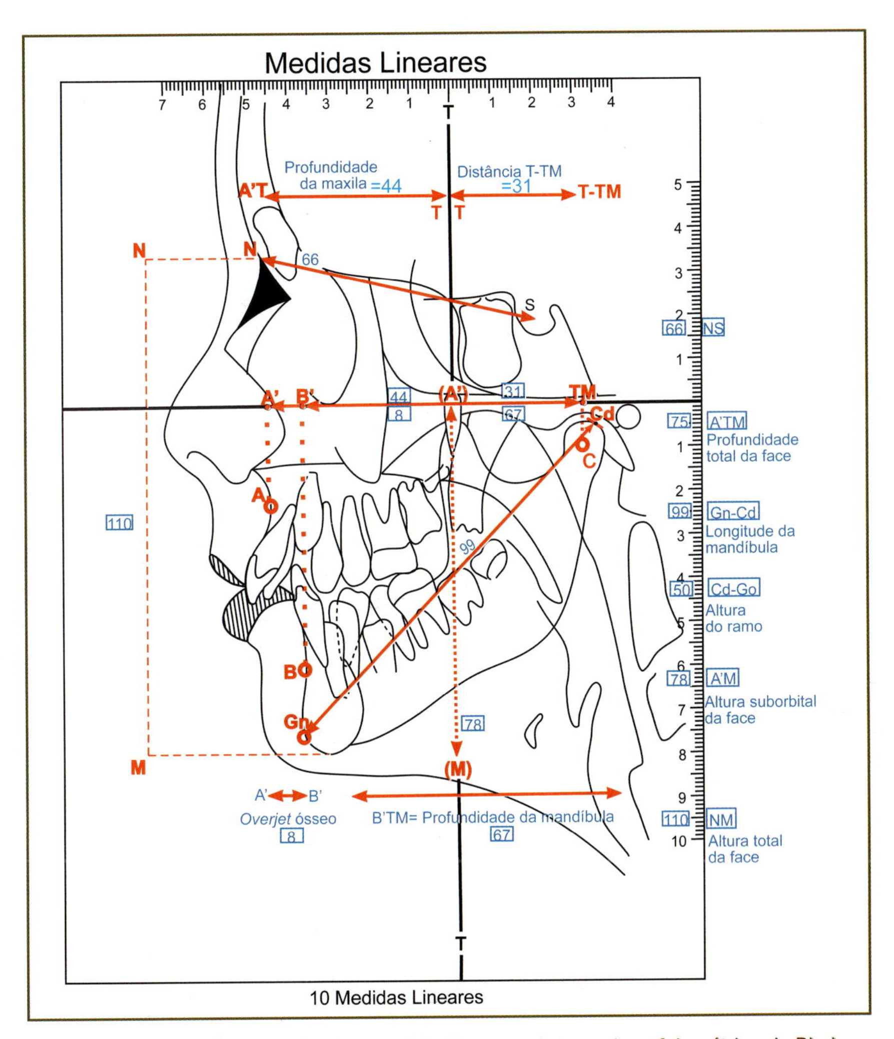

Figura 20.35: Representação das medidas lineares do traçado cefalométrico de Bimler.

Índice Gnático (IG)

No IG encontram-se medidas referentes aos maxilares (medidas gnáticas). São duas angulares e duas lineares. Valor do *Overjet* Ósseo; relação entre fator 4 e 8 (valor do fator 4/valor do fator 8) e valor da distância T-TM.

Valor do *Overjet* Ósseo	Valor do Fator 4 / Valor do Fator 8	Valor da Distância T-TM

Figura 20.36: Na região mediana da fórmula estrutural tem-se o Índice Gnático. São medidas relativas aos maxilares.

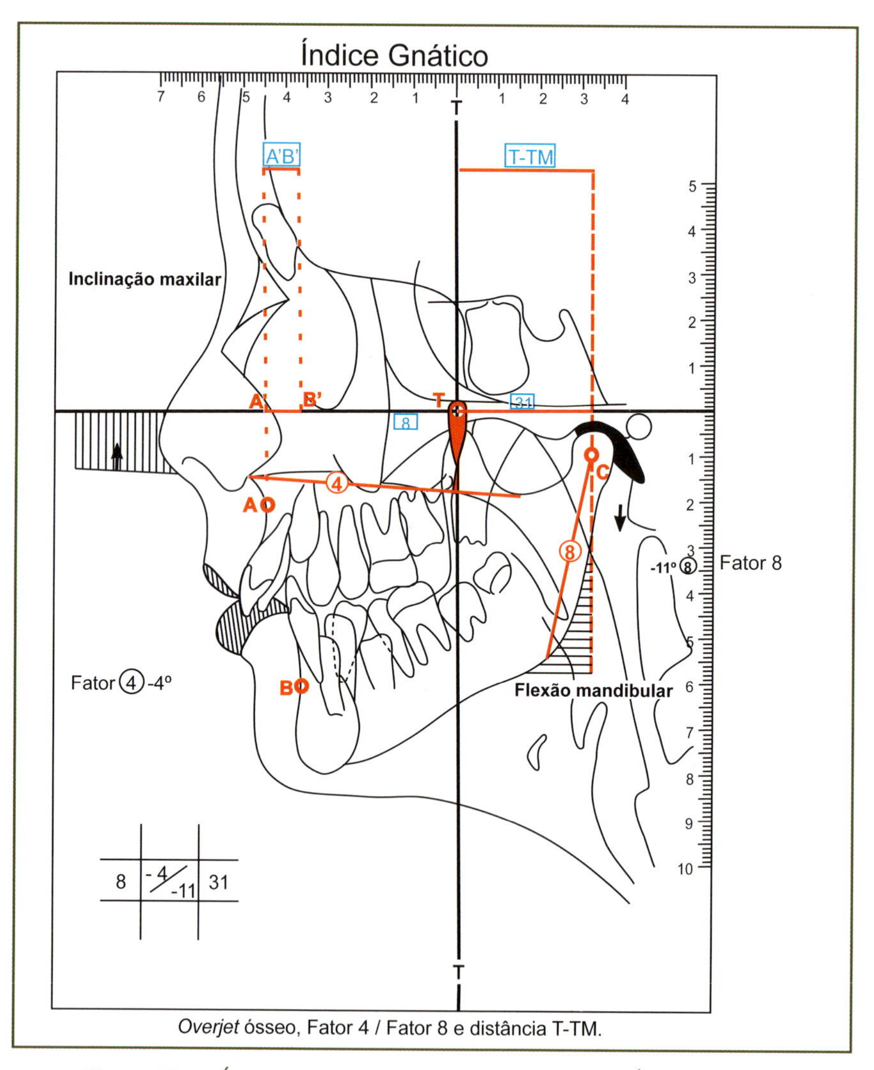

Figura 20.37: Índice Gnático do caso em questão. *Overjet* Ósseo = 8 mm, fator 4 = – 4°/ fator 8 = – 11° e Distância TTM = 31 mm.

Ângulo Interincisal (AIR)

É o ângulo formado pela inclinação do longo eixo do incisivo central superior com o longo eixo do incisivo central inferior, e seu valor médio é de 130°.

O ângulo incisivo superior (AIS) é formado pelo longo eixo do incisivo central superior com o PF, o ângulo incisivo inferior (AII) pelo longo eixo do incisivo central inferior e o PF e seus valores médios é de 115°.

A soma desses três ângulos deve ser de 360°. O AIR na biprotrusão varia de 80° - 100°, na retrusão dos incisivos varia de 140° - 150°.

Na Classe II divisão 1 o AIS estará aumentado, ou seja, acima de 115°, e quanto maior o seu valor maior a protrusão dos incisivos superiores.

O mesmo pode acontecer com o AII. O IMPA (ângulo incisivo plano--mandibular) é formado pelo eixo axial do incisivo central inferior com o corpo da mandíbula. O IMPA somado com o valor do fator 3 dá o valor do AII.

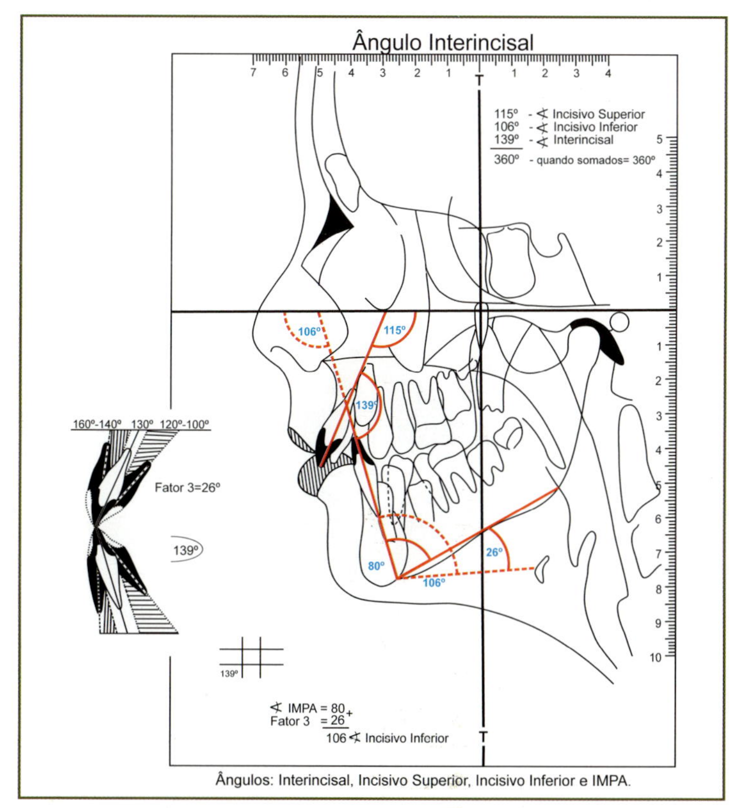

Figura 20.38: Medida do AIR = 139°, do AIS = 115°, do AII = 106°. O IMPA = 80°. No caso, há retrusão do AII.

Relação dos eixos axiais dos primeiros pré-molares com o Fator 6 (Eixo de Estresse)

Os primeiros pré-molares superiores e inferiores podem ser considerados como o local mais baixo do plano oclusal, e a relação de seus eixos axiais com o eixo de estresse da dentadura, ou fator 6 (união do ponto Cm com Me), pode dar referências importantes sobre o desenvolvimento normal ou deficiente dos maxilares, no sentido anteroposterior, e se podem suportar os seus dentes de forma equilibrada ou não.

Classificação:

- **Pró-inclinado:** Quando o eixo axial dos primeiros pré-molares (superior e inferior) tiver inclinação para frente em relação ao eixo de estresse;
- **Retro-inclinado:** Quando o eixo axial dos primeiros pré-molares tiver inclinação para trás em relação ao eixo de estresse;
- **Orto-inclinado:** Quando o eixo axial dos primeiros pré-molares estiver sobre o eixo de estresse.

(São designados, respectivamente, pelas letras maiúsculas P-R-O.)

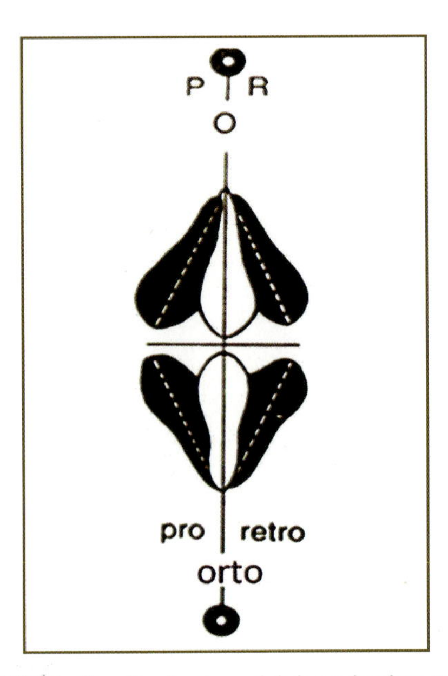

Figura 20.39: Inclinação do eixo axial dos primeiros pré-molares superior e inferiorem relação ao eixo de estresse da dentadura. Pro, orto ou retroinclinado. São identificados pelas letras: P, R e O.

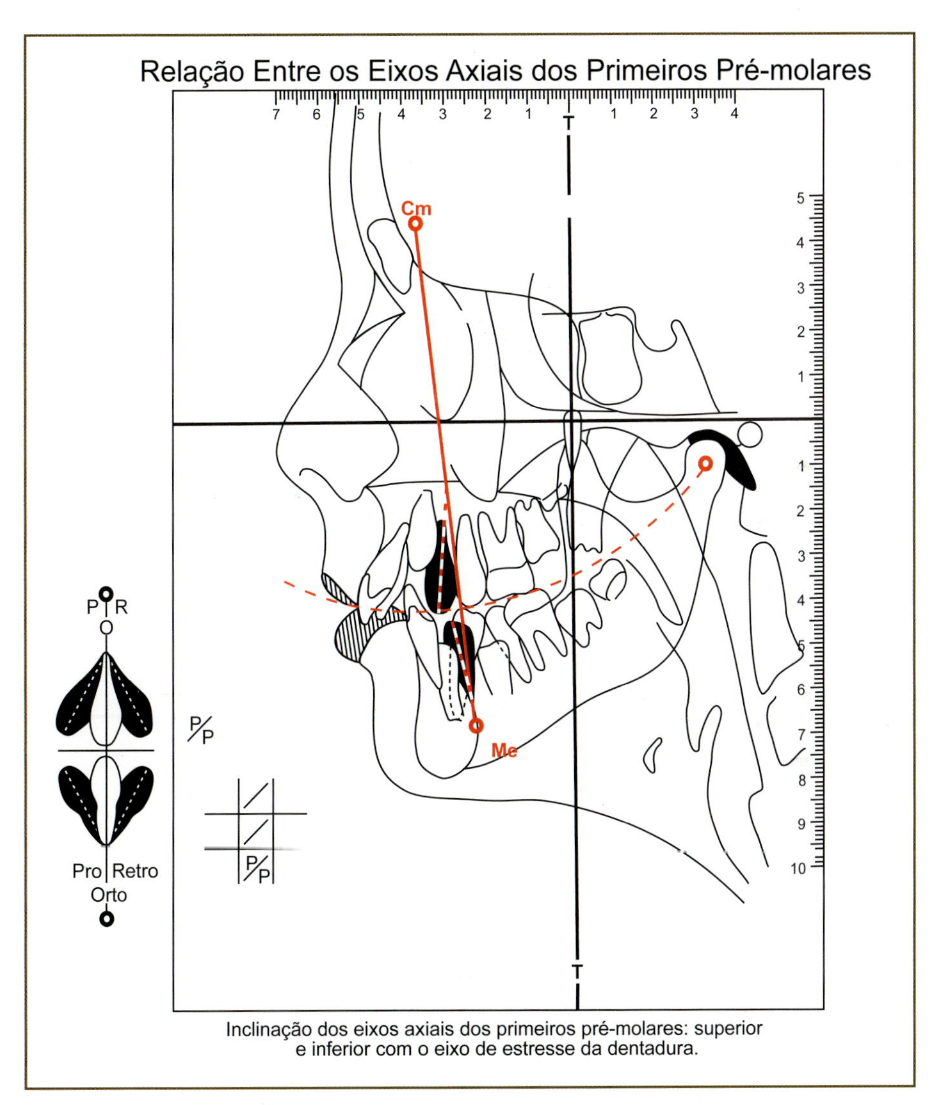

Figura 20.40: Inclinação do eixo axial dos primeiros pré-molares: superior e inferior com relação ao eixo de estresse da dentadura. No caso, o resultado é Pro para o superior e Pro para o inferior. P/P.

Classificação correlativa

Nesta classificação faz-se uma relação do eixo de estresse com o ponto apicale localizado no ápice do primeiro pré-molar superior.

Classificação:

➔ **Post-normal:** Quando o eixo de estresse passar atrás de AP;

➔ **Pré-normal:** Quando o eixo de estresse passar na frente de AP;

➔ **Per:** Quando o eixo de estresse passar sobre o AP.

Na situação post-normal a mandíbula estará para distal, indicando Classe II. Na pré-normal a mandíbula estará mesializada indicando Classe III e per indicativo de Classe I. Assim, quando houver uma relação de primeiros molares permanentes em Classe I de Angle e classificação correlativa em pré-normal pode-se pensar em uma Classe I com tendência de desenvolvimento para Classe III. Já a classificação correlativa em post-normal seria indicativa de tendência de crescimento em Classe II.

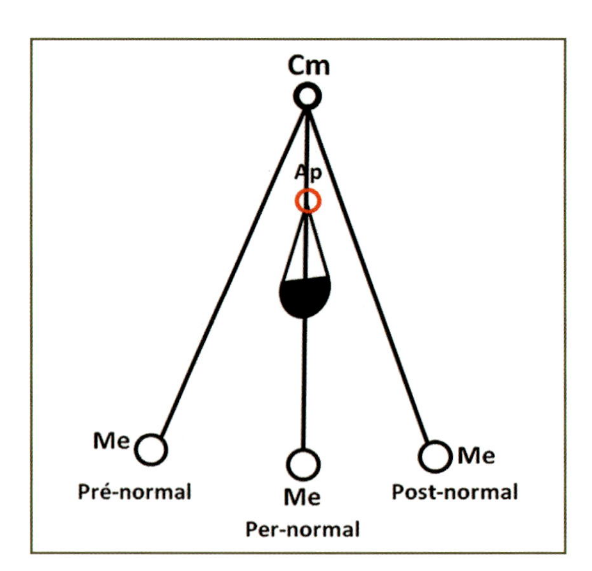

Figura 20.41: Classificação Correlativa: Faz uma correlação entre o eixo de estresse da dentadura e o ponto apicale (Ap). Pode ser Pré, Post ou per-normal, se o eixo de estresse passar na frente, atrás ou sobre o Ap, respectivamente.

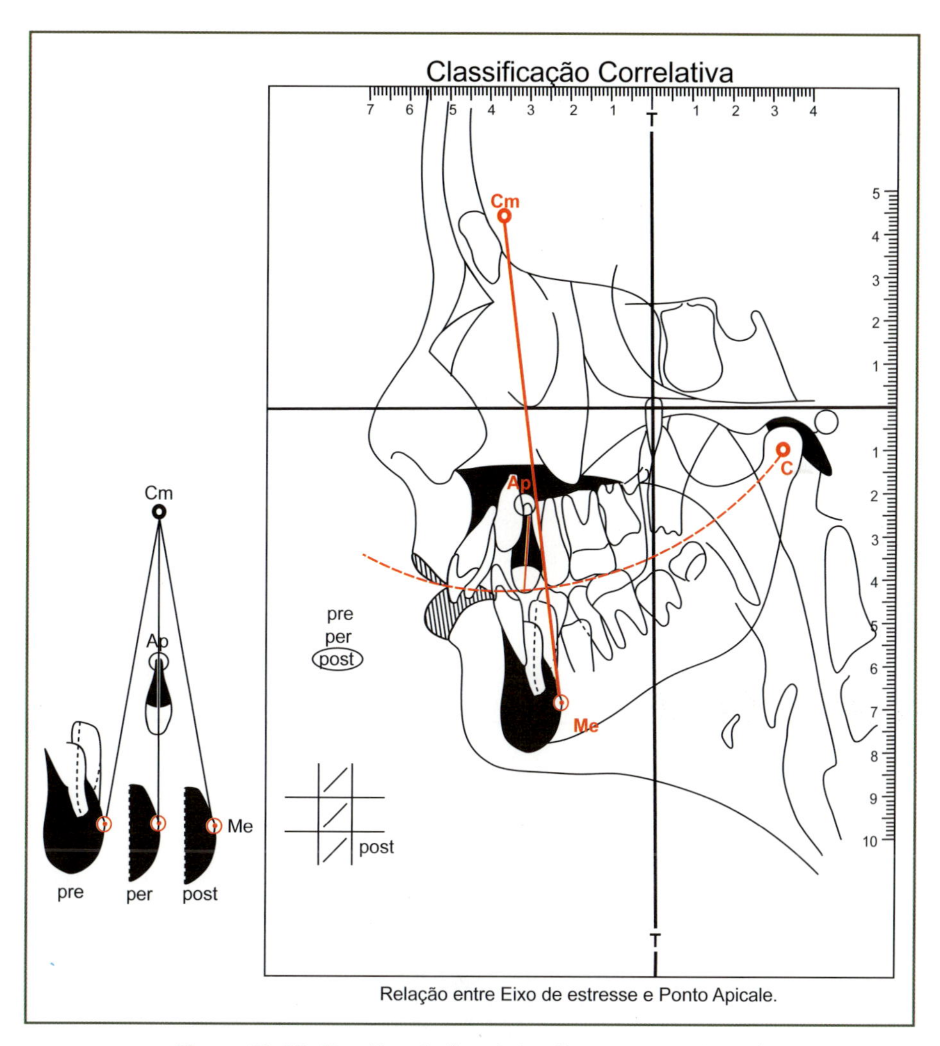

Figura 20.42: Classificação Correlativa. No caso, o resultado é post-normal, pois o eixo de estresse passa atrás do Ap.

Fórmula dental

A fórmula dental é formada por valores relativos aos dentes: valor do ângulo interincisal, relação do eixo axial dos primeiros pré-molares (superior e inferior) com o eixo de estresse, a classificação correlativa e classificação de Angle.

Valor do ângulo interincisal	Relação dos longos eixos dos primeiros pré-molares (superior e inferior) com o eixo de estresse	Classificação Correlativa + Classificação de Angle

Figura 20.43: Na região inferior da Fórmula Estrutural tem-se a Fórmula Dental: Valor do ângulo interincisal, longos eixos axiais dos primeiros pré-molares:superior e inferior em relação ao eixo de estresse e a Classificação Correlativa seguida da Classificação de Angle.

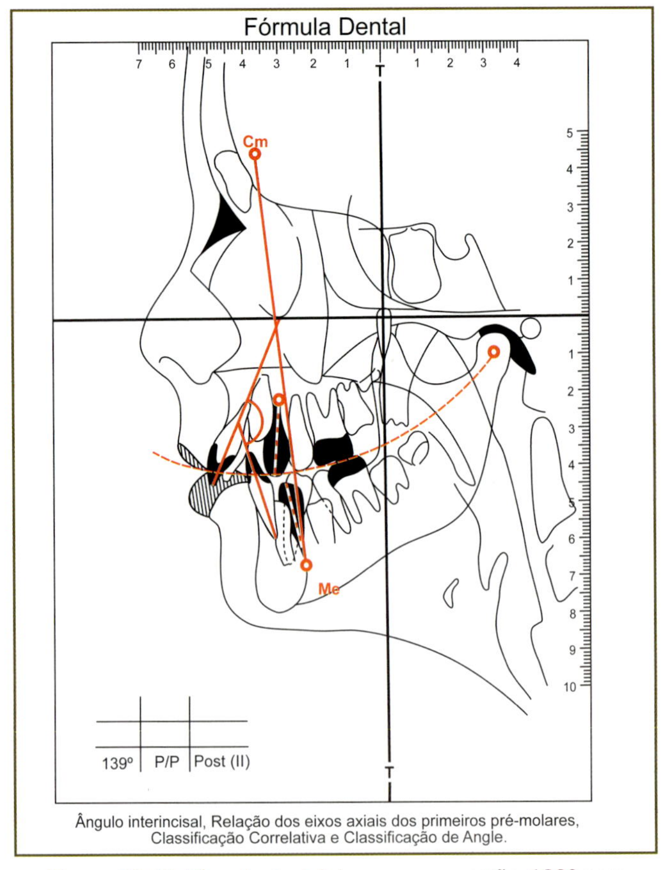

Figura 20.44: Fórmula dental do caso em questão: 139° para o AIR, P/P e Post (II). (II) refere-se à Classe II de Angle.

Fórmula estrutural

A fórmula estrutural compreende os valores de: Fórmula Facial, Índice Gnático e Fórmula Dental.

Valor do Ângulo A	Relação entre Ângulo C e B	IFSO
Valor do *Overjet* Ósseo	Valor do Fator 4 / Valor do Fator 8	Valor da Distância T-TM
Valor do Ângulo interincisal	Relação dos longos eixos dos primeiros pré-molares (superior e inferior) com o eixo de estresse	Classificação Correlativa + Classificação de Angle

Figura 20.45: A Fórmula Estrutural do traçado cefalométrico de Bimler.

Fórmula Estrutural		
13º	M/L	Meso
8	- 4/-11	31
139º	P/P	Post (II)

Figura 20.46: A Fórmula Estrutural do traçado cefalométrico do caso em questão.

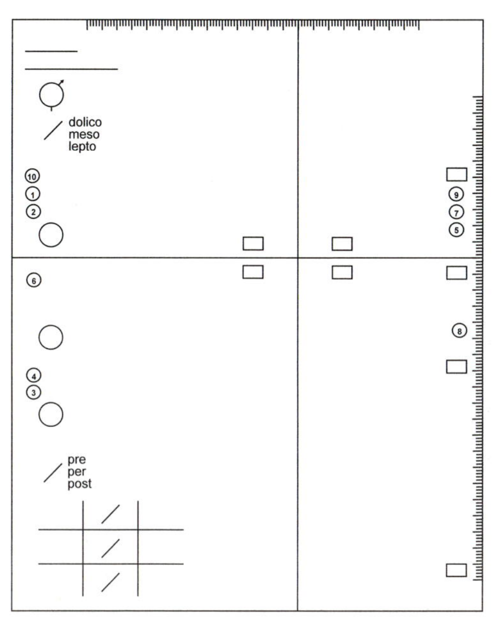

Figura 20.47: Ficha do traçado cefalométrico de Bimler.

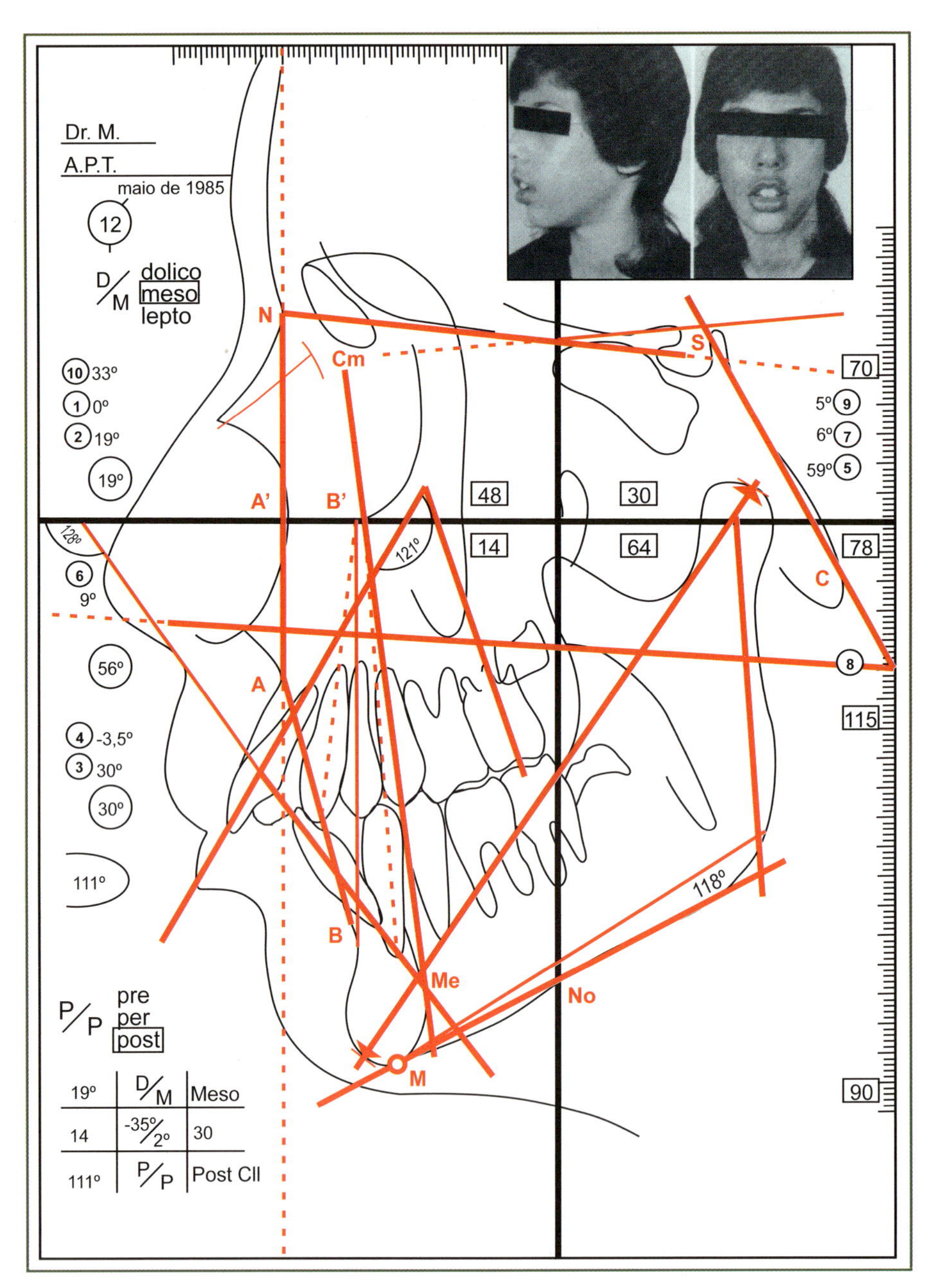

Figura 20.48: Paciente aos 11 anos com a Fórmula Estrutural do traçado cefalométrico de Bimler. Apresenta Classe II com biprotrusão.

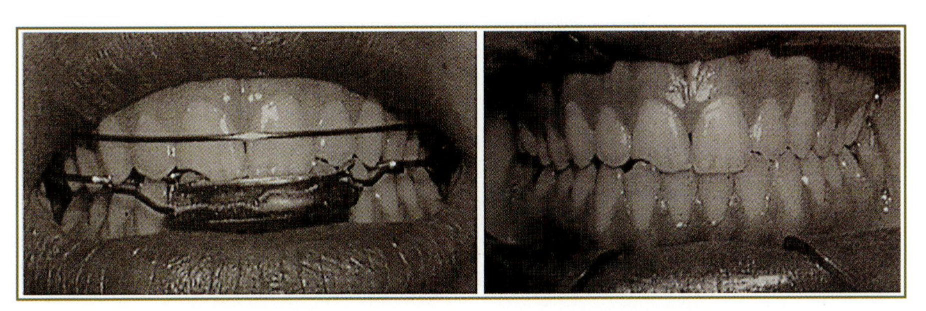

Figura 20.49: Paciente aos 13 anos. O aparelho de Bimler A3 na boca, o qual corrigiu a Classe II e a biprotrusão.

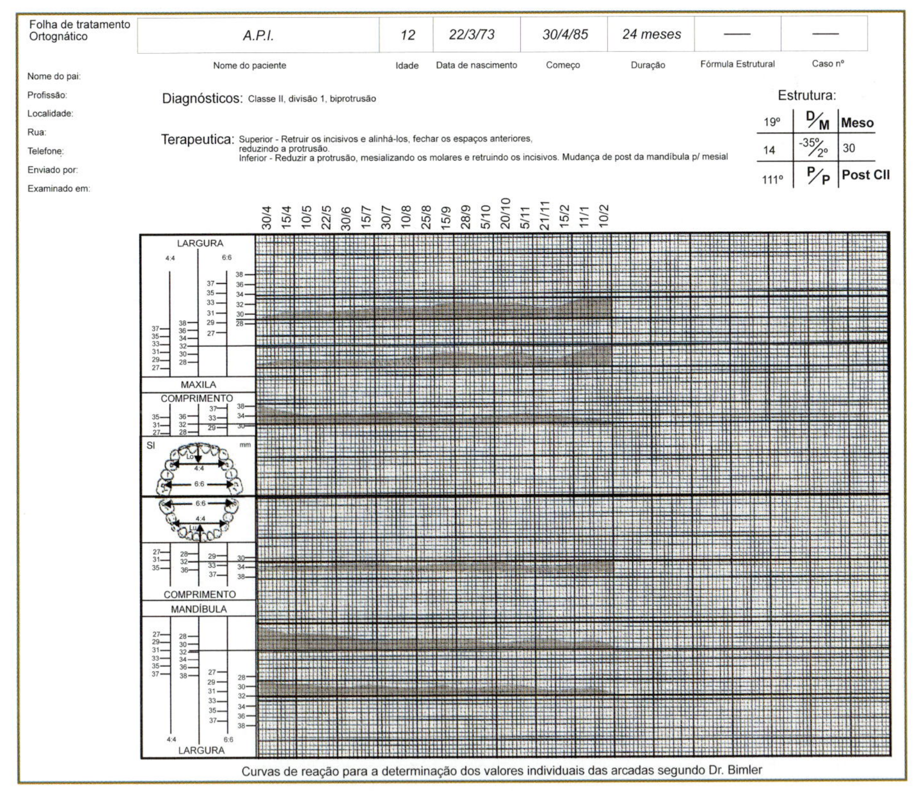

Folha de tratamento Ortognático

Nome do paciente	Idade	Data de nascimento	Começo	Duração	Fórmula Estrutural	Caso nº
A.P.I.	12	22/3/73	30/4/85	24 meses	—	—

Nome do pai:
Profissão:
Localidade:
Rua:
Telefone:
Enviado por:
Examinado em:

Diagnósticos: Classe II, divisão 1, biprotrusão

Terapeutica: Superior - Retruir os incisivos e alinhá-los, fechar os espaços anteriores, reduzindo a protrusão.
Inferior - Reduzir a protrusão, mesializando os molares e retruindo os incisivos. Mudança de post da mandíbula p/ mesial

Estrutura:

19º	D/M	Meso
14	-35º/2º	30
111º	P/P	Post CII

Curvas de reação para a determinação dos valores individuais das arcadas segundo Dr. Bimler

Figura 20.50: Ficha de tratamento estomatognático de Bimler. Curva de reação resultante do tratamento com aparelho de Bimler.

Displasias faciais

O termo displasia facial significa alteração de desenvolvimento ósseo em regiões específicas da face. Os estudos de Bimler mostram no traçado cefalométrico displasias que afetam regiões específicas da face e, por isso, recebem nomes também específicos.

A displasia microrrínica, a mais comum, tem uma teoria embriológica que a sustenta. De acordo com Starck (1965) há um organizador cefálico anterior responsável pela diferenciação do rinoencéfalo e da cápsula nasal.

Se no período da terceira semana de vida intrauterina ocorrer qualquer alteração, como uma infecção viral ou falta de oxigênio, poderá resultar numa malformação típica da face. Starck também descreveu um organizador cefálico posterior, que induz ao desenvolvimento do romboencéfalo. Bimler fez estudos do material de seus pacientes displásicos e denominou como malformações correspondentes na zona óptica.

Assim, têm-se as displasias:

- **Microrrínica;**
- **Micrótica;**
- **Leptoide;**
- **Displasia:** Quando a face apresenta duas displasias juntas;
- **Pandisplasia:** Quando a face apresenta as três displasias juntas.

Displasia Microrrínica (DMR)

Esta foi a primeira displasia a ser descrita em 1965. Recebeu esse nome devido às características externas da face comprometida.

É caracterizada por apresentar uma deficiência de desenvolvimento no terço médio da face.

É chamada também de Síndrome Rotacional, pois no traçado cefalométrico os fatores 4 e 8 são negativos e o 7 foi aumentado (a face se desenvolve com esses fatores fazendo rotação no sentido dos ponteiros de um relógio).

O fator 4 negativo é considerado hipoplásico quando tiver valor acima de 2,5°. É importante observar na telerradiografia a altura do processo alveolar, pois este quando alto na DMR é um fator que predispõe à mordida aberta. Quando baixo, à sobremordida.

Então, na DMR a má oclusão será de Classe II com sobremordida ou Classe II com mordida aberta, dependendo da altura do processo alveolar. Ainda poderá desenvolver uma pseudo Classe III, ou seja, Classe I com mordida cruzada anterior devido à hipoplasia na região anterior da maxila.

O prognóstico é melhor na sobremordida e na pseudo Classe III do que na mordida aberta.

Na observação clínica pode-se notar: nariz arrebitado com as narinas bem visíveis, nariz em forma de sela de montaria com a curvatura na região frontonasal funda, olhos com inclinação antimongoloide (inclinação para baixo), lábio superior curto e inferior evertido (sem vedamento labial), e eventualmente orelhas de abano.

Devido à rotação do plano maxilar o teto da cavidade oral fica bastante abaulado (ogival), roubando espaço da cavidade nasal, por isso, ocorre aumento das tonsilas e adenoides acometendo o indivíduo a sucessivos surtos de inflamações e infecções desses órgãos.

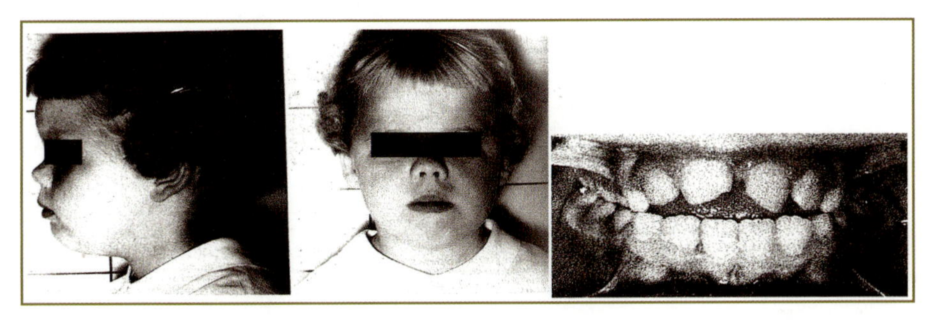

Figura 20.51: O termo displasia microrrínica é relativo ao aspecto da face do paciente. Um nariz pequeno em forma de cela de montaria, que mostra as narinas, são características importantes. Os olhos apresentam uma inclinação antimongoloide.

Paciente J. P., gênero masculino, 9 anos

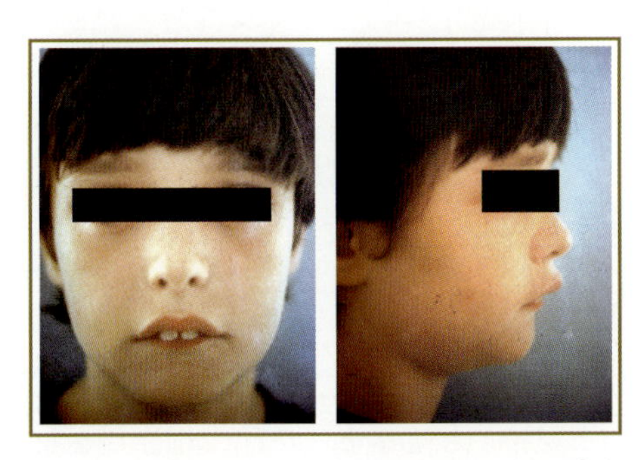

Figura 20.52: Face em norma frontal com os lábios abertos, hipotônicos e evertidos, nariz em forma de sela e incisivos superiores muito protruídos. Face em norma lateral evidenciando a grande retrusão da mandíbula.

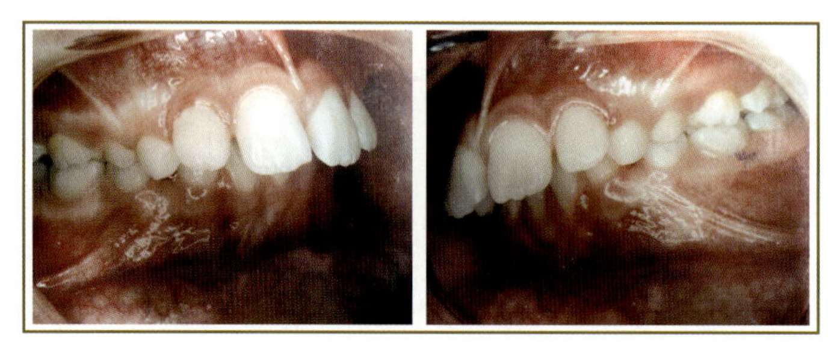

Figuras 20.53: Lateral direita e esquerda mostrando grande *overjet* e falta de espaço para os elementos 33 e 43. Relação de 1os molares permanentes em CL II. Diastemas entre os incisivos superiores.

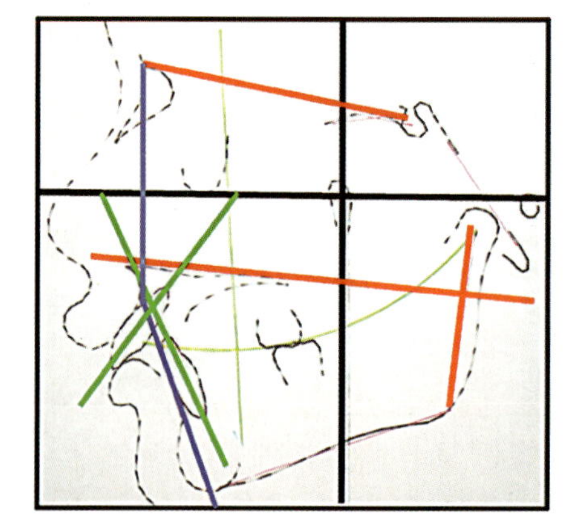

Figura 20.54: Traçado Cefalométrico de Bimler inicial: As retas em vermelho correspondem aos Fatores: 4, 8 e 7, a tríade da DMR. As azuis: ângulo A que é convexo, com a mandíbula bem retruída. As verdes: Ângulo interincisal, ângulo incisivo superior e inferior. O AIS está bem inclinado, mostrando uma protrusão. Notar a postura incorreta do lábio inferior contra a palatina do incisivo superior.

Fórmula estrutural de Bimler

14º	D/M	Dólico
9	-3/-7.5	36
117	P/P	Post II

ÂGo = 118º; ÂIS= 127º; ÂII= 116º; Gn-Cd =109mm; F7=10º; processo alveolar baixo

Figura 20.55: O Â = 14º é bastante convexo devido à mandíbula que está retruída, pois a maxila está bem posicionada. A combinação D/M: Dolicoprosópico a face está crescendo mais em profundidade que em altura e Meso cresce igualmente em altura e profundidade. O IFSO está Dolico – significa que há uma redução da altura da face. O *overjet* ósseo de 9 mm está aumentado.

F4 = –3 e F8= –7,5 e o 7 = 10 compõem a tríade da DM. Distância T-TM de 36 mm está aumentada, confirmando a CL II. O ângulo interincisal de 117° juntamente com o AIS = 126° e AII = 116° mostram que a protrusão está no superior, e o inferior está bem posicionado. Relação P/P e a classificação correlativa de post normal confirmam a CL II. DMR, CL II divisão 1 com protrusão de incisivos superiores. GnCd é a longitude da mandíbula = 109 é uma mandíbula de tamanho normal, não diminuída. O que determina a relação dos maxilares é a distância T-TM, que quando for maior que 30 mm denota uma relação de CL II. O ÂGo meso contribui para aprofundar a mordida.

- **Diagnóstico:** DMR, má oclusão de CL II – 1, mordida profunda, interposição do lábio inferior contra a palatina dos incisivos superiores protruídos e com diastemas. Falta de espaço para os 33 e 43.
- **Tratamento:** MPM-M em etapas e vertical; expansão transversal da mandíbula e maxila; espaço para o 33 e 43; contato em DA entre os incisivos; equilibrar a situação e a profundidade do plano oclusal; mastigação bilateral alternada.

Paciente J. P., gênero masculino, 12 anos

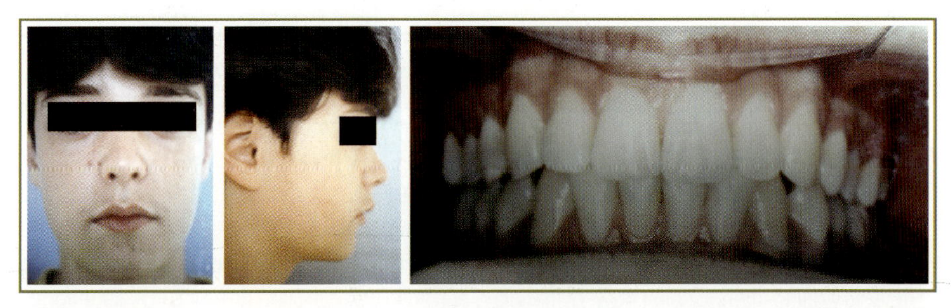

Figura 20.56: Face em norma frontal com os lábios vedados. Face em norma lateral com mandíbula bem posicionada. Cêntrica com os incisivos em DA mandíbula e maxila aquadradadas.

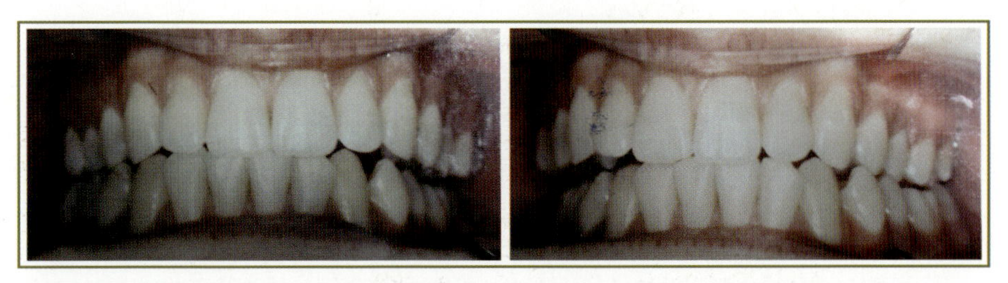

Figura 20.57: Lateralidade direita e esquerda com os contatos em trabalho, balanceio e incisivos topo a topo. Os aparelhos usados: Bimler A3, PIPC e PIPS II.

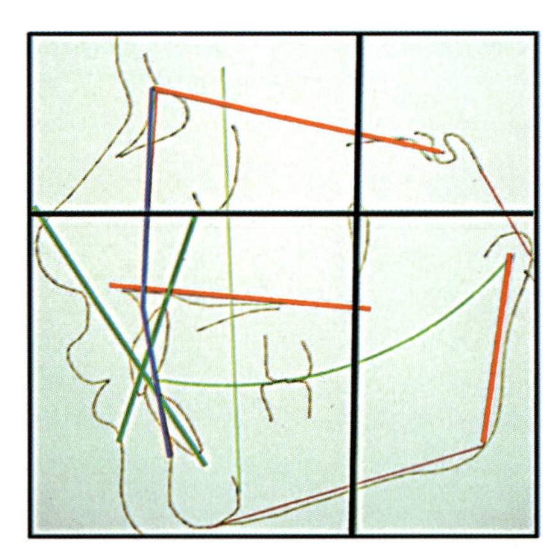

Figura 20.58: Traçado cefalométrico de Bimler: As retas em vermelho são os fatores 4, 8 e 7; em azul o perfil anterior da face e em verde a inclinação axial do incisivo central superior e inferior.

Fórmula estrutural de Bimler

12	D/M	Lepto
6	-3/-8	38
133	P/P	Post II

ÂGo = 122°; ÂIS= 110°; ÂII= 117°; F7= 10

Figura 20.59: Análise cefalométrica de Bimler três anos após o início do tratamento. Apesar de ter feito a mudança de postura da mandíbula em 7 mm para mesial, a distância T-TM passou de 36 mm para 38 mm, mostrando que houve um crescimento controlado dessa distância. A mudança de postura também ocorreu no sentido vertical, pois o IFSO passou para Lepto mostrando crescimento vertical. O ângulo interincisal = 133° evidencia a correção da protrusão dos incisivos superiores. AIS = 110° e AII = 117° estão em equilíbrio. Apesar de post, houve correção da CL II.

Displasia Micrótica

Caracteriza-se por uma hipoplasia na região da base posterior do crânio e nos ossos temporais, principalmente na petrosa dos temporais. Essa é a região onde se alojam os côndilos (ATMs). Nesta displasia, durante o desenvolvimento, o ponto T (localizado no tuber da maxila) se desloca normalmente para trás, enquanto que o ponto TM se desloca menos devido à hipoplasia do temporal. Assim, a distância T-TM fica reduzida como também a distância Cd-Go (altura do ramo). O ramo mandibular segue um desenvolvimento alterado com a altura reduzida e a largura aumentada. A mandíbula pode ter o ponto Go atrás da vertical C, em hipoflexão, ou seja, fator 8 com valor positivo (casos mais graves) ou em hiperflexão, com valor negativo (casos menos graves). Quando a esse quadro se associa um processo alveolar alto, a mordida pode ser aberta. A deficiência de desenvolvimento da região temporal pode afetar também a base posterior do crânio que é formada pela inclinação do osso esfenoidal (fator 5). Essas deficiências de desenvolvimento podem alterar a curvatura das vértebras cervicais, acentuando a lordose fisiológica. A má oclusão pode ser mordida aberta ou Classe III com mordida aberta. No traçado de Bimler deve-se observar:

➔ Distância T-TM – reduzida;
➔ Cd-Go (altura do ramo) diminuída;
➔ Fator 5 mais verticalizado;
➔ Observar a curvatura das vértebras cervicais (lordose acentuada);
➔ Altura do processo alveolar.

Displasia Leptoide

As duas displasias vistas acima apresentam hipoplasias em áreas bem definidas da face, porém a leptoide é de caráter mais generalizado afetando a face como também o corpo. O indivíduo tem os membros superiores e inferiores longos, assim como a face (leptoprosópico). A face tem altura maior que a profundidade. A mandíbula é afetada nessa displasia com áreas de hipo e de hiper desenvolvimento. O ângulo goníaco é muito aberto, com valor acima de 130 graus e com pouco osso (debilidade óssea no ângulo, hipoplasia nessa região da mandíbula). Porém, a longitude da mandíbula está aumentada (distancia Gn-Cd), ou seja, hiperplasia na região do mento da mandíbula. A má oclusão é sempre de Classe III com ou sem mordida aberta dependendo da altura do processo alveolar. Quando alto e resistente é uma Classe III com a mordida aberta. Quando baixo, Classe III com Sobremordida. A displasia leptoide é considerada a verdadeira Classe III, ou Classe III leptopropópica. Essas displasias podem aparecer isoladamente ou combinadas. O paciente com duas displasias recebe o nome de Displásico. Quando apresenta as três, recebe o nome de Pandisplásico. Tanto o tratamento como o prognóstico são mais desfavoráveis. Nesses casos de Classe III, o diagnóstico e tratamento devem ser o mais precoce possível, pois são de prognóstico desfavorável. O mesmo se dá para os displásicos e pandisplásicos. Esses casos, mesmo tratados precocemente, podem ainda necessitar de cirurgia, pois muitas vezes não se consegue controlar o crescimento da mandíbula.

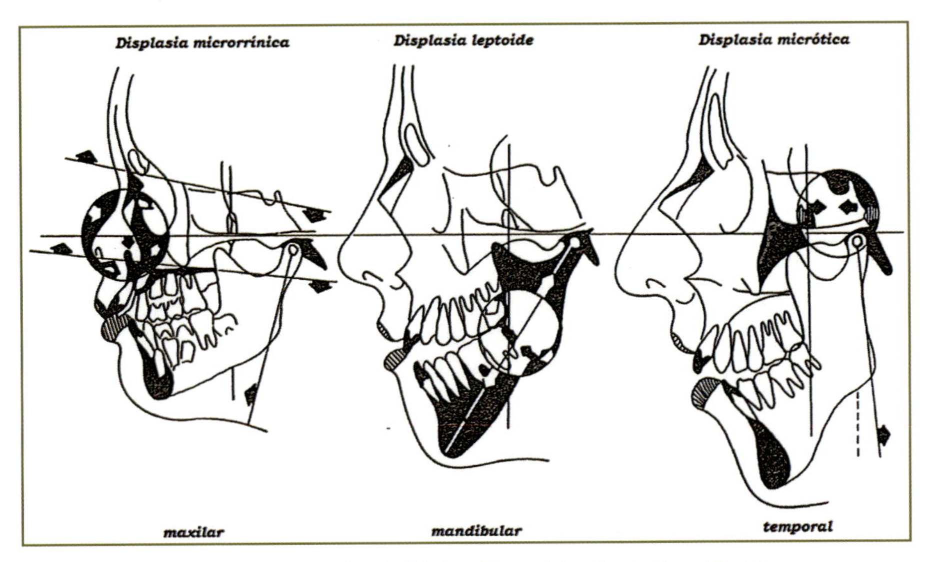

Figura 20.60: Displasias de Bimler: Microrrínica, Leptoide e Micrótica.

Aparelhos de Bimler

Há três tipos de aparelhos de Bimler:

- **Tipo A:** Indicado para Classe II, divisão 1 e para Classe I com protrusão dos incisivos superiores.
- **Tipo B:** Indicado para Classe II, divisão 2 e Classe I com incisivos superiores retruídos.
- **Tipo C:** Indicado para Classe III e Classe I com mordida cruzada anterior.

O tipo B apresenta quatro variações, enquanto os tipos A e C apresentam 6. Os tipos A são construídos com mudança de postura da mandíbula para mesial e com levante vertical. Diferentemente dos A, nos tipos B a mudança de postura é maior no sentido vertical (levante vertical) que no sentido horizontal ou anteroposterior. Nos tipos C a mandíbula é levada para distal e com levante vertical suficiente para o descruzamento dos dentes.

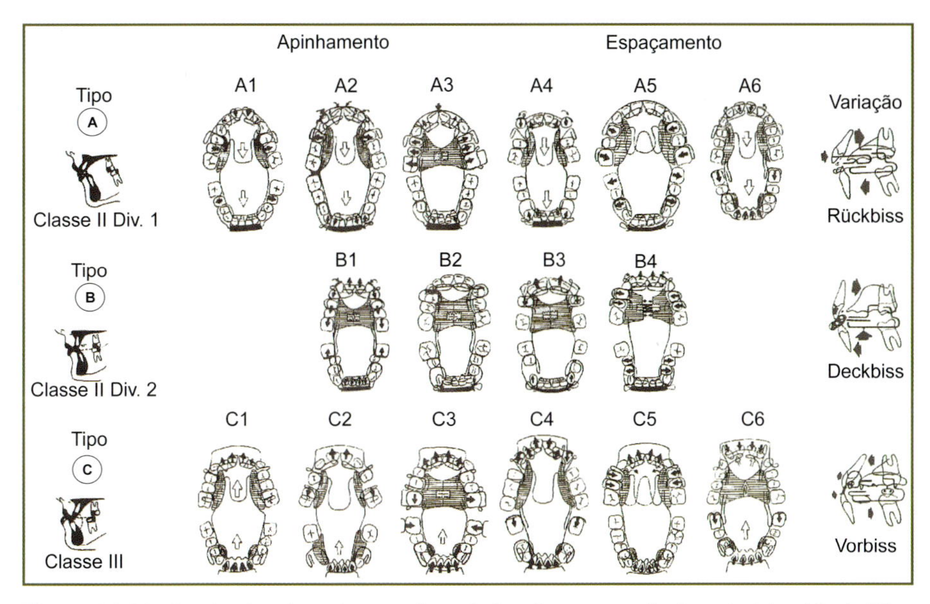

Figura 20.61: Quadro dos tipos de aparelhos: A, B e C e suas variações: de A1 a A6; de B2 a B4 e de C1 a C6. Os do tipo A são indicados para Classe II divisão 1, os B para Classe II divisão 2 e os C para Classe III.

Variações dos Aparelhos

As variações 1, 2 e 3 são indicadas para os casos de apinhamentos, portanto, farão expansão.

- **Aparelho A1ou Standard/C1:** É indicado quando o maior problema é a má relação entre os arcos, portanto, corrige a Classe II ou Classe III com a MPM para mesial ou para distal. É utilizado quando os arcos apresentarem leve apinhamento, necessitando de pouca expansão, e para corrigir a protrusão dos incisivos.
- **Aparelho A2 ou Especial/B2/C2:** É chamado de Especial porque permite a colocação de acessórios. Tem a mesma indicação do anterior, porém o arco mandibular pode apresentar maior apinhamento, o que permite a colocação do acessório E, indicado para ganhar espaço ou corrigir giroversão de caninos inferiores.
- **Aparelho A3 ou Hipo/B3/C3:** A palavra Hipo vem de hipoplasia, ou seja, esta variação é indicada quando se tem hipoplasia da maxila, com atresia do arco maxilar, palato ogival e mordida cruzada uni ou bilateral. No C3 os incisivos estão cruzados.

As variações 4, 5 e 6 são indicadas para os casos de espaçamentos e não necessitam fazer expansão.

- **Aparelho A4 ou Extra/B4/C4:** Extra de extração – indicados quando se faz extração de pré-molares.
- **Aparelho A5 ou Contra/B5/C5:** Contra de contração – indicados para as mordidas telescópicas. Maxila maior que a mandíbula na região posterior.
- **Aparelho A6 ou Bipro/C6:** Bipro de biprotrusão – indicados para biprotrusão com espaçamentos.

Peças que compõem os aparelhos tipo A:

- Arco Vestibular de Bimler: confeccionado com fio 0,9 mm, é um arco colocado no terço médio dos incisivos superiores e se estende até mesial dos primeiros molares permanentes, curva sobre si mesmo formando uma alça lateral, que se dobra em 90° na interproximal de 1° pré-molar e canino formando a pista superior com comprimento de 1 cm. Em seguida, recebe uma dobra em 90° em direção ao palato e uma 2ª dobra que deixa o fio agora paralelo ao colo dos dentes. A altura resultante do fio que fica entre essas duas últimas dobras é responsável pela metade do levante vertical necessária para o caso. A parte final do fio recebe retenções para ser introduzida na resina.
- Mola Coffin: confeccionada com fio 0,9 mm é colocada no palato, ligeiramente afastada da base óssea, bem centralizada com relação à linha mediana e fica na região de pré-molares. Seu limite anterior é na mesial do 1° pré-molar e, o posterior, na distal do 2°. Esta peça é colocada nas variações A1 e A2 e faz expansão maxilar, que pode ser: só de um lado ou dos dois, somente na região dos pré-molares, somente na região dos molares ou de ambas. Pode ainda expandir pré-maxila uni ou bilateralmente.
- Expansor mediano: utilizado na variação A3 e faz expansão mediana. É colocado na rafe palatina na região de pré-molares ligeiramente afastado da base óssea.
- Molas Frontais: confeccionadas com fio 0,8mm, são colocadas na palatina dos incisivos superiores. Podem funcionar para estimular incisivos palatinizados, ou formar grade para corrigir posicionamento da língua.

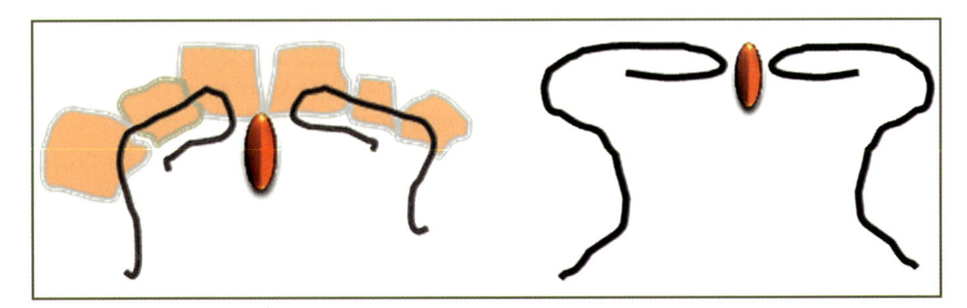

Figura 20.62: Molas frontais ativas e molas frontais em grade.

- Arcos Dorsais: confeccionados com fio 0,9 mm, são duplos e fazem a conexão da parte superior com a inferior. São responsáveis pela outra metade do levante da mordida construtiva. O arco dorsal forma a pista curva inferior que desliza sobre a pista reta superior.
- Escudo de Bimler: peça pré-fabricada em metal colocada na vestibular dos incisivos inferiores.
- Duplo laço ou gravata: confeccionada com fio 0,7 mm é colocada por lingual dos incisivos inferiores. Esta é presa nas laterais do escudo. O conjunto escudo e duplo laço garante a mudança de postura da mandíbula quando os incisivos inferiores ficam encaixados entre eles na mordida.
- Na variação A5/Contra são colocadas no palato duas molas Coffin, uma de frente para a outra, com a finalidade de fechá-las durante o uso. Nesse aparelho coloca-se o acessório I5 para levar molares superiores para palatino.
- Na variação A6/Bipro o arco dorsal é único, inteiriço, formando um arco vestibular nos incisivos inferiores.
- Os tipos B possuem a parte inferior igual aos do tipo A. Na maxila o arco é palatino e sempre com expansor. Por isso não necessitam de molas frontais, pois o arco palatino forma uma gravata na palatina dos incisivos. Na variação B2 a gravata palatina vai de distal a distal dos incisivos centrais palatinizados. Nos incisivos laterais vestibularizados são colocados os acessórios I2 na vestibular destes para alinhá-los. No B3 a gravata palatina vai de distal a distal de incisivos laterais, pois os quatro incisivos estão verticalizados ou palatinizados. Na variação B5 é colocado um expansor mediano superior aberto, o qual vai sendo fechado no percurso do tratamento. Nesta variação também se usa o acessório I5 nos molares superiores.
- Nos tipo C usa-se arco de progenia, molas frontais ativas. Na parte inferior os arcos dorsais fazem pistas duplas para reforçamento de levante de mordida. O acessório I6 é obrigatório no tipo C colocado na oclusal de 1º molar permanente superior para garantir o levante de mordida e estimular o músculo masseter na oclusão do aparelho. O arco de progenia no aparelho C de Bimler segue os mesmos princípios de atuação do aparelho Planas III com arco de progenia. No C1 usa-se a mola Coffin sem acessórios, o C2 leva acessórios, C3 tem expansor. O C5, duplas Coffin.

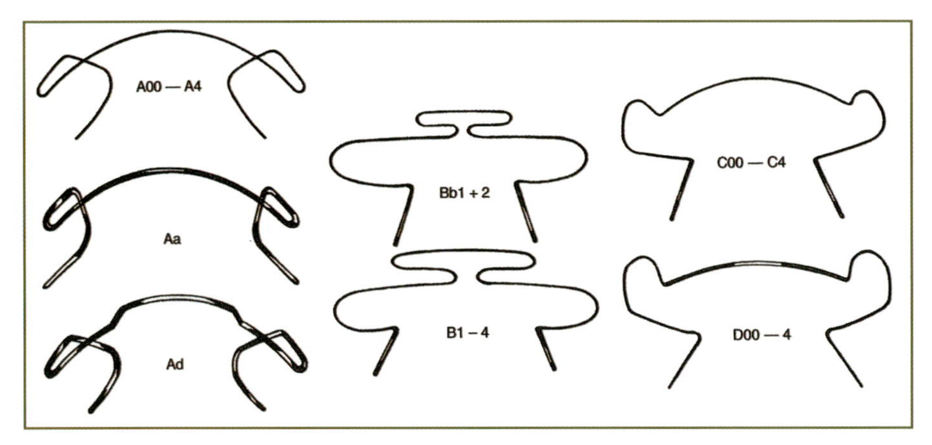

Figura 20.63: Arcos vestibulares A00-A4, Aa e Ad (Tipos A). Bb1+2 e B1-4 (Tipos B). C00-C4 (Tipo C), D00-4 (Arco de Hawley).

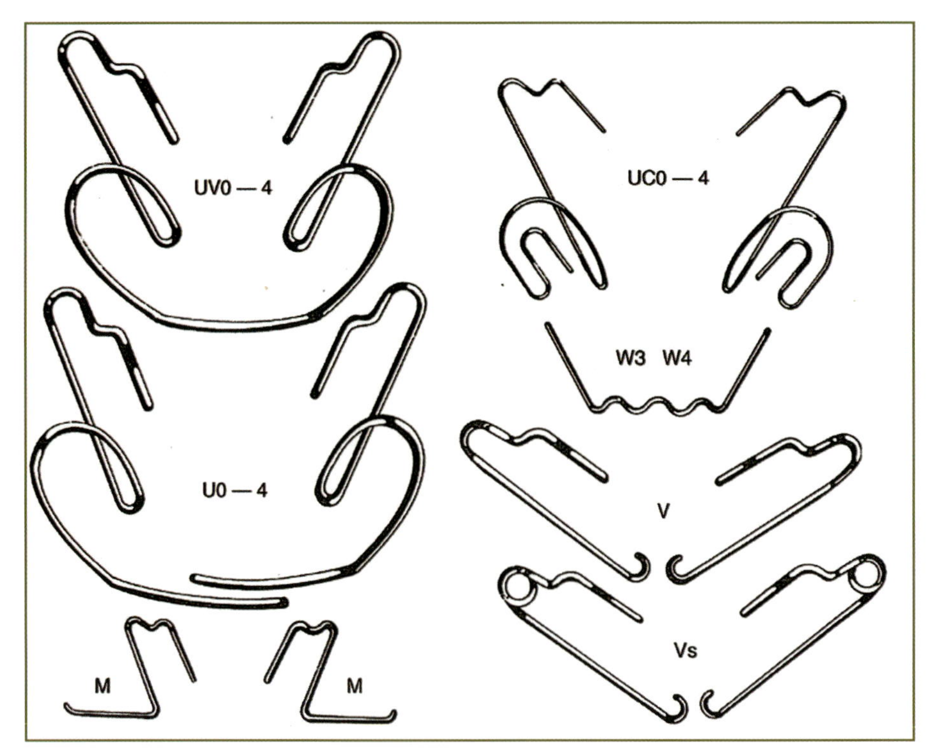

Figura 20.64: Arco UV0-4: arco dorsal inteiriço (A6). U0-4: arcos dorsais divididos (Tipos A e B). Peça M: Mola mantenedora ou distaladora de pré-molares e molares inferiores. UC0-4: Arcos inferiores dos aparelhos tipo C com pistas duplas. W3 e 4: Barra de conexão inferior (Tipos C eA6). Peça V: Mola simples de conexão para placas duplas. Peça Vs: Mola de conexão tipo alfinete de gancho.

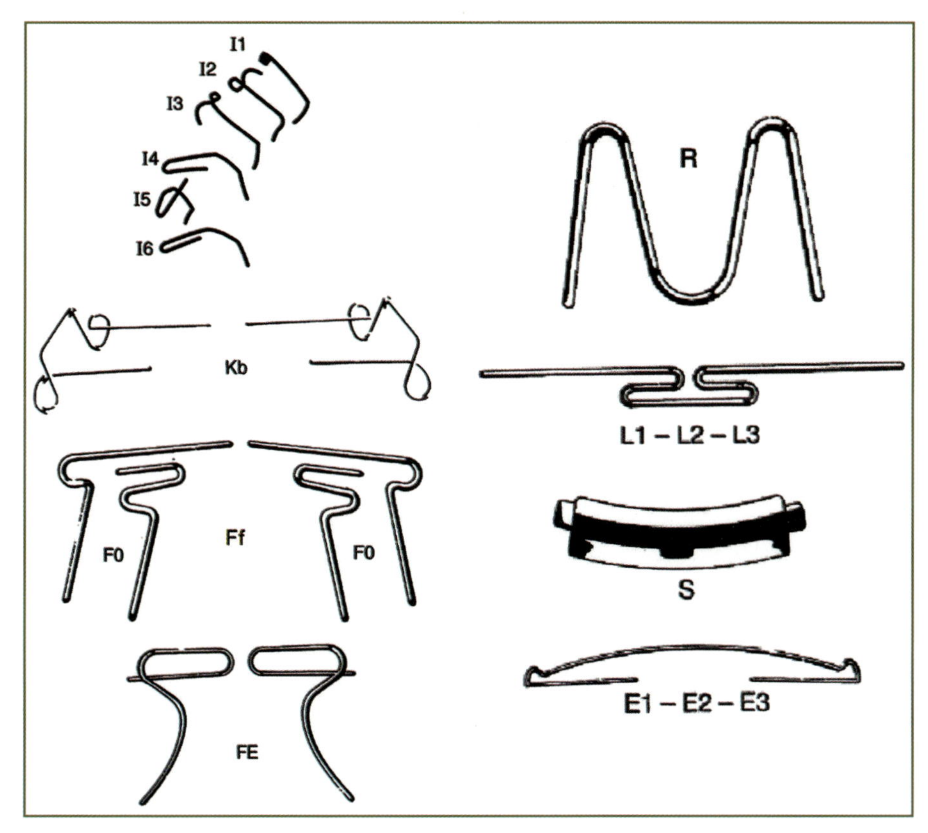

Figura 20.65: Molas interdentais: I1 – Suporte dental. I2 – Suporte para incisivo lateral com extensão mesial, para correção de giroversão de incisivos laterais. I3 – Suporte canino, com extensão distal para rotação de caninos superiores. I4 – Alças verticais para distalar os molares superiores. I5 – Molas vestibulares para pré-molares ou molares superiores. I6 – Alça horizontal, para levantar a mordida. Peça K: usada para descruzar dentes posteriores. F0, Ff e FE: molas frontais. F0: mola sem curvatura, usada em mordida coberta. Ff: com dobradura no plano horizontal, corrige diastemas. FE: sem cotovelo apoiado no canino, usada em caso de extração. Peça R: mola Coffin. L1-L2-L3: Alças frontais inferiores/Duplo laço/Gravata. Peça S: escudo inferior. E1-E2-E3: para corrigir giroversão de caninos inferiores.

Todos os aparelhos tipo A, B ou C podem levar qualquer acessório de Bimler, dependendo da necessidade.

Mecanismo de ação dos aparelhos no sentido anteroposterior e vertical

Os tipo A atuam estimulando os músculos retratores (temporais) devido à mudança de postura da mandíbula para mesial. Os tipo B atuam nos elevadores, porque a mudança de postura da mandíbula é mais vertical do que anterior. Nos tipo C a estimulação se dá nos músculos elevadores e propulsores: masseteres, temporais, pterigóideos laterais e mediais devido a MPM para distal corrigindo a cl II ÷ 1, cl II ÷ 2 e a cl III. Quando o aparelho é instalado na boca estimula imediatamente os pterigóideos mediais, responsáveis pela lateralidade pequena. Apesar de ser uma lateralidade pequena, ela é suficiente para estimular os fusos musculares e desencadear novos circuitos neurais. A expansão se dá contralaterais os segmentos laterais superiores e inferiores.

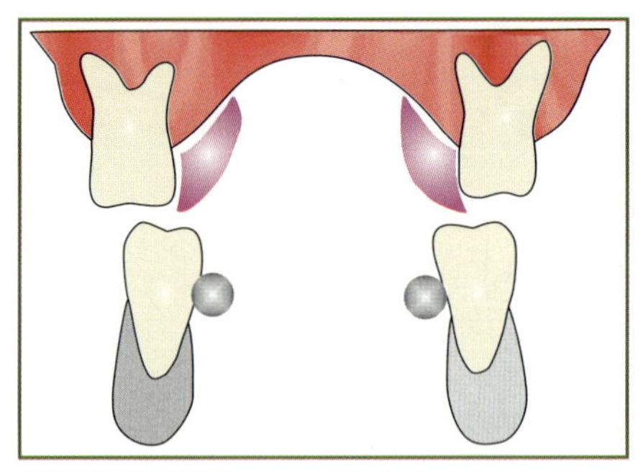

Figura 20.66: Aparelho na boca em oclusão (mordendo o aparelho).

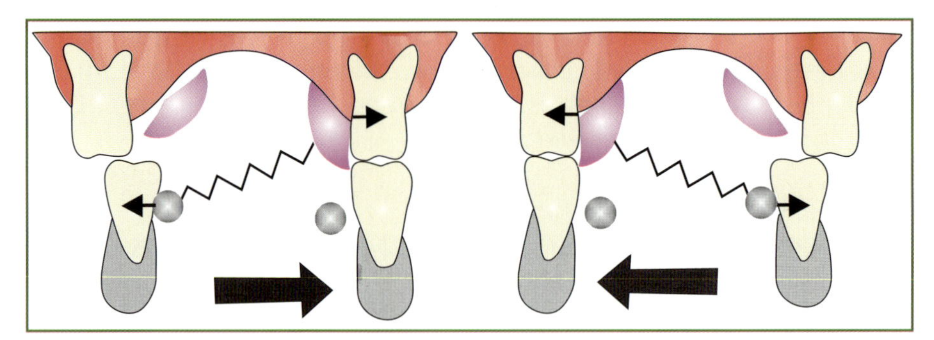

Figura 20.67: Quando a mandíbula vai para a esquerda o arco dorsal se afasta da esquerda, encosta na direita, a resina encosta na esquerda e afasta da direita. A expansão ocorre na mandíbula direita e maxila esquerda. Quando a mandíbula vai para a direita, a expansão se dá na mandíbula esquerda e maxila direita.

Ativação dos aparelhos de Bimler

Os aparelhos de Bimler são sempre simétricos e têm a conformação de duas elipses uma sobre a outra. Por isso, para sua ativação, segue-se as leis gerais da elipse. Quando se aumenta um diâmetro da elipse, o outro automaticamente diminui. Assim, no aparelho tipo A com arco vestibular tocando nos incisivos protruídos e com expansor ou mola Coffin, quando se aumenta o expansor ou a mola automaticamente se encurta o arco vestibular. Importante deixar as alças laterais do arco vestibular afastadas da vestibular dos pré-molares para não inibir o desenvolvimento da região. Na mandíbula o mesmo não ocorre, porque os arcos dorsais são cortados e os segmentos posteriores do aparelho têm livre deslizamento. Quando se quer expandir mandíbula é necessário ativar as regiões correspondentes do aparelho, apesar de ser um aparelho com as partes superior e inferior conectadas. No aparelho tipo B quando se abre o expansor o arco palatino diminui, assim é necessário compensar seu afastamento dos incisivos fazendo ativação adicional.

Para a ativação dos aparelhos podem ser usados os alicates reto e meia--cana que se adaptam bem à conformação destes. O reto aplicado sobre região curva do fio aumenta a região. O alicate meia-cana subtrai, encurta a região onde é aplicado. Assim, o curvo aplicado em região curva do fio diminui mais.

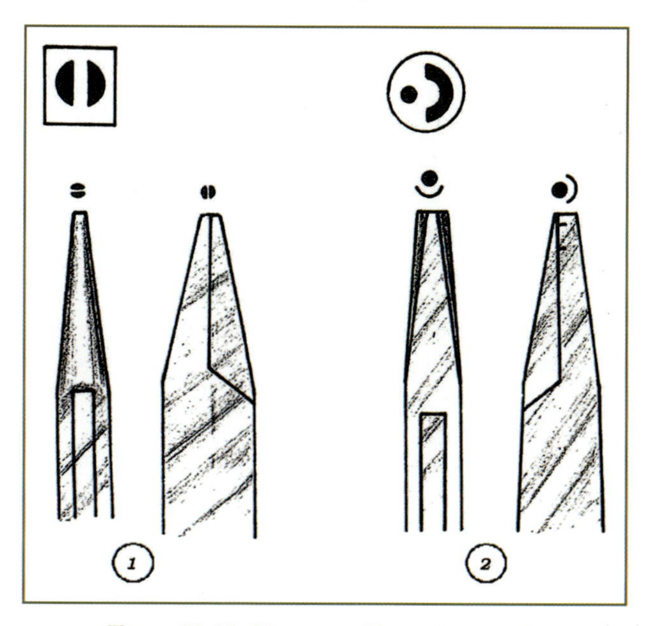

Figura 20.68: Alicate reto (1) e meia-cana (2).

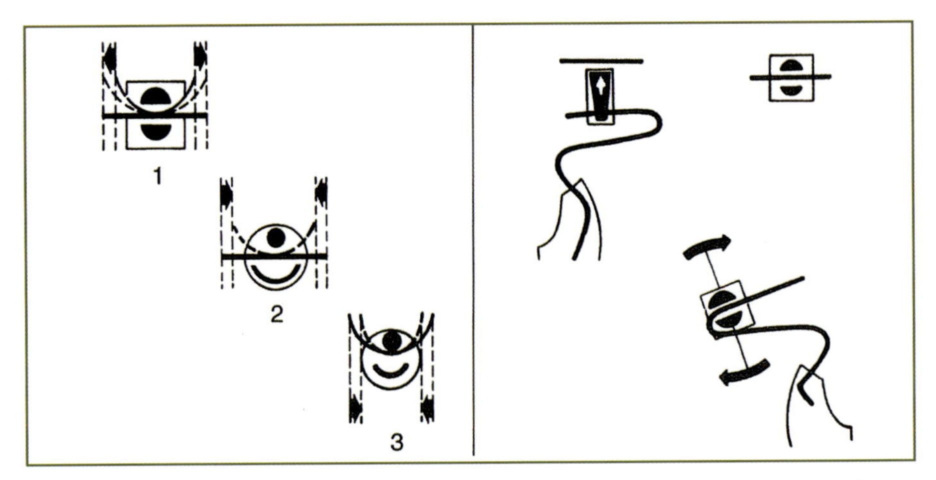

Figura 20.69: Princípio de ação dos alicates reto e meia-cana. Torção das peças com os alicates na ativação dos aparelhos Bimler.

Índice de Pont e Korkhaus

SI = a soma do diâmetro mesiodistal dos incisivos superiores permanentes.

Essa medida é de referência para a determinação dos valores ideais correspondentes para as regiões entre: 14 e 24, 34 e 44; 16 e 26, 36 e 46. É referência também para a região Lo – comprimento da maxila e Lu – comprimento da mandíbula.

- **Distância 14-24:** é medida do sulco central de um dente ao sulco central do outro.
- **Distância 34-44:** é medida na interproximal entre eles.
- **Distância 16 e 26:** mede-se no sulco central entre eles.
- **Distância 36 e 46:** medida entre pontas das cúspides distovestibulares destes.

A medida de Lo é mostrada na Figura 20.70.

A medida de Lu segue a mesma maneira de Lo, usando como referência a medida entre 34 e 44. O Lu ideal é o valor ideal de Lo subtraindo-se 2mm, que é o *overjet*.

Para cada valor de SI que se consegue medindo nos modelos iniciais há um valor ideal proposto por Korkhaus (ortômetro de Korkhaus). Na ficha estomatognática de Bimler, essas medidas estão impressas nesta.

O índice de Pont tem a finalidade de prever necessidades de expansão no arco maxilar e/ou mandibular, comparando-se os valores das distâncias iniciais com as ideais (essas últimas podem ser vistas no ortômetro ou na ficha estomatognática).

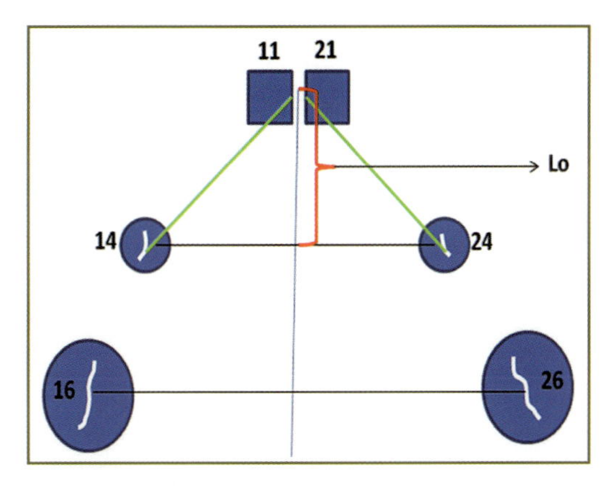

Figura 20.70: Desenho esquemático para medir Lo.

Ficha estomatognática de Bimler

Com esta ficha pode se fazer comparações entre os valores iniciais do tratamento com o valor medido depois de algum tempo de uso do aparelho. Essas medidas devem ser repetidas diretamente na boca do paciente para se avaliar a evolução do tratamento no sentido transversal dos arcos.

A linha média em preto da ficha a divide em duas partes: a superior relativa às medidas da maxila e a inferior relativa às medidas da mandíbula. Na linha vertical interna colocam-se as primeiras medidas que se faz nos modelos iniciais relativas às seis distâncias já explicadas. Os valores de SI já estão impressos na lateral da ficha referentes às medidas ideais de cada distância inicial. Assim, têm-se seis medidas para a maxila e seis para a mandíbula. As medidas iniciais e ideais devem ser marcadas com cores diferentes para melhor visualização.

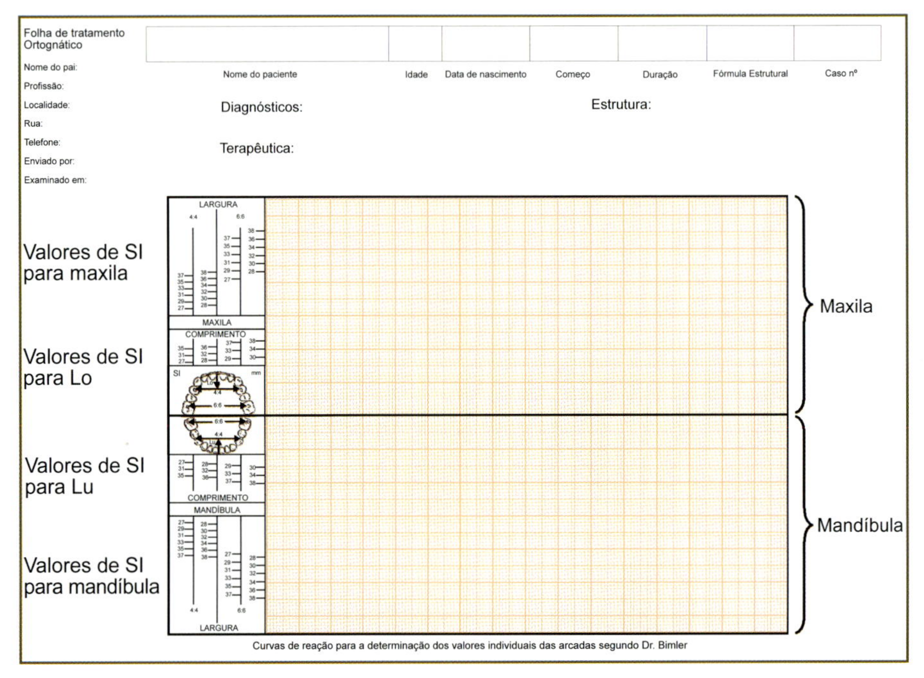

Figura 20.71: Ficha de tratamento estomatognático de Bimler.

Ficha de análise da dentadura de Bimler

É uma ficha em papel transparente usada para calcografar os modelos superior e inferior. A calcografia é uma cópia das faces oclusais dos dentes, levando-se em conta o posicionamento do modelo em relação às marcações referentes às regiões de 14 e 24, 16 e 26 na ficha. O mesmo se considera para 34 e 44, 36 e 46. Com os modelos em mãos, demarcam-se na ficha as situações vistas neles. Uma vez definido o aparelho desenha-se este sobre a calcografia dos dentes. Esta ficha pode também ser utilizada como uma receita do aparelho com todas suas especificações.

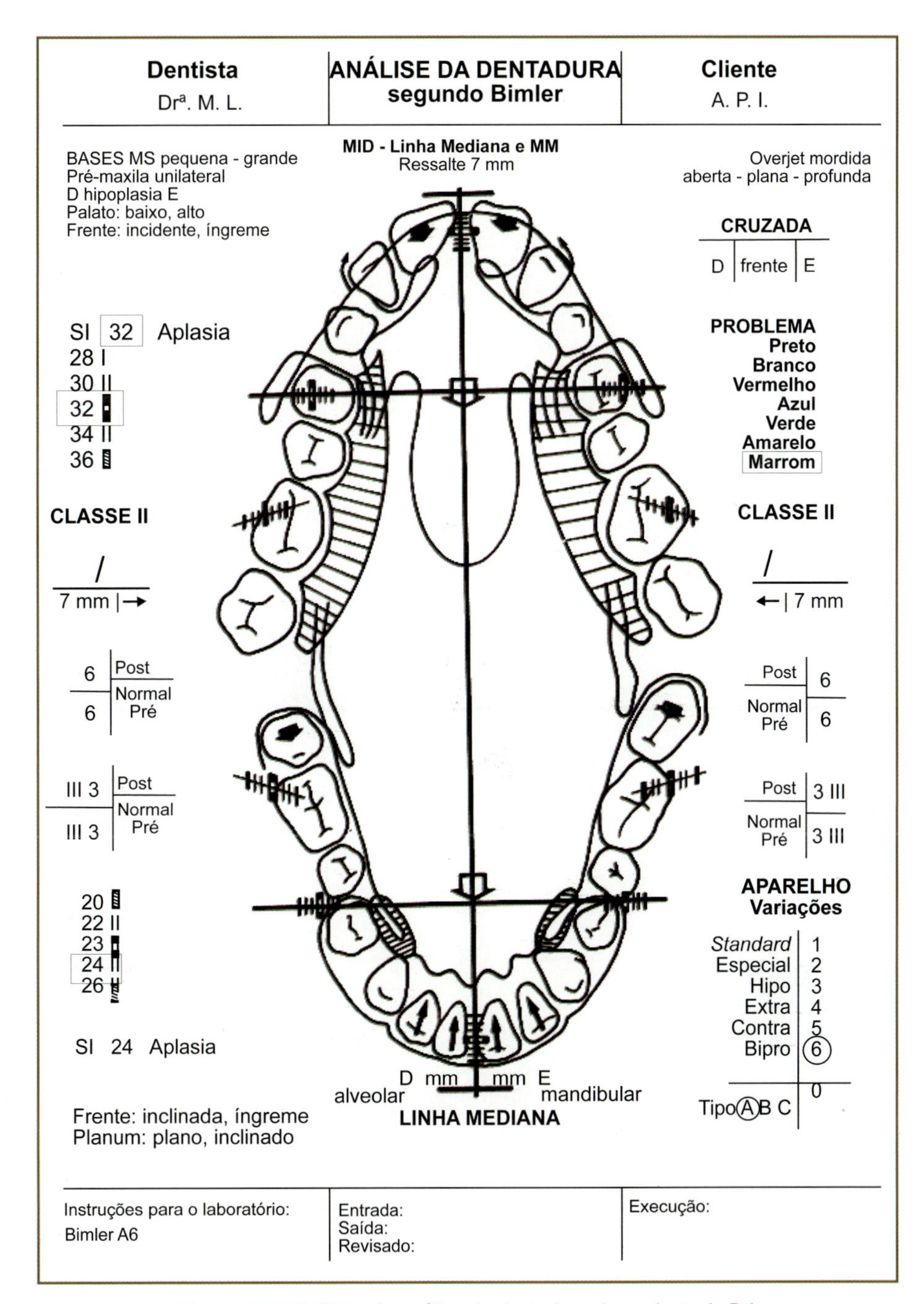

Dentista
Drª. M. L.

ANÁLISE DA DENTADURA segundo Bimler

Cliente
A. P. I.

BASES MS pequena - grande
Pré-maxila unilateral
D hipoplasia E
Palato: baixo, alto
Frente: incidente, íngreme

MID - Linha Mediana e MM
Ressalte 7 mm

Overjet mordida
aberta - plana - profunda

CRUZADA
D | frente | E

SI 32 Aplasia
28 I
30 II
32
34 II
36

PROBLEMA
Preto
Branco
Vermelho
Azul
Verde
Amarelo
Marrom

CLASSE II
/
7 mm |→

CLASSE II
/
←| 7 mm

6 | Post
Normal
6 | Pré

Post | 6
Normal
Pré | 6

III 3 | Post
Normal
III 3 | Pré

Post | 3 III
Normal
Pré | 3 III

20
22 II
23
24
26

SI 24 Aplasia

APARELHO
Variações

Standard 1
Especial 2
Hipo 3
Extra 4
Contra 5
Bipro ⑥

D mm | mm E
alveolar mandibular
LINHA MEDIANA

Tipo Ⓐ B C | 0

Frente: inclinada, íngreme
Planum: plano, inclinado

Instruções para o laboratório:
Bimler A6

Entrada:
Saída:
Revisado:

Execução:

Figura 20.72: Ficha de análise da dentadura da paciente A. P. I.

Aparelhos de Bimler

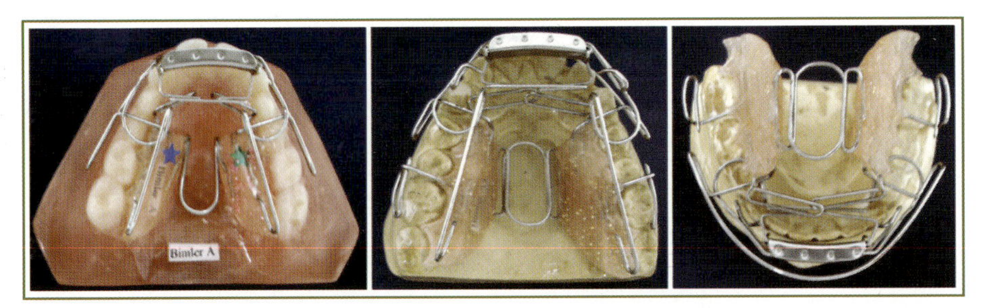

Figura 20.73: Aparelho A1 no modelo inferior, A5 no modelo superior e A5 no modelo inferior.

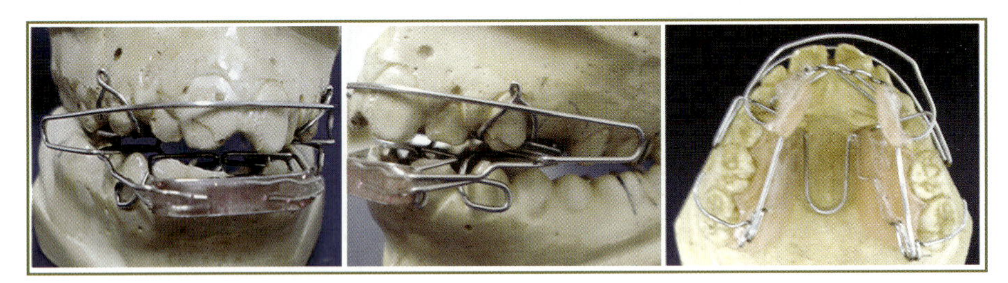

Figura 20.74: Aparelho A4 nos modelos superior e inferior, evidenciando os acessórios I3 e peça E. Aparelho A6 com arco inferior inteiriço.

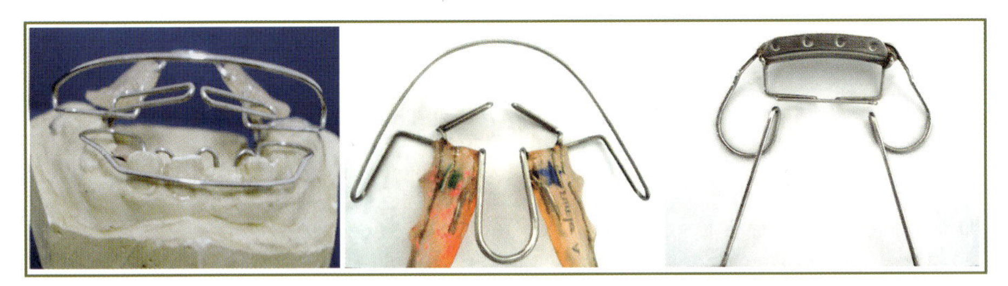

Figura 20.75: Aparelho A6 evidenciando o arco inferior inteiriço. Aparelho A1 com papel entre as partes: superior e inferior mostrando-as em separado.

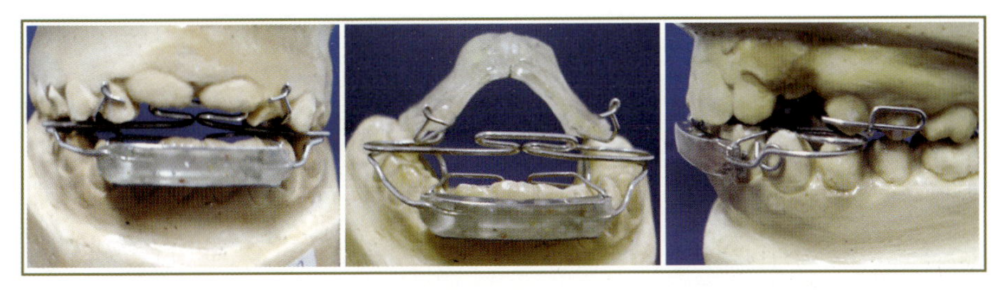

Figura 20.76: Aparelho B2 com acessório I2 nos elementos 12 e 22. Arco palatino com a gravata em 11 e 21. Escudo inferior. Na última figura: acessório I5 para corrigir pré-molares ou molares vestibularizados.

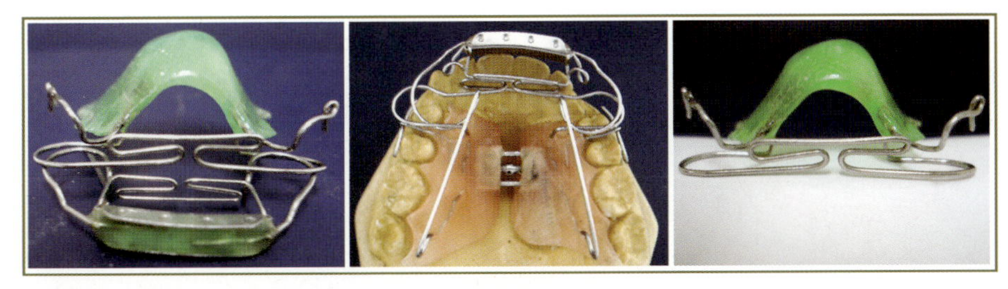

Figura 20.77: Aparelho B3 e B5 com expansor aberto. Aparelho B3 com papel entre as partes: superior e inferior mostrando a superior.

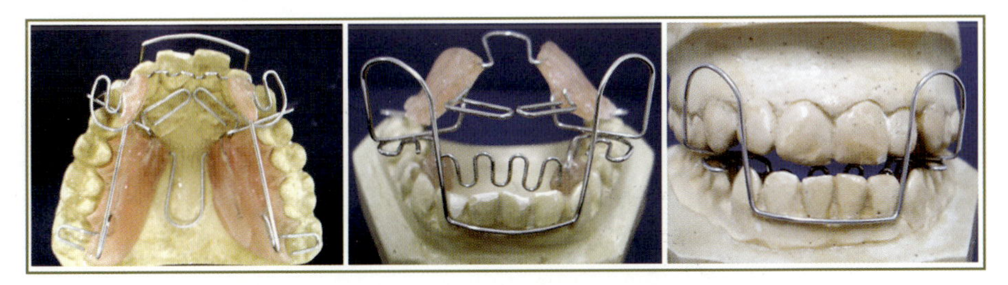

Figura 20.78: Aparelho C1 com acessório I6. C2 evidenciando o local da barra horizontal do arco de progenia (base óssea ou região cervical dos incisivos inferiores).

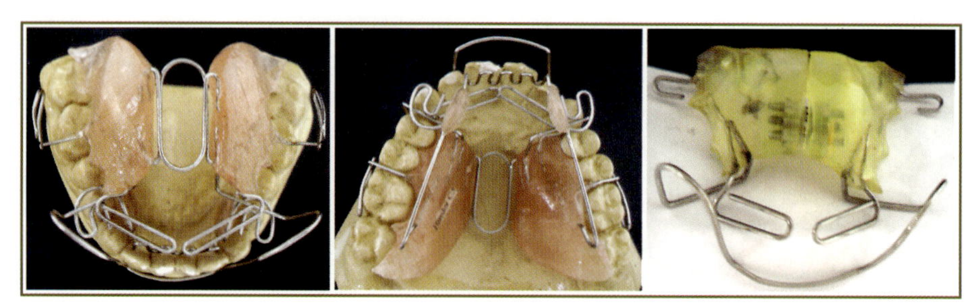

Figura 20.79: Aparelho C5-contra no modelo inferior e no superior. Aparelho C3 com papel entre as partes: superior e inferior mostrando a parte superior.

Outros aparelhos ortopédicos funcionais são muito importantes como: Balters, Frankel, Stockfich e os híbridos (aparelhos originados da mistura de várias técnicas) como os SN. Os aparelhos Simões Network foram criados por Simões e são amplamente conhecidos e aplicados na clínica diária.

Referências

1. BIMLER, H. P. *Analisis Cefalometrico como fundamento de estomatopedia*; 2ª ed. Buenos Aires: Mundi,1977.
2. BIMLER, H. P. Bimler Therapy. Part I. Bimler cephalometric analysis. *J. Clin. Orthod.*, v. 19, p. 501-23, 1985.
3. BIMLER, H. P. Bimler Therapy. Part II. Bimler Appliance. *J. Clin. Orthod.*,v. 19, n. 12, p. 880-888, 1985.
4. BIMLER, H. P. *Instrucciones para la manipulacion del modelador elástico.* 100 p. Buenos Aires: Mundi, 1977.
5. BIMLER, H. P. On functional appliances. *J. Clin.Orthod.*,v. 17, n. 1, p. 39-49, 1983.
6. BIMLER, H. P. Rapport Préliminaire sur Une Formule D'Identification Dento--Maxillaire. *L'Orthod. Franç.*, v. 39, p. 199-214, 1968.
7. BIMLER, H. P.; The Bimler Appliances; In: GRABER, T. M.; NEUMANN, B. *Removable Orthodontic Appliances*, capítulo 15: 40-519, 2ª ed., W. B. Saunders, 1984.

8. DOWNS, W. B. Variation in facial relationships, their significance in treatment and prognosis. *Am. J. Arth.*, v. 34, p. 162-82, 1952.

9. GRABER, T. M.; NEUMANN, B. *Aparatologia; Ortodontica Removible*; pp. 314-459, ed. 1084, 1984.

10. MACNAMARA JR., J. A.; CARLSSON ,D. S. Quantitative Analysis of Temporomandibular Joint Adaptations to Protrusive Function. *Am. J. Orthod.*, v. 76, n. 6, p. 593-611, 1979.

11. SIMÕES, W. A. *Ortopedia funcional dos maxilares. Vista a través de La Através da Rehabilitacion Neuro-oclusal.* Tomo II. Caracas: Ediciones Isaro, 1988.

12. SIMÕES, W. A. *Ortopedia funcional dos maxilares. Através da Reabilitação Neuro-oclusal.* 3ª ed. São Paulo: Artes Médicas, 2003.

13. SPERANDÉO, M. L. A. *Ortopedia Funcional dos Maxilares.* 2ª ed. São Paulo: Editora Pancast, 2002.

14. SPERANDÉO, M. L. A. *Evocacão da memória aversiva: participação do receptor NMDA e análise da ativação de ZENK no hipocampo de pombos.* Tese de Mestrado, Unicamp-Campinas, 91 p., 2005.

15. STARCK, D. *Embryologie.* Stuttgart: Fischer Verlag, 1957.

Capítulo 21

APARELHOS DE KLAMMT

"Na dificuldade é que são geradas as melhores ideias."

Dr. Klammt e Dr.ª Sperandéo.

Os aparelhos ortopédicos funcionais de Klammt foram introduzidos na Odontologia pelo Prof. Georg Klammt em 1955 em Gorlitz, na ainda Alemanha Oriental. Analisando-os de acordo com os princípios fundamentais das técnicas ortopédicas funcionais, esses aparelhos devem produzir estímulo sensorial nas diferentes estruturas que compõem o SECN variando a intensidade deste. A estimulação sensorial tátil pode ser classificada em exterocepção e interocepção de acordo com a origem do estímulo. Na exterocepção o estímulo tem origem no meio externo como, por exemplo, o bolo alimentar, a unha do roedor de unha, morder lápis, borracha etc. Assim, algo que se coloca na boca irá disparar receptores sensoriais localizados nos tecidos mais externos. Os exteroceptores são: os discos de Merckel, os corpúsculos de Meissner, os corpúsculos de Pacini, Krause e Ruffini, além dos receptores da dor. Esses receptores funcionam como um mecanismo de defesa do sistema, pois se localizam na mucosa e também na epiderme. A interocepção capta estímulos do meio interno. Os propriceptores (interocepção) informam sobre movimento e postura de um corpo no espaço, e, estão localizados em músculos, tendões, articulações, ligamentos, mucosa, periósteo, ligamentos periodontais etc. Os fusos neuromusculares e os órgãos tendinosos de Golgi são os responsáveis pela propriocepção. O mesmo disparador da exterocepção, como o bolo alimentar, pode disparar também os proprioceptores. Assim, os aparelhos ortopédicos funcionais podem funcionar tanto como estimuladores da extero como da interocepção. Além disso, devem ser construídos de acordo com a necessidade de mudança da postura da mandíbula, ou seja, construídos mudando a mandíbula para mesial ou distal, para a direita ou esquerda, ou ainda, mantendo a mesma postura se estiver correta. Outro aspecto importante é de buscar o contato incisivo em DA. Duas regiões devem ser levadas em conta quando se analisa a ação do aparelho quanto à exterocepção: a região do vestíbulo oral (mucosa) e a região do palato frontal (mucosa).

Propriocepção

1. **Atuação na região das ATMs:** Com a mudança de postura da mandíbula (mudança do tônus neuromuscular/dimensão vertical) para mesial, distal, direita ou esquerda ocorre alteração na posição do côndilo dentro da cavidade glenóidea, menisco, ligamentos retro meniscais, nos músculos pterigóideos laterais (músculos abaixadores, da lateralidade e da protrusão da mandíbula). Lateralidade da mandíbula ocorre quando o pterigóideo lateral for contraído. No início da lateralidade o pterigóideo medial é ativado e, em seguida, o pterigóideo lateral se contrai para levar a mandíbula à lateralidade maior, ou funcional, para o lado oposto da contração desses músculos. No lado da lateralidade o temporal é ativado, o qual tem as funções de ajudar na lateralidade e de proteger a articulação de deslocamento do côndilo do lado funcional, assim, controlando a amplitude do movimento. Com a mudança de postura da mandíbula os músculos elevadores estarão mais ativados (masseter, pterigóideo medial e temporal), devido à mudança do tônus neuromuscular e ao aumento da dimensão vertical. O músculo temporal mantém o tônus neuromuscular. O músculo pterigóideo lateral (músculo responsável pela abertura da boca) estará mais ativado pelo aumento da DV, e, consequentemente, os elevadores também estarão, pois trabalham sinergicamente. Assim, a MPM proporciona alta estimulação à cadeia de músculos da mastigação, supra e infra-hióideos. Os músculos supra-hióideos são: digástrico, estilo-hióideo, milo-hióideo e gênio-hióideo. Os infra são: esterno-hióideo, esternotireóideo, tireo-hióideo e omo-hióideo. A MPM constitui a maior estimulação neural dada pelos aparelhos ortopédicos funcionais, gerando resposta de crescimento e remodelamento ósseo nas regiões estimuladas.
2. **Atuação na região periodontal:** Os aparelhos que se assentam bem na região periodontal mais próxima da cervical dos dentes atuam melhor nesta área. Importante ressaltar que nessa região, além da mucosa, há também o periósteo, membrana que recobre os ossos maxilares. Assim, os aparelhos que apresentam boa adaptação nessa região estarão estimulando a mucosa, o periósteo, como também o próprio elemento dental. O estímulo será maior, e a resposta também.
3. **Língua:** Os aparelhos que atuam melhor na propriocepção da língua são aqueles que permitem maior movimentação do órgão lingual no espaço oral funcional. O aparelho deve evitar bloqueio da mobilidade da língua. Além disso, em casos de má postura e tonicidade da língua, o aparelho deve ser estruturado para oferecer estímulos adequados à correção desta.

4. **Região incisiva:** Possibilidade de estabelecer o contato incisivo. Quando a aparatologia estabelece o contato incisal (circuito neural incisal) desde o início do tratamento, este pode ser finalizado em um tempo menor. Esse circuito neural é muito importante, e sempre que possível deve ser conseguido precocemente.
5. **Músculos da lateralidade e propulsão da mandíbula:** Capacidade dos aparelhos de promoverem a lateralidade e a propulsão da mandíbula. Os aparelhos de Planas, principalmente os PIPSs, são os que mais estimulam os músculos da lateralidade. Todos os AOFs podem fazer a propulsão da mandíbula.
6. **Músculos do vestíbulo oral:** Atuação dos AOFs na propriocepção dos músculos do vestíbulo oral, ou seja, estimulação do movimento e postura desses músculos, tais como orbicular dos lábios superior e inferior, mentalis, bucinador.

Quadro de classificação dos AOFs segundo Simões

Essa classificação leva em conta a intensidade da estimulação proprio ou exteroceptiva que podem ser promovidas nas distintas regiões do SECN. Assim, apresenta um quadro com as técnicas de Bimler, Planas, Fränkel, Balters e Bimler modificado (Bimler com tubos telescópicos). As distintas técnicas recebem uma, duas ou três estrelas quando fazem baixa, média ou intensa estimulação, respectivamente, nas diferentes regiões. Assim, Planas e Bimler modificado apresentam três estrelas nas regiões ATMs, região incisiva e músculos da lateralidade e propulsão. Planas com três estrelas na região do periodonto e uma estrela nas regiões da língua e dos músculos do vestíbulo oral. Nessas duas últimas regiões, Planas pode ter um desempenho melhorado reduzindo a largura das pistas (língua) e introduzindo *bumper* no vestíbulo oral, quando necessário.

Fazendo a mesma análise para os aparelhos de Klammt, pode-se observar que há um alto desempenho neural nas regiões da língua e periodontal, médio na região incisiva, mucosa de vestíbulo oral e músculos da propulsão e baixo em ATMs, e músculos da lateralidade. Quanto à exterocepção o desempenho do Klammt na região de mucosa do palato frontal é alto, e no vestíbulo oral é médio.

Ativador de Andresen e Häupl

O ativador elástico aberto de Klammt (AEA) foi desenvolvido a partir do ativador de Andresen e Häupl. Este último é um monobloco (um aparelho superior e inferior unidos entre si pela resina) que fazia um grande levante da DV, o que dificultava muito seu uso durante o dia. O aparelho era utilizado nos casos de Classe II com retrusão de mandíbula, apenas no período noturno. Então, o trabalho feito pelo aparelho no período noturno era em parte perdido no período diurno. Klammt reduziu o levante da DV, o que permitiu seu uso nos dois períodos. Assim, o AEA passou a produzir maior eficácia quando comparado ao ativador Andresen e Häupl.

Indicações

1. Distoclusão com compressão maxilomandibular;
2. Classe II divisão 1 (protrusão de incisivos superiores);
3. Classe II divisão 2 (retrusão de incisivos centrais e/ou vestibularização de incisivos laterais superiores), sobremordida ou mordida coberta;
4. Classe III ou pseudo Classe III;
5. Mordida cruzada unilateral;
6. Mordida aberta anterior;
7. Biprotrusão alveolar.

Apresentação do AEA

A parte superior do aparelho é formada por duas aletas de resina acrílica que recobrem as faces palatinas da região posterior da maxila. Na mandíbula também são duas porções de resina que tocam as faces linguais dos segmentos posteriores. Os lados direito e esquerdo das aletas de resina, superior e inferior, são unidos pela própria resina. As duas aletas superiores são interligadas por uma peça confeccionada em fio inoxidável de 1,2 mm chamada de arco palatino. Conforme o caso, as aletas de resina podem entrar nas ameias interdentais posteriores chamadas de superfícies guia ou ativador elástico com superfícies guia. Quando estas terminam lisas tocando suavemente os dentes posteriores, o aparelho se chama AEA sem supefícies guia. O arco palatino fio 1,0 mm penetra na resina entre o primeiro e segundo pré-molares e, posteriormente, termina na direção da distal de primeiros molares permanentes. Este se mantém um pouco afastado da mucosa para não causar ferimento. As demais peças são confeccionadas em fio 0,9 mm. Arco vestibular superior e inferior como o de Bimler que se adentram na resina na interproximal de canino e primeiro pré-molar ou primeiro molar decíduo. Os fios guia são colocados próximos às faces palatinas e linguais dos dentes anteriores. Esses fios guia quando saem do acrílico têm uma curva compensatória para poder ajustá-los ao longo do tratamento. Então os dentes anteriores (superiores e inferiores) são direcionados pelo arco vestibular e pelos fios guia palatino e lingual.

A ancoragem do aparelho é feita por um prolongamento da resina na palatina dos caninos superiores e inferiores. A mordida construtiva é feita em contato bordo a bordo de incisivos, originalmente. Porém, na clínica pode ser outra a mordida construtiva, dependendo da necessidade de cada caso.

Os aparelhos de Klammt possuem originalmente a alça palatina, porém, na clínica diária, muitas vezes foi substituída por expansor mediano, o que possibilitou a aplicação em adultos, principalmente nos casos de mordida aberta com atresia de maxila e/ou mandíbula.

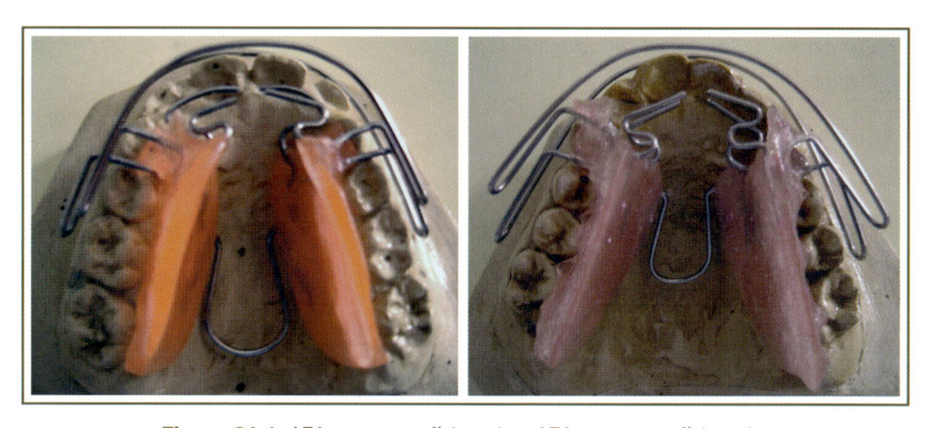

Figura 21.1: AEA sem superfície guia e AEA com superfície guia.

Funcionamento do Ativador Elástico Aberto

Os aparelhos de Klammt assim como todos os outros AOFs, ficam bem adaptados, porém folgados na boca para estimular os receptores neurais aí espalhados que não exercem qualquer tipo de pressão. O elemento ativo é a língua do paciente, pois com a mudança de postura da mandíbula muda também a postura da língua. Os comandos neurais da postura da mandíbula e da língua são interconectados, devido à interação muscular entre esses dois elementos anatômicos. Assim, como o aparelho é um monobloco, quando construído com a mandíbula para mesial a língua a acompanha, e quando para distal o mesmo acontece. Essa nova posição funcional provoca estimulação neural postural que a língua desconhecia, por isso ela "tenta" sair dessa situação, se contrapondo ao aparelho o tempo todo. Dessa maneira, vão se formando novas memórias posturais da língua, mandíbula e ATMs, as quais podem subjetivamente ser observadas pelas mudanças morfológicas: nas bases ósseas, na musculatura, nas ATMs e no posicionamento dos dentes; funcionais e estéticas, que acontecem no SECN.

Quando há expansor o aparelho pode fazer alguma pressão nos locais de ação deste (maxila, mandíbula ou em ambas) no sentido de manter a sua presença, ou seja, o expansor é gradualmente acionado para manter a excitação neural necessária.

No aparelho para mordida aberta anterior, os fios guia são substituídos pelas alças guia ou molas frontais que são colocadas nas faces palatinas e linguais dos incisivos formando uma grade para a língua, a qual tanto inibe a ação nociva desta sobre os incisivos, como corrige a postura e tonicidade da língua. Os incisivos podem então se movimentar pela ação neural orientada pelos arcos vestibulares: superior e inferior. Na MA o plano incisal é mais alto que os planos oclusais posteriores (direito e esquerdo), os quais ficam baixos formando fulcro de abertura de mordida. A estimulação neural para a correção da MA é dada em sentido inverso da situação patológica do plano incisal e planos oclusais posteriores. Os arcos vestibulares no AEA para MA devem ser colocados na cervical dos incisivos para aumentar as áreas estimuladas neuralmente (gengivas envolventes, periósteo e membrana periodontal) e, assim, obter resposta de remodelamento e crescimento ósseo do plano incisal em direção incisal. Os incisivos livres da ação bloqueadora da língua e estimulados intensamente pelos arcos vestibulares podem crescer em direção incisal e obter o contato incisivo necessário para o equilíbrio do sistema. Em contrapartida, a região posterior direita e esquerda com planos oclusais baixos necessita de estimulação que responda com remodelamento ósseo em direção apical. Por isso, pode ser colocada uma extensão de resina nas faces oclusais dos dentes posteriores superiores e inferiores de ambos os lados. Quando o paciente oclui nessas resinas que possuem as marcas oclusais, estas funcionarão como um bloqueio do crescimento para oclusal. A resposta a esse estímulo inibitório será de remodelamento ósseo dos planos oclusais em direção apical. Então os planos oclusais vão se elevando e o plano incisal abaixando. Gradualmente vai se regularizando a profundidade do plano oclusal, como também o contato incisal.

Na Classe II com protrusão de incisivos os fios guia podem ser substituídos pelas molas frontais, as quais serão ativas em incisivos palatinizados como também farão estímulo neural para correção da postura da língua. O arco vestibular corrige a protusão.

Na Classe II, divisão 2, o arco vestibular superior deve ficar afastado dos incisivos centrais e encostados nos laterais se estiverem vestibularizados e os fios guia tocando ativamente os incisivos centrais (maior estímulo excitatório palatino).

Distoclusão com compressão maxilomandibular

A distoclusão com compressão maxilomandibular apresenta apinhamento anterior superior e inferior. O AEA indicado possui arco vestibular superior e inferior do tipo Bimler que contornam uniformemente os dentes anteriores. Devido ao apinhamento, os laterais devem estar em posição mais lingual, por isso os fios guia devem contorná-los funcionando como peças excitatórias a esses elementos. Esse aparelho é construído sem as superfícies guia, ou seja, as aletas de acrílico terminam lisas tocando levemente os colos dos dentes, porém, sem penetrar nas ameias interdentais. A ausência da superfície guia permite o crescimento no sentido vertical das bases ósseas maxilares.

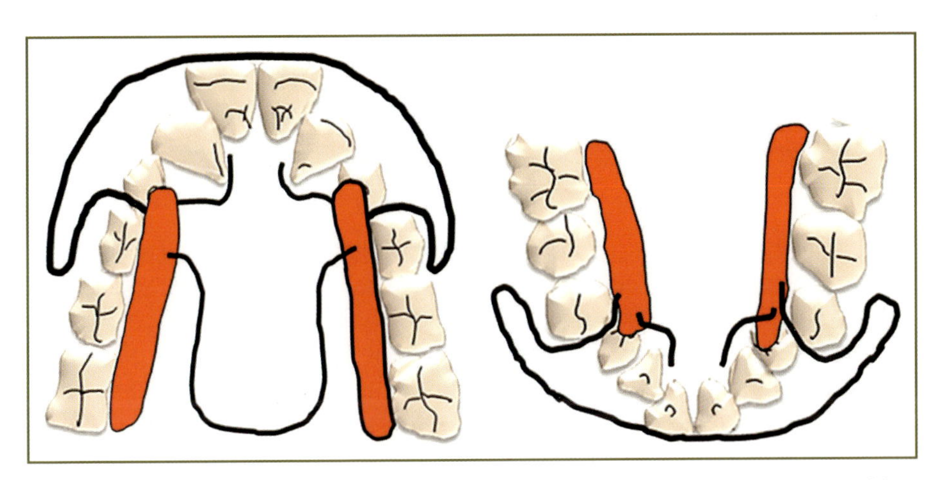

Figura 21.2: Desenho esquemático do aparelho AEA para Classe II com vestibularização de incisivos centrais e palatinização dos incisivos laterais. A MPM é feita para mesial até atingir o contato com os laterais, pois estes se encontram palatinizados. Se fizer uma MPM maior poderá cruzar esses dentes, o que seria totalmente inconveniente. Após a vestibularização dos laterais pode ser feita uma segunda MPM para mesial, se necessário. Os fios guia palatinos tocam nos colos dos laterais. O mesmo acontece com os laterais inferiores lingualizados, os quais são estimulados pelos fios guia colocados nos colos. Aparelho sem as superfícies guia.

Quando os incisivos de um lado estão em uma posição ectópica, o arco vestibular pode ser mais curto, ou seja, é colocado somente no lado em que os incisivos estão vestibularizados e, no outro lado, o fio guia palatino é modificado contornando os incisivos palatinizados unilateralmente.

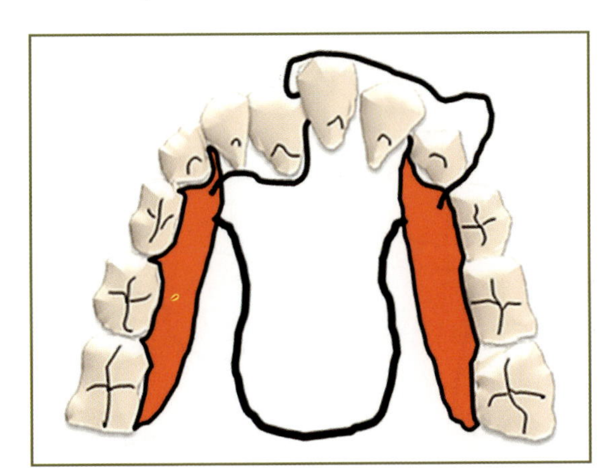

Figura 21.3: Desenho esquemático do aparelho AEA para Classe II com protrusão de incisivos de um lado e retrusão do outro lado. O arco vestibular é mais curto colocado nos incisivos vestibularizados e o fio guia palatino contorna os que estão palatinizados.

Classe II Divisão 1 - Protrusão de incisivos superiores e retrusão de incisivos inferiores

Aparelho semelhante ao primeiro acima relatado, mas sem os fios guia. Quando necessário os incisivos laterais podem ser conduzidos por um fio guia curto, e depois de posicionados são removidos os fios guia. O avanço de mandíbula deve ser feito em até 7 mm em uma primeira etapa e, se for necessário, uma segunda mudança deve se chegar ao contato incisivo com trespasse de 2mm (DA). O aparelho é feito sem superfície guia.

Os caso de Classe II, divisão 1, respondem muito bem ao AEA, devido à mudança de postura da mandíbula para mesial e vertical, que estimula sobremaneira os músculos retratores da mandíbula e os elevadores. Quando o aparelho está atuando, os músculos retratores (temporais posteriores) e os elevadores (masseteres, temporais anteriores e médios, pterigóideos médios) são altamente estimulados, pois com o avanço da mandíbula e o levante vertical eles ficam automaticamente estirados.

A tendência muscular é de puxar a mandíbula de volta na posição habitual, devido à memória muscular anterior e/ou ao próprio encurtamento desses músculos produzidos pela mandíbula em Classe II. Assim, gera uma força muscular no sentido de romper a ação do aparelho, de devolver a mandíbula à posição habitual. Porém, a presença do AEA impede o retrocesso da mandíbula. Os receptores táteis, os fusos neuromusculares e os órgãos tendinosos de Golgi são mantidos estimulados pela oclusão do aparelho e durante a deglutição. Esses receptores neurais devem ser mantidos estimulados pelo aparelho para se obter resultado positivo no tratamento.

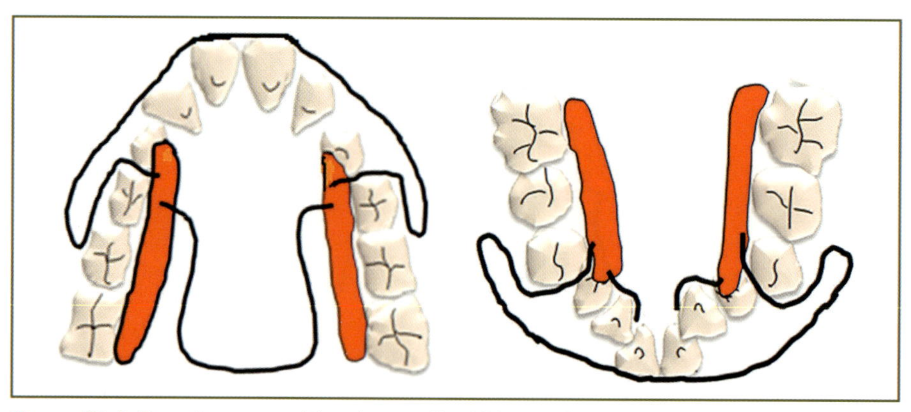

Figura 21.4: Desenho esquemático do aparelho AEA para Classe II divisão 1 com protrusão de incisivos superiores. Nesse caso, o aparelho superior não tem os fios guia. Na parte inferior do aparelho há os fios guia para os laterais lingualizados. Aparelho sem as superfícies guia.

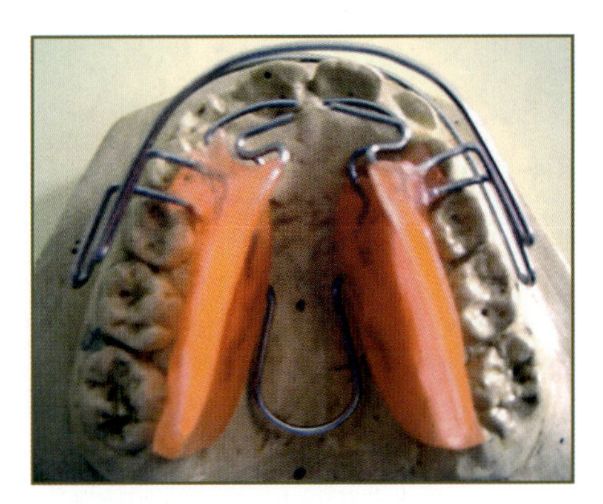

Figura 21.5: AEA para Classe II divisão 1.

Quando os incisivos inferiores estão bem posicionados, não se utiliza os fios guia, os quais seriam inconvenientes, por isso, na arcada inferior os segmentos de resina devem ser prolongados até a linha mediana, porém, devem ficar separados para garantir a elasticidade do aparelho. Nesse caso também não apresenta superfície guia.

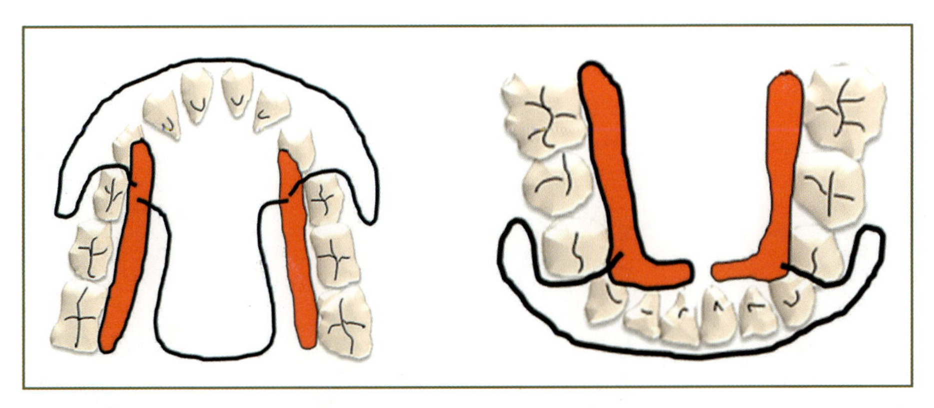

Figura 21.6: Desenho esquemático do aparelho AEA para Classe II divisão 1 com protrusão de incisivos superiores e incisivos inferiores bem posicionados. O inferior tem segmentos de resina prolongados até a linha mediana, porém são separados para não segurar o crescimento da mandíbula. Aparelho sem as superfícies guia.

Classe II Divisão 2 - Retrusão de incisivos centrais superiores, sobremordida ou mordida coberta

Nessa má oclusão os incisivos centrais superiores e inferiores precisam ser desinclinados e vestibularizados e a mandíbula conduzida para mesial. Devido à força muscular retrátil da mandíbula ser intensa o aparelho necessita de um bom apoio no sentido sagital. Na presença dos molares decíduos pode ser colocado um apoio em gancho nos segundos superiores para garantir a ancoragem sagital e sem superfície guia. Se houver pré-molares em erupção ou já erupcionados devem ser realçados os seus contornos linguais e palatinos. A resina deve entrar também na mesial dos primeiros molares permanentes, ou seja, o aparelho apresenta as superfícies guia, as quais fazem a ancoragem deste.

No *deckbiss* típico o arco vestibular é seccionado, abraçando os incisivos laterais por mesial. O lábio inferior tem uma hiperfunção e, por isso, devem ser colocados escudos labiais no arco inferior, os quais devem ser fundos em direção ao sulco vestibular sem tocar na mucosa, sem causar nenhum ferimento. Estes trabalharão o tônus labial. As faces oclusais dos dentes posteriores são livres de resina e os molares ficam sem contato devido ao levante da mordida construtiva feito no aparelho. Os fios guia colocados na palatina dos incisivos centrais superiores.

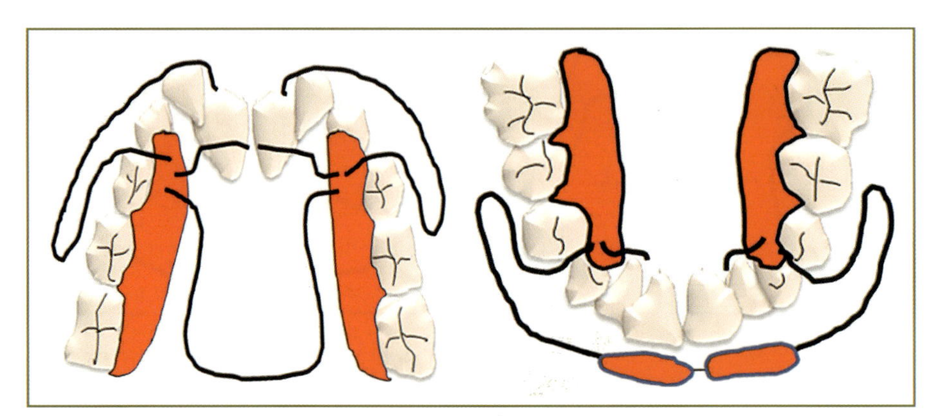

Figura 21.7: Desenho esquemático do aparelho AEA para Classe II divisão 2. Caso de Deckbiss clássico, ou seja, incisivos centrais superiores palatinizados e laterais vestibularizados. A parte superior do aparelho apresenta um arco vestibular cortado atuando apenas nos laterais. Nos centrais há os fios guia ativos para vestibularizá-los. Na parte inferior há o escudo labial para afastar o lábio inferior. O aparelho é construído com as superfícies guia para dar boa ancoragem. Quando os incisivos centrais e laterais estiverem alinhados é possível fazer outro aparelho com nova mudança de postura da mandíbula para mesial, se necessário, agora sem superfície guia.

Classe III, ou Pseudoclasse III

Na classe III é necessário que se iniba o crescimento da mandíbula e seja estimulado o da maxila. A mordida construtiva deve ser de incisivos topo a topo, sempre que possível. O aparelho é construído com superfícies guia. Na mandíbula, a resina deve se alongar para a lingual dos incisivos, porém separada na linha mediana para manter a elasticidade deste. A resina não pode tocar nos incisivos, por isso, na construção do aparelho coloca-se uma camada de cera na região antes de acrescentar a resina. O arco inferior é curto, com alça nos caninos. A resina na lingual dos incisivos inferiores e o arco curto na vestibular dão uma ótima referência para que deslizem na posição preestabelecida. No arco superior são colocados escudos labiais profundos em direção ao sulco vestibular, que afastam a ação nociva do lábio contra os incisivos e estimulam o desenvolvimento da pré-maxila.

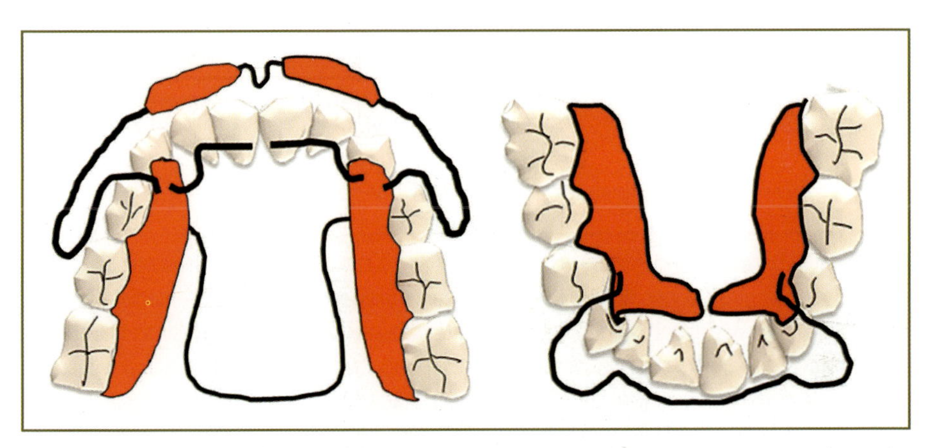

Figura 21.8: Desenho esquemático do aparelho AEA para Classe III, com superfície guia. No superior: escudos profundos em direção ao fundo do sulco vestibular e afastados da mucosa. No inferior: arco vestibular de Hawley, o qual deve ser mantido encostado nos incisivos ancorando a mandíbula e por lingual duas aletas de resina separadas, que ajudam a ancoragem do aparelho.

Mordida cruzada unilateral

O AEA está indicado para as mordidas cruzadas unilaterais causadas por desvio de postura da mandíbula, com desvio de linha mediana para o mesmo lado do desvio da mandíbula. A mordida construtiva do aparelho é com a linha mediana centralizada, o que dará a impressão ao paciente de que está mordendo errado, como se estivesse com a mandíbula torta. O aparelho terá superfície guia no lado não cruzado (superior e inferior). No lado cruzado a resina fica afastada dos dentes inferiores. Na maxila do lado cruzado a resina invade as interproximais dos dentes posteriores. A mandíbula é mantida na nova postura pelas superfícies guia.

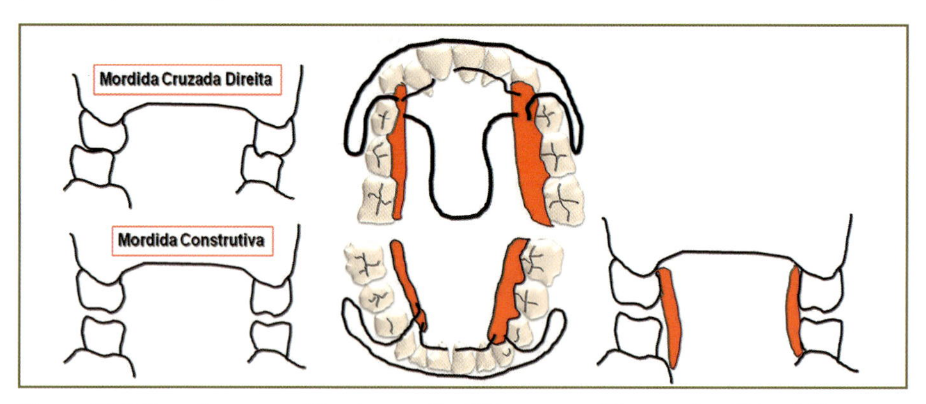

Figura 21.9: Desenho esquemático do aparelho AEA para mordida cruzada unilateral. No caso, a mordida está cruzada do lado direito. Na mordida construtiva é acertada a linha mediana e se faz a desoclusão dos maxilares (deixar um espaço interoclusal). No superior as resinas entram nas interproximais dos dentes e na mandíbula somente no lado não cruzado. Portanto, é um aparelho que tem superfície guia nos dois lados da maxila e no lado não cruzado da mandíbula.

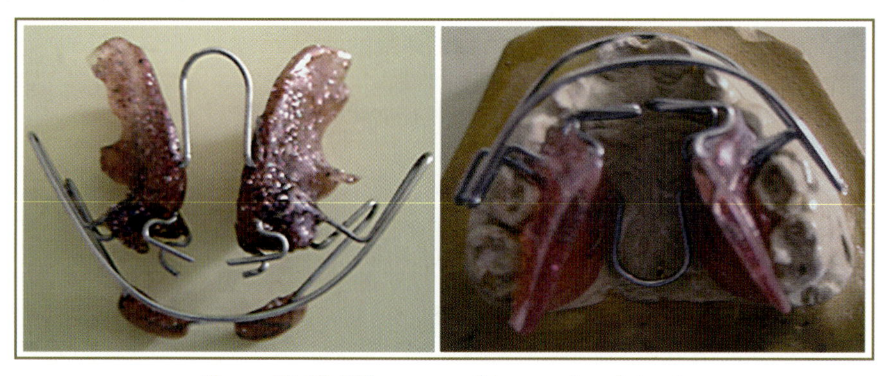

Figura 21.10: AEA para mordida cruzada unilateral.

Mordida aberta anterior

Na mordida aberta anterior o principal foco é posicionar corretamente a língua e proporcionar condições para que consiga um melhor tônus muscular. Em outras palavras, evitar que a língua toque nos incisivos. Por isso, é colocado no aparelho um par de alças guia nas faces palatinas e linguais dos incisivos para impedir a passagem da língua, porém sem inibir a movimentação dos dentes. Os molares superiores e inferiores ficam em contato. Os arcos vestibulares devem ser colocados na cervical dos incisivos superiores e inferiores. O aparelho tem superfícies guia na maxila e mandíbula.

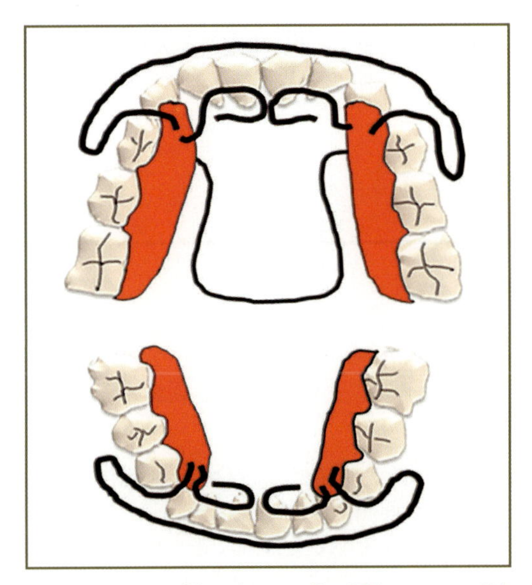

Figura 21.11: Desenho esquemático do aparelho AEA para mordida aberta anterior.

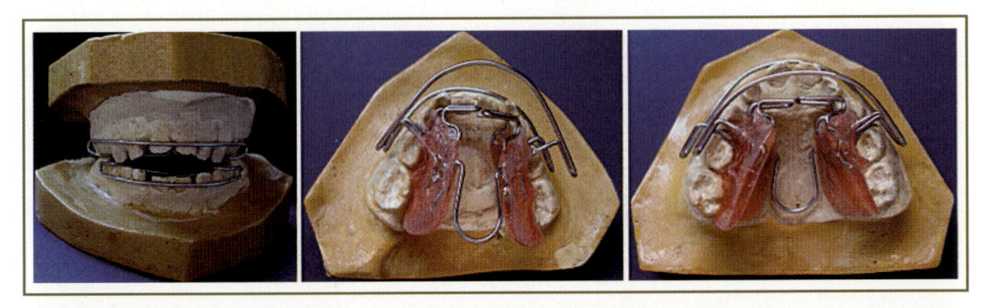

Figura 21.12: AEA para mordida aberta em norma frontal, vista inferior e superior do aparelho.

Nos casos de adultos, com mordida aberta anterior, pode ser colocado no aparelho expansor mediano na maxila e resina na oclusal dos dentes posteriores que ocluem, além das alças guia. Este modelo foi explicado no início.

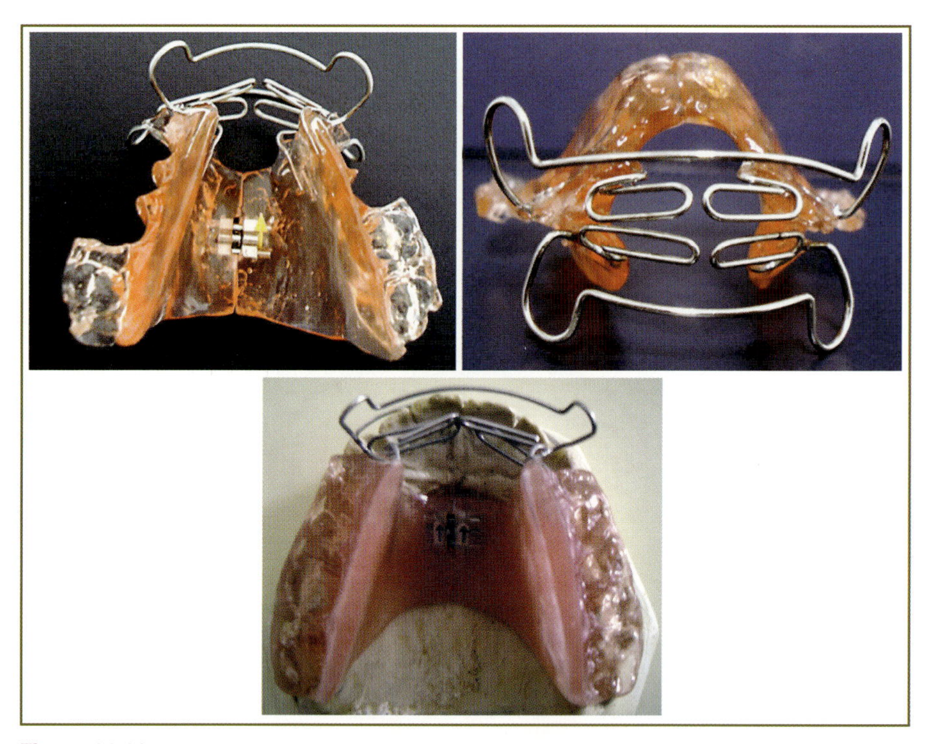

Figura 21.13:

1º – Aparelho de Klammt (visto de inferior para superior) para mordida aberta anterior com resina na oclusal de 1ºs molares permanentes dos dois lados e 2º pré-molar só do lado esquerdo do paciente. A resina é colocada somente na oclusal dos dentes que têm contato oclusal. Os dentes posteriores que têm a mordida aberta ficam com as oclusais livres, mas com superfície guia.

2º – O mesmo aparelho anterior em norma frontal, mostrando as alcas guia superiores e inferiores.

3º – Aparelho de Klammt para mordida aberta anterior com resina sobre as oclusais dos dentes posteriores que têm contato oclusal. Alças guia colocadas nos incisivos superiores e inferiores. Arcos vestibulares de Hawley superior e inferior.

Biprotrusão alveolar

Nesta má oclusão a maxila e mandíbula são largas, com diastemas entre os incisivos, problema típico do pressionador de língua. Os incisivos superiores e inferiores são protruídos. Este aparelho não pode ser elástico, pois, com a língua forte, hipertensa, iria corroborar para o alargamento dos maxilares. A resina inferior direita e esquerda se estende para a lingual dos incisivos correspondentes, ficando unidas na linha mediana. A resina fica afastada do colo e da mucosa dos incisivos. São colocadas alças guia no aparelho superior para afastar a língua dos incisivos. Os arcos vestibulares devem permanecer tocando os dentes anteriores. O aparelho deve ter superfícies guia.

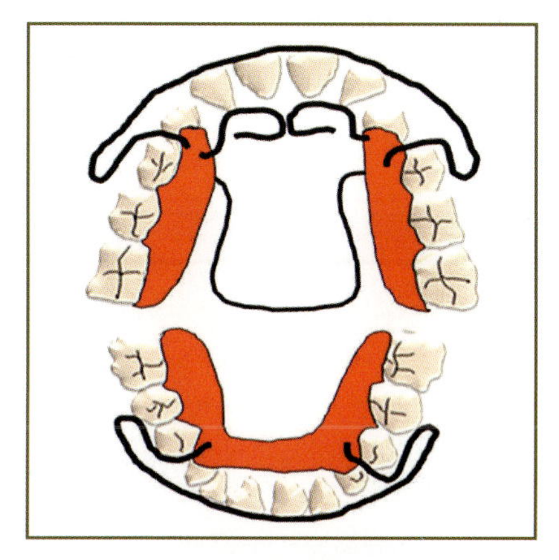

Figura 21.14: Desenho esquemático do aparelho AEA para biprotrusão alveolar com diastemas entre os incisivos superiores e inferiores. Alças guia superiores e resina inteiriça que avança na lingual dos incisivos inferiores. Aparelho com superfícies guia.

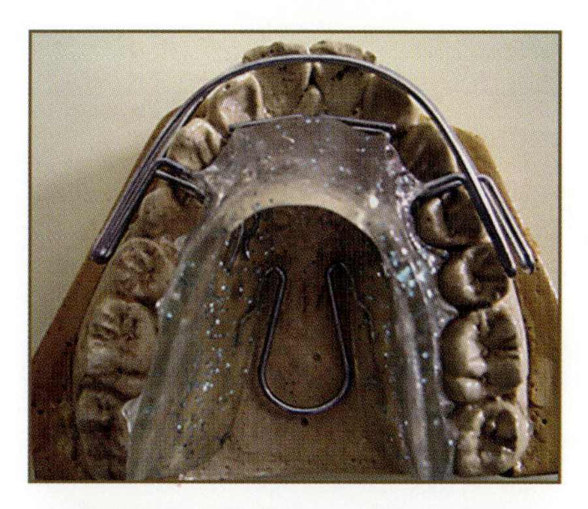

Figura 21.15: AEA para biprotrusão.

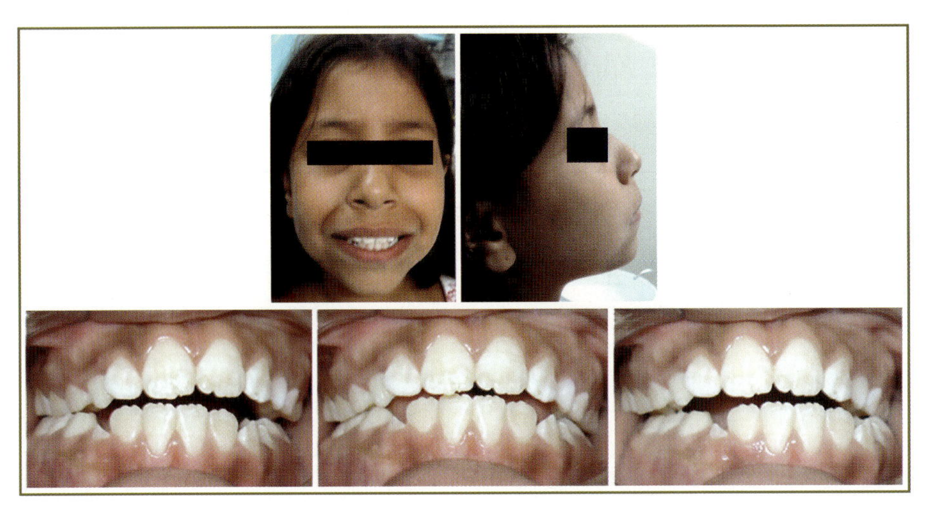

Figura 21.16: Paciente aos 11 anos, gênero feminino, mordida aberta anterior em cêntrica e em lateralidade direita e esquerda.

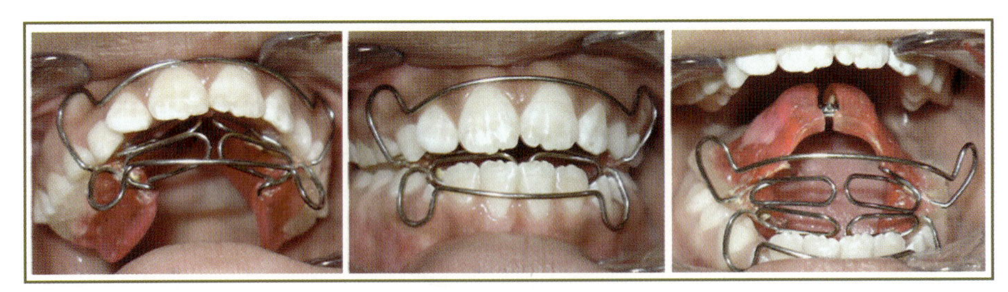

Figura 21.17: A mesma paciente com aparelho de Klammt para mordida aberta com resina nas oclusais dos dentes posteriores, arco vestibular colocado na altura dos colos dos incisivos e alças frontais superiores e inferiores posicionando a língua. As alças frontais superiores deixam livre a papila incisiva, local de referência para a língua se posturar corretamente.

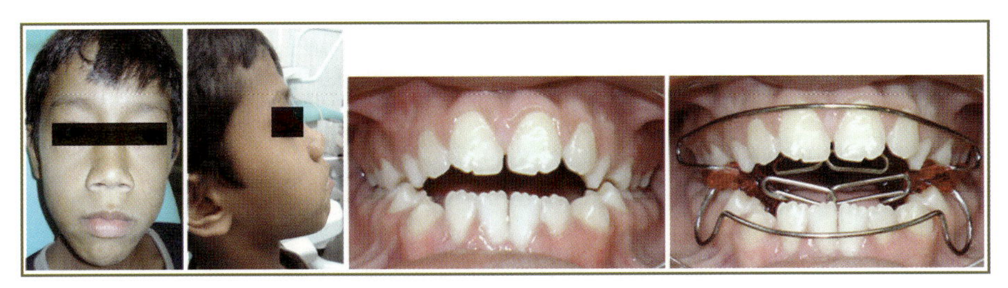

Figura 21.18: Paciente aos 9 anos de idade, gênero masculino, mordida aberta anterior, tendência a Classe III. Aparelho de Klammt para mordida aberta, com resina nas oclusais dos dentes posteriores e as alças frontais superiores e inferiores reposturando a língua.

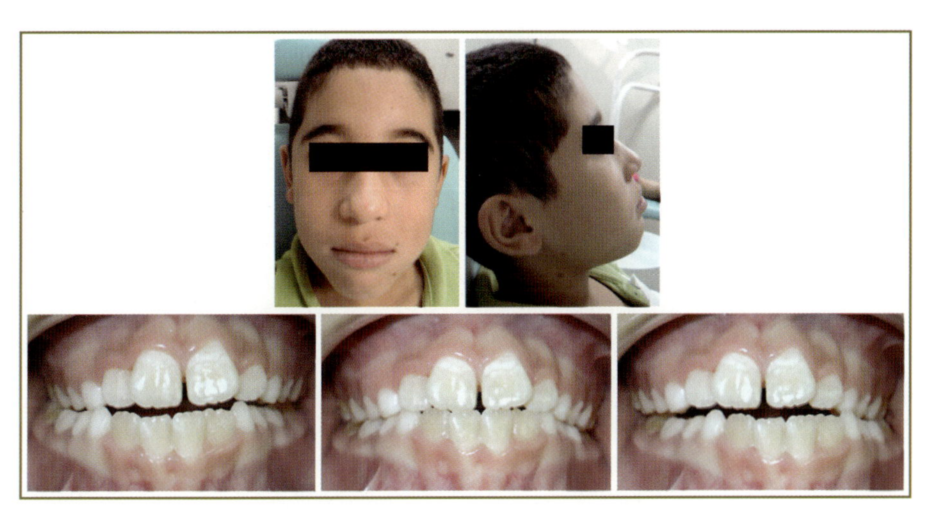

Figura 21.19: Paciente aos 9 anos de idade, gênero masculino, mordida aberta anterior em cêntrica e lateralidade direita e esquerda com tendência à Classe III.

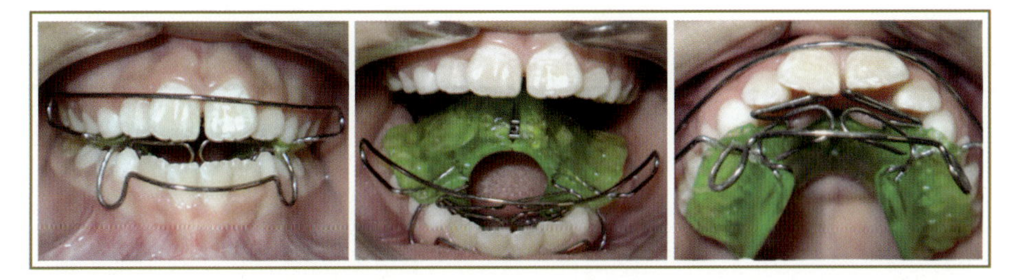

Figura 21.20: Aparelho de Klammt para mordida aberta com resina nas oclusais dos dentes posteriores e as alças frontais superiores e inferiores. As alças frontais superiores, além de formarem uma grade para posturar a língua, também têm a função de corrigir a giroversão dos incisivos laterais.

Referências

1. GRABER, T. M.; NEUMANN, B. *Aparatologia Ortodontica Removible.* Buenos Aires: Panamericana, 1982.
2. KLAMMT, G. *Ativador elástico aberto.* Rio de Janeiro: Associação Brasileira de Ortopedia dos Maxilares, 1994.

3. KLAMMT, G. Ativador elástico aberto. In: ÁQUILA, F. J. *Ortodontia – Teoria e prática.* São Paulo: Santos, 2001. Cap. 18, p. 379-425.

4. LEVRINI, A.; FAVERO, A. *The Masters of Functional Orthodontics.* Chapter 4. New Malden, Surrey, UK, Ed. Quintessence. 2003.

5. MORRETE, G. A.; YOUSSEF, J. A.; PATULLO, I. M. F. Ativador elástico aberto. *J. Bras. Ortodon. Ortop. Facial,* v. 1, p. 9-14, 1996.

6. OLIVEIRA, J. W. Ativador Aberto Elástico de Klammt. *Revista Dental Press de Ortodontia e Ortopedia Facial,* v. 3, n. 2, p. 35-135. 1998.

7. SGARBI, R. S. Tratamento da classe II divisão 1 com o ativador aberto elástico de Klammt. *J. Bras. Ortodontia Ortop. Maxilar,* v. 2, n. 9, p. 41-8. 1997.

8. SIMPLÍCIO, H.; SAKIMA, P. R. T.; SANTOS-PINTO, A.; RAVELLI, D. B.; SAKIMA, T. The use of Klammt appliance as a coadjuvant in the class II treatment. *J. Bras. Ortodon. Ortop. Facial,* v. 8, n.45, p. 225-231. 2003.

9. SIMÕES, W. A. *Ortopedia funcional dos maxilares.* Caracas: Gráfica la Bononiana, 1998.

Capítulo 22

APRENDIZADO E MEMÓRIA

"A maior plasticidade do SNC é a capacidade de aquisição, consolidação e recuperação de memórias."

O aprendizado é o processo pelo qual os organismos adquirem informação sobre o mundo. As informações relativas aos eventos e às experiências da vida adquiridas por meio da aprendizagem formam as memórias que são adquiridas, consolidadas e armazenadas em estruturas do sistema nervoso central e podem ser evocadas (relembradas). A memória é criticamente dependente da estrutura hipocampal e de estruturas límbicas relacionadas, tais como a amígdala, localizadas no lobo temporal (Le Doux *et al.*, 1990; Selden *et al.*, 1991; Kim e Fanselow, 1992; Phillips e Le Doux, 1992; Izquierdo e Medina, 1993).

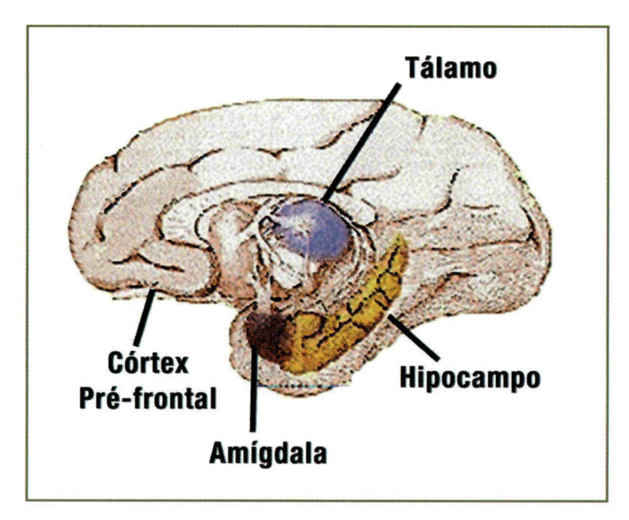

Figura 22.1: Estruturas do Sistema Límbico: Hipocampo, Amígdala ambas localizadas no lobo temporal. As informações passam antes pelo tálamo, que tem a função de distribuí-las às regiões específicas. Córtex pré-frontal: área responsável pelo planejamento de ações e movimento.

O hipocampo de mamíferos tem três principais vias sinápticas: a via perfurante oriunda do córtex entorrinal (principal via de entrada de informações para o hipocampo) para o giro denteado, a via das fibras musgosas que contêm os axônios das células granulares que direcionam para as células piramidais na região CA3 do hipocampo e a via colateral de Schaffer, constituída por axônios glutamatérgicos das células piramidais da região CA3, que fazem sinapses com as células piramidais da região CA1 do hipocampo. O subículo é a principal via de saída do hipocampo.

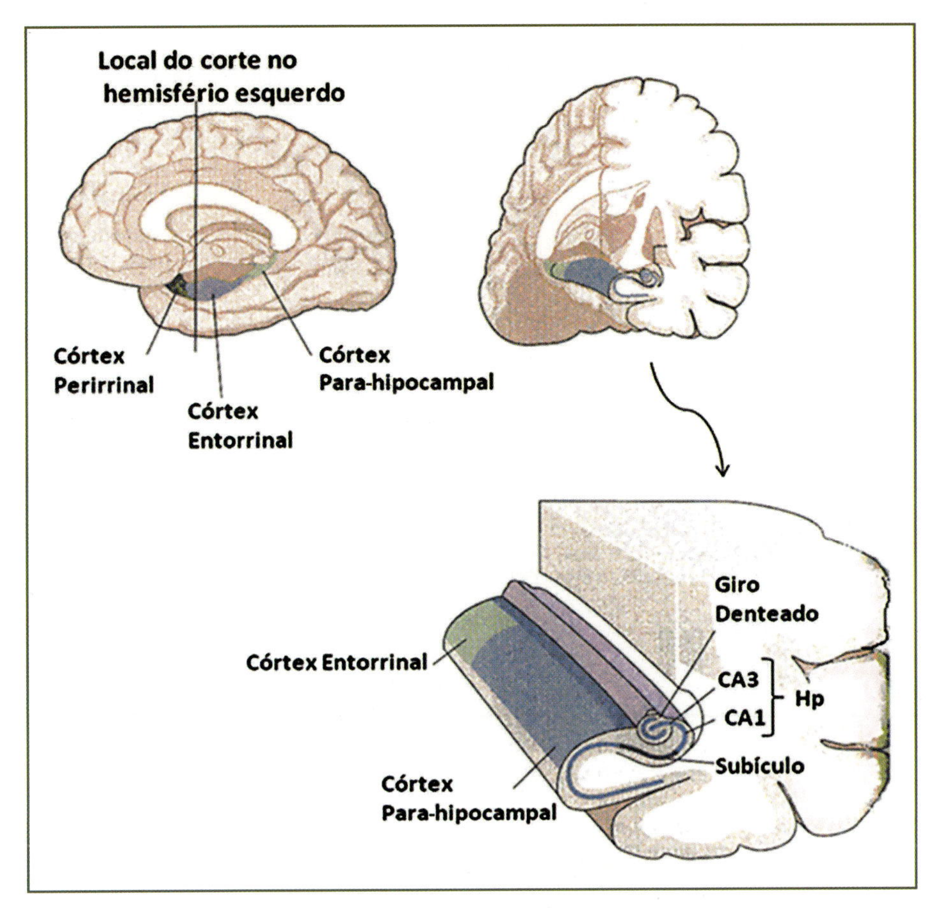

Figura 22.2: Esquema em corte no hemisfério esquerdo visualizando os córtices perirrinal, para-hipocampal e entorrinal. Formação hipocampal com o giro denteado, CA3, CA1 e Subículo. Hp = hipocampo.

Assim, as informações sensoriais unimodais (uma única modalidade de estímulo, por exemplo, o tato – informação unimodal) são integradas no córtex somatossensorial. Outras unimodalidades, como visão, audição, gustação, olfato, propriocepção, são integradas nos seus córtices específicos.

Seguem para as áreas de associação localizadas nos lobos: temporal, frontal e parietal tornando, pois, estímulos polimodais. Estes, por sua vez, seguem para os córtices: para-hipocampal e perirrinal, os quais enviam para o córtex entorrinal.

As informações polimodais partem do córtex entorrinal, o qual distribui para a via perfurante, giro denteado, via das fibras musgosas, região CA3, via colateral de Schaffer e região CA1.

Os processos e cascatas de eventos bioquímicos para a formação de memórias ocorrem em cada via e, em seguida, saem pelo subículo de volta para o córtex entorrinal, córtices perirrinal e para-hipocampal, áreas de associação poli e unimodal e descendem para os devidos órgãos efetores.

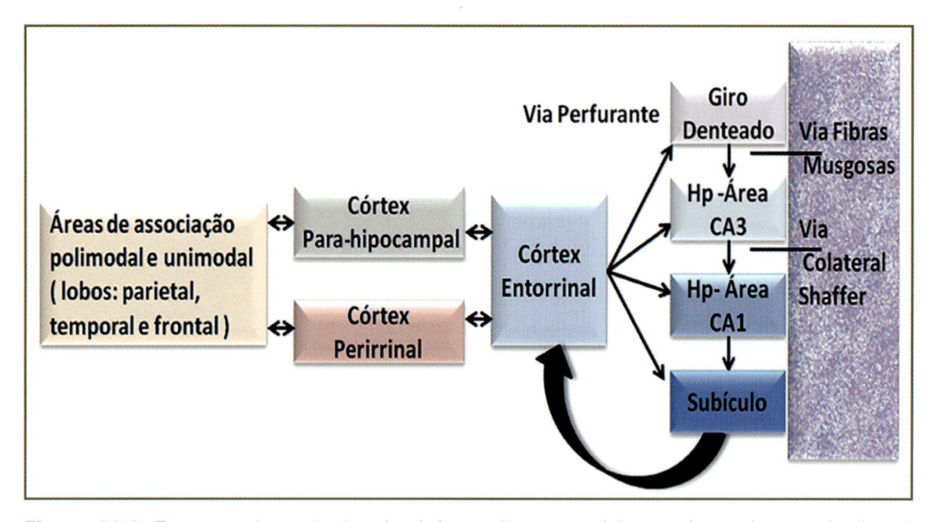

Figura 22.3: Esquema das entradas das informações sensoriais nas áreas de associação uni e polimodais, até as vias hipocampais onde serão formadas as memórias. As memórias deixam o hipocampo pela via do subículo para o mesmo córtex de entrada, o córtex entorrinal (entrada e saída). Este transmite a informação da nova memória pelas mesmas vias de entrada, agora funcionando como vias de saída.

A função mastigatória precisa ser aprendida (fase de aprendizado e formação de memória) para se tornar um ato reflexo. Mesmo depois de aprendida, a mastigação tem sempre um caráter voluntário e involuntário. Assim, a mastigação possui controle neural reflexo e voluntário.

Na fase de aprendizado da função mastigatória, que se inicia no 1° ano de vida, somente por volta dos 4, o SNC tem desenvolvimento para desempenhá-la apropriadamente. Durante esse período há um treinamento constante da mastigação para que sejam formadas as memórias relativas ao reconhecimento do bolo alimentar quanto a:

➔ Textura: dureza, maciez, consistência, espessura;

➔ Forma: pequeno, grande, se tem quinas, liso, pontiagudo;

- ➔ Separação das diferentes formas e texturas no mesmo bolo alimentar;
- ➔ Sabor dos alimentos em separado e em conjunto formando o bolo;
- ➔ Aroma em separado e em conjunto;
- ➔ O volume do bolo: pequena, média ou grande quantidade utilizada em uma só vez.

Neste período, as diferentes partes que compõem o SECN: língua, mandíbula, maxila, membrana periodontal, gengivas envolventes, dentes, ATMs, ligamentos, músculos da mastigação e os anexos, lábios, bochechas e mucosa de revestimento passam por treinamento constante e intenso para formar as memórias de:

- ➔ Postura e movimentos: músculos, mandíbula, ATMs, língua, dentes, membrana periodontal, lábios, bochechas, maxila, gengivas envolventes;
- ➔ Contração – extensão, força: músculos, ligamentos, ATMs, dentes, membrana periodontal, mandíbula, maxila, gengivas envolventes, língua, lábios;
- ➔ Memória do seu meio contextual: o espaço oral é um contexto, um local, onde acontecem funções bem claras e bem definidas. É nesse período que são definidas as suas funções: mastigação, deglutição, fonação e adicionalmente a respiração de forma fisiológica ou alterada dependendo do estímulo que recebe, ou seja, benéfico ou nocivo.

Controle do reflexo e do ato voluntário – início da mastigação

A mastigação se inicia e termina na posição de intercuspidação máxima. A partir do controle voluntário pode ocorrer o afastamento da mandíbula, no sentido de dar início a um ciclo mastigatório, com a colocação do bolo alimentar na boca. Então, a mastigação tem sempre um controle reflexo (início da mastigação até seu final) e um controle volitivo ou voluntário. Segue abaixo a via neural do controle volitivo e o reflexo de abertura da mandíbula para colocar o bolo alimentar na boca, antes de iniciar a mastigação.

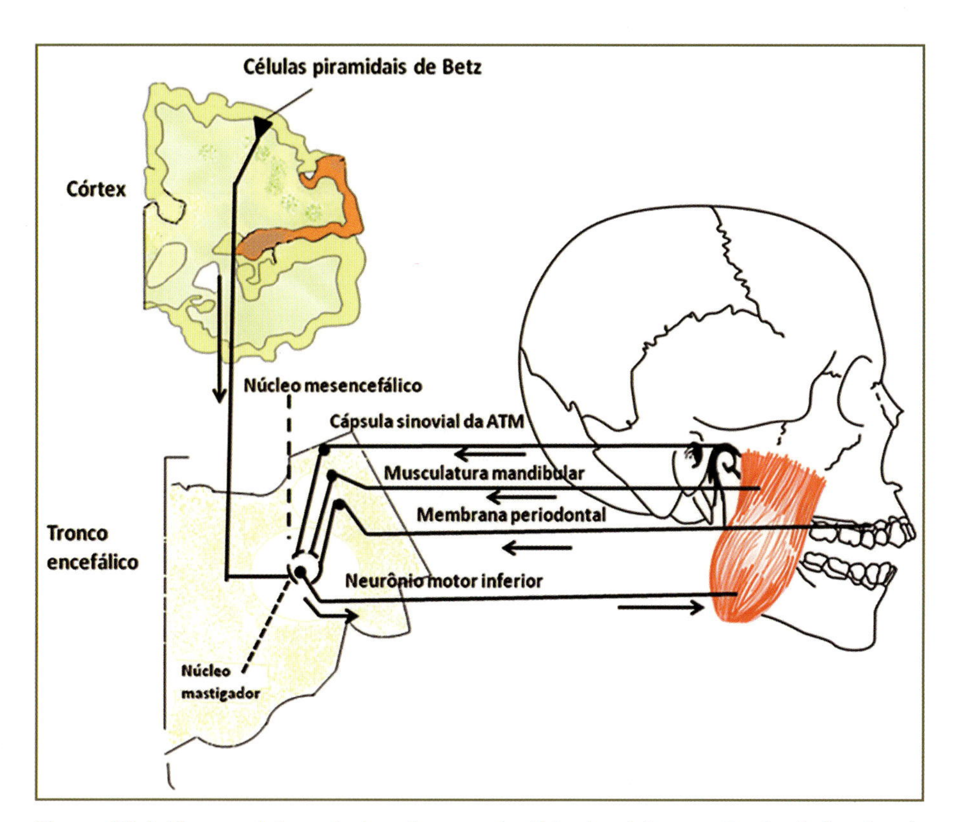

Figura 22.4: Via neural do controle reflexo e voluntário do núcleo mastigador (músculos da mastigação-abertura da boca para dar início ao ciclo mastigatório). As fibras proprioceptivas que se originam nos músculos, membrana periodontal e ATMs ascendem para o tronco encefálico através do nervo trigêmeo. Diferentemente de outros tratos sensoriais, o proprioceptivo tem seu corpo celular no núcleo mesencefálico, que se encontra no tronco encefálico. Os outros tratos nervosos sensoriais têm os corpos celulares no gânglio trigeminal ou de Gasser fora do tronco encefálico. Do núcleo mesencefálico, o trato descende para o núcleo mastigador do lado ipsilateral, onde faz sinapse com o neurônio motor inferior que leva os impulsos motores aos músculos da mastigação, através do nervo mandibular. O controle voluntário dos núcleos mastigadores e, portanto, dos músculos da mastigação vem das células piramidais de Betz, encontradas no córtex cerebral, e descendem pela via dos neurônios motores superiores.

Reflexo de estiramento ou miotático

A mandíbula apresenta fisiologicamente o reflexo de estiramento, também chamado de reflexo miotático. Os músculos elevadores da mandíbula são mantidos estirados pela ação da força de gravidade. O estiramento dos músculos é o estímulo que provoca o reflexo de estiramento. Assim, os músculos elevadores se mantêm em contração equilibrada em relação com os abaixadores, o que sustenta a mandíbula em posição postural ou de repouso.

Nesta posição ocorre o tônus neuromuscular da mandíbula, situação em que se permanece a maior parte do tempo e, portanto, a responsável pela possibilidade de crescimento e remodelamento ósseo dos maxilares.

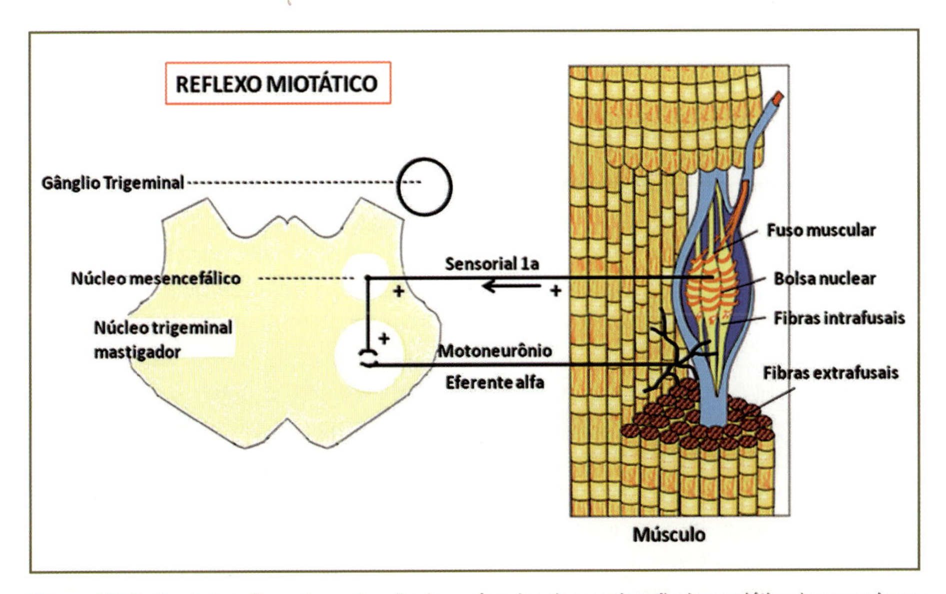

Figura 22.5: Controle reflexo da contração dos músculos da mastigação (esqueléticos): mecanismo do reflexo miotático ou de estiramento. Com o estiramento do músculo é acionado o receptor de estiramento do músculo, o fuso muscular. Os impulsos que surgem no fuso são conduzidos pelas fibras nervosas sensoriais do grupo 1a, que fazem sinapse com a neurônio motor eferente alfa, que inerva as fibras musculares extrafusais. O reflexo miotático é, portanto, um arco reflexo monossináptico. Este reflexo é importante na manutenção da postura da mandíbula.

Dessa maneira, pode-se corrigir uma mandíbula que se encontra com desvio de postura para a esquerda, portanto, com o tônus neuromuscular patológico. Além disso, com desvio de linha mediana e mastigação unilateral esquerda. Com os devidos procedimentos clínicos e/ou aparatológicos se interfere diretamente no tônus neuromuscular da mandíbula, no sentido de restabelecer a sua postura correta. Assim, é possibilitado o remodelamento e/ou crescimento necessários para corrigir a situação e profundidade do plano oclusal que certamente estavam em desequilíbrio. É também necessário que haja um treinamento consciente da mastigação para a direita como fator de reforçamento para formação de novas memórias.

Reflexo miotático inverso ou autógeno

Contrapondo-se ao reflexo miotático, há o reflexo miotático inverso ou autógeno. Nos desequilíbrios articulares, ou seja, em DTM, muitas vezes ocorre espasmo muscular na mandíbula, devido à contração reflexa hiperativa dos músculos, em resposta ao reflexo de estiramento. Se o indivíduo fizesse mais contração, mais flexão da mandíbula, iria chegar a um ponto em que desapareceria toda resistência à flexão adicional, e a mandíbula previamente rígida se relaxaria com facilidade. O excessivo ou rápido estiramento do músculo aciona outra via neural, que anula o reflexo de estiramento, permitindo que o músculo seja estirado com pouca ou nenhuma resistência tônica. Assim, o estímulo necessário para provocar o reflexo miotático inverso é o estiramento excessivo e, quando ocorre, inibe a contração muscular, causando assim o relaxamento do músculo.

A importância funcional desse reflexo é de proteger o sistema de sobrecargas, impedindo uma contração danosa frente a forças de estiramento intensas. Fisiologicamente o SECN é provido de proteção neural adequada, pois, se assim não fosse, durante as sucessivas deglutições em que ocorrem contatos dentários, poderia ser uma atividade nociva ao sistema.

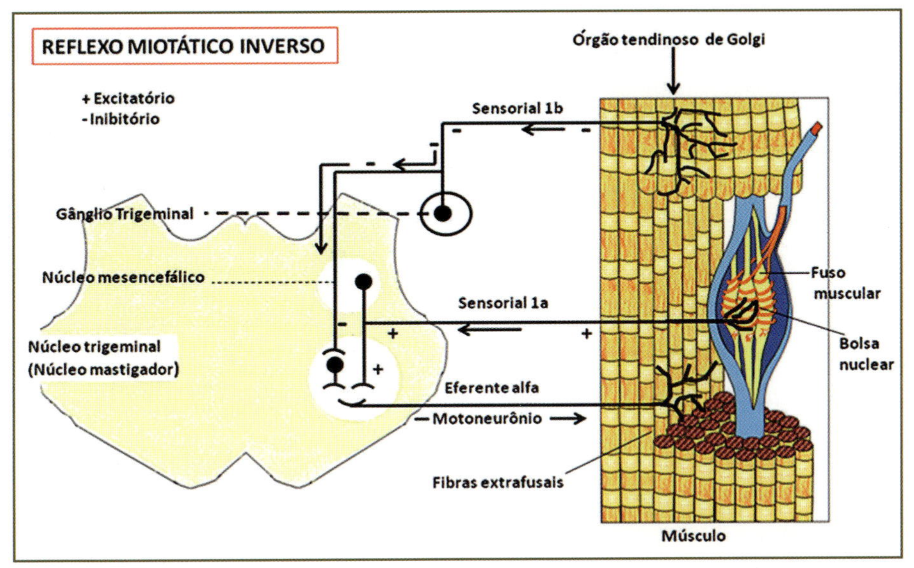

Figura 22.6: Mecanismo do reflexo miotático inverso ou autógeno. Os receptores desse reflexo são os órgãos tendinosos de Golgi encontrados no tendão do músculo. Os impulsos são conduzidos por fibras nervosas sensoriais 1b. Os impulsos atuam sobre o neurônio motor, ou eferentes alfa, que inervam o músculo estirado. É um arco reflexo dissináptico, pois há interneurônio entre o neurônio sensorial e o motor. Durante o estiramento muscular, os neurônios motores que inervam os músculos estirados são bombardeados por impulsos vindos de duas vias competitivas. Uma que facilita e outra que inibe a contração muscular. O resultado do neurônio motor depende do equilíbrio entre as duas entradas antagônicas.

Reflexo miotático e os centros mais altos do cérebro – FR

O reflexo miotático, apesar de ser mantido pela ação de dois neurônios, em um circuito monossináptico, tem uma regulação desde os centros mais altos do SNC (córtices) pela via da FR. É bastante comum que os indivíduos acometidos de Disfunção Temporomandibular apresentarem perturbações psíquicas ou emocionais com sintomas de: medo, ansiedade, nervosismo, irritabilidade, tristeza, pânico, depressão, dificuldade de concentração, perturbação do sono; além dos sintomas locais. Esses sintomas advêm da estimulação da via da FR. No tratamento da DTMs é importante restabelecer o equilíbrio dessa via, diminuindo o estímulo no fuso muscular, muitas vezes com trabalho de fisioterapia aplicada na região da face, mandíbula, temporal, cabeça, pescoço, ombros, costas, braços e mãos. O trabalho fisioterapêutico ajuda o indivíduo a ficar mais consciente das atividades parafuncionais que o sistema bucal realiza. Assim, esses novos estímulos chegam aos córtices, restabelecendo gradualmente os circuitos neurais fisiológicos.

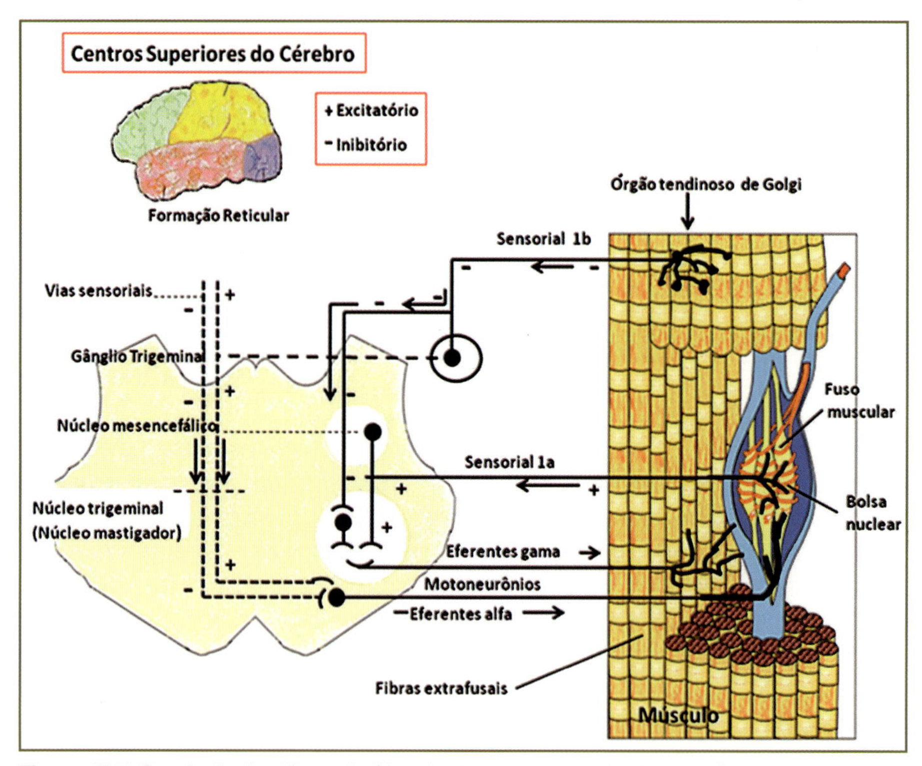

Figura 22.7: Regulação do reflexo miotático desde os centros mais altos do cérebro pela via da FR. Além dos eferentes alfa ou neurônios motores que inervam as fibras extrafusais dos músculos, outros neurônios motores menores ou eferentes gama inervam as fibras intrafusais do fuso muscular (nos dois polos contráteis). A ativação dos eferentes gama causará a contração dos dois polos das fibras intrafusais e, portanto, colocará uma baixa tensão na região não contrátil da bolsa nuclear do fuso. Isto produzirá nas terminações receptoras uma distorção mecânica que não pode ser distinguida da ocasionada pelo estiramento passivo de todo o músculo. Dessa maneira, os eferentes gama podem iniciar uma descarga no fuso na ausência de estiramento externo ou, na presença do estiramento, aumentar tanto a sensibilidade do fuso que a frequência da descarga sensorial aumenta muito. Os eferentes gama servem assim para condicionar os mecanismos de regulação da sensibilidade dos receptores do fuso muscular. Mediante esse sistema eferente gama, os centros mais altos do cérebro, através da FR, influem sobre o reflexo de estiramento ou miotático. Este mecanismo ajuda a explicar como as perturbações psíquicas e emocionais afetam os acometidos de DTM. A FR influi sobre o reflexo miotático, principalmente pela facilitação ou inibição dos pequenos eferentes gama, que provocam a contração das fibras intrafusais dos fusos musculares, aumentando, portanto, a velocidade de disparo do fuso, que por sua vez influi na quantidade de disparos dos motoneurônios alfa.

Classificação de memória

De acordo com o tempo de duração, as memórias podem ser classificadas de duas formas:

➔ De curto prazo, com duração de minutos ou horas;

➔ De longo prazo, com duração de dias, semanas ou anos. Estas podem ser:

- ↘ Explícita ou declarativa;
- ↘ Implícita ou não declarativa.

Figura 22.8: As duas formas de memórias de longa duração: a explícita e a implícita.

Memória explícita ou declarativa

Está relacionada a fatos e eventos, processada no lobo temporal medial e é recuperada por um deliberado esforço consciente.

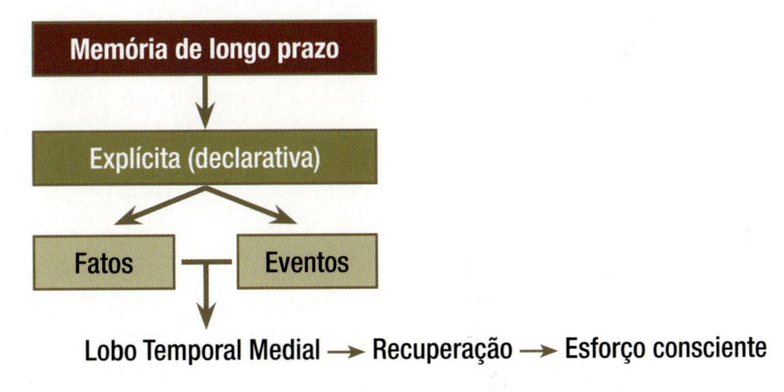

Figura 22.9: Memória explícita ou declarativa: relativa a fatos e eventos que ocorrem na vida e dependem de esforço consciente para ser recuperada. É processada no lobo temporal.

Memória implícita ou não declarativa

É uma memória constituída lentamente por meio de repetições de tentativas, é recuperada inconscientemente e expressa primariamente em desempenho. Esta inclui percepção e habilidades motoras, e o aprendizado de certos tipos de procedimentos e regras. Há diferentes classes de memória implícita:

- Pré-ativacão;
- Perceptual (habilidades e hábitos);
- Aprendizado associativo, cujos tipos são:
  - Condicionamento clássico;
  - Operante.
- Aprendizado não associativo: habituação e sensitização.

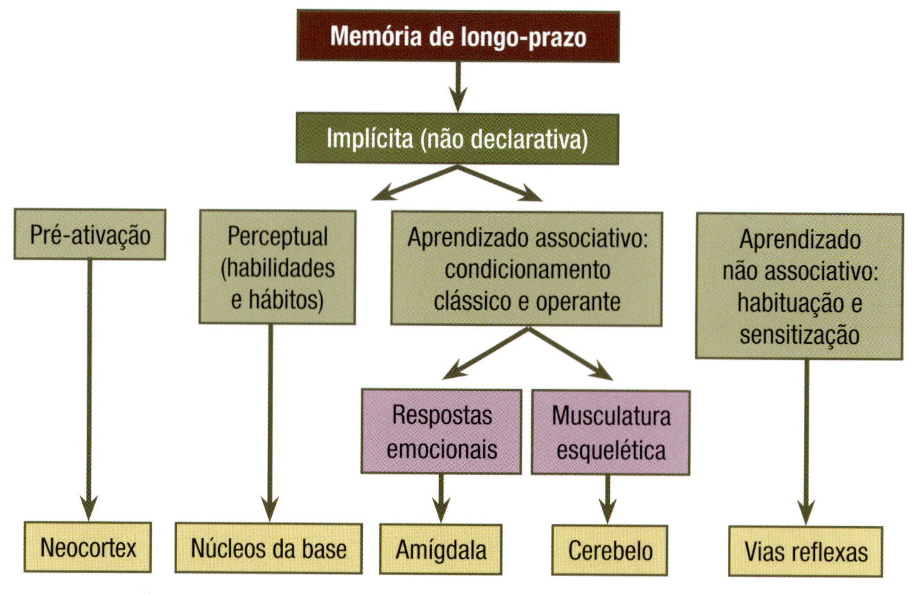

Figura 22.10: Classificação da memória implícita ou não declarativa.

As informações processadas nesse sistema de memória resultam da experiência do indivíduo, mas a sua evocação é expressa como uma mudança no comportamento, não como uma lembrança (recordação). Sendo assim, só pode ser evidenciada por meio do desempenho. Depois de tornada automática, não há acesso consciente ao conteúdo da informação e o processo é independente da atenção. As alterações nos sistemas de processamento dessa memória ocorrem devido à sua utilização repetitiva, ou seja, do treino. O processo de consolidação não depende das estruturas do lobo temporal, mas sim da tarefa, o que provoca a ativação repetida dos sítios de processamentos sensoriais.

Os subsistemas da memória não declarativa estão associados a diferentes estruturas do sistema nervoso: pré-ativação ao neocórtex habilidades e hábitos associam-se aos núcleos basais. Já os condicionamentos clássico e operante relacionam-se à amígdala e ao hipocampo nas respostas emocionais, e ao cerebelo nas respostas da musculatura esquelética. A aprendizagem não associativa (habituação e sensitização) vincula-se às vias reflexas.

Pré-ativação

A pré-ativação, também chamada de representação perceptual, caracteriza-se por uma facilitação do desempenho devido à apresentação prévia de informações. Tem a função de melhorar a percepção de estímulos defrontados recentemente. Os sítios de processamento sensoriais e o córtex pré-frontal estão relacionados ao desempenho deste subsistema da memória não declarativa.

No tratamento ortopédico é adequado explicar ao paciente sobre o funcionamento do aparelho, como age sobre o SECN e SNC, as possíveis sensações advindas do uso antes da sua instalação. Essas informações funcionam como uma facilitação perceptual, como um pré-estímulo à instalação do aparelho. Quando o indivíduo está usando AOF é importante que o coloque na boca logo após as refeições, porque a estimulação sensorial que ocorreu durante a mastigação tem as características de uma pré-ativação do SNC para formação de nova memória direcionada pelo aparelho.

Hábitos

São comportamentos ou hábitos resultantes de treinamento, caracterizados pelas associações simples (tarefas de discriminação simples), associações aprendidas que podem ser utilizadas a qualquer momento dependendo dos aspectos não temporais do contexto. Exemplo: aquisição de mastigação viciosa. Por qualquer motivo, como restauração um pouco alta, perda de um dente, esfoliação de decíduo (associação simples) o indivíduo aprende que um lado é mais confortável que o outro para mastigar (associações simples e aprendidas) e passa a utilizá-lo no momento. Essa situação pode ocorrer em qualquer momento da vida da pessoa.

Habilidades

Habilidade constitui um conjunto de procedimentos ou sequências motoras para operar no ambiente, caracterizado por movimentos coordenados das mãos, pés e mandíbula. O treino promove a melhora ou o aperfeiçoamento do desempenho motor para realizar determinada tarefa. Assim, em caso de mastigação viciosa unilateral, conta-se com o treino para melhora do desempenho mastigatório orientado para o lado oposto do vicioso. É importante dar a orientação mastigatória para o paciente como treinamento para facilitar e agilizar o tratamento do sistema bucal. Dessa maneira, os estímulos sensoriais irão ativar a via dos núcleos da base de maneira oposta a que vinha ocorrendo até antes do treinamento.

Aprendizado associativo - condicionamento clássico

No aprendizado associativo precisa haver uma relação entre os estímulos para ocorrer o aprendizado.

O condicionamento clássico é um tipo de aprendizado associativo que envolve uma relação entre dois estímulos. No condicionamento clássico um estímulo inicialmente neutro passa a ter características de estímulo condicionado (EC) quando apresentado pareado (junto) com um estímulo incondicionado (EI). A resposta condicionada (RC) é toda e qualquer resposta que é disparada pelo EC.

O estímulo de alto valor biológico é denominado estímulo incondicionado, que tem a capacidade de produzir respostas incondicionadas (RI). A RI é toda e qualquer resposta que é disparada de forma NATURAL, sem aprendizagem prévia, por qualquer estímulo. Tanto maior será a intensidade da RC quanto maior for a aprendizagem (associação do estímulo neutro ao EI).

É importante notar que as RC e RI podem em certas situações ser iguais, em outras situações esses tipos de respostas podem ser totalmente diferentes, inclusive opostas (Kandel, Schwartz e Jessel, 2000; White e Salinas, 2003).

Assim, no tratamento ortopédico funcional ocorre também um aprendizado associativo do tipo condicionamento clássico. O EI é a mudança de postura da mandíbula no sentido vertical e/ou anteroposterior, que responde sem um prévio aprendizado com RI de liberdade de movimento da mandíbula em um aparelho PIPS, por exemplo. O aparelho em si é o estímulo neutro que adquire características de EC, pois é apresentado de forma pareada (junto) com o EI emitindo RC. Existe uma relação de contingência e contiguidade entre os dois estímulos. Assim, o contexto bucal vai sendo gradualmente modificado pelo novo aprendizado.

Aprendizado não associativo

O aprendizado não associativo resulta quando o indivíduo é exposto uma vez ou mais a um único estímulo. A habituação e a sensitização são duas formas de aprendizado não associativo.

Habituação

Na habituação há um decréscimo na resposta a um estímulo benigno quando esse estímulo é apresentado repetidamente. Um exemplo de habituação é o que ocorre depois de alguns dias de uso do AOF previamente ativado. O sujeito não sente mais a ativação do aparelho, ou seja, o aparelho é o mesmo, o estímulo é o mesmo, porém ocorre um decréscimo na resposta a esse estímulo.

Sensitização

Na sensitização ocorre um aumento de resposta a uma variedade de estímulos após a apresentação de um estímulo intenso ou nocivo. Os estímulos de habituação e sensitização não precisam ter nenhuma relação entre eles para ocorrer o aprendizado. Na OFM a sensitização ocorre quando se faz a reativação dos aparelhos, ou seja, o estímulo é intensificado.

Um exemplo de estímulo nocivo: mastigação unilateral que está comprometendo o equilíbrio das ATMs – o uso de um alimento mais duro pode causar dor na região articular. No caso, o alimento duro é o estímulo nocivo. Entretanto, um estímulo de sensitização pode reduzir os efeitos da habituação, um processo chamado de desabituação. Assim, na prática clínica, os AOFs quando ativados estarão produzindo estímulos de sensitização. Gradualmente, com o uso o AOF entra no processo de habituação. Quando o paciente volta para nova consulta e é feita outra ativação ocorre a desabituação, pois o SECN e o SNC foram novamente sensitizados.

Fases de processamento da memória

Uma característica fundamental que distingue a memória de curto e a de longo prazo é que esta última depende de mecanismos de síntese de novas proteínas. As memórias de curto prazo devem ser consolidadas para se tornarem memórias de longo prazo. Esse fato relaciona-se diretamente à existência de fases distintas de processamento da memória que são:

- Codificação ou aquisição;
- Consolidação;
- Recuperação ou evocação;
- Reconsolidação.

A codificação ou aquisição refere-se aos processos pelos quais as informações são recebidas, transformadas em códigos neurais (padrões de potenciais de ação) e processadas no sistema nervoso central. A informação codificada deve ser associada de forma significante e sistemática com os conhecimentos já estabelecidos na memória, de tal forma a permitir que se integre a nova informação com o que já é conhecido.

A consolidação refere-se àqueles processos que alteram as informações recém-armazenadas e ainda instáveis, de forma a torná-las mais estáveis para o armazenamento de longo prazo. Pode-se, assim, considerar que a consolidação é o processo pelo qual as memórias transientes tornam-se persistentes e resistentes à desorganização. Para que a memória seja consolidada e armazenada por longo prazo é necessário que haja a expressão de genes e a síntese de novas proteínas, dando origem a mudanças estruturais que armazenam a memória estavelmente ao longo do tempo.

A recuperação ou evocação da memória refere-se ao processo que permite acessar e usar informações armazenadas em diferentes regiões neurais. A recuperação da informação é mais efetiva quando ocorre no mesmo contexto no qual a informação foi adquirida e na presença das mesmas pistas (pistas de recuperação) que estavam disponíveis durante o aprendizado

Pode-se considerar que quando uma memória consolidada é evocada, novamente ela se torna instável e passa por um processo de reconsolidação. A reconsolidação permitiria que uma memória já formada se alterasse, e, assim, poderia requerer uma outra fase de síntese proteica, tal como na consolidação.

Processos celulares e moleculares relativos à memória

1. Neurotransmissor

Entre os vários neurotransmissores já descritos como presentes no hipocampo de mamíferos destaca-se o glutamato, o qual parece exercer papel fundamental nos processos de aprendizagem e memória.

As evidências indicam uma importante participação dos circuitos glutamatérgicos hipocampais nos processos de memória que envolvem a aquisição, consolidação e, pelo menos por algum tempo, a recuperação.

2. Receptores sinápticos para o glutamato

Os receptores sinápticos para o glutamato são classificados em duas grandes categorias diferentes de acordo com a sua funcionalidade: ionotrópicos ou metabotrópicos. Sumariamente, os receptores ionotrópicos são os do tipo AMPA (alfa-amino-3-hidroxi-5-metilixazole-4-ácido propiônico) kainato e NMDA (N – metil – D-aspartato), que funcionam como canais iônicos permeáveis aos íons sódio, potássio e cálcio.

Os receptores metabotrópicos interagem com a proteína G determinando cascatas de segundos mensageiros, entre as quais vias bioquímicas da enzima fosfolipase C; são classificados em oito tipos, sendo alguns inibitórios.

Os receptores pré-sinápticos do tipo kainato presentes nas sinapses das fibras musgosas podem iniciar uma cascata que libera Ca^{++} dos estoques intracelulares, os quais são importantes na plasticidade de curto e longo prazo.

3. Os receptores NMDA e a LTP

Os receptores NMDA são receptores para glutamato presentes em membranas pós-sinápticas do SNC e envolvidos nos mecanismos de LTP (LTP; do inglês *long-term potentiation*). A LTP constitui uma forma de plasticidade neuronal, propriedade cerebral que se relaciona com as transformações funcionais permanentes em sistemas específicos de neurônios, como resultado de estímulos apropriados ou de suas combinações, como ocorre em situações de aprendizagem. Como a LTP no hipocampo foi referida como tendo um papel preponderante nos fenômenos de plasticidade sináptica, cognição e memória, resulta que intervenções que alterem a funcionalidade desses receptores NMDA afetariam esses processos.

Os receptores NMDA são receptores e canais iônicos de estrutura pentamérica formados a partir de duas subunidades; NR1 e NR2 (NR2A, 2B, 2C e 2D), podendo existir em diferentes isoformas. São altamente permeáveis ao Ca^{++}, bem como ao Na^{+} e K^{+}. A sua abertura é voltagem-dependente, pois, no potencial da membrana em repouso (-65mV), o canal receptor NMDA é bloqueado por Mg^{++}. Mas, quando a membrana é despolarizada na presença do glutamato, o Mg^{++} é expelido do canal por repulsão eletrostática, permitindo que Na^{+} e Ca^{++} entrem. A entrada de cálcio pode ativar cascatas de segundos mensageiros, dependentes de cálcio.

Assim, durante o processo de aprendizagem ocorre a ativação de receptores glutamatérgicos AMPA, em seguida, os NMDA que poderiam induzir a LTP. A ativação desses receptores levaria a um aumento da concentração de Ca^{++} no neurônio pós-sináptico, ativando os receptores metabotrópicos e as vias de segundos mensageiros, como as proteínas cinase serina-treonina dependentes de Cálcio, a proteína cinase dependente de Cálcio/Calmodulina (CAMKII), a proteína cinase C (PKC) e a proteína tirosina cinase-fyn.

A ativação dessas cascatas bioquímicas caracterizando a fase inicial da LTP resulta na atividade de enzimas que controlam a expressão de outros mensageiros, como o óxido nítrico (NO). O NO atua sobre o terminal pré-sináptico, aumentando a liberação do neurotransmissor (glutamato), o que mantém a potenciação de força sináptica. Os segundos mensageiros iniciam mecanismos de transcrição gênica e de tradução de novas proteínas que são necessárias para a manutenção de mudanças a longo prazo nas sinapses, fosforilando a proteína CREB (elemento de resposta AMPc ligador de proteína) que induz a expressão de famílias de genes de expressão imediata (GEIs; por exemplo: *Krox 24, c-jun, c-fos, zenk*).

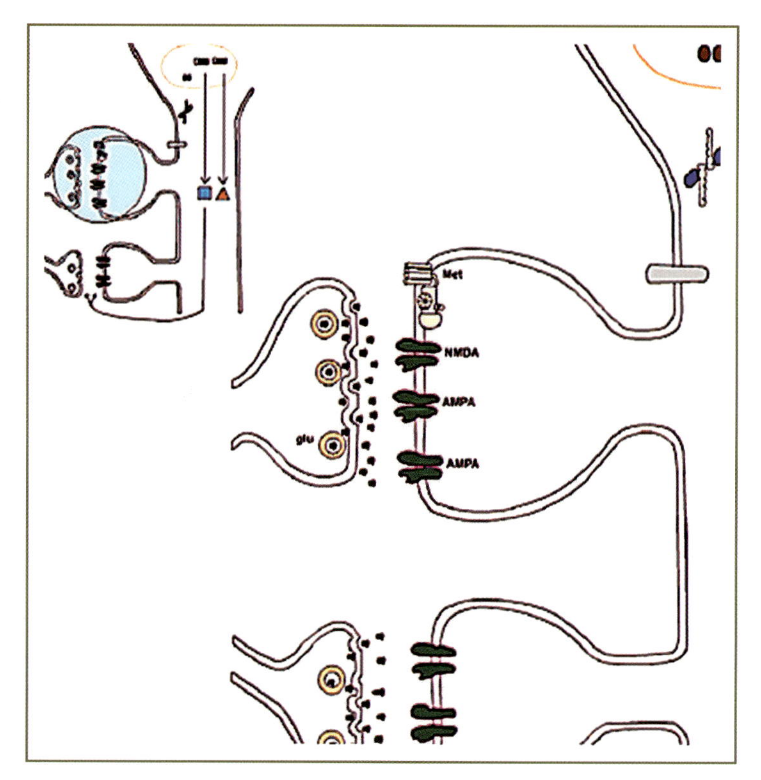

Figura 22.11: Esquema de LTP – Neurônio pré-sináptico liberando glutamato para a fenda sináptica. O glutamato se liga aos receptores NMDA no neurônio pós-sináptico dando sequência a cascata de eventos bioquímicos.

4. Genes de expressão imediata

Os genes de expressão imediata (GEIs) são uma classe de genes que são ativados rápida e transitoriamente em resposta à atividade neuronal. Esses GEIs, que seriam as vias de terceiros mensageiros ativam genes de expressão tardia (GETs) responsáveis pela expressão de proteínas formadoras de receptores, proteínas estruturais e sinapsinas causando alterações no fenótipo sináptico, ou seja, a plasticidade sináptica, formando o traço de memória.

Os GEIs podem ser regulatórios ou efetores. Os regulatórios codificam proteínas que podem aumentar ou diminuir a expressão do gene (como: *zenk ou zif268, c-fos, c-jun*).

Os efetores codificam proteínas que têm um papel funcional mais diretamente relacionado com a sinapse (*BDNF* – fator neurotrófico derivado de cérebro, *arg3.1, Homer*).

Os GEIs foram originalmente descritos como oncogenes virais, os quais eram necessários para a replicação viral e o desenvolvimento de tumores. Mais tarde foi evidenciado que esses genes estavam presentes no DNA de todos os vertebrados e que respondiam aos fatores de crescimento ou mitógenos. Os GEIs poderiam constituir uma resposta genômica precocemente requerida para o disparo dos mecanismos subjacentes às modificações persistentes das células.

Isso explicaria a sua ativação rápida e transitória, e sua resistência aos inibidores de síntese proteica. Os GEIs neuronais codificam fatores de transcrição, proteínas citoesqueléticas, fatores de crescimento, enzimas metabólicas e proteínas envolvidas em sinais de tradução. Os fatores de transcrição codificados por GEIs atuam como mensageiros relacionados à atividade neural de curto prazo, com alterações no nível de transcrição gênica. Essas modificações em neurônios teriam funções biológicas importantes, tais como: manter ou estabilizar a plasticidade neuronal e a formação de memórias de longo prazo. Clayton (2000) postulou uma hipótese para o papel dos GEIs na consolidação de memória, comparando o funcionamento da ativação dos GEIs a um potencial de ação fisiológico, embora em um tempo e curso muito mais lentos. A ativação dos GEIs poderia ser considerada como um potencial de ação genômico, que funcionaria para integrar múltiplos estímulos aplicados em neurônios individuais dentro do circuito.

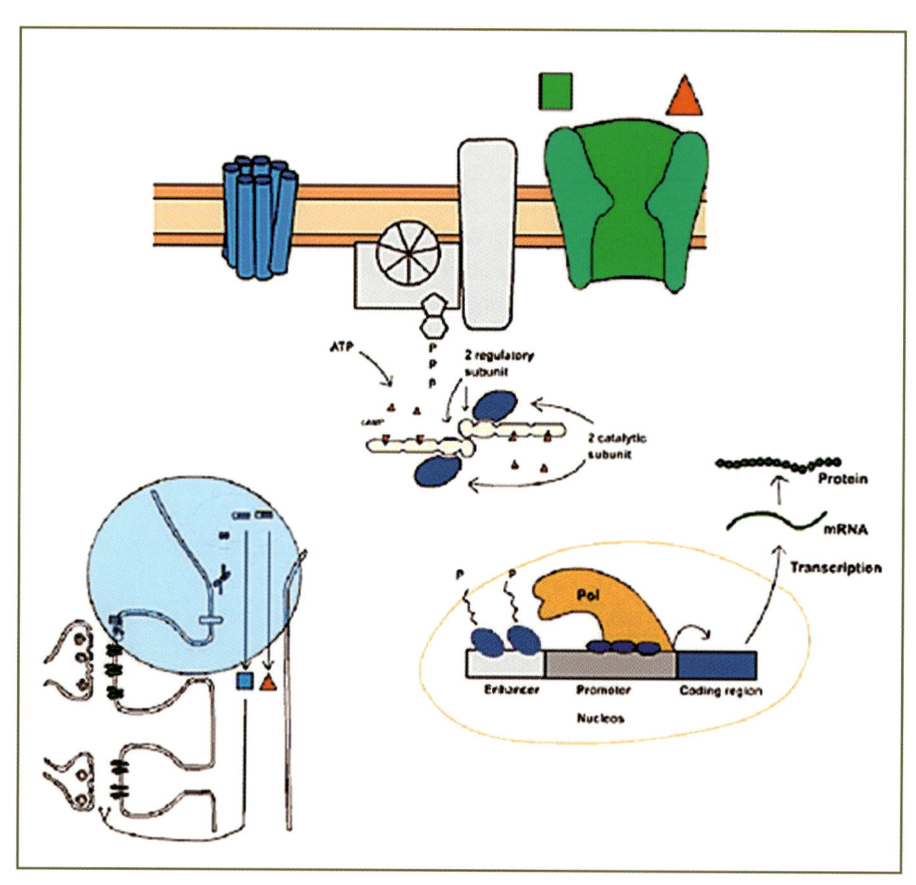

Figura 22.12: Esquema de cascata bioquímica – No neurônio pós-sináptico a ativação da cascata de eventos bioquímicos chega ao núcleo da célula com a transcrição e tradução gênica, inclusive dos GEIs, os quais constituem uma resposta genômica na codificação e consolidação da memória.

O SECN e novas memórias

O SECN é ricamente provido de elementos neurais e possui comandos neurofisiológicos complexos quanto às suas funções. A riqueza de receptores neurais lhe confere a alta capacidade de ser adequadamente estimulado, enquanto Sistema Sensório-Motor está na mesma altura do Sistema Plantar (planta dos pés) responsável pela postura corporal. Dentro da atividade neural do sistema motor há ajustes constantes para que os mais variados e sensíveis movimentos possam ser realizados pelo corpo. Assim, o SECN é um sistema que contém a maquinaria neural capacitada para o aprendizado e a formação de memórias. O estímulo para ser biológico precisa causar excitabilidade. Os AOFs apresentam essa qualidade, que é a capacidade de estimular na intensidade adequada o SECN para criar condições no SNC de responder com os eventos de aquisição de novas memórias. Então, tanto na criança como no adulto essa capacidade neural se mantém, tornando possíveis mudanças morfológicas e funcionais no SECN com o uso das TOFs.

Referências

1. BLISS, T. V. P.; LOMO, T. Long-lasting potentiation of synaptic transmission in the dentate area of the anaesthetized rabbit following stimulation of the perforant path. *J. Physiol.*, v. 232, p. 331-356, 1973.
2. BRITO, I. Análise da expressão de produto do proto-oncogene Zif/268 no hipocampo de pombos após o treino em condicionamento clássico aversivo. 39 f. Dissertação de Mestrado em Biologia Funcional e Molecular. Universidade Estadual de Campinas, São Paulo, 2002.
3. CLAYTON, D. F. The genomic action potential. *Neurobiol. Learn. Mem.*, v. 74, p. 185-216, 2000.
4. EICHENBAUM, H.; OTTO, T.; COHEN, N. J. The Hippocampus-What does it do? *Behav. Neural. Biol.*, v. 57, p. 2-36, 1992.
5. GRABER, T. M., NEUMANN, B. *Aparatologia Ortodontica Removible.* Buenos Aires: Editorial Médica Panamericana, 1982.
6. GOOSENS, K. I. A.; MAREN, S. NMDA receptors are essential for the acquisition, but not expression, of conditional fear and associative spike firing in the lateral amygdala. *Eur. J. Neurosci.*, v. 20, p. 537-548, 2004.
7. HALL, J.; THOMAS, K. L.; EVERITT, B. J. Cellular imaging of zif268 expression in the hippocampus and amygdala during contextual and cued fear memory retrieval: selective activation of hippocampal CA1 neurons during the recall of contextual memories. *J. Neurosci.*, v. 21, n. 6, p. 2186-2193, 2001.
8. HUME, R. I.; DINGLEDINE, R.; HEINEMAMM, S. F. Identification of a site in glutamate receptor subunits that controls calcium permeability. *Science*, v. 253, p. 1028-1031, 1991.

9. IZQUIERDO, I.; MEDINA, J. H. Role of the amygdala, hippocampus and entorhinal cortex in memory consolidation and expression. *Braz. J. Med. Biol. Res.*, v. 26, p. 573-589, 1993.

10. IZQUIERDO I.; MEDINA, J. H.; VIANA, M. R. M.; IZQUIERDO, L. A.; BARROS, D. M. Separate mechanisms for short – and long-term memory. *Behav. Brain. Res.*, v. 103, p. 1-11, 1999.

11. JOHNSON, D. A. M.; BAKER, J. D.; AZORLOSA, J. L. Acquisition, extinction, and reinstatement of Pavlovian fear conditioning: the roles of the NMDA receptor and nitric oxide. *Brain Res.*, v. 857, p. 66-70, 2000.

12. KANDEL, E. R. The molecular biology of memory storage: a dialogue between genes and synapses. *Science*, v. 294, n. 5544, p. 1030, 2001.

13. KANDEL, E. R.; SCHWARTZ, J. H.; JESSEL, T. M. In: *Principles of Neural Science.* N. Y.: McGraw-Hill, 2000.

14. KIM, J. J.; FANSELOW, M. S. Modality-specific retrograde amnesia of fear. *Science,* v. 256, p. 675-677, 1992.

15. KREBS, J. R.; ERICHSEN, J. T.; BINGMAN, V. P. The distribution of neurotransmitters and neurotransmitter-related enzymes in the Dorsomedial Telencenhalon of the pigeon. *J. Comp. Neurol.*, v. 314, p. 467-477, 1991.

16. LANAHAN, A.; WORLEY, P. Immediate-early genes and synaptic function. *Neurobiol. Learn. Mem.*, v. 70, p. 37-43, 1998.

17. MAREN, S.; BAUDRY, M. Properties and mechanisms of long term synaptic plasticity in the mammalian brain: relationships to learning and memory. *Neurobiol. Learn. Mem.*, v. 63, p. 1-18, 1995.

18. MAREN, S.; AHARONOV, G.; FANSELOW, M. S. Neurotoxic lesions of the dorsal hippocampus and Pavlovian fear conditioning in rats. *Behav. Brain. Res.*, v. 88, p. 261-274, 1997.

19. NADER, K. Memory traces unbound. *TRENDS Neurosci.*, v. 26, n. 2, p. 65-72, 2003.

20. PHILLIPS, R. G.; LEDOUX, J. E. Differential contribution of amygdala and hippocampus to cued and contextual fear conditioning. *Behav. Neurosci.*, v. 106, p. 274-285, 1992.

21. RICHARDSON, C. L.; TATE, W. P.; MASON, S. E.; LAWLOR, P. A.; DRAGUNOW, M.; ABRAHAM, W. C. Correlation between the induction of an immediate early gene, zif/268, and long-term potentiation in the dentate gyrus. *Brain. Res.*, v. 580, p. 147-154, 1991.

22. SELDEN, N. R. W.; EVERITT B. J.; JARRARD L. E.; ROBBINS T. W. Complementary roles for the amygdala and hippocampus in aversive conditioning to explicit and contextual cues. *Neuroscience*, v. 42, n. 2, p. 335-350, 1991.

23. STAUBLIN, U.; THIBAULT, O.; DILORENZO, M.; LYNCH, G. Antagonism of NMDA receptors impairs acquisition but not retention of olfactory memory. *Behav. Neurosci.*, v. 103, n.1, p. 54-60, 1989.

24. WALLENSTEIN, G. V; VAGO, D. R; WALBERER, A. M. Time-dependent involvement of PKA/PKC in contextual memory consolidation. *Behav. Brain. Res.*, v. 133, p. 159-164, 2001.

25. WALTON, M.; HENDERSON, C.; MASON-PARKER, S.; LAWLOR, P.; ABRAHAM, W. C.; BILKEY, D.; DRAGUNOW, M. Immediate early gene transcription and synaptic modulation. *J. Neurosci.*, 23 jul. 2003.

Siglas

AFMP: Ângulo Funcional Mastigatório Planas

AOF: Aparelho Ortopédico Funcional

AP: Anteroposterior

ATM: Articulação Temporomandibular

CDV: Cúspide Disto-Vestibular

Cl I: Classe I

Cl II: Classe II

Cl III: Classe III

D: Direito(a)

DA: Determinada Área

DLM: Desvio de Linha Mediana

DP: Dentição Permanente

DPM: Desvio de Postura de Mandíbula

DS: Desgaste Seletivo

DTM: Disfunção Temporomandibular

DV: Dimensão Vertical

E: Esquerdo(a)

ESDS: Estimulação Sensorial Direta Sperandéo

I: Inferior(es)

ID: Incisivos Decíduos

IS: Incisivo(s) Superior(es)

LB: Lado de Balanceio

LD: Lateralidade Direita

LE: Lateralidade Esquerda

LM: Linha Mediana

LT: Lado de Trabalho

M: Molar(es)

MA: Mordida Aberta

MBA: Mastigação Bilateral Alternada

MC: Mordida Coberta

MCU: Mordida Cruzada Unilateral

Md: Mandíbula

MDV: Mínima Dimensão Vertical

MV: Mastigação Viciosa

MVU: Mastigação Viciosa Unilateral

Mx: Maxila

PDP: Pistas Diretas Planas

PI: Plano Incisal

PIPC: Pistas Indiretas Planas Compostas

PIPS: Pistas Indiretas Planas Simples

PO: Plano Oclusal

S: Superior(es)

SE: Sistema Estomatognático

SECN: Sistema Estomatognático Coneural

SM: Sobremordida

SRF: Síndrome Rotacional Frontal